Die strafrechtliche Behandlung von Börsen- und Marktpreismanipulationen

Criminalia

Herausgegeben von Klaus Volk

Band 41

Peter Lang

Frankfurt am Main · Berlin · Bern · Bruxelles · New York · Oxford · Wien

Marialena
Papachristou

Die strafrechtliche Behandlung von Börsen- und Marktpreis-manipulationen

Peter Lang
Europäischer Verlag der Wissenschaften

Bibliografische Information Der Deutschen Bibliothek
Die Deutsche Bibliothek verzeichnet diese Publikation in der Deutschen Nationalbibliografie; detaillierte bibliografische Daten sind im Internet über <http://dnb.ddb.de> abrufbar.

Zugl.: München, Univ., Diss., 2005

Umschlaggestaltung:
Pierre Mendell.

D 19
ISSN 0945-1811
ISBN 3-631-55359-5

www.peterlang.de

Criminalia

Abhandlungen aus den gesamten Strafrechtswissenschaften

Der Herausgeber der Reihe ist Vorstand des "Instituts für die gesamten Strafrechtswissenschaften" der Universität München. Das Programm der Reihe ist im Untertitel genannt. In ihr werden veröffentlicht Schriften zum Strafrecht und Strafverfahrensrecht, zu Kriminologie und Kriminalpolitik, zu den rechtstheoretischen und rechtssoziologischen Grundlagen des Strafrechts und zu seiner Geschichte. Die Reihe läßt deutsche und ausländische Wissenschaftler zu Wort kommen und will dazu einladen, an der Fortentwicklung aller Bereiche des Strafrechts über die Grenzen hinaus mitzuwirken.

Meiner Mutter
Zum Andenken an meinen Vater (1933-1996)

Vorwort

Die vorliegende Arbeit wurde im Wintersemester 2004/2005 von der Ludwig-Maximilians-Universität München als Inaugural-Dissertation angenommen. Sie wurde mit dem Fakultätspreis 2005 aus der Walburga-Riedl Stiftung (Vermächtnis Dr. Georg Dittmar) ausgezeichnet.

Schrifttum und Rechtsprechung wurden vollständig bis zum August 2004 berücksichtigt. Die ständigen Rechtsveränderungen im Kapitalmarktrecht haben es allerdings schwer gemacht, den Inhalt der Arbeit auf aktuellem Stand zu halten. Trotzdem wurden sie zum größten Teil in der Arbeit aufgenommen. Für die Veröffentlichung der Arbeit konnte noch die bis September 2005 erschienene Literatur und Rechtsprechung eingearbeitet werden.

Angeregt wurde diese Arbeit von meinem verehrten Lehrer, Herrn Prof. Dr. Dr. h.c. Klaus Volk. Ihm, der mir stets mit fachlichem Rat zur Seite stand, immer zu Diskussionen bereit war und über ein besonderes Verständnis für ausländische Doktoranden verfügt, bin ich zu besonderem Dank verpflichtet. Mein Dank gilt auch für Frau Christina Goliopoulos-Schulz, wissenschaftliche Assistentin von Herrn Prof. Dr. Dr. h.c. Klaus Volk, und Frau Elisabeth Holzer, Sekretärin desselben Lehrstuhls, die stets alles in ihrer Macht Stehende getan haben, um die Anfertigung der Arbeit zu erleichtern.

Bedanken möchte ich mich auch bei allen meinen Strafrechtsprofessoren an der Kapodistrias Universität von Athen, die mein besonderes Interesse und meine Vorliebe fürs Strafrecht während meiner Studienzeit in Athen erweckt haben. Besonders danken möchte ich ferner Herrn Prof. Dr. Constantinos Beys, der mich ermuntert hat, in München zu promovieren.

Weiterhin gebührt mein herzlicher Dank Frau Dr. Ioanna Anastasopoulou, Frau Eleutheria Leptokaridou, LL.M., und Herrn Bozidar Dusanic für die Unterstützung, die sie mir während meines Studiums in Deutschland zuteil werden haben lassen. Auch Frau Athanasia Syrtadiotou, LL.M., Frau Despoina Syrtadiotou und Herrn Emanouil Kapnissakis, LL.M., danke ich sehr für ihren Beistand aus dem entfernten Griechenland.

Ganz speziell danke ich meinem Freund Niko, der mir sehr viel Kraft gibt und stets Verständnis für mich und meine Arbeit hat.

Athen, im Januar 2006 Marialena Papachristou

Inhaltsverzeichnis

Abkürzungsverzeichnis

a.a.O.	am angegebenen Ort
Abl.	Amtsblatt
Abs.	Absatz
ADHGB	Allgemeines Deutsches Handelsgesetzbuch
AEWRB	Ausschuss der Wertpapierregulierungsbehörden der Mitgliedsstaaten
a.F.	alte Fassung
AG	Aktiengesellschaft; Die Aktiengesellschaft
AktG	Aktiengesetz
Alt.	Alternative
Anm.	Anmerkung
AnSVG	Anlegerschutzverbesserungsgesetz
Art.	Artikel
AT	Allgemeiner Teil
Aufl.	Auflage
BAFin	Bundesanstalt für Finanzdienstleistungsaufsicht
BAWe	Bundesaufsichtsamt für den Wertpapierhandel
BB	Betriebs-Berater
Bd.	Band
BGB	Bürgerliches Gesetzbuch
BGBl.	Bundesgesetzblatt
BGH	Bundesgerichtshof
BGHSt	Entscheidungen des Bundesgerichtshofs in Strafsachen
BGHZ	Entscheidungen des Bundesgerichtshofs in Zivilsachen
BKR	Zeitschrift für Bank- und Kapitalmarktrecht
BörsG	Börsengesetz
BörsO	Börsenordnung
BörsZulV	Börsenzulassungsverordnung
BT	Besonderer Teil
BT-Dr.	Drucksache des Bundestages
BVerfG	Bundesverfassungsgericht
BVerfGE	Entscheidungen des Bundesverfassungsgerichtes
bzw.	beziehungsweise

DB	Der Betrieb
dens.	denselben
ders.	derselbe
dies.	dieselbe
d.h.	das heißt
DStR	Deutsches Steuerrecht
DZWir	Deutsche Zeitschrift für Wirtschaftsrecht
EG	Europäische Gemeinschaften
EU	Europäische Union
EuZ	Zeitschrift für Europarecht
EuZW	Europäische Zeitschrift für Wirtschaftsrecht
EWA	Europäischer Wertpapierausschuss
EWG	Europäischer Wirtschaftsgemeinschaft
EWiR	Entscheidungen zum Wirtschaftsrecht
EWR	Europäischer Wirtschaftsraum
f.	folgende
FAZ	Frankfurter Allgemeine Zeitung
FinAnV	Verordnung über die Analyse von Finanzinstrumenten
ff.	fortfolgende
FFG	Finanzmarktförderungsgesetz
Fn.	Fußnote
FS	Festschrift
GA	Goltdammer's Archiv für Strafrecht
GG	Grundgesetz
HGB	Handelsgesetzbuch
h. M.	herrschende Meinung
hrsg.	Herausgeber
i. d. F.	in der Fassung
i. S.	im Sinne
i.V.m.	in Verbindung mit
JR	Juristische Rundschau
JuS	Juristische Schulung
JZ	Juristenzeitung
KuMaV	Verordnung zur Konkretisierung des Verbotes der Kurs- und Marktpreismanipulation
LG	Landgericht
LK	Leipziger Kommentar
MaKonV	Verordnung zur Konkretisierung des Verbotes der Marktmanipulation
MDR	Monatsschrift für Deutsches Recht
m. w. N.	mit weiteren Nachweisen
n. F.	neue Fassung

NJW	Neue Juristische Wochenschrift
NJW-RR	Neue Juristische Wochenschrift- Rechtsprechungsreport
NK	Nomos Kommentar
Nr./Nrn.	Nummer/Nummern
NStZ	Neue Zeitschrift für Strafrecht
NZG	Neue Zeitschrift für Gesellschaftsrecht
ÖBA	Österreichisches Bank-Archiv
OLG	Oberlandesgericht
OTC	Over-the-counter
OWiG	Gesetz über Ordnungswidrigkeiten
RegE	Regierungsentwurf
Rdn.	Randnummer
RG	Reichsgericht
RGSt	Entscheidungen des Reichsgerichts in Strafsachen
RIW	Recht des internationalen Wirtschaftsrechts
S.	Seite
SAG	Die Schweizerische Aktiengesellschaft
Sch/Sch	Schönke/Schröder
SchwZStR	Schweizerische Zeitschrift für Strafrecht
SEA	Securities Exchange Act
SEC	Securities and Exchange Commission
SK	Systematischer Kommentar
s.o.	siehe oben
sog.	sogenannte(r)
StGB	Strafgesetzbuch
StPO	Strafprozessordnung
StV	Strafverteidiger
s.u.	siehe unten
SZW	Schweizerische Zeitschrift für Wirtschaftsrecht
u.a.	und andere; unter anderem
Urt.	Urteil
USA	United States of America
usw.	und so weiter
UWG	Gesetz gegen den unlauteren Wettbewerb
v.	von/ vom
vgl.	vergleiche
Vor §	Vorbemerkung
VuR	Verbraucher und Recht
WiKG	Gesetz zur Bekämpfung der Wirtschaftskriminalität
wistra	Zeitschrift für Wirtschaft, Steuer, Strafrecht
WM	Wertpapiermitteilungen
WpHG	Gesetz über den Wertpapierhandel /Wertpapierhandelsgesetz

WpÜG	Wertpapier- und Übernahmegesetz
z. B.	zum Beispiel
ZBB	Zeitschrift für Bankrecht und Bankwirtschaft
ZfB	Zeitschrift für Betriebswirtschaft
Zfbf	Schmalenbach Zeitschrift für betriebswirtschaftliche Forschung
ZfdgK	Zeitschrift für das gesamte Kreditwesen
ZGR	Zeitschrift für Unternehmens- und Gesellschaftsrecht
ZHR	Zeitschrift für das gesamte Handels- und Wirtschaftsrecht
Ziff.	Ziffer
ZIP	Zeitschrift für Wirtschaftsrecht
ZRP	Zeitschrift für Rechtspolitik
ZStW	Zeitschrift für die gesamte Strafrechtswissenschaft

§ 1 Einleitung

I. Das deutsche Börsen- und Marktpreismanipulationsstrafrecht im Mittelpunkt ständiger Rechtsveränderung

Wertpapierkurse richten sich nach Angebot und Nachfrage, nämlich nach den Erwartungen der Käufer und Verkäufer an die künftige Kursentwicklung. Die Grundlagen dieser Erwartungen reichen von blauäugigen Wünschen bis zum sicheren Wissen über kursrelevante Umstände, die andere nicht haben. Auf Grund welcher Erwartungen ein Marktteilnehmer investiert oder „Kasse macht", ist grundsätzlich seine Sache. Ausnahmen von diesem Grundsatz gelten jedoch für einen Wertpapierhandel, der in einer als „unlauter" empfundenen Weise veranlasst oder durchgeführt wird[1].

Übereinstimmung herrscht insoweit, dass die Bildung von wahrheitswidrigen Preisen die Anleger zur wirtschaftlichen Katastrophe und die Börsen oder organisierten Märkte zur erheblichen Existenzkrise führen kann. Zahlreiche Missstände am Anfang der 90er Jahre des letzten Jahrhunderts, die teilweise darin bestanden, dass berufsmäßige Börsenspekulanten durch unredliche Kursbeeinflussung, sei es durch falsche Nachrichten, sei es durch übermäßiges Angebot oder übermäßige Nachfrage vermittels Scheingeschäften, Anleger schädigten, haben den Anlass zum Erlass einer Strafvorschrift gegen strafbare Kursschwindelei (§ 88 BörsG i. F. v. 1896) gegeben[2]. Diese Vorschrift ging thematisch auf die Aktienrechtsnovelle v. 1884 und den Art. 249d ADHGB zurück und wurde nach ihrer Ausdehnung auf alle Börsen- und Marktpreise von Effekten und Waren ins Börsengesetz aufgenommen[3]. Sie bestrafte neben dem Prospektbetrüger[4] denjenigen, der in betrügerischer Absicht auf Täuschung berechnete Mittel anwendete, um auf den Börsen- oder Marktpreis von Waren oder Wertpapieren einzuwirken[5].

1 Weber, NZG 2000, S. 113.

2 Fuld, Der Gerichtssaal XLVII (1892), S. 63; Lenzen, Unerlaubte Eingriffe, S. 151.

3 Hierzu Fuld, Der Gerichtssaal XLVII (1892), S. 65; Mayer, Schlussbestimmungen, S. 38; Waeldin, Strafbestimmungen, S. 13; Stenglein, § 88 BörsG RN 1a; König, Börsenpreisbeeinflussung, S. 19; Lenzen, Unerlaubte Eingriffe, S. 2.

4 Dabei handelte es sich um den Vorläufer des heutigen § 264a StGB, hierzu Weinholz, Börsenwesen, S. 21.

5 Neben § 88 BörsG a. F. gab es auch andere Straftatbestände wie 89BörsG a. F. gegen die Pressebestechung oder § 92 BörsG a. F. gegen den Abschluss von Börsen- oder Differenzgeschäften zum Zwecke der Preisbeeinflussung von Getreide und Mühlenfabrikaten (Schwänzen), die aber durch den Art. 126 des Einführungsgesetzes zum Strafgesetzbuch (EGStGB) von 2.3.1974, BGBl. I. 1974, S. 469 zum Zwecke einer Börsengesetzesbereinigung als bedeutungslos bzw. rechtsstaatlich und kriminalpolitisch bedenklich ersatzlos aufgehoben wurden; hierzu Weinholz, Börsenwesen, S. 106 f; Kahn, § 89 BörsG RN 1;

Die Tatbestandsgestaltung und –Auslegung des Kursbetrugstatbestandes (§ 88 BörsG a. F.) war allerdings von Anfang an umstritten[6]. Unklarheiten bestanden vor allem in Bezug auf die strafwürdigen und von dem Tatbestand erfassten Handlungsweisen. Die Ansichten darüber, welche Handelsformen zu einer wahrheitswidrigen Preisbildung führen, gingen allerdings weit auseinander. Sie unterlagen im Laufe der Zeit sich wandelnden Anschauungen und entsprechenden Rechtsveränderungen. Sie fanden aber auch in den willkürlichen Stellungnahmen zur Anwendbarkeit geltenden Rechts ihren Niederschlag[7]. Dieses unklare Bild hat zu zahlreichen Veränderungen des Kursbetrugstatbestandes geführt[8], ohne dass klare Grenzen zum Anwendungsbereich gezogen werden konnten, was zwangsläufig zu Lasten des Tatbestandes ging.

Im Hinblick darauf vermochte der veraltete Kursbetrugstatbestand nicht, dem tiefgreifenden Wandel an den internationalen Kapitalmärkten zu genügen, der sich grundsätzlich durch eine rasch wachsende Institutionalisierung der Märkte und Marktteilnehmer, neue Informations- und Kommunikationstechnologien und eine sprunghaft gestiegene Bedeutung des Aktienmarktes für Kleinanleger kennzeichnen lässt. Ein unpraktikabler strafrechtlicher Schutz vor Kurs- und Marktpreismanipulationen ist aber mit modernen globalisierten Kapitalmärkten nicht vereinbar und setzt Anleger erheblichen Gefahren aus, was die Börsenturbulenzen der vergangenen Zeit ans Licht gebracht haben[9]. In zahlreichen Konstellationen zumeist im Rahmen des Neuen Marktes ist festgestellt worden, dass falsche Bilanzen, falsche oder übertriebene Unternehmensmeldungen - zumeist über vermutete Großaufträge[10] - und sonstige unrichtige Verlautbarungen in die Welt gesetzt wurden und eine von der Realität oft weit entfernte Wunderwelt

---

Gründler, Strafbestimmungen des Börsengesetzes, S. 60 f; Waeldin, Strafbestimmungen, S. 35 f.; Meyer/Bremer, § 92 BörsG RN 4; Mayer, Schlussbestimmungen, S. 45 f., 47; König, Börsenpreisbeeinflussung, S. 36, 38 f; ausführlich Scheu, Börsenstrafrecht, S. 26, 55, 106 f., 109.

6 Vgl. Nussbaum, § 88 BörsG Anm. I 1b.

7 So Weber, NZG 2000, S. 113.

8 Vgl. die Veränderungen durch: den Vierten Teil, Kapital V, Art. 3 der Vierten VO des Reichspräsidenten zur Sicherung von Wirtschaft und Finanzen und zum Schutze des inneren Friedens vom 8.12.1931, RGBl. I. S. 699, 716; Art. 50 des Ersten Gesetzes zur Reform des Strafrechts (1 Strafrechtsreform) v. 25.6.1969, BGBl. I. 1969, S. 645; Art. 126 des Einführungsgesetzes zum Strafgesetzbuch (EGStGB) v. 2.3.1974, BGBl. I. 1974, S. 469; Art. 3 des Zweiten Gesetzes zur Bekämpfung der Wirtschaftskriminalität (2. WiKG) v. 15. 5. 1986, BGBl. I 1986, S. 722; Art. 2 des Gesetzes über den Wertpapierhandel und zur Änderung börsenrechtlicher und wertpapierrechtlicher Vorschriften (zweites Finanzmarktförderungsgesetz) v. 26.7.1994, BGBl. I. 1994, S. 1749.

9 Vgl. Claussen, BB 2002, S. 105 ff.; Baums, ZHR 166 (2002), S. 375 ff.; dens., ZHR 167 (2003), S. 140; Vogel, in Assmann/Schneider, 3. Aufl., vor § 20a RN 1; Benner, in Wabnitz/Janovsky, 2. Aufl., Kapitel 9 RN 175.

10 Vgl. z. B. OLG München, NZG 2002, S. 1111 ff. = AG 2003, S. 106 ff. = NJW 2003, S. 144 ff. (Informatec II).

zeichneten. Private Kapitalanleger erwarben somit Aktien zu Kursen, die nach dem Bekanntwerden der Unrichtigkeit der Meldungen sowie im Zuge der allgemeinen Marktabkühlung zumeist dramatisch einbrachen[11]. Nicht desto weniger lieferten die Handelsüberwachungsstellen der großen Wertpapierbörsen über Handelskonstellationen, bei denen auf beiden Seiten des Marktes Personenidentität zwischen Anbieter und Nachfrager vermutet wurde oder vorhersehbare Kursverläufe zum Jahresultimo, vor Platzierung junger Aktien oder am Fälligkeitstag bei Derivaten stattfanden und zu Lasten der Anlegerschaft endeten[12]. Der Ruf nach einer Verbesserung des Schutzes vor Kursmanipulationen wurde deshalb immer deutlicher. Parallel dazu erschien der Entwurf einer EU-Richtlinie über Marktmissbrauch, die den Mitgliedsstaaten die Pflicht zu einer stringenten Regelung von Marktmissbräuchen auferlegte[13].

Der deutsche Gesetzgeber hat auf diese Herausforderungen mit dem Vierten Finanzmarktförderungsgesetz reagiert, das am 1.7.2002 in Kraft getreten ist[14] und einen Beitrag zur Sicherung der Marktintegrität und zur Stärkung der Leistungsfähigkeit des Finanzplatzes Deutschland im Wettbewerb mit anderen Finanzmärkten leisten sollte[15]. Zur Verwirklichung dieser Ziele enthielt das vierte FFG zum einen weitreichende Deregulierungen mit größeren Handlungsräumen für Börsen und Marktteilnehmer[16], zum anderen eine umfassende Sanktionierung des Fehlverhaltens von Marktteilnehmern, einschließlich Neuregelungen im Bereich des Kapitalmarktstrafrechts. Zur Gewährleistung eines entwickelten und funktionierenden deutschen Kapitalmarktes sollte die Bekämpfung von Börsen- und Marktpreismanipulationen eine neue Dimension erlangen; Ziel der Neuregelung (§§ 38 Abs. 1 Nr. 4, 39 Abs. 1 Nr. 1, 2 i. V. m. §§ 20a, 20b WpHG i. F. v. 1-7-2002) war die bisherige Regelung des § 88BörsG a. F. den veränderten Erfordernissen der Praxis anzupassen und das notwendige Aufsichtsinstrumentarium im Interesse einer effektiven Durchsetzung des Verbots der Börsen- und Marktmanipulation zu verbessern[17].

Trotzdem wurde das rechtliche Instrumentarium gegen missbräuchliche Auswüchse im Kapitalmarktbereich immer noch für unzureichend gehalten, so dass die Bundesregierung schon ein halbes Jahr nach dem In-Kraft-Treten des vierten FFG einen Maßnahmenkatalog zur Stärkung der Unternehmensintegrität

---

11 Fuchs/Dühn, BKR 2002, S. 1063.

12 Dreyling, Die Bank 2002, S. 17.

13 Vorschlag für eine europäische Richtlinie des Europäischen Parlaments und des Rates über Insidergeschäfte und Marktmanipulation (Marktmissbrauch) von 30.05.2001, KOM 2001/281 endg. 2001/0118/COD, ABl. C 240 E v. 1.6.2001, S. 265 ff.

14 Gesetz zur weiteren Fortentwicklung des Finanzplatzes Deutschland v. 21. Juni 2002, BGBl. I 2002, S. 2010.

15 BT-Dr. 14/8017, S. 1.

16 Beck, BKR 2002, S. 699; Dreyling, Die Bank 2002, S. 20; Weber, NJW 2003, S. 19.

17 Reuschle, Viertes FFG, C RN 41.

und des Anlegerschutzes vorgelegt hat[18], der ein Jahr danach in ein neues Gesetzesvorhaben zur Verbesserung des Anlegerschutzes mündete[19]. Das AnSVG sieht parallel zu erheblichen Erweiterungen und Erleichterungen in der zivilrechtlichen Erfassung von Kursmanipulationen durch Falschinformation (§§ 37 b, c WpHG) eine erhebliche Verschärfung der Strafvorschriften für unzulässige Marktpraktiken - Insiderhandel (§§ 12 ff. WpHG) und Börsen- und Marktpreismanipulation (§ 20a WpHG)- vor. Dadurch wird die EU-Marktmissbrauchsrichtlinie[20], die gem. Art. 20 am 12.04.2003 in Kraft getreten ist, umgesetzt und das Insiderrecht sowie die Regelungen zu Marktmanipulationen werden modernisiert und auf europäischer Ebene vereinheitlicht[21].

Mit diesem neuen Gesetzesvorhaben wird also bezweckt, die Missstände zu beseitigen, die vor allem darauf zurückzuführen sind, dass der deutsche Gesetzgeber vorauseilend aktiv wurde. Bei der Verabschiedung des vierten FFG lag die endgültige Fassung der europäischen Marktmissbrauchsrichtlinie nämlich noch nicht vor, so dass der deutsche Gesetzgeber nur den Kommissionsentwurf berücksichtigen konnte[22]. Das Ergebnis dieser ständigen Rechtsveränderungen ist allerdings große Rechtsunsicherheit über die Grenzen der Strafbarkeit.

II. Gegenstand und Gang der Untersuchung

Eine Beschäftigung mit der Thematik der Börsen- und Marktpreismanipulation steht im Hinblick auf die wiederholten Rechtsveränderungen der letzten Jahre auf bewegtem Boden. Die Unsicherheit in puncto zulässige und wünschenswerte Aktivitäten einerseits und strafbare Kursmanipulation andererseits beeinträchtigt aber nicht bloß die „Effizienz modernder Kapitalmärkte". Sie stellt vor allem zulässige Marktpraktiken bzw. die berufsadäquate Tätigkeit von Skontroführern, Wirtschaftsjournalisten oder Finanzanalysten unter Strafverdacht[23] und wirft somit die Frage auf, ob hier ein verflüssigtes, scheinbar legitimes Strafrecht seinen Zugang in den Bereich von Börsen- und Marktpreismanipulationen gefunden hat.

---

18 Vgl. den veröffentlichten Maßnahmenkatalog der Bundesregierung zur Stärkung der Unternehmensintegrität und des Anlegerschutzes v. 25.2.2003, abrufbar unter: www.bundesfinanzministerium.de.

19 Vgl. Referentenentwurf eines AnSVG v. 10.3.2004, dokumentiert in ZBB 2004, S. 168 ff. Das Anlegerschutzverbesserungsgesetz ist am 28.10.2004 erlassen worden, vgl. BGBl. 2004, S. 2630 ff.

20 Richtlinie 2003/6/EWG des Europäischen Parlaments und des Rates über Insidergeschäfte und Marktmanipulation (Marktmissbrauch) vom 28.1.2003, ABl. L 96 vom 12.4.2003, S. 16-24.

21 BT-Dr. 15/3174, S. 1.

22 Seitz, BRK 2002, S. 343; BGH v. 6.11.2003, WM 2004, S. 76 (Opel).

23 Sorgenfrei, wistra 2002, S. 326.

Die vorliegende Arbeit versucht deshalb ein klares Bild über die strafrechtlichen Implikationen von Börsen- und Marktpreisbeeinflussungen in Deutschland zu verschaffen und eine gleichsam geeignete Kommentierung zu leisten. Ziel soll es unter anderem sein, die kapitalmarktrechtlichen Strafvorschriften des Wertpapierhandelsgesetzes - wie sie im Mittelpunkt ständiger Rechtsveränderung gestaltet wurden - vorzulegen und an straf- und verfassungsrechtlichen Prinzipien und Grundsätzen zu messen. Wenn es allerdings im Titel der Arbeit heißt, dass ein Beitrag zur strafrechtlichen Behandlung von Börsen- und Marktpreismanipulationen erbracht werden soll, so liegt darin unter zwei Gesichtspunkten eine notwendige Einschränkung: Strafvorschriften, die in Zusammenhang mit Börsenpreismanipulationen zur Anwendung gelangen können wie §§ 264a, 266 StGB, § 4 UWG oder die Geschäftslagetäuschungsvorschriften (§§ 399, 400 AktG, 331 HGB, § 82 Abs. 2 GmbHG), werden in der vorliegenden Arbeit keiner näheren Untersuchung unterzogen. Denn bei ihnen handelt es sich um Straftatbestände, die bereits mehrmals Gegenstand von Untersuchungen waren[24] und die schon von der Zielsetzung her nur subsidiär gegen einen kleinen Teil von Marktpreismanipulationen eingesetzt werden können[25]. Eine Wiederholung dieses zu Recht einhelligen Ansatzes wäre hier sinnlos. Zweitens wird das Ordnungswidrigkeitenrecht gegen Börsen- und Marktpreismanipulationen bewusst ausgeklammert und nur in dem Maß herangezogen, wie es unerlässlich für das Verständnis der analysierten Straftatbestände ist. Zwar bleibt die hier vertretene Lösungsskizze der Beschränkung des Strafrechts auf einen subsidiären Rechtsgüterschutz nicht ohne Konsequenzen für das Ordnungswidrigkeitenrecht. Die letzte Einschränkung des Arbeitsgegenstandes geht jedoch darauf zurück, die Analyse des Ordnungswidrigkeitenrechts sollte angesichts der europarechtlichen Besonderheiten der Thematik meines Erachtens Gegenstand einer getrennten Arbeit darstellen.

Der Gang der Untersuchung gestaltet sich daher folgendermaßen:

Nach einigen allgemeinen Aussagen zu Funktion und Zustandekommen von Börsenpreisen (§ 2) werden die Schwierigkeiten aufgezeigt, einen abstrakt formulierten Börsen- und Marktpreismanipulationsbegriff herauszuarbeiten und ihn von zulässigen Marktpraktiken wie kurspflegenden Maßnahmen abzugrenzen (§

---

24 Fichtner, Börsenstrafvorschriften, S. 22 ff.; zuletzt ausführlich Lenzen, Unerlaubte Eingriffe, S. 159 ff.; vgl. auch *zu § 264a StGB* BT-Dr. 10/318, S. 22, 24; Worms, Anlegerschutz, S. 336; Pabst, Rechtliche Risiken, S. 29, 38; Schönke/Schröder/Cramer, § 264a RN 1; Geerds, Vermögensschutz, S. 205, 209; OLG München v. 14.5.2002, ZIP 2002, S. 1727; Lambsdorff, VuR 2003, S. 209; *zu § 266 StGB* Ungern-Sternberg, ZStW 88 (1976), S. 690 f.; Otto, WM 1988, S. 733 f.; *zu § 4 UWG* Worms, Anlegerschutz, S. 209; Jaath, in: FS für Dünnebier, S. 595 m. w. N; *zu Geschäftslagetäuschungsvorschriften* vgl. Thümmel, DB 2001, S. 2332; OLG München v. 1.10.02, AG 2003, S. 107 f. (Informatec II); Thümmel, DB 2001, S. 2332; Reichert/Weller, ZRP 2002, S. 54; Rieckers, BB 2002, S. 1215 f.; Fleischer, NJW 2003, S. 2585; Lambsdorff, VuR 2003, S. 209; Rützel, AG 2003, S. 73; Fissenwert, BuW 2003, S. 909.

25 Lenzen, Unerlaubte Eingriffe, S. 241.

3). In demselben Kapitel werden auch die wichtigsten Fallgruppen von Manipulationen dargestellt und die umstrittenen Punkte hervorgehoben.

Im vierten Kapitel werden die negativen Auswirkungen von Börsenpreismanipulationen auf das Anlegervermögen, den Wettbewerb und die Funktionsfähigkeit von Kapitalmärkten beleuchtet wie sie von der herrschenden Ansicht ausgeführt werden (§ 4). Anhand dieser Ergebnisse folgt die Auseinandersetzung mit drei Strafvorschriften, die vor Börsen- und Marktpreismanipulationen schützen sollen wie sie im Laufe der Zeit und unter Berücksichtigung zwingender gemeinschaftsrechtlicher Aspekte (§ 5) gestaltet wurden. Der sechste Abschnitt widmet sich folglich der Untersuchung der neuen Strafvorschrift gegen Börsen- und Marktpreismanipulation (§ 6). Die Analyse wird zunächst auf den bis vor kurzem geltenden Straftatbestand des § 38 Abs. 1 Nr. 4 WpHG i. F. v. 1-7-2002 konzentriert. Hier wird die Schlüssigkeit durchgreifender rechtsstaatlicher Bedenken untersucht und eine rechtsgutbezogene Abgrenzung zwischen tatbestandsmäßiger und strafloser Manipulation vorgenommen. Aus diesen Ausführungen wird sich gleichzeitig die Antwort auf die Frage ergeben, ob die vom AnSVG vorgenommenen Rechtsänderungen im Vergleich zum § 38 Abs. 1 Nr. 4 WpHG i. F. v. 1-7-2002 von redaktioneller oder eher von entscheidender Bedeutung sind und ob sich der neue Straftatbestand des § 38 Abs. 2 WpHG i. F. v. AnSVG aus dem Blickwinkel eines Strafrechts als fragmentarischer Rechtsgüterschutz als tragfähig erweist. Im siebten Abschnitt wird der brennenden Frage nachgegangen, ob die Strafbestimmung zur Verhinderung des Insiderhandels einen umfassenden Schutz vor Manipulationen anbietet, also der These eines beachtlichen Teils der kapitalmarktrechtlichen Lehre, die die Erforderlichkeit einer getrennten Strafvorschrift gegen Börsen- und Marktpreismanipulation in ernsten Zweifel ziehen könnte (§ 7). Die Neuerungen durch das AnSVG werden auch hier getrennt demonstriert. Schließlich wird das Experiment vorgenommen, die neuen Erkenntnisse der rezenten wirtschaftswissenschaftlichen und strafrechtsdogmatischen Lehre fruchtbar zu machen und sie abweichend von der bisherigen Rechtslehre und –Praxis auf den Betrugstatbestand des § 263 StGB anzuwenden, der einen wichtigen Schutz der Anleger bzw. des Anlegervermögens vor strafbaren Eingriffen in die Kursbildung zu bewerkstelligen vermöchte.

§ 2 Entstehung von Börsenpreisen

Versteht man unter dem Kursmanipulationsbegriff ganz allgemein missbilligenswerte Eingriffe in die angemessene Börsenpreisbildung[26], ist ein zentraler Punkt bei der Beurteilung von Börsenpreismanipulationen die Analyse der Wahrscheinlichkeit, dass das unerwünschte Verhalten ohne dessen Regelung eintreten wird[27]. Anleger werden nun versuchen, den Börsenkurs zu beeinflussen, wenn ein finanzieller Anreiz besteht[28]. Profitable Kursbeeinflussung setzt aber vor allem voraus, dass die Manipulationshandlung den Preis der Effekte voraussehbar den Preisbildungsmechanismus beeinflussen kann. Dafür ist eine eingehende Untersuchung der Anfangsbedingungen unerlässlich. Die folgenden Ausführungen sollten deshalb der grundlegenden Frage nach Funktion und Zustandekommen von Börsen und Börsenpreisen nachgehen.

I. Volkswirtschaftliche Funktion von Kapitalmärkten, Börsen und Börsenpreisen

Die große wirtschaftspolitische Bedeutung funktionierender Kapitalmärkte für eine marktwirtschaftliche Wirtschaftsordnung darf zumindest im Ausgangspunkt als unbestritten gelten[29]. Denn eine Wirtschaft ist dann erfolgreich, wenn den Unternehmen stets Kapital zur Verfügung steht. Aus volkswirtschaftlicher Sicht ist der Hauptzweck von Kapitalmärkten die Befriedigung des Kapitalbedarfs der Wirtschaft und des Staates durch Umschichtung der Ersparnisse der privaten Haushalte in das für unternehmerische Investitionen benötigte Kapital[30]. Durch Emissionen von Beteiligungen und langfristigen Forderungen verschaffen sich kaufmännische Unternehmen am Primärmarkt Fremdmittel mit mehrjähriger Laufzeit oder Eigenkapital, also die benötigten Finanzmittel[31], während die Geldbesitzer ihr Kapital zinstragend anlegen oder durch Schwankungen spekulieren wollen (sog. Kapitalbeschaffungs-, Transformations- oder Verteilungsfunktion von

---

26 Dazu unten § 3 I.

27 So Groner/Meier, SZW 74 (2002), S. 285; Lenzen, Unerlaubte Eingriffe, S. 33 ff.

28 So Groner/Meier, SZW 74 (2002), S. 290; Reuter, Aktienmarkt, S. 180 ff.; Lenzen, Unerlaubte Eingriffe, S. 1.

29 BT-Dr. 10/318, S. 12; Hopt, Gutachten, G 47 f.; Worms, Anlegerschutz, S. 259; Geerds, Vermögensschutz, S. 318; Merkt/Rossbach, JuS 2003, S. 220.

30 Merkt/Rossbach, JuS 2003, S. 220; vgl. auch Hopt, Gutachten, G 47; Dingeldey, Insider-Handel, S. 65; Mennicke, Sanktionen, S. 99; Geerds, Vermögensschutz, S. 319; Dette, Kursbildung, S. 109; Hopt/Baum, in Hopt/Rudolph/Baum, S. 361.

31 Weber, Kapitalmarktrecht, S. 62; Merkt/Rossbach, JuS 2003, S. 218.

Kapitalmärkten[32]). Auch der Staat als Kapitalnehmer ist an effizienten Kapitalmärkten stark interessiert, um seine Finanzierungsbedürfnisse durch breitgesteuerte Emissionen von Anleihen zu befriedigen[33]. Dadurch wird aber nicht nur die Kapitalbeschaffung ermöglicht, sondern auch der kleine Kapitalist erhält die Gelegenheit, sich an den Gewinnchancen von Unternehmen zu beteiligen (sog. staatlich gelenkte Vermögensbildungsfunktion von Kapitalmärkten[34]) oder seine Altersvorsorge zu ziehen[35]. Ein funktionierender Kapitalmarkt erfüllt somit wichtige sozialpolitische Aufgaben.

Die Bereitschaft der Anleger zu solchen Geldanlagen hängt aber vor allem von der Möglichkeit ab, diese am Sekundärmarkt[36] - vor allem an Börsen - zu verkaufen und somit - vor Liquidierung des Unternehmens bzw. Verfall der Forderung - versilbern zu können[37]. Aus der Sicht des Emittenten, d. h. der Kapitalnachfrager, vollzieht sich in den börsenmäßig organisierten Märkten die Ersetzung des ersten Kapitalgebers durch andere Kapitalgeber. Die Börsen spielen für die bereits zirkulierenden Wertpapiere eine entscheidende Rolle. Sie haben einerseits die Funktion, Anbieter und Nachfrager zusammenzuführen und dadurch den tausch von Wertpapieren gegen Kapital zu ermöglichen (sog. Kapitalaustauschfunktion)[38]. Dabei wird durch die Zentralisierung von Angebot und Nachfrage die mit erheblichem Kosten- und Zeitaufwand verbundene Suche nach einem Geschäftspartner überflüssig gemacht[39]. Dies spart Transaktionskosten, die sich sonst in den Wertpapierpreisen niederschlagen würden, und führt zu einem effizienteren Austausch von Papieren und Kapital[40].

Damit eng verbunden ist die Funktion von Börsen, durch die Konzentration des gesamten Angebots- und Nachfragepotentials zu einem möglichst gerechten Preis für die gehandelten Papiere zu gelangen (sog. Preisbildungsfunktion)[41]. Zwar liegen jeder Transaktion (subjektive) Bewertungen anhand des vorhandenen

---

32 Weber, Kapitalmarktrecht, S. 46; vgl. auch hierzu Watter, SZW 62 (1990), S. 195; Menicke, Sanktionen, S. 99; Heise, Insiderhandel, S. 80.

33 Merkt/Rossbach, JuS 2003, S. 220.

34 Vgl. schon Henggeler, Lehre vom Börsenstrafrecht, S. 1; vor allem Hopt, Gutachten, G 48; Worms, Anlegerschutz, S. 1; Geerds, Vermögensschutz, S. 319.

35 Hopt, Gutachten, G 47; Kümpel, Kapitalmarktrecht, 2. Aufl., S. 20.

36 Auch als Zirkulationsmärkte bekannt, zumal an denen die neugeschaffenen Wertpapiere am Kapitalmarkt weiter veräußert werden können und somit im Anlegerpublikum „umlaufen", vgl. Richard, SZW 67 (1995), S. 259 FN 1; Merkt/Rossbach, JuS 2003, S. 218.

37 Weber, Kapitalmarktrecht, S. 62; Reuter, Aktienmarkt, S. 10 f.; Baums, ZHR 167 (2003), S. 149.

38 Reuter, Aktienmarkt, S. 1; Weber, Kapitalmarktrecht, S. 62; Merkt/Rossbach, JuS 2003, S. 222.

39 Rudolph/Röhrl, in Hopt/Rudolph/Baum, S. 162 f.

40 Claussen, Bank- und Börsenrecht, § 9 RN 1.

41 Obst/Hintner, Geld-, Bank- und Börsenwesen, 1. Teil, 1.2.2.2; Lücker, Missbrauch, S. 24 m. w. N.

Informationsstandes zugrunde; die Zentralisierung der Aufträge für die Wertpapiere gewährleistet jedoch einen möglichst liquiden Markt, in dem Anleger von bewertungserheblichen Informationen ausgehend ihre Kauf- und Verkaufsentscheidungen ohne die sonst exorbitanten Suchkosten umsetzen können, so dass eine ideale Wettbewerbssituation hergestellt wird, die objektivierte bzw. marktgerechte An- und Verkaufskurse garantiert[42]. Darin liegt also die erhebliche rechtliche Bedeutung von Kursen, dass erst durch ihre ordnungsgemäße Feststellung eine zuverlässige (Markt)Bewertung der Titel und der dahinterstehenden Unternehmen erheblich erleichtert und oft überhaupt erst ermöglicht wird. Im Kurs spiegelt sich also die wahre Lage des Kapitalmarktes wieder, er ist das wesentliche Bewertungsmoment[43].

Da die an Börsen gebildeten Preise mit einem erhöhten Maß an Richtigkeitsgewähr verbunden sind, bestimmt der Kurs des Sekundärmarktes die Bedingungen, zu denen Unternehmen neues Kapital aufnehmen können. Damit wird sichergestellt, dass das Geld den „produktivsten" Verwendungen zugeführt wird, da verlustbringende Unternehmen keine attraktive Rendite in Aussicht stellen können[44]. Man spricht von der „Kapitalmarktlenkungsfunktion"[45] oder „Allokationsfunktion" der Börse, die von zentraler Bedeutung für einen effizienten Markt ist[46]. Die Kursermittlung bietet außerdem nicht nur den Handelswilligen Anhaltspunkte für den Wert der Aktie an, sondern auch sie findet Berücksichtigung bei der Entscheidung über die Ausweitung oder Kürzung von Krediten oder die Besicherung von Bankkrediten sowie bei vielen anderen volks- und betriebswirtschaftlichen Vorgängen[47]. Börsenpreise dienen also als Berechnungs-, Abrechnungs- und Bewertungsgrundlage in vielfachen Zusammenhängen und sind zweifellos von erheblichem Belang für unsere Marktwirtschaft[48].

---

42 Reuter, Aktienmarkt, S. 7, 187, 237; Weber, Kapitalmarktrecht, S. 14, 76 f.; Schlüter, Börsenhandelsrecht, 2. Aufl., G RN 19, 60, 277; Liersch, WM 2003, S. 475.

43 Schon Weinholz, Börsenwesen, S. 29; Schmidt, Börsenorganisation, S. 81; Weber, Kapitalmarktrecht, S. 15.

44 Groner/Meier, SZW 74 (2002), S. 285.

45 Heise, Insiderhandel, S. 80 f.

46 Watter, SZW 62 (1990), S. 195; Lenzen, Unerlaubte Eingriffe, S. 53; Ziouvas, wistra 2003, S. 17; Altenhain, BB 2002, S. 1875; Hopt, Gutachten, G 51; Assmann, ZBB 1989, S. 61; Reuter, Aktienmarkt, S. 8 f.; Merkt/Rossbach, JuS 2003, S. 220.

47 Schlüter, Börsenhandelsrecht, 2. Aufl., G RN 19, 60; Liersch, WM 2003, S. 474; Beck, in Schwark, 3. Aufl., § 24 BörsG RN 5 f. ; als Bewertungsgrundlage zur Abfindung oder zum Ausgleich für außenstehende oder ausgeschiedene Aktionäre vgl. BVerfG, NZG 1999, S. 931 ff. („DAT-Altana") sowie BGH, ZIP 2001, S. 734.

48 Schlüter, Börsenhandelsrecht, 2. Aufl., G RN 278.

II. Legaldefinition von Börsenpreisen

Nach § 24 Abs. 1 BörsG sind Börsenpreise Preise für Wertpapiere und Derivate, die während der Börsenzeit an einer Wertpapierbörse im amtlichen oder im geregelten Markt sowie Preise, die an einer Warenbörse ermittelt werden. Börsenpreise sind schließlich nach § 57 Abs. 2 BörsG auch Preise für Wertpapiere, die während der Börsenzeit an einer Wertpapierbörse im Freiverkehr ermittelt werden, sofern sie den Anforderungen an die Preisfeststellung nach dem Börsengesetz entsprechen.

Maßgebend ist also der Börsenbegriff. Die Erzielung eines Börsenpreises ist nicht Voraussetzung des Vorliegens einer Börse, sondern Rechtsfolge der Genehmigung als Börse nach § 1 Abs. 1 Satz 1BörsG bzw. als Freiverkehr nach § 57 Abs. 1 BörsG[49]. Eine ansatzweise Definition des Börsenbegriffs enthält § 1 Abs. 7 und 8 BörsG, wo nach der Art der gehandelten Objekte zwischen Wertpapier- und Warenbörsen unterschieden wird[50]. Die Börse ist nach dem Börsengesetz in zwei grundsätzliche Segmente aufgeteilt, den amtlichen Markt für große Gesellschaften und den nichtamtlichen Handel, zu welchem der geregelte Markt sowie der Freiverkehr gehören[51]. Während der geregelte Markt ein organisierter Markt ist, der kleineren und mittleren Aktiengesellschaften einen erleichterten Zugang zu einem börsenmäßigen Markt für die von ihnen emittierten Aktien eröffnet[52], findet man beim privatrechtlich organisierten Freiverkehr einen außerbörslichen Kassahandel in Werten, die weder zum amtlichen Markt noch zum geregelten Handel zugelassen sind (§ 57 BörsG n. F)[53]. Die Neusegmentierung des amtlichen und geregelten Marktes zwecks flexiblerer Regulierung in zwei Segmente mit unterschiedlich hohen Transparenzanforderungen[54], und zwar in den Prime Standard als Aktienmarkt mit international üblichen Transparenzanforderungen wie die Pflicht zur Rechnungslegung nach internationalen Standards und zur Quartalberichterstattung, und in den General Standard mit gesetzlichen Mindestanforderungen berührt den geregelten Charakter des amtlichen und geregelten Marktes nicht.

Zur Beantwortung der Frage, wann eine Einrichtung nach § 1 Abs. 1 Satz 1 BörsG als „Börse" genehmigungspflichtig ist, bedarf es allerdings eines Rück-

49 Reuschle/Fleckner, BKR 2002, S. 623.

50 Merkt/Rossbach, JuS 2003, S. 223.

51 Benner, in Wabnitz/Janovsky, 2. Aufl., Kapitel 9 RN 14 ff. Zum nicht-amtlichen Handel gehörte bis neulich auch der Neue Markt, der im März 1997 im Rahmen des Freiverkehrs für schnell wachsende innovative junge Unternehmen mit entsprechend hohem Risiko entstanden war, wo allerdings erhöhte Zulassungsvoraussetzungen und Bedingungen der international anerkannten Rechnungslegung vorgesehen waren, vgl. Benner, in Wabnitz/ Janovsky, 2. Aufl., Kapitel 9 RN 18.

52 Benner, in Wabnitz/Janovsky, 2. Aufl., Kapitel 9 RN 16.

53 Reuschle/Fleckner, BKR 2002, S. 624.

54 Mues, ZBB 2001, S. 353; Beck, BKR 2002, S. 706; Weber, NJW 2003, S. 20; Gebhardt, WM 2003 (Sonderbeilage), S. 3 ff.

griffs auf einen materiellen Börsenbegriff[55]. Die Börsengesetzbestimmungen liefern aber solch einen Börsenbegriff nicht, so dass die Entwicklung des Börsenbegriffs der Literatur und Rechtsprechung überlassen wurde[56]. Unter dem ursprünglichen Börsenbegriff verstand man „ eine marktmäßige Veranstaltung, welche zum Zwecke des Abschlusses von Gattungskäufen über fungible bzw. vertretbare Waren für den Handelsverkehr die berufsmäßige Großhändler eines Hauptortes zu regelmäßig in kurzen Zwischenräumen wiederkehrenden Zusammenkünften an bestimmtem Ort und zu bestimmter Zeit vereinigt[57]".

Der Börsenbegriff ist allerdings angesichts der Entwicklungen im Geschäftsverkehr entwickelt worden. Insbesondere sind die zeitliche und örtliche Konzentration (Ortsgebundenheit) angesichts der weit verbreiteten elektronischen Systeme wohl verlassen worden[58]. Zum einen ersetzt der Computer im Präsenzhandel die Präsenz. EDV-Unterstützung findet nicht nur auf dem Arbeitsplatz des Maklers und der sonstigen Handelsteilnehmer, sondern auch von der Auftragsübermittlung bis hin zur Lieferung der Stücke und der Einziehung bzw. der Gutschrift der Beträge statt[59]. Bei den reinen Computerbörsen allerdings, bei denen das Handelssystem nicht bloß computerunterstützt, sondern vollcomputerisiert ist wie Eurex (frühere Deutsche Terminbörse), die Warenterminbörse in Hannover, die Leipziger Energiebörse sowie die elektronische Handelsplattform Xetra der Frankfurter Wertpapierbörse[60], stellt der Zentralcomputer die Handelsplattform dar[61]. Die Handelsteilnehmer geben von jedem Ort der Welt per Bildschirm online ihre verbindlichen Kauf- und Verkaufsangebote über Terminals in einen Zentralcomputer, der deckungsgleiche Gebote zu Geschäftsabschlüssen zusammenführt (Matching). Vom Zentralrechner werden die Auftraggeber über die Ausführung ihres Auftrages wieder zeitgleich online informiert.

Das Phänomen Börse lässt sich heutzutage angesichts dessen sachgerecht definieren, wenn auf die hierdurch erreichte Zentralisierung der Geschäftsab-

---

55 Reuschle/Fleckner, BKR 2002, S. 623.

56 Hammen, AG 2001, S. 550.

57 König, Börsenpreisbeeinflussung, S. 7; Saiko, Archiv für Kriminologie 158 (1976), S. 154; aus der rezenten Kommentarliteratur vgl. Kümpel, Kapitalmarktrecht, 2. Aufl., S. 65; Reuschle/Fleckner, BKR 2002, S. 623; Schlüter, Börsenhandelsrecht, 2. Aufl., G RN 36 ff.; Ziouvas, wistra 2003, S. 16.

58 Kümpel, Kapitalmarktrecht, 2. Aufl., S. 61, 65; Schlüter, Börsenhandelsrecht, 2. Aufl., G RN 41 ff., 48; Weber, NJW 2000, S. 2063; Beck, BKR 2002, S. 699 ff.

59 In Deutschland wird hierzu seit 1992 an allen Wertapierbörsen das System Xontro (vormals BOSS-CUBE/BÖGA) eingesetzt, vgl. Beck, BKR 2002, S. 699; Benner, in Wabnitz/Janovsky, 2. Aufl., Kapitel 9 RN 20.

60 Benner, in Wabnitz/Janovsky, 2. Aufl., Kapitel 9 RN 19, 22; Merkt/Rossbach, JuS 2003, S. 219.

61 Kümpel, Kapitalmarktrecht, 2. Aufl., S. 65; Beck, BKR 2002, S. 699.

schlüsse abgestellt wird[62]. Darüber hinaus ist wesentlich, dass es an einer organisierten und reglementierten Umsatzstelle zu Geschäftsabschlüssen kommt[63]. Trotzdem führt der Mangel an einer funktionalen Börsendefinition wegen der Unterscheidung zwischen Börsen, alternativen Handelssystemen bzw. außerbörslichen Sekundärmärkten zu einer erheblichen Rechtsunsicherheit[64].

Von besonderer Brisanz sind „alternative Handelssysteme“[65]. Meistens soll mit diesem Begriff zum Ausdruck kommen, dass ein anonymer Handel - die Zentralisierung der Kauf- und Verkaufsinteressen - nicht an einem physischen Ort erfolgt, sondern die Geschäfte werden über computergestützte Bildschirmhandelssysteme außerhalb der Institution Börse abgeschlossen[66]. Diesen Systemen seien Charakteristika sowohl von Finanzdienstleistern als auch von traditionellen Börsen beizumessen[67]. Sie vermitteln Wertpapiergeschäfte zwischen Marktteilnehmern, wie Anlagevermittler dies tun, und bilden oft durch die Zusammenführung von Nachfrage und Angebot Preise wie an traditionellen Börsen. Obwohl das vierte FFG ein umfassendes Aufsichtsystem für elektronische Marktplätze eingeführt und börsenähnlichen Einrichtungen nunmehr explizit den Ländern nach §§ 59 f. BörsG zugeschlagen hat[68], bleibt ein materieller Börsenbegriff immer noch unklar[69]. Diese Rechtsunsicherheit macht es nunmehr auch in der Praxis erforderlich, Börsen von Nicht- Börsen abzugrenzen, mithin eine Legaldefinition des Begriffs „Börse“ zu entwickeln[70].

III. Zustandekommen von Börsenpreisen

Die Besonderheit von Börsenpreisen liegt darin, dass sie erst mit ihrer ordnungsgemäßen Feststellung entstehen[71]. Damit ist nicht gemeint, dass Börsen Produzenten von Kursen sind[72]. Börsenpreise entstehen vielmehr elektronisch

---

62 Riehmer, NZG 2001, S. 385; Peterhoff, in Schäfer, § 1 BörsG RN 19; Mues, ZBB 2001, S. 356; Spindler, WM 2002, S. 1333.

63 Reuschle/Fleckner, BKR 2002, S. 623.

64 Peterhoff, in Schäfer, § 1 BörsG RN 19; Weber, NJW 2000, S. 2062; BT-Dr. 12/8017, S. 157; Kümpel, Kapitalmarktrecht, 2. Aufl., S. 85; Mues, ZBB 2001, S. 355; Spindler, WM 2002, S. 1333.

65 Vgl. BT-Dr. 12/8017, S. 151 f.; Hammen, AG 2001, S. 549 f.

66 Merkt/Rossbach, JuS 2003, S. 219; Reuschle, Viertes FFG, C RN 28.

67 Ludwig, ZfdgK 2003, S. 515.

68 BT-Dr. 14/8601, S. 15; Reuschle/Fleckner, BKR 2002, S. 618; Mülbert, JZ 2002, S. 829.

69 Blumentritt, Die privatrechtlich organisierte Börse, S. 6; Kümpel/Hammen, Börsenrecht, 2. Aufl., S. 41 ff.; a. A. Spindler, WM 2002, S. 1333; Mülbert, JZ 2002, S. 829; Reuschle-/Fleckner, BKR 2002, S. 624.

70 Blumentritt, Die privatrechtlich organisierte Börse, S. 5.

71 Weber, Kapitalmarktrecht, S. 46; Park, BB 2001, S. 2069; Benner, in Wabnitz/Janovsky, 2. Aufl., Kapitel 9 RN 60 ff.

72 Rudolph/Röhrl, in Hopt/Rudolph/Baum, S. 260; Lenzen, Unerlaubte Eingriffe, S. 57.

oder durch die Interaktionen von zur Feststellung des Börsenpreises zugelassene Kredit- oder Finanzdienstleistungsunternehmen (Skontroführer), die wiederum auf der Orderplatzierung der Investoren beruhen (§ 25 BörsG).

Wie Angebot und Nachfrage einander zugeordnet werden, ist lediglich eine technische Frage, die Besonderheiten aufweisen kann. Das Verfahren der Preisfindung beruht einerseits auf dem Auktionssystem[73]. Gegengleiche Order bzw. Angebot und Nachfrage treffen hier unmittelbar aufeinander und werden durch geeignete Kursbestimmungsverfahren zum Ausgleich gebracht. Steht dem Angebot keine Nachfrage oder der Nachfrage kein Angebot gegenüber, oder lassen die auseinandergehenden Limite keine Geschäftsabschlüsse zu, so wird entweder das niedrigste Verkaufslimit als Briefkurs (Angebot) oder das höchste Kaufslimit als Geldkurs (Nachfrage) notiert. Der Handel an der Terminbörse Eurex sowie zum Teil an Xetra[74] erfolgt allerdings überwiegend im Wege des sog. market making: Einzelne Handelsteilnehmer (market maker) sind ständig mit Kauf- und Verkaufsangeboten (Quotes) im Auftragsbuch der Börse präsent. Korrespondierende Aufträge anderer Handelsteilnehmer werden dann automatisch mit den Quotes der market maker zu Geschäftsabschlüssen zusammengeführt[75]. Geeignet ist das market maker System für Sekundärmärkte in weniger liquiden[76] Werten, da nach dem Auktionssystem arbeitende Märkte die Gefahr der Ermittlung nicht repräsentativer Kurse bzw. Preise bergen[77].

Auktionssysteme lassen sich darüber hinaus noch zeitlich nach der Anzahl der Handelszeitpunkte und nach der Art der Orderinteraktion unterscheiden. Die zeitliche Differenzierung unterscheidet periodische und kontinuierliche Auktionen. In einem fortlaufenden Handel kann es fortwährend zu bilateralen Transaktionen kommen, während eine periodische Auktion (Einheitskurse) nur zu definierten Zeitpunkten Transaktionen ermöglicht[78]. Der Einheitskurs stellt das Optimum eines zeitlich konzentrierten Marktes dar und entspricht dem Preis, den die Mehr-

---

73 Lenzen, Unerlaubte Eingriffe, S. 5; Schlüter, Börsenhandelsrecht, 2. Aufl., G RN 308.

74 Das Market-Making-Prinzip wird beispielsweise in Xetra angewandt, indem dort sog. Designated Sponsors Quotes eingeben, auf die ständig gehandelt werden kann. Ein Teil des XETRA-Handels ist daher order-driven, ein anderer quote-driven, s. Schlüter, Börsenhandelsrecht, 2. Aufl., G RN 313.

75 Beck, BKR 2002, S. 701 m. w. N.

76 Ein Markt wird als liquid bezeichnet, wenn die Marktteilnehmer schnell und zu niedrigen Transaktionskosten die von ihnen gewünschte Anzahl von Wertpapieren kaufen oder verkaufen können, ohne dass ihre Aufträge den Kurs nennenswert beeinflussen, vgl. Rudolph/Röhrl, in Hopt/Rudolph/Baum, S. 177; Merkt/Rossbach, JuS 2003, S. 220.

77 Schlüter, Börsenhandelsrecht, 2. Aufl., G RN 314; Koller, in Assmann/Schneider, 3. Aufl., § 31 RN 63.

78 Lenzen, Unerlaubte Eingriffe, S. 5; Kümpel, Kapitalmarktrecht, 2. Aufl., S. 82; Schlüter, Börsenhandelsrecht, 2. Aufl., G RN 308 ff.

heit des Anlegerpublikums für angemessen, für „richtig“ hält[79]. Aber auch der jeweils festgestellte Preis bei kontinuierlichen Auktionen bietet sich als Börsenpreis an, denn auch dabei ergibt sich eine Kette unterschiedlicher Notizen, die die Marktlage während der Börsenzeit widerspiegelt[80]. Schließlich wird die Angemessenheit von Preisen bei market maker Systemen dadurch sichergestellt, dass in der Regel verschiedene market makers bei der Stellung des Kurses für ein Wertpapier miteinander konkurrieren, so dass sich die Spanne zwischen An- und Verkaufspreisen (Spread) im Wettbewerb verringert[81]. Ohne Konkurrenz ist es dem market maker allerdings möglich, den Preis unabhängiger von Angebot und Nachfrage und somit willkürlich zu setzen[82].

Die installierten Preisfindungssysteme sind meist historisch gewachsene und daher komplexe Mischformen[83]. Eine häufig vorkommende Kombination ist das Starten des Handels mit einer Einheitskursfeststellung und seine Fortführung mit einer kontinuierlichen Auktion: Einheitspreise kommen dadurch zustande, dass die für ein bestimmtes Wertpapier erteilten Aufträge im Orderbuch gesammelt bzw. im System eingestellt werden und zu einem indikativen Kurs führen, der bekannt gegeben wird[84]. Auf diese Weise werden die Handelsteilnehmer über die Marktlage informiert. Sie haben dann die Möglichkeit, noch vor der eigentlichen Preisfeststellung entsprechend zu reagieren, indem sie weitere Orders erteilen oder erteilte Orders inhaltlich abändern oder stornieren lassen. Nach Schluss der Orderaufnahme wird der Einheitspreis errechnet. Der Handel setzt sich dann mit einzelnen Geschäftsabschlüssen fort[85]. Jeder dieser Abschlüsse erzeugt einen Börsenpreis, der als solcher festgestellt und veröffentlicht wird. Im Präsenzhandel wird darüber hinaus auch ein Schlusspreis nach dem Einheitskursverfahren ermittelt[86].

IV. Börsenpreistheorien

Die angeführten Untersuchungen haben deutlich gemacht, dass das Effektenpublikum kein Recht auf einen bestimmten Kurs hat, sondern allein die Auftragslage über die Höhe des Kurses entscheidet, also die Kauf- und Verkaufsorders, die die Anleger in den Markt geben[87]. Um allerdings zu erklären, wie sich diese Orders

79 Steinhauer, Insiderhandelsverbot, S. 53; BT-Dr. 12/8017, S. 150 f.; Beck, BKR 2002, S. 701.

80 Rudolph/Röhrl, in Hopt/Rudolph/Baum, S. 212; Steinhauer, Insiderhandelsverbot, S. 55.

81 Becker, in Hopt/Rudolph/Baum, S. 830; Schlüter, Börsenhandelsrecht, 2. Aufl., G RN 312.

82 Lenzen, Unerlaubte Eingriffe, S. 144.

83 Rudolph/Röhrl, in Hopt/Rudolph/Baum, S. 211.

84 Benner, in Wabnitz/Janovsky, 2. Aufl., Kapitel 9 RN 62 f.

85 Schlüter, Börsenhandelsrecht, 2. Aufl., G RN 302.

86 Schlüter, Börsenhandelsrecht, 2. Aufl., G RN 298.

87 Lenzen, Unerlaubte Eingriffe, S. 7.

überhaupt bilden, bedient man sich der ökonomischen Theorien und primär der Kursbildungstheorien. Die Wirtschaftswissenschaften haben zwischenzeitlich ein umfangreiches methodisches Instrumentarium zur Erklärung der Kursbildung erarbeitet, wo es aber vor allem immer noch am umstrittensten bleibt, ob das Verhalten der Marktteilnehmer exakt messbar und somit bedeutend für die Börsenpreisbildung bleibt oder ob es ausschließlich auf die Forschung wirtschaftsrelevanter Verhaltensergebnisse abzustellen ist[88]. Diese Diskussion kann im Rahmen dieser Arbeit nicht in jeder ihrer Verzweigungen nachgezeichnet werden. Die folgende Darstellung beschränkt sich deshalb auf die überwiegenden Börsenpreisbildungstheorien, und zwar auf die Ergebnisse der Fundamental-, technischen, Random-Walk-Analyse und die Thesen von Behavioral Finanztheorien.

1. Fundamentalanalyse

Die Fundamentalanalyse stellt die Sammlung und Auswertung von betrieblichen[89] und branchenbezogenen[90] Daten in den Mittelpunkt[91]. Die Bewertung von Aktien läuft dabei auf die Bestimmung des inneren Wertes (Intrinsic Value) hinaus, der als rationaler Wert einer Aktie aufgefasst wird, und zwar unabhängig vom Aktienkurs, der sich aus Angebot und Nachfrage ergibt. Nach dieser Theorie oszilliert der Aktienkurs um den inneren Wert der Aktie. Die Abweichungen vom inneren Wert seien nur kurzfristiger Natur, die auf den Einfluss psychologischer Faktoren zurückzuführen seien und die sich in verschiedenen Interpretationen gegenwärtiger Daten und verschiedenen Erwartungen über deren künftigen Verlauf äußerten. Da aber langfristig eine Anpassung an den inneren Wert zu erwarten sei, der innere Wert also den mittelfristig erwartbaren Kurs einer Aktie darstelle, könne ein entsprechender Kursverlauf prognostiziert werden[92].

Hinsichtlich der Analyse unternehmensindividueller Faktoren stehen sich zwei grundsätzlich verschiedene Bewertungskonzeptionen gegenüber, nämlich die

88 Hierzu ausführlich Dette, Kursbildung, S. 8, 14, 65, 190.

89 Wie Quartals-, Halbjahres- und Jahresergebnisse, das KGV (Kurs-Gewinn-Verhältnis), shareholder value, Management, Fusionen und Verkäufe, Kapitalmaßnahmen wie Kapitalerhöhung, Kapitalschnitt, Produktentwicklungen, die Qualität des Managements sowie auch die Entwicklung von Tochterunternehmen und sonstigen Beteiligungen, vgl. Dette, Kursbildung, S. 174; Lücker, Missbrauch, S. 17.

90 Wie bei zyklischen bzw. nicht zyklischen Branchen der Konjunkturzyklus, bei binnenmarktorientierten Branchen die Auftragseingänge, bei zinssensitiven bzw. nicht-zinssensitiven Branchen das Zinsniveau und sein Trend und bei außenwertabhängigen vs. nichtaußenwertanhängigen Branchen die Wechselkurse, insbesondere der US$, s. Dette, Kursbildung, S. 174; Fleischer/Kalss, AG 2002, S. 332.

91 Dette, Kursbildung, S. 7 f., 24 ff., 62 f. m. w. N; Reuter, Aktienmarkt, S. 137; Haouache, Börsenaufsicht, S. 42; Perridon/Steiner, Finanzwirtschaft der Unternehmung, S. 223; Fichtner, Börsenstrafvorschriften, S. 49 ff.; Feldhaus, Eignung, S. 113.

92 v. Hertzberg, Börseninformationsdienste, S. 73; Dette, Kursbildung, S. 25.

Substanzwert- und die Ertragswertmethode[93]. In Zeiten normaler wirtschaftlicher Entwicklung dürfte der Ermittlung der Substanz eines Unternehmens allerdings nur eine untergeordnete Bedeutung zukommen[94]. Prinzipiell lässt sich auf die Ertragskraft als zentrales Entscheidungskriterium der fundamentalen Aktienbewertung abstellen. Die Ertragswertmethode geht davon aus, dass der zu bestimmende Unternehmenswert von einem künftig anfallenden Zahlungsstrom abzuleiten ist. Je nachdem, welche Stromgröße in die Bewertung einbezogen wird, unterscheidet man überwiegend zwischen Dividenden-Discount- und Gewinn-Modellen. Die Dividenden-Discount-Modelle unterstellen, dass der Wert einer Aktie aus dem Barwert der künftig zu erwartenden Dividendenzahlung bestimmt wird[95]. Dieser Maßstab ist aber nicht ausreichend. Insbesondere bei Unternehmen, die ihr Wachstum über einbehaltene Gewinne finanzieren und daher keine Ausschüttungen vornehmen, oder bei Unternehmen, die langfristig keine Gewinne mehr erwarten lassen, trotzdem aber noch Ausschüttungen tätigen, ist ein auch nur annähernder Rückschluss auf die tatsächliche Ertragskraft nicht mehr möglich[96]. Im Gegensatz zu den Dividenden-Discount-Modellen gehen die Gewinn-Modelle davon aus, dass die Dividenden zusammen mit dem im Unternehmen zurückbehaltenen Gewinn den Ertragswert bestimmen. Die bekanntesten Verfahren sind hier die überholte Steuerbilanzgewinn-Methode[97] und die DVFA/SG-Methode, die von der Kommission der Deutschen Vereinigung für Finanzanalyse und Anlageberatung (DVFA) zur Ermittlung des echten Gewinns entwickelt wurde[98]. Mit dem Ergebnis nach DVFA soll ein von Sondereinflüssen bereinigtes Jahresereignis dargestellt werden, das geeignet ist, den Ergebnistrend eines Unternehmens im Zeitlauf aufzuzeigen, eine zuverlässige Ausgangsposition für die Abschätzung der zukünftigen Ergebnisentwicklung darzustellen und Vergleiche des wirtschaftlichen Erfolges zwischen verschiedenen Unternehmen zu ermöglichen.

Die Kritik gegenüber der Fundamentalanalyse setzt an verschiedenen Punkten an: Gezweifelt wird zunächst an der Bestimmtheit des inneren Wertes; es wird zu Recht eingeworfen, dass selbst die Ermittlung des inneren Wertes durch die heute vorherrschende Ertragswertmethode erhebliche Unterschiede aufweist[99]. Dies betrifft nicht nur die Unvorhersehbarkeit des Zukünftigen, sondern auch besondere fachliche Fähigkeiten, Erfahrungen und Präferenzen von Analysten, Interessenkonflikte, Trendermittlungs- und Extrapolationsverfahren sowie Bilanzansatz-Entscheidungen der bilanzierenden Gesellschaft. Unberücksichtigt bleibt vor

93 Dette, Kursbildung, S. 28.
94 Dette, Kursbildung, S. 30.
95 Dette, passim; Feldhaus, Eignung, S. 113.
96 Dette, Kursbildung, S. 31; Feldhaus, Eignung, S. 114.
97 Dette, Kursbildung, S. 32.
98 Dette, Kursbildung, S. 32 ff.; Feldhaus, Eignung, S. 114.
99 Dette, Kursbildung, S. 35 ff., 63; Perridon/Steiner, Finanzwirtschaft der Unternehmung, S. 238; Heise, Insiderhandel, S. 130; Feldhaus, Eignung, S. 115.

allem das Verhalten der Marktteilnehmer. Raschen Veränderungen ist mit dieser Analysemethode jedoch kaum zu begegnen, da zwischen Unternehmensstatements bzw. Jahresabschluss und Veröffentlichung meist mehrere Wochen oder gar Monate vergehen[100]. Nach der Analyse der Bilanzen und Geschäftsberichte kann das Ergebnis möglicherweise bereits überholt und schon im Aktienkurs eskomptiert sein. Dazu kommt auch noch die Unsicherheit, dass die Verlässlichkeit von DVFA/SG-Bewertungen für verschiedene Unternehmensgruppen stark differiert[101]. Gerade in dynamischen und wettbewerbsintensiven Branchen und bei Unternehmen in schlechten wirtschaftlichen Situationen sind die Erfolgsdaten der DVFA/SG wenig verlässlich. Eine Aktienanalyse aufgrund des fundamentalistischen Ansatzes kann deshalb der Erklärung der Aktienkursbildung sowie den speziellen Entscheidungssituationen der einzelnen Marktteilnehmer nicht umfassend gerecht werden[102].

2. *Technische Analyse*

Die technische Analyse vernachlässigt indessen unternehmensspezifische Faktoren und interpretiert den Börsenkurs als objektives Ergebnis[103]. Denn der Einfluss sonst nicht messbarer Größen wie zukünftiger Erwartungen und psychologischer Determinanten äußere sich dann doch in einem messbaren Phänomen, nämlich dem Aktienkurs. Die Grundidee der technischen Analyse ist, dass die Kursentwicklung im Zeitablauf typische Muster aufweist und dass man diese Muster rechtzeitig erkennen und in die Zukunft extrapolieren kann[104]. Mit Hilfe graphisch dargestellter Index-, Aktienkurs- und Umsatzverläufe, den sog. charts, formen die Chartisten die kausalgebundenen Ergebnisse zu funktionalen Zusammenhängen um, belegen diese mit Wahrscheinlichkeiten in Form von Widerstandslisten und versuchen, Aussagen über die zukünftige Aktienpreisentwicklung zu gewinnen. Der Computereinsatz erleichtert sogar die Kreation von Indikatoren, die ein rechtzeitiges Urteil über die weitere Kursentwicklung erlauben sollen[105].

Aus theoretischer Sicht stößt die technische Analyse auf schwerwiegende Bedenken, da deren theoretische Fundierung unzureichend ist[106]. Diese Vorgehensweise impliziert, dass an der Börse mit gleichem Verhalten in gleichen Situa-

---

100 Dette, Kursbildung, S. 40 f.

101 Heise, Insiderhandel, S. 130.

102 Dette, Kursbildung, S. 41; Loesche, Kursbeeinflussung, S. 141; Schäfer, in Dreyling/Schäfer, S. 121.

103 Dette, Kursbildung, S. 8, 41, 63 m. w. N; Perridon/Steiner, Finanzwirtschaft der Unternehmung, S. 238 f.

104 Peters, Insiderstrafrecht, S. 73; Haouache, Börsenaufsicht, S. 42; Dette, Kursbildung, S. 41 ff.; Feldhaus, Eignung, S. 117.

105 Dette, Kursbildung, S. 51.

106 Dette, Kursbildung, S. 52, 63.

tionen zu rechnen ist[107]. Jedoch sind Änderungen dieser als spezifisch erachteten Verhaltensweisen nie auszuschließen, da ein Individuum bei gleichen Situationen durchaus unterschiedlich reagieren kann[108]. Trotz aller aufgeführten Bedenken lassen sich Charts und Indikatoren dennoch für eine Kursprognose verwenden[109]. Voraussetzung ist allerdings, dass die technische Aktienanalyse von einer entsprechenden Anzahl von Marktteilnehmern angewendet wird. Verwenden Investoren dieselben Entscheidungsfindungskriterien, so kann sich ein „selffullfilling prophecy Effekt" einstellen[110]. Hierdurch kann sich selbst eine falsche Vorhersage faktisch bewahrheiten, wenn sie von den Akteuren für wichtig gehalten wird und in ihre Handlungsplanung eingeht[111]. Somit ist es durchaus rational, die technische Analyse in die Entscheidungsfindung einzubeziehen.

3. Random-Walk-Hypothese und Kapitalmarkteffizienztheorie

Im Gegensatz zu Fundamentalisten und Technikern, deren Verfahren auf von Ort und Zeit unabhängigen Gesetzmäßigkeiten der Kursbildung beruht[112], geht die Random-Walk-Hypothese von der Grundauffassung aus, dass es prinzipiell unmöglich sei, die zukünftige Kursentwicklung von Aktien richtig zu prognostizieren[113]. Es wird behauptet, dass die Aktienkurse zufällig um ihren inneren Wert schwanken, da die Anleger unterschiedliche Ansichten über die Kurse und den inneren Wert haben[114]. Vielmehr folgten die Kurse einem Zufallspfad (sog. random walk). Preisveränderungen seien, also, unabhängige, gleichverteilte Zufallsvariablen.

Ein Börsenkursverlauf, der der Random-Walk-Hypothese folgt, erfüllt auch die Hypothese der Kapitalmarkteffizienz[115], nach der sich der Marktwert eines Beteiligungstitels daraus ergibt, dass er eine Anwartschaft auf unsichere zukünftige Zahlungen darstellt[116]. Solche Anwartschaften entstehen auf der Basis von Informationen, und zwar sowohl von „harten Informationen" wie emittenten-[117]

107 Dette, Kursbildung, S. 8, 52, 63.

108 Dette, Kursbildung, S. 53, 64; v. Hertzberg, Börseninformationsdienste, S. 74.

109 Dette, Kursbildung, S. 53, 64.

110 Dette, Kursbildung, S. 49, 64.

111 Eichelberger, WM 2003, S. 2121.

112 Dette, Kursbildung, S. 8; Haouache, Börsenaufsicht, S. 42.

113 Dette, Kursbildung, S. 8, 53, 64; Feldhaus, Eignung, S. 116.

114 Dette, Kursbildung, S. 54 m. w. N.

115 Haouache, Börsenaufsicht, S. 41; Gehrt, Die neue Ad-hoc-Publizität, S. 20; Steinhauer, Insiderhandelsverbot, S. 63 f.; Dette, Kursbildung, S. 65.

116 Reuter, Aktienmarkt, S. 102; Dette, Kursbildung, S. 206.

117 Dabei handelt es sich um Tatsachen, die außerhalb des Handels entstehen und die interne Vorgänge der Unternehmen wie Dividendenerhöhung, Kapitalherabsetzung oder –Erhöhung, Bezugsrechtsausschlüsse, bevorstehende Konkurs- oder Vergleichsanträge, Großschäden, wesentliche Erfindungen, Kooperationsverträge, auch persönliche Veränderun-

oder wertpapierbezogenen[118] Tatsachen als auch von „soft“ Information, nämlich Hinweisen zur zukünftigen Entwicklung[119] sowie Einschätzungen und Annahmen des Anlegerverhaltens, insbesondere wenn sie von Personen stammen, die wegen ihrer Stellung in der Öffentlichkeit in der Lage sind, durch Empfehlungen Kurse insbesondere illiquider Aktien zu bewegen (sog. „Börsengurus“)[120]. Nicht zu verkennen sind auch marktbezogene Informationen, die sich entweder auf den Wertpapiermarkt als solchen wie die Marktstruktur, Marktsegmente und Marktbreite oder dessen Rahmenbedingungen beziehen und somit nur indirekt ein oder mehrere spezielle Wertpapiere zum Gegenstand haben wie z. B. Inflationsrate, Rezession, eine Regierungsumbildung, Kriege oder Naturereignisse wie der Tod eines bedeutenden Staatsoberhaupts, Ernteausfälle oder ein Erdbeben[121]. Auch der Aktienkurs selbst stellt eine Information dar, an dem Marktteilnehmer ihr Verhalten orientieren und Anpassungen vornehmen[122].

Im Zeitablauf kann sich der vorhandene Informationsstand verändern. Damit ändern sich auch die Erwartungen hinsichtlich der zukünftigen Zahlungsströme und somit der Marktwert. Die Anpassung der Marktpreise an Änderungen des Informationsstandes wird dadurch bewirkt, dass Marktteilnehmer, die aufgrund der ihnen verfügbaren Informationen Unter- oder Überbewertungen erkennen, durch Kauf- bzw. Verkaufsaufträge daraus Nutzen ziehen. Ein Markt ist dann als informationseffizient zu beschreiben, wenn sich Informationen, die den Wert

---

gen in Schlüsselpositionen des Unternehmens oder die Beziehungen der Unternehmen zu ihrer Umwelt betreffen wie ein Übernahmeangebot, ein Beherrschungs- oder Gewinnabführungsvertrag oder die Einleitung staatsanwaltschaftlicher Ermittlungen gegen die Unternehmensführung, vgl. Benner, in Wabnitz/Janovsky, 2. Aufl., Kapitel 9 RN 144, 147; Lücker, Missbrauch, S. 61.

118 Dabei handelt es sich um solche Tatsachen, die sich unmittelbar auf das einzelne Papier beziehen, so etwa eine größere An- oder Verkaufsorder, Umwandlung von vinkulierten, börsennotierten Namensaktien in Inhaberaktien, Bezugsrechtsausschluss oder Maßnahmen der Verwässerung, die Kündigung einer Schuldverschreibungsemission, Entscheidungen der Bundesbank über Diskontsatzänderungen vgl. Kümpel, WM 1994, S. 2138 f.; Hopt, FS für Beusch, S. 397; Weber, BB 1995, S. 163; Heise, Insiderhandel, S. 121.

119 Lücker, Missbrauch, S. 51; Groner/Meier, SZW 74 (2002), S. 285.

120 Dette, Kursbildung, S. 138; Braun/Vogel, ZfdgK 2003, S. 530, 533; Goldmann, ÖBA 2001, S. 790; Dier/Fühoff, AG 2002, S. 609; Schlösser, BKR 2003, S. 410.

121 Dette, Kursbildung, S. 110, 123, 126; Hasslinger, Zivilrechtliche Ansprüche, S. 40; Hopt, FS für Beusch, S. 397; Immenga, ZBB 1995, S. 202; Kümpel, WM 1994, S. 2139; Haouache, Börsenaufsicht, S. 43; Heise, Insiderhandel, S. 122; Steinhauer, Insiderhandelsverbot, S. 61. Sehr beeindruckend sind z. B. die Kursrückgänge in Deutschland nach den Terroranschlägen vom 11. September 2001, s. AG-Report, AG 2/2002, R 35.

122 Reuter, Aktienmarkt, S. 131; Weber, Kapitalmarktrecht, S. 15; Lenzen, Unerlaubte Eingriffe, S. 7.

des gehandelten Produktes beeinflussen, unverzüglich bzw. automatisch und in vollständigem Umstand in den Preisen niederschlagen[123].

Je nach Abgrenzung der vorhandenen Informationen lassen sich drei Formen der These von der Effizienz des Kapitalmarktes unterscheiden[124]: Schwache Effizienz liegt vor, wenn in den aktuellen Preisen alle Informationen über vergangenes Marktgeschehen verarbeitet sind. Die halbstrenge Form liegt vor, wenn die Preise über die in historischen Kursen enthaltenen Informationen hinaus alle öffentlich verfügbaren Informationen berücksichtigen, so dass sie im Augenmerk ihrer Bekanntmachung im Kurs berücksichtigt sind, während die strenge Form aussagt, dass es für keine Investorengruppe überdurchschnittliche Kursgewinne durch Informationsvorsprünge gäbe, da selbst solche nur oder bisher nur Insidern zugängliche Informationen bereits in der Kursbildung Berücksichtigung gefunden haben[125]. Wenn Kurse alle Informationen reflektierten, liege zwischen dem Entstehen kursrelevanter Nachrichten, der Ankunft und Perzeption auf dem Markt, der Einschätzung des Informationsgehalts, der Bewertungsrevision und der Notierung neuer Gleichgewichtskurse jeweils nur eine logische Sekunde[126]. Auf solch einem gleichgewichtigen Aktienmarkt kann keiner der Anleger damit rechnen, durch Aktienhandel in Verbindung mit Handelssystemen, vermeintlich überlegenen Spielstrategien, geschickten Timingentscheidungen oder Geheimkonzepten überdurchschnittliche Profite einreichen zu können. Der Anleger kann nur mit der risikogerechten Gleichgewichtsverzinsung rechnen. Dadurch wird das Investieren auf einem Markt mit perfekten antizipatorischen Preisen zu einem fairen Spiel unter den Beteiligten.

Die schwache Variante kapitalmarkteffizienter Märkte wird heute kaum bestritten[127]. Die konstante Suche nach unterbewerteten Effekten - besonders seitens professioneller Investoren - führt dazu, dass Informationsvorsprünge verschwinden, sobald der Preis adjustiert wird[128]. Die Aussagekraft der schwachen Variante

---

123 Vgl. Reuter, Aktienmarkt, S. 58 ff.; Watter, SZW 62 (1990), 195 f.; Neher/Otterbach, Die Bank 2001, S. 767; Steinhauer, Insiderhandelsverbot, S. 61 f.; Rudolph/Röhrl, in Hopt/-Rudolph/Baum, S. 181; Dette, Kursbildung, S. 54; Lenzen, Unerlabte Eingriffe, S. 53; Haouache, Börsenaufsicht, S. 41; Oerke, Ad-hoc-Mitteilungen, S. 13.

124 Reuter, Aktienmarkt, S. 67 f.; Rudolph/Röhrl, in Hopt/Rudolph/Baum, S. 181; Dette, Kursbildung, S. 54; Steinhauer, Insiderhandelsverbot, S. 62; Gehrt, Ad-hoc-Publizität, S. 20; Perridon/Steiner, Finanzwirtschaft der Unternehmung, S. 269.

125 Rudolph/Röhrl, in Hopt/Rudolph/Baum, S. 182 FN 144; Dette, Kursbildung, S. 55.

126 Reuter, Aktienmarkt, S. 63 f.

127 Rudolph/Röhrl, in Hopt/Rudolph/Baum, S. 182; Steinhauer, Insiderhandelsverbot, S. 62; Baums, ZHR 167 (2003), S. 80; Lenzen, Unerlaubte Eingriffe, S. 53; Groner/Meier, SZW 74 (2002), S. 285; Dette, Kursbildung, S. 61 f. m. w. N.

128 Groner/Meier, SZW 74 (2002), S. 286. Zum Begriff vgl. nun den Anhang II der neuen Wertpapierdienstleistungsrichtlinie 2004/39/EG des Europäischen Parlaments und des Rates vom 21.4.2004 über Märkte für Finanzinstrumente, zur Änderung der Richtlinien 85/611/EWG und 93/6/EWG des Rates und der Richtlinie 2000/12/EG des Europäischen

ist allerdings gering, denn sie erlaubt keine Schlüsse für die zukünftige Kursentwicklung[129]. Die mittelstarke Variante bestimmt zwar einen großen Teil der ökonomischen Theorien zu Kapitalmärkten, allerdings ist umstritten, ob bzw. wie vollkommen sie an unseren Kapitalmärkten verwirklicht ist[130].

Die strenge Variante wird allerdings heute nicht ernsthaft vertreten, da sie eindeutig widerlegt wird. Zunächst kann man temporäre Wissensvorsprünge angesichts einer unterschiedlichen, in Quantität und Qualität nicht vergleichbaren Ausstattung der Anleger bzw. professioneller und nicht-professioneller Anleger nicht völlig ausschließen[131]. Entscheidungsprozesse stehen außerdem unter Zeitdruck, der wiederum Auswirkungen auf das Ausmaß möglicher Informationsbeschaffung hat[132]. Der Informationsvorsprung eines Einzelnen oder einer kleinen Gruppe von Personen muss aber auch nicht notwendigerweise Nachfrage- oder Angebotseffekte haben, die das Ungleichgewicht rasch beseitigen[133]. Andernfalls wären Insidergewinne ausgeschlossen. Die Insider werden allerdings ihre Kauf- bzw. Verkaufsaufträge so dosieren, dass zwischen dem daraus resultierenden Preis und dem Gleichgewichtspreis, mit dem sie rechnen, noch eine Spanne bleibt.

Betrachtet man allerdings die Gleichgewichtsaussagen des Idealmarktes und hebt man die Annahme der kostenlosen Informationsversorgung auf, so ergibt sich eine paradoxe Situation[134]. Da auf dem Idealmarkt jederzeit gleichgewichtige Kurse herrschen, die alle Informationen unverzerrt widerspiegeln, ist es für den einzelnen Anleger ökonomisch sinnvoller, sich diesen Kursen anzupassen, ohne sich vorher fundamentale Informationskosten zu übernehmen. Wie aber können Kurse noch perfekte Informationsaggregatoren sein, wenn kein Anleger mehr Veranlassung sieht, sich zu informieren? Auch wenn man von einem Markt mit antizipatorischen Preisen ausgehen dürfte, besteht die Gefahr einer Übertreibung,

---

Parlaments und des Rates und zur Aufhebung der Richtlinie 93/22/EWG des Rates, ABl L 145 v. 30.04.2004: „*...der Kunde, der über ausreichende Kenntnisse und Sachverstand verfügt, um seine Anlageentscheidungen selbst treffen und die damit verbundenen Risiken angemessen beurteilen zu können*". Zu professionellen Kunden gehören dementsprechend Kreditinstitute, Wertpapierfirmen, Versicherungsgesellschaften, Organismen für gemeinsame Anlagen und ihre Verwaltungsgesellschaften, Pensionsfonds und ihre Verwaltungsgesellschaften, Warenhändler und Warenderivate- Händler, nationale und regionale Regierungen, Stellen der staatlichen Schuldenverwaltung, Zentralbanken, internationale und supranationale Einrichtungen wie die Weltbank, der IWF, die EZB, die EIB sowie Kunden, die auf Antrag als professionellen Kunden behandelt werden können.

129 Steinhauer, Insiderhandelsverbot, S. 62; Gehrt, Ad-hoc-Publizität, S. 20.

130 Krauel, Insiderhandel, S. 24; Baums, ZHR 167 (2003), S. 180; Oerke, Ad-hoc-Mitteilungen, S. 66, 198.

131 Reuter, Aktienmarkt, S. 209.

132 Reuter, Aktienmarkt, S. 117; Dette, Kursbildung, S. 155.

133 Steinhauer, Insiderhandelsverbot, S. 66; Krauel, Insiderhandel, S. 24.

134 Schmidt, Börsenorganisation, S. 83; Reuter, Aktienmarkt, S. 95 f.

wenn zu viele Marktteilnehmer ohne solide Informationsbasis nur aufgrund von Kurssignalen operieren[135].

Wenn alle Anleger gleichzeitig und gleichmäßig informiert sind und sich im Lichte neuer Informationen einig sind über deren Implikationen, also homogene Erwartungen haben, kann das Modell des effizienten Marktes des Weiteren den Aktienhandel nur unbefriedigend erklären[136]. Wenn alle dasselbe denken und erwarten und wenn der Übergang zu einem neuen Gleichgewicht keinen Marktteilnehmer schlechter stellen darf als andere, ist nicht ersichtlich, wer z. B. bei Eintreffen einer positiven Information unter diesen Umständen überhaupt verkaufen wollte[137]. Jeglicher Handel wäre allein durch exogene Einflüsse determiniert, z. B. durch einen plötzlichen Geldbedarf und Liquidationszwang, und gerade nicht durch Aufnahme und Verarbeitung von Informationen. Der tägliche Aktienhandel und die teilweise beträchtlichen Aktienumsätze sind allerdings Ausdruck der Tatsache, dass die Erwartungsbildung innerhalb der Anlegerschaft in einem bestimmten Zeitpunkt nicht homogen ist.

Die Effizienzthese lässt sich aber außerdem durch eine Reihe von auftretenden Marktunvollkommenheiten wie durch regelmäßig zu beobachtende Kursbewegungen wie z. B. der Montags[138]-, Januar-[139] oder Small- Firm-Effekt[140] leicht in Zweifel ziehen[141]. Inzwischen erkennen auch die Vertreter der modernen Random-Walk-Hypothese gewisse Abhängigkeiten zwischen vergangenen und künftigen Kursänderungen an. Die existierenden Abhängigkeiten seien ihrer Meinung nach jedoch zu klein, so dass nach Berücksichtigung des Risikos und der Transaktionskosten konsistent bessere Resultate als durch eine einfache Kauf- und Haltestrategie erzielt werden. Sie propagieren stattdessen die Suche nach der optimalen Mischung von Risikopapieren in einem Portfolio[142].

Im Rahmen der Kapitalmarktgleichgewichtstheorie ist das Capital Asset Pricing Modell (Portfolio-Selection-Theorie) erwachsen[143], das davon ausgeht, dass

---

135 Reuter, Aktienmarkt, S. 132 f.

136 Reuter, Aktienmarkt, S. 97.

137 Reuter, Aktienmarkt, S. 98; Krauel, Insiderhandel, S. 23.

138 Oft werden Kursrückgänge an Montagen beobachtet, vgl. Neher/Otterbach, Die Bank 2001, S. 767.

139 Der Januareffekt, auch als Turn-of-the-Year-Effect bekannt, besagt, dass die durchschnittlichen Renditen über die Monate gravierende Ungleichheiten aufzeigen; insbesondere soll dabei die Rendite im Januar wesentlich höher als in den Restmonaten des Jahres ausfallen, vgl. Neher/Otterbach, Die Bank 2001, S. 767.

140 Der Small-Firm-Effect besagt, dass Gesellschaften, die gemessen am Marktwert des börsennotierten Grundkapitals zu den kleinen des Gesamtmarktes gehören, systematische Überrenditen gegenüber großkapitalisierten Gesellschaften erzielen, vgl. Dette, Kursbildung, S. 61 m. w. N.

141 Dette, Kursbildung, S. 59 f., 64 f. m. w. N.; Steinhauer, Insiderhandelsverbot, S. 65.

142 Dette, Kursbildung, 56, 64.

143 Pellens/Fülbier, DB 1994, S. 1384.

jede Kapitalanlage einen bestimmten Wert hat, der durch Rendite und Risiko bedingt ist[144]. Nach dem CAPM ist die Rendite einer Aktie der Barwert des Erwartungswertes über das Endvermögen, diskontiert mit einem das systematische Risiko berücksichtigenden Zins[145].

Das Gesamtrisiko einer Investition setzt sich dementsprechend aus dem systematischen Risiko und dem sog. unsystematischen Risiko zusammen[146]. Unter dem systematischen Risiko einer Anlage versteht man marktinhärente Veränderungen, die sich im Kurs des jeweiligen Papiers niederschlagen. Bei Aktien handelt es sich dabei um das sog. Marktrisiko, das durch Unruhen, Wahlen, Revolutionen, Steuerreformen oder Naturkatastrophen beeinflusst wird. Bei Anleihen spielt das Zinsänderungsrisiko eine Rolle; auch das Währungsrisiko ist zu nennen[147]. Das systematische Risiko ist zwar leichter zu prognostizieren: indes lässt es sich nicht durch Diversifikationen innerhalb derselben Anlagekategorie eliminieren. Unter unsystematischem Risiko ist ein titelspezifisches Risiko zu verstehen, dessen Grund im Anlageobjekt selbst liegt[148]. Bei Aktien liegen dem unsystematischen Risiko Vorgänge der jeweiligen Aktiengesellschaft zugrunde wie ein Wechsel im Management, Brandschäden, Streiks etc. Bei Anleihen handelt es sich um das Bonitätsrisiko des Schuldners oder ein Kündigungsrisiko, wenn der Schuldner sich die Kündigung der Anleihe vorbehalten hat. Das systematische Risiko ist schwerlich zu prognostizieren. Gleichwohl lässt es sich durch Diversifikation des Portfolios eliminieren.

Das CAPM geht also davon aus, dass das Risiko anhand der in der Vergangenheit erzielten Erträge bestimmt werden kann, indem die Standardabweichung der Erträge berechnet wird[149]. Die daraus resultierende Zahl, Beta, zeigt die Variabilität des Ertrags, d. h. das Risiko einer Investition, mit der Größe der Abweichung von der Variabilität des Gesamtmarktes. Somit können die Anleger aus einer beinahe unerschöpflichen Kombination von Effekten sich den für sie optimalen Mix von Risiko und Ertrag zusammenstellen.

Doch kann auch mit Hilfe dieses Modells der konkrete Wertpapierpreis, der sich nach der Veröffentlichung einer Information ergibt, nicht ermittelt werden, da hierfür eine Einschätzung darüber notwendig wäre, wie eine Information die Erwartung der Marktteilnehmer hinsichtlich der zukünftigen Rendite und des damit verbundenen Risikos verändert[150]. Das wird noch schwieriger, wenn man die dem CAPM zugrunde liegende Prämisse der homogenen Erwartung aller rationalen Marktteilnehmer aufgibt und berücksichtigt, dass die Marktteilnehmer ihre Erwar-

---

144 Steinhauer, Insiderhandelsverbot, S. 57 ff. m. w. N.; Feldhaus, Eignung, S. 119.

145 Pellens/Fülbier, DB 1994, S. 1384.

146 Feldhaus, Eignung, S. 117.

147 Engler, vor Aktien wird gewarnt, S. 237.

148 Feldhaus, Eignung, S. 118; Engler, Vor Aktien wird gewarnt, S. 57, 237.

149 Groner/Meier, SZW 74 (2002), S. 287 FN 64; Steinhauer, Insiderhandelsverbot, S. 58.

150 Waldhausen, Die ad-hoc-publizitätspflichtige Tatsache, S. 270.

tungen aufgrund ihrer individuellen Bewertungen treffen und dass sich die Börsenstimmung nicht nur rational bildet, sondern Heuristiken unterliegt[151]. Börsencrashs wie die von 1987 und 1997 werden als Beispiele angeführt, die verdeutlichen sollen, wie wenig rational sich der Markt verhält[152]. Die Geschichte des wirtschaftenden Individuums kennt eklatante Beispiele der Marktüberhitzung, die interessante Einblicke in die Psychologie der Massen gewähren[153]. Motor des Marktgeschehens ist der Mensch, der (letztlich) unberechenbar und nur begrenzt steuerbar ist und der typischerweise versucht, aus gegebenen Situationen das (subjektiv) Beste herauszuholen[154].

4. Behavioral Finanztheorien

Die oben skizzierten Ungereimtheiten gaben Anlass für die Entwicklung entscheidungs-preistheoretischer Überlegungen bei der Kursbestimmung, die Börsenkurse als Ergebnis einer Vielzahl von Vor- und Teilentscheidungen in einem Informationsverarbeitungsprozess der am Börsenhandel beteiligten Marktteilnehmer ansehen[155]. Behavioral Finanztheorien haben von der Erwartungstheorie[156], Heuristik[157] bis zu kognitiven Dissonanzen z. B. Noise Theory oder Bubble-Theory[158] mittlerweile ihren festen Platz in der Finanzwelt gefunden[159].

Die sozialökonomische Verhaltensforschung zieht nämlich neben den ökonomischen Rahmenbedingungen auch psychologische und soziologische Faktoren in Betracht, die das Verhalten der Wirtschaftssubjekte aufgrund von Informationen über Umweltveränderungen beeinflussen und bestimmen[160]. Aufgrund der eingeschränkten Rationalität der Investoren wird hierbei auf die Prämisse der psychologischen Informations-Prozessing-Theorie abgestellt, als das menschliche

---

151 Feldhaus, Eignung, S. 119.

152 Steinhauer, Insiderhandelsverbot, S. 67.

153 Reuter, Aktienmarkt, S. 134.

154 Weber, Kapitalmarktrecht, S. 47.

155 Dette, Kursbildung, S. 65; Heise, Insiderhandel, S. 49; Haouache, Börsenaufsicht, S. 43; Lenzen, Unerlaubte Eingriffe, S. 7.

156 Dickersbach, Das neue Insiderrecht, S. 49; Heise, Insiderhandel, S. 53; Drygala, WM 2001, S. 1317.

157 Wie z. B. die nachahmende Anlage in bestimmten Wertpapieren, die in einem haussierenden Börsenumfeld dazu führen kann, dass Aktien, die in letzterer Zeit gestiegen sind, unaufhörlich steigen und sich weit von den fundamentalen Unternehmensdaten entfernen, vgl. hierzu Lenzen, Unerlaubte Eingriffe, S. 5; Neher/Otterbach, Die Bank 2001, S. 767 ff.; Fleischer, Gutachten, F 30.

158 Die Geräusch- oder Blasentheorie negiert ein ökonomisch-rationales Verhalten der Marktteilnehmer und nimmt an, dass die Kursentwicklungen der Wertpapiere selber langfristig zu einem weitaus großen Teil das Ergebnis „irrationaler", aber systematischer Verhaltensmuster sind, dazu Krauel, Insiderhandel, S. 23.

159 So Neher/Otterbach, Die Bank 2001, S. 767 ff.

160 Ausführlich hierzu Dette, Kursbildung, S. 5, 16, 104 f., 144 ff., 239 f.

Verhalten nicht eindeutig durch ein einfaches Reiz-Reaktions-Schema erklärt werden könne[161]. Das individuelle Entscheidungsverhalten kann hierdurch als ein Prozess der kognitiven Informationsverarbeitung dargestellt werden, bei dem die Prozesse der Informationsaufnahme, -Verarbeitung und -Bewertung als intervenierende Variable anzusehen und in die Analyse des Entscheidungsverhaltens zu integrieren sind[162].

Die Informationen der faktischen Umwelt, die den Entscheidungsrahmen für die Anleger bilden, werden demnach durch soziale Interaktionen persönlicher und unpersönlicher Art zum Individuum transferiert[163]. Die Kommunikation des Investors mit seiner Umwelt vollzieht sich entweder mit einzelnen Personen wie Analysten und Beratern, in kleinen Gruppen von Bezugspersonen wie Familie, Freunden und Kollegen oder in den unpersönlichen Formen der Massenkommunikation bzw. durch Massenmedien und Meinungsführer. Die Mehrzahl der an potentiell kursrelevanten Informationen Interessierten wird aus Kosten- und Zeitgründen sowie aus mangelnder Erfahrung nicht in der Lage sein, die von Börsen, Unternehmen und anderen Institutionen ausgesandten Informationen direkt am Ort der Entstehung zu empfangen. Daher liegt eine Chance zur Erzielung eines größeren Informationspotentials im Studium von Publikationen der Informationsintermediäre- Finanzanalysten und Wirtschaftsjournalisten, die die räumliche Distanz zwischen Informationssender und -Empfänger überwinden[164].

Diese durch Kommunikation transferierten Informationen werden von Anlegern verarbeitet[165]. Trotz der bereits stattgefundenen Selektions- und Bewertungsprozesse bleibt die Anlageentscheidung weiterhin hochkomplex und unsicher, da der Investor nur über beschränkte wahrnehmungsbezogene und kognitive Verarbeitungs- und Speicherkapazitäten verfügt[166]. Um einer Informationsüberlastung entgegenzuwirken, legt der Investor nur einen geringen Teil der angebotenen Informationen seiner Entscheidung zugrunde[167]. Der Mensch hat außerdem bestimmte Muster-Schemata, Stereotype oder Koordinierungen mit anderen Personen, die als Invarianten dienen, unter denen er die auf ihn einwirkenden Sinnesreizkomplexe subsumiert[168]. Ein Großteil des Alltagshandelns lässt sich vor allem durch impulsives oder habitualisiertes Verhalten kennzeichnen. Dadurch kann es leicht zu Fehlurteilen kommen. Der Investor geht nämlich bei seiner Entschei-

161 Dette, Kursbildung, S. 9, 11, 156 f.
162 Dette, Kursbildung, S. 145, 242.
163 Dette, Kursbildung, S. 105, 130 ff., 241; Baums, ZHR 167 (2003), S. 180.
164 Dette, passim; Lücker, Missbrauch, S. 171, 176; Siebel/Gebauer, WM 2001, S. 119, 125; Reuter, Aktienmarkt, S. 121.
165 Dette, Kursbildung, S. 106, 242.
166 Dette, Kursbildung, S. 157, 242; v. Hertzberg, Börseninformationsdienste, S. 72; Neher/-Otterbach, Die Bank 2001, S. 767 ff.; zu unterschiedlichen Analystenergebnissen Oerke, Ad-hoc-Mitteilungen, S. 20.
167 Dette, Kursbildung, S. 164.
168 Dette, Kursbildung, S. 158, 176 ff., 182 ff; Neher/Otterbach, Die Bank 2001, S. 767 ff.

dungsfindung stets von einem subjektiven, vereinfachten Modell der Umwelt aus, das nur einen kleinen Ausschnitt der objektiven Umwelt repräsentiert.

Weiterhin wird der Informationsverarbeitungsprozess neben den intervenierenden Variablen durch die Motivation und die Erwartung akzentuiert[169]. Eine Informationsselektion ist zum einen um so eher gegeben, je stärker die Motivation des Investors ist[170]. Es ist zum anderen von einer Vielfalt möglicher Motive auszugehen. Neben Gewinnmaximierung können auch andere Motive bei der Aktienanlage wirksam werden wie Risikofreude, Status, Clubanschluss, Hobby oder Zugehörigkeitsgefühl zum Arbeitgeber[171]. Ebenso sind aus der Höhe des Geldvermögens und des Einkommens spezifische Motive ableitbar. Bei geringem Geldvermögen dominieren eher Sicherheits- und Liquiditätsmotive, wohingegen bei wachsenden Volumina Ertrags- und Steuermotive an Bedeutung gewinnen. Aber auch bei professionellen Anlegern lassen sich neben den monetären unterschiedliche nichtmonetäre Motive finden, die sich insbesondere aus institutionellen und informationstechnischen Bedingungen ergeben[172]. Kreditinstitute betreiben z. B. neben dem klassischen Geschäft mit Geld und Kredit eine ganze Fülle von Aufgaben wie Effektenhandel, Effektenkommissionsgeschäft, Emissionsgeschäfte für Dritte, Effektenkreditgeschäfte, Anlageberatung, Market-Maker-Tätigkeit sowie Depot- und Emissionsgeschäfte, die sehr oft zu Interessenkonflikten führen[173]. Bei Investmentgesellschaften bestehen marktmäßige und satzungsmäßige Beschränkungen, die durchaus zu einem dem Gewinnstreben konterkarierendes Anlageverhalten führen können[174]. Versicherungsanlagen sollen unter dem Aspekt der Rentabilität bei jederzeitiger Liquidität unter Wahrung angemessener Mischung und Streuung ausgerichtet werden. Für Unternehmen, die Firmenkäufe über die Börse tätigen, ist davon auszugehen, dass Aktien von den Unternehmen überwiegend als ein Instrument zur dauerhaften Beteiligung an anderen Unternehmen zur Verbesserung ihrer zukünftigen Ertragskraft und/oder zur Minderung der geschäftlichen Risiken durch Synergieeffekte, Entschärfung der Wettbewerbslage, Konzentration von Forschung und Entwicklung, Erschließung günstiger Finanzierungsquellen oder Nutzung steuerlicher Verlustvorgänge angesehen wird. Nicht zuletzt spielen bei den Portfoliomanagern und Anlageberatern die persönliche Absicherung und die Karriere eine Rolle, die zu gleichgewichtetem, kurzfristigem und zyklischem Handeln führt.

---

169 Dette, Kursbildung, S. 243.

170 Dette, Kursbildung, S. 186.

171 Dette, Kursbildung, S. 69 ff., 102, 189 f.

172 Dette, Kursbildung, S. 103.

173 Engler, Vor Aktien wird gewarnt, S. 242 f.; Reuter, Aktienmarkt, S. 220; Lücker, Missbrauch, S. 155 f.; Peters, Insiderstrafrecht, S. 71; Koller, in Assmann/Schneider, 3. Aufl., § 31 RN 63, 66; Dette, Kursbildung, S. 81 ff.

174 Dette, Kursbildung, S. 86 ff., 103.

Durch die Erwartungsbildung versucht der Investor außerdem die zukünftigen Börsenbedingungen voranzustellen, um mit deren Kenntnis erfolgreiche Investitionen durch genauere Aktienkursverkaufsschätzungen zu tätigen[175]. Bekannt ist in diesem Zusammenhang das häufig zu beobachtende Phänomen, dass sich der Aktienkurs trotz günstiger Wirtschaftsaussichten und steigenden Unternehmensgewinnen und Dividenden nicht mehr erhöht, weil ungewisse Erwartungen hier schon zur Gewissheit geworden und durch Antizipationen in den Kursen ausgedrückt sind. In diesem Fall sind die Erwartungen des Ergebnisses bereits im Kurs reflektiert. Anders ist es jedoch bei unerwarteten Ergebnissen; sie führen häufig zu größeren Kursschwankungen.

Am Ende des Informationsverarbeitungsprozesses steht die Informationsbewertung[176]. Bedingt durch die Unsicherheit, den Zeitdruck und die Gruppendynamik, unter denen eine Entscheidung in der Regel zu fällen ist, tendiert der Entscheider zu verkürzten und vereinfachten Urteilsstrategien und oft zu systematischen Fehlurteilen.

5. Ergebnis

Somit wird offenkundig, dass alle Theorien von unterschiedlichen Standpunkten ausgehen und dass es somit an einem einheitlichen, wirtschaftswissenschaftlich fundierten Prognoseverfahren zur Bestimmung des Börsenpreisverlaufs mangelt[177]. Es gibt einfach keine volkswirtschaftlichen oder unternehmensspezifischen Größen, die maßgebliche Kursbewegungen zweifelsfrei verursachen bzw. eine empirische Theorie, die auf verlässlicher Basis vorhersehen kann, welche Nachrichten in welchem Ausmaß zu welchen Zeitpunkten in den Entscheidungskalkül einzelner Anleger eingehen und den Kurs beeinflussen[178]. Denn die Entscheidung zum Kauf oder Verkauf von Wertpapieren wird, wie gesehen, neben rationalen, oft auf objektiven Gegebenheiten beruhenden Überlegungen eben auch durch persönliche oder psychologische Größen beeinflusst[179].Außerdem wurde ausgeleuchtet, dass vollkommen effiziente Kapitalmärkte eine marktferne Realität darstellen, die zum Teil auch als Regelungsziel abgelehnt wird. Festzuhalten bleibt jedoch, dass Transaktionen auf dem Aktienmarkt grundsätzlich auf Informationen

---

175 Dette, Kursbildung, S. 199, 201, 206, 243 f.

176 Dette, Kursbildung, S. 208 ff., 244.

177 v. Hertzberg, Börseninformationsdienste, S. 75, 169; Haouache, Börsenaufsicht, S. 43; Heise, Insiderhandel, S. 49; Gehrt, Ad-hoc-Publizität, S. 153; Feldhaus, Eignung, S. 316.

178 Reuter, Aktienmarkt, S. 167; vgl. auch Cramer, FS für Triffterer, S. 330; Haouache, Börsenaufsicht, S. 40 ff., 102; Cahn, ZHR 162 (1998), S. 17; Heise, Insiderhandel, S. 128 f.; Dickersbach, Das neue Insiderrecht, S. 95, 173; Tippach, Insider-Handelsverbot, S. 127 f.; Gehrt, Ad-hoc-Publizität, S. 153; Feldhaus, Eignung, S. 121; Waldhausen, Die ad-hoc-publizitätspflichtige Tatsache, S. 282 m. w. N.

179 Haouache, Börsenaufsicht, S. 43.

über vergangenes Marktgeschehen beruhen (schwache Kapitalmarkteffizienztheorie), so dass die ökonomische Literatur einhellig davon ausgeht, dass Marktteilnehmer Profite durch die Verbreitung falscher Informationen machen können[180]. Der Erfolg derartiger Tätigkeiten hängt allerdings entscheidend davon ab, dass er von den Anlegern für glaubwürdig gehalten wird[181]. Derartige Eingriffe in die Preisbildung sind daher vor allem durch Personen wie Unternehmensorgane oder Institutionen wie Fernsehen und Presse ausführbar, von denen der Markt annimmt, dass sie über private Informationen verfügen könnten. Dafür sprechen auch empirische Untersuchungen, die die Auswirkungen gewisser Informationen auf das Anlegerverhalten und über dieses auf den Börsenkurs belegen, wie z. B. Untersuchungen von Gewinnmeldungen[182], Unternehmensübernahme-[183] sowie Dividendenankündigungen[184], Kapitalerhöhungen[185], Kooperationen- sowie Strukturveränderungen, Investitionen[186], Empfehlungen von Finanzanalysten[187] und Führungskräftewechseln[188]

V. Exkurs: Möglichkeit einer Kursbeeinflussung durch schlichte Käufe und Verkäufe

Umstritten ist allerdings, ob der Handel als solcher über eine kursdeterminierende Wirkung verfügt und warum. Die juristische Literatur geht von einem unmittelbaren Zusammenhang zwischen dem Handel in einem Wertpapier und der Entwicklung seines Börsenpreises aus: Käufe erhöhten die Nachfrage, Verkäufe das Angebot in Bezug auf ein bestimmtes Wertpapier, so dass durch den Handel automatisch auf den sich aus Angebot und Nachfrage bildenden Kurs eingewirkt werde[189].

180 Lenzen, Unerlaubte Eingriffe, S. 50 m. w. N.

181 Lenzen, Unerlaubte Eingriffe, S. 28 f., 50; Reuter, Aktienmarkt, S. 182.

182 Röder, Kurswirkungen, S. 70 ff.; Feldhaus, Eignung, S. 122.

183 Vgl. einen Überblick bei Oerke, Ad-hoc-Mitteilungen, S. 53 f.; Feldhaus, Eignung, S. 126.

184 Vgl. hierzu Oerke, Ad-hoc-Mitteilungen, S. 55; Nowak, ZBB 2001, S. 458; Feldhaus, Eignung, S. 123 f; Röder, Kurswirkungen, S. 91, 93, 97.

185 Röder, Kurswirkungen, S. 106 ff.; Nowak, ZBB 2001, S. 458 ff.; Feldhaus, Eignung, S. 124 ff.

186 Nowak, ZBB 2001, S. 463 m. w. N.

187 Gerke/Oerke, ZfB 1998 (Ergänzungsheft), S. 187 ff.; Röder, Kurswirkungen, S. 145 ff.

188 Nowak, ZBB 2001, S. 464; vgl. einen Überblick bei Röder, Kurswirkungen, S. 135 ff.; Feldhaus, Eignung, S. 126 f.

189 Hopt/Baum, in Hopt/Rudolph/Baum, S. 431 sowie Rudolph/Röhrl, ebenda, S. 172; Benner, in Wabnitz/Janovsky, 2. Aufl., Kapitel 9 RN 76.

Ein derart vereinfachter Zusammenhang wird jedoch von vielen Ökonomen bestritten, das Verhältnis sei wesentlich komplexer[190]. Über die Tatsache hinaus, dass eine Kursbeeinflussung durch schlichte Transaktionen das strategische Verhalten eines Marktteilnehmers voraussetzt, dass er dauerhaft ein größeres Volumen bewegen kann als die anderen Marktteilnehmer[191], liefert die im Rahmen des CAPM entwickelte Hypothese austauschbarer Effekte (substitution hypothesis) überzeugende, empirisch gestützte Argumente, dass Preise nicht durch schlichte Transaktionen beeinflusst werden können, wenn Angebot und Nachfrage von Effekten elastisch sind[192]. Weil Effekten austauschbar seien, weise ein Effekt keinen Preisabschlag oder –Aufschlag gegenüber Effekten mit gleichem Ertrags- und Risikoprofil auf. Denn wenn eine Aktie angesichts des antizipierten Risikos und Profits „zu teuer" wäre, würden Arbitrageure den Preisunterschied mittel Verkauf der Aktie und gleichzeitigem Ersatz durch ein hinsichtlich Risiko und Ertrag gleiches Portfolio von Aktien ausnutzen. Eine Preisbeeinflussung sei nach der substitution-hypothesis ausnahmsweise nur dann zu erwarten, wenn die Transaktion ein so großes Volumen erreicht, dass die Elastizität von Angebot und Nachfrage an ihre Grenze stößt.

Offen bleibt dann jedoch, wie es zu erklären ist, dass in vielen Situationen, in denen sich die Angebots- oder Nachfragesituation erheblich ändert, dennoch ein Kursabfall oder –Anstieg zu beobachten ist. Die Ökonomen sind sich nicht einig über die Erklärung dieser Erkenntnis und halten im Wesentlichen drei verschiedene Ursachen für möglich:

Einen ersten Erklärungsansatz bietet die Preisdruckhypothese (price pressure hypothesis) an, nach der das Angebot von Effekten oder die Nachfrage für Effekten nicht vollkommen elastisch sind[193]. Effekten haben nämlich spezifische Charakteristika, die eine perfekte Substitution durch andere Effekten verunmöglichen, wie z. B. die Zugehörigkeit zu bestimmten Indexfonds. Veränderungen des Angebots oder der Nachfrage hinsichtlich der Index Aktie sollen deshalb zu steigenden oder fallenden Kursen führen.

Eine weitere Möglichkeit besteht darin, die Kursänderung mit dem Anfall von „liquidity hypothesis" zu begründen: Temporäre Kursschwankungen entstünden wegen der Liquiditätskosten der Anleger[194]. Will etwa ein Investor eine größere Menge von Effekten oder Effekte erwerben, die nur in einer sehr begrenzten Anzahl zum Handel zur Verfügung stehen, weil entweder nur eine geringe Menge emittiert worden ist oder weil sie sich überwiegend in der Hand langfristiger In-

---

190 Dazu ausführlich Lenzen, Unerlaubte Eingriffe, S. 34 ff.; Groner/Meier, SZW 74 (2002), S. 287 ff.

191 Rudolph/Röhrl, in Hopt/Rudolph/Baum, S. 208.

192 Hierzu Lenzen, Unerlaubte Eingriffe, S. 34 f.; Groner/Meier, SZW 74 (2002), S. 287 f.

193 Hirth, Kursbeeinflussung, S. 5; Lenzen, Unerlaubte Eingriffe, S. 36; Groner/Meier, SZW 74 (2002), S. 288.

194 Lenzen, Unerlaubte Eingriffe, S. 37; Groner/Meier, SZW 74 (2002), S. 289.

vestoren befinden, wird der potentielle Käufer/Verkäufer eine Prämie bezahlen bzw. einen Preisabschlag in Kauf nehmen müssen, um andere Anleger zum Handel zu bewegen. Die Prämie/der Preisabschlag entschädigt die Gegenseite für die Kosten, dass sie eine short/long Position einnehmen muss, bis ein anderer Anleger bereit ist, ihr Effekten zu verkaufen bzw. zu kaufen. Die Differenz zwischen Kaufs- und Verkaufskurs kann nach der liquidity hypothesis zu vorübergehenden Preisschwankungen führen. Stimmte diese Theorie allerdings, dann bestünde ein wesentliches Problem darin, einen Transaktionspartner zu finden, der bereit wäre, zu dem manipulierten Kurs zu handeln[195]. Denn hat sich der Kurs lediglich aufgrund von Transaktionskosten geändert, so wird vermutlich kaum jemand bereit sein, das Papier zu gestiegenem Kurs zu kaufen beziehungsweise zum gefallenen Kurs zu verkaufen.

Die wohl überwiegende Ansicht geht deshalb davon aus, dass ein großes Handelsvolumen den Kurs beeinflussen kann, wenn das Handelsgeschäft anderen Investoren zusätzliche Informationen liefert[196]. Der Kauf bzw. Verkauf einer größeren Menge eines bestimmten Wertpapiers suggeriert, dass der Marktteilnehmer aufgrund ihm zur Verfügung stehender Information glaubt, das Papier sei unterbewertet bzw. überbewertet. Diese Informationssignale könnten dazu führen, dass auch andere Investoren - auch aufgrund von Mutmaßungen über die Motive der anderen Marktteilnehmer - ihre Einschätzung hinsichtlich des betreffenden Wertpapiers ändern, wodurch dessen Preis schließlich nach oben/unten beeinflusst wird. Die Stärke dieses Informationseffektes hängt aber auch von der Größe der Transaktion sowie von der Person, von der der Handel ausgeht[197]. Insbesondere Rückkäufe eigener Aktien durch die Gesellschaft zu einem erheblich über dem Marktwert liegenden Preis senden Investoren signifikante Informationssignale aus, Aktien seien unterbewertet. Aber auch private Geschäfte von Vorstands- und Aufsichtsratsmitgliedern mit Wertpapieren des von ihnen geleiteten Unternehmens (sog. Directors Dealings[198]) sind für den Markt von großer Bedeutung: Kaufen Organmitglieder Wertpapiere „ihrer“ Gesellschaft, verstärken sie ihre wirtschaftliche Bindung an das Unternehmen[199]. Sie rechnen damit, dass sich die von ihnen getätigte Investition auszahlen wird. Umgekehrt kann ein Verkauf von Wertpapieren auf eine bereits eingetretene oder eine bevorstehende negative Entwicklung der Gesellschaft hinweisen. Kurse bewegen sich schließlich infolge von

---

195 Lenzen, Unerlaubte Eingriffe, S. 40.

196 Lenzen, Unerlaubte Eingriffe, S. 37 ff.; vgl. auch Hirth, Kursbeeinflussung, S. 5 f., 84; Reuter, Aktienmarkt, S. 182; Altendorfer, in Aicher/Kalss/Oppitz, S. 215 ff.; Goldmann, ÖBA 2001, S. 786; Weber, NZG 2000, S. 114, 116; Groner/Meier, SZW 74 (2002), S. 286, 288, 290 m. w. N.

197 Lenzen, Unerlaubte Eingriffe, S. 38.

198 Fleischer, NJW 2002, S. 2978; Schneider, BB 2002, S. 1817 ff.

199 Dreyling, Die Bank 2002, S. 16, 19; Hutter/Leppert, NZG 2002, S. 655; Weiler/Tollkühn, DB 2002, S. 1927; Möller, WM 2002, S. 310.

Käufen stärker als infolge von Verkäufen; denn Verkäufe seien aus Liquiditätsgründen wahrscheinlicher als Käufe, so dass sie weniger Informationen enthielten als Käufe[200].

Obwohl die Ursache wegen verschiedener Untersuchungskriterien nicht eindeutig festgestellt werden kann[201], lässt sich zusammenfassend sagen, dass durch Blocktransaktionen oder Handelsaktivitäten mit wenig gehandelten Papiere bzw. an engen Märkten zumindest vorübergehend auf den Börsenkurs eingewirkt werden kann[202]. Ein Kursbeeinflussungspotential ist umkehrt dann abzulehnen, wenn Transaktionen geringen Ausmaßes an einem informationseffizienten und liquiden Markt vorgenommen werden[203].

---

200 Lenzen, Unerlaubte Eingriffe, S. 42.

201 Lenzen, Unerlaubte Eingriffe, S. 39.

202 Vgl. auch Watter, SZW 62 (1990), S. 193 FN 1; Dette, Kursbildung, S. 120.

203 Schröder, Aktienhandel, S. 73; Varnholt, Finanzmarkt, S. 466; Weber, Kapitalmarktrecht, S. 314.

§ 3 Kursmanipulationsbegriff

I. Schwierigkeiten bei der Begriffsbildung

Unter Kursmanipulation wird in der Regel die Praktik verstanden, nach der ein Unternehmen hochgejubelt wird, weil der Initiator bzw. das emittierende Unternehmen, ein Großaktionär, ein Finanzintermediär oder ein Dritter ein Interesse an einem stetigen oder steigenden Kurs hat[204]. Der Gewinn wird dann durch einen Verkauf auf diesem künstlich überhöhten Kurs realisiert.

Mit dieser Technik wird aber nur die Grundform der in der Praxis vorkommenden Kursmanipulationen beschrieben. Kursmanipulation kann auch in einem Drücken des Preises durch (Leer-)Verkäufe bestehen, um die erforderlichen Deckungskäufe zum niedrigeren Preis zu tätigen[205]. Darüber hinaus profitieren Kursmanipulatoren heutzutage vor allem von der Tatsache, dass im Wirtschaftsleben zahlreiche Vertragsfolgen an die Kurshöhe einzelner Papiere oder eines Indizes geknüpft werden[206]. Geschädigt wird dabei primär der Vertragspartner. Ein gutes Beispiel hierfür stellen in Brokerfirmen angestellte Broker dar, deren Bonus vom Wert der von ihnen betreuten Portfolios abhängt[207]. Durch massive Käufe am Ende des für das Ausmaß des Bonus entscheidenden Handelstages wird der Wert des Portofolios in die Höhe getrieben. Starke Anreize zur Kursmanipulation bestehen aber auch bei eigenem Anteilsbesitz des Managements oder bei Aktienoptionen oder ähnlichen Vergütungsinstrumenten, die wesentlich an die Kursentwicklung der eigenen Aktien der Gesellschaft anknüpfen[208]. Denkbar ist außerdem, dass ein Unternehmen auf den Kurs seiner eigenen Aktien durch Handelsaktivitäten Einfluss nimmt, um den Wert seiner eigenen Wertpapiere hoch zu halten zwecks Imagepflege oder in Anbetracht einer bevorstehenden Kapitalerhöhung[209] oder einer bezweckten Übernahme[210]. Durch die manipulativen Transaktionen können dem Unternehmen zwar Verluste entstehen. Diese können aber durch die wirtschaftlichen Gewinne wie die Aufnahme von mehr Eigenkapital bei der Kapi-

---

204 Watter, SZW 62 (1990), S. 193 f.; de Beer, SchwZStR 109 (1992), S. 273; Lenzen, Unerlaubte Eingriffe, S. 39 f.

205 Lenzen, Unerlaubte Eingriffe, S. 40.

206 Watter, SZW 62 (1990), S. 193; Benckendorff, Erwerb eigener Aktien, S. 92; Lenzen, Unerlaubte Eingriffe, S. 47; Altendorfer, in Aicher/Kalss/Oppitz, S. 222; Groner/Meier, SZW 74 (2002), S. 290;

207 Altendorfer, in Aicher/Kalss/Oppitz, S. 222; Lenzen, Unerlaubte Eingriffe, S. 1, 48.

208 Baums, ZHR 167 (2003), S. 174.

209 Reuter, Aktienmarkt, S. 173; Lenzen, Unerlaubte Eingriffe, S. 48.

210 Altendorfer, in Aicher/Kalss/Oppitz, S. 223; Lenzen, Unerlaubte Eingriffe, S. 48; Groner-/Meier, SZW 74 (2002), S. 290.

talerhöhung oder Synergieeffekte, die die Übernahme der anderen Gesellschaft mit sich bringen würde, übertroffen werden, so dass die Kursbeeinflussung insgesamt zu einem Profit führt. Hinzuweisen ist auch auf die Verflechtungen zwischen den Kassa- und den Options- und Terminmärkten. Aber auch in Krisenzeiten werden Nachrichten über ungünstige, insbesondere auf Fehlentscheidungen des Managements zurückführende Entwicklungen von diesem zurückgehalten oder mit beschwichtigenden Kommentaren vermischt nach außen präsentiert[211]. Hierzu könnte eine Unternehmensführung vor allem verleitet werden, wenn sie hofft, dass neue positive Ereignisse den ungünstigen Geschäftsgang wieder umkehren lassen.

Diese kurze Darstellung lässt bereits erahnen, welche vielschichtigen Verhaltensweisen sich unter dem Kursmanipulationsbegriff verbergen[212]. Als Ergebnis dessen weichen die in der deutschsprachigen Literatur verwendeten Begriffe der „Manipulation" inhaltlich stark voneinander ab[213]. Bei der Diskussion um den Kursmanipulationsbegriff steht die Frage im Mittelpunkt, ob ausschließlich auf das manipulative Verhalten abzustellen ist oder ob die Heranziehung von subjektiven Elementen unerlässlich ist, um Grenzen zwischen zulässigen Marktpraktiken und verbotenen Manipulationen zu ziehen.

Eine Lehrauffassung versucht folglich, sich von subjektiven Kriterien zu lösen und die Akteure stattdessen einem situationsgebunden absoluten Handelsverbot zu unterwerfen[214]. Der Gefahr einer Überregulierung, die sich mit einer derart rigiden Rechtsfolge immer verbindet, versucht man durch möglichst präzise Umschreibung des jeweiligen Verbotstatbestandes zu begegnen.

Viele Verfasser verstehen somit unter Kursmanipulation „alle Praktiken, die künstliche Preisen herbeiführen (artificial prices), die nämlich nicht denjenigen entsprächen, die bei einem unbeeinflussten Spiel der Marktkräfte, also nach den freien Kräften der Nachfrage und des Angebotes, erzielt worden wären"[215]. Andere sprechen von einer „unlauteren" Preislenkung[216] oder von einer „sittenwidrig empfundenen" Kursbeeinflussung, die dann allerdings als sittenwidrig anzusehen sei, wenn sie zu Wertpapierkursen führe, die als falsch oder künstlich empfunden würden[217] oder vom Unternehmenswert bzw. das Risiko und den Ertrag einer Anlage korrekt widerspiegelnden (inneren) Wert abweiche[218].

---

211 Reuter, Aktienmarkt, S. 174; Baums, ZHR 167 (2003), S. 174.

212 Altendorfer, in Aicher/Kalss/Oppitz, S. 208.

213 Hirth, Kursbeeinflussung, S. 4; Lenzen, Unerlaubte Eingriffe, S. 3.

214 Ekkenga, WM 2002, S. 319, 324.

215 Watter, SZW 62 (1990), S. 194; Hirth, Kursbeeinflussung, S. 4; Altenhain, BB 2002, S. 1874; Lenzen, Unerlaubte Eingriffe, S. 3, 9; Claussen, BB 2002, S. 110; Ziouvas, ZGR (2003), S. 130; Kümpel, Bank- und Kapitalmarktrecht, 3. Aufl., 16. 367.

216 Schröder, Aktienhandel, S. 57; Schlüter, Börsenhandelsrecht, 2. Aufl., D RN 425.

217 Weber, Kapitalmarktrecht, S. 313 f.

218 Watter, SZW 62 (1990), S. 194 f.; Fichtner, Börsenstrafvorschriften, S. 51 f.; vgl. auch Lenzen, Unerlaubte Eingriffe, S. 52, die aber nachfolgend zwischen der Kurswahrheit im

Eine solche Betrachtungsweise leidet aber an einer Tautologie, denn Begriffsmerkmale wie Störung des fundamentalen Verhältnisses von Angebot und Nachfrage bzw. Beeinflussung des durch Angebot und Nachfrage gebildeten Preises sind nicht definiert[219]. Kursmanipulation ist eine Beeinflussung des Kurses, aber ohne Definition des Begriffs „Kursmanipulation“ oder „Beeinflussung“ liegt ein nutzloser Zirkularschluss vor. Zudem bestehen „Angebot“ und „Nachfrage“ aus allen Handelsgeschäften, die effektiv ausgeführt werden. Die Beeinflussung des Kapitalmarkts ist also nicht per se verboten[220]. Das traditionelle Konzept der Kursbeeinflussung setzt damit voraus, dass gewisse Händler ein legitimes Transaktionsvolumen schaffen, während andere ein illegitimes Transaktionsvolumen produzieren. Der Erklärungsansatz ist aber sinnlos, da er keine objektiv erkennbare Grenze zwischen legitimen und illegitimen Handelsgeschäften angibt und die Gefahr in sich birgt, dass der Verbotstatbestand zu weit ausgreift und auch unbedenkliche oder gar wünschenswerte Marktpraktiken erfasst[221].

Auch das Definitionsmerkmal des Verursachens eines künstlichen Preises ist insofern problematisch, als der Unterschied zwischen einem „echten“ und einem „künstlichen“ Börsenkurs schwer feststellbar ist[222]. Der Börsenpreis ist wie vorgezeichnet ein Marktwert, der Änderungen in den Zukunftserwartungen der Anleger unterliegt, so dass die Volatilität als wesentliches Element der „Natürlichkeit“ anerkannt und vom Konzept des „inneren Kurses“ als eindeutig quantifizierbarer Preis Abstand genommen wird. Zwar dienen Kurse zur Objektivierung des Wertes von Anlagen, indem sie die fundamentale Beurteilung des Unternehmens einschließen, sie widerspiegeln jedoch nicht immer den tatsächlichen Unternehmenswert[223]. Der Markt kann sich allerdings über die Substanz eines Titels täuschen, ohne dass jemand vorsätzlich falsche Informationen verbreitet. Die Kursentwicklung einer Aktie wird wie gesehen nicht nur durch die konkreten Unternehmensdaten sowie die allgemeine Wirtschaftslage und Zinsentwicklung, son-

---

formellen Sinne und dem inneren Wert einer Anlage unterscheidet, vgl. Lenzen, ebenda, S. 187.

219 Varnholt, Finanzmarkt, S. 460; Groner/Meier, SZW 74 (2002), S. 283.

220 Weber, Kapitalmarktrecht, S. 314; Groner/Meier, SZW 74 (2002), S. 283; Schwark, FS für Kümpel, S. 486.

221 Ekkenga, WM 2002, S. 319; Groner/Meier, passim; Schwark, passim; Goldmann, ÖBA 2001, S. 787.

222 Varnholt, Finanzmarkt, S. 460; Groner/Meier, SZW 74 (2002), S. 283; Vaupel/Uhl, WM 2003, S. 2136; Weber, Kapitalmarktrecht, S. 314; Fleischer, Gutachten, F 119.

223 Richard, SZW 67 (1995), S. 264; Kleiner, SZW 69 (1997), S. 119; Skog, ZGR 1997, S. 310; Altendorfer, in Aicher/Kalss/Oppitz, S. 213 FN 26; Lenzen, Unerlaubte Eingriffe, S. 187; Weiler/Meyer, ZIP 2001, S. 2158; Fleischer/Kalss, AG 2002, S. 335; Wohlers/-Mühlbauer, FS für Forstmoser, S. 756; vgl. auch aus der Insiderstrafrechtslehre Heise, Insiderhandel, S. 49, 53; Hasslinger, Zivilrechtliche Ansprüche, S. 21; Peters, Insiderstrafrecht, S. 73; Lücker, Missbrauch, S. 3, 17, 21; Haouache, Börsenaufsicht, S. 39 f.; Dickersbach, Das neue Insiderrecht, S. 49.

dern auch durch andere rationale und irrationale Gründe beeinflusst. Diese Prämisse wird auch durch die aus den Materialien erschließbare Ansicht des Gesetzgebers bestätigt. Sofern nämlich mit der Einführung der Vorschrift des Erwerbs eigener Aktien (§ 71 I Nr. 8 AktG) zumindest implizit die Möglichkeit geschaffen werden sollte, Unterbewertungen durch zulässige Stützungskäufe gegenzusteuern, anerkennt der Gesetzgeber gleichzeitig, dass der Börsenkurs nicht den „wahren" Wert der Aktien widerspiegeln muss und im Fall der § 71 I Nr. 8 AktG zumindest immer dann nicht widerspiegelt, wenn die dadurch eröffnete Möglichkeit zur Kurspflege eingesetzt wird[224].

Es gilt mithin, eine Abgrenzung zwischen legitimen Transaktionen, die die Kursbildung beeinflussen, und unerwünschten Manipulationen zu finden[225]. Dabei wird man nicht allein auf objektive Kriterien abstellen können. Der Unrechtsgehalt liegt bei Manipulationen also nach einem nicht unbeachtlichen Teil der Kursmanipulationslehre in der subjektiven Seite[226], und zwar in der Zielrichtung der Preisbeeinflussung: Der Manipulator handele nämlich nicht allein in der Absicht, ein Wertpapier für sich zu kaufen oder zu verkaufen, sondern in der Absicht, die unzutreffende Information, er sei bereit, das Risiko der Anlage zu tragen, in den Markt zu streuen und dadurch andere zum Kauf bzw. Verkauf zu veranlassen. Von diesen manipulativen Transaktionen sind Geschäfte zu unterscheiden, denen ein legitimes wirtschaftliches Interesse zukomme und der normale Investor für sich am Markt auftrete[227]. Damit werde erreicht, Marktpreismanipulationen vom Betrug abzukoppeln, um auch denjenigen Täter zu bestrafen, der durch Herbeiführung eines bestimmten Kursniveaus durch effektive Geschäfte die Möglichkeit eröffnet, sich einen Vermögensvorteil zu verschaffen. Auch der Blick in andere Rechtsordnungen - wie Section 9 (a) (2) der USA-amerikanischen SEA - zeige, dass man im Interesse einer sachgerechten Differenzierung zwischen erlaubten

---

224 Saria, NZG 2000, S. 459; zum Erwerb eigener Aktien s. u. § 3 III 3 a.

225 Altendorfer, in Aicher/Kalss/Oppitz, S. 217; Claussen, BB 2002, S. 111.

226 So Varnholt, Finanzmarkt, S. 460, 470; Iffland, SZW 69 (1997), S. 122; Altendorfer, in Aicher/Kalss/Oppitz, S. 218 f.; Möller, WM 2002, S. 316; Fleischer, Gutachten, F 121; ders., NJW 2002, S. 40; Fenchel, DStR 2002, S. 1359; Baur/Wagner, Die Bank 2002, S. 533; Rudolph, BB 2002, S. 1041; Groner/Meier, SZW 74 (2002), S. 284; vor allem so der Bericht des Finanzausschusses (7. Ausschuss) v. 21.03.02 zu dem Gesetzentwurf der Bundesregierung, BT-Dr. 14/8601, S. 19; so für die Manipulationsarten des effektiven Handels Lenzen, Unerlaubte Eingriffe, S. 12, 24 f., 249; dies., Finanz-Betrieb 2001, S. 609; ders., ZBB 2002, S. 284 f.; Weber, EuZW 2002, S. 47; Schlüter, Börsenhandelsrecht, 2. Aufl., D RN 281; Eichelberger, WM 2003, S. 2125; Schmitz, ZStW 115 (2003), S. 525, 531 f.; Schwark, in Schwark, 3. Aufl., § 20a WpHG RN 28; Kümpel, Bank- und Kapitalmarktrecht, 3. Aufl., 16. 373; Fahrholz, FS für Selmer, S. 334.

227 Iffland, SZW 69 (1997), S. 122; Altendorfer, in Aicher/Kalss/Oppitz, S. 219.

Geschäften und unerwünschten Manipulationen auch subjektive Elemente berücksichtigen sollte[228].

Dieser subjektiv konturierte Kursmanipulationsbegriff ist aber heftiger Kritik ausgesetzt. Der Umstand, dass Transaktionen mit der Absicht der Preisbeeinflussung vorgenommen werden, ist für den Markt regelmäßig genauso wenig erkennbar wie die Tatsache, dass der daraus resultierende Preis verzerrt ist[229]. Es kann außerdem nicht gefolgert werden, dass ein künstlicher Preis vorliegt, nur weil ein Investor beabsichtigt, mit dem Handel eine Preisänderung herbeizuführen[230]. Ein Handel mit dem Zweck, den Preis zu beeinflussen, ist außerdem nicht Außergewöhnliches[231]. Da sich der Wert einer AG im Aktienkurs widerspiegelt, ist es das Bestreben eines jeden AG-Vorstandsmitglieds, mit seiner Arbeit bestmöglich dazu beizutragen, dass sich der Aktienkurs des Unternehmens positiv entwickelt. Dabei ist die Grenze erlaubter Einflussnahmen auf die Kursentwicklung mitunter leicht überschritten.

Eine Verbesserung könnte das Begriffsmerkmal der Veranlassung Dritter zum Erwerb oder Verkauf von Effekten darstellen. Das Problem mit diesem Definitionsversuch ist aber, dass er zum einen viel zu breit formuliert ist[232]. Damit werden nämlich auch Transaktionen erfasst, die jede Partei besser stellen. Wenn A dem B ein Angebot zum Erwerb von Effekten macht, das B annimmt, veranlasst er ihn zum Erwerb der Effekten. Dies kann aber keine verpönte Kursbeeinflussung sein. Auch Gesellschaften, die ein Aktienrückkaufprogramm durchführen, können durchaus legitime Gründe dafür haben, Dritte zum Verkauf ihrer Aktien zu bewegen. Zum anderen ist diese Formulierung zu eng, weil sie auch Fälle außer Acht lässt, in denen Marktteilnehmer durch eine bloße Volumenwirkung ihrer Handelsaktivitäten - deren Existenz die ökonomischen Analysen nicht ausschließen können - direkt auf den Kurs einwirken[233].

Einschränkend versteht eine Ansicht als verpönte Kursbeeinflussung ein Börsengeschäft, mit dem der Investor den Kurs in eine bestimmte Richtung bewegen will, wenn er allerdings nicht daran glaubt, dass sich der Kurs auch ohne sein Effektengeschäft in diese Richtung bewegen wird und der antizipierte Profit aus seiner Fähigkeit resultiert, den Kurs zu beeinflussen[234]. Handelt umgekehrt ein Investor in Effekten, um den Kurs dorthin zu bewegen, wo er sich nach Ansicht des

---

228 Lenzen, Unerlaubte Eingriffe, S. 12, 83; Möller, WM 2002, S. 313; Ilberg/Neises, WM 2002, S. 647. Vgl. auch für die Schweiz Roth, SZW 63 (1991), S. 238; Iffland, SZW 69 (1997), S. 122.

229 Lenzen, Unerlaubte Eingriffe, S. 12; Möller, WM 2002, S. 313; Vaupel/Uhl, WM 2003, S. 2136; Schlüter, Börsenhandelsrecht, 2. Aufl., D, RN 281.

230 Groner/Meier, SZW 74 (2002), S. 283.

231 Grober/Maier, SZW 74 (2002), S. 284; Vogel, in Assmann/Schneider, 3. Aufl., § 20a RN 97; Park, BB 2001, S. 2069.

232 Groner/Meier, SZW 74 (2002), S. 284.

233 Lenzen, Unerlaubte Eingriffe, S. 249.

234 Varnholt, Finanzmarkt, S. 460; Groner/Meier, SZW 74 (2002), S. 284.

Investors befinden sollte, liegt keine Kursbeeinflussung vor[235]. Aber auch dieser Konkretisierungsversuch vermag nicht, einen scharf konturierten Kursmanipulationsbegriff anzugeben. Zunächst wird auf subjektive Einschätzungen und Motive des Initiators nicht verzichtet, so dass die oben skizzierten Einwände durchschlagen. Aber auch dem zweiten Kriterium mangelt es an Abgrenzungskraft; denn auch im Falle wirtschaftlich nützlicher kurspflegender Maßnahmen[236] glaubt der Emittent nicht daran, dass sich der Kurs auch ohne sein Effektengeschäft in diese Richtung bewegen wird. Sonst nähme er die kursintervenierenden Transaktionen nicht vor. Schließlich wird vorausgesetzt, dass der Manipulator einen Profit erlangt, was zwar regelmäßig das treibende Motiv seines Handelns sein wird, aber für das Vorliegen eines künstlichen Preises nicht erforderlich ist[237].

Entgegenzutreten ist deshalb Vorschlägen, die neben der Kursbeeinflussungsabsicht oder der sicheren Kenntnis eines Eingriffs in die Börsenbildung auch auf die Absicht, sich oder einen anderen rechtswidrig zu bereichern bzw. durch geeignete Geschäfte die Kursverzerrungen auszunutzen, als weiteres Unrechtsmerkmal einer verbotenen Kursbeeinflussung abstellen[238]. Aus der Sicht einer sauberen Preisbildung ist eine solche Beschränkung nicht einzusehen; auch Fälle der Kursbeeinflussung, die mit dem Vorsatz einer eventuellen Schädigung begangen werden sind gleichermaßen zu verbieten[239]. Der Täter wirkt auch dann in strafwürdiger Weise auf die Marktpreisbildung ein, wenn er ohne Bereicherungsabsicht unrichtige Angaben macht. Weil unser Wirtschaftssystem auf Konkurrenz begründet ist, sind außerdem Bereicherungen des Handelnden auf Kosten des wirtschaftlichen Konkurrenten nicht als solche zu missbilligen, sondern systemimmanent[240]. Anerkanntermaßen stellen Spekulationsgeschäfte, die in der Absicht geschlossen werden, aus zwischenzeitlichen Preisunterschieden einen Gewinn zu erzielen, der durch ein Gegengeschäft realisiert werden soll, einen Teil des täglichen Börsenspiels mit positiver volkswirtschaftlicher Bedeutung für die Wertpapiermärkte dar[241]. Im Unterschied zu Manipulatoren führt der Spekulant die Preisänderung, aus der er Gewinne zieht, nicht selbst herbei; er sucht die diversen kursbildenden Ursachen rechtzeitig zu erkennen und die daraus zu erwartenden Folgerungen vorwegzunehmen bzw. bei hohen Preisen zu verkaufen und bei niedrigen zu kaufen, ehe diese Folgerungen allgemeiner erkennbar werden. Treten

---

235 Groner/Meier, SZW 74 (2002), S. 285.

236 Dazu s. u. § 3 III 2.

237 Kaiser, WM 1997, S. 1563.

238 Rudolph/Röhrl, in Hopt/Rudolph/Baum, S. 187; Streinz/Ohler, WM 2004, S. 1316; vgl. auch die schweizerische Kursmanipulationslehre Watter, SZW 62 (1990), S. 205; Roth, SZW 63 (1991), S. 238 FN 38 u. S. 241 f.; Richard, SZW 67 (1995), S. 269 FN 87.

239 Vgl. BT-Dr. 10/5058, S. 38.

240 SK-Samson/Günther, 37. Lfg. (Juni 1996), § 263 RN 2.

241 Engels, Anlegerschutz, S. 18; Altendorfer, in Aicher/Kalss/Oppitz, S. 217; Hopt/Baum, in Hopt/Rudolph/Baum, S. 439; Reuter, Aktienmarkt, S. 105; Lenzen, Unerlaubte Eingriffe, S. 4; Saiko, Archiv für Kriminologie 158 (1976), S. 157.

genügend solche Spekulanten auf, dann werden die Unter- bzw. Überbewertungen von Vermögenstiteln gedämpft.

Als Ergebnis bleibt somit festzuhalten, dass sich Kursmanipulationen nicht auf ein einheitliches Verhaltensmuster zurückführen lassen, das abstrakt umschrieben werden kann[242]. Aufgrund dessen versucht die Lehre die wesentlichen Manipulationstechniken anzugeben und punktuell von der „zulässigen Marktpraxis" abzugrenzen.

II. Manipulationstechniken

Um eine abschließende Behandlung aller denkbaren Möglichkeiten kann es sich hier allerdings nicht handeln. Denn die Marktmanipulationstechniken werden ständig weiter fortentwickelt und modifiziert, Veränderungen in den Gegebenheiten des Marktes sowie der technische Fortschritt bleiben nämlich nicht ohne Wirkung[243].

Von der herrschenden Meinung wird in der Regel zwischen informations-, handels- und handlungsgestützten Manipulationen differenziert.

1. Informationsgestützte Manipulationen

Bei der informationsgestützten Manipulation handelt es sich um die klassische und am häufigsten erscheinende Manipulationstechnik[244]. Da Informationen indirekt auf die Kurse einwirken, wird beim sog. Market-rigging versucht, Einfluss auf die Kurse zu nehmen, indem man unzutreffende kursrelevante Informationen - sei es positiver, sei es negativer Natur - verstreut und die dadurch verursachten Kursschwankungen durch geeignete Gegentransaktionen zu seinen Gunsten ausnutzt[245].

Inhaltlich kommt für eine solche Falschnachricht alles in Betracht, was für die Anlageentscheidung von Bedeutung sein kann. Darunter fallen die oben geschilderten emittentenbezogenen Informationen, die Emittenten oder Dritte zur Deckung des jeweils individuell unterschiedlichen Informationsbedarfs mittels

---

242 Vgl. auch Möller, WM 2002, S. 309.

243 Lenzen, Unerlaubte Eingriffe, S. 9.

244 Watter, SZW 62 (1990), S. 196; Hirth, Kursbeeinflussung, S. 5; Varnholt, Finanzmarkt, S. 459; Rudolph/Röhrl, in Hopt/Rudolph/Baum, S. 187; Weber, Kapitalmarktrecht, S. 313; Lenzen, Unerlaubte Eingriffe, S. 33; Nobel/Blair/Schönholzer, SZW 73 (2001), S. 233; Fleischer, Gutachten, F 119; Schwark, FS für Kümpel, S. 491 FN 31; Groner/Meier, SZW 74 (2002), S. 282; Ziouvas, ZGR 2003, S. 130; Vogel, in Assmann/Schneider, 3. Aufl., vor § 20a RN 20.

245 Varnholt, Finanzmarkt, S. 462; Rudolph/Röhrl, passim; Lenzen, Unerlaubte Eingriffe, S. 28.

unterschiedlicher Instrumente der Öffentlichkeit zugänglich machen[246]: Neben sämtlichen freiwilligen Informationsmaßnahmen, die das Unternehmen im Rahmen der Investor Relations[247] betreibt wie Bilanzpressekonferenzen, Aktionärsbriefe, Unternehmensbroschüren, Investorenhandbücher, Analystengespräche, Gespräche mit Investoren und Ratingagenturen, Road-Shows usw., gibt es eine Reihe von gesetzlichen Publizitätsvorschriften, die sich aus dem HGB, dem AktG oder dem BörsG ergeben und in Rechnungslegungs-, Vertriebs- und Bekanntmachungspublizität einordnen lassen[248]. Zwar kommt den Instrumenten der Regelpublizität eine hohe Aufmerksamkeit zu, weil Jahresabschlüsse, Zwischenberichte und Quartalberichte geplante und wiederkehrende Ereignisse in der Unternehmensberichterstattung sind. Das wichtigste Instrument zur Lancierung von Falschinformationen stellt aber die Publizitätspflicht gem. § 15 WpHG dar, da diese „ereignisnahe Unternehmenspublizität" kursrelevante Inhalte von Jahresabschluss und unterjährlicher Berichterstattung oftmals vor der Veröffentlichung der vollständigen Regelpublizität enthält[249]. Kursmanipulationen durch Vorlage falscher Halbjahreszahlen des Unternehmens in Vermögensdarstellungen[250] oder erheblich überhöhte Umsatzmitteilungen[251] sind neulich mehrmals auf dem deutschen Aktienmarkt vorgekommen und haben zu überdurchschnittlichen Gewinnen einiger zu Lasten der Anleger geführt[252].

Darüber hinaus eröffnen sich, wie gesehen, eine Vielzahl anderer Informationsgegenstände wie wertpapier-, branchenspezifische und gesamtwirtschaftliche oder politische Falschinformationen und verschiedene Informationsquellen wie

---

246 S. o. § 2 IV 3.

247 Bei Investor Relations geht es im weitesten Sinne um den Informations- und Meinungstransfer im Vertikalverhältnis zwischen Emittent und Anleger, dazu Ekkenga, NZG 2001, S. 1 f.

248 Hopt, Gutachten, G 19; Reuter, Aktienmarkt, S. 103, 135 ff.; Kümpel, Kapitalmarktrecht, 2. Aufl., S. 94; Park, BB 2001, S. 2070; zur Regelpublizität vgl. Riedel, wistra 2001, S. 447; Schäfer, in Dreyling/Schäfer, S. 91; Groß, WM 2002, S. 477 ff.; Schlitt, AG 2003, S. 65 ff.; Gebhardt, WM 2003 (Sonderbeilage), S. 10 f.

249 Oerke, Ad-hoc-Mitteilungen, S. 11 f.; Gehrt, Ad-hoc-Publizität, S. 190; Riedel, wistra 2001, S. 447; Pluskat, Finanz-Betrieb 2002, S. 238; Möllers/Leisch, WM 2001, S. 1651; Fleischer, NJW 2002, S. 2977; Benner, in Wabnitz/Janovsky, 2. Aufl., Kapitel 9 RN 68; Möllers, in Möllers/Rotter, § 2 RN 33 ff., § 3 sowie Braun, ebenda, §§ 7 ff.

250 Hier ist es vor allem der ehemalige EM. TV& Merchandising AG-Vorstände Thomas und Florian Haffa- Fall zu erwähnen, vgl. LG München, NJW 2003, S. 2328 ff. = BKR 2003, S. 681 ff. = wistra 2003, S. 437 ff.

251 So im Comroad-Fall, wo der ehemalige Comroad-Vorstandschef und seine Ehefrau seit 1998 bis März 2002 durch erheblich überhöhte Umsatzmitteilungen den Börsenkurs der von ihm vertretenen CR AG Unterschleißheim/München manipulierten, den so überhöhten Kurs zu Verkäufen eigener Aktien ausnutzten und anlässlich einer Kapitalerhöhung im November 2000 die Abnehmer der neuen Aktien über die wahren Umstände täuschten, vgl. LG München, wistra 2003, S. 277 ff.

252 Hutter/Leppert, NJW 2002, S. 2208.

Journalisten, Finanzanalysten, Anbieter von Börsendiensten, Personen, die dem Unternehmen nahe stehen oder Wertpapierdienstleistungen erbringen, bis zum jedem Anleger. Die Bandbreite reicht dabei von werblichen Anpreisungen allgemeiner Art bis zu gesetzlich bestimmten Publizitätspflichten in Gestalt einer Beteiligungstransparenz oder analytischer Verarbeitung ökonomischer Daten mit zahlreichen „fundierten" prognostischen Elemente[253]. Unter die informationsgestützten Manipulationen fällt aber auch das sog. painting the tape, also Kautransaktionen an der Börse, die auf einer öffentlichen Kursanzeigetafel erscheinen und den Eindruck einer regen Handelstätigkeit bzw. Preisaktivität erwecken, während gleichzeitig Verkaufstransaktionen außerbörslich stattfinden[254].

Als besonders wirkungsvoll wird zum einen der Einsatz von Gerüchten zu Manipulationszwecken angesehen[255], z. B. über ein (fiktives) bevorstehendes Übernahmeangebot, denn Kurse steigen stark an, wenn an der Börse die Information angegeben wird, dass Aktien einer Gesellschaft systematisch aufgekauft werden oder ein Übernahmeangebot bevorsteht[256]. Zum anderen können auch Empfehlungen[257] von „Börsengurus" wegen massenpsychologischer Mechanismen Aktien mit kleiner Börsenkapitalisierung und geringen Börsenumsätzen kurz- und vielleicht mittelfristig über ihren „fairen" Wert nach oben treiben[258]. Im Zuge des Rückgangs der Börsenkurse nach dem Boom Ende der 90er Jahre und als Folge der damit einhergehenden Enttäuschung der Anleger über erhebliche Verluste in empfohlenen Wertpapieren wurde den Wertpapieranalysten vielfach manipulatives Verhalten vorgeworfen[259]. Abgesehen davon stecken immer öfter eigene wirtschaftliche Motive eines „Börsengurus" hinter kursrelevanten Bewertungen.

---

253 Ekkenga, NZG 2001, S. 6.

254 Vogel, in Assmann/Schneider, 3. Aufl., vor § 20a RN 21; Fahrholz, FS für Selmer, S. 335 FN 78; geht es dabei allerdings um Scheingeschäfte, die abgeschlossen werden, um den Eindruck lebhafter Umsätze oder Kursbewegungen bei einem Finanzinstrument zu erwecken, dann gehören diese Vorgehensweise zu handlungsgestützten Informationen, s. u. § 3 II 2 a.

255 Vgl. Rudolph/Röhrl, in Hopt/Rudolph/Baum, S. 187; Lenzen, Unerlaubte Eingriffe, S. 28; Altendorfer, in Aicher/Kalss/Oppitz, S. 214; Saiko, Archiv für Kriminologie 158 (1976), S. 158; Benner, in Wabnitz/Janovsky, 2. Aufl., Kapitel 9 RN 86.

256 So Watter, SZW 62 (1990), S. 196; Schröder, Aktienhandel, S. 72; Lenzen, Unerlaubte Eingriffe, S. 28.

257 Die Empfehlung unterscheidet sich von der Mitteilung von Informationen dadurch, dass der Empfehlende dem anderen einen Rat gibt. Der Empfehlende teilt seinem Gegenüber mit, wie er selbst handeln würde, wenn er an seiner Stelle stünde. Die Empfehlung ist demnach das Ergebnis eines Entscheidungsprozesses auf Seiten des Empfehlenden, s. Schön, Verhaltensregeln, S. 70; Koller, in Assmann/Schneider, 3. Aufl., § 32 RN 3.

258 Vgl. hierzu de Beer, SAG54 (1982), S. 155 ff.; v. Hertzberg, Börseninformationsdienste, S. 116 ff.; Schröder, Aktienhandel, S. 73; Gerke/Oerke, ZfB 1998 (Ergänzungsheft), S. 188; Dette, Kursbildung, S. 120; Benner, in Wabnitz/Janovsky, 2. Aufl., Kapitel 9 RN 84, 87; Lenzen, Unerlaubte Eingriffe, S. 30; Scherp, Kriminalistik 57 (2003), S. 488.

259 Koller, in Assmann/Schneider, 3. Aufl., § 34b RN 10; Pfüller/Wagner, WM 2004, S. 253.

Dabei handelt es sich vor allem um Konstellationen, in denen Täter wie Berater, Herausgeber eines Börseninformationsdienstes oder Kolumnisten einer Wirtschaftszeitung aufgrund ihrer Reputation im Börsenwesen bestimmte Anlageempfehlungen geben, ohne offen zu legen, dass sie selbst an dieser beteiligt sind, um die erhoffte empfehlungsbedingte Kursbeeinflussung für sich selbst zu vorteilhaften Wertpapiertransaktionen zu nutzen[260], indem sie dann in der Regel entgegen diese Empfehlungen eigene Bestände aus- bzw. abbauen, bevor die Kursblase platzt (Scalping[261]). Die Manipulation funktioniert hier nach der Methode vorkaufen – anpreisen - verkaufen. Der „Börsenguru" erwirbt eine größere Zahl der betreffenden Aktien zu gedrückten Preisen. Daraufhin gibt er eine Empfehlung ab. Die mit Tipps ausgestatteten Anleger kaufen das empfohlene, in der Regel illiquide Papier und laufen somit Gefahr, im ungewollten Zusammenwirken mit Gleich-Handelnden zum „Erfüllungsgehilfen" der Prognose zu werden. Denn wenn bei einem marktengen Wert nur acht oder neun Leute die Aktie kaufen, kann der Kurs um bis zu 15 Prozent steigen. Der steigende Kurs lockt neue Käufer an, und so ist die geplante Transaktion der Gruppe gelungen.

Informationsgestützte Manipulationen werden durch die elektronische Verbreitung von Börseninformationen bzw. via Internet, das zur idealen Plattform für billige, breite und zeitnahe Informationsgewinnung entwickelt worden ist[262], erheblich erleichtert. Die Vorteile der Telekommunikationstechnologien haben allerdings eine Kehrseite: Sie machen ein viel schnelleres, massenhaftes und zugleich anonymes Vorgehen der Kursmanipulatoren möglich[263]. Abgesehen davon, dass die Verwendung spezieller Filtersoftware hier nicht weiter helfen kann, da unrichtige Informationen nicht sofort als ein zur Kursmanipulation eingesetztes Mittel zu erkennen sind, kann der Täter in der anonymen Masse der Internet-Surfer leicht untertauchen. Selbst wenn es technisch möglich ist, die IP-Adresse des Rechner zu ermitteln, über den falsche Inhalte verbreitet werden oder zum Abruf bereitgehalten werden, kann damit noch nicht zwingend der jeweilige Standort des Rechners festgestellt werden. Nur ein geringer Teil der von den Tätern benutzten Rechner, auf denen sich die inkriminierten Dateien befinden, liegt auch tatsächlich im Inland. Bevor das im zwischenstaatlichen Bereich vorgeschriebene Rechtshilfeverfahren erfolgreich abgeschlossen werden können, hat der

---

260 Schmid, Insiderstrafrecht, S. 89; Hopt, Kapitalanlegerschutz, S. 486 f.; Watter, SZW 62 (1990), S. 200; Mennicke, Sanktionen, S. 55; Lenzen, Unerlaubte Eingriffe, S. 30; Lenenbach, ZIP 2003, S. 243; Eichelberger, WM 2003, S. 2125; Widder, BB 2004, S. 15; Vogel, NStZ 2004, S. 252; Assmann, WM 1996, S. 1345.

261 Groß, § 88 BörsG RN 5; Schmitz, wistra 2002, S. 211; Schwark, FS für Kümpel, S. 490 f.

262 Dette, Kursbildung, S. 136 f.; Höper, Die Bank 2000, S. 396 ff.; Wittich, Handelsblatt v. 16.11.1999, S. B 6; Lenzen, Unerlaubte Eingriffe, S. 29; Benner, WM 2000, S. 124.

263 Hierzu Schuster, Süddeutsche Zeitung v. 20.12.1999, S. 30; Lenzen, Unerlaubte Eingriffe, S. 29 f.; Bär, in Wabnitz/Janovsky, 2. Aufl., § 12 RN 146; Benner, WM 2000, S. 125; Ekkenga, NZG 2001, S. 1; Wittich, Die Bank 2001, S. 279; vgl. auch Grund 10 zur Marktmissbrauchsrichtlinie (FN 20), S. 16.

Täter allerdings die Chance, die Daten mit strafbarem Inhalt entweder zu löschen oder auf einen anderen Server möglicherweise in einem anderen Land auszulagern. Selbst wenn sich der betreffende Rechner im Inland befindet, muss für die Strafbarkeit zusätzlich eine konkrete Person ermittelt werden, die Zugriff auf den Rechner hatte und dort die Daten abgelegt hat; diese muss jedoch nicht zwangsläufig eine tatsächlich existierende Person sein, sofern bei der Anmeldung unzutreffende Angaben gemacht werden können[264].

2. *Handelsgestützte Manipulationen*

Kurse können aber auch unter gewissen Voraussetzungen durch den Abschluss von Geschäften oder die Erteilung von Geschäftsaufträgen beeinflusst werden. Bei handelsgestützten Manipulationen erfolgt die Kursbeeinflussung entweder direkt bei nicht elastischen Kursen oder zumindest indirekt, indem Geschäfte und Geschäftsaufträge über einen bestimmten Informationswert verfügen, den Anleger bei der Bildung ihrer Erwartungen mit einbeziehen und mit der Erteilung ihrer Anlageentscheidung zum Ausdruck bringen[265].

Trade-based Manipulationen könnte man zum einen in zwei grundsätzliche Erscheinungsformen einteilen[266]: erstens die klassischen „Corner- Strategien", mittels derer sich der Manipulator die Kontrolle über die Nachfrage eines Vermögenswertes verschafft, um eine beherrschende Stellung zu gewinnen, die er zur Beeinflussung des Kurses ausnutzen kann, und zweitens das sog. „Bluffing". Darunter versteht man alle Praktiken im Allgemeinen, bei denen Händler, Broker, oder Investoren versuchen, mit Hilfe von Kauf- und Verkaufsaufträgen bestimmte Marktsignale auszusenden und durch sie die Handelsstrategien der übrigen Marktteilnehmer zu beeinflussen. Die handelsgestützte Manipulation konkretisiert sich grundsätzlich in der Förderung von Asymmetrien durch Kauf- oder Verkaufstransaktionen, wenn beispielsweise der Nachricht von Kauftransaktionen ein höherer Informationswert beigemessen wird als bekannt werdenden Verkaufstransak-

---

264 So hat das BAWe wegen des Verdachts auf Kursmanipulation Anzeige bei der Staatsanwaltschaft Düsseldorf erstattet. Ein Unbekannter hat in einem bedeutenden Broker Board eine gefälschte Nachricht einer Presseagentur über einen Übernahmeversuch mit dem vermutlichen Ziel eingestellt, den Kurs der Aktie der Escom AG nach oben zu bewegen. In aufwändigen Ermittlungen gelang es der Staatsanwaltschaft und der Polizei, den Computer ausfindig zu machen, von dem aus die gefälschte Nachricht eingestellt wurde. Da im fraglichen Zeitraum mehrere Personen Zugang zu dem Rechner hatten, war es nicht möglich, den Tatnachweis zweifelsfrei zu führen, so dass die Ermittlungen schließlich eingestellt wurden, s. darüber Jahresbericht des BAWe für das Jahr 2001, S. 27.

265 Varnholt, Finanzmarkt, S. 459; Lenzen, Unerlaubte Eingriffe, S. 33; Fleischer, Gutachten, F 119; Ziouvas, ZGR 2003, S. 130; Vogel, in Assmann/Schneider, 3. Aufl., vor § 20a RN 20.

266 Varnholt, Finanzmarkt, S. 462.

tionen, oder wenn die Marktteilnehmer ganz allgemein den beobachteten Kauf- oder Verkaufstransaktionen einen positiven Informationsgehalt im Hinblick auf eine Unter- oder Überbewertung der Aktien zuordnen[267]. Bevor die Spekulationsblase platzt, trennt sich der Manipulator von seiner Position und leitet damit gegebenenfalls selbst die Trendumkehr (Creating a price Trend und Traiding against it). Vor allem handelt es sich hier um die Erhöhung der Nachfrage nach einem Finanzinstrument bzw. die Verknappung des Vermögenswertes oder den Kontrollerwerb der Angebotsseite, um den Kurs nach oben zu treiben, indem der Eindruck der Dynamik erweckt oder vorgetäuscht wird, dass der Kursanstieg durch lebhafte Umsätze verursacht wurde (sog. Advacing the bid)[268].

Die Gefährlichkeit solcher Geschäfte bzw. Geschäftsaufträge hat neuerdings mit der Nutzung des Internet als Mittel zur Weiterleitung von Aufträgen (sog. Order-Routing-Systeme) oder sogar als selbstständiger Handelsplattform („Internetbörsen") eine neue Dimension erhalten. Somit ist auch unbestimmten Personen außerhalb des Kreises der zum Handel zugelassenen Teilnehmer der direkte Zugriff auf Börsenplattformen ermöglicht, mit ihren Aufträgen Orderlagen zu beeinflussen und Kurse zu bewegen[269].

Herrschend ist allerdings die Einteilung von handelsgestützten Manipulationen anhand des fiktiven oder effektiven Charakters der Transaktion:

a) Fiktive Transaktionen

Zu den klassischen Manipulationstechniken ist der Abschluss von fiktiven Geschäften zu zählen[270]. Dabei handelt es sich um Handelsinszenierungen, denen der wirtschaftliche Hintergrund üblicher Wertpapiertransaktionen fehlt. Sie werden bloß zu dem Zweck vorgenommen, den Eindruck erhöhter Handelsaktivität zu erwecken. Zu der Kursbeeinflussung kommt es in der Regel dadurch, dass Investoren, die die Umsatz- und Preisentwicklung beobachten, auf den, wie sie glauben, fahrenden Zug aufspringen (Volume goes with the trend). Außerdem kann in engen Märkten durch abgestimmte Kauf- und Verkauforders ein künstlicher Marktpreis erzielt bzw. ein hohes Kursniveau gehalten werden.

---

267 Hirth, Kursbeeinflussung, S. 84; Rudolph/Röhrl, in Hopt/Rudolph/Baum, S. 188; Benner, in Wabnitz/Janovsky, 2. Aufl., Kapitel 9 RN 92; Varnholt, Finanzmarkt, S. 466.

268 Hierzu Sorgenfrei, wistra 2002, S. 328; Ziouvas, ZGR 2003, S. 133; vgl. auch Abschnitt B des Anhangs des Marktmissbrauchsrichtlinienvorschlags (FN 13), S. 271; Fahrholz, FS für Selmer, S. 335 FN 78.

269 Benner, WM 2000, S. 125; Benner, in Wabnitz/Janovsky, 2. Aufl., Kapitel 9 RN 92.

270 Hopt, Kapitalanlegerschutz, S. 491; Scheu, Börsenstrafrecht, S. 122; Watter, SZW 62 (1990), S. 196; Richard, SZW 67 (1995), S. 260; Iffland, SZW 69 (1997), S. 121; Lenzen, Unerlaubte Eingriffe, S. 9 f., 189; Altendorfer, in Aicher/Kalss/Oppitz, S. 214 f; Ziouvas, ZGR 2003, S. 132; Otto, in Tiedemann (Hrsg.): Europa-Delikte, S. 358; Schwark, FS für Kümpel, S. 491; Benner, in Wabnitz/Janovsky, 2. Aufl., Kapitel 9 RN 77; Vogel, in Assmann/Schneider, 3. Aufl., vor § 20a RN 23.

Die auf solche Weise vorgespiegelte Handelsfreudigkeit in dem jeweiligen Papier bewirkt eine endgültige Abstoßmöglichkeit, nunmehr aber an Außenstehende zu günstigeren Kursen[271]. Abgesehen davon könnte ein derart nachträglich produzierter, von der wirklichen Geschäftslage an der Börse abweichender Kurs verwendet werden, um damit Abrechnungen gegenüber Kunden auf dem produzierten Niveau zu steuern[272]. Die Scheingeschäfte sind weiterhin geeignet, Transfers von Guthaben von Firmenkonten auf Privatkonten durchzuführen. Die jeweils positive Seite der Geschäfte wird auf dem Privatkonto verbucht, die ungünstige Ausführungsseite geht zu Lasten des Firmenkontos, das jeweilige Geschäft muss doppelt gespiegelt abgewickelt werden, damit die Papiere nicht geliefert und der Kaufpreis nicht geleistet werden müssen. Lediglich die Differenz wird verbucht.

Typische Erscheinungsformen fiktiver Transaktionen sind die sog. „wash sales" und „matched orders".

aa) Wash sales

Bei wash sales handelt es sich um Wertpapiergeschäfte, die sich innerhalb eines einheitlichen Vermögenskomplexes abspielen bzw. bei denen Käufer und Verkäufer zumindest wirtschaftlich identisch sind[273]. Der an einer Kursänderung Interessierte erteilt gleichzeitig Kauf- und Verkaufsaufträge für dasselbe Wertpapier zum selben Preis, tritt also zugleich als Käufer und Verkäufer am Markt auf und nimmt durch diese in Wahrheit gar nicht vollzogene Transaktion auf den Börsenkurs Einfluss. Um zu verdecken, dass kein Wechsel des wirtschaftlichen Eigentümers an der Börse stattfindet, wird der Gegenauftrag häufig unter einer Deckadresse oder durch einen Strohmann in den Markt gegeben, oder es würden verschiedene Konten und Banken benutzt. Bedeutung haben solche wash sales heutzutage vor allem in den elektronischen Handelssystemen der Börsen sowie im Hinblick auf Transaktionen zwischen verbundenen Unternehmen, zum Beispiel, wenn Aktien von Großbanken an Unternehmen verkauft werde, in deren Aufsichtsräten Vertreter der verkaufswilligen Bank sitzen, die derartige Aktien wiederum verkaufen[274].

Scheingeschäfte werden auch in Form von verdeckten Kompensationsgeschäften vorgenommen. Bei Kompensationsgeschäften werden die Ankaufs- und

---

271 Scheu, Börsenstrafrecht, S. 84.

272 Benner, in Wabnitz/Janovsky, 2. Aufl., Kapitel 9 RN 80.

273 Vgl. Hopt, Kapitalanlegerschutz, S. 491 f.; Fichtner, Börsenstrafvorschriften, S. 55 f.; Scheu, Börsenstrafrecht, S. 121; Watter, SZW 62 (1990), S. 196; Iffland, SZW 69 (1997), S. 121 FN 4; Richard, SZW 67 (1995), S. 260 FN 12; Roth, SZW 63 (1991), S. 240; Altendorfer, in Aicher/Kalss/Oppitz, S. 215; Lenzen, Unerlaubte Eingriffe, S. 10; Nobel/-Blair/Schönholzer, SZW 73 (2001), S. 233; Ziouvas, ZGR 2003, S. 132; Otto, in Tiedemann (Hrsg.): Europa-Delikte, S. 358; Scherp, Kriminalistik 57 (2003), S. 488; Vogel, in Assmann/Schneider, 3. Aufl., vor § 20a RN 23.

274 Altendorfer, in Aicher/Kalss/Oppitz, S. 215; Lenzen, Unerlaubte Eingriffe, S. 11; Otto, in Tiedemann (Hrsg.): Europa-Delikte, S. 358.

Verkaufskommission durch Selbsteintritt eines Kommissionärs am gleichen Tag, über denselben Betrag und zum gleichen Kurs durchgeführt. Kompensationsgeschäfte sind zwar nach den Usancen der deutschen Börsen unzulässig, sie sind aber nicht schlechthin als Scheingeschäfte (§ 117 BGB) zivilrechtlich unwirksam[275]. Sie sind dem Skontroführer anzuzeigen, der die Börsenaufsicht informiert, die die Festsetzung des Kurses aufgrund der Kompensation ablehnen kann. Mit dem Zusatz C wird darauf hingewiesen, dass zu diesem Kurs ausschließlich Aufträge ausgeführt wurden, bei denen Käufer und Verkäufer identisch sind. Bei verdeckten Kompensationsgeschäften manipuliert ein Kommissionär den Börsenpreis des Papiers, indem er verdeckt eine marktfern limitierte Order erteilt, die er dann selbst durch eine unlimitierte Gegenorder „matcht", ohne die Kompensation anzuzeigen[276]. Er reduziert nämlich mit dem verdeckten Kompensieren das Verlustrisiko und generiert einen Preis, der bei Einhaltung der Regeln so nicht zustande gekommen wäre.

bb) Matched Orders

Bei sog. matched orders oder pre-arranged trades handelt es sich um Geschäfte zwischen mehreren Vertragspartnern, bei denen es im Vorhinein feststeht, dass Gegenaufträge erteilt würden, die in Höhe, Zeit und Preis dem Erstauftrag entsprächen[277]. Solche Geschäfte sind kunstvoller und schwieriger zu durchschauen als wash sales, denn bei ihnen wird die Transaktion nicht vorgetäuscht, sondern sie findet tatsächlich statt, allerdings zu vorher zwischen den Partnern zwecks Kursbeeinflussung genau abgesprochenen Konditionen. Ob der Käufer die Papiere dann sofort zurückverkauft, sie für eine Zeit behält und dann zurückverkauft oder ob er sie dauerhaft behält, könnte je nach Vereinbarung unterschiedlich sein[278]. Matched orders führen aber häufig zu einem Hin- und Herschieben von Wertpapieren zwischen den beiden Parteien bzw. in einem trading pool[279], bei denen

---

275 Schwark, FS für Kümpel, S. 491.

276 Altendorfer, in Aicher/Kalss/Oppitz, S. 228; Benner, in Wabnitz/Janovsky, 2. Aufl., Kapitel 9 RN 78; Vogel, in Assmann/Schneider, 3. Aufl., § 20a RN 103.

277 Vgl. Hopt, Kapitalanlegerschutz, S. 492; Fichtner, Börsenstrafvorschriften, S. 55; Watter, SZW 62 (1990), S. 196; Roth, SZW 63 (1991), S. 240; Richard, SZW 67 (1995), S. 260 f.; Iffland, SZW 69 (1997), S. 121 FN 4; Altendorfer, in Aicher/Kalss/Oppitz, S. 214 f.; Lenzen, Unerlaubte Eingriffe, S. 11; Nobel/Blair/Schönholzer, SZW 73 (2001), S. 233; Altenhain, BB 2002, S. 1877; Otto, in Tiedemann (Hrsg.): Europa-Delikte, S. 358; Ziouvas, ZGR 2003, S. 133; Vogel, in Assmann/Schneider, 3. Aufl., vor § 20a RN 23; Benner, in Wabnitz/Janovsky, 2. Aufl., Kapitel 9 RN 81 ff.; Ilberg/Neises, WM 2002, S. 645 FN 73; Scherp, Kriminalistik 57 (2003), S. 488.

278 Lenzen, WM 2000, 1133; Otto, passim.

279 In einem Pool verbinden sich mehrere Personen (Unternehmen, Aktionäre und Finanzintermediäre) in der Regel mit der Zielrichtung, durch koordiniertes Vorgehen z. B. durch publizistische Maßnahmen, Gerüchte oder abgesprochene Transaktionen den Anschein

häufig der erste Käufer auch der letzte Käufer oder Verkäufer ist (sog. circular orders[280]).

cc) Scheinkaufangebote

Den fiktiven Transaktionen im weiteren Sinne ist auch das Unterbreiten oder Aufrechterhalten von Angeboten gleichzustellen, die andere zum Kauf oder Verkauf solcher Papiere animieren sollen und bei dessen Annahme durch andere Marktteilnehmer häufig nur zu geringen Stückzahlen zurückgenommen werden[281]. Hier ist allerdings Aufmerksamkeit geboten: Eine Betrachtung der Ordereingabe im elektronischen Handel verdeutlicht, dass Orders dort innerhalb einiger Sekunden zurückgezogen werden dürfen[282].

b) Tatsächliche Handelsaktivitäten

Transaktionsbezogene Manipulationen unterscheiden sich von fiktiven Geschäften dadurch, dass den wirtschaftlich relevanten Orders keine abgesprochenen Gegenaufträge gegenüberstehen[283]. Damit übernimmt der Handelnde zugleich das mit einer Anlage in Papieren verbundene Risiko. Außerdem kann jede Transaktion größeren Ausmaßes sich auf den Börsenkurs des betreffenden Titels auswirken. Das ist die natürliche Konsequenz eines freien und offenen Marktes. Die Abgrenzung zwischen legitimem Handel und unerwünschten, manipulativen Transaktionen soll hier am schwierigsten sein[284]. Bei der näheren Prüfung manipulativer Handelsaktivitäten, die grundsätzlich in Ausnutzung einer durch Transaktionen geschaffenen Monopolstellung und in Geschäftsabschlüssen unter bestimmten zeitspezifischen Handelsgegebenheiten eingeordnet werden[285], ist große Vorsicht geboten, um den normalen Handel nicht zu behindern.

---

regen Handels des Publikums zu erwecken und durch die massiven Transaktionen den Kurs einer Aktie in eine bestimmte Richtung zu drücken, vgl. dazu Hopt, Kapitalanlegerschutz, S. 491; Watter, SZW 62 (1990), S. 196 FN 25; Varnholt, Finanzmarkt, S. 466; Altendorfer, in Aicher/Kalss/Oppitz, S. 227; Weber, Kapitalmarktrecht, S. 317.

280 Sorgenfrei, wistra 2002, S. 327; Lenzen, Unerlaubte Eingriffe, S. 11 f.; Vogel, in Assmann/Schneider, 3. Aufl., vor § 20a RN 23.

281 Schmid/Baur, in Vogt (Hrsg.): Art. 161bis StGB, S. 1041; Weber, NZG 2000, S. 115; Vogel, in Assmann/Schneider, 3. Aufl., § 20a RN 103.

282 Schwark, FS für Kümpel, S. 492.

283 Altendorfer, in Aicher/Kalss/Oppitz, S. 216; Weber, Kapitalmarktrecht, S. 313; Groner/Meier, SZW 74 (2002), S. 282.

284 So Altendorfer, in Aicher/Kalss/Oppitz, S. 217; Lenzen, Unerlaubte Eingriffe, S. 12 f., 24; Möller, WM 2002, S. 313; Ziouvas, ZGR 2003, S. 135.

285 Möller, WM 2002, S. 313; Schwark, FS für Kümpel, S. 492.

aa) Zeitspezifische Handlungen

i. Handel mit dem Zweck, den Kassa- oder den Abrechnungskurs von Derivatkontrakten zu beeinflussen

Das Derivat - lateinisch derivare: ableiten - ist ein Instrument, dessen Preis unmittelbar oder mittelbar von der Entwicklung des Börsen- bzw. Marktpreises eines Basisgutes abhängt. Derivatgeschäfte unterscheiden sich vor allem darin, dass sie erst zu einem in der Zukunft liegenden Zeitpunkt zu erfüllen sind[286]. Ihre Hauptfunktion besteht entweder in der Partizipation von Kursausschlägen oder in der Absicherung gegen solche Kursschwankungen. Wird auf eine Preissteigerung nämlich spekuliert, so kauft der Anleger die Papiere per Termin, um diesen vor dem Liefertermin mit Gewinn zu verkaufen. Wird auf fallende Kurse spekuliert, so wird ein Verkaufskontrakt abgeschlossen, um sich vor dem Liefertermin mit einem neuen Vertrag billiger einzudecken. Die Differenz zwischen Kauf- und Verkaufspreis ist jeweils der Gewinn. Bei Termingeschäften handelt es sich allerdings um besonders risikoreiche Zeitgeschäfte[287]. Der wirtschaftliche Wert der mittels des Termingeschäfts erworbenen Rechtsposition hängt vor allem von der nicht verlässlich prognostizierbaren Entwicklung des maßgeblichen Marktpreises innerhalb des Zeitraums bis zum vereinbarten Termin ab. Denn bis zum vereinbarten Termin kann eine gegenläufige Marktentwicklung die erworbene Rechtsposition völlig wertlos werden lassen.

Da der Kassapreis des Basiswertes entscheidend für den Wert der Terminposition am Fälligkeitstermin ist, kann man versucht sein, den Kassapreis durch sukzessive Transaktionen zu beeinflussen, um dem Risiko eines Totalverlustes zu entgehen, sogar erhebliche Gewinne zu erwirtschaften[288]. Hat man seine Terminposition größer als die Kassaposition, so kann man im Durchschnitt seine Verluste am Kassamarkt durch Gewinne im Future Markt mehr als ausgleichen. Insbesondere bei gewissen Lookback[289] - oder Knock-out[290]-Optionen kann bereits eine

286 Bröker, Warentermin- und –Optionsgeschäfte, S. 7 f.; Kümpel, Bank- und Kapitalmarktrecht, 3. Aufl., 8. 143. Kümpel, Kapitalmarktrecht, 2. Aufl., S. 57 ff.; Otto, Geschäftstätigkeit, S. 33; Merkt/Rossbach, JuS 2003, S. 220;

287 Kümpel, Bank- und Kapitalmarktrecht, 3. Aufl., 8. 144.

288 Hirth, Kursbeeinflussung, S. 19, 55 f., 84 f., 87; Otto, Geschäftstätigkeit, S. 37; Watter, SZW 62 (1990), S. 193; Schröder, Aktienhandel, S. 112; Schäfer, WM 1999, S. 1347; Lenzen, Unerlaubte Eingriffe, S. 23, 46, 111; Benner, in Wabnitz/Janovsky, 2. Aufl., Kapitel 9 RN 83; Schwark, in Schwark, 3. Aufl., § 20a WpHG RN 31.

289 Dieses Optionsgeschäft berechtigt seinen Inhaber zum Verkauf des Basistitels zum höchsten Kurs, welcher während der Optionslaufzeit registriert wurde, hierzu Varnholt, Finanzmarkt, S. 467.

290 Bei solchen Geschäften kommt der Inhaber zum Gewinn, wenn während der Laufzeit der Kassakurs eines Wertpapiers einen bestimmten Preis über- oder unterschreitet. Eine Ma-

kurzfristige, künstliche Beeinflussung des Basispreises einen sehr hohen Ertrag für den Manipulator bedeuten.

Dazu ist die Tatsache anzuführen, dass an Tagen der Fälligkeit von Termin- und Optionskontrakten, vor allem an den sog. Hexentagen, wenn sich mehrere Fälligkeiten häufen, die zugrunde liegenden Basistitel deutliche Kursschwankungen aufweisen[291]. Eine zumindest nahe liegende Hypothese für den „Fälligkeitseffekt" ist, dass dahinter Kursmanipulationen durch die Halter oder Stillhalter von Optionskontrakten stehen. Hier bedarf es allerdings der Einschränkung: Über die Tatsache hinaus, dass der Manipulation des Derivats eine an sich zulässige Kursstabilisierungsmaßnahme zugrunde liegen kann[292], kommt die Beeinflussung des Kurses von Derivatkontrakten nicht so oft vor. Kassa- und Termingeschäfte sind nämlich durch die Arbitrage miteinander verbunden[293]. Die Arbitrage bewirkt einen Ausgleich von markttechnisch bedingten, ungerechtfertigten Bewertungsunterschieden zwischen beiden Marktsegmenten durch sofortige und möglichst gleichzeitige, regelmäßig gegenläufige Aktivitäten im Termin- und Kassamarkt und verhindert ein Auseinanderdriften der Preise. Möglich wird die Profitabilität dieser Art von Manipulation durch das Fehlen einer synchronen Preisanpassung zwischen den beiden Märkten, d. h. wenn der Manipulator im Kassamarkt kauft, hat dieser Markt aber die Terminposition noch nicht in seinen Preis aufgenommen[294]. Schließlich ergeben sich im Bereich der börsengehandelten Derivativ- und Basismärkte in der Praxis kaum Probleme, was auch an der genauen Überwachung dieser Kurszusammenhänge liegt[295].

ii. Manipulation von Abrechnungsgrundlagen

Darunter versteht man das Einwirken auf bestimmte Börsenpreise, die im Markt besondere Aufmerksamkeit finden, die nämlich als Maßstab für Rechte oder Pflichten aus Verträgen oder anderen Beziehungen benutzt werden[296]. Die Vorgehensweise besteht hier in der Regel in der Erteilung von Aufträgen größeren Volumens[297] oder von Aufträgen zu sukzessiv höheren oder niedrigen Preisen[298]. Dazu gehört vor allem die Beeinflussung des Schlusskurses an der Börse, um damit

---

nipulationsgefahr besteht insbesondere, wenn sich der Kurs in der Nähe dieses Preises befindet, Varnholt, passim; Lenzen, Unerlaubte Eingriffe, S. 24.

291 Hirth, Kursbeeinflussung, S. 1; Altendorfer, in Aicher/Kalss/Oppitz, S. 223; Schäfer, WM 1999, S. 1347; Weber, NZG 2000, S. 114.

292 Benner, in Wabnitz/Janovsky, 2. Aufl., Kapitel 9 RN 89; zur zulässigen Kurspflege s. u. § 3 III.

293 Kümpel, Kapitalmarktrecht, 2. Aufl., S. 59.

294 Lenzen, Unerlaubte Eingriffe, S. 46.

295 Varnholt, Finanzmarkt, S. 467.

296 Lenzen, Unerlaubte Eingriffe, S. 47.

297 Sorgenfrei, wistra 2002, S. 328.

298 Altendorfer, in Aicher/Kalss/Oppitz, S. 216, 223; Sorgenfrei, wistra 2002, S. 328.

diejenigen Marktteilnehmer, die darauf basierend handeln, irrezuführen (Marking the close)[299]. Hier ist die Erfahrung bei der zweiten Telekommission zu erwähnen, wobei der Emissionspreis an den Schlusskurs eines bestimmten Tages gekoppelt war[300]. Durch den offenbar konzentrierten Verkauf mehrerer Marktteilnehmer am Ende des Börsentages wurde der Schlusskurs massiv gedrückt und damit auch der Emissionspreis.

Derartige Geschäfte existieren in Verbindung mit zahlreichen speziellen zeitlichen Aspekten, z. B. mit Derivativgeschäften[301], am Jahresultimo, am Ende des Geschäftsjahrs eines Investmentfonds oder zur Auflösung bestimmter, gegebenenfalls automatisierter „Abräumprogramme", die bei Erreichen eines bestimmten Kursniveaus greifen[302]. Besonders manipulationsempfindlich sind beispielsweise Fondsanteile, die Tausende von Kunden im Rahmen eines Investmentsparplans regelmäßig zu einem bestimmten Termin, etwa dem Monatsersten, erwerben[303]. Der Kaufpreis dieses Fondsanteils richtet sich nämlich nach dem Kurs der darin enthaltenen Aktien an diesem Tag und wird den Anlegern entsprechend in Rechnung gestellt. Passive Fonds haben sogar zur Aufgabe, mehr oder weniger genau einen Marktindex nachzubilden[304]. Da ein solcher Index i. d. R. zu Schlusskursen gerechnet wird, werden auch die meisten Orders dieser Fonds zum Börsenschluss in den Markt gegeben. Häufig wird mit einem Broker im Vorfeld sogar explizit der Schlusskurs als Ausführungskurs vereinbart. Die Marktteilnehmer sind sich des Preiseinflusses und damit der erhöhten Kosten durchaus bewusst, bilden aber mit dieser Strategie den Marktindex ohne Risiko nach und werden somit ihren Aufträgen gerecht.

Die Erteilung mehrerer Kaufaufträge zu sukzessiv höheren Preisen ist eine übliche Verhaltensweise zur Vermeidung hoher Transaktionskosten (Market Impact)[305]. Schätzungsweise entfällt sogar ein Anteil von über 40% aller Orders in diesem Bereich auf dieses Verfahren. Dabei werden die Orders von einem institutionellen Kapitalanleger an einen Broker gegeben, der die Order innerhalb einer vorgegebenen Zeit und häufig auch eines Preislimits interessewahrend ausführen soll. Eine große Kauforder kann vom Broker natürlich nur über sukzessiv höhere Preise (Kurslimite) ausgeführt werden. Der Kurs muss folglich steigen und wird dann vielleicht auch annähernd - im Sinne der Informationseffizienz - die In-

---

299 Altendorfer, in Aicher/Kalss/Oppitz, S. 216; Ilberg/Neises, WM 2002, S. 645; Sorgenfrei, wistra 2002, S. 328; Ziouvas, ZGR 2003, S. 135; Schlüter, Börsenhandelsrecht, 2. Aufl., D RN 280; Scherp, Kriminalistik 57 (2003), S. 488; Schwark, in Schwark, 3. Aufl., § 20a WpHG RN 31; Vogel, in Assmann/Schneider, 3. Aufl., vor § 20a RN 24; Fahrholz, FS für Selmer, S. 335.

300 Rudolph, BB 2002, S. 1041; Fahrholz, FS für Selmer, S. 335 FN 80.

301 Altendorfer, in Aicher/Kalss/Oppitz, S. 212; Fahrholz, passim.

302 Sorgenfrei, wistra 2002, S. 328; Fahrholz, passim.

303 Ziouvas, ZGR 2003, S. 135.

304 Rudolph, BB 2002, S. 1041.

305 Rudolph, passim.

formation des Käufers widerspiegeln, falls es sich um eine informationsmotivierte Transaktion handelt.

iii. Aktienaufkäufe - Fusionen

Es kann nicht bezweifelt werden, dass das weite Feld der Unternehmensübernahme, Konzernierung und Umwandlung einen Nährboden für Kursbeeinflussungen darstellt, deren Regulierung mittelbar auch einen wichtigen Beitrag zur Lösung des Problems der Kursmanipulation darstellt[306]. Unter einem Übernahmeangebot versteht man ein Verfahren, dessen Grundstruktur dadurch gekennzeichnet ist, dass die Aktionäre der Zielgesellschaft von einem potentiellen Käufer zum Verkauf ihrer Wertpapiere zu einem bestimmten Preis oder im Umtausch gegen andere Aktien aufgefordert werden. Üblicherweise wird eine Kontrollmehrheit angestrebt. Als feindlich wird ein Übernahmeangebot bezeichnet, wenn die Offerte nicht mit dem Management der zu übernehmenden Gesellschaft abgesprochen wurde und sie bei diesem auf Widerstand stößt. In diesen Fällen fehlt es an der Zustimmung der Unternehmensverwaltung, nicht aber notwendigerweise an der Zustimmung der Aktionäre, die ihre Anteile je freiwillig verkaufen.

Übernahmen, sogar deren Ankündigung, eignen sich in besonderem Maße für Kursbeeinflussungen, denn bei gezielter Übernahme steigt der Aktienkurs der Zielgesellschaft schon im Vorfeld der Übernahme wegen ihrer Signalwirkung und der hohen Nachfrage des Aufkäufers[307]. Denn es wird nicht nur erwartet, dass der Bieter die Ressourcen des Zielunternehmens effizienter als das bisherige Management einzusetzen weiß, sondern ein Übernahmeangebot signalisiert auch, dass der Bieter die Ziel- Firma für unterbewertet hält. Dieses Kursbeeinflussungspotential von Unternehmensübernahmen könnte deshalb durch die Verbreitung unechter Angebote ausgenutzt werden[308]. Ziel einer solchen Manipulation wäre es, ein glaubwürdiges Übernahmeangebot zu veröffentlichen, dann auf die erhoffte Kurssteigerung zu warten, um schließlich bei diesem Kurs die Aktien zu verkaufen.

Darüber hinaus sind Kursbeeinflussungen im Rahmen wahrer Angebote durchaus denkbar. Dass die Phase vor und während eines Übernahmeangebots hierfür mannigfaltige Anreize bietet, liegt auf der Hand: Denn ein Interesse, auf das Übernahmeangebot einzugehen, besteht bei den Aktionären in der Regel nur dann, wenn es für sie ein günstiges Geschäft darstellt. Das setzt voraus, dass bei einem Barangebot der Gebotspreis bzw. bei einem Umtauschangebot der Wert der zum Tausch angebotenen Papiere über dem jeweiligen Börsenpreis der Aktien der Zielgesellschaft liegt. Umgekehrt bedeutet dies, dass der Erfolg eines Übernahme-

---

306 Peters, Insiderstrafrecht, S. 77; Weber, NZG 2000, S. 127; Lenzen, Unerlaubte Eingriffe, S. 21.

307 Schröder, Aktienhandel, S. 72; Varnholt, Finanzmarkt, S. 463; Mußler, FAZ v. 16.12.1999, S. 33; Lenzen, Unerlaubte Eingriffe, S. 49.

308 Watter, SZW 62 (1990), S. 199; Schröder, passim; Varnholt, Finanzmarkt, S. 463.

angebots umso wahrscheinlicher ist, je mehr der Börsenpreis der Aktien der Zielgesellschaft während des Angebotszeitraums sinkt, und umso unwahrscheinlicher, je mehr dieser Kurs steigt. Ein hoher Aktienkurs des Übernahmekandidaten gilt dementsprechend immer noch als der effektivste Schutz gegen feindliche Übernahmeangebote, da im Regelfall die Unternehmen attraktive Übernahmeziele sind, die an der Börse vergleichsweise niedrig bewertet sind[309]. Nicht auszuschließen sind also Maßnahmen zur Steigerung des Börsenkurses wie Werbung via Kommunikation mit Analysten und wichtigen Aktionären, die durch die Umwandlung von Inhaberaktien in nicht vinkulierte Namensaktien erleichtert wird[310] bis zu Rückkäufen eigener Aktien[311]. Schon dadurch, dass die Gesellschaft ihre flüssigen Mittel reduziert oder sich verschuldet, verliert eine Gesellschaft als Objekt einer Übernahme an Attraktivität; Rückkäufe können insbesondere wegen des Nachfragenübermaßes den Aktienkurs in die Höhe treiben und dadurch die Kosten einer möglichen Übernahme erheblich steigern. Es kann außerdem nicht ausgeschlossen werden, dass die Zielgesellschaft befreundete Kreditinstitute bittet, in ihrem Auftrag und letztlich auch auf ihre Rechnung eine dauerhafte Marktpflege mit dem Ziel einer nachhaltigen Aufrechterhaltung der Kurse ihrer Aktien zu erreichen.

Umgekehrt kann der Bieter durch einen anonymisierten Massenverkehr den Wert der Anteile der Zielgesellschaft durch (Leer-)Verkäufe negativ beeinflussen, um entweder den Kursrückgang zum weiteren, günstigeren Beteiligungsaufbau zu nutzen oder die Attraktivität des eigenen Angebots zu steigern bzw. den Druck auf deren verbleibende Aktionäre zu erhöhen[312]. Außerdem wird der Bieter an einem hohen Kurs seiner Aktien interessiert sein, wenn er vorhat, eigene Aktien zum Tausch anzubieten. Für die Zielgesellschaft auf der anderen Seite ist ein möglichst niedriger Kurs der Aktien des Bieters während der Laufzeit des Tauschangebots von Vorteil, um die Übernahme zu verhindern. Sie kann daher versuchen, diesen Kurs durch (Leer-)Verkäufe negativ zu beeinflussen.

---

309 Schäfer, WM 1999, S. 1346; Lenzen, Unerlaubte Eingriffe, S. 21 f., 108; Ekkenga, WM 2002, S. 320; Krause, AG 2002, S. 143; Fleischer/Kalss, WpÜG, S. 19.

310 Namensaktien eröffnen nämlich die Möglichkeit, über den Aktionärskreis informiert zu bleiben und direkt mit den Aktionären zu kommunizieren, vgl. dazu Geibel/Süßmann, BKR 2001, S. 66; Bayer, ZGR 2002, S. 592 f.; Krause, AG 2002, S. 144.

311 Skog, ZGR 1997, S. 310 f.; Lenzen, Unerlaubte Eingriffe, S. 108; Bayer, ZGR 2002, S. 592 f.; Zschocke, DB 2002, S. 83.

312 Altendorfer, in Aicher/Kalss/Oppitz, S. 223; Oechsler, NZG 2001, S. 823; Assmann, ZGR 2002, S. 723; Lenzen, Unerlaubte Eingriffe, S. 22, 110; Fleischer/Kalss, WpÜG, S. 19; Vaupel/Uhl, WM 2003, S. 2135 f.

bb) Geschäftliche Handlungen, die eine Marktverengung/-erweiterung beabsichtigen

Dabei handelt es sich um Manipulationshandlungen, die anstreben, die Anzahl der im Umlauf befindlichen Papiere zu minimieren bzw. zu erweitern und dadurch den Kurs zu beeinflussen[313]. Wird das Angebot zum Beispiel in einem Titel begrenzt, so reagiert sein Preis empfindlicher auf die bestehende Nachfrage, da diese durch das künstlich gering gehaltene Angebot befriedigt werden muss. Die Möglichkeiten sind hierzu zahlreich:

i. Leerverkäufe

Darunter sind Verkäufe von Wertpapieren zu verstehen, ohne dieselben zu besitzen oder zu deren Veräußerung ermächtigt zu sein[314]. Um die geschuldeten Wertpapiere liefern zu können, was nach den Geschäftsbedingungen der deutschen Börsen spätestens am zweiten Werktag nach dem Abschlusstag geschehen muss, muss der Verkäufer bis zum Erfüllungstermin entweder seinerseits einen Deckungskauf tätigen oder sich die Papiere von einem anderen Eigentümer leihen.

Leerverkäufe werden als unerwünschte Manipulation angesehen, da ihre Durchführung sich wegen ihres Informationswertes kursmäßig niederschlägt und die Gefahr birgt, eine Verkaufspanik auszulösen[315]. Umfangreiche Leerverkäufe könnten genauso wie normale Verkäufe zu niedrigeren Kursen führen. Durch massive Leerverkäufe könne der Handelnde erreichen, dass Dritte ihre Wertpapiere veräußern, weil sie annähmen, hinter den Verkäufern des Täters stehe dessen Einschätzung, das Wertpapier sei überbewertet. Die Tatsache, dass das Verkaufsvolumen beim Leerverkauf nicht auf den dem Verkäufer verfügbaren Bestand beschränkt sei, habe zur Folge, dass durch Leerverkäufe das Angebot und damit der Kurs sogar leichter beeinflusst werden können. Die Schädlichkeit der Leerverkäufe lasse sich mit dem Gedanken, dass der Rückkauf Nachfrage darstelle und schließlich den Kurs wieder stütze, deshalb nicht entkräften, da in großem Umfang vorgenommene Leerverkäufe wegen ihres Informationsgehaltes Anleger zu Geschäftsabschlüssen bewegten, die vom wahren Stand der Papiere möglicherweise nicht angezeigt seien. Darüber hinaus ergäben sich durch anhaltende Leerverkäufe mit einhergehender Verkaufspanik sogenannte „markttechnische" Folgerungen, die wiederum den Verkaufsdruck verstärkten. Dieser folge aus der

313 Altendorfer, in Aicher/Kalss/Oppitz, S. 221; Lenzen, Unerlaubte Eingriffe, S. 19, 25 ff.

314 Scheu, Börsenstrafrecht, S. 119; Schröder, Aktienhandel, S. 75; Lenzen, Unerlaubte Eingriffe, S. 18; Ziouvas, ZGR 2003, S. 135.

315 So Scheu, passim; Schröder, Aktienhandel, S. 75 f.; Altendorfer, in Aicher/Kalss/Oppitz, S. 216; Lenzen, Unerlaubte Eingriffe, S. 18 f.; Dreyling, Die Bank 2002, S. 20; Altenhain, BB 2002, S. 1877; Schwark, in Schwark, 3. Aufl., § 20a WpHG, RN 30 u. FN 89; Vogel, in Assmann/Schneider, 3. Aufl., vor § 20a RN 24.

Zwangsliquidation von fremdfinanzierten Aktiendepots. Diese Depotauflösungen könnten zu fatalen Folgen wie z. B. zu einem „Börsencrash“ führen, da infolge der Kursstürze zu sehr ungünstigen Kursen verkauft werde.

Eine generelle Unzulässigkeit von Leerverkäufen soll aber richtigerweise angezweifelt werden. Zunächst sind die Nebenfolgen von Leerverkäufen wie Verkaufspaniken und Zwangsliquidationen noch nicht empirisch nachgewiesen[316]. Außerdem darf nicht übersehen werden, dass Leerverkäufe eine gängige Handelsform darstellen, als sie die Absicherung von Risikopositionen ermöglichen und die Informationseffizienz und Liquidität des Marktes erhöhen[317]. Leerverkäufe werden oft zu Spekulationszwecken bzw. in der Hoffnung eingesetzt, die für überbewertet gehaltenen Papiere zu einem späteren Zeitpunkt billiger zurückkaufen zu können; somit wird es den Marktteilnehmern ermöglicht, ihre Einschätzungen durch Handelsaktivitäten zum Ausdruck zu bringen. Steigen allerdings die Kurse, machen die Leerverkäufer Verluste, da sie sich zu höheren Preisen eindecken müssen. Aber auch Leerverkäufe im Rahmen von Eigen- und Aufgabengeschäften der Preisfeststellungsintermediäres sind trotz möglicher Kursrelevanz börsenrechtlich zulässig (§ 27 Abs. 1 Satz 2 BörsG)[318]. Bei der gebräuchlichsten Form von Eigengeschäften, nämlich dem Eingehen so genannter Aufgabengeschäfte, bei denen Makler als Vermittler auftreten, fehlt zum Zeitpunkt des Geschäftsabschlusses noch der andere Geschäftsteil, weshalb in der Schlussnote vermerkt wird, dass die „Aufgabe“ der anderen Seite später erfolgt. Der Makler hat nun ein oder zwei Börsentage Zeit, um den fehlenden Geschäftspartner nachzuliefern, je nachdem, ob noch ein Verkäufer oder Käufer benötigt wird. Der Makler handelt hier also nicht zur gezielten Kursbeeinflussung, sondern aus dem Zwang zur Benennung eines noch ausstehenden Geschäftspartners für ein bereits abgeschlossenes Vermittlungsgeschäfts heraus, wenn er offene Positionen durch Hereinnahme in sein Skontro schließt; das gilt auch dann, wenn die Orderlage in seinem Skontro die Erwartung erheblicher Kursausschläge rechtfertigt. Ähnlich ist die Lage, wenn Eigengeschäfte lediglich aus Gründen des Marktausgleichs getätigt werden. Diese Feststellungen sprechen also zumindest für eine ausdifferenzierte Lösung, denn sonst würde eine gängige Handelsform der Kursmanipulation zugeordnet[319].

316 Lenzen, Unerlaubte Eingriffe, S. 44.

317 Lenzen, Unerlaubte Eingriffe, S. 101, 252; Sorgenfrei, wistra 2002, S. 328; Schwark, in Schwark, 3. Aufl., § 20a WpHG, RN 89.

318 Weber, NZG 2000, S. 115; BT-Dr. 14/8601, S. 9.

319 Vgl. auch Schwark, FS für Kümpel, S. 492; so lautete auch die Kritik an die im Rahmen des vierten FFG geplanten Verbotes von Leerverkäufen (§ 4a des Diskussionsentwurfs), die das Bundesaufsichtsamt in extremen Marktkrisen, die schwerwiegende Gefahren für die Gesamtwirtschaft oder das Finanzwesen erwarten lassen, zum Zwecke der Stabilität der Finanzordnung zur vollständigen Untersagung von Leerverkäufen bis zu 10 Börsen-

ii. Cornering

Unter den Kursmanipulationsbegriff werden Corner-Strategien eingeordnet[320]: Durch übertriebene Ankäufe werden Monopolstellungen einzelner Marktteilnehmer gegenüber den Verkäufern, die leerverkauft haben, aufgebaut, die dazu führen, dass die Käufer den Kurs schließlich selbst festsetzen. Auf einem einzelnen Markt ist erfolgreiches Cornering schwierig, weil der cornernde Agent mehr als 100% des lieferbaren Vorrates erwerben muss[321]. Der Bereich über 100% resultiert zum einen aus Leerverkäufen, die der Verkäufer mangels Papieren nicht erfüllen kann, es sei denn, er deckt sich ausschließlich zu den heraufgetriebenen Kursen ein, zum anderen aus Optionen, wenn der/die Verpflichtete(n) aus den Optionen liefern müssen und sich am Kassageschäft nur bei dem Corner eindecken können.

Aus ökonomischer Sicht ist allerdings hervorzuheben, dass auch Corner sich nicht dem Gesetz von Risiko und Ertrag entziehen, sondern für den cornernden Agenten immer ein erhebliches Risiko mit sich bringen[322]. Dies führt zu der Aussage, dass die wirksamste Regulierung von Kursmanipulation oft der Markt selbst ist. Darüber hinaus gibt es auch „natürliche Corner". Ein solcher kann beispielsweise entstehen, wenn ein Marktteilnehmer eine große Anzahl von Aktien einer Gesellschaft erwirbt, um eine Mehrheitsbeteiligung zu erlangen[323]. Der dadurch ausgelöste Preisanstieg mag Spekulanten zu Leerverkäufen veranlassen. In einem solchen Fall kann ein „corner" entstehen, ohne dass der Käufer dies will oder überhaupt nur weiß. Schließlich bietet die Anonymität Cornern Schutz, um sich unbemerkt im Basismarkt mit den entsprechenden Titeln einzudecken[324]. Cornerstrategien sind deshalb auf anonymen Märkten geringer Transparenz über die Handelsbücher und Investitionsbestände anderer Marktteilnehmer leichter möglich als auf transparenten Märkten.

---

tagen als ultima ratio ermächtigte, s. Anrufung des Vermittlungsausschusses v. 02.05.02, BT- Dr. 14/8958, S. 1; Beschlussempfehlung des Vermittlungsausschusses v. 15.05.02, BT-Dr. 14/9096; auch Fenchel, DStR 2002, S. 1362; Reuschle, Viertes FFG, A RN 2.

320 Watter, SZW 62 (1990), S. 196 f.; Hirth, Kursbeeinflussung, S. 9 FN 2; Varnholt, Finanzmarkt, S. 467 f.; Weber, Kapitalmarktrecht, S. 317; Lenzen, Unerlaubte Eingriffe, S. 19 f., 46; Nobel/Blair/Schönholzer, SZW 73 (2001), S. 233; Ziouvas, ZGR 2003, S. 134; Altendorfer, in Aicher/Kalss/Oppitz, S. 221, 227; Benner, in Wabnitz/Janovsky, 2. Aufl., Kapitel 9 RN 90, 92; Vogel, in Assmann/Schneider, 3. Aufl., vor § 20a RN 24.

321 Varnholt, Finanzmarkt, S. 468.

322 Varnholt, passim.

323 Lenzen, Unerlaubte Eingriffe, S. 20.

324 Varnholt, Finanzmarkt, S. 469.

iii. Abusive Squeezes

Dabei wird auch die Verknappung (long squeeze) oder der Überschuss (short squeeze) eines Vermögenswertes durch Kontrolle der Nachfrage- bzw. der Anbieterseite ausgenutzt, um die Kurse zu manipulieren[325]. Im Gegensatz zum Corner wird aber hier nicht der Kassamarkt, sondern allein der Terminmarkt monopolisiert, weshalb auch von Positionsmanipulation gesprochen wird. Unterstellt wird dabei, dass Terminkontrakte zur Lieferung der Basistitel verpflichten, es liegt also kein Cash-Settlement vor[326]. Der Manipulator kann dann vor Fälligkeit des Terminkontrakts so viele Basistitel aufkaufen, dass seine Basistitel zusammen mit dem von ihm auf Termin gekauften Basistitel den gesamten Bestand an Basistiteln übersteigen. Wenn er bei Fälligkeit des Termingeschäfts auf Lieferung des Basistitels besteht, sind die Leerverkäufer gezwungen, vom Manipulator Basistitel zu kaufen. Dann kann er den Kurs beliebig hoch festsetzen. Dies ist sicherlich eine extreme Kursbeeinflussungsform. Das squeezing wird auch in weicheren Varianten behandelt. Die eine Variante besagt, dass die bloße Ausübungsdrohung dazu führt, dass die Terminverkäufer bereit sein werden, ihre Terminverträge zu höheren Preisen zurückzukaufen als im Fall ohne Drohung. Die andere Variante geht davon aus, dass der zugrundeliegende Basistitel nicht exakt definiert ist und Basistitel in unterschiedlichen Qualitäten lieferbar sind. Dann werden die Terminverkäufer gezwungen, Basistitel höherer Qualität zu liefern. „Short squeezes" - der Manipulator verkauft Terminkontrakte und im Fälligkeitszeitpunkt den Basistitel[327] - dürfen aufgrund des hohen Risikos seltener vorkommen[328].

iv. Stillhalteabkommen

Standstill-Agreements stellen Verträge dar, in denen sich der Aktionär verpflichtet, seine Aktie für eine gewisse Zeit nicht zum Verkauf anzubieten, oder sonstige rechtsgeschäftliche Veranlassung durch den Emittenten wie die Inaussichtstellung von Gratisaktien für firmentreue Aktionäre, die ein Einfrieren des liquiden Effektenumlaufs bewirken und die mit dem Ziel der Kursbeeinflussung abgeschlossen werden könnten[329]. Nach derzeitigem Erkenntnisstand lässt sich aber nicht klar beantworten, wie sich langfristige Lock-Ups auf den Börsenkurs typischerweise auswirken. Einige Ergebnisse amerikanischer Studien deuten darauf hin, dass der Kurs sogar fällt, wenn am Markt der Eindruck entsteht, dass das Ma-

325 Altendorfer, in Aicher/Kalss/Oppitz, S. 221; Ziouvas, ZGR 2003, S. 134; Benner, in Wabnitz/Janovsky, 2. Aufl., Kapitel 9 RN 92.

326 Hirth, Kursbeeinflussung, S. 9 f.

327 Hirth, Kursbeeinflussung, S. 10 FN 2.

328 Ziouvas, ZGR 2003, S. 134.

329 Watter, SZW 62 (1990), S. 196; Lenzen, Unerlaubte Eingriffe, S. 25; Ekkenga, NZG 2001, S. 2, 7 f.; ders., WM 2002, S. 317 FN 46.

nagement mehr aus Selbsterhaltungstrieb als im Gesellschafts- und Aktionärsinteresse gehandelt hat.

Nicht in diesen Zusammenhang gehören nach einer Ansicht emissionsgeschäftlich veranlasste Marktschutzvereinbarungen, die im Interesse der Anleger liegen[330]. Ganz im Vordergrund steht hier das Interesse der Emissionsbanken an einer reibungslosen Platzierung und stabilen Kursentwicklung[331]. Halteverpflichtungen erfüllen eine commitment-Funktion: Altaktionäre, die bereit sind, eine lock-up-Verpflichtung einzugehen, bringen zum Ausdruck, dass sie nicht sogleich „Kasse machen" wollen, sondern an die Zukunft des Unternehmens glauben. Die Glaubhaftigkeit ihres Signals rührt daher, dass sie sich mit ihrer Verpflichtungserklärung einem Vermögensrisiko aussetzen, welches Anteilseigner von Unternehmen minderer Qualität in der Regel nicht auf sich zu nehmen bereit sind.

v. Parking

Beim Parking werden Vermögenswerte durch das Einschalten von Strohmännern oder durch Absprachen mit anderen Personen auf ein, auf einen Dritten lautendes, Konto vorübergehend transferiert[332]. Die Verbuchung auf einem fremden Konto ist dann möglich, wenn dessen Inhaber sich damit einverstanden erklärt und die Papiere selbst für den Manipulator oder in dessen Auftrag kauft oder wenn es sich um Konten handelt, auf die der Manipulator selbst Zugriff hat, weil er sie befugtermaßen oder zumindest faktisch kontrolliert. Mit Parking kommt es zur Verschleierung des Ausmaßes des eigenen Besitzes, die grundsätzlich zum Zwecke der Vermeidung einer frühzeitigen Alarmierung des Marktes und zur Umgehung der in den meisten kapitalmarktrechtlichen Regelungen vorgesehenen Meldepflichten bei Erreichung bzw. Unterschreitung gewisser Grenzwerte ausgenutzt wird[333]. Dadurch kann es dem Manipulator gelingen, weitere Papiere zu einem Preis zu handeln, der sich deutlich von demjenigen unterscheidet, der bei ordnungsgemäßer Meldung erreicht worden wäre[334]. Außerdem dient Parking auch der Immobilisierung eines Teils der Titel - das Angebot soll am offenen Markt vermindert werden - und führt zumindest in illiquiden oder überzeichneten Märkten zu einer Marktverengung, die auf den Kurs einwirkt[335].

---

330 Ekkenga, WM 2002, S. 318 FN 46; Mues, ZBB 2001, S. 358; Fleischer, WM 2002, S. 2306 f.

331 Zur Kurspflege s. u. § 3 III.

332 Lenzen, Unerlaubte Eingriffe, S. 26.

333 Watter, SZW 62 (1990), S. 196 FN 24; Altendorfer, in Aicher/Kalss/Oppitz, S. 216; Lenzen, Unerlaubte Eingriffe, S. 27.

334 Lenzen, Unerlaubte Eingriffe, S. 28.

335 Altendorfer, in Aicher/Kalss/Oppitz, S. 215 f., 221, 227; Lenzen, Unerlaubte Eingriffe, S. 26; vgl. auch Schmid, Insiderstrafrecht, S. 90, 133; Watter, SZW 62 (1990), S. 198; de Beer, SchwZStR 109 (1992), S. 274; Nobel/Blair/Schönholzer, SZW 73 (2001), S. 233; Vogel, in Assmann/Schneider, 3. Aufl., vor § 20a RN 24.

Das Parking wird aber teilweise als zulässig bewertet, zumindest wenn Effekten die Zugehörigkeit zum Vermögenskomplex wechseln[336]. Es geht nicht etwa darum, ein Kaufinteresse vorzutäuschen; vielmehr sei der Wechsel des wirtschaftlichen Berechtigten der wesentliche Beweggrund für den Abschluss. Außerdem steht es jedem Kapitalanleger frei, seine Papiere vom Markt zu nehmen und nicht zu verkaufen, schließlich ist die langfristige Kapitalanlage wünschenswert.

3. *Handlungsgestützte Manipulationen*

Bei action-based Manipulationen handelt es sich um börsenexogene Strategien, die darauf abzielen, auf den inneren Wert einer Aktie einzuwirken[337]. Diese Art von Kursmanipulation besteht in der Regel darin, wichtige Produktionsanlagen eines Unternehmens durch kriminelle Handlungen, z. B. durch Brandstiftung oder sonstige Sabotageakte stillzulegen, um so einen Aktienkurssturz herbeizuführen. Weil die Ursache bei dieser Manipulationsstrategie immer außerhalb des direkten Börsengeschehens liegt, ist es einer Börsenaufsicht kaum möglich, Präventivmaßnahmen zu ergreifen[338].

Derartige Fälle sind aber richtigerweise vom Kursmanipulationsbegriff im wahren Sinne herauszunehmen, weil sie zwar auf den Kurs einwirken, ihn jedoch nicht verfälschen, da sie gleichzeitig den inneren Preis ändern und zumeist unter den Anwendungsbereich allgemeiner Straftatbestände fallen[339]. Es können außerdem zivilrechtliche Schadensersatzansprüche entstehen, die sich je nach dem Verhältnis des Dritten zum betroffenen Unternehmen vor allem aus dem Vertrags- und Deliktsrecht ergeben können.

4. *Zwischenergebnis*

Die bisherigen Ausführungen verdeutlichen zum einen, dass es zahlreiche Manipulationstechniken gibt, die nicht strikt voneinander zu unterscheiden sind[340]. Der Manipulator bedient sich sehr oft mehrerer Manipulationstechniken, die ihm das gewünschte Ergebnis der Kursbeeinflussung garantieren wie zum Beispiel „Pump

---

336 Schmid, SAG 60 (1988), S. 137; Schmid, Festgabe zum schweizerischen Juristentag 1994, S. 536; Richard, SZW 67 (1995), S. 262; Schmid/Baur, in Vogt (Hrsg.): Art. 161bis StGB, S. 1042.

337 Varnholt, Finanzmarkt, S. 459, 461, 463; Rudolph/Röhrl, in Hopt/Rudolph/Baum, S. 187; Lenzen, Unerlaubte Eingriffe, S. 31, 34; Fleischer, Gutachten, F 119; Ziouvas, ZGR 2003, S. 131; Vogel, in Assmann/Schneider, 3. Aufl., vor § 20a RN 20.

338 Varnholt, Finanzmarkt, S. 461.

339 Varnholt, Finanzmarkt, S. 471 f.; Lenzen, Unerlaubte Eingriffe, S. 130, 242; Fleischer, Gutachten, F 120; Ziouvas, passim.

340 Lenzen, Unerlaubte Eingriffe, S. 9.

and Dump" (aufblähen und fallen lassen)-Methoden, denen beträchtliche kriminelle Energie zugrunde liegt[341].

Der Einblick in die verschiedenen Manipulationstechniken hat zum anderen klargestellt, dass es unmöglich ist, die Sachverhalte, die als Kurs- oder Marktmanipulation anzusehen sind, vollständig zu erfassen und zu beschreiben[342]. Das eigentliche Problem der Marktmanipulation bildet doch weder die Falschinformation noch das Problem des Scheinhandels, sondern der tatsächliche Handel: denn die Abgrenzung zwischen ökonomisch erwünschter Informationsproduktion bzw. Geschäftstätigkeit und dem Missbrauch derselben Produktionstechniken, Distributionswege und Marktstrategien ist abstrakt kaum durchführbar[343].

III. Kurspflege

1. Terminologische Differenzierungen

In der rechtswissenschaftlichen Diskussion um die Zulässigkeit und Grenzen der Kursbeeinflussung werden üblicherweise die Begriffe Kurspflege, Kursstützung, Kursbeeinflussung, Kursdoping und Kursmanipulation verwendet. Dabei indiziert die Kurspflege ganz allgemein eine direkte Intervention an den Börsen durch Kauf bzw. Verkauf von Finanzinstrumenten von interessierter Seite zur gezielten Beeinflussung des Börsenkurses[344]. Es handelt sich zunächst um marktausgleichende An- und Verkäufe des Emittenten oder eines für ihn bzw. für eigene Rechnung handelnden Wertpapierdienstleistungsinstituts im Rahmen einer Emission oder einer Zweitplatzierung[345], die der stetigen und stabilen Kursentwicklung dienen sollen, um ein Abgleiten der Kurse durch Käufe oder auch bei künstlicher Kurssteigerung die Ausschläge nach oben durch Verkäufe zu vermeiden[346]. Kurs-

341 Scheu, Börsenstrafrecht, S. 84; Ilberg/Neises, WM 2002, S. 645; Ziouvas, ZGR 2003, S. 130; Altendorfer, in Aicher/Kalss/Oppitz, S. 216; vgl. auch den Abschnitt B des Anhangs des Marktmissbrauchsrichtlinienvorschlags (FN 13), S. 271.

342 So auch Varnholt, Finanzmarkt, S. 459; Fleischer, Gutachten, F 119; Groner/Meier, SZW 74 (2002), S. 279; Weber, EuZW 2002, S. 47.

343 Vgl. auch Reuter, Aktienmarkt, S. 182; Watter, SZW 62 (1990), S. 198; Roth, SZW 63 (1991), S. 233, 237 f.; Rudolph, BB 2002, S. 1040; Scherp, Kriminalistik 57 (2003), S. 488; Weber, NJW 2003, S. 20; Vogel, in Assmann/Schneider, 3. Aufl., vor § 20a RN 25; Schwark, FS für Kümpel, S. 486.

344 Bosch, in Bosch/Groß, RN 10/339; Lenzen, Unerlaubte Eingriffe, S. 14; Schwark, FS für Kümpel, S. 493.

345 Dazu gehören neben reinen Umplatzierungen bereits bestehender Aktien auch Kapitalerhöhungen von Emittenten, deren Aktien bereits zum Handel an einem geregelten Markt zugelassen sind, vgl. Leppert/Stürwald, ZBB 2004, S. 310.

346 Bruchner/Prospischil, in Lutter/Scheffler/Schneider, RN 11. 48, 51; Schäfer, WM 1999, S. 1345; Benckendorff, Erwerb eigener Aktien, S. 58; Lenzen, Unerlaubte Eingriffe, S. 14

pflegemaßnahmen erfolgen aber auch unabhängig von einer Emission, und zwar aus Marketinggesichtspunkten oder zur Änderung der Kapitalstruktur, zur Ausschüttung überschüssiger Liquidität, zur Abwehr von feindlichen Übernahmeangeboten, zum Erreichen eines bestimmten Kurses zu Bilanzstichtagen sowie zur Gesamtmarktstabilisierung in Krisenzeiten durch staatliche Organisationen[347].

Im Allgemeinen haftet kurspflegenden Maßnahmen eine erhöhte Manipulationsgefahr an. Sie bergen, insbesondere wenn sie über einen gewissen Zeitraum hinausgehen, grundsätzlich das Risiko eines Kurssturzes, denn der Preis wird zu lange auf einem möglicherweise künstlichen Niveau gehalten, wodurch der Markt belastet wird[348]. Insbesondere im Rahmen einer Emission/Zweitplatzierung haben die daran Beteiligten ein starkes Interesse daran, den Kurs vor und während der Emission auf einem möglichst hohen Niveau zu halten[349]. Einerseits möchte der Emittent einen hohen Erlös durch die Platzierung von Anlagen erzielen und dadurch einen hohen Kapitalzufluss bei niedrigen Kosten erlangen, andererseits erzielt das Emissionshaus bei höherem Erlös auch eine höhere Provision. Sie können deshalb versuchen, den Preis der bereits gehandelten Papiere/Altaktien zu beeinflussen, um die Platzierung zu Lasten der Anleger/Altaktionäre zu erleichtern.

2. *Rechtliche Beurteilung*

Die rechtliche Beurteilung von Kurspflegemaßnahmen ist im deutschen Recht immer noch umstritten. Denn bis vor kurzem[350] gab es keine allgemeine Bestimmung der Grenzen von zulässigen Kurspflegemaßnahmen, so dass die Problematik grundsätzlich der Kapitalmarktlehre überlassen war[351]. Es war nicht einmal klar zu beantworten, ob es sich bei Kurspflege um eine euphemistische Begriffsbildung für eine im Regelfall widerrechtliche Kursbeeinflussung handelt, die jedoch wegen einer Reihe positiver Effekte unter Umständen für berechtigt und

---

f.; Ekkenga, WM 2002, S. 317 f.; Schanz, Börseneinführung, 2. Aufl., § 10 RN 114; Groner/Meier, SZW 74 (2002), S. 282.

347 Altendorfer, in Aicher/Kalss/Oppitz, S. 221; Schäfer, WM 1999, S. 1345, 1347; Lenzen, Unerlaubte Eingriffe, S. 17; Schanz, Börseneinführung, 2. Aufl., § 10 RN 114; Bosse, WM 2000, S. 806; Krause, AG 2002, S. 144; Ekkenga, WM 2002, S. 318; Schwark, FS für Kümpel, S. 494; Ziouvas, ZGR 2003, S. 136.

348 Hopt, Kapitalanlegerschutz, S. 496; Watter, SZW 62 (1990), S. 199; Lenzen, Unerlaubte Eingriffe, S. 204.

349 Lenzen, Unerlaubte Eingriffe, S. 14; dies., WM 2002, S. 1133.

350 Vgl. zu unmittelbar geltenden gemeinschaftsrechtlichen Vorgaben unten, § 5 II 3 d.

351 Lenzen, Unerlaubte Eingriffe, S. 201; Schanz, Börseneinführung, 2. Aufl., § 10 RN 116; Krämer/Hess, Freundesgabe für Döser, S. 171; Meyer, AG 2004, S. 290 f.

häufig für notwendig gehalten werden solle[352] oder um eine Erscheinung, die deutlich von Kurspflege zu unterscheiden ist[353].

Üblicherweise wird die emissionsbedingte Kurspflege, auch als Kursstabilisierung bezeichnet, zur Glättung von Zufallsschwankungen, die nicht durch die aktuelle Geschäftslage des Emittenten oder die allgemeine Marktentwicklung begründet sind, von der verbotenen Kursmanipulation abgegrenzt und als zulässig bewertet[354], zumindest wenn die Anleger in Prospekten auf die Möglichkeit der Stabilisierung hingewiesen werden[355], die Stabilisierung nicht oberhalb des Platzierungspreises stattfindet und sich auf einen bestimmten Zeitraum nach der Emission beschränkt[356]. In der Regel geht es hier um den Erwerb und die Veräußerung von Aktien der Gesellschaft in der Absicht, auf deren Börsenkurs Einfluss zu nehmen, um markttechnisch bedingte Kursausschläge oder Zufallsschwankungen des Kurses zu glätten und dadurch den ruhigen Absatz von Wertpapieren im Interesse des Unternehmens und zur Wahrung des Emissionskredites der Emissionsbank sicherzustellen und die Aufnahmebereitschaft des Marktes für Wertapieremissionen zu den geplanten Bedingungen zu fördern[357]. Kursausschläge können sich z. B. ergeben, weil Erstinvestoren größere Tranchen ihrer Bestände wieder abgeben bzw. durch anfängliche Kurssteigerungen erzielte sog. Zeichnungsgewinne kurzfristig realisieren oder im Rahmen einer Zuteilung nicht befriedigte Investoren ihre Bestände am Markt aufstocken wollen. Mithin besteht das Risiko, dass der Kurs be-

---

352 So Watter, SZW 62 (1990), S. 199; Iffland, SZW 69 (1997), S. 123; Altendorfer, in Aicher/Kalss/Oppitz, S. 220; Weber, Kapitalmarktrecht, S. 317; Lenzen, Unerlaubte Eingriffe, S. 13, 15; Lenzen, WM 2000, S. 1133; Goldmann, ÖBA 2001, S. 787.

353 Schäfer, WM 1999, S. 1345; Bruchner/Prospischil, in Lutter/Scheffler/Schneider, RN 11. 48; Groner/Meier, SZW 74 (2002), S. 291.

354 Bruchner/Prospischil, in Lutter/Scheffler/Schneider, RN 11. 48 ff.; Bosch, in Bosch/Groß, RN 10/339, 342; Krämer/Hess, FS für Döser, S. 177, 183 f.; Altendorfer, in Aicher/-Kalss/Oppitz, S. 219 f.; Schäfer, WM 1999, S. 1347; Weber, NZG 2000, S. 122; Lenzen, Unerlaubte Eingriffe, S. 14 f.; Ekkenga, WM 2002, S. 317; Hopt/Waschkeit, FS für Lorenz, S. 148; Ziouvas, ZGR 2003, S. 136; Schwark, FS für Kümpel, S. 493; Schäfer, in Schwintowski/Schäfer, 2. Aufl., § 23 RN 90 f.; Koller, in Assmann/Schneider, 3. Aufl., § 31 RN 62.

355 So Bosch, in Bosch/Groß, RN 10/355; Schäfer, WM 1999, 1348; Bruchner/Prospischil, in Lutter/Scheffler/Schneider, RN 11. 50; Krämer/Hess, Freundesgabe für Döser, S. 193; Ekkenga, WM 2002, S. 323; Möller, WM 2002, S. 315; Koller, passim; Schäfer, in Schwintowski/Schäfer, 2. Aufl., § 23 RN 92.

356 Koller, passim; Bruchner/Prospischil, in Lutter/Scheffler/Schneider, RN 11. 49; Krämer/Hess, Freundesgabe für Döser, S. 175 ff.; Ekkenga, WM 2002, S. 318 FN 6; Schäfer, in Schwintowski/Schäfer, 2. Aufl., § 23 RN 91.

357 Hopt, Kapitalanlegerschutz, S. 495; Caspari, ZGR 1994, S. 544; Iffland, SZW 69 (1997), S. 123; Benckendorff, Erwerb eigener Aktien, S. 58; Bruchner/Prospischil, in Lutter/-Scheffler/Schneider, RN 11.48; Altendorfer, in Aicher/Kalss/Oppitz, S. 219; Lenzen, Unerlaubte Eingriffe, S. 15; Ekkenga, WM 2002, S. 317; Möller, WM 2002, S. 315; Meyer, WM 2002, S. 1106; Schäfer, in Schwintowski/Schäfer, 2. Aufl., § 23 RN 90; Koller, passim.

reits kurz nach Notierungsaufnahme einbricht. Bei einem Sinken des Kurses unter den Emissionspreis ist zu befürchten, dass weitere Aktionäre „aussteigen", um drohende Verluste zu minimieren. Dadurch kann der Kurs weiter fallen und der Erfolg der Emission gefährdet sein. Ähnliches gilt auch bei Kapitalerhöhungen oder Umplatzierungen bereits notierter Werte[358]. Hier bewirkt die Platzierung einer größeren Zahl an Aktien zunächst eine Abschöpfung der vorhandenen Nachfrage, führt jedoch auch zu einer schlagartigen Vergrößerung der Zahl der im Verkehr befindlichen Aktien der betreffenden Gesellschaft. Dieser steht dann wegen der zuvor beschriebenen Abschöpfung eine vorübergehend geringe Nachfrage gegenüber. Auch hier ist also die Gefahr eines Kurseinbruches nach Durchführung der Emission gegeben. Das Emissionskonsortium übernimmt dabei die Rolle eines market makers und verpflichtet sich, die Liquidität des Marktes sicherzustellen und krasse Kursausschläge solange zu verhindern, bis sich ein Marktgleichgewicht eingestellt hat. Mithin dient die Kursstabilisierung dem Interesse der Anleger, der Emittenten und Konsortialbanken und liegt auch im Interesse des Kapitalmarktes[359]. Zu beachten ist ferner, dass Kurspflegemaßnahmen, die lediglich auf eine Glättung des Marktes abzielen, auch nicht der Bereicherung des Emissionskonsortiums dienen. Im Wert nachlassende Papiere werden über dem ungepflegten Preis liegend aufgekauft oder bei steigendem Kurs die im Wert wachsenden Papiere abgestoßen, jeweils um den Kurs zu stabilisieren[360].

Im Gegensatz zur zulässigen Kursstabilisierung werden jedenfalls als verbotene Kursmanipulation Maßnahmen verstanden, die eine Kursveränderung verhindern sollen, obwohl diese durch die Entwicklung von Angebot und Nachfrage eigentlich veranlasst wäre, sowie Aktionen, die nicht auf Stabilisierung, sondern auf die Herbeiführung einer Kursveränderung gerichtet sind[361]. Damit wird aber kein abgrenzungsscharfes Kriterium geliefert, zieht man insbesondere die Tatsache in Betracht, dass Kursstabilisierung eine Kursintervention darstellt und die Herbeiführung einer Kursveränderung ein unerlässliches Element ihrer Begrifflichkeit darstellt. Andere sprechen von einer unzulässigen „Kursstützung", wenn ein Kurs „um fast jeden Preis gehalten wird und somit der Eindruck einer erfolgreichen Platzierung vorgetäuscht wird"[362]. Hierzu gehörten alle Maßnahmen, die verhindern, dass sich der Börsenkurs an den „inneren Wert eines Papiers"

---

358 Peters, Insiderstrafrecht, S. 74 f.; Meyer, passim; Krämer/Hess, Freundesgabe für Döser, S. 173, 179, 188; Ekkenga, passim; Schäfer, WM 1999, S. 1345; Schanz, Börseneinführung, 2. Aufl., § 10 RN 114.

359 Bruchner/Prospischil, in Lutter/Scheffler/Schneider, RN 11. 49; Lenzen, Unerlaubte Eingriffe, S. 16.

360 Benner, in Wabnitz/Janovsky, 2. Aufl., Kapitel 9 RN 90.

361 Ekkenga, WM 2002, S. 317; Möller, WM 2002, S. 315.

362 Hopt, Kapitalanlegerschutz, S. 496; Bosch, in Bosch/Groß, RN 10/340; Benckendorff, Erwerb eigener Aktien, S. 92; Meyer, WM 2002, S. 1106; Rudolph, BB 2002, S. 1041; Schanz, Börseneinführung, 2. Aufl., § 10 RN 115; Groner/Meier, SZW 74 (2002), S. 282; Ziouvas, ZGR 2003, S. 136 f.

anpasst. Zum Zwecke der Konkretisierung wird hervorgehoben, dass bei der Kursstützung in das Marktgeschehen in einer Form eingegriffen wird, die wesentlich nachdrücklicher ist als eine Kurspflege, da die Interventionsmaßnahmen entgegen die Markttendenz die Kurse zu beeinflussen suchen[363]. Der Bereich der Kurspflege werde nämlich verlassen, wenn die Gesellschaft den Kurs der Aktien zu einem Niveau führe, der aufgrund der an der Börse vorherrschenden Marktkräfte oder aufgrund der wirtschaftlichen Lage der Gesellschaft nicht zu erzielen wäre, z. B. wenn sie oberhalb des Emissionskurses kaufe[364]. Aber auch demnach bleibt es unklar, was unter dem schillernden Begriff „Markttrend" tatsächlich zu verstehen ist[365]. Ist damit das allgemeine „Börsenklima" am Aktienmarkt oder eine etwaige branchenspezifische Kurstendenz gemeint? Die Prognose über das Anhalten eines Trends beruht nämlich auf Hypothesen und spekulativen Annahmen. Hinzu kommt vor allem, dass der Trend von Kursverläufen innerhalb von wenigen Tagen, ja sogar Stunden, sich mehrfach umkehren kann.

Vor allem wird der Handel per Erscheinen[366], also der Einsatz von Stabilisierungsmaßnahmen vor der Notierungsaufnahme - insbesondere wenn der Antrag auf Zulassung zum Handel an einem organisierten Markt bzw. zur Einbeziehung in den Freiverkehr „gestellt oder öffentlich angekündigt" ist - im sog. Grauen Markt nur in engen Grenzen als zulässig betrachtet[367]. Ein Handel per Erscheinen ist zwar nichts Außergewöhnliches und dient den Interessen der Anleger, die sich schon vor Erstnotierung der Aktien von Teilen ihres Bestandes trennen bzw. durch Leerverkäufe spekulieren wollen sowie sich den Erwerb des Wertpapiers sichern möchten, da im Falle der Überzeichnung einer Emission die Zeichnungen nur teilweise berücksichtigt werden können[368]. Der Stabilisierungsverantwortliche könnte jedoch leicht in dieser Situation mit Einsatz geringer Mittel die Graumarktkurse erheblich beeinflussen, indem er den Anlegern Preiserwartungen erweckt, die von der Realität weit entfernt sind und die bei den Preisverhandlungen auf den letztendlich im Bookbuilding- oder Tender-Verfahren festgesetzten Emissionspreis Einfluss haben können[369]. Gleichzeitig sind die Kurse im Grauen Kapi-

---

363 Bosch, in Bosch/Groß, RN 10/340; Möller, WM 2002, S. 313; Schanz, Börseneinführung, 2. Aufl., § 10 RN 115; Krämer/Hess, Freundesgabe für Döser, S. 177; Schwark, FS für Kümpel, S. 493.

364 Benckendorff, Erwerb eigener Aktien, S. 91 f.; Krämer/Hess, Freundesgabe für Döser, S. 186; Bruchner/Prospischil, in Lutter/Scheffler/Schneider, RN 11. 53.

365 S. dazu Bruchner/Prospischil, in Lutter/Scheffler/Schneider, RN 11. 56 ff.

366 Anders auch als Neuemissionshandel, Pre-Ipo oder vorbörslicher Handel genannt, vgl. Pfüller/Koehler, WM 2002, S. 781, 787.

367 Peters, Insiderstrafrecht, S. 30; Krämer/Hess, Freundesgabe für Döser, S. 175, 187 f.; Schanz, Börseneinführung, 2. Aufl., § 10 RN 333; Schmitz, ZStW 115 (2003), S. 521.

368 Immenga, ZBB 1995, S. 197, 203; Pfüller/Koehler, WM 2002, S. 781 f.; Weber, NJW 2000, S. 2068.

369 Schanz, Börseneinführung, 2. Aufl., § 10 RN 117 ff.; Krämer/Hess, Freundesgabe für Döser, S. 177, 187 f.; Schäfer, WM 1999, S. 1346.

talmarkt regelmäßig wenig belastbar, als die tatsächlichen Umsätze typischerweise sehr gering sind, so dass bereits Orders über sehr geringe Stückzahlen erhebliche Auswirkungen entfalten können.

Noch schwieriger ist die rechtliche Bewertung von kurspflegenden Maßnahmen außerhalb des Emissionsvorgangs[370]. Zum Teil werden sie sogar als unzulässige Stützung betrachtet, denn ein Marktgleichgewicht habe sich in diesen Fällen längst gebildet und die mit den einzelnen Papieren verbundenen Volatilitäten seien den Anlegern bekannt[371]. Nur in speziellen Fällen ist von einer gesetzlichen Regelung auszugehen.

3. Sonderregelungen

a) Erwerb eigener Aktien

Spezielle Regelung finden zunächst Kurspflegemaßnahmen in Form des Erwerbs eigener Aktien durch die Gesellschaft (§§ 71 Abs. 1 Nr. 1 bis 8, 71d AktG)[372]. Eigene Aktien können marktschonend über die Börse (Open Market Repurchase), direkt von einem oder mehreren Großaktionär(en) oder bei öffentlich unterbreitetem Angebot (tender offer, buy back programm) erworben werden[373]. Welche Rückkaufmethode gewählt wird, hängt davon ab, welchen Effekt die rückkaufende Gesellschaft erreichen will. Der Rückerwerb stellt einerseits ein selbstverständliches und unentbehrliches Instrument des Finanzmanagements dar, andererseits kann die Gesellschaft damit Einfluss auf die Eigentümerstruktur ausüben[374]. Zu den Zielen der Manager einer Aktiengesellschaft gehört auch die Absicht, den Wert derselben zu steigern und die Interessen der Aktionäre zu vertreten[375]. Die Aktionäre profitieren von einer Gesellschaft, die auf ihren Aktienkurs achtet und überflüssiges Kapital ausschüttet, durch den Verkaufserlös oder den gestiegenen Aktienkurs, der mit einem Rückkauf regelmäßig einhergeht. Antrieb für den Erwerb eigener Aktien mag sein, dass eine Gesellschaft ihre Anteile an den Finanzmärkten unterbewertet sieht und mit den Käufen dem Markt ein Signal geben will[376]. Investoren verstehen nämlich die Erwerbsentscheidung als Ankündigung

---

370 Richard, SZW 67 (1995), S. 262 FN 24; Lenzen, Unerlaubte Eingriffe, S. 17; Schäfer, in Schwintowski/Schäfer, 2. Aufl., § 23 RN 91.

371 Altendorfer, in Aicher/Kalss/Oppitz, S. 221; Möller, WM 2002, S. 315; in Bezug auf Kurspflegemaßnahmen zur Abwehr feindlicher Übernahmen auch Lenzen, Unerlaubte Eingriffe, S. 72, 108 f.; Ekkenga, WM 2002, S. 319; Schwark, FS für Kümpel, S. 494.

372 Schäfer, in Schwintowski/Schäfer, passim; Lenzen, Unerlaubte Eingriffe, S. 205; Schäfer, WM 1999, S. 1347.

373 Skog, ZGR 1997, S. 327; Baums, ZHR 167 (2003), S. 590 f.

374 Skog, ZGR 1997, S. 307, 311; Benckendorff, Erwerb eigener Aktien, S. 64 ff.; Süßmann, AG 2002, S. 425; Lenz/Linke, AG 2002, S. 421.

375 Skog, ZGR 1997, S. 309.

376 Skog, ZGR 1997, S. 310, 325, 328; Groner/Meier, SZW 74 (2002), S. 280.

guter Neuigkeiten durch die Geschäftsleitung, da die Gesellschaftsorgane tendenziell besser über die Gesellschaft und deren Marktumfeld als der Markt orientiert sein sollen.

Da der Rückkauf eigener Aktien als eine Einlagerückgewähr zugunsten der verkaufenden Aktionäre angesehen wird, war er vor dem KonTraG[377] gem. § 57 Abs. 1 AktG mit einigen Ausnahmen unzulässig[378]. Erst durch das KonTraG wurde es dem Vorstand einer Aktiengesellschaft generell möglich, auf Beschluss der Hauptversammlung Aktien des eigenen Unternehmens zu erwerben[379]. So ist der Rückerwerb unter anderem zur Herabsetzung des Gesellschaftskapitals, zur Abfindung von Aktionären, zum Angebot an die Arbeitnehmer oder zur Abwehr eines bevorstehenden Schadens zulässig, während es in letztem Fall umstritten ist, ob darunter auch Kurspflegemaßnahmen bei einer Börseneinführung oder Neuemission junger Aktien fallen[380].

Mit dem KonTraG wurde aber vor allem der § 71 Abs. 1 Nr. 8 AktG eingeführt, nach dem die Hauptversammlung für die Dauer von 18 Monaten den Vorstand ermächtigen kann, bis zu 10% des Grundkapitals an eigenen Aktien zurückzuerwerben, so lange der Zweck nicht der Handel in eigenen Aktien bzw. eine kontinuierliche Kurspflege ist[381]. Bedenken bestehen hauptsächlich dann, wenn zeitnah zu einem Rückkauf eigener Aktien diese Aktien mit Gewinn veräußert werden. Die unbestrittenen Vorteile des Aktienrückkaufs wie die Erhöhung der Eigenkapitalrendite, Ausschüttung von Eigenmitteln sowie Stabilisierung des Aktienkurses erfordern keinen permanenten An- und Verkauf. Dauerhafte absichtsvolle Kurspflege soll somit offenbar verboten sein, die kurzfristige und konkret durch den Markt veranlasste Kurspflege in Form des Erwerbs eigener Aktien gem. § 71 Abs. 1 Nr. 8 AktG hingegen nicht[382], auch wenn sie als einhergehende Rückführung des Eigenkapitals des Unternehmens zu einer Erhöhung der Eigenkapitalrendite der verbleibenden Aktien führt und zumindest aus diesem Grunde - wenn nicht bereits wegen der Materialverknappung - eine kurssteigernde Wirkung hat. Das Hauptversammlungsbeschlusserfordernis führt allerdings dazu, dass die Möglichkeit des Rückkaufs frühzeitig bekannt wird und der Aktienmarkt die Kurswirkung bis zum Zeitpunkt der Ausführung zumindest teilweise vorweg-

377 Gesetz zur Kontrolle und Transparenz im Unternehmensbereich vom 27.4.1998, BGBl. I 1998, S. 786 ff.

378 Lenzen, Unerlaubte Eingriffe, S. 206 f.

379 Lenzen, Unerlaubte Eingriffe, S. 206.

380 Dafür Benckendorff, Erwerb eigener Aktien, S. 217; Lenzen, Unerlaubte Eingriffe, S. 207; dagegen Krämer/Hess, Freundesgabe für Döser, S. 179; Bruchner/Prospischil, in Lutter/Scheffler/Schneider, RN 11. 52 f.;

381 Vgl. BT-Dr. 13/9712, S. 13; Bosse, WM 2000, S. 808.

382 Schäfer, WM 1999, S. 1346; Lenzen, Unerlaubte Eingriffe, S. 206 ff., 213; Ekkenga, WM 2002, S. 319, 320 ff.; Baums, ZHR 167 (2003), S. 590, 602; Schwark, FS für Kümpel, S. 495.

nimmt. Dadurch wird die Beeinflussung des Kurses durch die Käufe selbst stark vermindert.

b) *Erwerb eigener Aktien zur Abwehr einer feindlichen Übernahme*

Eine spezielle Regelung erfahren Kurspflegemaßnahmen in Form des Erwerbs eigener Aktien, wenn sie zu dem Zweck eingesetzt werden, eine Kursbeeinflussung nach oben zur Abwehr einer drohenden Übernahme herbeizuführen[383]. Solche Maßnahmen fallen seit dem 1. Januar 2002 unter den Anwendungsbereich des neuen WpÜG v. 20.12.2001[384], das durch ein zwingendes standardisiertes förmliches Angebotsverfahren, das von BAFin überwacht wird, öffentliche Übernahme-, Pflicht- und Erwerbsangebote abschließend regelt[385]. Ziel der Neuregelung ist, Leitlinien für ein faires und geordnetes Angebotsverfahren zu schaffen, ohne Unternehmensübernahmen zu fördern oder zu verhindern, Information und Transparenz für die betroffenen Wertpapierinhaber und Arbeitnehmer zu verbessern, die rechtliche Stellung von Minderheitsaktionären bei Unternehmensübernahmen zu stärken und sich an international üblichen Standards zu orientieren[386].

Im Zentrum der Neuregelung steht vor allem die Neutralitäts- oder Stillhaltepflicht des Vorstandes, also die Frage, inwieweit der Vorstand der Zielgesellschaft berechtigt ist, Handlungen, die objektiv geeignet sind, den Erfolg eines Übernahmeangebots zu verhindern[387]. Zu sog. Abwehrmaßnahmen gehören neben organisatorischen Maßnahmen[388] vor allem Maßnahmen, die zur Verteuerung der Übernahme eingesetzt werden, wie z. B. der Erwerb eines Konkurrenten, um den Übernehmer kartellrechtlich abzublocken[389], oder Kapitalmaßnahmen, also auch der Erwerb eigener Aktien[390]. Grundsatz ist nunmehr gemäß § 33 Abs. 1 Satz 1 WpÜG, dass der Vorstand nach Veröffentlichung der Entscheidung zur Abgabe eines Angebots keine Handlungen, durch die der Erfolg des Angebots verhindert

383 Schäfer, WM 1999, S. 1346; Krause, AG 2002, S. 144; vgl. auch BR-Dr. 574/01, S. 142.

384 BGBl. I 2001, S. 3822, zuletzt geändert durch Art. 2 Abs. 3 des Gesetzes vom 22.9.2005, BGBl. I 2005, S. 2802.

385 Das WpÜG ist auf alle öffentlichen Angebote zum Erwerb von Wertpapieren anwendbar, sofern der Bieter zum Handel an einem organisierten Markt in einem Staat des Europäischen Wirtschaftsraums zugelassen ist und die Zielgesellschaft ihren Sitz in Deutschland hat, ohne dass es darauf ankommt, ob die Aktien in Deutschland zum Handel zugelassen sind, vgl. Geibel/Süßmann, BKR 2001, S. 53; Wagner, Die Bank 2002, S. 67; Zschocke, DB 2002, S. 80.

386 BT-Dr. 14/7034, S. 28.

387 Geibel/Süßmann, BKR 2001, S. 65; Zschocke, DB 2002, S. 82.

388 Bayer, ZGR 2002, S. 590 ff.

389 BT-Dr. 14/7034, S. 58; Zschocke, DB 2002, S. 83; Hirte, ZGR 2002, S. 631.

390 S. o. § 3 II 2b aa) iii).

werden könnte bzw. Kurspflege in Form von Rückkäufen, vornehmen darf[391]. Ausgangspunkt der besonderen Pflicht des § 33 ist der Umstand, dass die Entscheidung über die Annahme oder Nichtannahme des Angebots von den Aktionären als Eigentümern der betroffenen Aktien gem. § 14 GG zu treffen ist. Abwehrmaßnahmen der Verwaltung bedürfen daher einer Ermächtigung der Hauptversammlung, zumindest in Form von Vorratsbeschlüssen, deren Gültigkeit auf 18 Monate beschränkt ist (§ 33 Abs. 2 WpÜG).

Darüber hinaus gestattet das neue WpÜG die Vornahme von Abwehrmaßnahmen, also auch Rückkäufe, ohne Hauptversammlungsbeschluss, wenn der Aufsichtsrat zugestimmt hat[392]. Damit soll in besonderer Weise dem Umstand Rechnung getragen werden, dass sich Unternehmen in anderen Mitgliedsstaaten der EU und in den USA leichter gegen Übernahmen wehren können als deutsche Unternehmen und somit ein „level playing field" nicht vorhanden sei[393].

Abgesehen von verfassungsrechtlichen Bedenken, da das Gesetz Eingriffe in nach Art. 14 Abs. 1 GG geschützte subjektive Vermögensrechte der Aktionäre durch den Aufsichtsrat bzw. die Arbeitnehmerseite ermöglicht[394], bedeutet diese Neuregelung vor allem in der Praxis, dass der Vorstand jede ihm missliebige Übernahmeofferte blockieren bzw. den Kurs durch eigene Käufe manipulieren kann, sofern er den Aufsichtsrat für sich gewinnt, was kaum schwer fallen dürfte. Angesichts dessen wird die Ansicht vertreten, alle Prophylaxemaßnahmen müssten sich neben § 33 WpÜG an den jeweils einschlägigen aktienrechtlichen Vorschriften messen lassen[395]. Kapitalmaßnahmen wie der Rückkauf eigener Aktien sollten ohne Hauptversammlungsbeschluss als Abwehrmaßnahme also ausgeschlossen werden. Aber auch im Falle der Existenz von Vorratsbeschlüssen darf z. B. weder die Höhe des genehmigten Kapitals 50 % des Grundkapitals gemäß § 202 Abs. 3 Satz 1 AktG übersteigen, noch dürfen die neuen Aktien vom Vorstand unter Wert ausgegeben werden[396]. Vor allem sollte eine abstrakte Ermächtigung auf Vorrat ausgeschlossen werden.

4. Ergebnis

Zu Beginn dieses Kapitels wurde die Frage aufgeworfen, welche Marktpraktiken, die den Börsen- oder Marktpreis beeinflussen können, das Verdikt zu verbotenen

---

391 Drygala, ZIP 2001, S. 1862 ff.; Bayer, ZGR 2002, S. 601; Zschocke, DB 2002, S. 82 f.; Krause, AG 2002, S. 144.

392 Winter/Harbarth, ZIP 2002, S. 8; Ekkenga, WM 2002, S. 320; Krause, passim.

393 BT-Dr. 14/7479, S. 62; Horn, ZIP 2000, S. 482; Schneider/Burgard, DB 2001, S. 964 ff.

394 Zschocke, DB 2002, S. 82 f.

395 Krause, AG 2002, S. 144; Geibel/Süßmann, BKR 2001, S. 66 f.; Zschocke, DB 2002, S. 83; Bayer, ZGR 2002, S. 611; Noack, in Schwark, 3. Aufl., §§ 33 WpÜG RN 16.

396 Bayer, ZGR 2002, S. 611 f.

Marktpreismanipulationen verdienen. Bei der Antwort dieser Frage ist allerdings zu differenzieren:

Handelt es sich um die Verbreitung von Falschinformation, die für die Investitionsentscheidung von Belang ist, oder werden Scheingeschäfte vorgenommen, die der grundlegenden Annahme, ein Kurs sei das Ergebnis des Zusammentreffens von Angebot und Nachfrage an der Börse, widersprechen, dann wird eine unzulässige Kursmanipulation einhellig angenommen. Beendet der Manipulator seine Aktivität, so fällt der Kurs häufig auf sein vorheriges Niveau zurück, so dass den Investoren, die zum manipulierten Kurs gekauft haben, weitere materielle Einbußen entstehen.

Werden Kurse durch Geschäfte zwischen zwei verschiedenen Marktseiten beeinflusst, existiert keine allgemeingültige und rechtssichere Aussage, wann es von einer unzulässigen Marktpreismanipulation auszugehen ist. Dies ist umso eher problematisch, als jeder Kauf oder Verkauf eines Vermögenswertes auf den Preis einwirken kann, ohne dass diese Beeinflussung als unlauter zu qualifizieren ist, auch wenn dem Handelnden die kurs- oder preisbeeinflussende Wirkung bewusst ist[397]. Dieser Verdacht hat sich durch die Darstellung des Meinungsspektrums über die Zulässigkeit kurspflegender Maßnahmen zweifellos erhärtet. Festzustellen ist allerdings, dass das deutsche Recht hier Teillösungen anzubieten vermag. Inwiefern durch die langdauernde Kurspflege manipulierend in den Markt eingegriffen wurde, ist angesichts dessen schwer zu beurteilen[398].

Etwas anders gilt jedoch für die Diskussion über die negativen wirtschaftlichen Folgen von „artificial prices". Denn es besteht einhellig Konsens darüber, dass künstliche Börsenpreise sowohl Anleger als auch Kapitalmärkte beeinträchtigen und eine Marktwirtschaft unter erheblichen Gefahren aussetzen können. Diesen Erwägungen ist nun eine nähere Untersuchung gewidmet.

---

397 Altendorfer, in Aicher/Kalss/Oppitz, S. 218; Weber, NZG 2000, S. 116; Lenzen, WM 2000, S. 1133; dies., ZBB 2002, S. 284.

398 Bruchner/Prospischil, in Lutter/Scheffler/Schneider, RN 11. 53 ff., 59; Krämer/Hess, Freundesgabe für Döser, S. 177; Rudolph, BB 2002, S. 1041.

§ 4 Negative Auswirkungen von „artificial prices"

I. Auswirkungen auf die Anleger

Zunächst wird vertreten, dass manipulierte Börsenpreise die Anleger schädigen[399]. Wegen des Einsatzes von Kurs- und Marktpreismanipulationen werden manche Anleger erst zu Transaktionen veranlasst, die sie andernfalls überhaupt nicht getätigt hätten bzw. sie kaufen zu höheren Kursen oder verkaufen zu billigeren, als dies ohne Manipulation der Fall gewesen wäre.

II. Auswirkungen auf die Kapitalmärkte

1. Verfälschung des freien Wettbewerbs

Verzerrte Börsenpreise widersprechen des Weiteren dem Regulierungsprinzip von Angebot und Nachfrage, sie erweisen keinen objektiven Aussagewert und führen somit zu Wettbewerbsverfälschungen und zu Übervorteilungen des anlagewilligen Publikums[400]. Dies führt außerdem dazu, dass auch die Bewertungen in anderen Bereichen, die auf der Grundlage dieser manipulierten Kurse zustande kommen, verzerrt und damit im Grunde unbrauchbar sind.

In einer typischen Kapitalmarktsituation ist nämlich von einer Unausgewogenheit der Marktseite auszugehen. Die Anonymität des Börsenhandels einerseits, der keine Transaktionen von Angesicht zu Angesicht bzw. direkte Vertragsverhandlungen zulässt, und die ökonomischen Besonderheiten des börslichen Güterangebots andererseits führen nämlich dazu, dass der normale Anleger keinen Einfluss auf die Vertragsverhandlungen nehmen oder den Vertragsgegenstand untersuchen kann[401]. Börsenmäßig gehandelte Vermögenswerte sind anerkanntermaßen keine Waren, die aus sich selbst heraus eine Anschauung der guten oder schlech-

---

399 Henggeler, Lehre vom Börsenstrafrecht, S. 3; Ungern-Sternberg, ZStW 88 (1976), S. 672; de Beer, SAG 61 (1989), S. 148; Richard, SZW 67 (1995), S. 264; Lenzen, Unerlaubte Eingriffe, S. 52; Watter, SZW 62 (1990), S. 196; Möllers/Leisch, BRK 2001, S. 81; Vogel, NStZ 2004, S. 252.

400 Scheu, Börsenstrafrecht, S. 100 f.; Richard, SZW 67 (1995), S. 261; Hopt/Baum, in Hopt/Rudolph/Baum, S. 438; Lenzen, Unerlaubte Eingriffe, S. 55.

401 Schmidt, Börsenorganisation, S. 100 ff.; Hopt, Gutachten, G 16; Worms, Anlegerschutz, S. 4; Assmann, ZBB 1989, S. 55; Geerds, Vermögensschutz, S. 98, 322; Gäbhard, Tatbestandsmerkmale, S. 102; Dingeldey, Insider-Handel, S. 70; Mennicke, Sanktionen, S. 92 ff.; Dickersbach, Das neue Insiderrecht, S. 49; Heise, Insiderhandel S. 53, 55; Lücker, Missbrauch, S. 20; Rudolph/Röhrl, in Hopt/Rudolph/Baum, S. 186; Weber, Kapitalmarktrecht, S. 388; Fleischer, Gutachten, F 23.

ten Qualität des im Papier verbrieften Rechts vermitteln könnten, sondern diskontierte Hoffnungen und abgezinste Versprechungen, also Vertrauensgüter. Die Prüfung von Geschäftspartner und –Gegenstand zur Auswahl des günstigsten Angebots sind jedoch auch unter dem Gesichtspunkt der Privatautonomie unabdingbar, damit die an einem Vertrag beteiligten Parteien in „beiderseitiger Selbstbestimmung“ entscheiden und vor allem beurteilen können, ob die Konditionen eines Vertrages nach- oder vorteilig sind.

Zur Aufhebung solcher Unausgewogenheiten hat der freie Markt zu Gunsten des Anlegers die Institution des Börsenpreismechanismus entwickelt[402]. Hier stehen anbietende Anleger nachfragenden Anlegern gegenüber, wobei beide Marktseiten typischerweise von einer vergleichbaren Basis aus handeln und beiden typischerweise gleichwertige Informationen zur Verfügung stehen. Der Börsenkurs taugt als Ratgeber, wenn auch beschränkt, weil er außerhalb der Unternehmensentwicklung auch immateriellen Faktoren unterliegt[403]. Angesichts der Indikator- und Kontrollfunktion von Börsenpreisen ist folglich von einer kleineren Abhängigkeit der Anleger auszugehen.

Werden nun durch Manipulationen falsche Informationen in den Markt gegeben, so gehen diese somit aufgrund der Informationseffizienz in die Kurse mit ein, die auf diese Weise ihre Lenkungsfunktion nicht mehr wahrnehmen können und in der Folge zu Übervorteilungen des Anlegerpublikums gehen.

2. *Gefährdung funktionsfähiger Kapitalmärkte und Vertrauensschutzargument*

Anleger, die sich diesen möglichen Gefahren ausgesetzt sehen, verlieren ihr Vertrauen in den Kapitalmarkt, was das Funktionieren eines wesentlichen Bereichs der geltenden Wirtschaftsordnung erheblich gefährden kann[404].

Herangezogen werden hier einige wirtschaftswissenschaftliche Argumente, die sich auf dem Vertrauens-Funktionsschutzargument[405] beruhen, wie dies im Rahmen der amerikanischen Kapitalmarktgesetzgebung entwickelt wurde und in neuerer Zeit auch Eingang in die gemeinschaftsrechtliche Regelung der Kapital-

402 Engels, Anlegerschutz, S. 15.

403 Jaath, FS für Dünnebier, S. 587; Hopt, Gutachten, G 59; Heise, Insiderhandel, S. 52; vgl. auch § 2 I sowie IV 4.

404 So die ganz herrschende Kursmanipulationslehre, s. Fichtner, Börsenstrafvorschriften, S. 8; Faure, ZStW 108 (1996), S. 544; Altendorfer, in Aicher/Kalss/Oppitz, S. 224, 248; Benckendorff, Erwerb eigener Aktien, S. 163; Lenzen, Unerlaubte Eingriffe, S. 52, 54; Hopt/Baum, in Hopt/Rudolph/Baum, S. 438; Wittich, Die Bank 2001, S. 279; Hofstetter, Interessenkonflikte, S. 49; Weber, EuZW 2002, S. 43; Möller, WM 2002, S. 310; Benner, in Wabnitz/Janovsky, 2. Aufl., Kapitel 9 RN 173.

405 Hierzu Hopt, Gutachten, G 47 f.; Cahn, ZHR 162 (1998), S. 2; Kümpel, Kapitalmarktrecht, 2. Aufl., S. 19.

marktmissbräuche gefunden hat[406]. Ausgangspunkt ist die These, dass ein rational handelnder Anleger bei umfassender Information schon aus purem Eigennutz die Anlage mit der höchsten Rendite wählen und dadurch die allokative Effizienz steigen werde[407]. Die volkwirtschaftlich notwendige Allokationsfunktion können Kapitalmärkte aber nur dann wahrnehmen, wenn das Vertrauen der potentiellen Anleger in das Funktionieren der Börsen und Kapitalmärkte und die Einhaltung von Marktspielregeln gestärkt wird oder zumindest erhalten bleibt, denn nur dann investieren sie ihr Geld an der Börse[408]. Für dieses notwendige Vertrauen der Anleger sind also die Integrität und die Fairness der Kapitalmärkte unverzichtbar; Anleger müssten nämlich davon überzeugt sein, dass sich das Börsengeschehen in fairen Formen abspiele, so dass ein Gegengewicht zu der extremen Funktionalisierung und Anonymität der Börsen geschaffen würde, die diese für die Anleger undurchschaubar machten. Die Motivation des Anlegers, sich an der Dynamik wirtschaftlicher Prozesse mit eigenen Mitteln zu beteiligen, steht und fällt mit der Aussicht auf lautere Mittel und faire Chancen auf Wertsicherung und Gewinn[409]. Als grundsätzliche Integritätskomponente eines Handelsplatzes lässt sich die Gewährleistung einer fairen Preisbildung betrachten[410]. Die Marktteilnehmer vertrauen darauf, dass nicht andere Marktteilnehmer in unlauterer Weise versuchen, den Preisbildungsprozess zu ihren Gunsten zu beeinflussen und die Preisentwicklung zu steuern. Dieser Vertrauensschutz ist zur Erhaltung und Steigerung des Volumens des volkswirtschaftlich benötigten Investitionskapitals unerlässlich.

Marktmissbräuche beschädigen deshalb dieses Vertrauen der Anleger und entziehen den Märkten Liquidität, indem sie potentielle Anleger abschrecken. Haben Investoren das Gefühl, bei ihren Transaktionen an den Wertpapiermärkten ständig übervorteilt zu werden, verlieren sie auf Dauer das Vertrauen in die Börse und ziehen ihr Kapital von diesem Markt ab (adverse selection)[411]. Mit einer Verminderung des Marktengagements geht eine Verringerung der Marktliquidität

---

406 Vgl. Präambel sowie Erwägungsgründe 5, 6 zur Insiderrichtlinie, ABl. L 334 v. 18-11-1989, S. 30 sowie Erwägungsgründe 2, 12, 13, 24, 43 zur Marktmissbrauchsrichtlinie (FN 20), S. 16, dazu unten § 5 II 3 a.

407 Bottke, wistra 1991, S. 8; Merkt/Rossbach, JuS 2003, S. 220.

408 Rudolph/Röhrl, in Hopt/Rudolph/Baum, S. 170, 185; Dingeldey, Insider-Handel, S. 66; Mennicke, Sanktionen, S. 101; Lücker, Missbrauch, S. 24.

409 Watter, SZW 62 (1990), S. 196; Dickersbach, Das neue Insiderrecht, S. 46; Siebold, Das neue Insiderrecht, S. 34, 37; Reuter, Aktienmarkt, S. 188; Rudolph/Röhrl, in Hopt/-Rudolph/Baum, S. 186.

410 Rudolph/Röhrl, in Hopt/Rudolph/Baum, S. 187.

411 Altendorfer, in Aicher/Kalss/Oppitz, S. 224; Rudolph/Röhrl, in Hopt/Rudolph/Baum, S. 185, 187; Lenzen, Unerlaubte Eingriffe, S. 52, 54; vgl. zu „adverse selection" als Legitimationsgrund für regulatorische Maßnahme Hopt, Gutachten, G 49 f.; Geerds, Vermögensschutz, S. 360; Mennicke, Sanktionen, S. 86, 108; Heise, Insiderhandel, S. 74, 81; Kümpel, Kapitalmarktrecht, 2. Aufl., S. 22; Schlüter, Börsenhandelsrecht, 2 Aufl., D RN 264; Drygala, WM 2001, S. 1284; Baums, ZHR 167 (2003), S. 144.

einher[412]. Denn die Abwanderung von Anlegern kann zu höheren Risikoprämien der Aktien und somit zu einem insgesamt niedrigeren Kursniveau führen. Niedrigere Kurse ziehen höhere Eigenkapitalkosten der Unternehmen nach sich, denn in einem unfreundlichen Anlageklima durch fehlende Aufnahmebereitschaft sind Neuemissionen nur schwer zu realisieren. Ebenso sind Auswirkungen auf Übernahmen, Fusionen und die Bewertung der eigenen Beteiligungen unumgänglich. Bei Kurs- und Marktpreismanipulationen handele es sich also nicht mehr um ein wohlverstandenes freies und faires Wirtschaften, sondern um ein zwangsläufig zu einer Gefährdung des Bestandes der Wirtschaftsordnung führendes Vorgehen; im Extremfall kann die Liquiditätsreduzierung zu einem Teil- oder Gesamtausfall des Kapitalmarktes mit den entsprechenden gesamtwirtschaftlichen Konsequenzen führen[413].

Aus diesem Blickwinkel ist nun zu untersuchen, wie sich Börsen- und Marktpreismanipulationen anhand des strafrechtlichen Instrumentariums zum Schutz einer „fairen" Preisbildung, zur Gewährleistung der Chancengleichheit zwischen den Anlegern (§ 38 WpHG) und zum Schutz des Anlegervermögens vor Einbußen (§ 263 StGB) beurteilen lassen. Von besonderer Bedeutung für die Belange der vorliegenden Untersuchung ist die Darstellung der geschichtlichen Entwicklung in diesem Bereich sowohl auf nationaler als auch auf supranationaler Ebene.

412 Lenzen, Unerlaubte Eingriffe, S. 54; vgl. auch Obst/Hintner, Geld, Bank und Börsenwesen, 1. Teil, 3.3.2.1; Reuter, Aktienmarkt, S. 10.

413 Lenzen, Unerlaubte Eingriffe, S. 55; Weber/Schaller, SZW 75 (2003), S. 180; Cramer/Vogel, in Assmann/Schneider, 3. Aufl., vor § 38 RN 4; vgl. dazu auch Rudolph/-Röhrl, in Hopt/Rudolph/Baum, S. 188 f.; Dingeldey, Insider-Handel, S. 64, 66; Mennicke, Sanktionen, S. 108; Drygala, WM 2001, S. 128.

§ 5 Strafrecht gegen Kursmanipulationen: Geschichtlicher Abriss

I. Strafgesetzgebung auf nationaler Ebene

1. Unzureichende Erfassung der Börsen- und Marktpreismanipulationen von § 263 StGB

Schon die Rechtslehre des letzten Jahrhunderts hat für den Misserfolg § 263 StGB beim Schutz des Anlegervermögens vor Kursmanipulationen plädiert[414]. Der Betrugstatbestand erfordere nämlich eine derartige Menge von Tatbestandsvoraussetzungen, so dass es dem gewiegten Börsianer nicht schwer falle, im Börsenverkehr eine von ihnen zu umgehen und sich nicht schuldig zu machen. Neulich ist außerdem der Einwand laut geworden, dass der Begriff der Täuschungshandlung im Zusammenhang mit Marktmanipulationen einen gesetzgeberischen Fehlgriff darstelle: Wo der Erklärungsadressat kein menschliches Gegenüber, sondern der Markt sei, könne gar nicht getäuscht, sondern nur manipuliert werden[415].

Dem zentralen Betrugstatbestand ist nach der herrschenden Ansicht bei der Erfassung der Wirtschaftskriminalität allgemein mangelnde Praktikabilität entgegenzuhalten[416]. Denn dabei handelt es sich um ein Vermögensschädigungsdelikt[417], dessen Vollendung voraussetzt, und zwar im äußeren Tatbestand eine Täuschungshandlung des Täters, einen Irrtum des Getäuschten, eine Vermögensverfügung des Getäuschten und einen Vermögensschaden des Getäuschten oder eines anderen sowie im inneren Tatbestand einen erstrebten rechtswidrigen Vermögensvorteil des Täters oder eines Dritten. Zwischen den Merkmalen des äußeren Tatbestandes muss ein kausaler und funktionaler Zusammenhang und zwischen dem Schaden und dem Vorteil die sog. Stoffgleichheit bestehen. Aufgrund dieser Ausgestaltung kann der Betrugstatbestand Wirtschaftskriminalität weder

---

414 Vgl. schon Mayer, Schlussbestimmungen, S. 41; Weinholz, Börsenwesen, S. 100 f.; Waeldin, Strafbestimmungen, S. 11; später auch Tiedemann, Gutachten, C 47; Schubert/-Hommelhoff, ZGR 1985 (Sonderheft), S. 516; Fichtner, Börsenstrafvorschriften, S. 63 ff.; Roth, SZW 63 (1991), S. 235; Iffland, SZW 69 (1997), S. 121 FN 7; Altendorfer, in Aicher/Kalss/Oppitz, S. 232.

415 Fleischer, DB 2004, S. 54.

416 Tiedemann, Gutachten, C 42; Hillenkamp, in Recht und Wirtschaft, S. 227; Reischel, Wirtschaftskriminalität, S. 181 f.

417 So die ganz herrschende Ansicht LK-Lackner, 10. Aufl., § 263 RN 4; Schönke/Schröder/-Cramer, § 263 RN 1; Tröndle/Fischer, § 263 RN 3; SK-Hoyer, 60. Lfg. (Februar 2004), § 263 RN 1; Weitnauer, DB 2003, S. 1722; vgl. auch RGSt74, S. 168; BGHSt3, S. 102; BGH, NJW 1993, S. 2992; BVerfG, ZIP 2002, S. 1989.

umfassend noch präventiv, wie dies von der herrschenden Ansicht gefordert wird, sondern bloß repressiv bekämpfen[418].

Es habe angesichts dessen eine Loslösung der Strafdrohung von dem Tatbestand des § 263 StGB benötigt, um den gemeinschädlichen Folgen der Kursbeeinflussung besser begegnen zu können[419]. Auf diese Forderung hat der deutsche Gesetzgeber schon vor einem Jahrhundert mit dem Erlass des Kursbetrugtatbestandes (§ 88 BörsG a. F.) reagiert, der teilweise als Betrugsergänzung angesehen wurde.

2. *Kursbetrugstatbestand (§ 88 BörsG a. F.): ein unpraktikabler Straftatbestand*

Anders als in den Vereinigten Staaten, wo der Gesetzgeber zum Schutz vor Kursmanipulationen ein umfassendes, detailliertes Regelwerk geschaffen hat, das beinahe jedes kursbeeinflussende Verhalten behandelt, hatten Gesetzgeber und Literatur der Materie in Deutschland bisher nur wenig Beachtung geschenkt und sich mit einer einzigen Vorschrift, dem Kursbetrugstatbestand (§ 88 BörsG a. F), begnügt[420]. Dabei handelte es sich um ein Allgemeindelikt[421], das wahlweise mit Freiheitsstrafe bis zu 3 Jahren oder mit Geldstrafe denjenigen bestrafte, der „zur Einwirkung auf den Börsen- und Marktpreis von Wertpapieren, Bezugsrechten, ausländischen Zahlungsmitteln, Waren, Anteilen, die eine Beteiligung am Ergebnis eines Unternehmens gewähren sollen, oder von Derivaten i. S. d. § 2 Abs. 2 WpHG unrichtige Angaben über Umstände macht, die für die Bewertung der Anlageobjekte erheblich sind, oder solche Umstände entgegen bestehenden Rechtsvorschriften verschweigt oder sonstige auf Täuschung berechnete Mittel anwendet". Durch die erhebliche Vorverlagerung der Strafbarkeit in den Gefährdungsbereich sollte beim Kursbetrugstatbestand dem Umstand insbesondere Rechnung getragen werden, dass es angesichts der Polykausalität der Kursbildung schwer zu unterscheiden ist, ob und in welchem Maße eine Kursveränderung auf eine Manipulation oder auf andere Faktoren zurückzuführen ist[422]. Ausreichend war es aus-

---

418 Franzheim, GA 1972, S. 359; Jaath, FS für Dünnebier, S. 592; Geerds, Vermögensschutz, S. 4, 78, 191.

419 König, Börsenpreisbeeinflussung, S. 56; Fuld, Der Gerichtssaal XLVII (1892), S. 66; Weinholz, Börsenwesen, S. 20, 100 f.; Nussbaum, § 88 BörsG Anm. III a; Schubert/-Hommelhoff, ZGR 1985 (Sonderheft), S. 516; Worms, Anlegeschutz, S. 213; Hasslinger, Zivilrechtliche Ansprüche, S. 50 ff.; wohl auch Schwark, 2. Aufl., § 88 BörsG RN 1, wenn er für eine Gesetzeskonkurrenz zwischen §§ 88BörsG und 263 StGB plädiert.

420 Scheu, Börsenstrafrecht, S. 63; vgl. dazu ausführlich Lenzen, Unerlaubte Eingriffe, S. 61 ff.

421 Waeldin, Strafbestimmungen, S. 55; Scheu, Börsenstrafrecht, S. 17; Fuhrmann, in Erbs/-Kohlhaas, 104. Lfg. (1993), § 88 BörsG (B 155) RN 6; Park, BB 2001, S. 2069.

422 Scheu, Börsenstrafrecht, S. 19; Fichtner, Börsenstrafvorschriften, S. 58 f.; Ekkenga, WM 2002, S. 319; Trüstedt, Börsenkursmanipulationen, S. 37.

schließlich, dass der Täter in Manipulationsabsicht eine Handlung vornimmt, die generell bzw. typischerweise geeignet ist, das Rechtsgut der „Preiswahrheit" zu beeinträchtigen[423].

Über mehr als ein Jahrhundert hinweg hat der Kursbetrugstatbestand allerdings ein Schattendasein gefristet[424] und ist teilweise für überflüssig gehalten worden[425]. Verurteilungen nach § 88 BörsG a. F. sind praktisch nicht erfolgt[426]. Erst in jüngerer Zeit griffen Gerichte aus Anlass zahlreicher Skandale im Rahmen des Neuen Marktes gelegentlich auf diese in Vergessenheit geratene Norm zurück[427]. Die Bedeutungslosigkeit des Kursbetrugstatbestandes ging aber nach der überwiegenden Kursbetrugslehre keinesfalls auf eine absolut saubere Kursbildung zurück, sondern auf den ungenügenden, unpraktikablen Schutz der Marktwirtschaft vor Kursmanipulationen via § 88 BörsG a. F., der trotz schmerzhafter Amputationen zum Zwecke lückenlosen Strafrechtsschutzes von internationalen Standards deutlich abwich, erheblichen Nachweis- und Auslegungsproblemen ausgesetzt war und durch faktische Nichtanwendung selbst desavouierte[428].

Trotz ständiger Reformen des Kursbetrugstatbestandes[429] herrschte keine Übereinstimmung schon bei der Klärung von Vorfragen. Umstritten war zunächst die Reichweite des sachlichen Anwendungsbereichs. Da eine gesetzliche Begriffsbestimmung für den Wertpapierbegriff fehlte, wurde auf die Begriffsbestimmung aus der Rechtswissenschaft zurückgegriffen[430]. Wertpapiere sind demnach Urkunden, die ein privates Recht in der Weise verbriefen, dass zur Geltendmachung des Rechts die Innehabung der Urkunde erforderlich ist, also Aktien und Schuldverschreibungen sowie Zwischenscheine, Nebenpapiere wie Erneuerungs-, Gewinn-, Zinsscheine, Geldmarktpapiere wie Kassenobligationen, Wechsel, Schecks, auch

---

423 BT-Dr. 10/318, S. 45 (zweites WiKG).

424 So Otto, Geschäftstätigkeit, S. 100; Rössner/Worms, in Assmann/Schütze, § 9 RN 1, 4; Altendorfer, in Aicher/Kalss/Oppitz, S. 244; Bröker, wistra 1995, S. 133; Mußler, FAZ v. 16.12.1999, S. 33; Möller, WM 2002, S. 309; Ekkenga, WM 2002, S. 319; Tripmaker, wistra 2002, S. 288; Sorgenfrei, wistra 2002, S. 321; Assmann, ZGR 2002, S. 721; Park, BB 2003, S. 1513; Lenzen, Unerlaubte Eingriffe, S. 159; dies., WM 2000, S. 1136.

425 Rössner, in Assmann/Schütze, § 9 RN 4.

426 Vgl. RGSt 23, S. 137 ff., der aber auf den Vorreiter des § 88 BörsG (§ Art. 249d Nummer 2 HGB) betraf.

427 LG München, wistra 2003, S. 277 ff.; LG München, NJW 2003, S. 2328 ff.; LG München, wistra 2003, S. 277 ff.; BGH, WM 2004, S. 74 ff.

428 Schäfer, WM 1999, S. 1351; Benner, in Wabnitz/Janovsky, 1. Aufl., Kapitel 4 RN 28; Lenzen, Unerlaubte Eingriffe, S. 2, 159; dies., Finanz-Betrieb 2001, S. 603; Wittich, Die Bank 2001, S. 279; Dreyling, Die Bank 2002, S. 18; Moosmayer, wistra 2002, S. 162; Ekkenga, WM 2002, S. 319; Ilberg/Neises, WM 2002, S. 645; Schlüter, Börsenhandelsrecht, 2. Aufl., D RN 264, 266.

429 S. o. Einleitung, I.

430 Mayer/Bremer, § 88 BörsG RN 1; Möhrenschlager, wistra 1982, 206; Joecks, wistra 1986, S. 144; Otto, Geschäftstätigkeit, S. 92, 99; Fichtner, Börsenstrafvorschriften, S. 34.

Hypotheken- Grund und Rentenschuldbriefe erfasste [431]. Diesem Verständnis des Wertpapierbegriffs wurde entgegengehalten, es sei zum einen zu weit, denn nach dem Schutzzweck der Strafnorm kann es nur um solche Papiere gehen, die typischerweise massenhaft ausgegeben werden, vertretbare Sachen darstellen und in besonderem Maße auf raschen Umsatz angelegt sowie teilweise börsengängig sind, nicht um bloße Beweisurkunden[432]. Zum anderen erschien die Übertragung der zivilrechtlichen Lehre kriminalpolitisch zu eng, denn sie stellt lediglich auf verbriefte Rechte ab, so dass die meisten auf dem freien Kapitalmarkt angebotenen Anlageformen wie Wertrechte nicht verbrieft und vom § 88BörsG a. F. nicht erfasst waren, ausgenommen Bezugsrechte[433].

Darüber hinaus wurde die Erfassung der Unternehmensanteile von dem Kursstraftatbestand zu Recht als äußerst bedenklich angesehen[434]. Mit dem Unternehmensanteilsbegriff wurden grundsätzlich Fälle erfasst, in denen der Anleger einen Gesellschaftsanteil an dem Unternehmen, insbesondere einen Kommanditanteil, z. B. im Rahmen von Abschreibungsgesellschaften erwirbt[435]. Darüber hinaus herrschte allerdings keine Übereinstimmung. Insbesondere umstritten war die Erfassung der sog. steuerbegünstigten Kapitalanlagen im Immobiliensektor wie Bauherren-, Bauträger- oder Erwerbermodelle[436]. Gegen die Einbeziehung von Unternehmensanteilen hat die Kursbetrugslehre vor allem eingewendet, dass Unternehmensanteile keinen Börsen- bzw. Marktpreis haben, da es ihnen meistens an einem funktionsfähigen Sekundärmarkt fehlt[437]. Auf eine Aufnahme der vorgenannten Anteile in § 88 BörsG a. F. hätte der Gesetzgeber daher ohne weiteres verzichten können.

Aber auch die heftige Kritik gegen die Beibehaltung von Waren im Kursbetrugstatbestand erschien durchaus berechtigt, nicht bloß weil sie einen Fremdkörper in einem Börsengesetz darstellten[438], sondern auch weil sich eine Einwir-

---

431 So Fuhrmann, in Erbs/Kohlhaas, 104. Lfg. (1993), § 88 BörsG RN 9.

432 Schmitz, wistra 2002, S. 209; so für den Wertpapierbegriff im Rahmen des parallelen Kapitalanlagebetrugstatbestandes (§ 264a StGB) Tiedemann, Wirtschaftsbetrug, § 264a RN 19 ff.

433 Hopt/Baum, in Hopt/Rudolph/Baum, S. 440; Ledermann, in Schäfer, § 88 RN 2; Schäfer, WM 1999, S. 1352; vgl. auch Tiedemann, Wirtschaftsbetrug, § 264a, RN 19 ff.

434 Rössner in Assmann/Schütze, § 9 RN 4, 6; Möller, WM 2002, S. 312; Ziouvas/Walter, WM 2002, S. 1485; Ziouvas, wistra 2003, S. 14; Schwark, FS für Kümpel, S. 489.

435 Hierzu ausführlich Worms, Anlegerschutz, S. 29 ff.

436 Dagegen Joecks, wistra 1986, S. 144; Otto, Geschäftstätigkeit, S. 96 f.; Pabst, Rechtliche Risiken, S. 35 f.; Fuhrmann, in Erbs/Kohlhaas, 104. Lfg. (1993), § 88 BörsG RN 13; Ziouvas/Walter, WM 2002, S. 1485; Worms, Anlegerschutz, S. 318; dafür Richter, wistra 1987, S. 118; für die Einbeziehung Mietpool-Modelle vgl. Schönke/Schröder/Cramer, § 264a StGB RN 12 m. w. N.

437 Vgl. Jaath, FS für Dünnebier, S. 587; Hopt, Gutachten, G 10, 28, 33, 39, 40; Worms, Anlegerschutz, S. 53, 71; Fichtner, Börsenstrafvorschriften, S. 38 f.; Ziouvas/Walter, passim.

438 Schlüchter, 2. WiKG, S. 140; Rössner, in Assmann/Schütze, § 9 RN 6.

kung auf ihren Preis bei unrichtigen Angaben schwerlich ergeben würde[439]. Hierfür war die Erwägung maßgebend, dass eine strafwürdige Einwirkung auf den inländischen Markt praktisch kaum möglich sei, da die Warenmärkte inhomogenen und verschiedenen Einflüssen unterworfene Märkte darstellten, bei denen hinsichtlich der wichtigsten Produkte die Preisbildung durch ausländische Börsen erfolge. Auch schließe die Größe der meisten Rohstoffmärkte praktisch die Möglichkeit aus, durch einzelne Scheingeschäfte den Kurs zu beeinflussen.

Vor allem könnte eine grenzlose Ausdehnung des Warenbegriffs in Verbindung mit den Schwierigkeiten, die sich mit der Eingrenzung des Begriffs „Marktpreis“ ergäben, dazu führen, dass das Verbot zur Kursbeeinflussung durch die Möglichkeit, es auf jedwede Preismanipulation auf dem Grauen Kapitalmarkt[440], sogar auf Großmärkte[441] zu erstrecken, in Konflikt mit dem strafrechtlichen Bestimmtheitsgebot (Art. 102 Abs. 2GG/§ 1 StGB) geriet[442]. Der Kursbetrugstatbestand kannte nämlich keine Beschränkung hinsichtlich der Märkte, auf denen die tatbestandsmäßigen Instrumente zugelassen sein müssen. Es war ausreichend, dass das Anlageobjekt über einen Börsen- oder Marktpreis verfügte. Die herrschende Meinung versteht unter Marktpreis den sich zeitlichen bewegenden Durchschnittspreis, der aus dem Vergleich der tatsächlich in einem bestimmten Zeitraum außerhalb der Börse an einem bestehenden Markt abgeschlossenen Geschäften ermittelt wird und der von zuständiger Seite örtlich festgesetzt oder auf Grund frei geschlossener Geschäfte festgestellt wird[443]. Auszuschließen war nur die einseitige Preisfestsetzung von Interessengruppen oder Verbänden. Aus dem Wortlaut des § 88 BörsG ergab sich sogar keine Einschränkung auf inländische Vermögenswerte[444] oder auf inländische Preise[445].

Im Interesse der Bestimmtheit des Strafrechts wurde eine restriktive Auslegung der tatbestandsmäßigen Märkte befürwortet; welche Märkte allerdings erfas-

---

439 Begründung zu § 190 des AE, S. 77; Otto, in Tiedemann (Hrsg.): Europa-Delikte, S. 355; Möhrenschlager, wistra 1983, S. 18; Ziouvas, ZGR 2003, S. 120; Schmitz, ZStW 115 (2003), S. 520.

440 So Pfüller/Koehler, WM 2002, S. 787; Möller, WM 2002, S. 312; Trüstedt, Börsenkursmanipulationen, S. 41.

441 Obwohl auf jenen im Gegensatz zu Börsen individuell bestimmte oder zumindest nach individuellem Muster bestimmte Sachen verkauft werden, vgl. Kümpel, Kapitalmarktrecht, 2. Aufl., S. 113.

442 Ausführlich hierzu Fichtner, Börsenstrafvorschriften, S. 42 ff.; Ziouvas/Walter, WM 2002, S. 1485.

443 Fichtner, Börsenstrafvorschriften, S. 43; Schwark, 2. Aufl., § 88BörsG RN 9; Park, BB 2001, S. 2071; Sorgenfrei, wistra 2002, S. 326; Ziouvas, wistra 2003, S. 15.

444 Schon Nussbaum, § 88 BörsG Anm. I d; Fichtner, Börsenstrafvorschriften, S. 59; missverständlich Park, BB 2003, S. 1514 ff.

445 Nussbaum, § 88 BörsG Anm. I c; vgl. auch BT-Dr. 10/318, S. 22; vgl. ferner Worms, Anlegerschutz, S. 319.

st werden sollten blieb unklar[446]. Im Einzelnen wurde vorgeschlagen, durch das Zusammenwirken der Begriffe Börsen- und Marktpreis dem Marktpreisbegriff seine notwendigen Konturen zu geben[447]. Nach der engsten Auffassung war es zu prüfen, ob ein funktionsfähiger Sekundärmarkt bestehe, der für die Existenz des Marktpreises erforderlich sei[448].

Die Achillesferse des § 88BörsG a. F. war allerdings nach der überwiegenden Kommentarliteratur im subjektiven Tatbestand der Vorschrift zu sehen[449]. Zunächst wurde hervorgehoben, der Nachweis des Vorsatzes des Täters in Bezug auf normative Tatbestandsmerkmale wie Unrichtigkeit und Bewertungserheblichkeit sei in der Praxis nur schwer zu führen, auch wenn man zumindest institutionellen Marktteilnehmern einen erhöhten Kenntnisgrad von Funktionsabläufen im Börsengeschäft nicht absprechen könne. Fraglich war es vor allem, wie sich der Tatrichter selbst für den Fall, dass das Verbreiten unrichtiger Angaben erwiesen ist, vom Vorhandensein der Absicht der Preisbeeinflussung überzeugen solle, zumal die Tathandlungen auch aus anderen Motiven heraus vorgenommen werden könnten. Vor allem sollten diejenigen Handlungen straffrei bleiben, die zwar kursbeeinflussende Wirkung entfalten könnten, die aber ausschließlich sonstigen Zwecken dienten, etwa der Krediterlangung, Werbung oder Verfolgung einer Abwehrstrategie anlässlich eines unfreundlichen Übernahmsversuchs, sofern diese eine Kursbeeinflussung nicht notwendig voraussetzten[450].

Zur Überwindung dieser Schwierigkeiten hat das LG Augsburg aus einer „geradezu reißerischen Wortwahl" einer ad-hoc-Mitteilung die Absicht abgeleitet, auf den Börsen- oder Marktpreis der Aktien einzuwirken[451]. Diese Begründung erschien aber an etwas zu dünnen Säulen aufgehängt[452]. Hier hätte es noch näherer Feststellungen bzw. Indizien bedurft, dass ein Kurssprung der Aktie für die

---

446 Hierzu ausführlich Ziouvas/Walter, WM 2002, S. 148; Ziouvas, wistra 2003, S. 15.

447 Fichtner, Börsenstrafvorschriften, S. 44.

448 Nussbaum, § 88 BörsG Anm. I 1a; Schwark, 2. Aufl., § 88 BörsG RN 9; Otto, WM 1988, S. 735; Hopt/Baum, in Hopt/Rudolph/Baum, S. 441; Ledermann, in Schäfer, § 88 BörsG RN 2; Schäfer, WM 1999, S. 1352; Lenzen, Unerlaubte Eingriffe, S. 244; Trüstedt, Börsenkursmanipulationen, S. 85 f.

449 Tiedemann, Gutachten, C 82; Jaath, FS für Dünnebier, S. 593; Otto, WM 1988, S. 736; Schröder, Aktienhandel, S. 70; Fichtner, Börsenstrafvorschriften, S. 60; Kaiser, RIW 1996, S. 338; ders., WM 1997, S. 1563; Bruchner/Prospischil, in Lutter/Scheffler/-Schneider, RN 11. 61; Schuster, Süddeutsche Zeitung v. 20.12.1999, S. 30; Mußler, FAZ v. 16-12-1999, S. 33; AG Report 2000, R 43; Lenzen, Unerlaubte Eingriffe, S. 12, 225; dies., WM 2000, S. 1136; dies., ZBB 2002, S. 281; Ekkenga, WM 2002, S. 319, 324; Moosmayer, wistra 2002, S. 162; Sorgenfrei, wistra 2002, S. 329 f.; Möller, WM 2002, S. 314; Altenhain, BB 2002, S. 1875; Ziouvas, ZGR 2003, S. 142; Schlüter, Börsenhandelsrecht, 2. Aufl., D RN 266; Park, BB 2003, S. 1514; Wilga, in Möllers/Rotter, § 12 RN 38; Fahrholz, FS für Selmer, S. 331.

450 Atenhain, BB 2002, S. 1875; Kaiser, WM 1997, S. 1563; Ekkenga, WM 2002, S. 318.

451 LG Augsburg, DB 2001, S. 2131.

452 Thümmel, DB 2001, S. 2332; Rieckers, BB 2002, S. 1218.

Vorstände in ihren weiteren Planungen von entscheidender Bedeutung gewesen sei.

Die Unpraktikabilität des Kursbetrugstatbestandes lag des Weiteren an der Schwierigkeit mit der Tatbestandsfassung das große Handlungsspektrum von unlauteren Kursbeeinflussungen wirksam zu erfassen und von den zulässigen Maßnahmen der Kurspflege abzugrenzen[453]. Hierbei handelte es sich um das Kernstück aller Schwierigkeiten. Obwohl der Kursbetrugstatbestand durch das zweite WiKG von 15-5-1986 mit dem Ziel, den unpraktikablen Schutz zu beheben, konkretisiert wurde[454], schwebte die Kursbetrugslehre aufgrund unbestimmter Tatbestandsmerkmale wie „bewertungserhebliche Umstände"[455] oder „auf Täuschung berechnete Mittel"[456] immer noch zwischen willkürlichen Stellungnahmen und Ersetzungsvorschlägen, während die Abstinenz einer Rechtsprechung mehr Nährboden für Streitfragen und Vermutungen anbot. Trotz des Bemühens, immer mehr „wirtschaftlich unvernünftige" Verhaltensweisen unter den Auffangtatbestand fallen zu lassen[457], ließen andere den Schutzzweck der Norm eingrenzend wirken und nahmen zu Gunsten des Täters eine restriktive Auslegung vor[458]. Das Ergebnis dessen war jedenfalls große Rechtsunsicherheit über die Grenzen der Strafbarkeit[459].

Diese Missstände des Kursbetrugstatbestandes wurden allerdings durch das Fehlen einer effizienten Marktaufsicht verstärkt[460]. Fachleute beklagten, es gab

---

453 Vor § 190 sowie Begründung zu § 190 AE, S. 75; Möhrenschlager, wistra 1983, S. 18 f.; Tiedemann, Gutachten, C 82; Altendorfer, in Aicher/Kalss/Oppitz, S. 249; Ekkenga, WM 2002, S. 324; Altenhain, BB 2002, S. 1875; Otto, in Tiedemann (Hrsg.): Europa-Delikte, S. 357; Park, BB 2003, S. 1513; Möllers, ZBB 2003, S. 408; Fahrholz, FS für Selmer, S.331.

454 So BT-Dr. 10/318, S. 10, 45; BT-Dr. 10/5058, S. 2; LG München, NJW 2003, S. 2329.

455 Joecks, wistra 1986, S. 148; Rössner in Assmann/Schütze, § 9 RN 4, 9; Sorgenfrei, wistra 2002, S. 325 ff.; Park, BB 2003, S. 1514; Altenhain, BB 2002, S. 1875; vgl. auch hierzu im Rahmen des § 20a Abs. 1 Nr. 1 WpHG Vogel, in Assmann/Schneider, 3. Aufl., § 20a RN 55; Weber, NZG 2004, S. 27 f.

456 Bereits Nussbaum, § 88 BörsG Anm. I 1 b; Joecks, wistra 1986, S. 148; vor § 190 sowie Begründung zu § 190 AE, S. 75; Schwark, 2. Aufl., § 88 BörsG RN 6; Benckendorff, Erwerb eigener Aktien, S. 313; Walter, Betrugsstrafrecht, S. 486; Moosmayer, wistra 2002, S. 162; Otto, in Tiedemann (Hrsg.): Europa-Delikte, S. 357.

457 Dazu unten unter § 6 V 1b.

458 Scheu, Börsenstrafrecht, S. 19, 100 ff.; Schlüchter, 2. WiKG, S. 148 f; Petersen, wistra 1999, S. 333; Lenzen, Unerlaubte Eingriffe, S. 157; Sorgenfrei, wistra 2002, S. 326 f., 331; Trüstedt, Börsenkursmanipulationen, S. 45.

459 Bruchner/Prospischil, in Lutter/Scheffler/Schneider, RN 11. 61; Lenzen, Finanz-Betrieb 2001, S. 603; dies., ZBB 2002, S. 281; Ekkenga, WM 2002, S. 324.

460 Engler, Vor Aktien wird gewarnt, S. 303; Scheu, Börsenstrafrecht, S. 59; Hopt/Baum, in Hopt/Rudolph/Baum, S. 440 f.; Mußler, FAZ v. 16.12.1999, S. 33; Lenzen, Unerlaubte Eingriffe, S. 256; dies., ZBB 2002, S. 280; Wittich, Die Bank 2001, S. 279; Benner, ZRP 2001, S. 450 ff.; Park, BB 2003, S. 1513; Fahrholz, FS für Selmer, S. 331.

niemanden, der eindeutig für die Verfolgung derartiger Vergehen zuständig war. Richtigerweise war die Kriminalität in diesem Bereich schwer zu fassen, da das Börsenwesen keiner wirksamen behördlichen spezialisierten Aufsicht unterlag. Obwohl mit dem Zweiten Finanzmarktförderungsgesetz im Jahre 1994[461] die ersten rechtlichen Rahmenbedingungen für eine bundesweite effiziente staatliche Marktaufsicht geschaffen wurden, war sie auf die ihr durch das WpHG konkret zugewiesenen Aufgaben beschränkt[462]. Der Bereich der Kursmanipulationen gehörte nicht dazu. Der einzige Ausnahmefall lag vor, wenn Wertpapierdienstleistungsunternehmen durch die Beeinflussung von Börsenkursen gegen die in §§ 31, 32 WpHG statuierten Wohlverhaltensregeln verstießen, deren Einhaltung das BAWe/BAFin[463] überwachen und sicherstellen soll. Der Handel an den Börsen bzw. Eingriffe in die Preisfindung wurden ausschließlich durch die Börsen bzw. ihre Geschäftsführungs- und Handelsüberwachungsstellen und durch die zuständigen Börsenaufsichtsbehörden der Länder überwacht[464]. Stießen sie allerdings bei ihrer Tätigkeit auf einen Fall von Manipulation, so traf sie jedoch keine Pflicht zur Anzeige bei der Staatsanwaltschaft[465].

Große Schwierigkeiten bei der effizienten Bekämpfung von Eingriffen in die Kursbildung gab es insbesondere dann, wenn der Tatort das World Wide Web war. Nebst mangelhafter Überwachung konnte der Kursbetrugstatbestand richtigerweise keine Tathandlungen erfassen, die ausschließlich im Ausland bzw. via Internet vorgenommen wurden, auch wenn sie auf inländische Preise einwirkten. Beim § 88 BörsG a. F. war die Herbeiführung eines tatsächlichen Erfolges[466] nicht vorgesehen, es brauchte nämlich weder zu einer Täuschung des Anlegers noch zu einer Irrtumsanregung oder zu einer Kursbeeinflussung gekommen zu sein[467]. Vollendet war der Kursbetrugstatbestand schon mit dem Abschluss der tatbestandsmäßigen Ausführungshandlung bzw. wenn die Angaben dem Empfänger zugegangen waren, das Täuschungsmittel angewendet oder die Offenbarungspflicht er-

---

461 BGBl. I. 2002, S. 1749 ff.

462 Kümpel, Kapitalmarktrecht, 2. Aufl., S. 86, 123.

463 Durch das Gesetz über die integrierte Finanzdienstleistungsaufsicht wurden die Bundesaufsichtsämter für den Wertpapierhandel (BAWe), das Kreditwesen (BAKred) und das Versicherungswesen (BAV) in die Bundesanstalt für Finanzdienstleistungsaufsicht (BAFin) zusammengeführt, s. FinDAG, BGBl. I 2002, S. 1310.

464 Benner, in Wabnitz/Janovsky, 1. Aufl., Kapitel 4 RN 19, 22 ff.; Kümpel, Kapitalmarktrecht, 2. Aufl., S. 88, 118.

465 Lenzen, Finanz-Betrieb, S. 605; Lenenbach, ZIP 2003, S. 246.

466 Vgl. hierzu Stratenwerth, AT, Bd. I, § 8 RN 13; Schönke/Schröder/Lenckner/Stree, vor §§ 13 ff. RN 130.

467 Schon RGSt 23, 137; Hemptenmacher, § 88 BörsG RN 2; Fuhrmann, in Erbs/Kohlhaas, 104. Lfg. (1993), § 88 BörsG RN 18; Lenzen, Unerlaubte Eingriffe, S. 158; Park, BB 2001, S. 2070.

loschen war[468]. Maßgebend war also ausschließlich der Handlungsort gem. §§ 3, 9 StGB (Territorialitätsprinzip), so dass eine Anwendbarkeit des Kursbetrugstatbestandes für Auslandshandlungen richtigerweise scheiterte. Einzelstimmen, die den § 88 BörsG a. F. bei Auslandshandlungen, die auf inländische Preise einwirken, anwenden wollten, weil sie für maßgebend auch den Ort ansahen, wo die der Tathandlung innewohnende Gefahr bzw. die Preisbeeinflussung eintrete[469], gingen richtigerweise auf verfehlte Tatbestandseinteilungen zurück[470] und standen im Endeffekt im Widerspruch zur herrschenden deutschen Lehre, nach der abstrakte Gefährdungsdelikte - wie hier § 88 BörsG a. F[471] - mangels eines Gefahrerfolges keinen „Erfolgsort" i. S. v. § 9 StGB aufweisen[472].

Aber auch der Vorschlag Siebers[473], den Ort des „Zugänglichmachens" unrichtiger Angaben als „Tathandlungserfolgsort" tatortbegründend gem. § 3, 9 StGB wirken zu lassen und konsequenterweise § 88 BörsG a. F. anzuwenden, wenn die Falschangaben durch Push- Technologien an Computersysteme in Deutschland übermittelt werden, stellte eine Teillösung des Problems dar. Denn die Problematik reichte von der weltweiten aktiven Verbreitung von Falschinformation im Internet bis hin zum Abschluss manipulativer Geschäfte im Ausland, für die Siebers Vorschlag keine Anwendung finden konnte. Die völlige Liberalisierung des Kapitalverkehrs weltweit sowie die Verflechtung der Kapitalmärkte ermöglichten es aber dem Täter in zunehmendem Maße, manipulative Mittel im Ausland mit Auswirkung im Inland einzusetzen und wegen des schmalen räumlichen Anwendungsbereichs des Kursbetrugstatbestandes der Strafbarkeit zu entgehen[474]. Hinzu kam, dass sich ein ausländisches Strafinteresse für die Verfolgung

468 RGSt 23, S. 137; Fuhrmann, in Erbs/Kohlhaas, 104. Lfg. (1993), § 88 BörsG RN 22; Schäfer, in Dreyling/Schäfer, S. 108; Vogel, in Assmann/Schneider, 3. Aufl., § 20a RN 39.

469 Kohlhaas, in Erbs/Kohlhaas, 3. Lfg. § 88 BörsG (B 155), RN 11; vgl. auch BGH, NJW 2001, S. 624, nach dem der zum Tatbestand gehörende Erfolg der konkreten Eignung zur Friedensstörung gem. § 130 StGB angesichts der Informationsmöglichkeiten im Internet gegeben ist, auch wenn die Daten im Ausland gespeichert worden sind.

470 Kuhlen, ZStW 105 (1993), S. 713 FN 80.

471 König, Börsenpreisbeeinflussung, S. 73; Waeldin, Strafbestimmungen, S. 63; Mayer, Schlussbestimmungen, S. 41; BGH, WM 2004, S. 77; Fuhrmann, in Erbs/Kohlhaas, 104. Lfg. (1993), § 88 BörsG RN 2; Park, BB 2001, S. 2069; ders., BB 2003, S. 1515; Schmitz, wistra 2002, S. 212; Zimmer, in Schwark, 3. Aufl., § 38 WpHG RN 5; Schwark, FS für Kümpel, S. 488.

472 Tröndle/Fischer, § 9 RN 3; Schönke/Schröder/Eser, § 9 RN 6; Kienle, Internationales Strafrecht, S. 52, 54, 83; Bär, in Wabnitz/Janovsky, 2. Aufl., Kapitel 12, RN 144 m. w. N.

473 Vgl. Sieber, NJW 1999, S. 2068 ff.

474 Ausgenommen waren die Fälle, in denen der Grundsatz des Personalitätsprinzips (§ 7 StGB) eingriff, s. Trüstedt, Börsenkursmanipulationen, S. 44; es war jedoch durchaus möglich, dass die Tat am Tatort nicht mit Strafe bedroht bzw. als Ordnungswidrigkeit eingeordnet war, so dass § 88 BörsG a. F. nicht mehr über § 7 StGB zur Anwendung gelangen konnte, vgl. Schönke/Schröder/Eser, § 7 RN 17.

der Manipulation nicht immer von sich selbst verstand, z. B. wenn die manipulierte Aktie nicht am Tatort gehandelt wird und somit ausländische Rechtsgüter unversehrt bleiben.

Der Kursbetrugstatbestand vermochte also nicht, moderne Kapitalmärkte vor marktmissbräuchlichen Erscheinungen zu schonen und Anlegern ein investitionsförderndes Vertrauensgefühl zu verschaffen. Seine vorgezeichneten erheblichen Defizite wurden allerdings insbesondere im Rahmen rechtswissenschaftlicher Reformvorschläge hervorgehoben.

3. *Reformvorschläge*

Zur Schaffung eines effizienten rechtlichen Instrumentariums gegen Kursmanipulationen sind zahlreiche Reformvorschläge aufgestellt worden, die in ihren Ursprüngen bis zu 70er Jahren zurückgehen. Sie lassen sich zusammenfassend in zwei Gruppen einordnen[475]: Ältere Vorschläge bezweckten, die verbotenen Handlungsweisen kasuistisch aufzuzählen und somit Rechtssicherheit zu schaffen (Gruppe a). Im Gegensatz dazu handelt es sich bei den neueren Vorschlägen um rechtswissenschaftliche Abhandlungen, die auf Praktikabilitätserwägungen beruhen und einerseits auf ein weites, strafbewehrtes Manipulationsverbot abstellen, andererseits Aufsichtsinstanzen seine Konkretisierung am Vorbild der amerikanischen Rechtsordnung[476] auferlegen (Gruppe b).

a) Scheu/§ 190 des Alternativentwurfs

Scheu schlug am Anfang der siebziger Jahren im Anschluss an das amerikanische Gesetz, das die verbotenen Geschäfte beim Namen nennt und sie ausführlich beschreibt, eine detaillierte strafrechtliche Regelung von Kursmanipulationen vor[477]. Zum Zwecke einer problemlosen Subsumtion plädierte er für die Streichung des Auffangtatbestandes des § 88 BörsG a. F. und seine Ersetzung durch Einführung dreier Straftatbestände, und zwar eines Kursbetrugstatbestandes, nach dem sich strafbar mache, wer zur Einwirkung auf die Preisbildung eines Wertpapiers hinsichtlich eines für dessen Bewertung wesentlichen Umstandes unrichtige oder irreführende Mitteilungen verbreite oder verbreiten lasse[478], eines Straftatbestandes gegen die Vornahme von Leerverkäufen[479] und eines Straftatbestandes gegen die Vornahme von Scheingeschäften im weiteren Sinne (wash sales und abgesproche-

475 Vgl. auch Altendorfer, in Aicher/Kalss/Oppitz, S. 248.

476 Zur Rule-Making-Power von SEC vgl. ausführlich Lenzen, Unerlaubte Eingriffe, S. 70 ff.

477 Scheu, Das Börsenstrafrecht und seine Reform, 1974, S. 100 ff.; für eine kasuistische Aufzählung auch Engler, Vor Aktien wird gewarnt, S. 303; später wohl auch Ekkenga, WM 2002, S. 324; Altenhain, BB 2002, S. 1876.

478 Scheu, Börsenstrafrecht, S. 101, 150.

479 Vgl. Scheu, Börsenstrafrecht, S. 119 f., 151.

ne Geschäfte) in der Absicht, einen anderen zum Kauf oder Verkauf von Wertpapieren zu veranlassen, oder in einem anderen einen falschen oder irreführenden Eindruck hinsichtlich des tatsächlichen Handels in einem Wertpapier oder hinsichtlich der tatsächlichen Marktlage eines Wertpapiers hervorzurufen[480]. Diese Vorschläge bezogen sich im Gegensatz zu allen gesetzgeberischen Reformvorschlägen ausschließlich auf Wertpapiere und schlossen Waren aus. Zum Zweck einer erfolgreichen Strafverfolgung schlug der Verfasser weiter vor, eine präventiv mit der Überwachung des Börsenverkehrs betraute Behörde einzurichten, da von dieser aufgrund ihrer Unparteilichkeit und ihrer Sachnähe, sofern sie mit entsprechenden Kenntnissen und Rechten ausgestattet sei, eine größere Anzeigebereitschaft und damit auch ein Erfolg versprechenderes Einwirken zu erwarten sei[481].

§ 190 des Alternativentwurfs von 1977[482] sah im Anschluss an Scheus Vorschlag gravierende Abänderungen des Kursbetrugstatbestandes vor. Die Verfasser des Alternativentwurfes haben nämlich mit den §§ 188 ff. AE bestrebt, einen praktikableren Strafrechtsschutz beim Handel mit börsenmäßigen Wertpapieren zu gewährleisten, der ausschließlich die typischen Missbrauchshandlungen erfassen sollte, während bei der Behebung restlicher Missstände in diesem Bereich der Vorsprung zu aufsichtsrechtlichen Maßnahmen gegeben werden sollte[483].

Dementsprechend hat § 190 AE die bisherige Tathandlung des Kursbetrugstatbestandes im Hinblick auf die tatsächlichen Erscheinungsformen des Kursbetruges verengt und typisierend umgeschrieben[484]. Einschlägige Erscheinungsformen waren somit das Aufstellen unrichtiger Mitteilungen hinsichtlich eines bewertungserheblichen Umstandes (Abs. 1) sowie die Vornahme von wash sales und matched orders (Abs. 2) in Preisbeeinflussungsabsicht. Anders als Scheu waren die Verfasser des Alternativentwurfs der Ansicht, dass es bei Leerverkäufen, die praktisch nur von Wertpapierhändlern durchgeführt werden könnten und spekulativen Charakter hätten, nicht um strafwürdiges Verhalten, sondern um eine Art Standesunrecht gehe, das freilich wegen seines unlauteren Einflusses auf den Informationswert des Marktpreises unterbunden werden sollte. Es wurde deshalb vorgeschlagen[485], denjenigen unter Bußgelddrohung zu stellen, „der als Wertpapierhändler zur Einwirkung auf den Kurs eines Wertpapiers Wertpapiere verkauft, die sich nicht in seinem Eigentum befinden und über die er auch nicht verfügungsberechtigt ist“.

480 Scheu, Börsenstrafrecht, S. 121 f., 151.
481 Scheu, Börsenstrafrecht, S. 131.
482 Alternativ-Entwurf eines Strafgesetzbuchs, BT, Bd II, Tübingen 1977.
483 Vorb. § 190 AE, S. 75.
484 Begründung zu § 190 AE, S. 75.
485 Begründung zu § 190 AE, S. 77.

Eine kasuistische Aufzählung strafwürdiger Kursmanipulationstechniken wird allerdings überwiegend abgelehnt[486]. Dem damit verbundenen Vorteil der hohen Rechtssicherheit stünden schwerwiegende Nachteile gegenüber. Zum einen könne es sich dabei nur um eine unvollständige Auswahl aller denkbaren Manipulationshandlungen handeln. Zum anderen sei eine derartige Auswahl stets zeitgebunden und werde den technischen Entwicklungen und Neuerungen, die für die Art der angewandten Manipulationstechnik von Bedeutung sein können, nicht gerecht. Vor allem könne die Entwicklung neuer Manipulationstechniken und ihre nahezu beliebige Reproduzierbarkeit auf anonymen Märkten dazu führen, dass bestehende Vorschriften rasch ergänzt oder geändert werden müssen, um weitere schwere Schäden für die Integrität des Marktgeschehens abzuwenden. Ein formelles Gesetzgebungsverfahren sei für eine zügige, durchdachte und flexible Reaktion hierzu regelmäßig zu schwerfällig. Außerdem würde die gesetzliche Definition einzelner Fallgruppen nicht zwangsläufig Rechtssicherheit gewährleisten, da auch diese wieder durch wertausfüllungsbedürftige Begriffe umrissen würden, um entsprechende Strafbarkeitslücken zu vermeiden.

b) Börsenreform/Lenzen

Zur zweiten Gruppe gehören Vorschläge, die eine materiellrechtliche Erweiterung des Kursbetrugstatbestandes verlangen und eine Aufsichtsbehörde bzw. BAWe/-BAFin mit der Verfolgung, Konkretisierung und Weiterentwicklung des Kursmanipulationstatbestandes betrauen. Der Ursprung dieser Reformvorschläge findet sich in Zügen der Erarbeitung des Gutachtens von Hopt/Baum für eine grundlegende Börsenreform zum Zwecke der Verbesserung der Wettbewerbsfähigkeit des Finanzplatzes Deutschland[487].

Das derzeitige börsenrechtliche Manipulationsverbot sollte nach den Verfassern mit einer dem § 88 BörsG a. F. entsprechenden, kapitalmarktrechtlichen und im WpHG verankerten Regelung ergänzt werden[488]. Es könnte beispielsweise klargestellt werden, dass § 88 BörsG a. F. auf Börsen, börsenähnliche Einrichtungen und sonstige organisierte Märkte beschränkt würde; für das WpHG wäre dann eine entsprechende Strafvorschrift zu schaffen, der sonstige Wertpapiermärkte überlassen blieben.

Bei der Fassung der Tathandlung wurde auf einen eher kurz und abstrakt formulierten Straftatbestand abgestellt, der aus zivilrechtlichen oder öffentlichrechtlichen Normen bzw. aus Übereinkünften der am Wirtschaftsverkehr betei-

486 Altendorfer, in Aicher/Kalss/Oppitz, S. 248; Roth, SZW63 (1991), 239; Möller, WM 2002, S. 310, 312; Lenzen, Finanz-Betrieb 2001, S. 604, 607; dies., ZBB 2002, S. 286.

487 Hopt/Baum, in Hopt/Rudolph/Baum (Hrsg), Börsenreform: Eine ökonomische, rechtsvergleichende und rechtspolitische Untersuchung, 1997, S. 438 ff.

488 Hopt/Baum, in Hopt/Rudolph/Baum, S. 440 f.

ligten Kreise und den Gerichten erst allmählich konkretisiert werden sollte[489]. Zur Beseitigung rechtsstaatlicher Bedenken wollten die Verfasser eine Aufsichtsbehörde mit der Konkretisierung, Fortentwicklung und Konkretisierung des Verbotes betrauen[490]. Bei einem weit gefassten Kursmanipulationsauffangtatbestand besteht zwar die Gefahr einer Regelungslücke nicht, wohl aber die größere Gefahr einer Norm, die nicht dem strafrechtlichen Bestimmtheitsgebot entspricht[491]. Marktgesetze, die nicht einfach bestimmte Transaktionen, Marktssegmente oder sogar Märkte verbieten, enthalten notgedrungen unscharfe, wirtschaftsrechtliche Begriffe und stellen die Praxis vor erhebliche Schwierigkeiten[492].

Die Aufsichtsbehörde müsste also eine Verordnungsermächtigung zur Konkretisierung und Fortentwicklung des Verbotstatbestandes erhalten nach dem Vorbild der rule-making-power der amerikanischen Kapitalmarktaufsichtsbehörde SEC[493]. Rechtsstaatliche Einsprüche, die zu erheben wären, soweit die Konkretisierung durch den Verordnungsgeber über eine reine Auslegung ausginge, sollten aber die Verordnungsermächtigung nicht hindern[494]. Gesetzestechnisch bleibe nämlich die Möglichkeit, den eigentlichen Verbotstatbestand und die Strafnorm zu trennen. Das bislang nur im Straftatbestand des § 88 BörsG a. F. enthaltene Verbot könnte als eigenständige Verbotsvorschrift normiert werden, an die die Ermächtigung an die jeweilige Aufsichtsbehörde zur Konkretisierung anzuschließen wäre. Der eigentliche Straftatbestand würde folgen. Durch diese Normierungstechnik sei klarzustellen, dass Ausdehnungen durch eine Verordnung, die nicht mehr als Auslegung verstanden werden könne, keine Strafandrohung begründen.

Im Anschluss an die von Hopt/Baum vorgeschlagenen Neuerungen hat Ursula Lenzen in ihrer umfangreichen Dissertation den Straftatbestand gegen Kurs- und Marktpreismanipulationen weiter entwickelt[495]. Sie schlug zum einen vor, absichtlose Manipulationen durch Falschinformation zu verbieten[496]. Zum anderen wollte sie den Kursbetrugstatbestand dahin ergänzen, dass auch mit der Absicht, auf den Börsenkurs Einfluss zu nehmen, vorgenommene effektive Handelsaktivitäten unter Strafe gestellt werden[497]. Denn die erforderliche Absicht sei in den meisten Fällen nur schwer nachzuweisen, müsse außerdem darüber nachgedacht werden, ob in bestimmten Fällen per se von einer Manipulation auszugehen sei

489 Hopt/Baum, in Hopt/Rudolph/Baum, S. 439.

490 Hopt/Baum, in Hopt/Rudolph/Baum, S. 440.

491 Altendorfer, in Aicher/Kalss/Oppitz, S. 249; Roth, SZW 63 (1991), 239.

492 Hopt, ZHR 159 (1995), S. 138.

493 Hopt/Baum, in Hopt/Rudolph/Baum, S. 441; zust. Möller, WM 2002, S. 312.

494 Hopt/Baum, in Hopt/Rudolph/Baum, S. 442.

495 Lenzen, Unerlaubte Eingriffe, S. 257 f.; dies., WM 2000, S. 1138 f.; dies., Finanz-Betrieb, S. 604, 606; dies., ZBB 2002, S. 286.

496 Lenzen, Unerlaubte Eingriffe, S. 241, 256; dafür auch Kaiser, WM 1997, S. 1563.

497 Lenzen, Unerlaubte Eingriffe, S. 248 f.; vgl. auch Altendorfer, in Aicher/Kalss/Oppitz, S. 247.

und damit gewisse Transaktionen generell zu verbieten seien[498]. Für wirtschaftlich angezeigte Kursbeeinflussungen wie Kursstabilisierungsmaßnahmen oder Aktienrückkäufe sollten Sonderregeln (safe harbors) aufgestellt werden, die ein Höchstmaß an Transparenz für den Anleger vorsehen und somit diese Maßnahmen der Reichweite des Manipulationsverbotes entziehen[499]. Angesichts internationaler Vorgaben sollte zum Beispiel geregelt werden, dass eine Stabilisierung bei Aktien nicht vor Festlegung des Emissionspreises, nicht oberhalb des Emissionspreises und nicht über einen bestimmten Zeitraum hinaus erfolgen dürfe, während sie im Interesse ihrer Nachvollziehbarkeit aufgezeichnet werden musste.

II. Gesetzgebung auf supranationaler Ebene

1. Europäisches Kapitalmarktkonzept

Angesichts der Entwicklung der Informations- und Kommunikationstechnologien machen die Erbringung von Finanzdienstleistungen und der Handel mit Wertschriften nicht weiter an den nationalen Grenzen Halt[500]. Insbesondere auf europäischer Ebene ist die Liberalisierung des Kapitalverkehrs im Rahmen der Bildung eines europäischen Binnenmarktes[501] zur Realität geworden[502]. Ein einheitlicher Binnenmarkt für Finanzdienstleistungen ist für das Wirtschaftswachstum in der Gemeinschaft von entscheidender Bedeutung[503], indem er einerseits die Finanzierungskosten für große und kleine Unternehmen senkt, andererseits bringt er mit sich auch für die Verbraucher gewichtige Vorteile über höhere Pensionen, niedrigere Hypothekenkosten und eine breite Palette von Finanzprodukten.

Zur Konzeption des europäischen Binnenmarktes - dem ein einheitlicher Kapitalmarkt immanent ist[504] - macht das die Vertragsziele konkretisierende Auf-

---

498 Lenzen, Unerlaubte Eingriffe, S. 250.

499 Lenzen, Unerlaubte Eingriffe, S. 250, 253 ff.; Lenzen, WM 2000, S. 1138; vgl. auch Altendorfer, in Aicher/Kalss/Oppitz, S. 220; Schäfer, WM 1999, S. 1352; Wittich, Die Bank 2001, S. 280; Dreyling, Die Bank 2002, S. 20; Möller, WM 2002, S. 315; Ekkenga, WM 2002, S. 324; Groß, ZIP 2002, S. 161.

500 Weber/Schaller, SZW 75 (2003), S. 177 f.; Foffani, in Tiedemann (Hrsg.): Europa-Delikte, S. 341 f. sowie Otto, ebenda, S. 353.

501 Der Binnenmarktbegriff ist in Art. 14 EGV als „Raum ohne Binnengrenzen, in dem der freie Verkehr von Waren, Personen, Dienstleistungen und Kapital gemäß den Bestimmungen dieses Vertrags gewährleistet ist" definiert.

502 Foffani, in Tiedemann (Hrsg.): Europa-Delikte, S. 335.

503 So Mitteilung der Kommission, Dokument KOM 1999/232, 11.05.99, S. 3; Erwägungsgrund 1 zur Marktmissbrauchsrichtlinie (FN 20), S. 16; Weber, EuZW 2002, S. 43.

504 Heinze, Europäisches Kapitalmarktrecht, S. 11; Mülbert, WM 2001, S. 2088, 2094; Feldhaus, Eignung, S. 68.

gabenprogramm des Art. 3 Abs. 1 EGV zwei wesentliche Vorgaben[505]: Erstens beruht der Binnenmarkt darauf, dass das Gemeinschaftsrecht die rechtlichen und tatsächlichen Hindernisse für die Interpenetration der mitgliedstaatlichen (Kapital)märkte beseitigt. Zweitens kennt das Gemeinschaftsrecht zwei Instrumente zur Integration der nationalen Märkte, und zwar den Abbau aller zwischenstaatlichen Binnenmarkthindernisse mittels der Grundfreiheiten (Art. 3 Abs. 1 lit. c EGV) der Niederlassungs- (Art. 43 ff. EGV), der Kapitalverkehrs- (Art. 56 ff. EGV) und der Dienstleistungsfreiheit (Art. 49 ff. EGV), und die Rechtsangleichung (Art. 3 Abs. 1 lit. h EGV), die grundsätzlich auf den allgemeinen Harmonisierungsbestimmungen der Art. 94 ff. EGV beruht[506] und sich in der Regel durch Richtlinien vollzieht[507].

Trotz des allgemeinen Bestrebens, einen europäischen Kapitalmarkt aufzubauen war die Entwicklung nicht rasch und die Harmonisierung nur für bestimmte Bereiche vorgesehen. Das resultierende Programm weitreichender Rechtsangleichungsmaßnahmen war marktgetrieben, und nicht etwa geleitet durch ein theoriegestütztes Integrationskonzept. Der pointillistische Charakter des Gemeinschaftsrechts ist aber im Allgemeinen darauf zurückzuführen, dass die unmittelbar geltenden Grundfreiheiten allein grenzüberschreitende Vorgänge betreffen und dass für die Schaffung sekundären Gemeinschaftsrechts, etwa den Erlass von Richtlinien, das Prinzip der begrenzten Einzelermächtigung (Art. 5 Abs. 1, 7 Abs. 1 S. 2 EGV n. F.) herrscht[508]. Danach darf der Gemeinschaftsgesetzgeber nur auf der Grundlage einer EG-vertraglichen Kompetenz regelnd tätig werden.

Im Hinblick darauf gab es bis vor kurzem keine zwingenden gemeinschaftsrechtlichen Vorgaben gegen Marktpreismanipulation, während sich die Insiderrichtlinie[509] darauf beschränkte, den Missbrauch privilegierter Informationen zu verhindern. Vereinzelt wurde in den 70er Jahren auf das Instrument der Empfehlung zurückgegriffen[510]. Ziel der Empfehlung war, auf europäischer Ebene Wohlverhaltensregeln für ein loyales Verhalten von Marktakteuren aufzustellen, um das Vertrauen der Investoren in einen fairen Markt zu fördern und ein wirksames Funktionieren der Wertpapiermärkte zu gewährleisten. Nummer 7 der Ergänzenden Grundsätze bringt klar zum Ausdruck, dass jeder Versuch oder jede Manipulation seitens Personen, die einzeln oder einvernehmlich handeln und die durch

505 Mülbert, WM 2001, S. 2088 ff.; Feldhaus, Eignung, S. 69; Merkt/Rossbach, JuS 2003, S. 220; Kalss, EuZ 2003, S. 3.

506 Satzger, in Tiedemann (Hrsg.): Europa-Delikte, S. 75; ders., Europäisierung, S. 419 ff.

507 Heinze, Europäisches Kapitalmarktrecht, S. 19 f.; Nobel, in Nobel (Hrsg.): Aktuelle Rechtsprobleme, S. 123; Feldhaus, Eignung, S. 71; Schmitz, ZStW 115 (2003), S. 535.

508 Mülbert, WM 2001, S. 2087; Satzger, Europäisierung, S. 33 ff.

509 89/592/EWG, ABl. L 334 vom 18.11.89, S. 30 ff.

510 Empfehlung 777/534/EWG der Kommission vom 25.07.1977 über europäische Wohlverhaltensregeln für Wertpapiertransaktionen, ABl. EG Nr. L 212 v. 20.8.1977, S. 37; hierzu Koller, in Assmann/Schneider, 3. Aufl., vor § 31 RN 1 ff.

betrügerische Mittel den Anstieg oder den Rückgang der Wertpapierpreise bewirken wollen oder bewirken, dem Ziel dieser Wohlverhaltensregeln zuwiderlief. Nach Absatz 2 gelten als betrügerische Mittel vornehmlich die Veröffentlichung oder Verbreitung von falschen, übertriebenen oder tendenziellen Angaben sowie der Gebrauch anderer künstlicher Mittel mit dem Ziel, das normale Funktionieren der Märkte zu stören. Gemäß Absatz 3 obliegt den Mitgliedern der Aufsichts-, Verwaltung- und Leitungsorgane der Gesellschaften, deren Wertpapiere auf dem Wertpapiermarkt gehandelt werden, die Aufgabe, die notwendigen Maßnahmen zu ergreifen, um Manipulationen abzustellen sowie die Pflicht, die zuständigen Behörden und die betroffenen Gesellschaften über mögliche Manipulationen unverzüglich zu unterrichten. Diese Wohlverhaltensregeln waren allerdings von eher geringer Brisanz, da sie hinsichtlich der zu erzielenden Ergebnisse nicht verbindlich waren (Art. 249 V EGV) und keine spätere Verabschiedung von Richtlinien oder Verordnungen auf den erfassten Gebieten präjudizierten.

Die Entwicklung im Bereich Marktmanipulation ist erst 20 Jahre später gekommen. Im Zuge der Integration europäischer Finanzmärkte hat die Europäische Kommission am 11. Mai 1999 den „Financial Services Action Plan" (FSAP) vorgelegt[511], der durch 41 Einzelmaßnahmen einen raschen Fortschritt in Richtung eines Binnenmarktes für Finanzdienste insbesondere im Sinne der Beseitigung von binnenmarktwidrigen Mobilitätsschranken bis Ende 2005 anstrebte. Dazu gehörte auch ein gemeinsamer Rechtsrahmen für die Verhütung und Aufdeckung von Insiderhandel und Marktmanipulation (Marktmissbrauch)[512], der in Form einer Richtlinie gem. Art. 95 (ex 100a) i. V. m. Art. 14 EGV und nach dem Verfahren des Art. 251 EGV erlassen werden sollte[513].

2. *Modifiziertes Rechtsetzungsverfahren im Wertpapiermarktbereich*

Um den Nachteilen des Rechtsetzungsinstruments Richtlinie zu begegnen, basierten die von der Kommission entworfenen Regelungen zum Marktmissbrauch einerseits auf den Vorarbeiten des Forums of European Securities Commissions (FESCO)[514], andererseits wurden sie gemäß einem modifizierten Rechtsetzungs-

511 Mitteilung der Kommission, Dokument KOM 1999/232, 11.05.99; vgl. auch ZBB-Dokumentation, 1999, S. 254; Wiesner, ZIP 2000, S. 1793.

512 Mitteilung der Kommission, Dokument KOM 1999/232, 11.05.99, S. 5, 23.

513 Artikel 95 (ex 100a) EGV ist eine Sondervorschrift für binnenmarktbezogene Rechtsangleichung, die Harmonisierungsmaßnahmen grundsätzlich durch qualifizierten Mehrheitsbeschluss des Rates ermöglicht und die Mitwirkung des Europäischen Parlaments bei der Rechtsangleichung verstärkt, vgl. hierzu Satzger, Europäisierung, S. 430 ff.

514 Die FESCO wurde am 8.12.1997 gegründet, mit der Aufgabe, den Anlegerschutz zu verbessern, die Transparenz auf den Märkten zu erhöhen und die faire Behandlung der Anleger sicherzustellen, s. Wittich, WM 1999, S. 1613 f.; Weber, NJW 2000, S. 3466 f.; Ilberg/Neises, WM 2002, S. 637.

verfahren erlassen[515], das von dem Ausschuss der Weisen unter Leitung des ehemaligen Präsidenten des europäischen Währungsinstituts, Alexandre Lamfalussy, für den Bereich der Wertpapiermärkte im Allgemeinen empfohlen wurde[516]. Die Reform der Wertpapierregulierung besteht in einem Vier-Stufen-Konzept und in der Einsetzung zweier neuer Ausschüsse zur Unterstützung der Kommission, und zwar des Europäischen Wertpapierausschusses (EWA), der sich aus hochrangigen Vertretern der Mitgliedsstaaten zusammensetzt[517], und des Ausschusses der Wertpapierregulierungsbehörden der Mitgliedsstaaten (AEWRB)[518], der als Nachfolger von FESCO ihre sämtlichen Vereinbarungen, Standards, Vorarbeiten und Verpflichtungen übernommen hat.

Nach diesem vierstufigen Konzept soll der Basisrechtsakt bzw. der Richtlinientext zunächst wie bisher nach umfassenden Konsultationen im Mitentscheidungsverfahren gem. Art. 251 EGV erlassen werden[519]. Jede Richtlinie, die hauptsächlich aus Rahmenvorschriften besteht, enthält allerdings Verweisklauseln, in denen eine nähere Ausgestaltung der allgemein gefassten Bestimmungen dem Ausschussverfahren zugewiesen wird. Auf der zweiten Stufe sollen die Detailvorschriften, insbesondere in Bezug auf technische Aspekte der Gesetzgebung von der Kommission gem. Art. 202, 3 Spiegelstrich EGV im Rahmen des Regelungsverfahrens[520] des sog. „Komitologiebeschlusses" v. 28. 6. 1999[521] beschlossen werden, in das die neu geschaffenen Ausschüsse eingebunden sind. In diesem Verfahren ist es Aufgabe des CESR (AEWRB), nach Konsultation mit Marktteilnehmern, Endnutzern und Verbrauchern die Kommission im Vorfeld, das heißt

515 Vgl. Art. 17 der Marktmissbrauchsrichtlinie (FN 20), S. 25; hierzu Schmitz, ZStW 115 (2003), S. 512.

516 Schlussbericht des Ausschusses der Weisen über die Regulierung der Europäischen Wertpapiermärkte, Brüssel, 15. Februar 2001, abrufbar unter www.europa.eu.int/comm/internal_market/en/finances/general/lamfalussyde.pdf; hierzu Seitz, BRK 2002, S. 341; Nobel, in Nobel (Hrsg.): Aktuelle Rechtsprobleme, S. 128 f.; Claßen/Heegemann, ZfdgK 2003, S. 1200 ff.; Kalss, EuZ 2003, S. 2.

517 Mit der englischen Bezeichnung European Securities Committee (ESC), vgl. Beschluss der Kommission v. 6.6.2001 zur Einsetzung des europäischen Wertpapierausschusses, KOM 2001/1493endg.

518 Mit der englischen Bezeichnung Committee of European Securities Regulators (CESR), vgl. Beschluss der Kommission v. 6.6.2001 zur Einsetzung des Ausschusses der europäischen Wertpapierregulierungsbehörden, KOM 2001/1501 endg.; Ilberg/Neises, WM 2002, S. 637 FN 19.

519 Vgl. hierzu Dier/Fühoff, AG 2002, S. 604; Claßen/Heegemann, ZfdgK 2003, S. 1200 f.; Buttlar, BB 2003, S. 2135; Kalss, EuZ2003, S. 4.

520 Im Regelungsverfahren ist die Kommission verpflichtet, dem Rat einen Vorschlag für die zu treffenden Maßnahmen zu unterbreiten, wenn die beabsichtigten Maßnahmen mit der mit qualifizierter Mehrheit abgegebenen Stellungnahme des Ausschusses nicht übereinstimmen oder keine Stellungnahme vorliegt, hierzu Schwarze, EU-Kommentar Art. 202 EGV RN 17 f.

521 ABl. L 184 vom 17.7.99, S. 23 ff.

bevor sie dem ESC (EWA) einen offiziellen Vorschlag unterbreitet, zu beraten. Die vom ESC verabschiedeten Durchführungsmaßnahmen treten nach Annahme durch die Kommission in Kraft und müssen von den Mitgliedsstaaten in nationales Recht umgesetzt werden, soweit sie nicht in Form einer Verordnung erlassen worden sind. Grundsätzlich gilt, dass die Durchführungsakte, die der Kontrolle durch den EuGH[522] unterliegen, die wesentlichen Regeln respektieren müssen, die in dem die Durchführungsermächtigung enthaltenden Basisrechtsakt getroffen worden sind[523]. In der dritten Stufe erfolgt die von des CESR vorgenommene genaue Ausarbeitung der in Stufe 2 vereinbarten Maßnahmen. Dabei geht es vor allem darum, die Übereinstimmung bei der Übernahme und Umsetzung der Rechtsetzung der Stufen 1 und 2 zu verbessern und eine konsistente Auslegung und koordinierte Anwendung der Regeln sicherzustellen. Gerade darin liegt auch die entscheidende Bedeutung eines effizienten enforcements kapitalmarktrechtlicher Regelungen, da der Ausschuss ständig mit den nationalen Wertpapieraufsichten kommuniziert und diese in den EU-weiten Gesetzgebungsprozess einbindet. Auf der Stufe vier geht es schließlich um die verstärkte Durchsetzung der auf Stufe 1 und 2 erlassenen EU-Vorschriften. Die Hauptverantwortung für diese Aufgabe liegt bei der EU-Kommission als der Hüterin der europäischen Verträge. Sie überprüft somit die Einhaltung der EG-Rechtsvorschriften und leitet gegebenenfalls rechtliche Schritte gegen die Mitgliedsstaaten ein, die eines Verstoßes gegen das Gemeinschaftsrecht verdächtig sind.

Zur Aufrechterhaltung der Rolle des Europäischen Parlaments beim Mitentscheidungsverfahren[524] ist außerdem vorgesehen worden, dass die Überlebenszeit der Durchführungsmaßnahmen auf vier Jahre beschränkt ist (Auflösungsklausel) und dass ESC bei besonders heiklen Durchführungsbestimmungen politisch verpflichtet ist zu vermeiden, gegen „eine vorherrschende Auffassung" im Ministerrat oder Parlament tätig zu werden (Aerosolklausel). So wird das Europäische Parlament über alle Maßnahmen informiert und erhält innerhalb einer Drei-Monats-Frist Gelegenheit zur Stellungnahme beim Erlass der Durchführungsbestimmungen. Seine Positionen werden im Rechtsetzungsverfahren im größtmöglichen Maße berücksichtigt.

Die Marktmissbrauchsrichtlinie ist am 12.04.2003 in Kraft getreten (Art. 20). Parallel zum Mitbestimmungsverfahren wurden auch die Arbeiten an den Durchführungsbestimmungen durchgeführt[525], die allerdings bis zur Verabschie-

---

522 Schwarze, EU-Kommentar Art. 202 EGV RN 19.

523 EuGH Rs. C-9/95, Slg. 1997, I-645 RN 37.

524 Vgl. die Entschließung des Europäischen Parlaments zum Schlussbericht des Ausschusses der Weisen über die Regulierung der europäischen Wertpapiermärkte, ABl. C 343 v. 5.12.2001, S. 265; auch Leppert/Stürwald, ZBB 2002, S. 105 f.; Seitz, BRK 2002, S. 342; Nobel, in Hirsch (Hrsg): Aktuelle Rechtsprobleme, S. 129; Claßen/Heegemann, ZfdgK 2003, S. 1201.

525 Seitz, BRK 2002, S. 342.

dung der Marktmissbrauchsrichtlinie nur zum Teil abgeschlossen wurden[526]. Zu den Details der technischen Umsetzung gehören vor allem die Anpassung und Klärung der Definitionen, die wegen des raschen Wandels auf den Finanzmärkten zwar klar, aber allgemein und flexibel genug sein sollten, sowie der Ausnahmen von den Marktmissbrauchsverboten, um eine einheitliche Anwendung und die Verträglichkeit mit den technischen Entwicklungen auf den Finanzmärkten sicherzustellen.

3. Vorgaben der Marktmissbrauchsrichtlinie

a) Regelungszweck der Marktmissbrauchsrichtlinie

Mit der zeitnahen Vorlage des Richtlinienentwurfs über Marktmissbrauch und ihrer voreiligen Verabschiedung wollte die EU einen wichtigen Schritt zur Vollendung des europäischen Kapitalmarktrechts vollziehen[527]. Hauptziel der Richtlinie ist die Harmonisierung der mitgliedstaatlichen Marktmissbrauchsvorschriften zum Zwecke der Erhöhung des Anlegerschutzes auf dem europäischen Finanzmarkt und zur Gewährleistung funktionsfähiger Kapitalmärkte bzw. die Einführung von Verwaltungsstrafen in allen Mitgliedsstaaten gegen Marktmissbräuche sowie die Verbesserung des Informationsaustausches zwischen den mitgliedsstaatlichen Aufsichtsbehörden[528].

Die EU ist der Auffassung, dass ein EU-einheitlicher Rechtsrahmen gegen Marktmissbrauch von besonderem Belang ist. Zunächst hätten sowohl Insiderhandel als auch Marktmanipulation schwerwiegende Folgen für Kapitalmärkte, denn sie verletzten die Integrität von Finanzmärkten und somit das Vertrauen der Öffentlichkeit in Wertpapiere und Derivate[529]. Marktmissbrauchspraktiken ließen den Handel mit Finanzinstrumenten in einem falschen Licht erscheinen und untergrüben das allgemeine Prinzip, dass für alle Anleger gleiche Spielregeln gälten[530]. Marktmissbrauch erhöhe somit nicht nur die Finanzierungskosten für Unternehmen, zumal er die Bewertung von Wertpapieren als Entscheidung über die Aus-

---

526 Vgl. Richtlinie 2003/124/EG der Kommission v. 22.12.2003 zur Durchführung der Richtlinie 2003/6/EG des Europäischen Parlaments und des Rates, betreffend die Begriffsbestimmung und die Veröffentlichung von Insider-Informationen und die Begriffsbestimmung der Marktmanipulation, ABl. L 339 v. 24.12.2003, S. 70 ff.; Verordnung (EG) Nr. 2273/2003 der Kommission zur Durchführung der Richtlinie 2003/6/EG des Europäischen Parlaments und des Rates- Ausnahmeregelungen für Rückkaufprogramme und Kursstabilisierungsmaßnahmen, ABl. L 336 v. 23.12.2003, S. 33 ff.

527 Mülbert, WM 2001, S. 2102; Ilberg/Neises, WM 2002, S. 637.

528 Lübbig/Pitschas, SZW 74 (2002), S. 333; Weber/Schaller, SZW 75 (2003), S. 180.

529 Vgl. Erwägungsgrund 2 zur Markmissbrauchsrichtlinie (FN 20), S. 16.

530 Vgl. Begründung des Kommissionsentwurfs einer Marktmissbrauchsrichtlinie v. 30-5-2001, KOM 2001/281 endg., abrufbar unter www.europa.eu.int/dokumente/vorschläge S. 2 f., 14.

weitung oder Kürzung von Krediten und die Besicherung von Bankkrediten verfälsche, sondern er schrecke auch potenzielle neue Anleger ab, indem er ihr Vertrauen in den Wertpapierhandel untergrübe, und beeinträchtigte damit das Wirtschaftswachstum und die Wirksamkeit der europäischen Wirtschaftspolitik.

Ein Rechtsakt der Gemeinschaft in dem Bereich des Marktmissbrauchs wird auch unter Berücksichtigung des Verhältnismäßigkeits- (Art. 5 III EGV) und Subsidiaritätsprinzips (Art. 5 II EGV) als unerlässlich angesehen, denn das Ziel der in Betracht gezogenen Maßnahmen, nämlich die Verhütung von Marktmissbrauch in Form von Insidergeschäften und Marktmanipulation, könne in Anbetracht des Umfanges und der Wirkungen dieser Maßnahmen auf Ebene der Mitgliedsstaaten nicht ausreichend erreicht werden[531]. Ein EU-Rechtsrahmen zum Schutz der Marktintegrität sei insofern erforderlich, als es auf der Ebene der Mitgliedsstaaten eine Vielzahl von Regeln zur Behandlung von Marktmissbrauch gebe, die von Land zu Land unterschiedlich seien, so dass die Wirtschaftsakteure oftmals über Begriffe, Begriffsbestimmungen und Durchsetzung im Unklaren seien. In einigen Mitgliedsstaaten gebe es sogar keine Rechtsvorschriften zur Ahndung von Kursmanipulationen oder der Verbreitung irreführender Informationen. In einem integrierten Finanzmarkt könne ein Anleger aber in einem Mitgliedsstaat mit Wertpapieren handeln, die in einem zweiten Mitgliedsstaat über die Marktsysteme eines dritten Mitgliedsstaates emittiert wurden, und dies mit einer Gegenpartei eines vierten Mitgliedsstaates[532]. Unterschiede bei der Regelung von Markmissbräuchen zwischen den Mitgliedsstaaten führten also zu Wettbewerbsverzerrungen auf den Finanzmärkten und hemmten die Entwicklung eines einheitlichen europäischen Finanzmarktes[533].

Für eine neue Regulierung des Insiderproblems bzw. eine einheitliche Richtlinie zur Bekämpfung von Insidergeschäften und Marktmanipulationen spricht nach Ansicht der EU nicht nur die Tatsache, dass in beiden Fällen dasselbe Ziel bezweckt werde, nämlich die Integrität der europäischen Finanzmärkte sicherzustellen, sondern auch das Bestreben, Unstimmigkeiten zwischen der bestehenden Insiderrichtlinie und einer neuen separaten Richtlinie gegen Marktmanipulation, die neue Produkte und sonstige Entwicklungen berücksichtige, zu vermeiden[534]. Somit würden Widersprüche und Unklarheiten vermieden.

---

531 Vgl. Erwägungsgründe Nr. 11, 41 der Marktmissbrauchsrichtlinie (FN 20), S. 16, 19.

532 A European Regime against market abuse, September 2000, Ref: FESCO/00-0961.

533 Begründung des Kommissionsentwurfs einer Marktmissbrauchsrichtlinie (FN 530), S. 3; Dier/Fühoff, AG 2002, S. 609.

534 Vgl. Erwägungsgründe 12, 13 der Markmissbrauchsrichtlinie (FN 20), S. 17.

b) *Europäische Marktmanipulationsverbote*

Inhaltlich wurde die Marktmissbrauchsrichtlinie von dem reformierten englischen Kursmanipulationsrecht durch FSMA 2000 erheblich beeinflusst[535], das parallel zur ursprünglichen Strafvorschrift gegen Kursmanipulation zahlreiche innovative Neuerungen beinhaltet wie die Einführung aufsichtsbehördlicher Geldstrafen bei Verletzung eines allgemein gefassten vorsatzlosen Marktmissbrauchsverbots (market abuse), die Heranziehung der berechtigten Erwartungen eines regelmäßigen Marktteilnehmers als Maßstab für die Beurteilung von missbräuchlichen Geschäftsgebaren oder die Veröffentlichung des Fehlverhaltens.

Die Marktmissbrauchsrichtlinie stellt folglich auf ein allgemeines umfassendes Marktmanipulationsverbot ab. Art. 1 Absatz 2 der Richtlinie enthält eine allgemeine Definition des Begriffs "Marktmanipulation“, die auf das Verhalten der betreffenden Personen abstellt und qualifizierte subjektive Tatbestandsmerkmale wie die spezifischen Zwecke des Manipulators oder seine sichere Kenntnis außer Acht lässt[536]. Unter „Marktmanipulation“ fallen zunächst Geschäfte oder Kaufs- bzw. Verkaufsaufträge, die falsche oder irreführende Signale für das Angebot von Finanzinstrumenten oder die Nachfrage danach oder ihren Kurs geben oder geben können oder die den Kurs eines oder mehrerer Finanzinstrumente durch eine Person oder mehrere in Absprache handelnde Personen in der Weise beeinflussen, dass ein anormales oder künstliches Kursniveau erzielt wird, es sei denn, die Person, welche die Geschäfte abgeschlossen oder die Aufträge erteilt hat, weist nach, dass sie legitime Gründe dafür hatte und dass diese Geschäfte oder Aufträge nicht gegen die zulässige Marktpraxis auf dem betreffenden geregelten Markt verstoßen (Art. 1 Abs. 2a). Durch dieses allumfassendes Verbot handelsgestützter Manipulationen werden nicht nur fiktive Geschäfte, sondern auch bestimmte tatsächlich abgewickelte Transaktionen erfasst, und zwar ohne dass eine Irreführung von Marktteilnehmern erforderlich ist[537]. Denn nach dem Wortlaut reicht bereits die diesbezügliche Möglichkeit einer Irreführung aus.

Um zu vermeiden, dass die Richtlinie aufgrund einer zu eng gefassten Definition eine zulässige Marktpraxis verbietet, wird eine flexible Regelung eingeführt[538]: Geht eine Person ein Geschäft ein oder erteilt Kauf- bzw. Verkaufsaufträge, die normalerweise eine Marktmanipulation darstellen würden, so kann diese Person nachweisen, dass sie legitime Gründe dafür hatte und dass diese Geschäfte

535 Dazu Nobel/Blair/Schönholzer, SZW 73 (2001), S. 230 ff.; Fleischer, RIW 2001, S. 819 ff.; Möller, WM 2002, S. 314; Schlösser, BKR 2003, S. 405 FN 10; Schönholzer, in Nobel (Hrsg.): Aktuelle Rechtsprobleme, S. 151 ff.

536 Weber, EuZW 2002, S. 44; Dier/Fühoff, AG 2002, S. 607, 609; Weber/Schaller, SZW 75 (2003), S. 181.

537 Gall, ecolex 2003, S. 564; Schmitz, ZStW 115 (2003), S. 524; Streinz/Ohler, WM 2004, S. 1312.

538 Vgl. Erwägungsgrund 20 zur Marktmissbrauchsrichtlinie (FN 20), S. 17.

oder Aufträge nicht gegen die zulässige Marktpraxis auf dem betreffenden geregelten Markt verstoßen, also nicht gegen die Gepflogenheiten (Art. 1 Abs. 5), die auf einem oder mehreren Finanzmärkten nach vernünftigem Ermessen zu erwarten sind und die von den zuständigen nationalen Behörden gemäß den im Rahmen des Komitologieverfahrens erlassenen Leitlinien anerkannt werden. Solche Leitlinien stellen gem. Art. 2 der Richtlinie 2004/72[539] Gesichtspunkte wie die eingehaltene Transparenz, die Marktliquidität und – Effizienz, der Marktmechanismus sowie Strukturmerkmale des betreffenden Marktes, einschließlich seiner Verflechtungen mit anderen Märkten dar, zumal einzelne Marktpraktiken eines bestimmten Marktes keine Gefahr für die Marktteilnehmer anderer, direkt oder indirekt verbundener Märkte in der Gemeinschaft darstellen dürften[540]. In der Regel sollten Marktpraktiken, die zu einer Erhöhung der Liquidität führen, eher als zulässig anerkannt werden als solche, die die Liquidität verringern[541].

Als Marktmanipulationen werden des Weiteren Geschäfte oder Kauf- bzw. Verkaufsaufträge unter Vorspiegelung falscher Tatsachen und unter Verwendung sonstiger Kunstgriffe und Formen der Täuschung verstanden (Art 1 Abs. 2b).

Marktmanipulation stellt schließlich die Verbreitung von Informationen über die Medien einschließlich Internet oder auf anderem Wege dar, die falsche oder irreführende Signale in Bezug auf Finanzinstrumente geben oder geben könnten, u. a. durch Verbreitung von Gerüchten sowie falscher oder irreführender Nachrichten, wenn die Person, die diese Informationen verbreitet, weiß oder hätte wissen müssen, dass sie falsch oder irreführend waren (Art 1 Abs. 2c). Zu bemerken ist, dass auch das Verbot informationsgestützter Manipulationen sehr allgemein gefasst ist[542]; zunächst ist vorgesehen, dass die genannten falschen oder irreführenden Signale sich auf die Finanzinstrumente und nicht auf deren besondere Aspekte beziehen sollten. Die endgültige Fassung der Marktmissbrauchsrichtlinie enthält im Gegensatz zur vom Parlament geänderten Fassung keine allgemeine

539 Vgl. Richtlinie 2004/72/EG der Kommission v. 29.04.04 zur Durchführung der Richtlinie 2003/6/EG des Europäischen Parlaments und des Rates - Zulässige Marktpraktiken, Definition von Insider-Informationen in Bezug auf Warenderivate, Erstellung von Insider-Verzeichnissen, Meldung von Eigengeschäften und Meldung verdächtiger Transaktionen, ABl. L 162 v. 30.4.2004, S. 70 ff.

540 Vgl. Erwägungsgrund Nr. 3 zur Richtlinie 2004/72/EG (FN 539), S. 70. Ausweislich Erwägungsgrund der Marktmissbrauchsrichtlinie kann eine Sanktion dennoch verhängt werden, wenn die zuständige Behörde feststellt, dass sich hinter den betreffenden Geschäften oder Aufträgen ein anderer rechtswidriger Grund verbirgt. Es reicht somit nicht aus, wenn unter anderem auch legitime Gründe vorliegen, vgl. Leppert/Stürwald, ZBB 2004, S. 303

541 Vgl. Erwägungsgrund Nr. 1 zur Richtlinie 2004/72/EG (FN 539), S. 70.

542 So auch Begründung des Rates, Analyse des Gemeinsamen Standpunkts (EG) Nr. 50/2002 v. 19. Juli 2002 im Hinblick auf den Erlass einer Richtlinie des Europäischen Parlaments und des Rates über Insider-Geschäfte und Marktmanipulation (Marktmissbrauch), ABl. C 228 E v. 15.9.2002, S. 19 ff. (30).

Bestimmung, wonach die Personen, die diese Informationen verbreiten, oder die Personen, die diese erhalten, einen Vorteil oder Nutzen aus der Verbreitung der irreführenden Informationen ziehen müssen. Der Rat war der Ansicht, dass durch eine solche Bestimmung klare Fälle der Marktmanipulation vom Geltungsbereich der Richtlinie ausgenommen werden könnten, z. B. wenn der „Manipulator" aus bestimmten Gründen nicht die erwarteten Gewinne aus einer andauernden irreführenden Informationskampagne schöpft. Der Richtlinienwortlaut geht aber noch weiter: Zur Erfüllung des Marktmanipulationsbegriffs reichen Informationen aus, die bloß irreführende Signale für Finanzinstrumente geben oder geben könnten, also unabhängig davon, ob sie falsch sind, wesentliche Umstände betreffen oder spürbar den Kurs beeinflussen[543]. Die erhebliche Weite des Tatbestandes liegt aber vor allem in der Einbeziehung fahrlässigen Handels in das Verbot, zumal die Streuung von Gerüchten sowie irreführender Nachrichten auch dann als Marktmanipulation einzustufen ist, wenn die Person, die diese Informationen verstreut, hätte wissen müssen, dass sie falsch oder irreführend sind.

Nach der Kommissionsbegründung sei diese Definition der Marktmanipulation einerseits konkret genug, um ein verantwortungsvolles Verhalten der Marktteilnehmer zu fördern und als Richtschnur für ein solches Verhalten zu dienen, andererseits aber auch abstrakt und flexibel genug, um gegebenenfalls neuen Marktentwicklungen gerecht werden zu können[544]. Anders als noch der Kommissionsentwurf, der zur Veranschaulichung und Erleichterung der Umsetzung der in Art. 1 enthaltenen allgemeinen Definitionen "Marktmanipulation" in Abschnitt B des Anhangs eine nicht erschöpfende Aufstellung von benannten Sachverhaltsbeispielen wie wash sales, matched orders, painting the tape, advacing the bid usw. enthalten hat[545], werden nun neben den drei verschiedenen Formen der Marktmanipulation drei Beispiele im Rahmen des Artikels 1 zur Normenklarheit angegeben und zwar die Fälle von cornering/abusive squeezes, marking the close und scalping[546].

Um den zuständigen Behörden und den Marktteilnehmern konkretere Leitlinien an die Hand zu geben, ist in den Artikeln 4 und 5 der im Komitologieverfahren erlassenen Richtlinie 2003/124/EG v. 22.12.2003[547] ein nicht abschließender Katalog von Faktoren angeführt, die Warnungen vor einem manipulativen Verhalten darstellen[548]. Bei der Prüfung der Frage, ob Geschäfte falsche oder irreführende Signale für das Angebot von Finanzinstrumenten oder die Nachfrage danach oder ihren Kurs geben oder geben können oder ob sie zu einem anormalen oder

543 Gall, ecolex 2003, S. 564.

544 Begründung des Kommissionsentwurfs einer Marktmissbrauchsrichtlinie (FN 530), S. 7 f.

545 Vgl. Abschnitt B des Anhangs des Marktmissbrauchsrichtlinienvorschlags (FN 13), S. 271.

546 Dier/Fühoff, AG 2002, S. 608; kritisch Schmitz, ZStW 115 (2003), S. 524.

547 ABl. L 339 v. 24.12.2003, S. 70 ff.

548 Vgl. Erwägungsgrund Nr. 6 zur 2003/124/EG (FN 547), S. 70.

künstlichen Niveau führen ist gem. Art 4 Abs. 1 des Vorschlags zu berücksichtigen: a) der Umfang, in dem erteilte Geschäftsaufträge oder abgewickelte Geschäfte einen bedeutenden Teil des Tagesvolumens der Transaktionen mit einem Finanzinstrument ausmachen, vor allem dann, wenn diese Tätigkeiten zu einer spürbaren Veränderung des Kurses dieses Finanzinstruments führen; b) der Umfang, in dem von Personen mit einer starken Kauf- oder Verkaufsposition bei einem Finanzinstrument erteilte Geschäftsaufträge oder abgewickelte Geschäfte zu spürbaren Veränderungen des Kurses dieses Finanzinstruments bzw. eines damit verbundenen derivativen Finanzinstruments oder aber des Basisvermögenswertes führen; c) die Tatsache, dass erteilte Geschäftsaufträge oder abgewickelte Geschäfte zu einer Veränderung in der Identität des wirtschaftlichen Eigentümers eines Finanzinstruments führen oder nicht; d) der Umfang, in dem erteilte Geschäftsaufträge oder abgewickelte Geschäfte Umkehrungen von Positionen innerhalb eines kurzen Zeitraums beinhalten und einen beträchtlichen Teil des Tagesvolumens auf dem betreffenden geregelten Markt ausmachen, sowie mit spürbaren Veränderungen des Kurses eines Finanzinstruments in Verbindung gebracht werden könnten; e)der Umfang, in dem erteilte Geschäftsaufträge oder abgewickelte Geschäfte innerhalb einer kurzen Zeitspanne des Börsentages konzentriert werden und zu einer Kursveränderung führen, die in der Folge wieder umgekehrt wird; f) der Umfang, in dem erteilte Geschäftsaufträge die besten bekannt gemachten Kurse für Angebot und Nachfrage eines Finanzinstruments verändern oder genereller die Aufmachung des Orderbuchs verändern, das den Marktteilnehmern zur Verfügung steht, und der Umfang, in dem erteilte Geschäftsaufträge vor ihrer eigentlichen Abwicklung annulliert werden könnten; g) der Umfang, in dem Geschäfte, die genau oder ungefähr zu dem spezifischen Zeitpunkt abgeschlossen werden, an dem die Referenz-, Abrechnungskurse und die Bewertungen berechnet werden, zu Kursveränderungen führen, die sich auf eben diese Kurse und Bewertungen auswirken.

Bei der Prüfung der Frage, ob Geschäfte falsche Tatsachen oder sonstige Kunstgriffe und Formen der Täuschung anwenden, ist insbesondere zu berücksichtigen: a)die Tatsache, ob erteilte Geschäftsaufträge oder abgewickelte Geschäfte vorab oder im Nachhinein von der Verbreitung falscher oder irreführender Informationen begleitet wurden oder nicht, die von den gleichen oder verbundenen Personen verbreitet wurden; b) die Tatsache, ob Geschäftsaufträge von Personen und verbundenen Personen erteilt bzw. Geschäfte von diesen abgewickelt wurden, bevor oder nachdem sie Empfehlungen auf der Grundlage von Forschungsarbeiten oder Anlageempfehlungen verbreiten oder abgeben, die falsch oder verzerrt sind oder ganz offensichtlich von materiellen Interessen beeinflusst wurden.

Diese Anzeichen seien nach CESR mit diagnostic flags zu ergänzen. Während der Konsultationsphase haben einzelne Marktteilnehmer die verwendeten Begriffe bzw. die Unterscheidung zwischen Faktoren und diagnostic flags als verwirrend bezeichnet. Nach CESR sei eine Differenzierung doch möglich, denn diagnostic Flags zeigten Ergebnisse, die einer weiteren Untersuchung bedürfen, während die genannten Anzeichen Indizien eines manipulativen Verhaltens darstellen. Wegen der ausgeübten Kritik hat CESR allerdings diagnostic flags, die mehr die Regulierungsbehörden betreffen, für die dritte Ebene überlassen. Erwähnt werden sollten bloß die unerlässlichen Elemente, die von den Regulierungsbehörden zu berücksichtigen sind, wie z. B. abrupte und erhebliche Kursänderungen oder erhebliches Handelsvolumen, die unübliche Konzentration von Transaktionen bei einer geringen Zahl von Brokern oder Kunden sowie unübliche wiederholte Transaktionen zwischen denselben Parteien für längere Zeit[549].

Gleichfalls auf der dritten Ebene sind nach CESR die spezifischen Themen der Marktstruktur z. B. Auktionshandel/fortlaufender Handel, Market Maker, Liquidität und Clearing Settlement zu behandeln. Diese Charakteristika stehen im engen Zusammenhang mit der Häufigkeit und Form von Marktmanipulationen, z. B. übliche und zulässige Marktpraktiken in liquiden Märkten können sich als manipulativ in unliquiden Märkten darstellen. Unliquide Märkte bzw. Märkte, auf denen ein großer Teil des Angebots an Finanztiteln immobilisiert ist, bieten sich mehr für market cornerings an.

c) Anwendungsbereich

Der Geltungsbereich der Marktmissbrauchsrichtlinie ist erheblich breit. Zunächst hat die Richtlinie einen erweiterten sachlichen Anwendungsbereich gegenüber der Insiderrichtlinie, als sie ihn von Wertpapieren auf Finanzinstrumente gem. Art. 1 Abs. 3 erweitert[550], sofern sie zum Handel auf einem geregelten Markt in mindestens einem Mitgliedsstaat zugelassen sind oder vor dieser Zulassung stehen (Art. 9 Abs. 1). Der Begriff des geregelten Marktes ist laut Artikel 1 Abs. 4 im Sinne des Art. 1 Abs. 13 der Wertpapierdienstleistungsrichtlinie[551] zu verstehen. Darunter

---

549 CESR-Empfehlung, S. 16; vgl. auch Konsultationspapier der CESR auf der Ebene 2, betreffend technische Modalitäten zu der Marktmissbrauchsrichtlinie, Juli 2002, CESR/-02.089b.

550 Erwähnt werden neben Wertpapieren, Anteile an Organismen für gemeinsame Anlagen in Wertpapieren, Geldmarktinstrumente, Finanzterminkontrakte (Futures) einschließlich gleichwertiger, bar abgerechneter Instrumente, Zinsausgleichsvereinbarungen (Forward Rate Agreement), Zins- und Devisenswaps sowie Swaps auf Aktien oder Aktienindexbasis (Equityswaps), Kauf- und Verkaufsoptionen auf alle unter diese Kategorien fallenden Instrumente einschließlich gleichwertiger bar abgerechneter Instrumente (insbesondere Devisen- und Zinsoptionen). Zur ständigen Anpassung des Kataloges wird das Komitologieverfahren gem. Art. 1 Abs. 7 Satz 2 zur Verfügung gestellt.

551 ABl. L. 141 v. 11.06.1993, S. 27 ff. Vgl. nun Art. 4 Abs. 1 Nr. 14 der neuen Wertpapierdienstleistungsrichtlinie 2004/39/EG (FN 128), S. 1 ff.: *„Ein von einem Marktbetreiber betriebenes und/oder verwaltetes multiraterales System, das die Interessen einer Vielzahl Dritter am Kauf und Verkauf von Finanzinstrumenten innerhalb des Systems und nach seinen nichtdiskretionären Regeln in einer Weise zusammenführt oder das Zusammenführen fördert, die zu einem Vertrag in Bezug auf Finanzinstrumente führt, die gemäß den Regeln und/oder den Systemen des Marktes zum Handel zugelassen wurden, sowie eine*

versteht man einen Markt für Finanzinstrumente, der in das von dem jeweiligen Herkunftsmitgliedsstaat zu erstellende Verzeichnis der geregelten Märkte eingetragen ist, der regelmäßig funktioniert und dessen Funktionsbedingungen durch Bestimmungen festgelegt sind, die von den zuständigen Behörden erlassen oder genehmigt wurden, und auf dem alle in Art. 20 und 21 der Wertpapierdienstleistungsrichtlinie vorgesehenen Melde- und Transparenzvorschriften eingehalten werden müssen". Die Marktmissbrauchsverbote gelten gem. Art. 9 Abs. 2 aber auch für Finanzinstrumente, die nicht zum Handel auf einem geregelten Markt in einem Mitgliedstaat zugelassen sind, deren Wert jedoch von einem Finanzinstrument abhängt, das selbst zum Handel auf einem geregelten Markt in einem Mitgliedsstaat zugelassen ist bzw. für das ein solcher Antrag gestellt wurde.

Durch Art. 9 wird der Geltungsbereich der Richtlinie definiert[552]. Jener beschränkt sich nicht nur auf geregelte Märkte, sondern er erstreckt sich dann auch auf Transaktionen auf Primärmärkten bzw. nicht geregelten Märkten und Handelsplattformen, auf Instrumente zur laufenden Verbreitung kursrelevanter Informationen, auf außerbörsliche Geschäfte sowie auf alle Instrumente, die dazu benutzt werden, ein zum Handel auf einem geregelten Markt mindestens eines Mitgliedsstaates zugelassenes Finanzinstrument - oder für das ein Antrag auf Zulassung zum Handel auf einem solchen Markt gestellt wurde - zu manipulieren. Damit sollen Umgehungen verhindert werden.

Um gleiche Wettbewerbsbedingungen auf den Finanzmärkten überall in der Gemeinschaft zu schaffen, beansprucht die Richtlinie auch einen breiten geographischen Geltungsbereich[553]. Nach Art. 10 haben die Mitgliedsstaaten die Bestimmungen der Richtlinie vor allem auf Handlungen anzuwenden, die auch zum Teil auf ihrem Staatsgebiet unternommen werden, soweit die Titel auf einem geregelten Markt zugelassen sind oder vor der Zulassung stehen, unabhängig davon, ob der geregelte Markt in ihrem Hoheitsgebiet oder in einem anderen Mitgliedsstaat gelegen oder betrieben wird. Nach der vom Europäischen Parlament adoptierten Fassung v. 14.06.02 haben die Mitgliedsstaaten die Richtlinie am Vorbild der englischen Regelung[554] nunmehr auch auf Handlungen anzuwenden, die im Ausland unternommen werden und sich auf Finanzinstrumente auswirken, die zum Handel auf einem in ihrem Staatsgebiet gelegenen oder dort betriebenen geregelten Markt zugelassen sind oder für die ein Antrag auf Zulassung zum Handel auf einem sol-

---

Zulassung erhalten hat und ordnungsgemäß und gemäß den Bestimmungen des Titels III funktioniert".

552 Vgl. Begründung des Kommissionsentwurfs einer Marktmissbrauchsrichtlinie (FN 530), S. 9 f.; auch Weber, EuZW 2002, S. 46.

553 So Erwägungsgrund Nr. 35 zur Marktmissbrauchsrichtlinie (FN 20), S 18; vgl. auch Begründung des Kommissionsentwurfs einer Marktmissbrauchsrichtlinie (FN 530), S. 10

554 Vgl. hierzu Altendorfer, in Aicher/Kalss/Oppitz, S. 240; Krämer/Hess, Freundesgabe für Döser, S. 195; zur neuen Regelung des s. 397 (FSMA 2000) vgl. Schönholzer, in Nobel (Hrsg.): Aktuelle Rechtsprobleme, S. 151.

chen Markt gestellt wurde. In Bezug auf derivative Finanzinstrumente, die nicht zum Handel auf einem geregelten Markt zugelassen sind, aber unter den Anwendungsbereich dieser Richtlinie fallen, sollte jeder Mitgliedsstaat sogar befugt sein, Handlungen zu ahnden, die auf seinem Hoheitsgebiet unternommen werden und Basiswerte betreffen, die zum Handel auf einem geregelten Markt in seinem Hoheitsgebiet oder in einem anderen Mitgliedsstaat zugelassen sind oder für die ein Antrag auf Zulassung zum Handel auf einem solchen Markt gestellt wurde, sowie Handlungen, die im Ausland ausgeführt werden und Basiswerte betreffen, die zum Handel auf einem in seinem Hoheitsgebiet gelegenen oder dort betriebenen geregelten Markt zugelassen sind oder für die ein Antrag auf Zulassung zum Handel auf einem solchen Markt gestellt wurde.

Hinsichtlich des persönlichen Anwendungsbereichs der Marktmissbrauchsrichtlinie hat FESCO vom Anfang an für einen weiten Personenkreis plädiert[555]. Art. 5 der Marktmissbrauchsrichtlinie statuiert folglich ein allgemeines Verbot, das sich sowohl auf natürliche als auch auf juristische Personen bezieht (Art 1 Abs. 6). Die Erfahrung zeige, dass je nach den Umständen beide Kategorien von Personen den Markt manipulieren können und dies ähnliche nachteilige Auswirkungen auf den Finanzmarkt hat.

Innerhalb der FESCO-Expertengruppe „Market Abuse“ war es allerdings ein heftig umstrittenes Thema, inwieweit Journalisten, die zwar in Versuchung geraten können, manipulativ tätig zu werden, deren Berufsgeheimnis aber verankert werden soll, in die Verbote einzubeziehen sind[556]. Der Richtlinienvorschlag hat zwar auf ein allgemein gefasstes Manipulationsverbot abgestellt, in Art. 5 Abs. 3 aber eine optionale Klausel eingebaut, die es Mitgliedsstaaten erlaubte, spezielle Vorschriften einzuführen, um Personen zu schützen, die im normalen Lauf der Ausübung ihrer beruflichen Tätigkeit für journalistische Zwecke handeln[557]. Trotzdem unterschied er nicht zwischen vorsätzlichen Versuchen, Märkte zwecks persönlichen Gewinns zu manipulieren, und der gutgläubigen Weitergabe von Informationen, so dass hier ein Verstoß gegen die Bestimmungen der Europäischen Menschenrechtskonvention über die Meinungsfreiheit zu befürchten war[558].

Nach den vom Europäischen Parlament vorgenommenen Änderungen ist Art. 5 Abs. 3 deshalb gestrichen worden[559]; statt dessen bestimmt die Marktmissbrauchsrichtlinie nun im Rahmen der Definition des Marktmanipulationsbegriffs

---

555 FESCO-Papier-00-0961: FESCO` s response to the call for views from the Securities Regulators under the EU`s Action Plan for Financial Services COM (1999) 232, 29th June 2000; vgl. Begründung des Kommissionsentwurfs einer Marktmissbrauchsrichtlinie (FN 530), S. 8; Goldmann, ÖBA 2001, S. 787; Weber/Schaller, SZW 75 (2003), S. 181, 183.

556 Goldmann, ÖBA 2001, S. 787.

557 Vgl. Art. 5 Abs. 3 des Marktmissbrauchsrichtlinienvorschlags (FN 13), S. 267.

558 So die schriftliche Anfrage E-3460/01 von Charles Tannock (PPE-DE) und Theresa Villiers (PPE- DE) an die Kommission v. 14.12.01, 2002/C 277E/005.

559 Vgl. Erwägungsgrund Nr. 44 zur Marktmissbrauchsrichtlinie (FN 20), S. 20.

(Art. 1 Abs. 2 c Unterabsatz 2), dass bei Journalisten, die in Ausübung ihres Berufs handeln, die Verbreitung von falschen oder irreführenden Informationen unter Berücksichtigung der für ihren Berufsstand geltenden Regeln zu beurteilen ist, es sei denn, dass die betroffenen Journalisten aus der Verbreitung der betreffenden Informationen direkt oder indirekt einen Nutzen ziehen oder Gewinne schöpfen; in diesem Fall kommen die normalen Bestimmungen der Richtlinie zur Anwendung. Wenn Journalisten also bloß inkorrekte Informationen in gutem Glauben aufnehmen und weitergeben, kommt die Richtlinie nicht zur Anwendung. Nur derjenige, der vorsätzlich oder fahrlässig falsche Informationen weitergibt und finanziell oder anderweitig von dieser Weitergabe profitiert, wird von der Richtlinie erfasst. Hinsichtlich der Tätigkeit von Finanzanalysten ist der erst vom Europäischen Parlament eingefügte Art. 6 Nr. 5 hervorzuheben, nach dem die Mitgliedsstaaten Vorschriften[560] vorsehen sollen, um zu gewährleisten, dass Personen, die Analysen über Finanzinstrumente oder Emittenten von Finanzinstrumenten erstellen/weitergeben oder sonstige für Informationskanäle oder die Öffentlichkeit bestimmte Informationen mit Empfehlungen zu Anlagestrategien erstellen/weitergeben, in angemessener Weise dafür Sorge zu tragen haben, dass die Informationen sachgerecht dargeboten werden und Interessenkonflikte offen zu legen sind.

d) Ausnahmeregelungen („safe harbors")

Angesichts der erheblichen Weite der Marktmanipulationsverbote sieht die Marktmissbrauchsrichtlinie in Art. 7 und 8 Ausnahmeregelungen vor. Am Beispiel der Insiderrichtlinie werden zunächst vom Anwendungsbereich der gesamten Richtlinie Geschäfte ausgenommen, die aus geld- oder wechselkurspolitischen Gründen oder im Rahmen der Verwaltung der öffentlichen Schulden von einem Mitgliedsstaat, dem Europäischen System der Zentralbanken, einer nationalen Zentralbank oder einer anderen amtlich beauftragten Stelle oder einer für deren Rechnung handelnden Einrichtung getätigt werden (Art. 7). Über die Insiderrichtlinie hinaus gilt eine zweite Ausnahme für Aktienrückkaufprogramme oder im Rahmen einer Erstemission/Zweitplatzierung vorgenommene Kursstabilisierung (Art. 8), wenn derartige Transaktionen im Einklang mit den gem. Art. 17 Absatz 2 erlassenen Durchführungsmaßnahmen erfolgen. Somit wird berücksichtigt, dass unter transparenten und vereinbarten Regeln Kursstabilisierungsmaßnahmen sowie der Handel mit eigenen Aktien aus vollkommen einsichtigen wirtschaftlichen Gründen gerechtfertigt sein können und daher nicht als Marktmissbrauch zu betrachten sind[561].

---

560 Art. 6 Abs. 5 überlässt allerdings den Mitgliedsstaaten die Regulierungsform bzw. Gesetz oder Selbstregulierung, vgl. Erwägungsgrund zur Marktmissbrauchsrichtlinie (FN 20), S. 17.

561 Vgl. Erwägungsgrund Nr. 33 zur Marktmissbrauchsrichtlinie (FN 20), S 18; s. auch Begründung des Kommissionsentwurfs einer Marktmissbrauchsrichtlinie (FN 530), S. 9 und Wittich, Die Bank 2001, S. 280.

Geschäfte mit eigenen Aktien könnten einerseits den Sinn haben, dass das Eigenkapital des Emittenten gestärkt werde; sie lägen somit im Interesse der Anleger. Kursstabilisierungsmaßnahmen, die der vorübergehenden Stützung des Emissionskurses von Wertpapieren dienten, wenn er unter Verkaufsdruck gerate, lägen andererseits sowohl im Interesse der Anleger, die die relevanten Wertpapiere im Rahmen eines signifikanten Zeichnungsangebots gezeichnet oder gekauft haben, als auch im Interesse der Emittenten. Würden das Rückkaufprogramm und die Kursstabilisierung allerdings nicht gemäß der im Rahmen des Komitologieverfahrens festgesetzten Regeln durchgeführt, dann profitierten sie nicht von der Befreiungswirkung der „safe-harbor-Regelung", stellten allerdings auch keine in sich verbotenen Marktpreismanipulationen dar[562]. Sie würden lediglich - wie alle anderen Transaktionen - nach Maßgabe der allgemeinen Bestimmungen der Richtlinie 2003/6/EG gewürdigt.

Hierzu ist eine Verordnung erlassen worden, die im Wesentlichen auf den qualitativ hochwertigen Empfehlungen des CESR[563] Rechnung beruht[564]. Eine verbindliche und unmittelbar geltende Verordnung wurde aus Rechtssicherheitsgründen in diesem Bereich als vorzugswürdig betrachtet[565]. Andernfalls bestünde die Möglichkeit, dass Emittenten und Marktteilnehmer in einem Mitgliedstaat wegen Marktmissbrauchs belangt würden, in einem anderen Mitgliedstaat jedoch nicht. Der freie Kapitalverkehr und die Integration der europäischen Kapitalmärkte könnten dadurch erheblich behindert werden. Ohne Rechtssicherheit in diesem Bereich bestehe die Gefahr einer Marktverzerrung, denn einige Emittenten und Marktteilnehmer könnten die potenziellen Vorteile integrierter europäischer Kapitalmärkte gegen derartige Risiken abwägen.

---

562 Vgl. Erwägungsgrund Nr. 2 zur Verordnung Nr. 2273/2003 (FN 526), S. 33.

563 Vgl. Stabilisation und Alloatment, A European Supervisory Approach, Consultative Paper, 15 September 2000, Ref: Fesco/00-099b, hierzu Hopt/Waschkeit, FS für Lorenz, S. 146 ff.; Wittich, Die Bank 2001, S. 280; Second Consultation of the Paper Stabilisation and Allotment - a European supervisory approach, Juni 2001, Ref: FESCO/01-037b; Summary of Responses to the second consultation of the CESR/FESCO Document: Stabilisation and Allotment- a European supervisory approach (FESCO 01/037), April 2002, Ref: CESR/02-060; Stabilisation and Allotment, a European Supervisory Approach, April 2002, Ref: CESR/02-020b; Konsultationspapier auf der Ebene 2 betreffend technische Modalitäten zu der Marktmissbrauchsrichtlinie, Juli 2002, Ref: CESR/02.089b; vgl. auch CESR-Empfehlung sowie Feedback Statement.

564 Vgl. Präambel der Verordnung Nr. 2273/2003 (FN 526), S. 33. Es ist allerdings höchst umstritten, wann diese Verordnung in Kraft getreten ist. Zwar sei sie nach ihrem Verständnis (Art. 12) bereits am 23.12.2003 getreten, jedoch erst nach dem 12. Oktober 2004, also dem Tag, an dem die Marktmissbrauchsrichtlinie in den Mitgliedsstaaten spätestens in nationales Recht umgesetzt sein muss, anwendbar, vgl. hierzu Leppert/-Stürwald, ZBB 2004, S. 305.

565 Vgl. Art. 12 der Verordnung Nr. 2273/2003 (FN 526), S. 38.

Bei Rückkaufprogrammen gestattet die Verordnung den Kauf eigener bzw. die Inpfandnahme[566] von Aktien und Derivaten[567] nur zu bestimmten Zwecken, und zwar zur Herabsetzung des Kapitals des Emittenten, zur Einhaltung von Verpflichtungen aus der Umwandlung von Schuldtiteln in Beteiligungskapital sowie zur Einhaltung von Verpflichtungen aus der Zuteilung von Belegschaftsaktien (Art. 3). Die Bedingungen für einen zulässigen Handel mit eigenen Aktien im Rahmen von Rückkaufprogrammen müssen der Richtlinie 77/91/EWG[568] entsprechen. Demnach benötigt die Durchführung eines zulässigen Rückkaufprogramms grundsätzlich der Genehmigung der Hauptversammlung, welche die Einzelheiten des vorgesehenen Erwerbs und insbesondere die Höchstzahl der zu erwerbenden Aktien, die Geltungsdauer der Genehmigung, die achtzehn Monate nicht überschreiten darf, und bei entgeltlichem Erwerb den niedrigsten und höchsten Gegenwert festlegt. Wichtige Einschränkungen sind außerdem, dass der Nennbetrag oder, wenn ein Nennbetrag nicht vorhanden ist, der rechnerische Wert der erworbenen Aktien nicht höher als 10 % des gezeichneten Kapitals sein darf und dass der Vorgang nur voll eingezahlte Aktien betreffen darf.

Eine Grundvoraussetzung für den Schutz vor Marktmissbrauch ist die Transparenz[569]. Zu diesem Zwecke müssen Emittenten, die Rückkaufprogramme planen, zum einen der Öffentlichkeit vor Beginn des Handels alle Einzelheiten des genehmigten Programms wie Zweck des Erwerbs, Aktienstückzahl oder Handelszeitraum angemessen bekannt geben (Art. 4 Abs. 2 Unterabs. 1), zum anderen der zuständigen Behörde des Herkunftslandes alle vorgenommen Rückkäufe bzw. die Bezeichnung, die Zahl der erworbenen bzw. veräußerten Instrumente, das Datum und Uhrzeit des Abschlusses sowie den Kurs, zu dem das Geschäft abgeschlossen wurde, sobald wie möglich spätestens zum Ablauf des folgenden Arbeittages melden (Art. 4 Abs. 3).

Um Marktmissbrauch vorzubeugen, muss der Kurs, zu dem die Rückkäufe vorgenommen werden, nicht über dem Kurs des letzten unabhängig getätigten Abschlusses an einem geregelten Markt oder dem Referenzkurs liegen (Art. 5 Abs. 1) sowie das tägliche Handelsvolumen nicht über die gem. Art. 5 Abs. 2 und 3 der Verordnung errechnete Schwelle hinausgehen[570]. Um in den Genuss der Freistellung zu kommen, soll der Rückkäufer außerdem von einigen Marktpraktiken absehen, und zwar von dem Verkauf eigener Aktien während der Laufzeit des

---

566 Vgl. Art. 24 der Richtlinie 77/91/EEC, ABl. L 26 vom 31.1.1977, S. 1 auf den der Erwägungsgrund Nr. 4 zur Verordnung Nr. 2273/2003 (FN 526), S. 33 verweist.

567 Erwägungsgrund Nr. 8 zur Verordnung Nr. 2273/2003 (FN 526), S. 33.

568 Vgl. Richtlinie 77/91 EEC, ABl. L 26 vom 31.1.1977, S. 1 ff. Diesen Vorgaben entspricht allerdings der Art. 71 AktG, s. o. § 3 III 3 a.

569 Erwägungsgrund Nr. 6 zur Verordnung Nr. 2273/2003 (FN 526), S. 33.

570 Erwägungsgrund Nr. 9 zur Verordnung Nr. 2273/2003 (FN 526), S. 33.

Programms, dem Handel zu "geschlossenen Zeiträumen"[571] sowie von Geschäften, bei denen der Emittent beschlossen hat, die Bekanntgabe von Insiderinformationen gemäß Art. 6 Abs. 2 der Richtlinie 2003/6/EG aufzuschieben[572]. Nimmt also ein Rückkäufer eine solche Aktivität vor, profitiert er nicht mehr von der safe harbor Regelung, der Verkauf ist allerdings nicht zwangsläufig manipulativ, sondern nach allgemeinen Maßgaben zu beurteilen. Diese Restriktionen gelten gem. Art. 6 Abs. 2 und 3 der Verordnung allerdings nicht, wenn der Emittent ein Wertpapierhaus[573] oder Kreditinstitut ist und effiziente sowie rechtlich bindende und mit Sanktionen belegte Informationssperren eingeführt hat oder der Emittent ein zeitlich befristetes Rückkaufprogramm durchführt oder das Rückkaufprogramm unter Führung eines Wertpapierhauses oder Kreditinstituts durchgeführt wird, das seine Entscheidungen über den Zeitpunkt des Erwerbs von Aktien des Emittenten unabhängig und unbeeinflusst von diesem trifft.

Unter zulässiger Stabilisierung versteht Art. 2 Nr. 7 der Verordnung jeden Kauf bzw. jedes Kaufangebot[574] für Wertpapiere oder vergleichbare, im Art. 2 Nr. 8 aufgezählte verbundene Instrumente, den/das Wertpapierhäuser oder Kreditinstitute im Rahmen eines Börsengangs oder einer Zweitplatzierung bei Verkaufsdruck auf die Wertpapiere ausschließlich während eines vorher festgelegten und begrenzten Zeitraums zur Stützung des Marktkurses tätigen. Erfasst sind auch ergänzende Kursstabilisierungsmaßnahmen (sog. Anchillary Stabilisation), wenn sie der Vereinfachung der eigentlichen Kursstabilisierungsmaßnahme dienen und für die neben den üblichen Standards ergänzenden Bestimmungen in Art. 11 der Verordnung zur Gewährleistung höchstmöglicher Marktintegrität vorgesehen werden[575]. Unter Anchillary Stabilisation wird sowohl die Overallotment

---

571 Darunter wird die Zeit der Bekanntgabe der Quartals-, Zwischenberichts- und Jahresberichtserstattung verstanden, die jeweils mindestens 15 Tage dauern, s. Konsultationspapier der CESR auf der Ebene 2 betreffend technische Modalitäten zu der Marktmissbrauchsrichtlinie, Juli 2002, CESR/02.089b.

572 Art. 6 der Verordnung sowie Erwägungsgrund Nr. 10 zur Verordnung Nr. 2273/2003 (FN 526), S. 33, 36.

573 Die Verwendung des Begriffs „Wertpapierhaus" wirft neue Fragen auf. Dieser ist in Art. 2 Nr. 1 VO 2273/2003 (FN 526) als jede juristische Person i. S. v. Art. 1 Nr. 2 Wertpapierdienstleistungsrichtlinie 1993 definiert. Allerdings ist dort von Wertpapierfirma statt Wertpapierhaus die Rede, wozu auch Firmen gehören können, die gerade keine juristischen Personen sind. Die unterschiedliche Terminologie könnte also darauf hindeuten, dass der Begriff Wertpapierhaus enger als derjenige der Wertpapierfirma ist, Leppert/-Stürwald, ZBB 2004, S. 308.

574 Der Handel mit Wertpapierblöcken ist nicht als signifikantes Zeichnungsangebot relevanter Wertpapiere anzusehen, da es sich hierbei ausschließlich um Privattransaktionen handelt, vgl. Erwägungsgrund Nr. 14 zur Verordnung Nr. 2273/2003 (FN 526), S. 34.

575 Vgl. Erwägungsgründe 19 und 20 zur Verordnung Nr. 2273/2003 (FN 526), S. 34 sowie Art. 2 Nummer 12 und 11 der Verordnung, S. 35 und 38 entsprechend; vgl. auch CESR Empfehlung sowie Feedback Statement; Schäfer, WM 1999, S. 1345 f.; Krämer/Hess, Freundesgabe für Döser, S. 173.

Facility (Art. 2 Nr. 13) verstanden, d. h. eine Überzeichnungs-Klausel im Emissions- bzw. Garantievertrag, die es erlaubt, Zeichnungs- oder Kaufangebote für relevante Wertpapiere über die ursprünglich geplante Menge hinaus anzunehmen als auch die Ausübung der Greenshoe-Option (Art 2 Nr. 14), einer Überzeichnungsreserve, die der Bieter einem Wertpapierhaus/Kreditinstitut im Rahmen des Zeichnungsangebots zugesteht, bei der es innerhalb eines bestimmten Zeitraums nach der Emission der relevanten Wertpapiere eine bestimmte Menge - bis zu 15% des ursprünglichen Angebots - dieser Wertpapiere zum Emissionskurs erwerben kann, um sich gegen sinkende Kurse abzusichern[576].

Um größtmögliche Marktintegrität sicherzustellen, müssen Kursstabilisierungsmaßnahmen nur für einen begrenzten Zeitraum- zwischen 30 und 60 Tagen von der Börsennotierung bzw. von dem Tag an, an dem der Schlusskurs der Aktien oder das Angebot der Schuldverschreibungen angemessen bekannt gegeben wird (Art. 8) - und nur zu einem bestimmten Kurs, der nicht über dem Emissions- bzw. Marktkurs liegt (Art. 10), unter Berücksichtigung der besonderen Eigenschaften der relevanten Wertpapiere und der Marktgegebenheiten vorgenommen werden[577]. Von erheblicher Brisanz für die Zulässigkeit der Kursstabilisierungsmaßnahmen ist die Benennung eines Stabilisierungsmanagers als zentrale Auskunftsstelle für etwaige regulierende Eingriffe der zuständigen Behörde (Art. 9 Abs. 5).

Um die zur Vorbeugung von Marktmissbrauch notwendige Transparenz zu erhalten, müssen die Modalitäten einer möglichen Kursstabilisierung in angemessener Weise offen gelegt werden[578]. Kursstabilisierung birgt nämlich die Gefahr der Bildung eines künstlichen Preises. Die Information, dass Kursstabilisierung vorgenommen wird, ist nämlich von wesentlicher Bedeutung für die Anlageentscheidung und die Kursbildung und muss angemessen veröffentlicht werden[579]. Vor dem Anfang der Zeichnungsfrist müssen der Emittent oder Personen, die in seinem Namen handeln, gem. Art. 9 Abs. 1 der Verordnung im Prospekt veröffentlichen, dass unter Umständen innerhalb eines bestimmten Zeitraums eine Kursstabilisierungsmaßnahme zur Stützung des Preises des relevanten Papiers ergriffen wird und über die Risiken und sonstigen Aspekte einer solchen Maßnahme aufklären. Zur Gewährleistung einer wahren Preisbildung sind Kursstabilisierungsorders gem. Art. 9 Abs. 3 der Verordnung außerdem in Systemen als Stabilisierungsorders aufzuzeichnen sowie der zuständigen Behörde des Herkunftslan-

576 Vgl. hierzu Hamann, in Schäfer, § 42BörsG RN 7; Schäfer, WM 1999, S. 1346; Groß, ZIP 2002, S. 160; Meyer, WM 2002, S. 1106 ff.; Krämer/Hess, Freundesgabe für Döser, S. 173 FN 17; Schwark, FS für Kümpel, S. 493; Schäfer, in Schwintowski/Schäfer, 2. Aufl., § 23 RN 93.

577 Erwägungsgrund Nr. 18 zur Verordnung Nr. 2273/2003 (FN 526), S. 34.

578 Erwägungsgrund Nr. 20 zur Verordnung Nr. 2273/2003 (FN 526), S. 34.

579 Vgl. CESR Empfehlung sowie Feedback Statement; schon früher Fesco in Stabilisation and Allotment, 15.09.2000, Ref: FESCO/00-099b; auch Ekkenga, WM 2002, S. 323.

des sobald als möglich mitzuteilen, weil somit ein vollständiges Bild der ganzen Aktion geliefert werden kann[580]. Um der Anlegerschaft die Chance zu geben, das Schicksal des Wertpapierangebots zu beurteilen, sieht Art. 9 Abs. 2 der Verordnung schließlich vor, dass die Emittenten oder Bieter oder die in ihrem Namen handelnden Unternehmen innerhalb einer Woche nach Ablauf des Stabilisierungszeitraums die Stabilisierungsmaßnahmen selbst in angemessener Weise bekannt machen müssen[581].

e) Sanktionen

Eine Wahlfreiheit des nationalen Gesetzgebers bei Bestimmung der Sanktionen gegen die gemäß der Richtlinie erlassenen Vorschriften ist nicht vorgesehen. Zwar lässt die Auswahl des Wortes „Sanktionen" in Art. 14 Abs. 1 der Richtlinie schon begrifflich alle Möglichkeiten zu, die als Rechtsfolge in Betracht kommen, um im Verhalten der Adressaten von Rechtssätzen ein Zuwiderhandeln gegen diese zu verhindern[582]. Auch zivilrechtliche Ersatzpflichten und Verwaltungsreaktionen auf Normverstöße lassen sich mühelos unter diesen Begriff subsumieren. Die nationalen Sanktionen haben gem. Art. 14 Abs. 1 zunächst zur Bewehrung des Gemeinschaftsrechts gewisse Mindestanforderungen - das sog. Mindesttrias[583] - zu erfüllen: sie müssen wirksam, d. h. geeignet sein, die Ziele der betreffend gemeinschaftsrechtlichen Bestimmungen anzustreben und zu verwirklichen, aber auch abschreckend und verhältnismäßig sein, d. h. im Hinblick auf die angestrebten Ziele hinreichend, aber nicht unverhältnismäßig streng sein und in einem angemessenen Verhältnis zur Schwere des Verstoßes stehen. Die Schwere der Zuwiderhandlung bestimmt sich nach dem Gewicht des verletzten Rechtsguts, der Art des Verstoßes und des gesamten Verhaltens des Täters[584]. Die Bewertung einer Sanktion als „angemessen" erscheint dann als unvertretbar, wenn sich der Gesetzgeber bereits in Widerspruch zu seiner sonstigen gesetzgeberischen Entscheidung setzt, indem die für Gemeinschaftsrechtsverstöße angedrohte Sanktion systemfremd nach unten abweicht.

Es ist aber vor allem zu fordern, dass die Sanktion auch tatsächlich dazu beiträgt, die Ziele der zu schützenden gemeinschaftsrechtlichen Regelung zu verwirklichen[585]. Sie muss auch spezial- und generalpräventive Wirkung entfalten.

---

580 Vgl. CESR Empfehlung, passim; Stabilisation and Allotment, a European Supervisory Approach, April 2002, Ref. CESR/02-020b.

581 Konsultationspapier der CESR auf der Ebene 2 betreffend technische Modalitäten zu der Marktmissbrauchsrichtlinie, Juli 2002, CESR/02.089b.

582 Mennicke, Sanktionen, S. 124; Satzger, Europäisierung, S. 59, 63.

583 Vogel, GA 2002, S. 528; Satzger, Europäisierung, S. 333, 337 f.

584 Vgl. Erwägungsgrund 38 zur Markmissbrauchsrichtlinie (FN 20), S. 19; Satzger, Europäisierung, S. 372 f.

585 Satzger, Europäisierung, S. 368.

Hier wird deutlich, dass sich das Wirksamkeitskriterium nicht deutlich von dem weiteren Erfordernis der „Abschreckung“ unterscheidet. Abschreckende Funktion hat eine Sanktion nämlich ebenfalls nur dann, wenn sie so ausgestaltet ist, dass erstens die Allgemeinheit von einem Verstoß abgehalten (negative Generalprävention) sowie das allgemeine Rechtsbewusstsein gestärkt wird (positive Generalprävention)[586] und zweitens der Täter selbst von der Wiederholung seiner Tat abgehalten wird (Spezialprävention).

Wann von einer Sanktion derartige präventive Wirkungen ausgehen, lässt sich allerdings nicht allgemein sagen. Zum einen fehlen hinreichende empirische Mittel, um die praktische Wirkung von Sanktionsdrohungen zu messen. Zum anderen ist nicht allein die angedrohte Strafe der für die Präventionswirkung entscheidende Faktor[587]. Vielmehr haben auch Häufigkeit und Intensität von Kontrollen, die gängige Verfolgungs-, insbesondere auch die Einstellungspraxis der Strafverfolgungsbehörden sowie die Art und Weise des Vollzugs einer einmal verhängten Strafe Einfluss auf den Grad der Präventionswirkung. Das Gemeinschaftsrecht muss allerdings die nationalen Einschätzungen respektieren, so dass insoweit unabdingbar erscheint, dem nationalen Gesetzgeber hier einen Beurteilungsspielraum zu belassen. Nur bei evident ineffektiven Sanktionen, wie z. B. die Verhängung von geringfügigen Bußgeldern bei Betrügereien großen Ausmaßes oder lediglich symbolischen Strafen, ist die Entscheidung des Gesetzgebers unvertretbar und sind diese Vorgaben somit verletzt.

Darüber hinaus weist die Marktmissbrauchsrichtlinie in Art. 14 Abs. 1 auf der Grundlage des Art. 95 EGV, der die Gemeinschaft zur Angleichung von Rechts- und Verwaltungsvorschriften der Mitgliedsstaaten mit Binnenmarktbezug ermächtigt[588], Mitgliedsstaaten an, Marktmissbrauch mit Verwaltungsmaßnahmen und im Verwaltungsverfahren erlassenen Sanktionen zu ahnden. Dies stellt gegenüber der Insiderrichtlinie ein Novum dar, da diese nur Sanktionen forderte, die einen hinreichenden Anreiz zur Einhaltung der Vorschriften der Richtlinie darstellen[589]. Ein Verwaltungsverfahren geht nach der Ansicht der Kommission schneller als langwierige Strafprozesse und die zuständigen Behörden müssen eng zusammenarbeiten, um eine gleichartige Anwendung der Sanktionsregelung zu gewährleisten[590]. Die Kommission darf gem. Art. 14 Abs. 2 der Richtlinie auf der Stufe 2 eine als Hinweis dienende Aufstellung der Verwaltungsmaßnahmen und -Sanktionen erlassen. Denn bei ihrer Festlegung müssen die Mitgliedsstaaten die Notwendigkeit einer gewissen Einheitlichkeit der Regelungen von einem Land zum anderen im Auge behalten[591].

586 Satzger, passim; zur Generalprävention vgl. Ransiek, Unternehmensstrafrecht, S. 259 ff.
587 Satzger, Europäisierung, S. 369.
588 Hierzu Satzger, Europäisierung, S. 430 ff.
589 Schmitz, ZStW 115 (2003), S. 510.
590 Begründung des Kommissionsentwurfs einer Marktmissbrauchsrichtlinie (FN 530), S. 11.
591 Erwägungsgrund Nr. 39 zur Markmissbrauchsrichtlinie (FN 20) S. 19.

Zur Bildung eines Unrechtsbewusstseins sieht Art. 14 Abs. 4 schließlich die Pflicht zur öffentlichen Bekanntgabe der Sanktionen vor, es sei denn, dies könnte für die Finanzmärkte selbst erhebliche Gefahren mit sich bringen oder den betreffenden Parteien einen unverhältnismäßig großen Schaden verursachen. Mit der Benennung des Beschuldigten und des Unternehmens wird eine höhere Transparenz gewährleistet[592]. Eine besondere Bedeutung kommt der Veröffentlichungspflicht in Zusammenhang mit dem Recht auf Schadensersatz zu. Zu denken ist allerdings insbesondere an Datenschutzbestimmungen und den Schutz von Persönlichkeitsrechten, soweit von den Maßnahmen bzw. von deren Veröffentlichung natürliche Personen betroffen sind[593].

Großer Wert wird auch auf die Vornahme präventiver Maßnahmen gegen bzw. zur Aufdeckung von Marktmissbrauchspraktiken gelegt[594]. Als Beispiele für die genannten Vorkehrungen werden die Transparenz der getätigten Geschäfte, die uneingeschränkte öffentliche Bekanntgabe von Kursregulierungsvereinbarungen, ein gerechtes System für die Verrechnung gleicher Kauf- und Verkaufsaufträge, die Einführung eines wirksamen Systems zur Ermittlung atypischer Geschäftsaufträge, ein hinreichend solides System für die Festsetzung der Referenznotierungen von Finanzinstrumenten und klare Regeln für die Aussetzung des Handels angeführt.

f) Aufsichtsrechtliche Bestimmungen

Solle sich in der Europäischen Union ein integrierter Finanzmarkt entwickeln, so müssten sich die Methoden der Umsetzung und Durchsetzung der Marktmissbrauchsverbote in den Mitgliedsstaaten einander annähern[595]. Die Errichtung einer zentralen europäischen Regulierungsbehörde nach den Grundsätzen der SEC in den USA erscheint jedoch wegen der kulturellen und rechtlichen Unterschiede, der fehlenden räumlichen Nähe und der schlechten Erfahrungen mit der europäischen Kartell- und Beihilfeaufsicht nicht gerade gefördert[596]. Im Hinblick darauf haben die Mitgliedstaaten gem. Art. 11 der Marktmissbrauchsrichtlinie, unbeschadet der Zuständigkeiten der jeweiligen Justizbehörden, eine einzelne Regelungs- und Aufsichtsstelle behördlichen Charakters zu benennen, die zumindest die oberste Verantwortung für die Überwachung der Einhaltung sowie die internationale Zusammenarbeit tragen soll. Durch das Erfordernis des behördlichen Charakters werde gewährleistet, dass die Regelungs- und Aufsichtsstelle von Wirt-

---

592 Vgl. Baums, ZHR 166 (2002), S. 379; Fleischer, Gutachten, F 122.

593 Dier/Fühoff, AG 2002, S. 609 FN 39.

594 Art. 6 Abs. 6 der Marktmissbrauchsrichtlinie sowie Erwägungsgrund 27 (FN 20), S. 18.

595 Begründung des Kommissionsentwurfs einer Marktmissbrauchsrichtlinie (FN 530), S. 10; Erwägungsgrund 36 zur Marktmissbrauchsrichtlinie (FN 20), S. 36.

596 Hellwig, ZGR 1999, S. 811; v. Rosen, Börsenzeitung, v. 25.05.02, S. 6; Schneider, AG 2001, S. 270.

schaftsakteuren unabhängig sei und Interessenkonflikte überwinden könne. Zum Zwecke einer erhöhten Marktintegrität ist die Möglichkeit allerdings nicht ausgeschlossen[597], dass die zuständige Behörde unter ihrer Verantwortung Aufgaben an andere Behörden oder Marktteilnehmer delegiert (Art. 12 Abs. 1 Nr. c).

Um größere Einheitlichkeit und Transparenz bei der Anwendung der Richtlinie zu gewährleisten[598], regelt ferner Art. 12 Abs. 2 die Mindestbefugnisse der Aufsichtsbehörden zur Aufdeckung und Ermittlung bei Marktmissbrauchsvorkommnissen. So darf die Aufsicht direkt oder durch einen anderen von jedermann Auskünfte anfordern, Zeugenaussagen verlangen, Ermittlungen vor Ort durchführen, bereits existierende Aufzeichnungen von Telefongesprächen und Datenübermittlungen anfordern, vorschreiben, dass Praktiken, die gegen die gemäß dieser Richtlinie erlassenen Vorschriften verstoßen, unterbunden werden, den Handel mit den betreffenden Finanzinstrumenten aussetzen, das Einfrieren und/oder die Beschlagnahme von Vermögenswerten beantragen sowie ein vorübergehendes Verbot der Ausübung der Berufstätigkeit beantragen.

Da immer mehr Geschäfte grenzübergreifend geschlossen werden, wird von der Richtlinie vorgesehen, dass Regulierungs- und Aufsichtsbehörden wirksam zusammenarbeiten, um Marktmissbrauch zu verhüten, Fälle von Marktmissbrauch aufzudecken, entsprechende Ermittlungen anzustellen und Marktmissbrauch zu ahnden (Art. 16). Um die Wirksamkeit von Untersuchungen zu erhöhen, erweitert Art. 16 Absatz 1 der Richtlinie im Vergleich zum Insiderrichtlinie den Anwendungsbereich der Zusammenarbeit von Informationsaustausch auf gemeinsame Ermittlungen, so dass eine wahre Amtshilfe entsteht[599].

4. Würdigung der Marktmissbrauchsrichtlinie

Die Marktmissbrauchsrichtlinie stellt zwar einen Baustein zur Vollendung des Kapitalmarktrechts dar[600]. Sie bereinigt einerseits Ungereimtheiten der bisherigen Insiderregelung, andererseits schließt sie mit der Einführung von Vorschriften über den Marktmissbrauch eine klaffende Lücke im europäischen Kapitalmarktverhaltensrecht und trägt maßgeblich zu dessen Vollendung bei.

Sie ist jedoch erheblichen Bedenken ausgesetzt. Fraglich ist es zunächst, ob das neue vier-stufige Gesetzgebungsverfahren zu einer Zunahme an Effizienz und Transparenz durch Berücksichtigung der Belange der Marktteilnehmer bzw. des CESR tatsächlich führt[601]. Denn Gegenstand der Konsultation soll nach dem vor-

597 Grund 18 zur Richtlinie.

598 Erwägungsgrund 37 zur Marktmissbrauchsrichtlinie (FN 20), S. 36.

599 Leppert/Stürwald, ZBB 2002, S. 103 f.

600 Mülbert, WM 2001, S. 2102.

601 Vgl. Stellungnahme des DSVG (Deutschen Sparkassen und Giroverbandes) zum Bericht des Wirtschafts- und Finanzausschusses der EU zur Neuordnung der EU-Gesetzgebung

gesehen Verfahren nicht der eigentliche Rechtstext sein, sondern lediglich technische Durchführungsmaßnahmen. Hintergrund dafür ist, dass die Kommission den eigentlichen Rechtstext selbst erstellen wollte und sie dem CESR daher nur ein eingeschränktes Mandat erteilt hat.

Die Beschleunigung der Regulierung durch teilweise Verlagerung der Regelungskompetenz in technische Ausschüsse (Stufe 2) und daran anknüpfend Festlegung von einheitlichen aufsichtsrechtlichen Standards (Stufe 3) darf aber weder zu Lasten der Mitgliedsstaaten noch zu Lasten der politisch-parlamentarischen Legitimation gehen[602]. Vollharmonisierung darf nicht zum Selbstzweck des neuen Verfahrens werden. Wo unterschiedliche Märkte dies rechtfertigen, muss auch gegebenenfalls mit unterschiedlichen Regelungen operiert werden. Prinzipien wie Verhältnismäßigkeit und Subsidiarität dürfen nicht ausgehöhlt werden.

Vor allem muss bei der Abgrenzung der Stufe 1 von Stufe 2 darauf geachtet werden, dass nicht wesentliche (Kern-) Fragen des jeweiligen Rechtsbereichs der Regelungen, die eigentlich der Richtlinie aufgrund ihrer höheren demokratischen Legitimation und Transparenz vorbehalten bleiben müssten, auf Stufe 2 im Rahmen der technischen Durchführungsverordnungen geregelt werden[603]. Daraus folgt: Je wichtiger ein Regelungsbereich für den Schutz der von der Regelung Betroffenen ist bzw. je stärker eine Regelung in die Rechte, vor allem Freiheits- und Eigentumsrechte, der Betroffenen eingreift, desto weniger Entscheidungsspielräume dürfen auf die zweite Stufe verlagert und der EU-Kommission bzw. den Regulierungsausschüssen überlassen werden. Dies gilt insbesondere für die Definition von sanktionsbewehrten Tatbeständen sowie die Festlegung der Bandbreite von Sanktionen, die bei Erfüllung eines bestimmten Tatbestandes verhängt werden dürfen. Die Marktmanipulationsdefinition erscheint aber in wesentlichen Teilen zu weit und unpräzise mit der Folge, dass Unsicherheiten bei der Verfolgung von manipulativen Handlungen bestehen bleiben und dass viele bedeutende Regelungen in der Wahrheit dem Komitologieverfahren vorbehalten werden[604].

Deshalb liegt die Befürchtung nahe, dass sehr tief greifende Regelungsbefugnisse im Rahmen des Komitologie-Verfahrens delegiert worden sind[605]. Hier ist außerdem die Tatsache zu berücksichtigen, dass die Kommission zum Zwecke der Implementierung die Vorschläge vom CESR vielfach unverändert aufgreift,

---

im Finanzdienstleistungsbereich „Finanzmarktregulierung, Aufsicht und Stabilität", November 2002, S. 4 f.; auch Ilberg/Neises, WM 2002, S. 647.

602 Claßen/Heegemann, ZfdgK 2003, S. 1202; Schneider, AG 2001, S. 278; Stellungnahme des DSVG, Neuordnung der EU, S. 9; Julius/Schmitz, ZStW 115 (2003), S. 678.

603 Stellungsnahme des DSVG, Neuordnung der EU-Gesetzgebung, S. 6 ff.

604 Ilberg/Neises, WM 2002, S. 646 f.; Nobel, in Nobel (Hrsg.): Aktuelle Rechtsprobleme, S. 134; Keller/Langner, BKR 2003, S. 617; kritisch auch Weber/Schaller, SZW 75 (2003), S. 183; Streinz/Ohler, WM 2004, S. 1309.

605 Claßen/Heegemann, ZfdgK 2003, S. 1201.

ohne eine eigene politische Bewertung zu bilden[606]. Ein Verzicht der Kommission auf die Ausarbeitung eigener Gesetzesvorschläge beziehungsweise eine erkennbar eigene politische Bewertung der CESR- Vorschläge ist im Hinblick auf die Gewaltenteilung nicht unbedenklich. Vor allem spricht die Erkenntnis, dass das Komitologieverfahren begonnen hat, bevor der Basisrechtsakt auf der ersten Stufe des Lamfalussy-Modells beschlossen wurde, wohl für eine Aushöhlung des Mitentscheidungsverfahrens des Art. 251 EGV.

Bei den Durchführungsmaßnahmen zum Manipulationsbegriff handelt es sich außerdem um bloße Auslegungshilfe, die die Regelung grundsätzlicher Aspekte außer Acht lässt und die deshalb auf Stufe 3 angesiedelt werden sollte[607]. Die Unsicherheit bleibt somit für die meisten Marktmanipulationstechniken - ausgenommen abusive squeezes, marking the close und scalping - bestehen, so dass immer noch die Gefahr vorhanden ist, dass die verschiedenen Regelungen in den Mitgliedsstaaten infolge der weiten, unpräzisen europarechtlichen Vorgabe unterschiedlich umgesetzt werden[608]. Das von der Kommission beabsichtigte rein objektive Marktmanipulationsverbot von Marktmanipulationen wird in der Praxis zu erheblichen Abgrenzungsschwierigkeiten führen. Der Verzicht auf subjektive Merkmale wird in der Praxis kaum zu realisieren sein und der Verweis auf die zulässige Marktpraxis bei der Definition der Marktmanipulation birgt die Gefahr, dass eine wirkliche Harmonisierung erschwert wird[609].

Hervorzuheben ist schließlich, dass der Anwendungsbereich der Ausnahmenregelungen zu schmal ist. Unberücksichtigt bleiben zum Beispiel Kurspflegemaßnahmen außerhalb eines signifikanten Zeichnungsangebotes, die wegen der unerträglichen Weite des Marktmanipulationsbegriffs unter dem Verdacht einer marktmissbräuchlichen Aktivität stehen. Außerdem sind proprietary trading, die market making Tätigkeit der Stabilisation Managers sowie (Leer-)Verkäufe nicht erfasst. Es ist außerdem keine Ausnahmeregelung für Unternehmensübernahmen und Auskäufe vorgesehen, die Marktmissbrauchsrichtlinie weist lediglich darauf hin, dass die Art und Weise, in der diese Richtlinie von den Mitgliedsstaaten ausgelegt und durchgeführt wird, den Anforderungen für eine wirksame Regulierung entsprechen muss. Wird nämlich der Gesellschaft ein Übernahmeangebot oder ein anderer Vorschlag für eine Änderung des Beherrschungsverhältnisses unterbreitet, dann müssen die Interessen der Inhaber übertragbarer Wertpapiere, die Stimmrechte in einer Gesellschaft verleihen (oder solche Rechte durch Ausübung oder Umwandlung verleihen können), geschützt werden. Die Mitgliedsstaaten werden allerdings durch die Marktmissbrauchsrichtlinie in keiner Weise daran gehindert,

---

606 Claßen/Heegemann, ZfdgK 2003, S. 1202.

607 Vgl. Stellungsnahme des zentralen Kreditausschusses v. 16.4.2003 zu Arbeitsdokumenten 12, 13, 14/2003 von CESR v. 10.3.2003 für technische Durchführungsmaßnahmen zu Artikel 1, Artikel 6 Abs. 1, 2 und 5 und Artikel 8 der Marktmissbrauchsrichtlinie, S. 4.

608 Ilberg/Neises, WM 2002, S. 646 f.

609 Dier/Fühoff, AG 2002, S. 610.

die Maßnahmen zu erlassen oder anzuwenden, die sie für diese Zwecke für angemessen halten[610].

Dies alles ahmt man wohl ein wenig den USA nach, was zugleich Ausdruck der Machtverhältnisse in der EU ist, die sich von Frankreich mehr nach England verschoben zu haben scheinen[611]. Deutschland versucht allerdings dabei, mit Finanzmarktförderungsgesetzen von der sozialen Industriekultur ebenfalls zur angloamerikanischen Kapitalstruktur vorzustoßen, um nicht antimodernistisch dazustehen.

---

610 Erwägungsgrund 28 zur Marktmissbrauchsrichtlinie (FN 20), S. 18.

611 Nobel, in Nobel (Hrsg.): Aktuelle Rechtsprobleme, S. 138.

§ 6 Der Straftatbestand einer Börsen- und Marktpreismanipulation des WpHG

I. Überführung des § 88 BörsG a. F. in das Wertpapierhandelsgesetz i. F. v. 1.7.2002

Um den vorgezeichneten Anforderungen auf nationaler und supranationaler Ebene zu entsprechen, hat der deutsche Gesetzgeber im Rahmen des vierten Finanzmarktförderungsgesetzes[612] auch eine Novellierung der Vorschriften zum Verbot der Kurs- und Marktpreismanipulation (§§ 20a, 20b WpHG) vorgesehen. Den letzten Impuls zu einer Reform gab die tiefe Vertrauenskrise am Neuen Markt, die dazu zwang, den bisherigen Kursbetrugstatbestand den veränderten Erfordernissen der Praxis anzupassen und das notwendige Aufsichtsinstrumentarium im Interesse einer effektiven Durchsetzung des Verbots der Kurs- und Marktmanipulation zu verbessern[613].

Die Regelung des vierten FFG führte den bisherigen Tatbestand des Kursbetruges (§ 88 BörsG a. F.) mit einigen Modifizierungen in das Wertpapierhandelsgesetzbuch über und sah eine Abkehr von der rein strafrechtlichen Betrachtungsweise vor[614]. Die einschneidendste Änderung betraf also die Sanktionierung, da weniger gravierende Verstöße als Ordnungswidrigkeit ausgestaltet wurden. Im Hinblick auf das erhebliche Schadenspotential für das Vertrauen in die Funktionsfähigkeit der Markteinrichtungen und im Anschluss an die Strafrahmen des eng verwandten Insiderstraftatbestandes hat der Gesetzgeber des vierten FFG für schwerwiegende Verstöße allerdings einen Strafrahmen von 1 bis zu 5 Jahren Freiheitsstrafe vorgesehen[615]. Hervorzuheben ist außerdem die Streichung des scharf kritisierten Absichtsmerkmals bei der Äußerungsvariante des Kursmanipulationstatbestandes. Der Straftatbestand des § 38 Abs. 1 Nr. 4 WpHG i. F. v. 1-7-2002 differenziert sonst, wie auch § 88 BörsG a. F., nach zwei Grundtatbeständen: Manipulation durch Information und Manipulation durch sonstige zur Täuschung geeignete Sachverhalte. In Anbetracht der zahlreichen Manipulationsmöglichkeiten sah der Gesetzgeber keine andere Möglichkeit, als den gesetzlichen Tatbe-

612 Gesetz zur weiteren Fortentwicklung des Finanzplatzes Deutschland v. 21 Juni 2002, BGBl. I 2002, S. 2010 ff.

613 Vgl. Fleischer, NJW 2002, S. 2977; Reuschle, Viertes FFG, C RN 41; zu Skandalen am Neuen Markt vgl. § 1 I.

614 BGH, WM 2004, S. 77; LG München, NJW 2003, S. 2329; vgl. auch Lenzen, ZBB 2002, S. 281; Möller, WM 2002, S. 312; Park, BB 2003, S. 1514; Meyer, AG 2003, S. 614; Schwark, FS für Kümpel, S. 499; Dannecker, in Wabnitz/Janosky, 2. Aufl., Kapitel 1 RN 80; Moosmayer, wistra 2002, S. 163.

615 BT-Dr. 14/8017, S. 98.

stand abstrakt zu umreißen und an den Auffangtatbestand anzuknüpfen[616]. Nicht zuletzt kommt hier ein weiterer Punkt. Die in § 20a WpHG normierte Technik des offenen Gesetzes[617] haben die Autoren des Gesetzes nicht selbst ersonnen. In einer Art worttreuen Übernahme des Marktmissbrauchsrichtlinienentwurfs hat der Gesetzgeber des vierten FFG auch das Komitologieverfahren ins nationale Strafrecht übertragen[618]. Der Straftatbestand des WpHG darf nun durch Rechtsverordnung konkretisiert werden und besitzt somit eine ausreichende Offenheit, um im Rahmen der Umsetzung der EG-Marktmissbrauchsrichtlinie an den endgültigen Richtlinientext angepasst werden zu können[619].

Trotz der vom vierten FFG eingeführten Neuerungen ist die Umsetzung der EG-Marktmissbrauchsrichtlinie in zwei gesetzgeberische Schritte vorgenommen worden, die im Rahmen dieser Arbeit gesondert zu prüfen sind: Erst einmal ist der § 38 Abs. 1 Nr. 4 WpHG i. F. v. 1.7.2002 einzuleuchten und in puncto Rechtsstaatlichkeit zu prüfen, um später anhand der gewonnenen Ergebnisse der Frage nachzugehen, ob der nun geltende § 38 Abs. 2 WpHG i. F. v. AnSVG, der zum ersten Schein bloß redaktionelle Änderungen und Konkretisierungen im Vergleich zu seinem Vorläufer beinhaltet, in der Wirklichkeit eine Strafbarkeitserweiterung verbirgt, die trotz ihrer „Gemeinschaftsrechtskonformität“ als äußerst bedenklich erweist.

Die folgenden Ausführungen sind also dem Straftatbestand des § 38 Abs. 1 Nr. 4 WpHG i. F. v. 1-7-2002 zu widmen.

II. Deliktsstruktur

1. Schaffung eines Mischtatbestandes

Die Neuregelung des WpHG von Börsen- und Marktpreismanipulation sieht von einer rein strafrechtlichen Betrachtungsweise ab[620]. Während § 88 BörsG a. F. jedes tatbestandsmäßiges Verhalten, das mit Manipulationsabsicht vorgenommen wird, unter Strafe stellte, wird bei der Ahndung von Kurs- und Marktpreismanipulationen zwischen strafbarem und ordnungswidrigem Verhalten unterschieden und die jeweiligen Tatbestände werden in die Straf- und Bußgeldnormen der §§ 38 und 39 WpHG eingegliedert[621]. Die im alten Kursbetrugstatbestand enthaltenen

616 BT-Dr. 14/8017, S. 90.

617 So Moosmayer, wistra 2002, S. 164.

618 Schmitz, ZStW 115 (2003), S. 518; BGH, WM 2004, S. 76.

619 Seitz, BRK 2002, S. 343.

620 Schäfer, in Schwintowski/Schäfer, 2. Aufl., § 23 RN 91; Weber, NZG 2004, S. 23; Rotter, in Möllers/Rotter, § 11 RN 19 sowie Wilga, ebenda § 12 RN 41.

621 BT-Dr. 14/8017, S. 90; LG München, NJW 2003, S. 2329; BGH, WM 2004, S. 77; auch Lenzen, ZBB 2002, S. 282; Moosmayer, wistra 2002, S. 163; Möller, WM 2002, S. 315;

strafbaren Tathandlungen werden als Ordnungswidrigkeiten sanktioniert, was im Allgemeinen für den Täter eine günstigere Beurteilung bedeutet. Die Tatbestandsverwirklichung des Ordnungswidrigkeitstatbestandes erfordert ebenso wie die Regelung des § 88 BörsG a. F. nicht, dass durch die Angaben oder Handlungen tatsächlich auf den Börsen- oder Marktpreis eingewirkt wird, so dass auch in diesem Fall ein abstraktes Gefährdungsdelikt angenommen wird. Im Unterschied zum bisherigen Kursbetrugstatbestand besteht nunmehr in objektiver Hinsicht eine tatbestandliche Restriktion dahingehend, dass eine tatsächliche Einwirkung auf den Börsen- oder Marktpreis erforderlich ist, so dass der Straftatbestand des § 38 Abs. 1 Nr. 4 WpHG greift.

Bei diesem Delikttypus handelt es sich um einen sog. Mischtatbestand, eine Deliktform, auf die man im Grenzbereich zwischen Straftaten und Ordnungswidrigkeiten häufig trifft[622]. Die Tatbestände stimmen in ihrem Grundtatbestand überein; ob sie Straftaten oder Ordnungswidrigkeiten darstellen, hängt davon ab, ob zusätzliche objektive oder subjektive Merkmale strafbegründender Art vorhanden sind oder umgekehrt Merkmale vorliegen, welche die grundsätzliche Strafwürdigkeit des Verhaltens ausschließen. Die Differenzierung zwischen Ordnungswidrigkeit und Straftat auf der objektiven Ebene bietet allerdings bei der Börsen- und Marktpreismanipulationsregelung eine Überraschung[623]. Dem § 88 BörsG a. F. fehlte ein besonderer Taterfolg. Gleiches gilt für die Marktmissbrauchsrichtlinie. Eine Abstufung zwischen Straftat und Ordnungswidrigkeit nach der Schwere des verwirklichten Unrechts entspricht aber nach Ansicht des Gesetzgebers den denkbaren quantitativen Unterschieden in der Unrechtsverwirklichung[624]. Diese Differenzierung erfolgt im Hinblick darauf, dass nicht jede Handlung, die geeignet sei, auf den Preis einzuwirken, diese Wirkung auch tatsächlich entfalten müsse. Die auf dem Kapitalmarkt vorherrschende Informationsflut werde oft rasch zu einer Neutralisierung der Meldung durch eine andere führen. Zum anderen könne die Ursächlichkeit einer Äußerung oder einer Transaktion für die Preisbewegung schwer nachgewiesen werden. Für diese Fälle wird der Ordnungswidrigkeitstatbestand vorgesehen. Ausreichend ist bereits der Versuch, auf den Börsen- oder Marktpreis einzuwirken, so dass es nicht auf den ursächlichen Zusammenhang mit der Preisbewegung ankommt. Solche Manipulationshandlungen seien nicht strafbedürftig, so dass die Sanktionierung von nicht schwer wiegenden Eingriffen in den Preisbildungsprozess mit Bußgeldern die angemessene und ausreichende staatliche Reaktion darstelle. Anders sei die Lage beim Straftatbestand, dessen Un-

---

Assmann, ZGR 2002, S. 722; Ziouvas, ZGR 2003, S. 138 f.; Schwark, in Schwark, 3. Aufl., § 20a WpHG, RN 2.

622 Vgl. Dietmeier, Blankettstrafrecht, S. 48; Göhler, vor § 1 OWiGG RN 33 ff; KKOWi-Rogall, vor § 1 RN 11 ff.

623 Ziouvas/Walter, WM 2002, S. 1487.

624 BT-Dr. 14/8601, S. 19; zust. Reuschle, Viertes FFG, C RN 45; Möller, WM 2002, S. 316; Park, BB 2003, S. 1513; Schmitz, ZStW 115 (2003), S. 527.

rechtsgehalt im Hinblick auf die objektive Seite mehr beinhaltet, und zwar den Erfolg der Preisbeeinflussung.

Darüber hinaus wird mit der Herabstufung des Kursbetruges zur Ordnungswidrigkeit erreicht, dass die Verfolgung von Börsen- und Marktpreismanipulationen der Bundesanstalt für Finanzdienstleistungsaufsicht obliegt[625]. Der Gesetzgeber des vierten FFG hat den Appell der Kommentarliteratur zum Kursbetrugstatbestand nach einer effizienteren, spezialisierten Marktaufsicht in Anspruch genommen und nach einer langwierigen Diskussion[626] die Zuständigkeit für die Überwachung sowie die Ahndung von Ordnungswidrigkeiten des § 39 WpHG auf die Bundesanstalt für Finanzdienstleistungsaufsicht (BAFin) als rechtsfähige bundesunmittelbare Anstalt des öffentlichen Rechts im Geschäftsbereich des Bundesministeriums der Finanzen übertragen[627]. Somit liegen die Überwachung und Verfolgung von Marktmissbrauch- Marktpreismanipulation und Insiderhandel nun in einer Hand. Für eine zentral zuständige Aufsichtsinstanz sprachen vor allem die zwingenden europäischen Vorstellungen, die sich aus der Richtlinie zur Regelung des Marktmissbrauchs ergäben[628]. Eine effektive internationale Kooperation wird ermöglicht, wenn es einen zentralen Ansprechpartner in Deutschland auch in Fragen der Marktmanipulation gebe, insbesondere wenn man sich vergegenwärtigt, dass der Börsen- oder Marktpreis häufig länderübergreifend manipuliert wird und damit sehr oft einen europäischen bzw. internationalen Bezug hat.

Um der Bundesanstalt die Erfüllung dieser Überwachungsaufgabe zu ermöglichen, wird sie mit weit reichenden Ermittlungsbefugnissen ausgestattet, die schon beim bloßen Vorliegen von Anhaltspunkten für einen Verstoß gegen das Verbot in § 20a WpHG bzw. auffälligen Umsatz- oder Kursbewegungen oder ungewöhnlichen Handelsaktivitäten einzelner Auftraggeber[629] eingesetzt werden und die über strafprozessuale Ermittlungsmaßnahmen hinausgehen[630]. Dahinter

---

625 Altenhain, BB 2002, S. 1876; Trüstedt, Börsenkursmanipulationen, S. 29.

626 Obwohl der Diskussionsentwurf v. 03.09.01 die Übertragung der Überwachungskompetenz auf BAFin vorgesehen hatte, haben die Länder während des Gesetzgebungsverfahrens ihre eigene Aufsichtszuständigkeit geltend gemacht; sie wollten die Regelungen zur Kurs- und Marktpreismanipulation in das Börsengesetz integrieren und der Aufsicht der Börsenaufsichtsbehörde unterwerfen, vgl. hierzu BR-Dr. 936/01, S. 33 ff. sowie BT-Dr. 14/8017, S. 158 ff.

627 BT-Dr. 14/8017, S. 90, 180; BT-Dr. 14/8601, S. 20; Wolf, WM 2001, S. 557; vgl. auch Wittich, Die Bank 2001, S. 279; Lenzen, Finanz-Betrieb 2001, S. 608; Weber, EuZW 2002, S. 46; Möller, WM 2002, S. 310 f.; Dreyling, Die Bank 2002, S. 18; Park, BB 2003, S. 1513; Schwark, FS für Kümpel, S. 488; Weber, NJW 2003, S. 23.

628 Vgl. Art. 11 der Markmissbrauchsrichtlinie (FN 20), hierzu § 5 II 3 f; auch Wittich, passim; Reuschle, Viertes FFG, C RN 42; Weber, EuZW 2002, S. 47.

629 So Ransiek, DZWir 1995, S. 55; etwas strenger Vogel, in Assmann/Schneider, 3. Aufl., § 20b RN 13; im Sinne eines Anfangsverdachts, vgl. Müller, wistra 2001, S. 169; Sorgenfrei, wistra 2002, S. 328; Bärlein/Pananis, NJW 2002, S. 1829 f.

630 Müller, wistra 2001, S. 168; Moosmayer, wistra 2002, S. 167.

steckt das eherne gesetzgeberische Anliegen im Rahmen des Wirtschaftsstrafrechts, die strafprozessualen Hemmnisse zu überwinden und eine generalpräventive Farce zu vermeiden[631]. Rasterfahndungsprinzipien und vorsorgliche Observation sind die nötigen Mittel zur Sammlung von Erkenntnissen, die die vermutete Gefährlichkeit dokumentieren. Sie entsprechen jedoch weitgehenden Auskunfts-, Vorlage-, Aufzeichnungs- und Dokumentationspflichten der Beteiligten, die in einem erheblichen Spannungsverhältnis zur verfassungs-[632] und völkerrechtlich[633] verankerten Freiheit, sich selbst nicht belasten zu müssen (nemo tenetur se ipsum accusare), stehen[634].

Diese Ermittlungsbefugnisse sind jedenfalls nicht geeignet, den Nachweis einer Straftat begründen zu können[635]. Sie dienen nur der Vorermittlung von Tatsachen, die den Verdacht einer Straftat begründen können. Die Verwaltungsbehörde ist gem. § 35 OWiG zur Verfolgung von Ordnungswidrigkeiten befugt; ergibt sich aufgrund der Untersuchungen der Behörde ein strafrechtlicher Anfangsverdacht im Sinne von § 152 II, 160 I StPO, so ist sie gem. § 41 OWiG und § 20b Abs. 6 i. V. m. § 18 I WpHG i. F. v. 1.7.02 verpflichtet, den Verdacht einer Kurs- oder Marktpreismanipulation der zuständigen Staatsanwaltschaft anzuzeigen. Die Entscheidung über den Anfangsverdacht trifft sodann die Staatsanwaltschaft nach den Regeln der Strafprozessordnung.

2. *Mehrstufiges Blankett*

Bei der Formulierung der neuen Tatbestände hat der Gesetzgeber des Weiteren die bei den Insidertatbeständen und im Nebenstrafrecht[636] oft angewandte Blankettgesetzestechnik übernommen[637]. Unter Strafblankette im weiten Sinne werden Strafnormen verstanden, die Strafbarkeitsvoraussetzungen sowie Art und Maß der Strafe bestimmen (Blankettsanktionsnorm), die aber die Festlegung der Gebote oder Verbote bzw. Gesetze, ganz oder teilweise sonstigen Rechtsvorschriften oder

---

631 Volk, JZ 1982, S. 91; Hillenkamp, in: Recht und Wirtschaft, S. 224; Haouache, Börsenaufsicht, S. 78.

632 Vgl. BVerfGE56, S. 49.

633 Art. 14 Abs. 3g IPBPR (Internationaler Pakt über bürgerliche und politische Rechte), der durch die Bundesrepublik Deutschland im Jahre 1973 ratifiziert wurde, BGBl II 1973, 1953; Art. 6 Abs. 1 EMRK, hierzu EGMR NJW 2002, S. 501 m. w. N.

634 Müller, wistra 2001, S. 167 ff.; vgl. auch Peters, Insiderstrafrecht, S. 103; Hillenkamp, in: Recht und Wirtschaft, S. 221.

635 BT-Dr. 14/8017, S. 91; Müller, wistra 2001, S. 168; Benner, in Wabnitz/Janovsky, 2. Aufl., Kapitel 9 RN 119.

636 Lohberger, Blankettstrafrecht, S. 22; Kühl, FS für Lackner, S. 818, 828, 859; Schenke, FS für Fröhler, S. 90; Kaschkat, FS für Krause, S. 123; Dietmeier, Blankettstrafrecht, S. 1.

637 Zimmer, in Schwark, 3. Aufl., § 38 WpHG RN 3; Cramer/Vogel, in Assmann/Schneider, 3. Aufl., vor § 38 RN 7.

Verwaltungsakten (Blankettausfüllungsnorm) überlassen[638]. Die neue Börsenpreismanipulationsregelung kennzeichnet sich durch eine schwer ablesbare Normenkette, denn der Rechtsunterworfene muss hier mehreren Verweisungen folgen, bis er schließlich die einschlägige Regelung auffinden kann (sog. nochmalig-mehrstufiges Blankett[639]): Zum einen sind die Tatbestände der §§ 38, 39 WpHG Sanktionsnormen, die Verstöße gegen die Vorgaben des neuen verwaltungsrechtlichen Verbots der Kurs- und Marktpreismanipulation (§ 20a WpHG) ahnden. Bei solch einer Binnenverweisung hat der Gesetzgeber sowohl die Strafe wie auch den Tatbestand selbst geschaffen und bloß aus gesetzestechnischen Gründen getrennt[640]. Hätte der Gesetzgeber die Straf- und Bußgelddrohung mit dem jeweiligen außerstrafrechtlichen Ge- oder Verbot verbunden, würden in einem Gesetz viele Straf- und Ordnungswidrigkeitstatbestände zusätzlich noch sehr verstreut vorkommen. Diese Verweisungstechnik erspart dem Gesetzgeber wiederholende Ausführungen, ermöglicht dem Normadressaten aber dennoch, die vollständige Information innerhalb desselben Gesetzes zu erfahren. Erst die Zusammenschau des Sanktionstatbestandes mit der außerstrafrechtlichen Ausfüllungsnorm des § 20a WpHG ergibt die Vollvorschrift[641]. Nach der herrschenden Inkorporationstheorie wird die in Bezug genommene Vorschrift des § 20a WpHG durch die Verweisung zum Bestandteil des Straftatbestandes des § 38 Abs. 1 Nr. 4 WpHG[642].

Hinzu kommt auch eine Art stillschweigender Verweisung, zumal das Gesetz im Tatbestand mit Begriffen operiert, die in einer anderen gesetzlichen Regelung definiert sind wie Wertpapiere, Derivate, Geldmarktinstrumente oder „bestehende Rechtsvorschriften" [643]. Aber auch die Anwendung dieser außerstrafrechtlichen Normen und Begriffe füllt nach der Systematik des Gesetzesentwurfs die Sanktionstatbestände noch nicht aus. Es soll vielmehr im Wege der Rechtsord-

---

638 Tiedemann, Tatbestandsfunktionen, S. 239 ff.; Moll, Blankettstrafgesetzgebung, S. 26, 47; Satzger, Europäisierung, S. 218; Maunz/Dürig/Schmidt-Assmann, 30. Lfg. (Dezember 1992), Art. 103 Abs. II RN 199; KKOWi-Rogall, vor § 1 RN 16. Schünemann will auch ausdrückliche oder sinngemäße Verweisung auf private Usancen, Empfehlungen und Regelwerke, bei der die Blankettausfüllung hier nicht durch eine auf eine staatliche Stelle zurückgehende „Rechtsquelle" vorgenommen wird, einschließen, Schünemann, FS für Lackner, S. 370.

639 So Sorgenfrei, wistra 2002, S. 322; Tripmaker, wistra 2002, S. 291; Park, BB 2003, S. 1513; zur mehrmaligen Verweisungstechnik auch Satzger, Europäisierung, S. 228.

640 Vgl. Otto, ZStW 96 (1984), S. 369; Kühl, FS für Lackner, S. 823; Lohberger, Blankettstrafrecht, S. 20 ff., 114; Moll, Blankettstrafgesetzgebung, S. 29 f.; Satzger, Europäisierung, S. 216, 229; Dietmeier, Blankettstrafrecht, S. 8 f., 43; KKOWi-Rogall, vor § 1 RN 16.

641 Lohberger, Blankettstrafrecht, S. 14; Kühl, FS für Lackner, S. 819; Tiedemann, JuS 1989, S. 694; KKOWi-Rogall, vor § 1 RN 15; BVerfGE14, S. 185 f.; 23, S. 269.

642 Hierzu Moll, Blankettstrafgesetzgebung, S. 27 m. w. N; Satzger, Europäisierung, S. 219 ff.

643 Vogel, in Assmann/Schneider, 3. Aufl., § 20a RN 61; hierzu im Allgemeinen Schenke, FS für Fröhler, S. 89; Moll, Blankettstrafgesetzgebung, S. 31 ff.

nung durch das Bundesfinanzministerium bzw. die BAFin festgelegt werden, welche Handlungen jedenfalls oder keinesfalls einen Verstoß gegen das Manipulationsverbot darstellen. Die Besonderheit liegt hierbei vor allem darin, dass die Verweisungsvorschrift auf eine Norm Bezug nimmt, die von einer anderen Institution, einem anderen Normgeber als dem Gesetzgeber der verweisenden Norm stammt (sog. Außerverweisung[644]) und zu einem anderen Zeitpunkt erlassen wird (sog. echtes Blankett)[645]. Dieser Gesetzgebungstechnik bedient sich der Gesetzgeber im Rahmen des Nebenstrafrechts sehr oft, insbesondere auf Gebieten, auf denen die konkreten Verhaltensgebote an sich wandelnde gesellschaftliche Prozesse häufig angepasst werden müssen oder eigenständige Kriterien und feste Grenzwerte fehlen. Denn der allergrößte Vorteil solcher dynamischen Verweisungen ist die Flexibilität, die es ermöglicht, dass die mit den Verhältnissen in sachlicher und örtlicher Hinsicht besser vertrauten Stellen schneller handeln können, ohne auf die Strafbewehrung lange warten zu müssen[646]. Folge ist allerdings, dass bei einer Änderung des Ausfüllungstatbestandes auch der Gesamttatbestand geändert wird, ohne dass der Gesetzgeber des Blanketttatbestandes darauf direkten Einfluss hat.

Der Gesetzgeber hat aus der bisherigen Wirkungslosigkeit des § 88 BörsG a. F. den Schluss gezogen, dass die sanktionswürdigen Manipulationshandlungen im Wertpapierbereich so komplex und flexibel sind, dass sie durch einen klassischen Straf- oder Bußgeldstraftatbestand nicht mehr wirksam erfasst werden können[647]. Erst recht gehe es hier um den Versuch, die Grenze zwischen verbotenen Manipulationen und erlaubter Spekulation und Geschicklichkeit am Markt auszuloten; das könne angesichts der zahlreichen Manipulationsmöglichkeiten keinesfalls Sache des Gesetzgebers sein. Durch die Delegation an die Exekutive (Bundesfinanzminister) bzw. die Subdelegation an die Bundesanstalt für Wertpapierdienstleistungen können die Manipulationstatbestände konkretisiert und den jeweiligen praktischen Marktregulierungs-, -überwachungs- und –Verfolgungsbedürfnissen angepasst werden.

---

644 Vgl. Moll, Blankettstrafgesetzgebung, S. 30; Satzger, Europäisierung, S. 216.

645 Vogel, in Assmann/Schneider, 3. Aufl., § 20a RN 4; vgl. hierzu BVerfGE75, S. 354; Otto, FS für Gitter, S. 715; Kühl, FS für Lackner, S. 818, 828, 859; Schenke, FS für Fröhler, S. 90; Lohberger, Blankettstrafrecht, S. 22 f.; Kaschkat, FS für Krause, S. 123; Ensenbach, Verwaltungsakzessorietät, S. 231; Moll, Blankettstrafgesetzgebung, S. 46; Dietmeier, Blankettstrafrecht, S. 1.

646 Tiedemann, Tatbestandsfunktionen, S. 243; Schenke, FS für Fröhler, S. 89; Otto, ZStW 96 (1984), S. 370; Moll, Blankettstrafgesetzgebung, S. 45; Satzger, Europäisierung, S. 216; Dietmeier, Blankettstrafgesetz, S. 48.

647 BT/Dr. 14/8017, S. 90; zust. Lenzen, Finanz-Betrieb 2001, S. 606 ff.; Möller, WM 2002, S. 314; Tripmaker, wistra 2002, S. 292; Ziouvas, ZGR 2003, S. 128 f.; vgl. auch § 5 I 3 b).

Die Konkretisierung durch Rechtsverordnung erfolgt ebenfalls auf zwei Wegen[648]. Zum einen ist vorgesehen, den Begriff der „bewertungserheblichen Angaben“ zu bestimmen sowie bestimmte Handlungsweisen zu beschreiben, bei deren Vorliegen von einer „sonstigen Täuschungshandlung“ auszugehen ist. Zum anderen wird die Möglichkeit eröffnet, festzulegen, welche Handlungen in keinem Fall einen Verstoß gegen das Manipulationsverbot darstellen (safe harbor). Ziel jener Regelung sei, den Marktteilnehmern konkrete Leitlinien an die Hand zu geben, mit Hilfe derer deutlich werde, welche Handlungen marktkonform seien und damit keinen Verstoß gegen das Verbot des Absatzes 1 darstellen. Hierzu hebt die Begründung des Regierungsentwurfs das Bedürfnis nach einer solchen Freistellungsregelung im Bereich der Kurspflegemaßnahmen hervor, die einen ordnungsgemäßen Handel aufrechterhalten und die Preiskontinuität sicherstellen.

Zur Konkretisierung des § 20a WpHG legte das BFM ein Jahr nach der Verabschiedung des vierten FFG einen Verordnungsentwurf vor, der weitgehend den europäischen Vorgaben[649] bzw. dem Beispielkatalog des Kommissionsvorschlags einer Marktmissbrauchsrichtlinie entspricht[650], der zwar nicht mehr in der Marktmissbrauchsrichtlinie enthalten ist, jedoch einen Hinweis auf den europäischen Marktmanipulationsbegriff gibt[651]. KuMaV ist am 28.11.2003 in Kraft getreten[652] und ist für die Auslegung des Kursmanipulationsstraftatbestandes i. F. v. 1.7.02 als verbindlich heranzuziehen[653].

3. *Zur Möglichkeit der Konkretisierung eines Straftatbestandes durch Rechtsverordnung*

Die vor allem in der älteren Literatur häufig vertretene Ansicht, Verweisungen wiesen „im Prinzip überhaupt keine Besonderheiten auf“[654], wurde mittlerweile deutlich gewandelt. Ausfüllungsbedürftige Strafgesetze werfen verfassungsrecht-

---

648 BT/Dr. 14/8017, S. 90; BR-Dr. 639/03, S. 8; Lenzen, Finanz-Betrieb 2001, S. 607; Moosmayer, wistra 2002, S. 164; Möller, WM 2002, S. 314; Ekkenga, WM 2002, S. 318; Meyer, WM 2002, S. 1107.

649 BR- Dr. 639/03, S. 8; Rössner/Bolkart, AG 2003, R 394 ff.; Weber, NJW 2004, S. 30; ders., NZG 2004, S. 23.

650 Vgl. Abschnitt B des Anhangs des Marktmissbrauchsrichtlinienvorschlags (FN 13), S. 71.

651 BGH, WM 2004, S. 76; auch Schlüter, Börsenhandelsrecht, 2. Aufl., D RN 277 ff.; Lenenbach, ZIP 2003, S. 246; Eichelberger, WM 2003, S. 2126.

652 Verordnung zur Konkretisierung des Verbotes der Kurs- und Marktpreismanipulation (KuMaV) v. 27.11.2003, BGBl I 2003, S. 2300.

653 Vogel, in Assmann/Schneider, 3. Aufl., § 20a RN 135. Die KuMaV ist mittlerweile vom Art. 11 der Verordnung zur Konkretisierung des Verbotes der Marktmanipulation (Marktmanipulations-Konkretisierungsverordnung -MaKonV) vom 1. März 2005, BGBl. I 2005, S. 515 ff., die auf Grund des § 20a Abs. 5 Satz 1 des WpHG i.S.d. AnSVG erlassen wurde, aufgehoben worden, dazu unten unter § 6 VIII.

654 So Warda, Blankettstrafgesetze, S. 36 m. w. N.

liche Probleme auf[655]. Nach Art. 103 Abs. 2 GG/§ 1 StGB kann eine Tat nämlich nur bestraft werden, wenn die Strafbarkeit gesetzlich bestimmt war, bevor die Tat begangen wurde. Dieses überragend wichtige rechtsstaatliche Prinzip, das primär im Gewaltenteilungsprinzip und im Rechtsstaatsprinzip (Art. 20 III GG) wurzelt[656], ist ein Teil des in Art. 103 II GG und § 1 StGB festgelegten Grundsatzes der Gesetzesbindung des Strafrechts. Demnach soll einerseits ausschließlich der demokratisch legitimierte Gesetzgeber die Entscheidungsbefugnis über Art und Umfang der strafrechtlichen Normen als wesentliche Entscheidung des Gemeinwesens haben (kompetenzwahrende Funktion), andererseits muss die Verhängung von Strafsanktionen für den einzelnen Bürger voraussehbar und berechenbar sein (freiheitsgewährleistende Funktion). Das Gesetz muss eine konkretisierbare Aussage darüber treffen, welche Verhaltensweisen mit Strafe bedroht sein sollen und wo die Grenze des Strafbaren verläuft.

Die Verweisungspraxis führt zum einen dazu, dass der Inhalt des Verweisungsgesetzes in mehr oder weniger großem Umfang nicht durch den Gesetzgeber des Verweisungsgesetzes, sondern den des Verweisungsobjekts bestimmt wird. Das Demokratieprinzip verlangt aber, wie dies in Art. 20 II GG ausgedrückt wird, dass alle Staatsgewalt vom Volk ausgeht („Volkssouveränität") bzw. dass die Identität von Regierenden und Regierten gewahrt sein muss. Damit ist es dem Gesetzgeber verwehrt, sich seiner legislativen Aufgabe durch Delegation über die in der Verfassung selbst vorgesehenen Möglichkeiten hinaus zu entziehen. Zum anderen führen Verweisungen dazu, dass sich der Akt der Rechtsfindung für den Rechtsunterworfenen verkompliziert, insbesondere wenn er Normen anderen Ursprungs oder mehreren Verweisungen folgen muss, bis er schließlich die einschlägige Regelung auffinden kann.

Hinsichtlich dieser gravierenden Einwände ist aber richtigerweise zwischen echten und unechten Blanketten zu differenzieren: Binnen- bzw. statische Verweisungen[657], wie die Verweisung der 38, 39 WpHG auf die außerstrafrechtliche

655 Schünemann, FS für Lackner, S. 371; Schenke, FS für Fröhler, 1980, S.119; Moll, Blankettstrafgesetzgebung, S. 109 ff.; Satzger, Europäisierung, S. 228, 268; Dietmeier, Blankettstrafrecht, S. 4 f., 105;

656 Schönke/Schröder/Eser, § 1 RN 8; SK-Rudolphi, 26. Lfg. (Juni 1997), § 1 RN 1 ff.; Krey, Strafe, S. 137; Maunz/Dürig/Schmidt-Assmann, 30. Lfg. (Dezember 1992), Art. 103 Abs. II, RN 179 ff.; Jarass/Pieroth, Art. 103 RN 43 ff.; Brenner, Bonner GG, Art. 103 Abs. 2, RN 102, 140; Lohberger, Blankettstrafrecht, S. 97 ff., 107, 113; Kühl, FS für Lackner, S. 828; Volkmann, ZRP 1995, S. 222 f.; Jescheck/Weigend, LB, § 13 II 2; Moll, Blankettstrafgesetzgebung, S. 126 f.; Ransiek, Gesetz und Lebenswirklichkeit, S. 40 ff.; Satzger, Europäisierung, S. 241, 268; Dietmeier, Blankettstrafrecht, S. 4, 83, 104, 112; st. Rechtsprechung, vgl. BVerGE25, S. 285; 73, S. 234;75, S. 340 f.; 78, S. 381 f.; 83, S. 145.

657 Dabei handelt es sich sowohl um Binnenverweisung als auch um Außenverweisung, wenn die das Strafblankett ausfüllende Rechtsvorschrift zu dem Zeitpunkt, zu dem das Strafgesetz sie in Bezug nimmt, schon erlassen ist und auch nur in der Fassung in Bezug genommen wird, in der sie sich zum Zeitpunkt der Bezugsnahme befindet, s. Schenke, FS

Norm des § 20a WpHG, bringen weniger Probleme unter den Gesichtspunkten des Demokratieprinzips, der Gewaltenteilung sowie des Bundesstaatsprinzips mit sich, denn die Situation stellt sich hier nicht anders dar als dort, wo der Gesetzgeber den Text des Verweisungsobjekts in der gesetzlichen Regelung ausdrücklich wiederholt[658]. Ähnlich sind auch normative Begriffe, die wiederum auf andere gesetzliche Regelungen verweisen, unter dem Blickwinkel der demokratischen Legitimation akzeptabel, da sie vom Gesetzgeber erschaffen und somit demokratisch legitimiert sind, wenn sie selbst hinreichend bestimmt sind[659].

Anders ist die Lage aber bei dynamischen Verweisungen: Die Problematik der echten Blankettstraftatbestände liegt nämlich darin, dass die Verhaltensnorm durch eine andere normsetzende Instanz ausgefüllt wird, denn der Strafgesetzgeber weiß dabei nicht mehr oder nicht mehr genau, welchen Regelungen er Strafschutz verleiht[660]. Aus dem Vorteil der Flexibilität ergäbe sich dann der Nachteil eines vom (Straf-)Gesetzgeber nicht gesteuerten Strafbarkeitsbereichs. Dabei ist die Gefahr zu sehen, dass der Exekutive eine Blanko- Vollmacht erteilt und daher eine unzulässige „Delegation“ oder versteckte Verlagerung von Gesetzgebungsbefugnissen vorgenommen wird. Damit tangiert die angesprochene Verweisungspraxis sehr wohl demokratische wie rechtsstaatliche Belange[661]. Das Argument, ein Verstoß gegen das Demokratieprinzip liege hier deshalb nicht vor, weil der Schöpfer der Verweisungsnorm die Herrschaft über sein Gesetz insofern behalte, als er dies jederzeit abändern könne, überzeugt deshalb nicht, weil bis zu einer Aufhebung des Verweisungsgesetzes Änderungen des Verweisungsobjektes den Inhalt des Verweisungsgesetzes beeinflussen[662]. Mit der Anknüpfung des Straftatbestandes an die Rechtsverordnung kann aber auch der Bereich des Strafbaren zumindest von der Exekutive festgelegt werden, so dass auch hier der Vorwurf erhoben werden könnte, die Exekutive verfüge infolge eines selbstentmachtenden Verzichts des Gesetzgebers über den Geltungsbereich von Strafrecht.

Daraus ist jedoch nicht der übereilte Schluss zu ziehen, dass in Strafgesetzen niemals auf Rechtsverordnungen Bezug genommen werden kann. In der Tat kann der Normierungsbedarf im modernen Industrie- und Sozialstaat nicht allein

---

für Fröhler, S. 89; Kühl, FS für Lackner, S. 831; auch Otto, ZStW 96 (1984), S. 369; Otto, FS für Gitter, S. 716; Moll, Blankettstrafgesetzgebung, S. 44; Satzger, Europäisierung, S. 216; Dietmeier, Blankettstrafrecht, S. 47.

658 Lohberger, Blankettstrafrecht, S. 21, 114 f.; Schenke, FS für Fröhler, S. 95, 125; Ransiek, Gesetz und Lebenswirklichkeit, S. 111; Moll, Blankettstrafgesetzgebung, S. 28; Satzger, Europäisierung, S. 248 f.

659 Ransiek, Gesetz und Lebenswirklichkeit, S. 68.

660 Kühl, FS für Lackner, S. 828.

661 Lohberger, Blankettstrafrecht, S. 28; Schenke, FS für Fröhler, S. 92, 100, 125; Tiedemann, Tatbestandsfunktionen, S. 243 f.; Kühl, FS für Lackner, S. 817, 827, 832; Kaschkat, FS für Krause, S. 124; Volkmann, ZRP 1995, S. 220; Satzger, Europäisierung, S. 256.

662 Schenke, FS für Fröhler, S. 124.

vom Parlament bewältigt werden[663]. Zu berücksichtigen ist, dass eine klassische Gewaltenteilung im Sinne einer strikten Gewaltentrennung weder möglich noch erstrebenswert sei, da sich die Gewalten gegenseitig kontrollieren und begrenzen sollen. Im Verhältnis von Legislative und Exekutive zeigt sich dies in der Regelung des Art. 80 I GG, die die Delegation von Gesetzgebungskompetenzen an die Exekutive ausdrücklich gestattet. Zweifelhaft ist jedoch, in welchem Ausmaß das Parlament die Konturierung des Tatbestandes der Entscheidung der Exekutive überlassen darf. Verfassungsrechtliche Messlatte für Straftatbestände, deren Einzelheiten sich aus einem Verweisungszusammenhang von Gesetz und Rechtsverordnungen ergeben, sind die Artikel 80 Abs. 1 Satz 2, 103 Abs. 2 und 104 Abs. 1 Satz 1 GG[664]. Damit ist es dem Gesetzgeber verwehrt, sich seiner legislativen Aufgabe durch Delegation über die in der Verfassung selbst vorgesehenen Möglichkeiten hinaus zu entziehen.

Aus dem Art. 80 GG ist erst einmal der allgemeine Grundsatz der Bindung der Verordnungsgebung an klar bestimmte gesetzliche Ermächtigungen zu ermitteln[665]. Art. 80 GG beinhaltet eine Konkretisierung des Grundsatzes der Gewaltenteilung, des Demokratieprinzips und des Rechtsstaatsprinzips, und zwar unter dem Aspekt der Rechtssicherheit wie unter dem des Gesetzesvorbehalts[666]. Gem. Art. 80 Abs. 1 Satz 2 GG müssen Inhalt, Zweck und Ausmaß der der Exekutive erteilten Ermächtigung in einem gültigen formellen Bundesgesetz bestimmt werden[667]. Um das Bestimmtheitsgebot mittels der einzelnen Begriffe „Inhalt, Zweck und Ausmaß" festzulegen, trennt das BVerfG sie allerdings nicht voneinander und greift auf eine relativ vage Formel zurück, die dahingeht, dass das ermächtigende Gesetz „hinreichend bestimmt" sein müsse[668]. Im Zusammenhang mit der Konkretisierung dieser Formulierung hat das Bundesverfassungsgericht dann verschiedene Formeln geprägt, um diese einigermaßen fassbar zu machen. Nach der „Selbstentscheidungsformel" muss der Gesetzgeber selbst die Entscheidung treffen, welche Fragen durch die Rechtsverordnung geregelt werden sollen (Inhalt), er muss die Grenzen einer solchen Regelung festsetzen (Ausmaß) und angeben, welchem Ziel die Regelung dienen soll (Zweck)[669]. Nach der sog. „Programmformel" muss der Bürger aus dem Gesetz ermitteln können, welches Programm durch die Verordnung erreicht und verwirklicht werden soll[670]. Nach der Vorhersehbar-

---

663 Jarass/Pieroth, Art. 80 RN 1; Brenner, Bonner GG, Bd. III, Art. 80 RN 7 f.; Dietmeier, Blankettstrafrecht, S. 105.

664 Volkmann, ZRP 1995, S. 220; Moll, Blankettstrafgesetzgebung, S. 120.

665 Lohberger, Blankettstrafrecht, S. 106.

666 Jarass/Pieroth, passim; Brenner, Bonner GG, Art. 80, RN 9, 24 ff.; Moll, Blankettstrafgesetzgebung, S. 127.

667 Jarass/Pieroth, Art. 80 RN 11, 15; Brenner, Bonner GG, Art. 80 RN 31.

668 BVerfGE55, S. 226; 69, S. 167; Lohberger, Blankettstrafrecht, S. 108; Brenner, Bonner GG, Art. 80, RN 32 f. m. w. N.

669 BVerfGE2, S. 334; 23, S. 72.

670 BVerFGE5, S. 77; 8, S. 307 ff.; 58, S. 277.

keitsformel muss der Bürger aus dem Gesetz ersehen können, in welchen Fällen und mit welcher Tendenz von der Ermächtigung Gebrauch gemacht werden wird und welchen Inhalt die aufgrund der Ermächtigung erlassenen Rechtsverordnungen haben können[671].

Für die Beantwortung der Frage, ob die zu erfüllenden Bestimmtheitsanforderungen beachtet worden sind, ist demnach stets eine einzelfallbezogene Beurteilung vorzunehmen[672]. Das BVerfG wendet diesbezüglich die sog. Wesentlichkeitstheorie[673] an. Nach dieser Theorie ist der Gesetzgeber verpflichtet, alle wesentlichen Entscheidungen selbst zu treffen, wobei es keine festgelegte Definition des Begriffs der Wesentlichkeit gibt. Man kann sich nur an Indizien orientieren: Je intensiver ein Grundrecht betroffen ist, desto eher ist davon auszugehen, dass es sich um eine „wesentliche" Sachlage handelt, die der gesetzlichen Regelung bedarf. So seien bei Ermächtigungen zum Erlass belastender Regelungen strengere Anforderungen zu stellen als bei Ermächtigungen zum Erlass begünstigender Regelungen[674]. Für disziplinarische oder schuldrechtliche Ordnungsmaßnahmen seien geringere Anforderungen an die Bestimmtheit zu stellen als im Strafrecht[675].

Diese grundsätzliche Zulässigkeit von Verweisungen bedeutet jedoch keine schrankenlose Freiheit des Gesetzgebers bei der Statuierung von Blankettstraftatbeständen[676]. Strafvorschriften tangieren als ultima ratio mit der schärfsten Sanktion, der Freiheitsstrafe, die Grundrechtsausübung, so dass für sie auch die Anforderungen der Art. 103 Abs. 2 (Gesetzlichkeitsprinzip[677]) und 104 Abs. 1 Satz 1 GG zu beachten sind[678]. Art. 103 Abs. 2 GG ist indessen die allgemeinere Vorschrift; er gilt für sämtliche Strafgesetze - unabhängig davon, ob sie Geld- oder Freiheitsstrafen androhen[679] - sowie für das Ordnungswidrigkeitenrecht[680]. Art. 104 Abs. I Satz 1 GG dagegen bezieht sich ausschließlich auf Freiheitsbeschrän-

671 BVerfGE1, S. 60; 41, S. 266; Brenner, Bonner GG, Art. 80 RN 33 m. w. N.
672 Brenner, Bonner GG, Art. 80 RN 34.
673 BVerfGE49, S. 126; 58, S. 277 f.; 61, S. 275; 68, S. 109; 77, S. 230 f.; Moll, Blankettstrafgesetzgebung, S. 109; Satzger, Europäisierung, S. 247.
674 BVerfGE23, S. 73; Jarass/Pieroth, Art. 80 RN 12a; Streinz/Ohler, WM 2004, S. 1314.
675 BVerfGE14, S. 185 f.; 41, S. 265; 51, S. 70 f.; Moll, Blankettstrafgesetzgebung, S. 126.
676 Kühl, FS für Lackner, S. 830; Moosmayer, wistra 2002, S. 167.
677 S. o; vgl. auch BVerfGE14, S. 185; Schünemann, Nulla poena sine lege?, S. 2; Brenner, Bonner GG, Art. 103 Abs. 2, RN 97.
678 BVerfGE51, S. 71; Satzger, Europäisierung, S. 248.
679 BVerfGE14, S. 186.
680 BVerfGE71, S. 114; 38, S. 372; 42, S. 262; 71, S. 114 f.; 81, S. 135; 87, S. 411; Brenner, Bonner GG, Art. 103 Abs. 2 RN 106; Satzger, Europäisierung, S. 240.

kungen[681] und somit auch auf die Verhängung von Freiheitsstrafen, die unmittelbar auf ein förmliches Gesetz gestützt werden müssen[682].

Art. 103 Abs. II GG verlangt, dass die Strafbarkeit gesetzlich bestimmt ist. Während von einem Teil der Literatur allein formelle Gesetze als hinreichend i. S. d. Norm angesehen werden[683], fassen Rechtsprechung[684] und herrschende Meinung im heutigen Schrifttum[685] den Begriff des Gesetzes in Art. 103 II GG materiell auf. Dafür spreche zunächst, dass der Verfassungsgeber, wenn er von einem „förmlichen Gesetz“ ausgeht, dies ausdrücklich - wie bei Art. 104 I 1 GG – verlange. Darüber hinaus stehe hinter Art. 103 II GG das Bestreben, jedem die Möglichkeit zu geben, sich für das Recht und gegen das Unrecht zu entscheiden. Unter dem Gesichtspunkt der Erkennbarkeit für den Bürger bestehe zwischen Gesetzen und Verordnungen ohnehin kein grundsätzlicher Unterschied, weil auch Verordnungen grundsätzlich im Bundesgesetzblatt verkündet werden (Art. 82 Abs. 1 Satz 2 GG). Lediglich Art. 104 Abs. I Satz 1 GG, der in untrennbarem Zusammenhang mit dem in Art. 2 Abs. 2 Satz 2 und Art. 3 GG geschützten Grundrecht auf Freiheit der Person steht, verlange für die Verhängung einer Freiheitsstrafe die „Grundlage eines förmlichen Gesetzes“, während im Übrigen, also für Geldstrafen, ein materielles Gesetz wie eine Rechtsverordnung genüge. Durch diese Formulierung des Grundgesetzes steht fest, dass Verordnungen, Satzungen oder Gewohnheitsrecht keine ausreichende Rechtsgrundlage für Freiheitsbeschränkungen sind, da sie zwar Gesetze im materiellen, nicht aber im formellen Sinne sind[686].

Im Mittelpunkt dieser Pole befindet sich das Bundesverfassungsgericht, das zum Teil Zustimmung innerhalb der Lehre gefunden hat, als es einerseits zur Erfüllung des Bestimmtheitsgebots gem. Art. 103 II GG verlangt, dass die Voraussetzungen der Strafbarkeit und die Art der Strafe für den Bürger schon aus dem formellen Gesetz und nicht erst aus der darauf gestützten Verordnung vorausseh-

681 Darunter versteht man jede staatliche Maßnahme, welche die Ausübung der körperlichen Bewegungsfreiheit erschwert oder unmöglich macht, s. Brenner, Bonner GG, Art. 104, RN 18; Jarass/Pieroth, Art. 104 RN 2.

682 BVerfGE14, S. 186; Ransiek, Gesetz und Lebenswirklichkeit, S. 12; Brenner, Bonner GG, Art. 104, RN 24.

683 Lohberger, Blankettstrafrecht, S. 100 ff., 126; Tiedemann, Tatbestandsfunktionen, S. 253; Maunz/Dürig/Schmidt-Assmann, 30. Lfg. (Dezember 1992), Art. 103 Abs. II, RN 180 ff., 208; Jarass/Pieroth, Art. 103 RN 43; Brenner, Bonner GG, Art. 103 Abs. 2 RN 171; Volkmann, ZRP 1995, S. 222 und FN 17.

684 Ständige Rechtsprechung seit BVerfGE14, S. 185; 14, S. 251; 22, S. 25; 32, S. 362; 37, S. 207 ff.; 38, S. 371.

685 Schönke/Schöder/Eser, § 1 RN 8; Tröndle/Fischer, § 1 RN 2a; Roxin, AT, Bd. I, § 5 FN 2; Schünemann, FS für Lackner, S. 367 ff. FN 42; ders., Nulla poena sine lege, S. 9 ff.; Ensenbach, Verwaltungsakzessorietät, S. 235; Moll, Blankettstrafgesetzgebung, FN 235.

686 Kaschkat, FS für Krause, S. 128 f.; Lohberger, Blankettstrafrecht, S. 150.

bar sein müssen[687]; andererseits gestattet es dem Gesetzgeber, auch im Falle von Freiheitsentzug auf Rechtsverordnungen zu verweisen, sofern er hinreichend klar bestimme, welches Verhalten strafbar sein solle und darüber hinaus Art und Maß der Strafe bezeichne[688]. Dem Verordnungsgeber dürfen lediglich „gewisse Spezifizierungen" des Straftatbestandes bzw. die Präzisierung überwiegend technischer Fragen überlassen werden, wenn wechselnde und mannigfaltige Einzelregelungen erforderlich werden können[689].

Das Bundesverfassungsgericht hat aus Art. 103 Abs. 2 und 104 Abs. 1 Satz 1 GG, also, bestimmte Kriterien für die Zulässigkeit von Verweisungen auf Rechtsordnungen im Rahmen von Straf- und Bußgeldtatbeständen herausgearbeitet und im Fall deren Nichtbeachtung der jeweiligen Regelungen für nichtig erklärt[690]. Blankettstrafgesetze sind demgemäss verfassungsrechtlich grundsätzlich zulässig, wenn:

- sich die möglichen Fälle der Strafbarkeit sowie Art und Maß der Strafe schon auf Grund der gesetzlichen Blankettstraftatbestandes voraussehen lassen
- die Verkoppelung von Blankett und ausfüllenden Rechtsverordnungen rechtstechnisch dem Gebot der Gesetzesklarheit entspricht
- beide Normenbereiche den Bestimmtheitsanforderungen des Art. 103 Abs. 2 GG gerecht werden
- die Gewichtsverteilung zwischen Blankettstrafgesetz und konkretisierendem Rechtsakt die vorrangige Bestimmungsgewalt des förmlichen Gesetzes verdeutlicht und dem Verordnungsgeber lediglich gewisse Spezifizierungen des Tatbestandes überlassen bleiben. Für alle ausfüllenden administrativen Rechtsakte im Rahmen des Strafrechts gilt einheitlich, dass sie im gesamten Anwendungsbereich des Art. 103 Abs. 2 GG die Strafbarkeit weder tatbestandlich

---

687 BVerfGE14, S. 185 f.; 14, S. 257; 23, S. 269; 48, S. 55; 51, S. 70 f.; 75, S. 342; 105, S. 153; zust. Jakobs, AT, 4. Abschnitt RN 11 Jescheck/Weigend, LB, § 12 III 2; Tröndle/-Fischer, § 1 RN 5; Otto, FS für Gitter, S. 716; Satzger, Europäisierung, S. 256.

688 Ausdrücklich BVerFGE14, S. 186 f.; 14, S. 251; 74, S. 342; 78, S. 383; BVerfG NJW 1998, S. 670; so auch Kühl, FS für Lackner, S. 832; Jescheck/Weigend, LB, § 12 III 2; Jakobs, AT, 4. Abschnitt RN 11; Jarass/Pieroth, Art. 104 RN 3; Brenner, Bonner GG, Art. 104 RN 25; Moll, Blankettstrafgesetzgebung, S. 70; Dietmeier, Blankettstrafrecht, S. 121; Satzger, Europäisierung, S. 256.

689 Aus der Kursbetrugslehre vgl. auch Hopt/Baum, in Hopt/Rudolph/Baum, S. 442; Lenzen, Unerlaubte Eingriffe; dies, Finanz-Betrieb, S. 607; Altenhain, BB 2002, S. 1876; Ziouvas, ZGR 2003, S. 128.

690 So geschehen z. B. im Fall der Strafvorschrift des § 71 StVZO, BVerfGE14, 174, der Strafvorschrift des § 49 StVO, BVerfGE 14, 254 ff. oder der Strafvorschrift des § 366 Nr. 10 StGB i. V. m. § 2 der bayerischen Plakatverordnung vom 7. 11.1051, BVerfGE23, 265 ff.

begründen, noch hinsichtlich des Strafrahmens selbständig festlegen können[691].

Eine zu erwartende ausführlichere Entfaltung des Begriffs der Spezifizierung wird aber erstaunlicherweise in den Begründungen der Rechtsprechung nicht gegeben. Weder wird beschrieben, wann die Beschreibung der Strafbarkeit durch das Parlament „hinreichend deutlich" ist, noch wird klargestellt, was unter einer „gewissen Spezifizierung" zu verstehen sein soll[692]. Beim Versuch einer näheren Beschreibung der Grenzen der Verweisungsmöglichkeit auf Rechtsverordnungen ist richtigerweise von den Anforderungen des demokratischen Prinzips an den Gesetzgeber auszugehen: Das demokratische Prinzip und das sich hieraus ergebende Gebot der Gewaltenteilung fordern, dass das Parlament wesentliche legislative Entscheidungen wie den Einsatz strafrechtlicher Mittel selbst vornimmt[693]. Daraus ergibt sich, dass die Grundentscheidung, welches Verhalten strafbar sein soll, dem Gesetzgeber und nicht dem Verordnungsgeber überlassen bleiben muss. Die Exekutive ist ausschließlich dazu befugt, die gesetzgeberische Entscheidung zu konkretisieren, nicht aber nach eigenem Ermessen zu ergänzen[694]. Unter dem Begriff des Spezifizierens ist vor allem ein zergliederndes Entfalten von in Begriffen enthaltenden Bedeutungselementen zu verstehen. Hieraus ergibt sich, dass eine Spezifizierung dann zulässig ist, wenn das Parlament eindeutig das geschützte Rechtsgut und die Art und Weise der Verletzungshandlung bezeichnet. Nur dann kann der Rechtsverordnung die Regelung der Einzelheiten überlassen werden[695].

III. Das geschützte Rechtsgut

Eine bestimmte Verhaltensweise mag unter vielen Gesichtspunkten sozial unerwünscht sein ohne dass jedem von ihnen ein strafrechtlich relevantes Rechtsgut entspräche[696]. Strafrechtsschutz ist allerdings ein subsidiärer Rechtsgüterschutz[697]. Allgemein wird dieser Unterschied darin gesehen, dass die staatliche Strafe und ihre Vollstreckung die schärfsten Reaktionen des Gemeinwesens sind, weil sie nicht nur in Freiheit, Persönlichkeitsentwicklung und Würde des Bestraften ein-

---

691 BVerfGE75, S. 342; 78, S. 383; vgl. auch Maunz/Dürig/Schmidt-Assmann, 30. Lfg. (Dezember 1992), Art. 103 Abs. II, RN 201, 207 ff.; Jarass/Pieroth, Art. 103 RN 43 ff.; Brenner, Bonner GG, Art. 103 Abs. 2, RN 152; Dietmeier, Blankettstrafrecht, S. 128.

692 Dietmeier, Blankettstrafrecht, S. 124 f.; Moll, Blankettstrafgesetzgebung, S. 143 ff.

693 Dietmeier, Blankettstrafrecht, S. 126; BGH, wistra 1997, S. 26; Satzger, Europäisierung, S. 269.

694 Tiedemann, Tatbestandsfunktionen, S. 253; Kühl, FS für Lackner, S. 833 f; Volkmann, ZRP 1995, S. 223; Dietmeier, Blankettstrafrecht, S. 127 f.

695 Kühl, FS für Lackner, S. 834 f.

696 Stratenwerth, FS für Vischer, S. 668.

697 Roxin, AT, Bd. I, § 2 RN 1 ff.

greifen, sondern der Strafausspruch darüber hinaus ein mit staatlicher Autorität versehenes, sozialethisches Unwerturteil über die Tat und den Täter enthält[698].

Obwohl § 88 BörsG a. F. als Vorläufer des Börsen- und Marktpreismanipulationsstraftatbestandes des WpHG als Betrugsergänzung angesehen wurde, lässt sich die Schaffung eines abstrakten Gefährdungstatbestandes jedoch nicht ausschließlich durch die Beseitigung von strafprozessualen Hürden legitimieren[699]. Anzuknüpfen ist an ein Rechtsgut. Hinzu kommt ein weiterer Punkt: Unter dem Aspekt des Vermögensschutzes wäre die erfolgte Vorverlagerung der Strafbarkeit in dem alten Kursbetrugstatbestand allerdings durchaus problematisch gewesen. Der strafrechtliche Schutz des Vermögens vor lediglich abstrakter Gefährdung soll nach herrschender Meinung illegitim sein[700]. Die Gleichheit vor dem Strafgesetz und eine gewisse Stimmigkeit der Strafgesetze sind nämlich Grundlage für die Entwicklung und das Funktionieren eines demokratisch und rechtsstaatlich eingebundenen Systems der Strafrechtspflege[701]. Da der Gesetzgeber die Grenze des strafwürdigen Verhaltens im Hinblick auf den Schutz des Individualvermögens vor täuschenden Verhaltensweisen aber durch § 263 StGB bereits in der Weise gezogen hat, dass nicht bereits die bloße Täuschungshandlung für sich gesehen ausreicht, das Verhalten als ein (vollendetes) deliktisches Verhalten zu kriminalisieren, und dass im Falle einer gelungenen Täuschung jeder Vermögensträger gleichermaßen hilf- und damit auch schutzlos ist, kann die punktuelle Sonderbehandlung bestimmter Kapitalanleger als eine innerhalb des Gesamtsystems des strafrechtlichen Vermögensschutzes legitime Differenzierung nicht begründet werden.

Angesichts dessen wird die Strafbarkeit in puncto Kursmanipulation durch den Rückgriff auf ein zumindest mitgeschütztes Universalrechtsgut „legitimiert“. Beim Kursbetrugs- bzw. Kursmanipulationstatbestand wird nämlich von einem Institutionenschutz ausgegangen. Ein strafrechtlicher Institutionenschutz entspricht dem Verständnis des 20. Jahrhunderts, da heute nicht nur hoheitliche Vermögensinteressen als besonders gewichtig eingeschätzt werden, sondern auch die Übernahme zentraler Funktionen durch Staat und Gesellschaft zu deren strafrechtlicher Bewertung führt[702]. Seit der Neufassung des Straftatbestandes durch das zweite WiKG stellen also sowohl die Kursbetrugs- als auch die Kursmanipu-

---

698 BVerfGE9, S. 172; 22, S. 80; Otto, GS für Schröder, S. 54; Geerds, Vermögensschutz, S. 286.

699 Otto, ZStW 96 (1984), S. 367; Worms, Anlegerschutz, S. 271.

700 Vgl. dazu LK-Tiedemann, § 265 RN 6 sowie § 265 b RN 12; Schlüchter, 2. WiKG, S. 126, 176; Bottke, wistra 1991, S. 7 ff.; Schönke/Schröder/Lenckner, § 265 b RN 3; Wohlers, Deliktstypen, S. 160 ff.

701 Vgl. dazu Wohlers, Deliktstypen, S. 161 ff., 165.

702 Tiedemann, Wirtschaftsbetrug, XIII.

lationslehre[703] in Anlehnung an den Gesetzgeber[704] auf den Schutz eines überindividuellen Rechtsgutes, und zwar der Zuverlässigkeit und Wahrheit der Preisbildung an Börsen und Märkten, ab und lösen somit den Straftatbestand von dem Schutz vermögensrechtlicher Interessen[705]. Nach Ansicht des Gesetzgebers ist die Zuverlässigkeit der Preisbildung an Börsen und Märkten ein Schutzgut von so erheblichem Rang, dass seine Beeinträchtigung durch Kurs- und Marktpreismanipulationen strafwürdiges Unrecht darstellt[706]. Damit eng verbunden ist der Schutz des Vertrauens der Anleger in den Wertpapiermarkt und der kapitalmarktrechtliche Funktionsschutz[707]. Das Vertrauen der Marktteilnehmer in einen mit redlichen Mitteln in geordneter Weise zustande gekommenen Börsen- und Marktpreis sei unabdingbare Voraussetzung für die Integrität des Kapitalmarktes und für einen funktionsfähigen Finanzplatz.

Neue Dimensionen hat die Diskussion um das geschützte Rechtsgut allerdings neulich im Rahmen der zivilrechtlichen Kommentarliteratur erhalten. Nach den dramatischen Kurseinbrüchen der letzten Jahre kanalisierte sich der Ärger tatsächlich oder vermeintlich übervorteilter Kleinaktionäre immer häufiger in Haftungsklagen gegen Emittenten, Vorstandsmitglieder, emissionsbegleitende Ban-

---

703 Ziouvas, wistra 2003, S. 18; Schwark, in Schwark, 3. Aufl., § 20a WpHG, RN 5, 9; Wilga, in Möllers/Rotter, § 12 RN 9 sowie Leisch, ebenda, § 16 RN 37; zum Kursbetrugstatbestand vgl. Scheu, Börsenstrafrecht, S. 100; Schlüchter, 2. WiKG, S. 136; Schröder, Aktienhandel, S. 136; Fichtner, Börsenstrafvorschriften, S. 62; Tippach, Insider-Handelsverbot, S. 23; Faure, ZStW 108 (1996), S. 545; Lenzen, Unerlaubte Eingriffe, S. 159; Park, BB 2001, S. 2069; Heise, Insiderhandel, S. 116; Schwark, 2. Aufl., § 88 RN 1; Groß, 2. Aufl., § 88 BörsG RN 1; Tripmaker, wistra 2002, S. 290; Reichert/Weller, ZRP 2002, S. 53; Holzborn/Foelsch, NJW 2003, S. 938; Eichelberger, WM 2003, S. 2126; Körner, NJW 2004, S. 3386.

704 BT-Dr. 14/8017, S. 98 sowie BT-DR. 14/8600, S. 20 (viertes FFG); vgl. auch BT-Dr. 10/318, S. 45 (zweites WiKG).

705 Lenzen, Unerlaubte Eingriffe, S. 159, 247; dies., ZBB 2002, S. 280; vgl. auch Bröker, wistra 1995, S. 132 f.; Ledermann, in Schäfer, § 88 BörsG RN 14; Park, BB 2001, S. 2075; Ekkenga, NZG 2001, S. 6; Schmitz, wistra 2002, S. 212.

706 BT-Dr. 10/318, S. 46; zust. Tiedemann, Gutachten, C 45; Fichtner, Börsenstrafvorschriften, S. 62; Ledermann, in Schäfer, § 88 RN 13; Kalss, EuZ 2003, S. 2; Vogel, NStZ 2004, S. 255; Benner, in Wabnitz/Janovsky, 2. Aufl., Kapitel 9 RN 58; Trüstedt, Börsenkursmanipulationen, S. 56 f.; a. A. Rössner in Assmann/Schütze, § 9 RN 10; Möllers/Leisch, ZIP 2002, S. 1997.

707 BT-Dr. 14/8017, S. 89, 98; BR-Dr. 936/01, S. 41; vgl. auch Watter, SZW 62 (1990), S. 196; Faure, ZStW 108 (1996), S. 543 f; Altendorfer, in Aicher/Kalss/Oppitz, S. 224; Lenzen, Unerlaubte Eingriffe, S. 159; Groß, 2. Aufl., § 88 BörsG RN 1; Wittich, Die Bank 2001, S. 279; Schmitz, wistra 2002, S. 209, 211; Möller, WM 2002, S. 310, 313; Lenenbach, ZIP 2003, S. 246; ders, EWiR 2004, S. 308; Vogel, NStZ 2004, S. 252; s. auch BVerfGE ZIP 2002, S. 1988; Trüstedt, Börsenkursmanipulationen, S. 63, 65 f.; Fahrholz, FS für Selmer, S. 336; vgl. Altenhain, BB 2002, S. 1875, nach dessen Ansicht es bei dem Kursmanipulationsverbot ausschließlich um den Schutz der Funktionsfähigkeit des Kapitalmarktes geht; Eichelberger, ZBB 2004, S. 298.

ken, Finanzanalysten oder Wirtschaftsprüfer[708]. Die Durchsetzung von Schadensersatzansprüchen irregeführter Anleger wegen manipulierter Kurse scheiterte jedoch an einem unzureichenden zivilrechtlichen Instrumentarium[709]. Angesichts dessen wurde teilweise angestrebt, Vermögensschäden in Form von Kursverlusten gem. § 823 Abs. 2 i. V. m. § 88 BörsG a. F./§ 38 Abs. 1 Nr. 4 WpHG zu begründen. Obwohl die ganz herrschende Ansicht den Vermögensschutz des Kapitalanlegers als einen bloßen Reflex der Regelung gegen Kursbetrügereien ansah[710], der für die Annahme eines gerade auf den Schutz bestimmten Rechtsgutes oder Interessen eines Einzelnen abzielenden Schutzgesetzes[711] im Sinne des § 823 Abs. 2 BGB nicht ausreichte[712], wollte eine Mindermeinung dem Kursbetrugstatbe-

---

708 Thümmel, DB 2001, S. 2331; Fleischer/Kalss, AG 2002, S. 329; Rieckers, BB 2002, S. 1213; Tilp, ZIP 2002, S. 1729.

709 Ausführlich dazu Lenzen, Unerlaubte Eingriffe, S. 176 ff.; zu gefälschten Ad-hocs vgl. LG München, WM 2001, 1948 ff. = ZIP 2001, 1814 (Informatec I); OLG München, ZIP 2002, S. 1989 ff.; LG Augsburg, WM 2002, S. 592 (Informatec IV); OLG München, ZIP 2002, S. 1989 ff.; Thümmel, DB 2001, S. 2331 ff.; Riedel, wistra 2001, S. 450; Posegga, EWiR 2002, S. 476; Schäfer, EWiR 2002, S. 44; Pluskat, Finanz-Betrieb 2002, S. 238; Barnert, WM 2002, S. 1473 ff.; Krause, ZGR 2002, S. 816 ff.; vgl. aber nun zur Schadensersatzgewährung wegen fehlerhafter Ad-hoc-Mitteilungen gem. § 826 BGB BGH, II Senat, Mitteilungs-Nr. 87/2004 v. 19 Juli 2004 (unver.).

710 Knauth, NJW 1987, S. 32; Schwark, 2. Aufl., § 88 RN 1; Ledermann, in Schäfer, § 88 RN 1; Lenzen, Unerlaubte Eingriffe, S. 159, 181; Benner, in Wabnitz/Janovsky, 1. Aufl., Kapitel 4 RN 28; Weber, NZG 2000, S. 114; Groß, 2. Aufl., § 88 BörsG RN 1; Ekkenga, NZG 2001, S. 1 FN 37; Park, BB 2001, S. 2069; Thümmel, DB 2001, S. 2332; Schwark, EWiR 2001, S. 1049; Ekkenga, WM 2002, S. 323; Schmitz, wistra 2002, S. 211; OLG München, ZIP 2002, S. 1991 = NZG 2002, S. 1107 ff. = NJW RR 2002, S. 1702 ff. = BKR 2002, S. 1096ff. = DB 2002, S. 2430-2433 = NJW 2003, S. 144 ff. = AG 2003, S. 106 ff.; Fissenwert, Betrieb und Wirtschaft 2003, S. 909; Meyer, AG 2003, S. 621; Fahrholz, FS für Selmer, S. 331.

711 Unter Schutzgesetz versteht man die Rechtsnorm, die Befehlsqualität besitzt und die nach Zweck und Inhalt wenigstens auch auf den Schutz von Individualinteressen vor einer näher bestimmten Art ihrer Verletzung ausgerichtet ist, wobei es nicht genügt, dass der Individualschutz durch Befolgung der Norm als ihr Reflex objektiv erreicht werden kann, vgl. BGHZ66, S. 390; BGH, NJW 1992, S. 216 m. w. N.; BVerfG, ZIP 2002, S. 1988; Rieckers, BB 2002, S. 1215 m. w. N.

712 Vgl. Schwark, 2. Aufl., § 88 RN 1; Rössner, in Assmann/Schütze, § 9 RN 19; Mennicke, Sanktionen, S. 624; Geibel, in Schäfer, § 15WpHG RN 155 sowie Ledermann, ebenda § 88 BörsG RN 1; Steinhauer, Insiderhandelsverbot, S. 136; Lenzen, Unerlaubte Eingriffe, S. 159, 181; Groß, 2. Aufl., § 88 BörsG RN 1; Benner, in Wabnitz/Janovsky, 1. Aufl., Kapitel 4 RN 28; Weber, NZG 2000, S. 114; Ekkenga, NZG 2001, S. 6; ders., WM 2002, S. 323; Schwark, EWiR 2001, S. 1050; Schmitz, wistra 2002, S. 211; Maier-Reimer/-Webering, WM 2002, S. 1864; Rieckers, BB 2002, S. 1215; Krause, ZGR 2002, S. 816 f.; Rützel, AG 2003, S. 72; Holzborn/Foelsch, NJW 2003, S. 938; Rössner/Bolkart, WM 2003, S. 954; Abram, ZBB 2003, S. 46; Fissenwert, Betrieb und Wirtschaft 2003, S. 909; Meyer, AG 2003, S. 621; Sethe, in Assmann/Schneider, 3. Aufl., §§ 37b, 37 c RN 6; Trüstedt, Börsenkursmanipulationen, S. 69 ff., 77, 82.

stand einen Schutzgesetzcharakter mit der Begründung zumessen[713], dass die Verfälschung des Börsen- oder Marktpreises unmittelbare Auswirkungen auf das Vermögen, das die Anleger auf den Markt einsetzten, habe, so dass eine Preismanipulation nicht getrennt von dem Anlegervermögen angesehen werden könne. Das Gesetz schütze demnach das Börsen- und Marktpublikum nicht allgemein vor Preismanipulation; es solle die Marktteilnehmer vielmehr vor zielbewusster Schädigung zum Zwecke der Bereicherung Einzelner bewahren. Individual- und Funktionenschutz von Kapitalmärkten seien nach dieser Ansicht nur theoretisch trennbar, praktisch aber wirkten beide Schutzmaterien ineinander, weil sie „zwei Seiten derselben Medaille" seien[714]. Der institutionelle Schutz werde sogar erst durch einen individuellen Schutz sinnvoll und effektiv ergänzt (System kommunizierender Röhren). Die einzelnen Vermögensdispositionen dieser Kapitalanleger, seien es private oder professionelle, sind zwingende Voraussetzung dafür, dass sich insgesamt überhaupt Börsen- oder Marktpreise bilden und verändern können[715]. Der Individualanlegerschutz als unmittelbarer Schutz vor manipulierten, aufgrund unrichtiger Informationsbasis getroffenen individuellen Anlageentscheidungen geht also dem mittelbaren Institutionenschutz der Börsen- und Marktpreisbildung voraus. Der Schutz der Kapitalanleger stelle daher keine bloß entfernte Folgewirkung dar und werde von dem Straftatbestand gegen Kursmanipulationen miterfasst.

An diesen Gedanken schloss sich auch die dritte Zivilkammer des Landgerichts Augsburg an[716], das die Informatec-Vorstände wegen einer fehlerhaften Ad-hoc-Meldung über einen vermeintlichen bzw. noch erwarteten Großauftrag auf der Grundlage von § 823 Abs. 2 BGB i. V. m. § 88 Nr. 1 BörsG a. F. zur Rückerstattung der Erwerbsaufwendungen für die Aktien Zug um Zug gegen deren Übertragung verurteilte und somit vom Landgericht München abwich, das beim im Wesentlichen gleichen Sachverhalt die Klage eines Aktionärs auf Anordnung des dinglichen Arrests in das Vermögen der Vorstände der Informatec AG abgelehnt

713 Hasslinger, Zivilrechtliche Ansprüche, S. 50 ff.; Dingeldey, Insider-Handel, S. 218; Worms, Anlegerschutz, S. 352; Baumbach/Hopt, HGB, 30. Aufl., § 88BörsG RN 1; Immenga NJW 1986, S. 840; Rodewald/Siems, DB 2001, S. 2439; Möllers/Leisch, BKR 2001, S. 82; dies, ZIP 2002, S. 1996 f.; Fuchs/Dühn, BKR 2002, S. 1066; Möllers, ZBB 2003, S. 400. Es ist allerdings strittig, ob sich der BGH im Urteil v. 11.11.1985, NJW 1986, S. 840 an diese Mindermeinung angeschlossen hat, s.u. sowie BGH, Urt. v. 19-7-2004 – II ZR 402/02, S. 9.

714 Hopt, Gutachten, G 47 f.; Geerds, Vermögensschutz, S. 2; Hopt/Baum, in Hopt/Rudolph/-Baum, S. 365; Steinhauer, Insiderhandelsverbot, S. 244; Rodewald/Siems, passim; Fuchs-/Dühn, BKR 2002, S. 1064; Ziouvas, ZGR 2003, S. 143; Ekkenga, ZIP 2004, S. 785; Ransiek, JR 2004, S. 166; Fahrholz, FS für Selmer, S. 344.

715 Fuchs/Dühn, BKR 2002, S. 1065; Wilga, in Möllers/Rotter, § 12 RN 12.

716 LG Augsburg, WM 2001, 1994 ff. = DB 2001, 2334 ff. = ZIP 2001, S. 1881 ff. = BRK 2001, 99 ff. (Informatec II).

hatte[717]. In der Entscheidung des LG Augsburg hieß es ausdrücklich: *„Ausschlaggebend... ist, dass die Rechtsnorm ... gerade dazu diene, das Vermögen des einzelnen Kapitalanlegers vor möglichen Schäden durch eine unredliche Beeinflussung der Preisbildung an Börsen und Märkten zu schützen"*.

Ein anlegerschützender Charakter als Konsequenz der Entscheidung des Landgerichts Augsburg wurde dem Kursbetrugstatbestand allerdings aufgrund seiner Entstehungsgeschichte sowie der Gesetzesbegründung zum 2. WiKG von der herrschenden Meinung trotzdem abgesprochen. Die 3. Zivilkammer des LG Augsburg hat sich für ihre Auffassung auf dieselben Aspekte berufen, die die Gegenmeinung gerade dazu veranlasst, § 88 BörsG a. F. nicht als Schutzgesetz zu Gunsten des einzelnen Anlegers einzuordnen, ohne diesen Widerspruch jedoch zu klären[718]. § 88 BörsG a. F. schütze nach dem wohl herrschenden Ansatz den Kapitalmarkt. Der Kapitalmarkt sei aber bereits beeinträchtigt, wenn unrichtige Angaben gemacht werden, die für den Börsen- oder Marktpreis erheblich seien[719]. Auf eine Vermögensgefährdung des einzelnen Anlegers komme es bei Betrachtung des Kapitalmarktes nicht an. Im Focus der Bemühungen stehe der individuelle Kapitalanleger nicht, sondern werden die Marktteilnehmer insgesamt geschützt. Im Gegensatz dazu regle die parallel strukturierte Vorschrift des § 264a StGB den Vermögensschutz des individuellen Kapitalanlegers, der im Rahmen der Umformung des Kursbetrugstatbestandes durch das zweite WiKG mit der Funktion eingeführt wurde, den Anleger beim Vertrieb von Kapitalanlagen vor Täuschungen und Vermögensverlusten zu schützen[720]. Sowohl das OLG München, welches das Urteil der dritten Zivilkammer Augsburg aufhob[721], als auch das Bundesverfassungsgericht[722], der BGH[723] und eine Reihe von Untergerichten[724] haben dem

---

717 LG München, WM 2001, 1948 ff. = ZIP 2001, 1814 ff. = BKR 2001, S. 102 ff. (Informatec I).

718 BVerfG, ZIP 2002, S. 1988.

719 Schwark, EWiR 2001, S. 1049; Thümmel, DB 2001, S. 2332 ff.; Rieckers, BB 2002, S. 1215, 1221; Schmitz, wistra 2002, S. 211; Rützel, AG 2003, S. 72; Barnert, WM 2002, S. 1475; Trüstedt, Börsenkursmanipulationen, S. 69.

720 BT-Dr. 10/318, S. 45; Barnert, WM 2002, S. 1478 f.; Schmitz, wistra 2002, S. 211; Groß, WM 2002, S. 484; OLG München, ZIP 2002, S. 1991; BVerfG, ZIP 2002, S. 1988; zum § 264a StGB als Schutzgesetz vgl. auch Pabst, Rechtliche Risiken, S. 50, 61; Schlüchter, 2. WiKG, S. 156; Ledermann, in Schäfer, § 88 BörsG, RN 1; Schwark, 2. Aufl., vor § 88 RN 3; Tiedemann, Wirtschaftsbetrug, § 264a, RN 14; Schönke/Schröder/Cramer, § 264a RN 1; Lenzen, Unerlaubte Eingriffe, S. 182; Ettinger/Grützediek, AG 2003, S. 359; BGH, NStZ-RR 2001, S. 262.

721 OLG München, ZIP 2002, S. 1991 = NZG 2002, S. 1107 ff. = NJW RR 2002, S. 1702 ff. = BKR 2002, S. 1096ff. = DB 2002, S. 2430 ff. = NJW 2003, S. 144 ff. = AG 2003, S. 106 ff.

722 BVerfG, ZIP 2002, S. 1986 ff. Dabei handelt es sich allerdings nur um ein obiter dictum, weil die Kammer nur zu prüfen hatte, ob der Beschluss des LG Hildesheim, das dem Akteneinsichtsgesuch an mutmaßlich wegen falscher Ad-hocs verletzte Aktionäre im strafrechtlichen Ermittlungsverfahren zur Vorbereitung der zivilrechtlichen Schadensersatz-

Urteil des LG Augsburg in der Zwischenzeit angesichts dessen eine klare Absage erteilt und dem Kursbetrugsstraftatbestand den Schutzgesetzcharakter deutlich aberkannt.

Hinsichtlich des reformierten Kursmanipulationsstraftatbestandes des Wertpapierhandelsgesetzbuchs zieht eine Lehrauffassung allerdings aus der Regierungsbegründung zum vierten FFG[725] die Schlussfolgerung, dass das Vermögen der Marktteilnehmer mindestens als mitgeschütztes Rechtsgut anzusehen sei[726]. Der Haupteinwand dieser Auffassung lautet, dass die eindeutige Ausrichtung des Verbots der Marktpreismanipulation auf den Anlegerschutz zu einem grundsätzlich anderen Verständnis ihres Schutzzwecks zwinge. Für den Schutzcharakter der börsenstrafrechtlichen Vorschriften spreche auch die im Wege des vierten FFG durch die Einführung von Schadensersatzansprüchen bei verspäteten, unterlassenen oder unrichtigen Ad-hoc-Mitteilungen (§ 37b und § 37c WpHG i. F. v. 1-7-2002) signalisierte Wende im Anlegerschutzkonzept. § 20a WpHG sollte in jedem Fall als Schutzgesetz betrachtet werden, schon um auch die Manipulationsfälle zu erfassen, die nicht unter § 37b und § 37c WpHG fallen.

Ob hier der Begriff Anlegerschutz im Sinne von Kollektiv- oder Individualschutz gemeint ist, lässt sich nicht bestimmen[727]. Deutlicher wird die Art des Anlegerschutzes dagegen an anderer Stelle[728], wonach der Anleger zukünftig als Verbraucher eine eigene Rechtsposition am Kapitalmarkt habe, weil er durch die Änderungen der Prospekthaftung und der Regelungen zur Ad- hoc- Publizität bei falschen Informationen Schadensersatz verlangen können. Würde der neue Straf-

---

klage im Wesentlichen stattgegeben hat, verfassungsrechtlich tragfähig ist oder gegen das Recht auf informationelle Selbstbestimmung (Art. 2 Abs. 1 i. V. m. Art. 1 Abs. 1 GG) und das Willkürverbot (Art. 3 Abs. 1 GG) verstößt, vgl. hierzu Lambsdorff, VuR 2003, S. 207 ff.

723 BGH, Urt. v. 19.7.2004 – II ZR 218/03, NJW 2004, S. 2664; BGH, Urt. v. 19.7.2004 – II ZR 217/03, NJW 2004, S. 2668; BGH, Urt. v. 19.7.2004 – II ZR 402/02, S. 8 ff.; BGH, Urt. v. 16.12.2004 – 1 StR 420/03, JR 2005, S. 164 mit Anmerkung von Achenbach, NStZ 2005, S. 624 f.

724 LG Augsburg, WM 2002, S. 592; LG Kassel, DB 2002, 2151.

725 BT-Dr. 14/8017, S. 62 f.

726 Möllers/Leisch, BRK 2001, S. 82; Wilga, in Möllers/Rotter, § 12 RN 14; Tripmaker, wistra 2002, S. 291; Ziouvas/Walter, WM 2002, S. 1488; Altenhain, BB 2002, S. 1875; Hutter/Leppert, NZG 2002, S. 651; Baums, ZHR166 (2002), S. 379; Maier/Reimer/-Webering, WM 2002, S. 1864; Fleischer, Gutachten, F 121; Ziouvas, ZGR 2003, S. 143; Ziouvas, wistra 2003, S. 17; vgl. Ekkenga, ZIP 2004, S. 785 ff., nach dem das Verbot der Kursmanipulation als haftungsbegründendes Schutzgesetz nur bei „Vernachlässigung funktionalen Marktverhaltens" eingreife, namentlich bei Fehlinformationen im Bereich der Kapitalmarktrechtspublizität, bei falschen freiwilligen Veröffentlichungen von Wertpapierdienstleistungsunternehmen und bei regelungswidrig vorgenommenen Kurspflegemaßnahmen.

727 Fahrholz, FS für Selmer, S. 344 f.

728 Bericht des Finanzausschlusses, BT-Dr. 14/8601, S. 9.

tatbestand als Schutzgesetz i. S. d. § 823 II BGB eingestuft, so würden die spezialgesetzlichen Regelungen wie §§ 44 ff. BörsG bei unrichtiger bzw. unterlassener Prospektangabe (Prospekthaftung) sowie 37b und § 37c WpHG aber richtigerweise mit ihren im Rahmen des Interessenausgleichs zu Gunsten des Emittenten eingeführten Begrenzungen der Fristen und des Kreises der Anspruchsberechtigten ausgehebelt[729]. Darüber hinaus sind die Änderungen des § 20a WpHG im Vergleich zu § 88 BörsG a. F. nicht gravierend, so dass es von einem grundlegenden Wandel der gesetzgeberischen Intention ausgegangen werden könnte. Auch wenn die Gesetzesbegründung in ihrem allgemeinen Teil zumindest den Eindruck erweckt, dass der einzelne Anleger möglicherweise auch geschützt werden soll, schweigt die Einzelbegründung zu § 20a WpHG insoweit bzw. stellt die Funktionsfähigkeit der überwachten Märkten im Vordergrund[730]. Ebenso wenig lässt sich der EU-Marktmissbrauchsrichtlinie zum Verbotstatbestand der Kurs- und Marktpreismanipulation ein Gebot nehmen, die Vorschrift auch als deliktsrechtliches Schutzgesetz auszugestalten[731].

Ob eine Rechtsnorm allerdings überhaupt den Schutz von Individualinteressen bezweckt, ist aber richtigerweise nicht ausschließlich von dem subjektiven Willen des Gesetzgebers abhängig[732]. Maßgebend ist nach allgemeinen Auslegungsgrundsätzen der objektivierte Wille des Gesetzgebers (ratio legis), nicht aber, ob der Gesetzgeber es zufälligerweise für opportun gehalten hat, in Gesetzesmaterialien den Individualschutzzweck zu erläutern. Die oben vorgezeichnete Debatte hinsichtlich eines Individualschutzes durch den Kursbetrugs- bzw. Kursmanipulationstatbestand geht allerdings auf verfehlte Strafwürdigkeitsmutmaßungen zurück. Gegen die Heranziehung des Vertrauensgedankens zur strafrechtlichen Legitimierung von Wirtschaftsstraftaten wird zu Recht geltend gemacht, dass Wirtschaftsdelinquenz im Allgemeinen nicht schlechthin durch Verletzung von Vertrauen oder gar einen Vertrauensmissbrauch gekennzeichnet ist[733]. Der Angriff auf die Vertrauensgrundlage der sozialen Beziehungen kennzeichnet jedes kriminelle Verhalten, da Vertrauensschutz ein Element des Rechtsgüterschutzes ist. Nicht so sehr also in das Wirtschaftssystem selbst, sondern in seinen Schutz durch Staat und Recht werde Vertrauen investiert. Dieses abstrakte Gesellschaftsvertrauen sei letztlich nicht anderes als das gemeinte Vertrauen in die Gel-

---

729 Barnert, WM 2002, S. 1483; Hutter/Leppert, NZG 2002, S. 655; Barnert, WM 2002, S. 1482; Fuchs/Dühn, BKR 2002, S. 1066; Weitnauer, DB 2003, S. 1722; Schwark, FS für Kümpel, S. 499; Vogel, in Assmann/Schneider, 3. Aufl., § 20a RN 17; Trüstedt, Börsenkursmanipulationen, S. 81; Fahrholz, FS für Selmer, S. 342, 345.

730 Sorgenfrei, wistra 2002, S. 322; Vogel, in Assmann/Schneider, 3. Aufl., § 20a RN 17.

731 Fahrholz, FS für Selmer, S. 345.

732 Barnert, WM 2002, S. 1478; Lambsdorff, VuR 2003, S. 212; Trüstedt, Börsenkursmanipulationen, S. 73.

733 Volk, JZ 1982, S. 86 f.; Reischel, Wirtschaftskriminalität, S. 191 ff.; Geerds, Vermögensschutz, S. 57, 60 f.; Mennicke, Sanktionen, S. 486.

tungskraft und Unverbrüchlichkeit des Rechts. Dass dieser Begriff gerade die besondere Materie der Kursmanipulationen bzw. des Wirtschaftsstrafrechts kennzeichne, darauf werde man nach alledem nicht beharren können. Auch beim Betrug geht es zum Beispiel darum, zu verhindern, dass durch das massenhafte Auftreten bestimmter Verhaltensweisen das Vertrauen in den Wirtschaftsverkehr erschüttert wird, denn der § 263 StGB sichert über das Täuschungsverbot, dass bestimmte Manipulationen bei der Entscheidung, am Wirtschaftsverkehr teilzunehmen, nicht stattfinden werden[734].

Auch wenn man annehmen würde, dass innerhalb eines bestimmten Sozialgefüges bestehender Regeln einzelne Einrichtungen des Wirtschaftslebens - wie Börse und Kapitalmärkte als Sammelbecken für Investitionskapital - ein besonderes Vertrauen genießen[735], um ihre Aufgabe innerhalb der Gesamtwirtschaft erfüllen zu können, und dass sich daher die Beeinträchtigung dieses besonderen Vertrauens auf die Funktionsfähigkeit des Instituts nachteilig auswirken und damit den Bestand und die Arbeitsweise der Wirtschaft insgesamt gefährden könnte, muss dieses Vertrauen nicht selbst zum Rechtsgut werden. Die Vertrauensüberlegungen sind aber schon in ihrer Grundlegung nicht stimmig, weil sie bei einer unzulässigen Abstraktion des Rechtsguts ansetzen[736]. Die Annahme eines allgemeinen Vertrauens in den Kapitalmarkt als solchen findet aber in der gesellschaftlichen Kommunikationsstruktur überhaupt keine Entsprechung; dann kann aber auch ein Einzelner durch seine Handlung ein solches „Vertrauen" nicht verletzen. Die Kontrahenten am Markt sind misstrauisch. Der Verbraucher hat keinen Anlass, an das Gute und Schöne im Kleingedruckten zu glauben[737]. Man muss letztlich berücksichtigen, dass bei Taten, die aus der Wirtschaft gegen die Wirtschaft begangen werden, weniger Vertrauen missbraucht wird als Misstrauen zu überwinden ist. Das Argument, dass hier vom Einzelfall zu abstrahieren sei, so dass es bei dem für die Wirtschaftskriminalität relevanten Vertrauen nicht um das konkrete Vertrauen innerhalb einer Täter-Opfer-Beziehung, sondern um ein abstraktes Vertrauen im Sinne eines „Systemvertrauens" gehe[738], vermag nicht zu überzeugen. Wo Vertrauen nicht die Basis konkreter wirtschaftlicher Beziehungen bildet, lässt es sich aus ihnen auch nicht abstrahieren. Worauf man vertraut, ist letztlich, dass die staatliche Reaktion auf Störungen eintritt. Dabei handelt es sich aber um nichts anderes als das allgemeine Vertrauen in die Geltungskraft und Unverbrü-

---

734 Joecks, wistra 1986, S. 143; Worms, Anlegerschutz, S. 279, 312; Geerds, Vermögensschutz, S. 2, 29.

735 So Geerds, Vermögensschutz, S. 61; Hefendehl, Kollektive Rechtsgüter, S. 257 ff.; Schmitz, ZStW 115 (2003), S. 509.

736 Geerds, Vermögensschutz, S. 63; Lüderssen, ZStW 107 (1995), S. 900; Loesche, Kursbeeinflussung, S. 33; Zaczyk, in Lüderssen/Nestler-Tremel/Weigend, S. 126 ff; Wohlers, Deliktstypen, S. 175.

737 Volk, JZ 1982, S. 86.

738 Otto, ZStW 96 (1984), S. 343.

chlichkeit des Rechts, und damit verflüchtigt sich auch die vermeintlich prägende und kennzeichnende Kraft des Merkmals Vertrauensmissbrauch[739].

An die Stelle des unmittelbaren Rechtsgüterschutzes tritt das Vertrauen der Rechtsgenossen in die Einhaltung des Rechts. Denn anders als beim Begriff der Funktionsfähigkeit handelt es sich beim Vertrauen um einen den faktischen, nämlich den psychischen Zustand eines Menschen beschreibenden, Begriff. Das Strafrecht schützt jedoch im Allgemeinen nicht primär wie auch immer geartete psychische Befindlichkeiten der Rechtssubjekte. Grundlage der personalen Existenz ist nicht das Vertrauen in bestimmte Funktionszusammenhänge, sondern deren Funktionsfähigkeit selbst[740].

Selbst wenn man demgegenüber nicht auf das abstrakte Vertrauen, sondern auf die reale Funktionsfähigkeit einer Wirtschaftsinstitution abstellt, könne ebenso wenig Aufgabe des Strafrechts sein, die Funktionsfähigkeit des Kapitalmarktes sicherzustellen. Zunächst wird entgegengehalten, der Begriff des Kapitalmarktes sei viel zu diffus, als dass ihm die Funktion eines per se schützenswerten Gutes zukommen könnte[741]. In der Volkswirtschaftslehre ist sogar umstritten, ob er sich überhaupt bestimmen lässt. Die Definitionen reichen von der mit dem Erwerb verfolgten Zielsetzung der Vermögensvermehrung oder -erhaltung[742] bis zum weitesten Verständnis eines Marktes, auf dem Bündel von Ansprüchen auf die künftigen Einnahmen aus dem Unternehmensgeschehen (Kapitalgüter) gehandelt werden[743]. Nicht entschieden ist sogar, ob darunter bloß der Wertpapiermarkt zu verstehen ist[744] oder über die traditionellen Anlagetitel hinaus auch andere Handelsobjekte des grauen Kapitalmarktes wie Anteile an Publikumspersonengesellschaften, an geschlossenen Immobilienfonds, Bauherrenmodelle oder ausländische Warentermingeschäfte einbezogen werden sollten[745]. Die größte Schwierigkeit besteht aber vor allem gerade darin, den Geldmarkt vom Kapitalmarkt abzugrenzen[746]. Eine Abgrenzung von kurz- zu mittelfristigen Krediten ist nicht ohne willkürliche Grenzziehung möglich. Darüber hinaus besteht angesichts des Einfallreichtums der Kreditinstitute für ständig neue Kreationen von Derivattiteln und speziellen Kredit- Anlageformen häufig keine Möglichkeit, eine Aussage darüber zu treffen,

739 Volk, JZ 1982, S. 86.

740 Vgl. dazu Wohlers, Deliktstypen, S. 227 FN 87.

741 Schlüchter, 2. WiKG, S. 137; Joecks, wistra 1986, S. 144; Worms, Anlegerschutz, S. 313; Rössner in Assmann/Schütze, § 8 RN 52; Reischel, Wirtschaftskriminalität, S. 203; Zaczyk, passim; Weber, Kapitalmarktrecht, S. 4; Ziouvas/Walter, WM 2002, S. 1488; Ziouvas, ZGR 2003, S. 123; ders., wistra 2003, S. 18; Cahn, ZHR 162 (1998), S. 4; Merkt/Rossbach, JuS 2003, S. 217, 224; Schmitz, ZStW 115 (2003), S. 502.

742 Worms, Anlegerschutz, S. 13; de Beer, SAG 55 (1983), S. 66 FN 5.

743 Loistl, Kapitalmarkttheorie, S. 6.

744 Perridon/Steiner, Finanzwirtschaft der Unternehmung, S. 170.

745 Richard, SZW 67 (1995), S. 259 FN 1; Merkt/Rossbach, JuS 2003, S. 218 f.

746 Vgl. Richard, SZW 67 (1995), S. 259 FN 1; Perridon/Steiner, Finanzwirtschaft der Unternehmung, S. 169; Schmitz, ZStW 115 (2003), S. 503.

ob sie dem Kapital- oder dem Geldmarkt zuzuordnen sind. Ebenso findet sich im positiven Recht eine Vielzahl von Kapitalmarktbegriffen[747].

Ein weiterer Vorwurf ist gegen die schlagwortartige Umschreibung des Rechtsguts mit der Funktionsfähigkeit des Kapitalmarktes zu richten[748]. Ein „Funktionieren" kann nämlich nur dann Bedeutung erlangen, wenn das, was funktionieren soll, selbst eine entsprechende Bedeutung hat und darüber hinaus, um als Rechtsgut bestehen zu können, hinreichend bestimmt ist. Der Zusatz „Funktionieren" ist daher ein überflüssiger Annex. Er wäre denn auch überflüssig, wenn man dem Kapitalmarkt Rechtsgutqualität zusprechen würde. Es stellt sich dann nämlich die Frage, ob auch etwas strafrechtlich schützenwert sein kann, was nicht „funktioniert". Es könne also nicht Aufgabe des Strafrechts sein, die „Funktionsfähigkeit" des Kapitalmarktes sicherzustellen.

Der Anerkennung und strafrechtlichen Absicherung eines solches Rechtsgutes bedarf es aber nicht. Der von der überwiegenden Auffassung vorgenommenen kategorischen Trennung zwischen einem abstrakt verstandenen Markt und seinem Funktionsschutz und individuellen Kapitalanlegern ist entgegenzuhalten, dass sich der Kapitalmarkt als solcher gerade erst aus der Gesamtheit der individuellen Kapitalanleger und ihren einzelnen Anlageentscheidungen konstituiert. Beim Schutzzweck „funktionsfähiger Kapitalmärkte" ist es also nicht mehr als ein Konstrukt anzusehen, das individuelle Interessen mediatisiert und konsequenterweise im Zusammenhang mit dem Schutz der Anleger steht[749]. Es lässt sich keine Verletzung des Kapitalmarktes denken, ohne dass ein konkreter Teilnehmer am Kreditverkehr verletzt oder gefährdet wäre. Charakteristisch für „funktionsfähige Kapitalmärkte" ist nicht, dass sie „nur einen vermittelten Bezug zu menschlichen Interessen haben", sondern umgekehrt, dass sie einen so direkten und eklatanten Bezug zu bestimmten Individualrechtsgütern aufweisen, dass ihnen die Qualität eines Allgemeinheitsrechtsguts nicht zukommt. Prüfstein der Legitimität überindividueller Rechtsgüter ist aber die Unmöglichkeit der von der personalen Rechtsgutslehre behaupteten Rückbezüglichkeit der Universalrechtsgüter auf bestimmte personale Interessen[750]. Denn wenn sich einem Straftatbestand unmittelbar individuelle Rechtsgüter zugrunde legen lassen, besteht kein Anlass, kollektive Rechtsgüter zu hypostasieren[751].

Für die Problematik des Kursmanipulationstatbestandes bedeutet dies allerdings nicht, dass es hier ausschließlich um die Schädigung des Anlegervermögens geht. Es wurde nur ausgeleuchtet, zu welchen verfehlten Schlussfolgerungen man gelangt, wenn man in der Analyse des geschützten Rechtsguts Vertrauens- und

747 Weber, Kapitalmarktrecht, S. 3.

748 Reischel, Wirtschaftskriminalität, S. 21 f.; Hefendehl, Kollektive Rechtsgüter, S. 269.

749 Volk, ZHR 142 (1977), S. 18; Dingeldey, Insider-Handel, S. 199; Worms, Anlegerschutz, S. 315; Altenhain, BB 2002, S. 1875; Fahrholz, FS für Selmer, S. 344.

750 Kuhlen, ZStW 105 (1993), S. 704; zustimmend Hefendehl, Kollektive Rechtsgüter, S. 74.

751 Hefendehl, Kollektive Rechtsgüter, S. 82.

Funktionsschutzargumente mit einbezieht. Beim Kursbetrugs- bzw. Kursmanipulationstatbestand geht es nicht um strafrechtlichen Vermögensschutz - der wird von § 263 StGB vorgenommen - und auch nicht um den Schutz des Kapitalmarktes vor Irreleitung[752]. Vielmehr soll das Börsenwesen bzw. der auf den freien Wettbewerb angelegte Börsenpreisbildungsmechanismus gewährleistet werden. Der Börsenkurs wird heute im Hinblick auf seinen Informationscharakter als Spiegelbild der wirtschaftlichen Lage eines Unternehmens stärker als je zuvor als Wirtschaftsfaktor wahrgenommen und ist somit eine unverzichtbare Bedingung für das gesamte Wirtschaftsleben[753]. Er stellt zudem ein öffentliches Gut dar, dessen Nutzung durch Nichtausschließbarkeit und Nichtrivalität gekennzeichnet ist[754]. Unter der Nichtrivalität der Nutzung eines Gutes wird verstanden, dass das Gut durch einen zusätzlichen Konsumenten genutzt werden kann, ohne dass dessen Nutzung die Nutzung eines anderen beeinträchtigt. Die Nichtausschließbarkeit der Nutzung steht für die Unmöglichkeit, eine exklusive Nutzung des Gutes sicherzustellen bzw. jemanden vom Konsum des Gutes auszuschließen. Kurse sind somit zum einen durch geringe Grenznutzerkosten gekennzeichnet, weil es aufgrund der preiswerten Kopierbarkeit keine signifikanten Kosten verursacht, wenn ein weiteres Wirtschaftssubjekt über die Kurse informiert wird. Zum anderen ist eine Abgrenzung ihrer Nutzung durch Preissetzung nicht sinnvoll, weil sonst zu wenig (potentielle) Investoren über die Liquidität des Börsenplatzes informiert werden und somit nur eine suboptimale Liquidität entsteht. Damit rücken Kurse tatsächlich in den Bereich eines öffentlichen Gutes, weil die Kursverbreitung eine zwangsläufige Notwendigkeit für den Marktbetrieb Börse ist. Diese Aufgabe übernimmt die Börse, indem sie Markttransparenzregeln formuliert und dafür sorgt, dass die Investoren über die Kurse informiert werden können.

IV. Sachlicher Anwendungsbereich

1. Tatbestandsmäßige Anlageobjekte

Das vierte FFG hat den sachlichen Anwendungsbereich des Kursmanipulationstatbestandes beträchtlich geändert und ihn an den Begriff der Finanzinstrumente im Sinne der Marktmissbrauchsrichtlinie angenähert[755]. Die Verbotsnorm bestimmt als Zielgegenstand der Manipulation „Vermögenswerte". Was alles darunter fällt, ist zum Zwecke der Rechtssicherheit in § 20a WpHG legal definiert. Der sachliche Schutzbereich der Vorschrift umfasst demnach die Börsen- und Marktpreis-

752 So auch Schlüchter, 2. WiKG, S. 136 f.

753 BT-Dr. 14/8017, S. 98; vgl. auch Kümpel, Kapitalmarktrecht, 2. Aufl., S. 81; Drygala, WM 2001, S. 1283; am Endergebnis so auch Trüstedt, Börsenkursmanipulationen, S. 66; vgl. auch § 2 I.

754 Rudolph/Röhrl, in Hopt/Rudolph/Baum, S. 259 f.; Lenzen, Unerlaubte Eingriffe, S. 56 f.

755 Ziouvas/Walter, WM 2002, S. 1485.

bildung bei Wertpapieren, Geldmarktinstrumenten, Derivaten im Sinne von § 2 Abs. 1 bis 2[756], Rechten auf Zeichnung, ausländischen Zahlungsmitteln im Sinne des § 63 Abs. 2 BörsG und Waren. Hervorzuheben ist der Ausschluss von Unternehmensanteilen von dem sachlichen Anwendungsbereich der Neuregelung. Diese Änderung ist sachgerecht, da eine Marktpreismanipulation bei Unternehmensanteilen wie beschrieben richtigerweise nicht vorstellbar ist. Strafrechtlichen Schutz gegen unlautere Vorgehensweise mit Unternehmensanteilen bieten immerhin die §§ 263, 264a, 266 StGB[757].

Mit der Einfügung des Verbotes in das WpHG ist der Wertpapierbegriff also im Sinne des 2 Abs. 1 WpHG auszulegen, was hauptsächlich zu begrüßen ist, da diese gesetzliche Definition des § 2 Abs. 1 WpHG ein Ende der Rechtsunsicherheit bezüglich des Umfangs des Wertpapierbegriffs bringt, sich vom zivilrechtlichen Wertpapierbegriff löst, d. h. keine Verbriefung der Titel voraussetzt[758] und somit den Bedürfnissen moderner Kapitalmärkte entspricht[759]. Erfasst sind demnach Aktien, Zertifikate, die Aktien vertreten, Schuldverschreibungen, Genussscheine[760], Optionsscheine sowie andere Wertpapiere, die mit Aktien oder Schuldverschreibungen vergleichbar sind, auch wenn sie unverbrieft sind wie Sammelurkunden, die Buchung im Verwahrungsbuch der Bank beim sog. stückelosen Effektengiroverkehr oder die Eintragung im Bundesschuldbuch bei Anleihen der Bundesrepublik Deutschland (Bundesschatzbriefe, Finanzierungsschätze), Inhaberverschreibungen[761] sowie Wandel-, Optionsanleihen i. S. d. § 221 AktG[762].

Als einzige Voraussetzung ist die Fungibilität des Papiers gefordert[763]. Die Wertpapiere, die lediglich durch Abtretung der Papiere übertragbar sind, wie etwa Namensschuldverschreibungen oder andere Rektapapiere, zählen nicht zu den Wertpapieren des WpHG. Im Gegensatz dazu fallen Anteilsscheine, die von einer Kapitalanlagegesellschaft oder einer ausländischen Investmentgesellschaft ausgegeben werden, gem. § 2 Abs. 1 Nr. 2 Satz 2 unter den Wertpapierbegriff.

Neu im Tatbestand sind die Geldmarktinstrumente aufgeführt. Ihre Einbeziehung ist wegen der entsprechenden Erweiterung des Anwendungsbereichs des WpHG (§ 2 Abs. 1aWpHG) durch das Richtlinienumsetzungsgesetz[764] nur konse-

---

756 BT-Dr. 14/8017, S. 89.

757 Ziouvas, ZGR 2003, S. 120.

758 BT-DR. 12/6679, S. 39; vgl. auch Bröker, wistra 1995, S. 131; Peters, Insiderstrafrecht, S. 32; Heise, Insiderhandel, S. 96; Assmann, in Assmann/Schneider, 3. Aufl., § 2 RN 11.

759 Ziouvas/Walter, WM 2002, S. 1485.

760 Genussscheine sind Urkunden, die einen Anspruch gegen die Gesellschaft am Gewinn- oder Liquiditätserlös begründen, s. Peters, Insiderstrafrecht, S. 30.

761 Ziouvas, wistra 2003, S. 14; Peters, Insiderstrafrecht, S. 31.

762 Peters, Insiderstrafrecht S. 30.

763 BT-Dr. 13/7142, S. 100; Lücker, Missbrauch, S. 81; Peters, Insiderstrafrecht, S. 31, 35; Assmann, in Assmann/Schneider, 3. Aufl., § 2 RN 10.

764 Gesetz zur Umsetzung von EG- Richtlinien zur Harmonisierung bank- und wertpapieraufsichtsrechtlicher Vorschriften v. 22 Oktober 1997, BGBl. I 1997, S. 2718.

quent[765]. Eine eigenständige Bedeutung kommt den Geldmarktinstrumenten in Bezug auf nicht wertpapiermäßig verbriefte oder als Wertrechte ausgestaltete Forderungsrechte zu, die üblicherweise auf dem Markt für kurzfristige Geldanlage und -aufnahme (sog. Geldmarkt[766]) gehandelt werden[767]. Der Geldmarkt wird üblicherweise in einen Banken- und Unternehmensgeldmarkt unterteilt[768]. Der Bankengeldmarkt (Geldmarkt i. e. S.) zerfällt in einen Markt für Geldmarktpapiere, auf dem Wertpapiere öffentlicher Schuldner wie Bund und Länder (unverzinsliche Schatzanweisungen, Schatzwechsel) und Wertpapiere privater Schuldner (Wechsel, Einlagenzertifikate, Schuldscheindarlehen) gehandelt werden, und in einen Markt für Zentralguthaben, wo Banken untereinander Tages- und Termingeld handeln.

Auch soweit (aus welchem Grunde auch immer) solche Forderungen nicht mit Schuldverschreibungen vergleichbar sein und den Wertpapierbegriff nicht erfüllen sollen, werden sie doch in den Anwendungsbereich des Gesetzes einbezogen, soweit sie auf einem Geldmarkt gehandelt werden[769]. Dies war erforderlich, als die Entwicklung des Geldmarktes durch die Emission von Forderungen, die vorwiegend von größeren Wirtschaftsunternehmen unter Vermittlung von Kreditinstituten im Rahmen eines Emissionsprogramms begeben und üblicherweise bei institutionellen Anlegern platziert werden (Commercial Papers) stark zugenommen hat[770]. Ausschließlich Termingelder und Sparbriefe sind mangels Fungibilität keine Geldmarktinstrumente im Sinne des Wertpapierhandelsgesetzes[771].

Derivate im Sinne des § 2 Abs. 2 WpHG sind „als Festgeschäfte oder Optionsgeschäfte ausgestaltete Termingeschäfte, deren Preis unmittelbar oder mittelbar von der Entwicklung des Börsen- bzw. Marktpreises von Wertpapieren, Geldmarktinstrumenten, Waren oder Edelmetallen oder der Veränderung von Zinssätzen oder anderen Erträgen“ abhängt. Darunter zu fassen ist gemäß Nr. 2 der genannten Vorschrift eine Reihe von dezidiert aufgeführten Geschäften in Devisen wie z. B. Devisentermingeschäfte[772], wenn sie an einem organisierten Markt im Sinne des § 2 Abs. 5 WpHG gehandelt werden, sowie Devisenoptionsgeschäfte und Devisenfutureoptionsgeschäfte. Die Frage nach der Verbriefung des jeweiligen Instruments ist irrelevant.

---

765 Ziouvas, ZGR 2003, S. 121.

766 Perridon/Steiner, Finanzwirtschaft der Unternehmung, S. 169; Kümpel, Kapitalmarktrecht, 2. Aufl., S. 42; Merkt/Rossbach, JuS 2003, S. 219.

767 Ziouvas, wistra 2003, S. 14.

768 Kümpel, Kapitalmarktrecht, 2. Aufl., S. 43; ders., Bank- und Kapitalmarktrecht, 3. Aufl., 8. 157 ff.; Assmann, in Assmann/Schneider, 3. Aufl., § 2 RN 22.

769 Kümpel, Kapitalmarktrecht, 2. Aufl., S. 43; Schäfer, in Schäfer, § 2 WpHG RN 16.

770 Kümpel, Bank- und Kapitalmarktrecht, 3. Aufl., 8. 157.

771 BR-Dr. 963/96, S. 100; Assmann, in Assmann/Schneider, 3. Aufl., § 2 RN 23.

772 Als Devisen werden auf ausländische Währung bei einer ausländischen Bank lautende Fremdwährung einer Bank oder einer Nicht- Bank sowie auf fremde Währung lautende Schecks und Wechsel bezeichnet, s. Merkt/Rossbach, JuS 2003, S. 219.

Erfasst werden sämtliche Termingeschäfte unabhängig von ihrer Ausgestaltung als Fest- oder Optionsgeschäfte. Das Festgeschäft wie z. B. Forwards[773], Futures, Swaps[774] ist ein zwischen Abschluss und Fälligkeit beiderseits noch nicht erfülltes Geschäft; beide Parteien haben aus ihm Rechte und Pflichten[775]. Die Besonderheit und damit auch gleichzeitig der Anreiz für den Spekulanten beim Termingeschäft ist die Tatsache, dass der Käufer oder Verkäufer nicht sogleich den vollen Kontraktwert zahlen muss, sondern nur einen sog. Einschuss, das margin, eine Garantie für die spätere Zahlungsfähigkeit des Anlegers, zu leisten hat[776]. Ein Optionsgeschäft in seiner typischen Form ist demgegenüber ein Vertrag, durch den der Stillhalter dem Optionskäufer gegen die Zahlung einer Optionsprämie das Recht einräumt, zu oder bis zu einem künftigen Zeitpunkt durch eine Willenserklärung ein Geschäft, z. B. den Kauf (sog. Call-Option) oder Verkauf (sog. Put-Option) eines bestimmten Basistitels zu vorab festgestelltem Ausübungskurs bzw. die Differenz zwischen Basistitelkurs und Ausübungskurs gutgeschrieben zu bekommen[777]. Der Optionskäufer hat danach bis zur Ausübung des Optionsrechts ein Recht, jedoch keine Pflichten. Der Stillhalter verpflichtet sich im Gegensatz dazu verbindlich, den Basistitel zu verkaufen oder zu kaufen, falls es der Optionshandel wünscht. Zwar gibt es bei der Option keine Nachschusspflicht, der Optionskäufer gelangt aber erst dann in die Gewinnzone, wenn er die Prämie plus die Brokergebühren und den teilweise verlangten Aufschlag durch Preisanstieg oder – Verfall des zugrundeliegenden Terminkontrakts verdient hat. Über die Formulierung „mittelbar abhängiger Preis“ werden auch sämtliche Aktienindices wie etwa DAX-Optionen oder DAX-Futures erfasst[778].

Die Rechte auf Zeichnung sind des Weiteren an die Stelle der in § 88 BörsG a. F. genannten Bezugsrechte getreten[779]. Sie umfassen insbesondere gesetzliche (z. B. 186, 203 AktG) oder auch vertraglich begründete (vgl. 187 AktG) Bezugsrechte, unabhängig davon, ob sie verbrieft oder unverbrieft sind, sowie Call- und Put-Optionen, die sich auf ein börsennotiertes Wertpapier beziehen, auch wenn

773 Forwards sind im Gegensatz zu Futures nicht standardisierte Terminkäufe bzw. Terminverkäufe, die nicht börsenmäßig gehandelt werden, vgl. Schmid, in Müller-Gugenberger, 3. Aufl., § 27 FN 88 f.

774 Darunter versteht man eine Verpflichtung, Zinszahlungen auszutauschen. Bei einem Zinsswap tauschen zwei Vertragspartner Festsatzzinssätze gegen variable Zinsen, Schmid, in Müller/Gugenberger, 3. Aufl., § 27 A III a bb FN 90.

775 BT-Dr., 14/8017, S. 85; Hirth, Kursbeeinflussung, S. 4.

776 Bröker, Warentermin- und -optionsgeschäfte, S. 11.

777 BT-Dr., 14/8017, S. 85; Bröker, Warentermin- und -optionsgeschäfte, S. 17; Hirth, Kursbeeinflussung, S. 3. Vgl. z. B. Zinsbegrenzungsvereinbarungen, bei denen Ausgleichzahlungen zu leisten sind, wenn ein als variabler Referenzzinssatz vereinbarter Marktzins die vereinbarten Grenzen (Strike- oder Basispreis) überschreitet (Caps) oder unterschreitet (Floors), s. Schmid, in Müller-Gugenberger, 3. Aufl., § 27 FN 82 ff.

778 Schäfer, in Schäfer, § 2 WpHG RN 20.

779 Vogel, in Assmann/Schneider, 3. Aufl., § 20a RN 20.

die zu beziehenden bzw. zu veräußernden Wertpapiere noch begeben werden müssen[780]. Darunter fällt der wichtigste Fall von Bezugsrechten, nämlich das Recht der Aktionäre einer AG oder KGaA, bei einer Kapitalerhöhung einen ihrem Anteil an dem bisherigem Grundkapital entsprechenden Teil neuer Aktien zugeteilt zu bekommen[781].

Ausländische Zahlungsmittel i. S. v. § 63 Abs. 2BörsG sind Ansprüche auf Zahlungen in fremder Währung an einem ausländischen Platz in Form von Sichtguthaben bei Banken, Anweisungen, Schecks und Wechsel in Fremdwährung, soweit sie im Ausland zahlbar sind[782]. Der Gesetzeswortlaut bezieht in den Begriff darüber hinaus die Geldsorten (Banknoten, Papiergeld und dergleichen) ein und stellt damit klar, dass diese nicht zu den Waren zu rechnen sind. Damit ist die Manipulation von Kursen ausländischer Währungen in den Schutzbereich des § 20a WpHG einbezogen.

Trotz der scharfen Kritik gegen die Einbeziehung von Waren in den Kursbetrugstatbestand sind Waren auch nach dem vierten Finanzmarktförderungsgesetz zwischen den tatbestandsmäßigen Vermögenswerten zu finden, diesmal mit dem Hinweis auf ihre Funktion als Underlying für Warenderivate[783]. Angesichts der im Rahmen des Kursbetrugstatbestandes angesprochenen Bestimmtheitsprobleme ist zumindest von einer restriktiven Auslegung des Warenbegriffs auszugehen, nach der die Subsumtion einer Ware unter den Warenbegriff von dem Grad der Fungibilität der gehandelten Güter abhängig sein soll[784]. Unter den Warenbegriff fallen also bewegliche, körperliche Sachen, die Gegenstand des Handelsverkehrs an der Börse sind oder bei einem börsenähnlichen Markt gehandelt werden, wie z. B. Edelmetalle, Strom, aber keine Grundstücke[785].

2. *Märkte*

Wie beim Insiderstraftatbestand ist nunmehr Voraussetzung, dass die genannten Instrumente an einer inländischen Börse zugelassen oder in den Freiverkehr einbezogen sind oder in einem Mitgliedsstaat der Europäischen Union oder einem anderen Vertragsstaat des Abkommens über den Europäischen Wirtschaftsraum zum Handel an einem organisierten Markt zugelassen sind, also dass sie auf

780 BT-Dr 12/6679, S. 45; Lücker, Missbrauch, S. 88; Assmann, in Assmann/Schneider, 3. Aufl., § 12 RN 10; vgl. zum Bezugsrechtsbegriff des Kursbetrugstatbestandes Schwark, 2. Aufl., § 88 BörsG RN 2; Schröder, Aktienhandel, S. 107 ff.; Knauth, NJW 1987, S. 29; Pabst, Rechtliche Risiken, S. 33.

781 Ziouvas/Walter, WM 2002, S. 1485; Ziouvas, wistra 2003, S. 14; ders., ZGR 2003, S. 119 f; Vogel, in Assmann/Schneider, 3. Aufl., § 20a RN 20.

782 Vogel, in Assmann/Schneider, 3. Aufl., § 20a RN 20; zum gleichlautenden § 96 Abs. 2 BörsG a. F. Ledermann, in Schäfer, § 88 BörsG RN 4 i. V. m. § 96 BörsG RN 2.

783 BT-Dr. 14/8017, S. 89; Vogel, in Assmann/Schneider, 3. Aufl., § 20a RN 20.

784 Park, BB 2003, S. 1514.

785 Schmitz, wistra 2002, S. 209; Möller, WM 2002, S. 312; Park, BB 2003, S. 1514.

einem Markt gehandelt werden, der von staatlich anerkannten Stellen geregelt und überwacht wird, regelmäßig stattfindet und für das Publikum unmittelbar oder mittelbar zugänglich ist (§ 2 Abs. 5 WpHG).

Die direkte Einbeziehung von organisierten europäischen Wertpapiermärkten in den Schutzbereich der Kursmanipulationstatbestände kommt hier nicht überraschend. Dies steht im Einklang mit der Marktmissbrauchsrichtlinie, die auf „geregelte Märkte“ im Sinne der Wertpapierdienstleistungsrichtlinie abstellt[786]. Eine europäische Rechtsangleichung könne nämlich nur dann erreicht werden, wenn jede nationale Regelung auch die Wertpapiere der jeweils anderen EG-Staaten mit umfasst[787]. Die vom Sprachgebrauch der Wertpapierdienstleistungsrichtlinie abweichende Bezeichnung „organisierter Markt“ ist darauf zurückzuführen, dass der Begriff des geregelten Marktes bereits in den §§ 49 ff. BörsG in einem anderen Zusammenhang verwendet wird[788]. Beide Begriffe nehmen jedoch Bezug auf die gleiche Marktstruktur.

Somit ist auf die Unterscheidung zwischen organisierten und nicht-organisierten Märkten abzustellen. Ein hoch organisierter Markt zeichnet sich aus durch standardisierte Handelsobjekte, vereinfachte Rechtsübertragungsformen, die zeitliche und örtliche Konzentration des Handels, strenge Preisermittlungsmethoden, die Veröffentlichung des Marktgeschehens, die Sicherstellung der Vertragserfüllungen und die Verpflichtung der Emittenten der gehandelten Titel zu Publizität[789]. Als organisierte Märkte in Deutschland werden neben dem zum 05-06-2003 geschlossenen neuen Markt in Frankfurt der amtliche und der geregelte Markt der deutschen Börsen (in Berlin, Bremen, Düsseldorf, Frankfurt, Hamburg, Hannover, Bayern und Baden-Württemberg), der Start-Up-Markt in Hamburg, der Eurex Deutschland sowie die Warenbörsen als geeignete Handelsplattformen für die Bildung von „Börsenpreisen“ aufgeführt[790].

Die Einbeziehung des Freiverkehrs ist einhellig als eine angemessene Erweiterung gegenüber den gemeinschaftsrechtlichen Vorgaben zu begrüßen[791]. Der Freiverkehr ist zwar kein organisierter Markt im Sinne der Wertpapierdienstleistungsrichtlinie[792]. Allein die Anwendbarkeit einzelner Schutzvorschriften genüge nicht, um aus einer zivilrechtlichen eine staatlich kontrollierte Ordnung zu machen. Mit dem Börsenzulassungsgesetz vom 16-12-1986, insbesondere mit der

---

786 Ziouvas/Walter, WM 2002, S. 1486.

787 Lücker, Missbrauch, S. 87.

788 BT-Dr. 13/7142, S. 103.

789 Merkt/Rossbach, JuS 2003, S. 219.

790 Ziouvas, wistra 2003, S. 15; s. o. § 2 II.

791 Ziouvas, ZGR 2003, S. 122; zur Einbeziehung des Freiverkehrs vgl. auch Immenga, ZBB 1995, S. 203; Lücker, Missbrauch, S. 82; Peters, Insiderstrafrecht, S. 27 ff.; Heise, Insiderhandel, S. 98; Lenzen, Unerlaubte Eingriffe, S. 130, 243; Kümpel, Kapitalmarktrecht, 2. Aufl., S. 75; Assmann, in Assmann/Schneider, 3. Aufl., § 12 RN 4.

792 Caspari, ZGR 1994, S. 534; Peters, passim; Lücker, passim; Kümpel, Kapitalmarktrecht, 2. Aufl., S. 40 f.; Assmann, in Assmann/Schneider, 3. Aufl., § 2 RN 96.

Änderung des § 78 BörsG a. F. wurde der geregelte Freiverkehr aber zu einem neuen dritten Marktsegment umgestaltet, der – insbesondere im Bewusstsein der Anleger – als ein untrennbarer Teil des gesamten staatlich geregelten Finanzmarktes erscheint[793]. Im Freiverkehr werden außerdem eine Vielzahl von Optionsscheinen notiert, die ein Bezugsrecht hinsichtlich amtlich gehandelter Wertpapiere verbriefen oder ein Recht auf Zahlung eines Geldbetrages beinhalten, der von der Kursentwicklung eines oder mehrerer Wertpapiere abhängt, die am amtlichen oder geregelten Markt gehandelt werden[794]. Bedeutung gewinnt der geregelte Freiverkehr insbesondere als Vorstufe für die amtliche Notierung eines Wertpapiers für solche Gesellschaften, die die Voraussetzungen für die Zulassung zum amtlichen Handel nicht erfüllen. Angesichts dessen wäre es durchaus möglich, dass durch die Legalität von Marktpreismanipulationen im Freiverkehr die Integrität der Börse insgesamt in Mitleidenschaft gezogen würde. Die Verflechtungen zwischen Freiverkehr und restlichen Börsensegmenten kommt nunmehr aber auch durch die im Rahmen des vierten FFG (§ 56BörsG) gewährte Möglichkeit zum Ausdruck, weniger genau geprüfte Werte des Freiverkehrs auf Antrag eines Handelsteilnehmers in den geregelten Markt einzubeziehen und somit die europarechtlichen Handlungsspielräume auf Grund der Einordnung des geregelten Marktes als „Regulated Market“ im Sinne der EG-Wertpapierdienstleistungsrichtlinie noch stärker zu nutzen[795]. Zur Einbeziehung des Freiverkehrmarktes in den Geltungsbereich des Manipulationsverbots führt aber bereits das Tatbestandsmerkmal „Börsenpreis“. Die Legaldefinitionen dieses Terminus in §§ 24 Abs. 1, 57 Abs. 2 BörsG stellen wie gesehen klar, dass sich neben dem amtlichen und dem geregelten Markt sowie der Eurex Börse und der Hannoveranischen Warenbörse auch der Freiverkehr als geeignete Handelseinrichtung für die Bildung von „Börsenpreisen“ qualifiziert[796].

Einzig der außerbörsliche Telefonverkehr als Teil des ursprünglichen ungeregelten Freiverkehrs scheidet hier aus. Dabei handelt es sich um einen Markt, an dem ausschließlich nicht zugelassene Wertpapiere, in denen nur sporadische Abschlüsse zustande kommen, insbesondere Aktien von kleineren Gesellschaften mit einer geringen Anzahl von Aktionären, Wertpapiere ausländischer Emittenten sowie zahlreiche Options- und Genussscheine gehandelt werden und an dem die Freiverkehrsusancen nicht anwendbar sind[797]. Da die Preisfeststellungen im Telefonverkehr weder durch Makler noch zur Börsenzeit erfolgen, fehlt jede Annähe-

793 BT-Dr. 12/6679, S. 45; Immenga, ZBB 1995, S. 203; Schwark, 2. Aufl., § 78 BörsG RN 1; Lücker, Missbrauch, S. 83; Peters, Insiderstrafrecht, S. 28.

794 Caspari, passim; Lücker, Missbrauch, S. 84; Assmann, in Assmann/Schneider, 3. Aufl., § 12 RN 4.

795 BT-Dr. 14/8017, S. 82 f.; Beck, BKR 2002, S. 708.

796 Ziouvas, ZGR 2003, S. 122; s. o. § 2 II.

797 Heise, Insiderhandel, S. 98; Lücker, Missbrauch, S. 84 f.; Peters, Insiderstrafrecht, S. 28; Ziouvas, wistra 2003, S. 16; Assmann, in Assmann/Schneider, 3. Aufl., § 12 RN 5.

rung an die Börsensegmente des amtlichen bzw. geregelten Marktes oder des Freiverkehrs. Der Telefonverkehr unterscheidet sich dadurch vom sog. Telefonhandel (auch vor- und nachbörslicher Handel genannt)[798]. Beim Telefonhandel werden börsennotierte Werte neben der Börse auf privatrechtlicher Ebene - zumeist zwischen Banken und institutionellen Anlegern - gehandelt. Das WpHG erfasst grundsätzlich die Werte des Telefonhandels, da diese auch an einem organisierten Markt gehandelt werden.

In Bezug auf die Handelseinrichtungen ist eine Entkriminalisierung im Vergleich mit § 88 BörsG a. F. zu verzeichnen[799]. Unabhängig davon, ob man auch Finanzinstrumente, die ausschließlich an außerbörslichen Wertpapier- und Warenmärkten zugelassen sind, als Gegenstand vom gem. § 88 BörsG a. F. strafbewehrten Kursbetrug ansehen wollte, ist es nicht zu bezweifeln, dass das neue Gesetz einem engeren, für die Strafbestimmungen des WpHG typischen Marktkonzept folgt. Manipulationshandlungen bei Titeln, die ausschließlich außerbörslich bzw. im Telefonverkehr, in alternativen Handelssystemen oder am grauen Kapitalmarkt gehandelt werden, werden nicht strafrechtlich erfasst, auch wenn sie über einen Marktpreis verfügen. Das ist formal überraschend, denn man meint, ein Börsengesetz sei strikter auf die Börse bezogen als ein Wertpapierhandelsgesetz. Außerdem wird darauf hingewiesen, dass das Manipulationsverbot zumindest auf die Preisbildung in alternativen Handelssystemen erweitert werden müsste, zumal nunmehr eine gesetzliche Definition der alternativen Handelssysteme vorliegt[800].

Die Beibehaltung des strafrechtsregulatorischen Schismas zwischen dem börsenmäßig organisierten und nicht organisierten Kapitalmarkt ist aber zu begrüßen[801]. Der graue Markt ist vor allem deshalb der Strafbarkeit entzogen, weil die auf ihm gehandelten Kapitalanlageformen wie Anteile an geschlossenen Immobilienfonds, ausländische Warentermingeschäfte, Bauherrenmodelle und Beteiligungen an Abschreibungsgesellschaften die tatbestandsmäßigen Voraussetzungen des Vermögenswertbegriffs nicht erfüllen bzw. mangels Fungibilität oft nicht in der Lage sind, überhaupt einen Marktpreis zu bilden. Außerdem kann sich das Strafrecht künftig als Wettbewerbsvorteil der Börsen gegen alternative Handelssysteme bzw. fragwürdige Kapitalanlageformen des grauen Kapitalmarktes erweisen und das Risikobewusstsein der Anleger des nicht organisierten Kapitalmarktes wecken. Darüber hinaus hat der außerbörsliche Handel aufgrund seines geringen Anteils am gesamten Umsatzvolumen kaum Bedeutung[802]. Ein ausgeprägter „penny-stock"-market wie in den USA mit seinen speziellen Manipulationsmög-

---

798 Lücker, Missbrauch, S. 85; Ziouvas, wistra 2003, S. 17.

799 Möller, WM 2002, S. 312; Ziouvas/Walter, WM 2002, S. 1485; Ziouvas, ZGR 2003, S. 125; ders., wistra 2003, S. 15, 18; Trüstedt, Börsenkursmanipulationen, S. 40, 41 f.

800 Möller, passim.

801 Vgl. hier Zimmer, DB 1998, S. 969; Ziouvas, wistra 2003, S. 16, 18; Trüstedt, Börsenkursmanipulationen, S. 41 f.

802 Lenzen, Unerlaubte Eingriffe, S. 244.

lichkeiten besteht somit in Deutschland nicht. An diesem Markt nehmen fast nur Banken, Wertpapierhäuser und institutionelle Investoren teil, die in der Lage sind, sich selbst ausreichend Informationen zu beschaffen. Es gibt außerdem ein breit gefächertes Instrumentarium, um Auswüchse bei dem Vertrieb nicht überwachter Anlageformen zu bekämpfen, nicht zuletzt die strafrechtlichen Vorschriften der §§ 264a, 263 oder 266 StGB sowie die von der Rechtsprechung entwickelte Prospekthaftung[803]. Das Rechtsgut der Preiswahrheit setzt aber vor allem einen fairen, manipulationsfreien und der objektiven Marktlage entsprechenden Kursbildungsmechanismus voraus, den nur organisierte Märkte im Sinne des § 2 Abs. 5 WpHG gewährleisten können[804].

3. *Marktplatz der Manipulation*

Wie beim Kursbetrugstatbestand ist gleichgültig, ob die Manipulation börslich oder außerbörslich erfolgt. Damit werden neben den offiziellen Börsengeschäften grundsätzlich auch die OTC- oder Face-to-face Geschäfte sowie die Transaktionen des Telefonhandels und der proprietären Handelssystemen mitumfasst, die sich auch unter Nichtberufshändlern außerhalb der Märkte abspielen, sofern es sich dabei um Vermögenswerte handelt, die an einem organisierten Markt zum Handel zugelassen sind. Dies ist erforderlich, da manipulative Transaktionen nicht ortsgebunden sind und außerbörslich vorgenommene Manipulationen die Funktionsfähigkeit der Börsen oder anderer organisierter Kapitalmärkte beeinträchtigen können[805].

V. Der Äußerungsstraftatbestand des § 38 Abs. 1 Nr. 4 WpHG i. F. v. 1.7.2002

Für die Auseinandersetzung mit dem Straftatbestand des § 38 Abs. 1 Nr. 4 des WpHG ist es angemessen, ihn in einen Äußerungs- (§ 38 Abs. 1 Nr. 4 i. V. m. §§ 39 Abs. 1 Nr. 1, 20a Abs. 1 Nr. 1 WpHG) und einen Auffangtatbestand (§ 38 Abs. 1 Nr. 4 i. V. m. §§ 39 Abs. 1 Nr. 2, 20a Abs. 1 Nr. 2 WpHG) einzuordnen, da sie auf verschiedene subjektive Unrechtsmerkmale abstellen und unterschiedliche Missbrauchshandlungen betreffen. Während sich der Äußerungstatbestand gegen informationsgestützte Manipulationen richtet, soll der Auffangtatbestand restliche Formen unerlaubter Eingriffe in die Börsenpreisbildung erfassen. Beim Äußerungstatbestand ist noch einmal zwischen der Begehungs- und Unterlassungsalternative zu unterscheiden, zumal in jenem Fall ein Unterlassen gegen bestehende

---

803 Lenzen, Unerlaubte Eingriffe, S. 245; Ziouvas, wistra 2003, S. 18; Schmitz, ZStW 115 (2003), S. 507.

804 Ziouvas, ZGR 2003, S. 123; Ziouvas, wistra 2003, S. 17 f.; vgl. auch BT-Dr. 14/8017, S. 89.

805 Ziouvas, ZGR 2003, S. 124; Fahrholz, FS für Selmer, S. 332 u. FN 60.

Rechtsvorschriften für die Strafbarkeit erforderlich ist. Für welche Börsen- und Marktpreismanipulationen das Strafbarkeitsrisiko gem. § 38 Abs. 1 Nr. 4 WpHG zu erheben ist, ist im Folgenden zu behandeln.

1. Objektiver Tatbestand

a) Der Begehungstatbestand

Beim Begehungstatbestand des Kursmanipulationstatbestandes handelt es sich um die üblichste Form von informationsgestützten Marktpreismanipulationen, nämlich um das Einwirken auf die Börsen- oder Marktpreisbildung durch unrichtige Angaben über Umstände, die für die Bewertung eines Vermögenswerts erheblich sind, wenn diese Angaben geeignet sind, auf den inländischen Börsen- oder Marktpreis eines Vermögenswerts oder auf den Preis eines Vermögenswertes an einem organisierten Markt in einem anderen Mitgliedstaat der Europäischen Union oder in einem anderen Vertragsstaat des Abkommens über den Europäischen Wirtschaftsraum einzuwirken.

Angaben sind ernst gemeinte Aussagen über das Vorliegen oder Nichtvorliegen von Umständen[806]. Nicht jedes Wort, z. B. ein Phantasiezeichen, braucht eine solche Aussagekraft zu besitzen[807]. Angaben sind des Weiteren eigene Äußerungen, aber auch Äußerungen, über die der Täter als eine von einem anderen (wirklich oder angeblich) stammende Information berichtet; allerdings muss es sich dabei um ausnahmslos eigene Angaben des Täters handeln, was für den Fall einer erkennbar nur weitergebenden, aus anderen Quellen übernommenen Information praktisch darauf hinausläuft, dass sich dann der Täter mit der von ihm weitergegebenen Mitteilung auch persönlich zu identifizieren hat. Es muss aus der Äußerung hervorgehen, dass der Täter nach seiner (angeblich) eigenen Überzeugung für die Richtigkeit bzw. Vollständigkeit der von ihm gemachten Angaben eintritt. Von jeweils zuständigen Gremien verfasste, schriftliche und deshalb im Regelfall auch von allen täterschaftlich Beteiligten mitunterzeichnete Berichte enthalten notwendigerweise eigene Angaben der an der Unterzeichnung beteiligten Personen, die schon durch die bloße Unterschrift für die Richtigkeit und Vollständigkeit der Berichterstattung (mit)eintreten[808].

Im Übrigen erfreut sich der Angabenbegriff keiner einheitlichen Auslegung im Schrifttum, indem man versucht, ihn im Vergleich zum Tatsachenbegriff zu definieren. Anlass dafür gab der Gesetzgeber selbst, der sich beim parallelen §

---

806 Park, BB 2001, S. 2070; Vogel, in Assmann/Schneider, 3. Aufl., § 20a RN 34.

807 Baumbach/Hefermehl, § 3 UWG RN 12.

808 Vgl. Geilen, Aktienstrafrecht, § 399 AktG RN 49; Baumbach/Hefermehl, § 3 UWG RN 18; vgl. Emittentenleitfaden der Bundesanstalt für Finanzdienstleistungsaufsicht: Stand 15. Juli 2005, abfurbar unter: www.bafin.de/schreiben/89_2005/emittentenleitfaden.pdf, S. 86.

264a StGB beider Begriffe bedient. Bei der Frage danach, ob man den Angabenbegriff mit dem der Tatsache zu identifizieren hat, ist zunächst die terminologische Verfehltheit zu veranschaulichen, wenn eine nichtsprachliche Entität (Tatsache) einem rein sprachlichen Phänomen (Angabe) gegenübergestellt wird[809]. Denn die Tatsache, als die von unserem Sprechen und Denken unabhängige Wirklichkeit, kann weder wahr/positiv noch falsch/negativ sein; entweder existiert sie oder sie existiert nicht[810]. Richtigerweise ist also auf Tatsachenbehauptungen abzustellen.

Ein Teil der Lehre[811] geht folglich von der Synonymität des Angabenbegriffs mit dem der Tatsachenbehauptung aus, zumindest wie jener im letzten Jahrhundert im Rahmen des Betrugs- und Beleidigungsrechts ausgestaltet wurde. Darunter versteht man Äußerungen über „konkrete - nach Raum und Zeit bestimmte[812] - Vorgänge oder Zustände, die in der Vergangenheit (Geschehenes) oder in der Gegenwart (Bestehendes) in Erscheinung getreten sind und dadurch Gegenstand der sinnlichen Wahrnehmung und der Beweisbarkeit („dem Beweis zugänglich") sind"[813]. Die Bindung des Angabenbegriffs an die geschichtliche Existenz, die sinnliche Wahrnehmbarkeit und vor allem an die gerichtlich-prozessuale oder zumindest prinzipielle Beweisbarkeit[814] würde allerdings Meinungsäußerungen wie Werturteile[815], Tipps[816], Zukünftiges[817] bzw. Prognosen als Aussagen über zukünftige Sachverhalte[818] sowie Gerüchte[819] als tatbestandsirrelevant ausklammern,

809 Ähnlich zum Paar „Tatsache- Werturteil" Hilgendorf, Tatsachenaussagen, S. 113; Bitzilekis, FS für Hirsch, S. 30; Walter, Betrugsstrafrecht, S. 63; NK-Kindhäuser, 9. Lfg. (28.2.2001), § 263 RN 74.

810 So Bitzilekis, FS für Hirsch, S. 30.

811 Scheu, Börsenstrafrecht, S. 22; Joecks, wistra 1986, S. 145; Schlüchter, 2. WiKG, S. 137; Otto, Geschäftstätigkeit, S. 93, 99; ders., in Tiedemann (Hrsg.): Europa-Delikte, S. 355 f.; Altenhain, BB 2002, S. 1877; Wilga, in Möllers/Rotter, § 12 RN 19; Petersen, wistra 1999, S. 332; wohl auch Lenzen, Unerlaubte Eingriffe, S. 234.

812 So Graul, JZ 1995, S. 596.

813 So die allgemeingültige Definition des Tatsachenbegriffs, vgl. RGSt 24, S. 388; 41, S. 194; 56, S. 232; OLG Stuttgart, NJW 1979, S. 2573; VGH Hessen AG 1998, 436; BGH NJW 1993, S. 931; LK-Lackner, 10. Aufl., § 263 RN 10; Graul, JZ 1995, S. 599; SK-Hoyer, 60. Lfg. (Februar 2004), § 263 RN 12; Weber, NZG 2000, S. 118 ff.

814 So die Merkmale des Tatsachenbegriffs nach der herrschenden Meinung vgl. Bitzilekis, FS für Hirsch, S. 31; Pawlik, Betrug, S. 94; kritisch zur Beweisbarkeit Hilgendorf, Tatsachenaussagen, S. 123, 127; Bitzilekis, FS für Hirsch, S. 36.

815 BGH, JR 1958, S. 106; LK-Lackner, 10. Aufl., § 263 RN 12; Cramer, FS für Triffterer, S. 331; Schönke/Schröder/Cramer, § 263 RN 9.

816 NK-Kindhäuser, 9. Lfg. (28.2.2001), § 263 RN 103.

817 RGSt20, S. 143; 56, S. 232; BGH, NJW 1998, S. 1223; LK-Lackner, 10. Aufl., § 263 RN 11; Tröndle/Fischer, § 263 RN 6.

818 Cramer, FS für Triffterer, S. 331; Schönke/Schröder/Cramer, § 263 RN 9.

819 Cramer, passim.

es sei denn, sie erwiesen im Einzelfall einen objektivierbaren Tatsachenkern[820], oder angesichts der sprachlichen Form des Urteils oder der Voraussage eines künftigen Ereignisses käme eine innere Tatsache vor[821]. Allgemein anerkannt betrifft der Tatsachenbegriff nicht nur Erscheinungen in der Außenwelt (äußere Tatsachen), sondern auch innere Vorgänge oder Zustände, wie Überzeugungen, bestimmte Kenntnisse oder Absichten, Vorstellungen, Motive oder Gefühle. Ihre Feststellung ist jedenfalls in der Weise möglich, dass Umstände festgestellt würden, die nach der Lebenserfahrung auf das Vorhandensein der festzustellenden Tatsache (sog. Indiztatsachen) schließen lassen[822].

Nach der überwiegenden Gegenauffassung[823] sind aber nicht bloße Tatsachenbehauptungen unter Angaben zu verstehen, weil der Angabenbegriff darüber hinaus Zukünftiges (Prognosen), Meinungsäußerungen und Werturteile umfasst wie wertende Aussagen über die wirtschaftliche Lage des Unternehmens, Prognosen über seine voraussichtliche künftige Entwicklung oder sogar marktschreierische Übertreibungen. Dass der Begriffsinhalt der Angabe mehr umfasst, folgt schon daraus, dass das Gesetz die Begriffe „Angabe – Tatsache" ausdrücklich gegenüberstellt, wenn es in dem Unterlassungstatbestand des § 264a StGB von dem Verschweigen nachteiliger Tatsachen spreche, während es für die Strafbarkeit durch aktives Tun schon genügt, wenn der Täter unrichtige vorteilhafte Angaben macht[824]. Gemessen am Schutzzweck des Kursmanipulationsstraftatbestandes ist ein derartiges weites Verständnis des Angabenbegriffs auch bei dieser Vorschrift sinnvoll. Denn die Zuverlässigkeit und Wahrheit der Preisbildung an Börsen und Märkten könne keineswegs nur durch Tatsachen, sondern auch auf Grund von Bewertungen, Prognosen etc. tangiert werden.

---

820 So die HM im Betrugs- und Beleidigungsrecht, vgl. RG 23, S. 137; 56, S. 231; LK-Lackner, 10. Aufl., § 263 RN 12; Tröndle/Fischer, § 263 RN 8; Schönke/Schröder/-Cramer, § 263 RN 9; aber auch im Rahmen des Insiderstrafrechts Lücker, Missbrauch, S. 50 ff.; Heise, Insiderhandel, S. 134; Assmann, in Assmann/Schneider, 3. Aufl., § 13 RN 33b, 33f.; Weber, NGZ 2000, S. 118 FN 56.

821 So die HM beim Betrug, vgl. BGH NJW 1998, S. 1223; LK-Lackner, 10. Aufl., § 263 RN 11; Weber, passim; Walter, Betrugsstrafrecht, S. 63; Schönke/Schröder/Cramer, § 263 RN 10; NK-Kindhäuser, 9. Lfg. (28.2.2001), § 263 RN 93; Tröndle/Fischer, § 263 RN 7 m. w. H.

822 BVerfG, NJW 1993, 2165.

823 Möhrenschlager, wistra 1983, S. 18; Fichtner, Börsenstrafvorschriften, S. 64; Schröder, Aktienhandel, S. 7; Cramer, FS für Triffterer, S. 336; Ledermann, in Schäfer, § 88 BörsG RN 8; Nack, in Müller/Gugenberger, 3. Aufl., § 68 RN 16; Groß, 2. Aufl., § 88 BörsG RN 3; Schwark, 2. Aufl., RN 5; Schönke/Schröder/Cramer, § 263 RN 8; Park, BB 2001, S. 2070; Ekkenga, NZG 2001, S. 6; Schmitz, wistra 2002, S. 209; Sorgenfrei, wistra 2002, S. 323; Schlüter, Börsenhandelsrecht, 2. Aufl., D RN 273; Möller, WM 2002, S. 312; Buttlar, WM 2003, S. 903; Eichelberger, WM 2003, S. 2125; Pfüller/Wagner, WM 2004, S. 254; Schwark, in Schwark, 3. Aufl., § 20a WpHG, RN 11; LG München, NJW 2003, S. 2328.

824 Park, passim; vgl. auch Worms, Anlegerschutz, S. 325; Pananis, Insidertatsache, S. 70.

Trotz dieses Ausgangspunktes wird eine teleologische Reduktion des Angabenbegriffs meistens auch von dieser Lehrmeinung angestrebt[825]. Schlichte Werturteile oder Prognosen bzw. erkennbare reklamartige Anpreisungen ohne Tatsachenbezug unter den Angabenbegriff fallen zu lassen, sei nämlich bedenklich. Solche Ablösung des Merkmals vom Tatsachenbegriff könne mit dem Gesichtspunkt des Bestimmtheitsgebots (Art. 103 II GG) nicht in Einklang gebracht werden. Ziel eines strafrechtlichen Schutzes im Kapitalmarktbereich könne nicht sein, den Anlegern das Denken abzunehmen und jede Art Schönfärberei oder unberechtigte Anpreisung zum Strafbarkeitsrisiko des Anpreisenden zu machen. Das Vertrauen der Anleger in die Funktionsfähigkeit des Kapitalmarktes könne aber nur durch solche Angaben verletzt werden, die einen Anspruch auf Nachprüfbarkeit erheben[826]. Ein weites Verständnis des Angabenbegriffs würde der grundgesetzlich verankerten Meinungsfreiheit widersprechen und womöglich den kommunikativen Kontext der Werbung konterkarieren, und zwar ohne sachlichen Grund. Unter Anlehnung an den Tatsachenbegriff werden deshalb unter Werturteilen solche verstanden, die sich aus einem Tatsachenkern plausibel ableiten lassen[827]. Fehle es an einem Tatsachenkern, könne außerdem nicht beurteilt werden, ob die Angabe unrichtig sei. Denn um beurteilen zu können, ob eine Bewertung oder eine Prognose unrichtig ist, bedürfe es eines geeigneten Bezugspunkts.

Mit solchen Begründungen verlagert sich die Problematik allerdings schon auf den Aspekt der Unrichtigkeit. Mit der Ausklammerung von Werturteilen und Prognosen lässt sich aber nicht mehr feststellen, worin sich der Angabenbegriff vom Tatsachenbegriff unterscheidet und warum der Gesetzgeber im Rahmen des § 264a StGB beide Begriffe gegenübergestellt hat. Außerdem stellt der Gesetzeswortlaut auf Angaben ab, die „unrichtig“ sein müssen. Tatsachenbehauptungen können aber bloß wahr oder unwahr sein, denn sie werden durch die objektive Beziehung zwischen Sachverhaltsdarstellung und Wirklichkeit charakterisiert, während bei Werturteilen die Äußerung durch Elemente der subjektiven Stellungnahme, des Dafürhaltens oder Meinens geprägt ist und deshalb nicht wahr oder unwahr, sondern je nach persönlicher Überzeugung nur falsch oder richtig sein kann[828].

---

825 Schwark, 2. Aufl., vor § 88 RN 8; ders., in Schwark, 3. Aufl., § 20a WpHG, RN 12; Ledermann, passim; Park, passim; Möller, passim; Schmitz, passim; Sorgenfrei, passim; Schönke/Schröder/Cramer, § 264a RN 24; Hildner, WM 2004, S. 1071; vgl. auch LG München, NJW 2003, S. 2328.

826 Petersen, wistra 1999, S. 332; Weber, NZG 2000, S. 120.

827 Park, passim; Schlüter, Börsenhandelsrecht, 2. Aufl., D RN 273; Kümpel, Bank- und Kapitalmarktrecht, 3. Aufl., 16.374; Trüstedt, Börsenkursmanipulationen, S. 138, 179; Emittentenleitfaden der BaFin (FN 808), S. 89.

828 BVerfG, NJW 1996, 1529 f.; Hilgendorf, Tatsachenaussagen, S. 128; Schönke/Schröder/-Lenckner, § 186 RN 4 m. w. N.

Hinzu kommt ein weiter Grund: In den meisten vom Gesetz im Rahmen eines Anlegerschutzes vorgesehenen Publizitätsmitteln wird die Einbeziehung von Einschätzungen und Prognosen ausdrücklich vorgesehen[829]. Bei Bilanzen, Geschäftsberichten und Prospekten, die Prognosen und Schätzungen beinhalten (müssen), verlässt sich der Leser deshalb in der Regel und mit Recht darauf, dass es sich um keine bloßen Mutmaßungen handelt, sondern um Schlussfolgerungen aus nachgeprüften Tatsachen oder Wertfeststellungen, die auf einer sorgfaltigen Analyse aller hierfür maßgebenden Voraussetzungen beruhen[830]. Die Markteinschätzung von Wirtschaftsanalysten, Börsengurus, Experten oder anderen Eingeweihten wird, wie gesehen, genauso wie Informationen tatsächlicher Art von Anlegern zur Grundlage ihrer Dispositionen gemacht, so dass sich „soft Information" ein erhebliches Kursbeeinflussungspotential aufweist. Der Kursmanipulator macht sich also nicht nur die informationelle Abhängigkeit des Börsenpublikums, sondern auch - und sogar in der Regel - seine Anfälligkeit für Meinungen, Werturteile und zukünftige Entwicklungseinschätzung zunutze.

Aber auch die Grenze zwischen Werturteilen und tatsächlichen Angaben ist fließend, insbesondere wenn man bedenkt, dass in Tatsachenbehauptungen notwendigerweise ein Element der Meinungsäußerung des Täuschenden liegt und dass jedes Werturteil die Behauptung enthält, dass der Urteiler von dessen Richtigkeit überzeugt ist[831]. Werte sind nicht immer etwas Subjektives und Willkürliches; sie können auch durch Heranziehen allgemein angenommener Wertmaßstäbe und Beurteilungskriterien intersubjektiv vertretbar sein und sind der Nachprüfung zugänglich (z. B. dass etwas ein Kunstwerk ist)[832]. Besonders die Theorie von den institutionellen Tatsachen hat in der Rechtstheorie die scharfe Trennung zwischen Normativität und Faktizität, Sein und Sollen erheblich abgeschwächt. Man spricht hier, im Unterschied zu den natürlichen oder nackten Tatsachen (facta bruta), von Tatsachen, z. B. Beziehungen, Handlungen und Institutionen des täglichen sozialen Lebens, die nur existieren, weil und soweit es Regeln gibt, nach denen sie sich konstituieren. Cramer bewertet zu Recht Werturteile zumindest dann als bedenklich, wenn sie zwar künftige Entwicklung enthalten, aber so dargestellt werden, als seien sie auf der Grundlage der angeführten Fakten die zutreffende und substantiierte schlüssige Prognose eines Fachmanns[833]. Damit wird der

---

829 Vgl. hierzu Siebel/Gebauer, WM 2001, S. 127 ff., S. 173 ff., z. B. nach § 289 Abs. 1 HGB in der Fassung des KonTraG ist im Lagebericht „auf die Risiken der künftigen Entwicklung einzugehen" und soll nach Abs. 2 Ziffer 2 „die voraussichtliche Entwicklung der Kapitalgesellschaft" dargestellt werden.

830 BGH, WM 1982, S. 865; OLG Düsseldorf, WM 1984, S. 586.

831 Schmitz, wistra 2002, S. 209; vgl. auch LK-Lackner, 10. Aufl., § 263 RN 12; SK-Samson/Günther, 37. Lfg. (Juni 1996), § 263 RN 18; Pawlik, Betrug, S. 95; NK-Kindhäuser, 9. Lfg. (28.2.2001), § 263 RN 91.

832 Bitzilekis, FS für Hirsch, S. 30, 34.

833 Schönke/Schröder/Cramer, § 264 a StGB RN 24; vgl. auch RGSt23, 137; Schmitz, wistra 2002, S. 210.

Tatsachenbegriff von solchen Urteilen, Bewertungen, Meinungsäußerungen und Prognosen differenziert, die nicht mit dem Anspruch besonderer Sachkunde vertreten werden oder auch für den Nichtfachmann durchschaubar sind.

Richtigerweise ist der Angabenbegriff weit zu verstehen, um darunter neben Tatsachenbehauptungen auch Prognosen und Werturteile fallen zu lassen[834]. Somit erübrigt sich die häufig doch recht zweifelhafte Suche nach einem entsprechenden Tatsachenkern. Korrekturmöglichkeiten bei einer weiten Strafbarkeitszone bieten die Merkmale „unrichtig" und „bewertungserheblich", so dass nicht jede Art Schönfärberei oder unberechtigte Anpreisung zum Strafbarkeitsrisiko des Äußernden werden kann[835]. Diese Auslegung wird auch von der KuMaV vertreten, die bei der Konkretisierung des Tatbestandsmerkmals der „bewertungserheblichen Umstände" neben Tatsachenbehauptungen auch Werturteile, Empfehlungen oder Analysenergebnisse mit einbezieht[836].

Fraglich ist allerdings, ob Gerüchte und Vermutungen unter diesen weiten Angabenbegriff fallen. Solche Äußerungen zeichnen sich grundsätzlich durch die ihnen anhaftende Unsicherheit über die Existenz der zugrunde liegenden Sachverhalte aus[837]. Sie werden von restlichen strafrechtsrelevanten Äußerungen grundsätzlich anhand der Zuverlässigkeit der Äußerung bzw. der inhaltlichen Genauigkeit der Information und der Zuverlässigkeit der Informationsquelle bzw. des Informationsgebers abgegrenzt[838]. Der Unterschied zwischen Vermutung und Gerücht ist mehr sprachlicher als sachlicher Natur, da z. B. Übernahmeverhandlungen zwischen zwei Unternehmen von den Marktteilnehmern vermutet werden können, gleichzeitig aber auch von einem Gerücht am Markt gesprochen werden kann. Eine sachliche Differenzierung liegt lediglich darin, dass ein Gerücht immer die Vermutungen mehrerer Personen voraussetzt.

Nach der herrschenden Ansicht stellen Gerüchte und Vermutungen unverbürgte Nachrichten dar und werden somit vom Angabenbegriff ausgeklammert[839]. Andererseits ist zuzugeben, dass die Definition der Übergänge zwischen gezielter

---

834 So auch Vogel, in Assmann/Schneider, 3. Aufl., § 20a RN 42; vgl. auch Pananis, Insidertatsache, S. 70; Cramer, FS für Triffterer, S. 336; Rössner in Assmann/Schütze, § 8 RN 69.

835 So Möhrenschlager, wistra 1983, S. 18; Fichtner, Börsenstrafvorschriften, S. 64; Vogel, in Assmann/Schneider, 3. Aufl., § 20a RN 35.

836 BR-Dr. 639/03, S. 9 f.; s. u. § 6 V 1 c). Vgl. auch § 2 Abs. 1 MaKonV, die über Tatsachen und Werturteile auch Umstände mit einbezieht, bei denen mit hinreichender Wahrscheinlichkeit davon ausgegangen werden kann, dass sie in Zukunft eintreten werden.

837 Waldhausen, Die ad-hoc-publizitätspflichtige Tatsache, S. 178; Assmann, in Assmann/-Schneider, 3. Aufl., § 13 RN 34 a.

838 Cahn, ZHR 162 (1998), S. 14; Peters, Insiderstrafrecht, S. 53; Assmann, AG 1998, S. 438.

839 BT-Dr. 14/8017, S. 90; vgl. auch RGSt23, 137; Altendorfer, in Aicher/Kalss/Oppitz, S. 213; Park, BB 2001, S. 2070; Lenzen, ZBB 2002, S. 286; Schwark, in Schwark, 3. Aufl., § 20a WpHG, RN 12.

Gerüchtverbreitung, bewusster tatsachenähnlicher Falschmeldung und versehentlicher Fehlinformation trotz aller Mühe schwierig bleibt. Auch das Vorgehen, Gerüchte als Äußerungen ohne Tatsachengrundlage herauszuklammern[840] ist etwas voreilig. Dagegen spricht nicht nur der weite Begriffsinhalt von strafrechtsrelevanten Angaben. Bei Gerüchten kann es sich außerdem bei den in Bezug genommenen Sachverhalten zwar um ein Werturteil (ich vermute/ man sagt, der Vorstand X wäre der Ansicht, dass...), aber auch um eine Tatsache handeln (ich vermute/man sagt, die Unternehmen X und Y führen Fusionsgespräche)[841]. Denkbar ist auch, dass sich Vermutung und Gerücht auf zukünftige Ereignisse beziehen (ich vermute/man sagt, der Vorstandsvorsitzende Z wird alsbald entlassen oder das Unternehmen X wird einen Ergebniseinbruch erleiden).

In Zusammenhang damit lässt eine Mindermeinung Existenz-Gerüchte unter den Tatsachen- bzw. Angabenbegriff fallen[842], zumindest dann, wenn sie sich auf fest umrissene Vorgänge konkretisieren und verdichten lassen[843] oder wenn der sie Streuende sich auf vertrauenswürdige Quellen bezieht[844]. In diesem Fall handelt es sich dabei nicht um positive oder negative Stellungnahmen (Bewertungen), sondern um Existenz-Aussagen, bei denen etwas als möglicherweise in die Wirklichkeit Getretenes, Bestehendes behauptet wird[845] oder die sich zumindest auf einen Tatsachenkern zurückführen lassen, der aber u. a. durch Ausschmückungen, Vereinfachungen oder bewusste Erfindungen verzerrt oder verfälscht ist[846]. Zweifel am Wahrheitsgehalt umlaufenden Geredes hebe nach dieser Ansicht dessen Bezug zu äußerlich wahrnehmbaren Geschehnissen oder Zuständen nicht auf; der möglicherweise fehlende Wahrheitscharakter des Realitätsbezugs eines Gerüchts schade ebenfalls nicht, da dieser Zweifel notwendigerweise Bestandteil seines Inhalts sei und immerhin die Möglichkeit bestehe, dass sich ein Gerücht auf fest umrissene Vorgänge konkretisiere und bewahrheite[847]. Außerdem hindere der mit einem Gerücht einhergehende Zweifel an dessen Wahrscheinlichkeit Anleger

---

840 Vgl. Park, passim.

841 Waldhausen, passim; Assmann, passim.

842 Lenzen, Unerlaubte Eingriffe, S. 229; VGH Hessen v. 16.3.1998, AG 1998, S. 436; Assmann, AG 1998, S. 436 ff.; ders., in Assmann/Schneider, 3. Aufl., RN 34a und b; Schwark, in Schwark, 3. Aufl., § 13 WpHG RN 31.

843 Gehrt, Ad-hoc-Publizität, S. 122; Mennicke, BB 1999, S. 77; Zimmer, in Schwark, 3. Aufl., § 15 WpHG RN 33.

844 Vogel, in Assmann/Schneider, 3. Aufl., § 20a RN 42.

845 VGH Hessen, BB 1999, S. 76; Tippach, Insider-Handelsverbot, S. 70; Heise, Insiderhandel, S. 114; Assmann, AG 1998, passim; Assmann, in Assmann/Schneider, 3. Aufl. RN 34a.

846 Altendorfer, in Aicher/Kalss/Oppitz, S. 213.

847 Assmann, AG 1998, S. 439; Assmann, in Assmann/Schneider, 3. Aufl., § 13 RN 33e, 34a; Lenzen, Unerlaubte Eingriffe, S. 229; vgl. auch NK-Kindhäuser, 9. Lfg. (28.2.2001), § 263 RN 100.

nicht es wie eine Tatsache zu behandeln und zur Grundlage weiterer Dispositionen zu machen[848]. Der Anleger sollte deshalb vor Gerüchten geschützt werden.

Vermutungen und Gerüchte sind aber richtigerweise immer sowohl aus dem Tatsachen - als auch aus dem Angabenbegriff herauszunehmen, zumal Bestandteil ihres Gehalts die Vorenthaltung der Objektivität der Aussage und die Nicht-Übernahme des Inhalts von dem Aussagenden ist. Bei Angaben muss nämlich schon aus der Äußerung hervorgehen, dass der Täter nach seiner (angeblich) eigenen Überzeugung für die Richtigkeit bzw. Vollständigkeit der von ihm gemachten Angaben eintritt. Im Gegensatz dazu verbreitet man Gerüchte, indem man schon mit dem verwendeten sprachlichem Gewand klarstellt, es gehe um ein Gerücht bzw. der Äußernde lässt sich nicht mit dem Inhalt seiner Aussagen identifizieren. Will man den Begriff des Gerüchts näher umschreiben, so ist hierfür kennzeichnend, dass der Wahrheitsgehalt meist nicht verifizierbar ist, weil die Quelle nicht genau bezeichnet wird bzw. nicht mit Sicherheit zu ermitteln ist und daneben der Informationsgrad nur fragmentarisch erfolgt[849].

Unrichtig sind des Weiteren die Angaben, wenn sie den objektiven Gegebenheiten nicht entsprechen, nämlich nicht vorhandene Umstände als vorhanden oder vorhandene Umstände als nicht vorhanden vorgelegt werden[850]. Ob eine Behauptung mit der Wirklichkeit nicht übereinstimmt, ist anhand ihres nach allgemeinen Auslegungsregeln ermittelten Inhalts ex ante zu bestimmen[851]. Es kommt also nicht darauf an, ob die ex ante angenommene Unrichtigkeit sich per Zeitablauf später als verfehlt herausstellt, da die Strafbarkeit andernfalls nicht mehr gesetzlich bestimmt wäre, sondern vom Zufall abhinge, mithin ein klarer Verstoß gegen Art. 103 II GG vorläge. Erklärungen, die der Wahrheit entsprechen und sinnerhaltend übermittelt werden, sind nicht „unrichtig", und zwar auch wenn dadurch Irrtümer erregt werden können bzw. angesichts der überlegenen Formulierungskunst des Täters, des Gebrauchs von Fremdworten, deren Bedeutung nicht allen klar ist[852]. Die Feststellung, ob eine Angabe richtig oder unrichtig ist, hängt von einem breiten Konsens des Publikums ab (sog. objektive Auslegung[853]).

Handelt es sich bei den unrichtigen Angaben um Tatsachen, bereitet das Merkmal keine besonderen Probleme, da die Frage, ob eine Tatsache wahr oder unwahr ist, dem Beweis zugänglich und damit objektiv nachprüfbar ist. Problematisch ist die Frage, wann eine Wertung oder Prognose als unrichtig einzustufen ist,

---

848 Assmann, in Assmann/Schneider, 3. Aufl., RN 34a.

849 Heise, Insiderhandel, S. 115.

850 BT-Dr. 10/318, S. 46, 24; Lenzen, Unerlaubte Eingriffe, S. 234; Sorgenfrei, wistra 2002, S. 323.

851 Worms, Anlegerschutz, S. 326 f.

852 Ekkenga, NZG 2001, S. 7.

853 Vgl. hierzu im Rahmen der parallelen Problematik im Rahmen des § 264a StGB Pabst, Rechtliche Risiken, S. 14, 55; Worms, Anlegerschutz, S. 327; Tiedemann, Wirtschaftsbetrug § 264a RN 54.

denn wertende Äußerungen unterscheiden sich gerade dadurch, dass sie auf Grund ihrer Subjektivität einem Wahrheitsbeweis nicht immer zugänglich sind[854]. Dasselbe gilt auch für Anlage-Empfehlungen, die stets auch eine Prognose über zukünftige Entwicklungen eines Anlageproduktes enthalten. Bei der Beurteilung der Unrichtigkeit „soft Information" bestehen deshalb erhebliche Beurteilungsspielräume[855].

Kriterien für die Beantwortung der Frage, ob eine Prognose oder Schätzung richtig ist oder in den strafrechtsrelevanten Bereich fällt, werden aus der höchstrichterlichen Rechtsprechung und der Lehre zur Prospekthaftung (§§ 44 ff. BörsG) herangezogen[856]. Dort wird davon ausgegangen, dass jeder Zukunftsprognose ein Unsicherheitsfaktor innewohne. Da solche Prognosen stets unsicher seien, könne nicht schon deshalb von einer Pflichtwidrigkeit für den Fall ausgegangen werden, dass die Prognose durch die spätere Entwicklung widerlegt werde. Für eine Haftung sei nur dann Raum, wenn die Prognose ermessensfehlerhaft ist, also wenn sie schuldhaft auf falschen Tatsachen, auf Verstößen gegen die Denkgesetze und die allgemeine Erfahrungssätze oder nicht hinreichend auf Tatsachen gestützt wird. Eine unrichtige Angabe könne allerdings nur dann vermieden werden, wenn gleichzeitig auf den spekulativen Charakter einer Aussage bzw. Wertung oder Prognose hingewiesen werde, die durch Tatsachen nicht belegt und mit Prognosen von Fachleuten nicht im Einklang steht[857].

Freilich bedarf es noch der Würdigung des Falles, in dem zwar die Grundlagen der Prognose der Wahrheit entsprechen, aber die gezogenen Schlussfolgerungen nicht zutreffen. Hierzu wird angemerkt, dass im Hinblick auf das Bestimmtheitsgebot des Art. 103 Abs. 2 GG eine Unrichtigkeit erst dann anzunehmen sei, wenn die betreffende Bewertung oder Beurteilung schlechterdings - d. h. unter Zugrundelegung der in der Fachwelt angesammelten (objektiven) Erkenntnisse - nicht mehr vertretbar ist[858], also einer fachmännischen Überprüfung nicht mehr standhält[859]. Zweifel an der Vertretbarkeit wirken sich also zugunsten des Täters aus. Angesichts dessen muss es sich um Bewertungsfehler handeln, die so massiv und eindeutig seien, dass auch unter Berücksichtigung des dem Täter zugute zu haltenden Vertretbarkeitsspielraums und nach dem einheitlichen Konsens aller

---

854 Ekkenga, NZG 2001, S. 7.

855 Pfüller/Wagner, WM 2004, S. 254.

856 Schröder, Aktienstrafrecht, S. 7 ff.; Lenzen, Unerlaubte Eingriffe, S. 234; Groß, 2. Aufl., § 88 BörsG RN 3; Sorgenfrei, wistra 2002, S. 323; Mühlbauer, wistra 2003, S. 172; vgl. BGH WM 1982, S. 862 = ZIP 1982, S. 923 (Beton- und Monierbaurechtsprechung); OLG Düsseldorf, WM 1984, S. 586.

857 Pabst, Rechtliche Risiken, S. 16.

858 Sorgenfrei, wistra 2002, S. 323; Eichelberger, WM 2003, S. 2125; Kümpel, Bank- und Kapitalmarktrecht, 3. Aufl., 16. 377; vgl. auch BGH, WM 1982, S. 865; Grotherr, DB 1986, S. 2586; Joecks, wistra 1986, S. 146; Worms, Anlegerschutz, S. 326; Siebel/-Gebauer, WM 2001, S. 175.

859 Ekkenga, NZG 2001, S. 7; Sorgenfrei, passim.

ernst zu nehmenden Fachleute die „Falschheit" der Angaben nicht zu bezweifeln ist. Anpreisungen und schönfärberische Darstellungen sind also durchaus erlaubt; ein Anbieter könnte sich sogar der ihm günstigsten Berechnungsmethode bedienen, wenn sie noch vertretbar ist[860].

Unerheblich ist es für den Begehungstatbestand, ob die unrichtigen Angaben schriftlich oder mündlich gemacht werden oder ob sie vorteilhaft oder nachteilig sind, da eine Beeinflussung des Marktpreises in beiden Fällen denkbar ist. Werden vorteilhafte unrichtige Angaben gemacht, kann dies zu einem steigenden Kaufangebot und damit zu steigenden Kursen führen. Hingegen werden nachteilige Angaben wegen Verkaufsangeboten auf den Markt- oder Börsenpreis drücken[861]. Ebenso gleichgültig ist es nach dem Wortlaut des Gesetzes, ob sich eine unrichtige Angabe an einen, mehrere bzw. eine Vielzahl bestimmter Adressaten richtet oder ob sie gleichsam „ungezielt" verbreitet wird. Erfasst sind somit insbesondere in Beratungsgesprächen gemachte Angaben, aber z. B. auch Angaben in Prospekten, Geschäfts- und Zwischenberichten, Pressemitteilungen oder etwa in Ad-hoc-Meldungen gem. § 15WpHG[862].

b) Der Unterlassungstatbestand

Nach der Unterlassungsvariante des Kursmanipulationstatbestandes macht sich auch derjenige strafbar, der Angaben über bewertungserhebliche Umstände verschweigt, wenn sich die Pflicht zum Offenbaren aus bestehenden Rechtsvorschriften ergibt. Einen solchen Verstoß können nur Personen, also, begehen, denen selbst eine eigenständige Offenlegungspflicht obliegt oder die unternehmensintern für die Erfüllung einer dem Emittenten obliegenden gesetzlichen Veröffentlichungspflicht zuständig sind. Bei der Aktiengesellschaft nach deutschem Recht ist primär der Vorstand als Leitungsorgan zuständig. Bei bestimmten Vorgängen kann auch der Aufsichtsrat beteiligt sein und entsprechend auch seine Mitglieder Verantwortung für die Information tragen[863].

Besondere Hervorhebung verdient die Tatsache, dass der Gesetzgeber die Modalität des Unterlassens auf bestehende Rechtsvorschriften eingeschränkt hat[864]. Bei dieser Begehungsmodalität handelt es sich um ein echtes Unterlassungsdelikt, so dass die Grundsätze über die Garantenstellung keine Anwendung finden[865]. Vorangegangenes gefährdendes Tun wie schuldlos oder fahrlässig unri-

---

860 Schröder, Aktienhandel, S. 9; Ledermann, in Schäfer, § 88 BörsG RN 8.

861 BT-Dr. 10/318, 46; Pabst, Rechtliche Risiken, S. 62; Knauth, NJW 1987, S. 32.

862 Ledermann, in Schäfer, § 88 BörsG RN 8.

863 Emittentenleitfaden der BaFin (FN 808), S. 87 f.

864 BT-Dr. 10/318, S. 46.

865 Vogel, in Assmann/Schneider, 3. Aufl., § 20a RN 59; Schwark, in Schwark, 3. Aufl., § 20a WpHG, RN 19; vgl. auch Fuhrmann, in Erbs/Kohlhaas, 104. Lfg. (1993), § 88 BörsG

chtige Angaben, deren Unrichtigkeit nachträglich erkannt wird reicht als Grundlage nicht aus[866]. Der Grund für diese Einschränkung ist vor allem in der größeren Weite des Tatbestandes zu sehen. Insbesondere weil jeder Individualvorgang erfasst wird, würde hier eine Strafbarkeit des Verschweigens, unabhängig von außerstrafrechtlichen Pflichten zu weit gehen. Deshalb ist die Einschränkung auf ein Verschweigen entgegen Rechtsvorschriften nicht nur de lege lata zu billigen, sondern auch streng zu beachten.

Als „bestehende Rechtsvorschriften" kommen Gesetzesvorschriften in Betracht wie börsenrechtliche Bestimmungen über die Erstellung von Börsenzulassungsprospekten und Unternehmensberichten oder über die Pflichtenstellung eines Emittenten zugelassener Wertpapiere sowie Rechtsverordnungen einschließlich EG-Verordnungen[867]. Allgemeine Grundsätze, wie z. B. der Grundsatz von Treu und Glauben, privatrechtliche Vereinbarungen wie Usancen oder Geschäftsbedingungen, nicht-rechtsverbindliche Verhaltenscodices oder EG-Richtlinien, die sich an die Mitgliedsstaaten richten und Pflichten nur für sie begründen, reichen nicht aus[868].

Von ausschlaggebender Bedeutung ist die gesetzliche Pflicht börsennotierter Unternehmen zur Ad-hoc-Meldung aller emittentenbezogenen, kurserheblichen Tatsachen gem. § 15 WpHG[869]. Der Unterlassungstatbestand gem. § 20a Abs. 1 Nr. 1 2. Alt. WpHG wird erfüllt, wenn eine ad-hoc-publizitätspflichtige Tatsache entweder gar nicht oder erst verspätet veröffentlicht wird. Darüber hinaus wird die Unterlassungsalternative des Kursmanipulationstatbestandes im Kontext weiterer Publizitätsvorschriften des Kapitalmarktrechts mit Leben erfüllt, die Emittenten wie z. B. die börsenrechtlich vorgesehenen Mindestangaben bei Zulassung von Wertpapieren zum Börsenhandel im amtlichen oder geregelten Markt bzw. Prospektangaben, Zwischenberichtangaben[870] sowie bilanzrechtliche Publizitätspflich-

---

RN 14; Fichtner, Börsenstrafvorschriften, S. 65; Schlüchter, 2. WiKG, S. 141; Park, BB 2001, S. 2070; Sorgenfrei, wistra 2002, S. 327; Ziouvas, ZGR 2003, S. 126.

866 Kritisch Möhrenschlager, wistra 1983, S. 18.

867 Ledermann, in Schäfer, § 88 BörsG RN 11; Lenzen, Unerlaubte Eingriffe, S. 230; Schmitz, wistra 2002, S. 210.

868 Vogel, in Assmann/Schneider, 3. Aufl., § 20a RN 65 ff.; vgl. auch BT-Dr., 10/318, S. 46; Fuhrmann, passim; Nack, in Müller/Gugenberger, 3. Aufl., § 68 RN 17; Schwark, 2. Aufl., § 88 RN 5; Lenzen, Unerlaubte Eingriffe, S. 230; Park, passim; Schmitz, wistra 2002, S. 210.

869 So Schröder, Aktienhandel, S. 69 ff., 148; Ledermann, passim; Groß, 2. Aufl., § 88 BörsG RN 3; Möller, WM 2002, S. 312; Riedel, wistra 2001, S. 450; Steinhauer, Insiderhandelsverbot, S. 126; Wilga, in Möllers/Rotter, § 12 RN 16.

870 Fahrholz, FS für Selmer, S. 332 FN 64, 65. Vgl. §§ 30, 32, 40, 51BörsG, geändert durch das Gesetz zur Umsetzung der Richtlinie 2003/71/EG des Europäischen Parlaments und der Richtlinie vom 4.11.2003 betreffend den Prospekt, der beim öffentlichen Angebot von Wertpapieren oder bei deren Zulassung zum Handel zu veröffentlichen ist, und zur Änderung der Richtlinie 2001/34/EG (Prospektrichtlinie-Umsetzungsgesetz) v. 22.6.2005,

ten, Vorstands- und Aufsichtsratsmitglieder wie § 15aWpHG[871], § 161 AktG[872] oder Anleger wie §§ 21 ff. WpHG[873], §§ 10, 35WpÜG[874] betreffen.

Wenig Beachtung ist bisher schließlich der Tatsache geschenkt worden, dass die entsprechende Pflicht zur Offenbarung auf Grund einer EG-Verordnung bestehen kann, obwohl dies nun für die rechtliche Beurteilung von Kursstabilisierungsmaßnahmen und Aktienrückkäufen von erheblicher Brisanz sein kann[875]. Werden nämlich die im Rahmen der EG-Verordnung Nr. 2273/2003, betreffend die Ausnahmeregelungen für Rückkaufprogramme und Kursstabilisierungsmaßnahmen[876], vorgesehenen Offenbarungs- und Meldepflichten unterlassen, wird z. B. die Information, dass Rückkäufe oder Kursstabilisierung vorgenommen werden, entgegen Art. 4 Abs. 2, 9 Abs. 1 der Verordnung verschwiegen, dann kommt der Unterlassungstatbestand schon zur Anwendung, zumal solch eine Information als bewertungserheblich angesehen wird und in der Regel auf die Kurse einwirkt. Dieses Ergebnis überrascht allerdings hinsichtlich der Prämisse der gemeinschaftsrechtlichen Vorgaben, nach der Verstöße gegen die in der Verordnung festgesetzten Regelungen nicht per se verbotene Marktpreismanipulationen darstellen dür-

---

BGBl. I 2005, S. 1698 sowie das Gesetz zur Einführung von Kapitalanleger-Musterverfahren v. 16.9.2005, BGBl. I 2005, S. 2437.

871 Sorgenfrei, wistra 2002, S. 327; Sethe, in Assmann/Schneider, 3. Aufl., § 15a RN 103; Fahrholz, FS für Selmer, S. 332; Trüstedt, Börsenkursmanipulationen, S. 116. Diese Vorschrift wurde allerdings erst mit dem vierten FFG im Anschluss an Art. 6 Abs. 4 der Marktmissbrauchsrichtlinie (FN 20) eingeführt und verpflichtet Vorstands- und Aufsichtsratsmitglieder börsennotierter Gesellschaften oder ihrer Mutterunternehmen und ihnen nahe stehende Personen, persönliche Käufe und Verkäufe in Aktien der Gesellschaft, sofern ihre Gesamtzahl innerhalb von 30 Tagen 25.000 Euro übersteigt, dem Emittenten und der Bundesanstalt für Finanzdienstleistungsaufsicht unverzüglich schriftlich mitzuteilen, vgl. hierzu Dier/Fühoff, AG 2002, S. 604 ff.; Fleischer, ZIP 2002, S. 1217 ff.; Buttlar, BB 2003, S. 2133 ff.; Möllers, ZBB 2003, S. 394.

872 Ettinger/Grützediek, AG 2003, S. 353. Vom Transparenz und Publizitätsgesetz (TransPublG) vom 19.7.2002, BR Drucks. 450/02 wurde Art. 161 AktG neugefasst und die Pflicht des Vorstandes börsennotierter Aktiengesellschaften zur Entsprechungserklärung bezüglich der Verhaltensempfehlungen des Corporate Governance Kodex v. 26. 2. 2002, NZG 2002, S. 273 ff. = ZIP 2002, S. 452 ff. für eine gute und verantwortungsvolle Leitung und Überwachung bzw., wenn ihnen nicht entsprochen wird, die Darlegung negativer Abweichungen.

873 Groß, 2. Aufl., § 88 BörsG RN 6; Möller, WM 2002, S. 310; Weber, NJW 2000, S. 3462; Fahrholz, FS für Selmer, S. 333 FN 66.

874 Möller, WM 2002, S. 312; Assmann, ZGR 2002, S. 721; Ziouvas/Walter, WM 2002, S. 1486; Fahrholz, FS für Selmer, S. 333 FN 67, 68; Trüstedt, Börsenkursmanipulationen, S. 116. Dabei handelt es sich um die Pflicht zur Veröffentlichung der Entscheidung zur Abgabe eines Erwerbsangebots oder der Veröffentlichung des Kontrollerwerbs nach dem neuen WpÜG, dazu unten § 6 VI 1 b dd).

875 Missverständlich insofern Vogel, in Assmann/Schneider, 3. Aufl., § 20a RN 121.

876 ABl. L 336 v. 23.12.2003, S. 33 ff., hierzu § 5 II 3 d).

fen[877]. Dieser Missstand ist darauf zurückzuführen, dass die Marktmissbrauchsrichtlinie keine Unterlassungsvariante der verbotenen Manipulation kennt, die beim Verschweigen vorgesehener Offenbarungspflichten schon eingreift. Ob sich dieses Mehr der deutschen Regelung als stichhaltig erweist, ist allerdings im Weiteren auszuleuchten[878].

In der Regel werden die Angaben allerdings lediglich unvollständig oder bewusst ungenau gehalten. Unvollständig ist eine Angabe, wenn die mit ihr mitgeteilten Umstände zwar richtig sind, durch das Auslassen erheblicher Umstände jedoch ein falsches Bild vermittelt wird[879]. Hinsichtlich der Einschränkung der Unterlassungsalternative auf bestehende Rechtsvorschriften erhebt sich die Frage, ob „unvollständige" Angaben strafbar gemäß dem Kursmanipulationstatbestand sind. Nach der herrschenden Ansicht ist jedoch von einer Strafbarkeit auszugehen, wenn mit unvollständigen Angaben schlüssig ein Gesamteindruck vermittelt wird, der die Angabe nach der Verkehrsanschauung als unrichtig erscheinen lässt[880]. In diesen Fällen werde zumeist der wahre Gehalt der Angabe durch Weglassen der für die Bewertung erheblichen Umstände verfälscht und damit schlüssig eine unrichtige Angabe gemacht. Diese Art der Tathandlung stelle also kein Verschweigen bewertungserheblicher Umstände dar, sondern ein aktives Tun, das eine Gesamtwirkung der Angabe hervorrufe, die mit der Wirklichkeit nicht übereinstimme, so dass es keiner Offenbarungspflicht auf Grund bestehender Rechtsvorschriften bedürfe.

Dieser Auffassung wird zu Recht vorgeworfen, sie sei eine unzutreffende Pauschalisierung, die letztlich die Unterscheidung zwischen konkludenter Täuschung und Täuschung durch Unterlassen nivelliert und stattdessen die c.i.c-Haftung ins Strafrecht transferiert[881]. Dieser Abgrenzung kommt außerdem maßgebliche Bedeutung zu, weil eine Strafbarkeit wegen der Unterlassungsalternative nur dann in Betracht kommt, wenn das Verschweigen bewertungserheblicher Umstände bestehenden Rechtsvorschriften entgegensteht. Durch die Hintertür der konkludent unrichtigen Angaben besteht die Gefahr, Unterlassungskonstellationen gegen den ausdrücklichen Gesetzeswortlaut zu pönalisieren. Unvollständige Angaben

---

877 Vgl. Erwägungsgrund Nr. 2 zur Nr. 2273/2003 der Kommission (FN 526), S. 33; auch Ziemons, NZG 2004, S. 540.

878 S. u. § 6 V III 4.

879 BT-Dr. 10/318, S. 24; Grotherr, DB 1986, S. 2588; Pabst, Rechtliche Risiken, S. 18.

880 Vogel, in Assmann/Schneider, 3. Aufl., § 20a RN 36; Schwark, in Schwark, 3. Aufl., § 20a WpHG, RN 14; zum Kursbetrugstatbestand vgl. auch Schlüchter, 2. WiKG, S. 138; Fuhrmann, in Erbs/Kohlhaas, 104. Lfg. (1993), § 88 RN 7, 14; Ledermann, in Schäfer, § 88 BörsG RN 8; Groß, 2. Aufl., § 88 BörsG RN 3; Lenzen, Unerlaubte Eingriffe, S. 230; Pflüller/Wagner, WM 2004, S. 254; Emittentenleitfaden der BaFin (FN 808), S. 89; a. A. LG München, ZIP 2001, S. 1815, das unpräzise Angaben nur im Falle einer entsprechenden Aufklärungspflicht als Täuschung anerkennen will.

881 Schmitz, wistra 2002, S. 210. Vgl. zu dieser Problematik Schönke/Schröder/Stree, vor § 13 RN 158.

sind richtigerweise nur dann als aktives Tun anzusehen, soweit es sich um die Unterdrückung bestimmter Einzelpunkte der Angabe handelt, die nach der Risikoverteilung in diesem Bereich als miterklärt gelten und deren besondere Erwähnung - ihre Richtigkeit unterstellt - als überflüssig angesehen wird[882]. Von einer konkludenten Täuschung kann in der Regel dann die Rede sein, wenn die verschwiegenen Umstände mit den tatsächlich gemachten Angaben in einem unmittelbaren Zusammenhang ständen, wobei als Richtschnur gelte, dass - je vager und lückenhafter die gemachten Angaben sind - desto weniger eine Angabe als mitgeklärt angesehen werden könne[883].

c) *Bewertungserhebliche Umstände*

Sowohl die unrichtigen als auch die verschwiegenen Angaben müssen sich auf Umstände beziehen, die „für die Bewertung der Wertpapiere, Geldmarktinstrumente, Derivaten, Rechte auf Zeichnung, ausländischen Zahlungsmittel oder Waren erheblich sind“. Eine nähere Erklärung des Umstandsbegriffs erfolgte weder durch den Gesetzgeber noch durch die Literatur. Darunter versteht man Tatsachen, Angaben, Prognosegrundlagen, Entwicklungen und Gegebenheiten im weitesten Sinne[884].

Trotz der heftigen Kritik an der „sehr ungenauen Klausel der bewertungserheblichen Umstände“ im Rahmen der insoweit gleich lautenden Vorgängervorschrift des § 88 BörsG a. F.[885] hielt der Gesetzgeber ihre Beibehaltung für unerlässlich. Denn mit der Beschränkung auf „bewertungserhebliche Umstände“ sollten denkbare Bagatellfälle und Formalien bereits aus dem objektiven Tatbestand ausgeschieden werden[886]. Dagegen lässt sich aber zunächst einwenden, dass der Gesetzgeber – hätte er Bagatellfälle ausscheiden wollen – dies auch entsprechend formuliert hätte[887]. Wie solche Formulierungen aussehen, weiß der Gesetzgeber aus einer langen Tradition des Strafgesetzbuches (z. B. §§ 248a, 263 Abs. 4, 265a). Die Ausscheidung von Bagatellfällen pflegt der Gesetzgeber über die Rückaufnahme zu regeln, teilweise bedient er sich für die Rückaufnahme auch des Verfahrensrechts (§§ 153, 153a StPO). Es soll hier überhaupt kein Handelsverbot in Verbindung mit den die Bewertung nur unerheblich beeinflussenden Angaben

---

882 Geilen, Aktienstrafrecht, § 399 RN 54; LK-Lackner, 10. Aufl., § 263 RN 28 f.

883 Jaath, FS für Dünnebier, S. 598 f.; Worms, Anlegerschutz, S. 181; Rössner in Assmann/-Schütze, § 8 RN 14; Geilen, passim; hierzu ausführlich Trüstedt, Börsenkursmanipulationen, S. 140 ff., die unvollständige Angaben als straffrei schlechterdings bewertet.

884 Gäbhard, Wesentliche Umstände, S. 109

885 S. o. § 5 I 2, vgl. auch Trüstedt, Börsenkursmanipulationen, S. 92.

886 BT-Dr. 10/318, S. 46 sowie BR-Dr. 639/03, S. 9; zust. Möhrenschlager, wistra 1983, S. 18; Vogel, in Assmann/Schneider, 3. Aufl., § 20a RN 44; Schwark, 2. Aufl., § 88 RN 5; Trüstedt, passim.

887 So gegen die Bagatelltheorie im Rahmen des Insidertatbestandes Benner, in Wabnitz/-Janovsky, 2. Aufl., Kapitel 9 RN 168; vgl. auch Roth, SZW 63 (1991), S. 241 m. w. N.

geben, also eben keine Bagatellisierung von anerkanntem Unrecht, sondern es soll die völlige Rechtmäßigkeit solcher Fälle statuiert werden, was strafrechtlich einen Unterschied macht. Die Erheblichkeitsklausel stellt ein positives Tatbestandsmerkmal dar, das die Strafbarkeit begründet.

Die Auslegung der Bewertungserheblichkeitsklausel stellt außerdem eine Wertungsentscheidung dar, für die man einen Beurteilungsmaßstab finden sollte. Dafür soll nach dem Gesetz- und Verordnungsgeber die Verkehrsauffassung entscheidend sein, d. h. die Auffassung des mit den unrichtigen Angaben angesprochenen und am jeweiligen Börsen- und Marktpreis interessierten Personenkreises[888]. Ob die Feststellung einer solchen Verkehrsauffassung jemals gelingt, erscheint aber angesichts der unzähligen objektiven und subjektiven Bewertungsparameter der Kursbildung zweifelhaft[889]. Das beginnt bereits beim Begriff der Bewertung.

Der Begriff der Bewertung ist nach einer Ansicht zum Zwecke der Rechtsklarheit ausschließlich im betriebswirtschaftlichen Sinne zu verstehen, so dass es ein tatbestandsmäßiges Verhalten erst dann gebe, wenn die unternehmensbezogenen Daten wie Umsatzzahlen, Erlöse oder Dividendenzahlungen berührt werden[890]. Einem betriebswirtschaftlichen Erheblichkeitsbegriff nach seien beispielsweise unrichtige Angaben in einem irreführenden Zwischenbericht stets als bewertungserheblich anzusehen, da der Zwischenbericht dazu diene, sich einen Überblick über den Geschäftsverlauf zu verschaffen. Im Gegensatz dazu seien Falschmeldungen in Medien nach dieser Auslegung grundsätzlich nicht als tatbestandsmäßig einzustufen, denn derartige Äußerungen seien zwar vom Wortsinn der „Bewertung" erfasst, jedoch weltanschaulich oder journalistisch motiviert und änderten an den für die zur Kursfindung wesentlichen Unternehmensdaten nichts.

Diese Betrachtungsweise gewährt dem Tatbestand zweifellos feste Konturen; sie dürften aber ausgesprochen eng sein[891]. Die Bewertung eines Vermögenswertes lässt sich zwar langfristig gemäß betriebswirtschaftlicher Daten bestimmen, die täglichen Kursbewegungen sind jedoch - wie vorstehend erläutert - auf zahlreiche Faktoren zurückzuführen, die sogar psychologischer Natur sein können und die überhaupt nicht an Bedeutung verlören, würde man sie mit reinen Unter-

---

888 BT-Dr. 10/318, S. 46 sowie BR-Dr. 639/03, S. 9; auch Knauth, NJW 1987, S. 32; LG München, NJW 2003, S. 2328; Fuhrmann, in Erbs/Kohlhaas, 104. Lfg. (1993), § 88 BörsG RN 8; Lenzen, Unerlaubte Eingriffe, S. 224; Park, BB 2001, S. 2070; Sorgenfrei, wistra 2002, S. 323; Wilga, in Möllers/Rotter, § 12 RN 56.

889 Sorgenfrei, wistra 2002, S. 323.

890 So Schröder, Aktienhandel, S. 71 ff. Nach der Rechtsprechung erfüllt die Bekanntgabe von falschen Halbjahreszahlen eines Unternehmens das Tatbestandsmerkmal der „unrichtigen Angaben über für die Bewertung von Wertpapieren erhebliche Umstände", s. LG München, NJW 2003, S. 2328.

891 So Altenhain, BB 2002, S. 1878 FN 40; Sorgenfrei, wistra 2002, S. 323; Trüstedt, Börsenkursmanipulationen, S. 90 f.

nehmensdaten vergleichen[892]. Neben konkreten, auf objektiven Umständen beruhenden Unternehmenskennzahlen oder gar nur einzelnen Bilanzposten sind für die Bewertung einer Aktie künftig erwartete Geschäftsverläufe des konkreten Unternehmens (mikroökonomische Parameter, z. B. Entscheidung eines Unternehmens, die sich spezifisch auf die Geschäftsaussichten einer konkurrierenden Gesellschaft auswirkt) ebenso relevant wie eine Erwartung an die Entwicklung der gesamten Branche (makroökonomische Parameter, national wie international). Auch die Marktenge bzw. die Volatilität ist für die Bewertung einer Aktie potential relevant sowie andere Umstände, die sich aus dem Handel mit dem Papier ergeben, wie das Vorliegen eines erheblichen Ordervolumens, die Umwandlung von Namensaktien, die Entscheidung der Börse über die Notierung eines Papiers usw. Ergänzend kommen auch rechtliche, politische und selbst gesamtwirtschaftliche Parameter sowie Nachrichten über Naturereignisse in Betracht, die lediglich mittelbar die Verhältnisse von Emittenten und Vermögenswerten berühren. Diese Umstände bilden die Basis des Informationsverarbeitungsprozesses eines Marktteilnehmers, der zudem durch Gewohnheiten, Emotionen und Motive ergänzt wird. Hieraus bildet der Marktteilnehmer sein individuell-subjektives Bewertungserheblichkeitsergebnis.

Dem Begriff der Bewertung liegen folglich abstrakt-generelle Elemente ebenso zu Grunde wie subjektiv-individuelle. Ob eine aufgezeigte objektive Bewertungsrelevanz zudem auch qualitativ die generell-subjektive Stufe der Erheblichkeit am Maßstab einer Verkehrsauffassung erreicht, dürfte kaum zu beantworten sein[893]. Dies gilt umso mehr für die Heranziehung des Maßstabs einer ausländischen Verkehrsauffassung bei grenzüberschreitender Bewertungserheblichkeit.

Zum Zwecke der Normkonkretisierung bedient sich die Lehre des Vergleichs zu anderen Zuordnungen zum Erheblichkeitsmerkmal und schloss sich zum Teil an die im Rahmen der durch § 264a StGB ausgelösten Diskussion wegen seiner starken inhaltlichen, aber auch konzeptionellen Übereinstimmung zum Kursbetrugstatbestand an[894], zumal § 264a StGB nach der amtlichen und herrschenden Begründung das überindividuelle Rechtsgut des Funktionierens des Kapitalmarkts bzw. das Vertrauen der Allgemeinheit in das Funktionieren des Kapitalmarkts[895]

892 S. o. § 2 IV; vgl. auch König, Börsenpreisbeeinflussung, S. 22; Dette, Kursbildung, S. 104 ff.; Lenzen, WM 2000, S. 1132; Sorgenfrei, wistra 2002, S. 324; Ziouvas, ZGR 2003, S. 132.

893 Sorgenfrei, passim; vgl. auch Volk, ZHR 142 (1978), S. 7.

894 Vogel, in Assmann/Schneider, 3. Aufl., § 20a RN 43; vgl. auch Weber, NStZ 1986, 486; Fichtner, Börsenstrafvorschriften, S. 79, 84; Ekkenga, NZG 2001, S. 6 FN 36.

895 BT-Dr. 10/318, S. 22; Achenbach, NJW 1986, S. 1839; Knauth, NJW 1987, S. 28; Weber, WM 1986, S. 1136; OLG Köln NStZ 1999, S. 567; Bottke, wistra 1991, S. 8; Jaath, FS für Dünnebier, S. 589; Geerds, Vermögensschutz, S. 212; Schönke/Schröder/-Cramer, § 264 a RN 1; Hefendehl, Kollektive Rechtsgüter, S. 270 f.

zumindest neben dem Vermögen von Anlegern[896] schützen soll. Die Tathandlung verlangt beim § 264 a StGB einen Anlagevertreiber, der in Prospekten, Darstellungen und Vermögensübersichten falsche positive Angaben über entscheidungserhebliche Umstände hinsichtlich Wertpapieren, Bezugsrechten, Unternehmensanteilen macht oder solche negative Umstände verschweigt, also genauso wie § 88 BörsG a. F. keinen Irrtum des Anlegers, keine Vermögensverfügung, keinen Vermögensschaden und keine Bereicherungsabsicht des Täters[897]. Um Anhaltspunkte für die Auslegung der „Entscheidungserheblichkeit" zu geben, hat der Rechtsausschuss des Bundestages zum einen als entscheidungserheblich die Umstände hervorhoben, die einen Einfluss auf Wert, Chancen und Risiken einer Kapitalanlage haben und deshalb für die Entscheidung über den Erwerb oder die Erhöhung erhebliche Umstände darstellen, zum anderen auf die zivilrechtliche Rechtsprechung zur sog. Prospekthaftung und die in der Anlageberatungspraxis entwickelten Mindestinhalte in sog. Fachkatalogen, Prospekten und Checklisten verwiesen[898].

Ob diese Auslegungsrichtschnur in den Kursmanipulationstatbestand übertragen werden kann, erscheint aber mehr als zweifelhaft. Zunächst wurde der Begriff der Erheblichkeit unter dem Gesichtspunkt der Tatbestandsbestimmtheit schon bei § 264a StGB ebenfalls als zumindest nicht unproblematisch erkannt[899]. Checkliste und Fachkatalogen erleichtern zwar eine wirtschaftlich sinnvolle Investition, sie sehen jedoch oft entscheinungsirrelevante Einzelheiten wie das Datum der Herausgabe auf dem Formular der Beitrittserklärung vor, sie enthalten des Weiteren keineswegs sämtliche Faktoren, welche im Einzelfall Relevanz erlangen können und sie sind zum Teil veraltet[900]. Solche Auslegungshilfsmittel haben aus methodologischer Sicht keine Bindungswirkung, sondern bloß eine Indizwirkung und sie sollten deshalb lediglich als Vergleichsmaßstab herangezogen werden[901]. Die von der Prospekthaftungsrechtsprechung statuierten Aufklärungspflichten gehen außerdem aufgrund der speziellen Schutzfunktion des Zivilrechts teilweise erheblich weiter, erreichen dabei aber vielfach noch nicht die Strafwürdigkeitsgrenze[902].

Im Hinblick darauf bleibt es auch im Rahmen des § 264a StGB immer noch unklar, welche Angaben den Wert, die Chancen und Risiken einer Kapitalanlage

---

896 Für den doppelten Rechtsgüterschutz Cerny, MDR 1987, 272; Möhrenschlager, wistra 1982, S. 205; Otto, WM 1988, S. 736; ders., Geschäftstätigkeit, S. 91; Tiedemann, Wirtschaftsbetrug, § 264a RN 13; Schmid, in Müller-Gugenberger, 3. Aufl., § 27 RN 95; Park, BB 2001, S. 2074.

897 Achenbach, NJW 1986, S. 1839.

898 BT-Dr. 10/5058, S. 31.

899 Weber, Die Bank 1986, S. 416.

900 Grotherr, DB 1986, S. 2588; Pabst, Rechtliche Risiken, S. 27; Schröder, Aktienhandel, S. 12 f.; Geerds, Vermögensschutz, S. 228 f.; Gäbhard, Wesentliche Umstände, S. 71 f.

901 Gäbhard, Wesentliche Umstände, S. 48, 59, 74.

902 Schlüchter, 2. WiKG, S. 139; Geerds, Vermögensschutz, S. 229.

betreffen. Die meisten Autoren sind sich zwar einig, dass um des Bestimmtheitsgrundsatzes willen die Auslegung am Schutzzweck des § 264a StGB unter Berücksichtigung der Umstände des Einzelfalls zu orientieren ist[903]. Allerdings ergibt sich hieraus eine Zweiteilung der Auffassungen zur ausschließlichen Orientierung an Vermögensinteressen der Kapitalanleger einerseits und der zusätzlichen oder primären Ausrichtung am Schutz des Kapitalanlagemarkts andererseits. Verfasser, die ausschließlich auf das Vermögen als geschütztes Rechtsgut abstellen, anerkennen nur solche Umstände als entscheidungserheblich, die im Falle ihrer Einbeziehung in die positive Anlageentscheidung einen Vermögensschaden bei dem potentiellen Anleger verursachen können, während es umstritten ist, ob eine Gesamtbetrachtung der Anlage bzw. eine Saldierung erforderlich ist[904]. Wird dagegen auf das Vertrauen in das Funktionieren des Kapitalmarktes abgestellt, so ist der Kreis der erheblichen Umstände nicht von vornherein auf vermögensrelevante Angaben beschränkt. Nach dieser Lehrauffassung sind als erheblich sämtliche Umstände bzw. Risikofaktoren anzusehen, deren Vorspiegeln oder Verschweigen in irgendeiner Weise geeignet sei, die Kapitalmarkteffizienz oder das Vertrauen in das Funktionieren des Kapitalmarktes zu erschüttern[905].

Eine vertiefende Konfrontation mit diesen Theorien mag hier dahinstehen[906]. Denn ein osmotischer Wertungstransfer zwischen dem Kursmanipulationstatbestand und 264a StGB ist über die Gebrechlichkeit von „Vertrauensgedanken" und „Allokationseffizienzargumenten" hinaus auch deshalb abzulehnen, da sich § 264a StGB von der hiesigen Problematik erheblich differenziert[907]. Beim Kursmanipulationstatbestand wird derjenige herangezogen, der „für die Bewertung"

---

903 Tiedemann, Wirtschaftsbetrug, § 264a RN 49. Vereinzelt wird versucht, das Erheblichkeitsmerkmal normativ auszulegen, also als erheblich Umstände angesehen werden, deren Angabe gesetzliche Regelungen für den organisierten Markt vorschreiben, vgl. Knauth, NJW 1987, S. 31; Möhrenschlager, wistra 1982, S. 206; Schröder, Aktienstrafrecht, S. 17 ff.; Park, BB 2001, S. 2075; kritisch Gäbhard, Wesentliche Umstände, S. 7, 91.

904 Vgl. zur Theorie von der Vermögensrelevanz Joecks, wistra 1986, S. 143 f.; Worms, Anlegerschutz, S. 307 ff., 312 ff., 316; Rössner in Assmann/Schütze, § 8 RN 52; Pabst, Rechtliche Risiken, S. 61; SK-Samson/Günther, 39. Lfg. (Dezember 1996) § 264a RN 7; Schmitz, wistra 2002, S. 211; Schmitz, ZStW 115 (2003), S. 520.

905 Zur Theorie von der Offenbarungspflichtigkeit der Risikofaktoren vgl. Gäbhard, Wesentliche Umstände, S. 96 ff; Grotherr, DB 1986, S. 2589; zur Theorie vom ausgewogenen Gesamtbild, vgl. Schönke/Schröder/Cramer, § 264a RN 30 f. Geerds, Vermögensschutz, S. 216 ff., 222, nimmt eine Unterscheidung in unrichtigen, unvollständigen und verschwiegenen Angaben vor und schränkt lediglich für verschwiegene Angaben die Offenbarungspflicht auf atypische Besonderheiten der konkreten Anlage sowie deren rechtliche, wirtschaftliche und steuerrechtliche Konzeption ein.

906 Vgl. nun BGH, Urt. v. 12.5.2005 – 5 StR 283/04, wistra 2005, S. 306, der die Offenbarungspflicht auf die wertbildenden Umstände beschränkt, die für einen verständigen, durchschnittlich vorsichtigen Kapitalanleger bei seiner Investitionsentscheidung von Bedeutung sind.

907 So Knauth, NJW 1987, S. 32; Park, BB 2001, S. 2075.

der genannten Gegenstände erhebliche Umstände unrichtig angibt oder pflichtwidrig verschweigt. Demgegenüber erfasst § 264a StGB lediglich die für die Entscheidung über den Kapitalerwerb erheblichen Umstände. Deshalb sind unrichtige Angaben beim § 264a StGB nur dann tatbestandsmäßig, wenn sie die maßgeblichen wirtschaftlichen Verhältnisse günstiger darstellen, als sie wirklich sind (vorteilhaft), verschwiegene, wenn sie negativ sind, also wenn sie den potentiellen Anleger von seiner Anlageentscheidung Abstand nehmen lassen[908]. Bei Kursmanipulationen ist im Gegenteil nicht auf die Vorteiligkeit oder Nachteiligkeit der Angabe abzustellen, denn der Kursbetrüger führt genauso zu falschen Kursen, wenn er unrichtige nachteilige Angaben macht oder vorteilhafte Angaben verschweigt oder sich anderer täuschender Machenschaften bedient, sofern er die Anleger zum Handel mit den betroffenen Vermögenswerten, also sowohl zum Kauf als auch zum Verkauf, veranlasst.

Diese Unterschiede lassen sich richtigerweise in der Divergenz der Schutzzwecke zwischen den Normen über Prospektpflicht und der Sekundärmarktinformation zurückführen. Während der Prospekt auf das Einwerben von Anlegern durch den Emittenten abzielt und § 264a StGB Anleger vor Täuschungen schützen soll, sollen die Vorschriften über die Sekundärmarktpublizität Dritten, den Anlegern, Informationen über Ertragsaussichten bzw. Risiken eines von ihnen zu kaufenden bzw. verkaufenden Wertpapiers liefern und damit zur Bildung eines „richtigen" Preises beitragen[909]. Die vermögensschutzrechtliche Richtung des § 264a StGB ergibt sich schon daraus, dass es trotz des doch sehr unterschiedlichen Ausgangspunkts sowohl Befürworter als auch Gegner einer vermögensdeliktischen Interpretation des § 264a StGB als erhebliche Umstände ansehen, die die Werthaltigkeit der Kapitalanlage betreffen oder für die Anlageentscheidung bedeutsam sind, also das Vermögen bzw. die Dispositionsfreiheit der Anleger berühren[910]. Die Strafwürdigkeit der von § 264a StGB erfassten Verhaltensweisen wird also - wenn auch bedenklich[911] - aus dem Umstand abgeleitet, dass das Angriffsverhalten auf den zweckverfehlten Mitteleinsatz des Anlegers abzielt[912]. Denn die tatbestandsmäßige Täuschung über das Risiko und die Renditeträchtigkeit der Anlage, wie z. B. über das vom Anleger zu tragende Unternehmensrisiko, besondere

908 Pabst, Rechtliche Risiken, S. 17; Fichtner, Börsenstrafvorschriften, S. 84; Lenzen, Unerlaubte Eingriffe, S. 226.

909 Baums, ZHR 167 (2003), S. 150.

910 Vgl. Franzheim, GA 1972, 361 ff.; Otto, WM 1988, S. 736; Tiedemann, Wirtschaftsbetrug, § 264a RN 13, S. 81.

911 Zur Kritik an dem vorverlagerten strafrechtlichen Vermögensschutz, § 6 III.

912 So Otto, WM 1988, S. 733; Geerds, Vermögensschutz, S. 321, der, obwohl er zwischen dem überindividuellen Rechtsgut des § 264a StGB und dem Vermögen als Angriffsobjekt unterscheidet (ebenda, S. 198 f, 207 f.), sich bei Begründung der Strafwürdigkeit des § 264a StGB auf die Verletzung des Vermögens der Anleger beruft, weil „gerade solche vermögensrelevante Angaben im besonderen Maß geeignet seien, zu Fehlallokationen von Anlagekapital und zu einem Vertrauensschwund in den Kapitalmarkt zu führen".

Kurschancen, die Eignung der Aktie als Renditeobjekt oder die Wiederverkäuflichkeit der Aktie, führt nicht notwendig zu Vermögensschaden oder -Gefährdungen im Sinne des wirtschaftlichen Vermögensbegriffs des Betrugstatbestandes, sie soll bloß den präsumtiven Anleger dazu veranlassen, sein Geld zweckwidrig anzulegen[913].

Ebenso wenig angezeigt ist des Weiteren ein Rückgriff auf die zur Ad-hoc-Publizitätspflicht des § 15 Abs. 1 WpHG i. F. v. 1.7.02 entwickelten Kriterien für eine „erhebliche Kursbeeinflussung" bzw. die in diesem Zusammenhang nicht abschließend veröffentlichten typischen Fallgruppen[914], weil da eine Tatsache zur Kurserheblichkeit wegen ihrer Auswirkungen auf wirtschaftliche Gegebenheiten im Unternehmen des Emittenten geeignet sein soll; es geht also um eine nach „innen" gerichtete Tatsache, so dass mögliche exogene bewertungserhebliche Umstände ausscheiden. Abgestellt werden könnte somit auf die Auslegung des Kurserheblichkeitsbegriffs im Rahmen des Insiderrechts (§ 12 ff. WpHG), da eine Insidertatsache im Gegensatz zur ad-hoc-publizitätspflichtigen Tatsache nicht nur emittentenbezogen, sondern auch wertpapier- sowie marktbezogen sein kann[915]. Der Heranziehung der dort entwickelten Kriterien wird vorgeworfen, diese müssten im Gegensatz zum Kursmanipulationstatbestand eine Erheblichkeit in puncto Kursbeeinflussung aufweisen[916]. Bei der Erheblichkeitsprüfung werde auf die Höhe des zu erwartenden Kursausschlages abgestellt[917]. Außerdem könnten die zahlreichen kontroversen Ansätze im Insiderstrafrechtsschrifttum hinsichtlich der Festlegung bestimmter Prozentsätze keine Rechtssicherheit in puncto Bewertungserheblichkeitsklausel gewährleisten[918]. Umstritten sei nämlich, ob und gegebenenfalls welche bestimmte Prozentsätze für alle Wertpapiere verwendet werden sollten[919] oder ob eine individuelle Einzelfestlegung des Prozentsatzes für jedes gehandelte Wertpapier gemäß seiner Volatilität sowie nach Preisniveau, Realisie-

913 Geerds, Vermögensschutz, S. 321; vgl. auch Schlüchter, 2. WiKG, S. 156; Gallandi, wistra 1987, S. 316 ff.; Zaczyk, in Lüderssen/Nestler-Tremel/Weigend, S. 117; Wohlers, Deliktstypen, S. 175.

914 Bundesaufsichtsamt für den Wertpapierhandel und Deutsche Börse AG, Leitfaden „Insiderhandel und Ad- hoc- Publizität nach dem Wertpapierhandelsgesetz", 2. Aufl., April 1998, S. 50, 51; vgl. nun Emittentenleitfaden der Bundesanstalt für Finanzdienstleistungsaufsicht (FN 808).

915 Dreyling, in Dreyling/Schäfer, S. 21; Trüstedt, Börsenkursmanipulationen, S. 151.

916 Sorgenfrei, wistra 2002, S. 324; Vogel, in Assmann/Schneider, 3. Aufl., § 20a RN 39 FN 5.

917 Kümpel, WM 1994, S. 2140; Lücker, Missbrauch, S. 67; Nerlich, Tatbestandsmerkmale, S. 124; Loesche, Kursbeeinflussung, S. 106; Waldhausen, Die ad-hoc-publizitätspflichtige Tatsache, S. 280 f.; Mühlbauer, wistra 2003, S. 171; Trüstedt, Börsenkursmanipulationen, S. 150 f.

918 Sorgenfrei, wistra 2002, S. 324; Trüstedt, Börsenkursmanipulationen, S. 151.

919 Vgl. zur Gesamtbetrachtungsweise Claussen, ZBB 1992, S. 278; Schröder, Aktienhandel, S. 138; Caspari, ZGR 1994, S. 540; Immenga, ZBB 1995, S. 203; Lücker, Missbrauch, S. 67 f., 72; Drygala, WM 2001, S. 1291.

rungswahrscheinlichkeit, Marktentwicklungen oder Rendite erfolgen sollte[920]. Darüber hinaus ist diese Lösung richtigerweise realitätsfremd; da bisher die Kursbildung an der Börse nicht mit Sicherheit vorherzusagen und zu erklären ist, ist es vor allem nur möglich, eine Prognose anzustellen, aber nicht einen fixen Wert zu berechnen[921].

Zur Konkretisierung der Bewertungserheblichkeitsklausel sieht § 2 Abs. 1 der KuMaV vor, dass solche Tatsachen und Werturteile als bewertungserhebliche Umstände anzusehen sind, die geeignet sind, auf die Anlageentscheidung eines vernünftigen Anlegers mit durchschnittlicher Börsenkenntnis Einfluss zu nehmen[922]. Als bewertungserheblich sind insbesondere gem. § 2 Abs. 2 der KuMaV Tatsachen hervorzuheben, die gemäß § 15 Abs. 1 Satz 1 WpHG i. F. v. 1-7-2002, sowie Entscheidungen und Kontrollerwerbe, die gemäß § 10 oder § 35 des Wertpapiererwerbs- und Übernahmegesetzes zu veröffentlichen sind. Zur Veranschaulichung dieser allgemeinen Vorgaben enthält § 2 Abs. 3 der KuMaV dazu einen nicht abschließenden Beispielkatalog[923], nach dem zu bewertungserheblichen Umständen insbesondere Angaben gehören wie Unternehmenskennzahlenänderungen, Änderungen der Ausschüttungen, bedeutende Kooperationen, Erwerb oder Veräußerung von wesentlichen Beteiligungen sowie der Abschluss, die Änderung oder die Kündigung von Beherrschungs- und Gewinnabführungsverträgen und sonstigen bedeutenden Vertragsverhältnissen, Übernahme-, Erwerbs- und Abfindungsangebote, Kapital- und Finanzierungsmaßnahmen, Liquiditätsprobleme, Überschuldung oder Verlustanzeige nach § 92 AktG, bedeutende Erfindungen, die Erteilung oder der Verlust bedeutender Patente und die Gewährung wichtiger Lizenzen, Rechtsstreitigkeiten und Kartellverfahren, Veränderungen in personellen Schlüsselpositionen des Unternehmens sowie strategische Unternehmensentscheidungen, z. B. der Rückzug aus oder die Aufnahme von neuen Kerngeschäftsfeldern oder die Neuausrichtung des Geschäfts.

Zwar stützen sich diese Einordnungen auf Ergebnisse rezenter empirischer Kapitalmarktforschung, die den kursrelevanten Charakter der erwähnten Informationen bestätigen[924]. Insbesondere ereignisnahe Meldungen können das Meinungs-

---

920 Für Einzelfallbetrachtungsweise Kümpel, WM 1994, S. 2141; Deutsche Börse AG, Erläuterungen und Empfehlungen zum WpHG, S. 23 ff./WM 1997, S. 2045; Heise, Insiderhandel, S. 128; Loesche, Kursbeeinflussung, S. 149; Schäfer, in Schäfer, § 13WpHG RN 64; Steinhauer, Insiderhandelsverbot, S. 41 f., 118; Nerlich, Tatbestandsmerkmale, S. 140 ff.; Nowak, ZBB 2001, S. 450.

921 Tippach, Insider-Handelsverbot, S. 127 f.; Cramer, FS für Triffterer, S. 330; Haouache, Börsenaufsicht, S. 40 ff., 102 f.; Cahn, ZHR 162 (1998), S. 17; Heise, Insiderhandel, S. 128 f.; Dickersbach, Das neue Insiderrecht, S. 95, 173; Dreyling, in Dreyling/Schäfer, S. 20; Waldhausen, Die ad-hoc-publizitätspflichtige Tatsache, S. 282 m. w. N.

922 So auch Trüstedt, Börsenkursmanipulationen, S. 91 f.

923 Hierzu Weber, NZG 2004, S. 24.

924 Vgl. zum Beispiel die Arbeiten von Oerke, Ad-hoc-Mitteilungen und deutscher Kapitalmarkt: Marktreaktion auf Informationen, 1999; Nowak, ZBB 2001, S. 449 ff.

klima der Aktionäre beeinflussen und Börsenkurse bewegen[925]. Schon durch die Klassifikation einer Mitteilung als Ad-hoc-Tatsache, erfolgt eine Selektion dieser Nachricht von anderen Unternehmensmeldungen. Dies führt dazu, dass die Marktpreise neue Informationen gleichzeitig enthalten und sich schnell an die unrichtigen Angaben anpassen. Mit diesen Vorgaben der KuMaV werden jedoch mehr Fragen aufgeworfen als beantwortet. So entsprechen die Regelbeispiele dem Ad-hoc-Publizitätsleitfaden der Deutschen Börse zur Konkretisierung des Merkmals der erheblichen Kursbeeinflussung und sind schon wegen § 2 Abs. 2 der KuMaV völlig überflüssig[926]. Außerdem ist die Betrachtungsweise des § 2 KuMaV ausgesprochen eng und steht selbst mit der Begründung der Verordnung nicht in völliger Übereinstimmung, soweit sie über die Bewertungsrelevanz unternehmensbezogener Daten auch auf Marktdaten, wie die Orderlage bzw. Transaktionsverhalten/-absichten großer Marktteilnehmer wie etwa Fonds hinweist[927].

Aber auch die Erkenntnis, dass als bewertungserheblich die Umstände zu verstehen sind, die geeignet sind, auf die Anlageentscheidung eines durchschnittlichen Investors Einfluss zu nehmen, ist zu Recht zahlreichen Bedenken ausgesetzt. Das Kommunikationsmodell, welches dahintersteht, ist, dass die Anlageentscheidung aus der Sicht des verständigen durchschnittlich vorsichtigen Anlegers, der zwar einen Jahresabschluss lesen kann, aber über kein überdurchschnittliches Fachwissen zu verfügen und auch mit der gebräuchlichen Fachsprache nicht vertraut zu sein braucht[928], zu prüfen ist[929]. Dieses Maßstabes bedient man sich zwar auch im Rahmen der §§ 265b, 264a StGB[930], er vermag aber in der Praxis nicht zu überzeugen[931]: Ein unbestimmter Rechtsbegriff wird durch einen anderen ersetzt. Dagegen könnte man außerdem einwenden, der für die Verkehrsauffassung relevante Personenkreis kann nicht „durchschnittlich vorsichtig" sein, etwa im Bereich von Derivaten[932]. Die Maßstabfigur des vernünftigen und durchschnittlich vorsichtigen Anlegers passt hier nicht. Ein vorsichtiger Anleger erwirbt keine Option. Und der Maßstab der durchschnittlichen Vorsicht des Anlegers in Optionen,

---

925 Vgl. auch Dreyling, Die Bank 2002, S. 18; Wilga, in Möllers/Rotter, § 12 RN 55.

926 Rückert/Kuthe, BKR 2003, S. 647; Weber, NZG 2004, S. 27 f.

927 BR-Dr. 639/03, S. 10.

928 Vgl. hierzu auch Otto, WM 1988, S. 738; Schönke/Schröder/Cramer, § 264a RN 32; Gäbhard, Wesentliche Umstände, S. 101.

929 Schröder, Aktienhandel, S. 59; Ledermann, in Schäfer, § 88 BörsG, RN 9; Schlüter, Börsenhandelsrecht, D RN 274; Schwark, in Schwark, 3. Aufl., § 20a WpHG RN 15.

930 BT-Dr. 10/318, S. 24.

931 So Dingeldey, Insider-Handel, S. 213 f.; Rössner, in Assmann/Schütze, § 8 RN 77; Worms, Anlegerschutz, S. 334; Schönke/Schröder/Cramer, § 264a StGB RN 32; Park, BB 2001, S. 2075; Sorgenfrei, wistra 2002, S. 325; Vogel, in Assmann/Schneider, 3. Aufl., § 20a RN 46; Rückert/Kuthe, BKR 2003, S. 647; Trüstedt, Börsenkursmanipulationen, S. 149.

932 Sorgenfrei, wistra 2002, S. 325; Altenhain, BB 2002, S. 1878; Kayßer/Hild, FAZ v. 02.02.2002, S. 23; Trüstedt, Börsenkursmanipulationen, S. 150.

also gewissermaßen eine Durchschnittsvorsicht der Unvorsichtigen, ist ein realitätsfernes Konstrukt. Ein durchschnittlicher Anleger lässt sich also angesichts der wesentlichen Unterschiedlichkeiten zwischen Vermögenswerten, globalisierten Kapitalmärkten und der Vielgestaltigkeit des Börsenwesens nicht ermitteln. Die Maßstabfigur des vernünftigen und durchschnittlich vorsichtigen Anlegers passt zur überkommenen Rechtsgutsbestimmung, die einen idealen nationalen Kapitalmarkt mit idealen Anlegern schützt[933].

Zuzugeben ist schließlich, dass es angesichts der aufgezeigten zahlreichen Bewertungsparameter problemlos gelingen würde, eine theoretisch immer mögliche (Mit-)Ursächlichkeit für die Investitionsentscheidung darzutun[934]. Eine Ursächlichkeit kann richtigerweise nur dann ausgeschlossen sein, wenn die Informationsquelle bereits bei oberflächlicher Betrachtung in sich widersprüchlich ist, sinnwidrig und logisch unverständlich erscheint, wenn der Anleger angesichts augenfälliger Widersprüche und Ungereimtheiten nicht glaubhaft Vertrauen hinsichtlich der Richtigkeit der Information fassen könnte[935].

d) Die Geeignetheit zur Kurseinwirkung

Laut dem Kursmanipulationsstraftatbestand des WpHG müssen diejenigen unrichtigen/verschwiegenen Angaben über Umstände, die bewertungserheblich sind, einer weiteren Prüfung dahingehend unterzogen werden, ob sie geeignet sind, auf den Börsen- oder Marktpreis einzuwirken. Das Tatbestandsmerkmal der „Geeignetheit zur Kurseinwirkung“ soll nach der Streichung des Merkmals der Kursbeeinflussungsabsicht das überindividuelle Schutzgut der „wahren Preisbildung“ verdeutlichen[936]. Die Regelung hat das Ziel, die Grundgesamtheit der Angaben zu erfassen, die eine Auswirkung auf den Kurswert von Wertpapieren haben können bzw. die Kursbildung beeinträchtigen können. Dann sind aber nahezu unbegrenzt viele Informationen erfasst, so dass eine Konkretisierung der zur Kursbeeinflussung geeigneten Angaben durch eine enummerative Aufzählung aller in Betracht kommenden kursrelevanten Informationen nicht möglich ist[937].

---

933 Altenhain, BB 2002, S. 1878; Wilga, in Möllers/Rotter, § 12 RN 23.

934 Sorgenfrei, wistra 2002, S. 325; vgl. auch Trüstedt, Börsenkursmanipulationen, S. 148 ff.

935 So für die Erheblichkeitsklausel im Rahmen des § 264a StGB Gäbhard, Wesentliche Umstände, S. 104; Tiedemann, Wirtschaftsbetrug, § 264a RN 55.

936 Altenhain, BB 2002, S. 1877; Ziouvas, ZGR 2003, S. 126; zum Merkmal der Manipulationsabsicht des Kursbetrugstatbestandes vgl. Schwark, 2. Aufl., § 88 RN 5; Schröder, Aktienhandel, S. 69; Thümmel, DB 2001, S. 2332; Rieckers, BB 2002, S. 1218; Barnert, WM 2002, S. 1476; Weber, Kreditwesen 2002, S. 21. Nach Trüstedt, Börsenkursmanipulationen, S. 45 wurde das Geeignetheitsmerkmal allerdings lediglich zum Zwecke eingefügt, das Manipulationsverbote auf Handlungen zu reduzieren, die tatsächlich zur Preiseinwirkung geeignet sind.

937 Loesche, Kursbeeinflussung, S. 72, 104; Dickersbach, Das neue Insiderrecht, S. 92 m. w. N.

Der Geeignetheitsbegriff ist außerdem vielen Strafvorschriften z. B. den §§ 186, 187 StGB nicht zuletzt dem Insidertatsachen- und Ad- hoc- Publizitätsbegriff eigen, was seine Anwendung erheblich erleichtern soll. Es fehlt allerdings nicht an Stimmen, die wegen der Unberechenbarkeit der Börsenpreisbildung[938] dem Merkmal der Eignung zur Kursbeeinflussung mangelnde Justiziabilität vorwerfen und Zweifel hinsichtlich der Bestimmtheitsanforderungen des Art. 103 Abs. 2 GG äußern. Eine Prognose dessen, ob ein Umstand im Zeitpunkt der Tathandlung über ein Kursbeeinflussungspotential verfüge, ohne Kenntnis und Berücksichtigung der späteren Entwicklungen (ex-ante-Sicht), sei demnach insofern undurchführbar, als es unmöglich sei, im Vorhinein festzustellen, wie sich der Kurs eines Wertpapiers exakt entwickeln werde, weil dies die Bestimmbarkeit des Anlegerverhaltens in einer solchen Situation und dessen Einfluss auf die Kursbildung voraussetzen würde[939]. Angesichts des strafrechtlichen Grundsatzes „in dubio pro reo" werde kein Richter folglich jemandem nachweisen können, was die Information theoretisch hätte bewirken können, wenn sie es in der Praxis gerade nicht getan habe[940]. Dies soll aber nicht zwangsläufig für eine rückwirkende Betrachtung sprechen. Zwar wohne der Vorgehensweise, im Nachhinein (ex- post) bzw. nach Vornahme der Manipulation die realisierten Kursausschläge zu messen und anhand des Ausmaßes die Geeignetheit der manipulativen Handlung zur Kursbeeinflussung festzustellen, Einfachheit inne[941]. Hinsichtlich dieser Vorgehensweise werden aber auch Bestimmtheitsbedenken gem. Art. 103 II GG geäußert, da die Sanktionswürdigkeit der Manipulation zum Tatzeitpunkt für den Manipulator nicht mit Sicherheit abzuschätzen wäre; erst im Nachhinein würde sich die Strafbarkeit des Verhaltens ergeben[942]. Außerdem ergebe sich das Problem festzustellen, ob eine spezifische Tatsache maßgebend oder auch nur mitwirkend kausal den Kurs des betreffenden Wertpapiers beeinflusst habe, zumal der Kurs als Ergebnis mehrerer Einflussfaktoren übereinstimmend verstanden werde[943]. Bei der Verknüpfung der ex-post mit der ex-ante Sicht in dem Sinne, dass die potentielle Kursbeeinflussung ex ante zu bestimmen ist, der tatsächlichen Kursänderung ein indizieller Charakter beizumessen ist[944], würden schließlich alle erwähnten

938 S. o. § 3 IV 5.

939 Haouache, Börsenaufsicht, S. 101 f.; Fleischer/Kalss, AG 2002, S. 335; vgl. auch Roth, SZW 63 (1991), S. 237; Peters, Insiderstrafrecht, S. 61; Loesche, Kursbeeinflussung, S. 134; Nerlich, Tatbestandsmerkmale, S. 134.

940 Steinhauer, Insiderhandelsverbot, S. 40 f.

941 Nerlich, Tatbestandsmerkmale, S. 129.

942 Kümpel, WM 1994, S. 2140; Tippach, Insiderhandels-Verbot, S. 125; Heise, Insiderhandel, S. 127; Loesche, Kursbeeinflussung, S. 114; Lücker, Missbrauch, S. 65 f; Dreyling, in Dreyling/Schäfer, S. 20; Nerlich, Tatbestandsmerkmale, S. 126; Feldhaus, Eignung, S. 48 m. w. N.

943 Haouache, Börsenaufsicht, S. 102.

944 Diese Vorgehensweise entspricht insbesondere dem Verfahren, mit dem Insidergeschäfte anhand der Beobachtungen von Kursverläufen ermittelt werden, vgl. Assmann, in

Probleme gesamt eintreten, weil auch dann eine objektive Feststellung der Eignung der Tathandlung zur Kursbeeinflussung nicht möglich sei[945].

Ausgangspunkt dieser Kritik scheint die Prämisse zu sein, nur eine naturwissenschaftliche und exakte Bewertung des Kurspotentials einer Tatsache könne dem Bestimmtheitsgrundsatz aus Art. 103 Abs. 2 GG genügen. Zu den Anforderungen bei der Auslegung zählt die Rechtsprechung allerdings nicht die Notwendigkeit von mathematisch exakten Auslegungsergebnissen[946]. Die generelle Ablehnung der Möglichkeit jedweder Kurspotentialeinschätzung ist jedoch nicht nachvollziehbar, da zumindest in Extremsituationen eine realistische Kurspotentialbestimmung möglich ist. Dies sind wenigstens die Fälle, bei denen ein Ereignis von so überragender Bedeutung für den Emittenten ist, dass alle andere realistischen Einflussfaktoren dahinter verblassen, wie z. B. die öffentliche Bekanntgabe eines seriösen Übernahmeangebotes an alle Aktionäre.

Die oben skizzierten Ausführungen verkennen aber vor allem die Funktion der Eignungsklausel beim Ordnungswidrigkeitstatbestand des § 39 Abs. 1 Nr. 1 i. V. m. § 20a Abs. 1 Nr. 1 WpHG i. F. v. 1-7-2002. Dabei handelt es sich um einen Tatbestand, bei dem der Gesetzgeber die Bestrafung an eine Eignung zur Gefährdung knüpft[947]; der unterscheidet sich von den abstrakten Gefährdungsdelikten dadurch, dass der Gesetzgeber hier nicht eine bestimmte Verhaltensweise schlicht um ihrer selbst willen verboten, sondern sich am Entstehen einer Gefahrenquelle orientiert haben soll[948]. Die Tathandlung bzw. das Tatmittel muss nämlich „geeignet" sein, bestimmte weitere Folgen herbeizuführen, und dieses Eignungsmerkmal ist durch richterliche Auslegung zu bestimmen[949]. Der Richter muss also nach den im Gesetz genannten, auf bestimmte Gefährdungsmerkmale bezogenen Faktoren entscheiden, ob die Handlung unter den gegebenen Umständen typischerweise geeignet ist, das Rechtsgut zu schädigen; ob das der Fall ist, muss stets nach einem generalisierenden Maßstab beurteilt werden.

Es geht bei solchen Tatbeständen allerdings gar nicht darum zu prüfen, ob ein Objekt real bestimmte Veränderungen (vorstellbar in Form einer Verletzung oder einer konkreten Gefahr) durch die Gefahrenquelle erlitten hat, sondern darum, ob solche Veränderungen im Falle eines Kontakts mit der Gefahrenquelle zu befürchten wären, wobei der tatsächliche Eintritt einer solchen Veränderung zwingende, positive Rückschlüsse auf die Möglichkeit derartiger Veränderungen

---

Assmann/Schneider, 3. Aufl., RN 65, 65b; Claussen, Bank- und Börsenrecht, § 9 RN 97; Möller, WM 2002, S. 314; so auch das amerikanische Insiderrecht, s. Drygala, WM 2001, S. 1316.

945 Haouache, Börsenaufsicht, S. 103.

946 Nerlich, Tatbestandsmerkmale, S. 133; dazu ausführlich § 6 V 1 e).

947 Vogel, in Assmann/Schneider, 3. Aufl., § 20a RN 70.

948 Wohlers, Deliktstypen, S. 297; Hefendehl, Kollektive Rechtsgüter, S. 160.

949 Roxin, AT, Bd I, § 11 RN 135; Schönke/Schröder/Heine, vor §§ 306 ff. RN 3 m. w. H.; Kienle, Internationales Strafrecht, S. 54.

erlaubt[950]. Der Nachweis einer lückenlosen Kausalität für die Kursveränderung ist insofern nicht erforderlich[951]. Das objektive Tatbestandsmerkmal der Geeignetheit ist bereits dann erfüllt, wenn die generelle Möglichkeit einer Kursbeeinflussung durch die Angabe besteht. Dafür reicht es schon aus, wenn es Erfahrungssätze über den Einfluss von Kurs- und Marktpreismanipulationen auf Kurse und Marktpreise gibt, die so gut bestätigt sind, dass sich der Rechtsanwender von ihnen überzeugen kann, beispielsweise der Satz, dass das Bekanntwerden von Umsatzeinbrüchen einer börsennotierten Aktiengesellschaft zu Kursverlusten bei der Aktie führt[952].

Mit der Prognose kann die Tatsache Berücksichtigung finden, dass eine hundertprozentige Vorhersage der Kursbewegung aufgrund der Vielschichtigkeit der Kursbildung nicht oder nur in ganz wenigen Ausnahmekonstellationen möglich ist[953]. Der tatsächliche Eintritt einer Kursveränderung und die Ermittlung ihrer konkreten Ursache ist keine Voraussetzung für die Strafbarkeit. Es muss ausschließlich im Nachhinein festgestellt werden, ob im Zeitpunkt der Tathandlung - ex ante - die Möglichkeit bejaht werden könnte, dass die fragliche Angabe Einfluss auf den Kursverlauf genommen hätte, wobei die Umstände des Einzelfalls zu berücksichtigen sind[954].

Der Verweis auf die mangelnde Objektivität eines Bewertungsergebnisses aus der ex ante Sicht vermag also nicht zu überzeugen[955]. Mit Hilfe welcher genauen (objektiven) Kriterien die Einschätzung erfolgen soll, bleibt noch zu erläutern. Hier ist an die Erkenntnisse, die bei der Untersuchung der Börsenpreisbildung ermittelt wurden, anzuschließen. Ausgangspunkt ist, dass die Börsenpreis-

950 Im Allgemeinen für Eignungsdelikte Hoyer, Die Eignungsdelikte, S. 103; vgl. auch Vogel, in Assmann/Schneider, § 20a RN 73 sowie die Lehre im Rahmen des Insider- und Ad-hoc-Publizitätsrechts Claussen, ZBB 1992, S. 267, 278; Dickersbach, Das neue Insiderrecht, S. 93, 170; Lücker, Missbrauch, S. 65; Heise, Insiderhandel, S. 126; Drygala, WM 2001, S. 1316; Waldhausen, Die ad-hoc-publizitätspflichtige Tatsache, S. 267 ff., 272; Gehrt, Ad-hoc-Publizität, S. 153; Kümpel, Bank- und Kapitalmarktrecht, 3. Aufl., § 16.111.

951 Tiedemann, Wirtschaftsstrafrecht, § 4 RN 167; vgl. auch Emittentenleitfaden der BaFin (FN 808) S. 22 f., 32.

952 Vogel, in Assmann/Schneider, 3. Aufl., § 20a RN 76.

953 Nerlich, Tatbestandsmerkmale, S. 135.

954 Vogel, in Assmann/Schneider, 3. Aufl., § 20a RN 74 f; Emittentenleitfaden der BaFin (FN 808) S. 92; vgl. auch die HM im Insiderstrafrecht und Ad- hoc- Publizität Loesche, Kursbeeinflussung, S. 98, 105, 136; Lücker, Missbrauch, S. 65; Heise, Insiderhandel, S. 126; Nerlich, Tatbestandsmerkmale, S. 130; Drygala, WM 2001, S. 1316; Dreyling, in Dreyling/Schäfer, S. 19; Waldhausen, Die ad-hoc-publizitätspflichtige Tatsache, S. 266, 268; Mühlbauer, wistra 2003, S. 171; Zimmer, in Schwark, 3. Aufl., § 15 WpHG RN 103; Kümpel, Bank- und Kapitalmarktrecht, 3. Aufl., 16.113 ff.; Benner, in Wabnitz/Janovsky, 2. Aufl., Kapitel 9 RN 146; vgl. auch LG Stuttgart, ZIP 2003, S. 261.

955 Nerlich, Tatbestandsmerkmale, S. 131; Waldhausen, Die ad-hoc-publizitätspflichtige Tatsache, S. 272.

bildung von den Anlageentscheidungen und damit von den Erwartungen der Anleger hinsichtlich der zukünftigen Zahlungsströme abhängt. Diese Erwartungen stützen sich grundsätzlich auf die künftige Vermögens- und Ertragslage des Unternehmens, zumindest als eine Erklärungsvariable[956]. Ein betriebswirtschaftlicher Ansatz, nach dem die Kursrelevanz einer Tatsache nur dann bejaht wird, wenn die durch die Tatsache ausgelöste Veränderung im Jahresabschluss oder Lagebericht nach den handelsrechtlichen Grundsätzen als „wesentlich" zu beurteilen wäre und daher von einem Bilanzanalytiker beachtet werden müsste, ist allerdings zu eng und marktrealitätsfern, da er den Börsenpreis auf unternehmensspezifische Faktoren beschränkt. Als Beurteilungskriterium des Kursbeeinflussungspotentials einer Information wird deshalb angesehen, ob die Tatsache zu einer Veränderung des DVFA/SG-Ergebnisses pro Aktie führt[957] oder sich auf die zukünftige Ertragslage beziehungsweise den zukünftigen Überschuss Cash-Flow auswirkt[958]. Über die Tatsache hinaus, dass solche Ergebnisse nicht immer rechtssicher sind, vermag dieser Beurteilungsgesichtspunkt vor allem keine Lebenssachverhalte zu erfassen, die keinen unmittelbaren Einfluss auf das DVFA-Ergebnis haben bzw. unternehmensexterne Insidertatsachen. Von Bedeutung ist außerdem, ob auch die Informationen durch den Markt bereits aufgenommen worden sind. Eine Information kann das notwendige Kursbeeinflussungspotential insbesondere dann beinhalten, wenn die Tatsache oder der mit ihr verbundene Trend noch nicht vom Markt erwartet wird[959]. Sollte sich beispielsweise bei der Aufstellung des Jahresabschlusses eine gegenüber dem Vorjahr erhebliche Gewinnsteigerung ergeben, hängt die Beurteilung des Kursbeeinflussungspotentials davon ab, welche Prognosen zur Ertragslage das Unternehmen vor der Aufstellung des Jahresabschlusses abgegeben hatte. Gab es während des Geschäftsjahres fortlaufende Informationen über das erwartete Ergebnis oder entsprechende Prognosen, fehlt es an der Eignung zur Kursbeeinflussung. Zur Bestimmung der generellen Möglichkeit eines Umstandes sollte man sich vor allem der Ergebnisse der empirischen Kapitalmarktforschung bedienen[960], die Informationsgehalt und –Geschwindigkeit bestimmter Informationen, wie z. B. Gewinnmeldungen, Unternehmensübernahme-, Dividendenankündigungen, sowie von Informationen im Rahmen der Zwischenberichterstattung, der Finanzanalyse und der ereignisnahen Publizität bejahen[961].

---

956 Vgl. hierzu Pellens/Fülbier, DB 1994, S. 1388; Loesche, Kursbeeinflussung, S. 72, 77; Waldhausen, Die ad-hoc-publizitätspflichtige Tatsache, S. 275.

957 Loistl, Die Bank 1995, S. 235 f.

958 Vaupel, WM 1999, S. 527, 535.

959 Deutsche Börse AG/BAWe, Leitfaden, S. 39 f; Jahresbericht des BAWe für das Jahr 2001, S. 30; sympatisierend Burgard, ZHR 162 (1998), S. 71; Waldhausen, Die ad-hoc-publizitätspflichtige Tatsache, S. 278.

960 Nowak, ZBB 2001, S. 450; Waldhausen, passim; Steinhauer, Insiderhandelsverbot, S. 40; Feldhaus, Eignung, S. 121.

961 Vgl. hierzu § 2 IV 5 sowie § 6 V 1 c).

Unklarheiten entstehen allerdings bei der Auslegung des Geeignetheitsmerkmals in Zusammenhang mit dem Merkmal der Bewertungserheblichkeit. Bei näherem Hinsehen erfüllen beide Tatbestandsmerkmale nicht nur die Funktion, eine Ausuferung der Strafbarkeit zu verhindern, indem sie den Kreis von Tathandlungen umschreiben, die über ein Gefährlichkeitspotential hinsichtlich des Rechtsgutes verfügen, sondern sie sind auch eng mit einander verknüpft. Denn die Börsenpreisbildung geht auf Anlegertransaktionen zurück, die ihrerseits damit zusammenhängen, wie die Marktteilnehmer den Wert des angesprochenen Wertpapiers bewerten[962]. Somit sind Fälle kaum vorstellbar, in denen Umstände zwar geeignet sein sollen, auf die Anlageentscheidung des durchschnittlich vorsichtigen Anlegers Einfluss zu nehmen, aber nicht generell geeignet sind, die Kurse zu beeinflussen[963], geschweige denn, eine qualitativ-quantitative Erheblichkeitsschwelle wird nur für die Bewertung des Vermögenswertes, nicht dagegen für das Kursbeeinflussungspotential verlangt[964].

Für diese Betrachtungsweise spricht auch die Konkretisierung des Bewertungserheblichkeitsmerkmals im Rahmen der KuMaV, deren § 2 Abs. 3 sich an den Orientierungskatalogen zur „Kursrelevanz“ anschließt, wie sie im Rahmen des Insidertatbestandes oder der Ad-hoc-Publizitätspflicht erfasst wurden. Außerdem kommt der Verordnungsgeber über die Definition der bewertungserheblichen Umstände „als Umstände, die geeignet sind, auf die Anlageentscheidung eines vernünftigen Anlegers mit durchschnittlicher Börsenkenntnis Einfluss zu nehmen“, schon zur Auslegung des Geeignetheitsmerkmals zur Kursbeeinflussung, wie sie von der Insiderstraflehre hinsichtlich des Insidertatsachenbegriffs vorgenommen wird. Angesichts der Undurchführbarkeit einer prozentualen Lösung wird da Übereinstimmung mit den angelsächsischen Materiality-Erwägungen

962 Altenhain, BB 2002, S. 1877; Schwark, in Schwark, 3. Aufl., § 20a WpHG RN 17.

963 Vgl. auch Schwark, in Schwark, 3. Aufl., § 20a WpHG, RN 16 f. Trüstedt hält hingegen nebst der Bewertungserheblichkeitsklausel („Inhalt“ der Angabe) die Geeignetheit zur Preiseinwirkung („Wie“ der Angabe) für ein unerlässliches, weitereinschränkendes Tatbestandsmerkmal, indem es das Erfordernis einer auf die Verletzung des Schutzgutes bezogenen Fahrlässigkeit zum Ausdruck bringe, vgl. dies., Börsenkursmanipulationen, S. 92, 95, 114, 146. Betrachtet Trüstedt allerdings Fälle als straflos, in denen eine Mitteilung ausschließlich gegenüber einem Nichtanleger erfolgt, als auch die Mitteilung gegenüber einem Anleger erfolgt, der die Unrichtigkeit der Angaben kennt und sich daher nicht davon beeinflussen lässt (S. 94, 152 f.), spricht sie richtigerweise dem Erfordernis einer generellen Möglichkeit zur Kursbeeinflussung ab und sie bezieht sich ganz eindeutig auf konkrete Gefährdungen ein. Wären die Umstände des konkreten Falls allerdings zu berücksichtigen, spricht ihre These, die Position oder besondere Sachkunde eines Täters nur dann als weiteres Kriterium zur Beurteilung der Eignung zur Preiseinwirkung heranzuziehen, wenn die Angabe durch die Person des Täters bedingt sei, denn der Wortlaut von § 20a WpHG betreffe jedermann in gleicher Weise, der Ausgangsposition deutlich ab, vgl. Trüstedt, Börsenkursmanipulationen, S. 154.

964 Sorgenfrei, wistra 2002, S. 327.

(reasonable man test[965]) und den rezenten gemeinschaftsrechtlichen Vorgaben[966] überwiegend auf die Relevanz bzw. die selbstständige Bedeutung der Tatsache für die Transaktionsentscheidung abgestellt[967] und der tatsächlichen Kursänderung lediglich ein indizieller Charakter überlassen[968]. Als kurserheblich gelten solche Tatsachen somit, wenn eine bedeutende Wahrscheinlichkeit gegeben ist, dass ein verantwortlicher Anteilseigner die fragliche Information als wichtig ansehen und sie in seine Anlageentscheidung einbeziehen würde[969] bzw. wenn diese Information das Gesamtgefüge aller verfügbaren Informationen signifikant ändert[970]. Da ein Anleger - wie schon hervorgehoben - in seinen Entscheidungshintergrund jedoch auch weniger wichtige und damit kursirrelevante Tatsachen mit einbezieht, nehmen andere (etwas restriktiver) im Anschluss an die Rechtsprechung[971] die erforderliche Kurserheblichkeit nur dann an, wenn sich aus Sicht eines Anlegers die Verwertung der Tatsache im Einzelfall lohne und stellen damit für die Erheblichkeit des Kursbeeinflussungspotentials auf einen durch die Tatsachen bedingten Kauf- oder Verkaufsanreiz des Anlegers unter Berücksichtigung der Umstände des konkreten Einzelfalls ab[972]. Ein Transaktionsanreiz bei einem Anleger werde demgemäss ausgelöst, wenn im Einzelfall unter Berücksichtigung der Volatilität eine Kursveränderung zu erwarten sei, die das durch die üblichen Kursschwankungen bedingte allgemeine Kursrisiko und die Transaktionskosten übersteige[973].

---

965 Hierzu Nowak, ZBB 2001, S. 450 f.; Drygala, WM 2001, S. 1290 f.

966 Vgl. Art. 1 Abs. 2 der Richtlinie 2003/124/EG der Kommission v. 22.12.2003 betreffend die Begriffsbestimmung von Insider-Informationen (FN 547), S. 70; Spindler, NJW 2004, S. 3451.

967 Park, BB 2001, S. 2072; vgl. vor allem Kümpel, WM 1994, S. 2140 f.; Schröder, Aktienhandel, S. 138; Schneider/Burgard, ZIP 1999, S. 383; Peters, Insiderstrafrecht, S. 63 u. FN 271; Dreyling, in Dreyling/Schäfer, S. 24; Assmann/Schneider, 3. Aufl., § 13 RN 71 m. w. H.

968 Assmann, in Assmann/Schneider, 3. Aufl., § 13 RN 72; vgl. auch LG Stuttgart, ZIP 2003, S. 261 f.

969 Pananis, Insidertatsache, S. 110; Assmann, in Assmann/Schneider, 3. Aufl., § 13 RN 70d, 71 f.; Gehrt, Ad-hoc-Publizität, S. 160, 162; Ekkenga, ZGR 1999, S. 189; vgl. auch Erwägungsgrund Nr. 2 der Richtlinie 2003/24/EG (FN 547), S. 70; Emittentenleitfaden der BaFin (FN 808) S. 22.

970 Pananis, passim; Gehrt, Ad-hoc-Publizität, S. 160, 162; Ekkenga, ZGR 1999, S. 189; Nowak, ZBB 2001, S. 450.

971 LG Stuttgart, ZIP 2003, S. 262.

972 Pananis, Insidertatsache, S. 110 ff.; Park, passim; Dickersbach, Das neue Insiderrecht, S. 95, 174; Rössner/Bolkart, ZIP 2002, S. 1474; Ziouvas, EWiR 2003, S. 86; Benner, in Wabnitz/Janovsky, 2. Aufl., Kapitel 9 RN 172; Assmann, in Assmann/Schneider, 3. Aufl., RN 65d, 71; zur Ad-hoc-Publizität vgl. auch BAWe/DBAG, S. 38; Cahn, ZHR 161 (1998), S. 17 f.; Burgard, ZHR 162 (1998), S. 69; Gehrt, Ad-hoc-Publizität, S. 160 ff.; Geibel, in Schäfer, § 15WpHG RN 103; Dreyling, in Dreyling/Schäfer, S. 19 sowie Schäfer, ebenda, S. 122;

973 Waldhausen, Die ad-hoc-publizitätspflichtige Tatsache, S. 285; Assmann, in Assmann/-Schneider, 3. Aufl., RN 62.

Die Tautologie zwischen bewertungserheblichen und geeigneten Umständen, auf den Preis einzuwirken, sollte also zu Gunsten der Beibehaltung des eher nach empirischer Forschung objektivierten, gemeinschaftsrechtlichkonform auszulegenden Geeignetheitsmerkmals beseitigt werden[974].

e) Der Erfolg einer Kurseinwirkung

Die Abgrenzung des Bußgeldtatbestandes zur Kursmanipulationsstrafnorm wurde bei ansonsten identischen Tatbestandsvoraussetzungen ausschließlich mit Blick auf den Taterfolg vorgenommen[975]. Strafbar ist nämlich dieselbe vorsätzlich begangene Tathandlung, wenn durch sie tatsächlich auf den Börsen- oder Marktpreis des Finanzinstruments eingewirkt wird. Der Kursmanipulationstatbestand sieht also eine von der Handlung des Machens bzw. Unterlassens (unrichtiger) Angaben räumlich-zeitlich[976] oder zumindest gedanklich[977] abgrenzbare Wirkung der Kursbeeinflussung, die über den Vollzug der Handlung hinausgeht[978] und positiv festgestellt[979] werden muss. Die tatsächliche Einwirkung ist also das qualifizierende Merkmal und ihre Heranziehung hat zur Folge die strukturelle Umstrukturierung des neuen Kursmanipulationsstraftatbestandes in ein Erfolgsdelikt[980]. Darüber hinaus ist von einem Verletzungsdelikt auszugehen, denn der Kursmanipulationsstraftatbestand erfasst Verhaltensweisen, die eine direkte Beeinträchtigung des geschützten Rechtsguts der wahren Preisbildung zur Folge haben[981].

Die Strafregelung des WpHG stellt folglich auf eine Einschränkung der Strafbarkeit ab[982]. Ist der Vorsatz nämlich beim Täter gegeben, fehlt es aber am Erfolg der tatsächlichen Preisbeeinflussung, liegt nur strafloser Versuch vor, während nach der vorherigen Regelung Strafbarkeit wegen vollendeter Tat gegeben

---

974 Vgl. auch Wilga, in Möllers/Rotter, § 12 RN 26; Trüstedt, Börsenkursmanipulationen, S. 154; a. A. Altenhain, BB 2002, S. 1878. Dieser Missstand ist allerdings weder vom AnSVG noch von der MaKonV beseitigt worden. Zwar werden Gegebenheiten, die immer bewertungserhebliche Umstände sind (§ 2 Abs. 3 MaKonV), von denen, die bewertungserhebliche Umstände darstellen können, aber nicht immer sein müssen (§ 2 Abs. 4 MaKonV), im Gegensatz zur KuMaV unterschieden. Jedoch ist auf die Sicht eines ökonomischen rational handelnden Anlegers nicht verzichtet worden, vgl. hierzu Emittentenleitfaden der BaFin (FN 808), S. 91.

975 BT-Dr. 14/8017, S. 98; Nowak, ZBB 2001, S. 450; Moosmayer, wistra 2002, S. 163.

976 Roxin, AT, Bd. I, § 10 RN 102.

977 Schönke/Schröder/Lenckner/Stree, vor §§ 13 ff. RN 130.

978 So Stratenwerth, AT, Bd.I, § 8 RN 13.

979 LG München, NJW 2003, S. 2330.

980 Park, BB 2001, S. 2069; Tripmaker, wistra 2002, S. 291; Ziouvas, ZGR 2003, S. 140; Park, BB 2003, S. 1514; LG München, NJW 2003, S. 2329; Schwark, FS für Kümpel, S. 488; Zimmer, in Schwark, 3. Aufl., §§ 38 WpHG RN 5; Cramer/Vogel, in Assmann/-Schneider, 3. Aufl., § 38 RN 2.

981 Cramer/Vogel, passim; Trüstedt, Börsenkursmanipulationen, S. 78.

982 Park, BB 2003, S. 1515; Schmitz, ZStW 115 (2003), S. 527; BGH, WM 2004, S. 77.

war. Andererseits enthält ihr Strafrahmen, mit 1 bis zu 5 Jahren Freiheitsstrafe gegenüber § 88 BörsG a. F., der als Maximalstrafe eine dreijährige Freiheitsstrafe vorsah, eine erhebliche Strafverschärfung[983].

Diese Erkenntnisse sprechen wohl für die Anwendbarkeit des § 88 BörsG a. F. als milderes Gesetz gem. § 2 Abs. 3 StGB, wenn manipulative Handlungen, die auf die Kurse eingewirkt haben, noch zur Zeit der Geltung des § 88 BörsG a. F. vorgenommen worden sind, vorausgesetzt, dass die Tathandlung Sachverhalte betrifft, die schon von der Neuregelung erfasst waren[984]. Einwänden, die auf einen tiefgreifenden Wesensunterschied zwischen dem Gefährdungsdelikt des alten Börsengesetzes und dem Erfolgsdelikt des geänderten Wertpapierhandelsgesetzes abstellen[985], lässt sich richtigerweise entgegentreten, denn das alte Gesetz war auch dann anwendbar, wenn ein Erfolg tatsächlich eingetreten war[986]. Ansätze, die in der neuen Strafvorschrift das mildere Gesetz erblicken, da er die Strafbarkeit einer falschen Angabe vom Eintritt der Kurseinwirkung abhängig mache[987], verkennen andererseits, dass der neue Straftatbestand eine erhebliche Straferhöhung beinhalte.

Einigkeit besteht des Weiteren darüber, dass Einwirken jede Art von Einflussnahme[988] ist, also nicht nur die Steigerung oder die Senkung des Börsen- oder Marktpreises, sondern auch die Aufrechterhaltung. Eine Preisbeeinflussung kommt nämlich auch ohne Preisveränderung des Finanzinstruments vor. Dies kann z. B. dann der Fall sein, wenn sich nach einem für den Emittenten positiven Ereignis (+ 10 %) der Preis seiner Finanzinstrumente nicht verändert, weil die Branche, der das Unternehmen angehört, gleichzeitig um 10 % aufgrund negativer Vorkommnisse einbricht. Wäre die positive Tatsache nicht eingetreten, hätten auch die Wertpapiere der betroffenen Gesellschaft einen Verlust von 10 % erlitten. Die positive Nachricht hat im Einzelfall die Auswirkungen der negativen ausgeglichen. Im Gegensatz dazu ist es vom Gesetzeswortlaut nicht zu ermitteln, ob bei der Feststellung der Kursbeeinflussung auf den Schlusskurs oder auf jede einzelne Kursfestsetzung einer Aktie abzustellen ist[989]. Das Landgericht München zieht zu

---

983 BGH, WM 2004, S. 77.

984 Park, BB 2003, S. 1516 f.; BGH, WM 2004, S. 77; Vogel, NStZ 2004, S. 255; ders, in Assmann/Schneider, 3. Aufl., vor § 20a RN 2; Wilga, in Möllers/Rotter, § 12 RN 42; Trüstedt, Börsenkursmanipulationen, S. 212.

985 LG München, NJW 2003, S. 2330, das im Haffa-Urteil trotz der sowohl beabsichtigten als auch nachgewiesenen Kurseinwirkung ausschließlich den Ordnungswidrigkeitstatbestand als einschlägig ansah.

986 LG München, wistra 2003, S. 279; BGH, WM 2004, S. 77; Vogel, in Assmann/-Schneider, 3. Aufl., vor § 20a RN 2.

987 So LG München, wistra 2003, S. 279.

988 Ledermann, in Schäfer, § 88 BörsG RN 13; Lenzen, Unerlaubte Eingriffe, S. 158; Sangiovanni, WM 2001, S. 1601; Park, BB 2001, S. 2071; Sorgenfrei, wistra 2002, S. 327, 329; Park, BB 2003, S. 1514.

989 Fleischer, DB 2004, S. 55; Julius/Hamm, ZStW 115 (2003), S. 677.

Recht aus dem Schutzzweck des Gesetzes, den Vorgang der Kursbildung zu schützen, die Schlussfolgerung, dass die Einwirkung auf jede einzelne Kursfestsetzung als Einwirkung bereits ausreichen soll[990].

Obwohl die Einsicht des Gesetzgebers zu begrüßen ist, dass nicht nur der Einsatz, sondern auch der Verzicht auf die Kriminalstrafe geeignet sein kann, ein Verbot effektiver durchzusetzen, wird die Unterscheidung zwischen der Ordnungswidrigkeit und der Straftat anhand des Tatbestandsmerkmals der Einwirkung auf den Börsen- oder Marktpreis als besonders kritisch[991] bzw. überflüssig angesehen[992]. Es wird nämlich befürchtet, dass dieses bisher unbekannte, auch europarechtlich unbekannte Erfordernis in der Praxis zu großen Beweisschwierigkeiten führt und die Strafnorm des WpHG genauso bedeutungslos wie § 88BörsG a. F. machen kann. Wegen der Fülle der kursbildenden Faktoren ergibt sich hier das Problem festzustellen, ob eine spezifische Falschinformation kausal den Kurs des betreffenden Wertpapiers beeinflusst hat bzw. ob die Kursentwicklung ihre Ursache in der Manipulationshandlung hat[993]. Denn selbst wenn man davon ausgeht, dass der Kurs eines Wertpapiers vor Bekanntwerden einer es betreffenden Information stabil gewesen ist und nach deren Veröffentlichung eine Kursveränderung stattgefunden hat, ist trotzdem der Nachweis der Kausalität nicht erbracht. Informationen stehen nämlich in einem interdependenten Beziehungsgeflecht, z. B. können zwei Tatsachen gleichzeitig eintreten bzw. ein negatives Ereignis kann in die Zeit fallen, in der gerade ein positives Ereignis verarbeitet wird. Dann kann eine messbare Kursänderung allerdings unterbleiben und es ist jedenfalls schwer abzuschätzen, ob bzw. welche Meldung überhaupt Einfluss auf den Kurs hat (sog. überlappende Ereignisse). Eine Kursveränderung kann außerdem auf den üblichen Kursschwankungsfaktoren oder markttechnischen Gegebenheiten wie etwa einer bestehenden Marktenge beruhen[994]. Schließlich sollten aber auch die verschiedensten Marktmechanismen und insbesondere die Funktion des Market Makers berücksichtigt werden, so dass der Wegfall einer bestimmten Einzelfestsetzung nicht zwangsläufig eine Auswirkung auf den Kurs insgesamt haben muss.

---

990 LG München, NJW 2003, S. 2330.

991 Altenhain, BB 2002, S. 1876; Tripmaker, wistra 2002, S. 292; Sorgenfrei, wistra 2002, S. 329 f.; Park, BB 2003, S. 1515; Weitnauer, DB 2003, S. 1723; LG München, NJW 2003, S. 2330; Fleischer, NJW 2003, S. 2585; Zimmer, in Schwark, 3. Aufl., § 38 WpHG RN 5; Wilga, in Möllers/Rotter, § 12 RN 34; Streinz/Ohler, WM 2004, S. 1316; Trüstedt, Börsenkursmanipulationen, S. 218; Schmitz, JZ 2004, S. 528; Spindler/ Christoph, BB 2004, S. 2202.

992 Ziouvas/Walter, WM 2002, S. 1487 f.; Ziouvas, ZGR 2003, S. 146.

993 So vor allem LG München, NJW 2003, S. 2330; Ziouvas, ZGR 2003, S. 140; vgl. auch Volk, ZHR 142 (1977), S. 7; Dingeldey, Insider-Handel, S. 209; Haouache, Börsenaufsicht, S. 126; Loesche, Kursbeeinflussung, S. 113, 123, 125; Peters, Insiderstrafrecht, S. 61; Lücker, Missbrauch, S. 66; Nerlich, Tatbestandsmerkmale, S. 126; Großmann/-Nikoleyczik, DB 2002, S. 2034; Trüstedt, Börsenkursmanipulationen, S. 128.

994 Kümpel, WM 1994, 2141.

Rechtsprechung und herrschende Lehre bedienen sich zur Feststellung des Ursachenzusammenhangs der Äquivalenztheorie. Die positive Feststellung der Kursbeeinflussung erfordert demnach festzustellen, dass die Tathandlung bzw. das Machen/Verschweigen nicht hinweggedacht[995]/hinzugedacht[996] werden kann, ohne dass der tatbestandsmäßige Erfolg entfiele. Die Äquivalenztheorie behandelt jede Teilursache als selbstständige, äquivalente (gleichwertige) Ursache; sie tut dies, weil es in der Jurisprudenz nicht auf die Gesamtheit aller Bedingungen, sondern immer nur darauf ankommt, den Zusammenhang eines bestimmten menschlichen Handlungsaktes mit dem Erfolg festzustellen[997]. Es genügt also nach allgemeinen Grundsätzen Mitverursachung[998]. Hierbei müssen nicht wirksam gewordene sog. hypothetische Reserveursachen außer Betracht bleiben, wie z. B. der Einwand, dass, hätte der Täter den Kurs nicht manipuliert, dies ein anderer getan hätte[999].

Der prozessuale Nachweis der Mitverursachung setzt volle richterliche Überzeugung voraus[1000]. Es muss also feststehen, dass sich der Preis ohne die Tathandlung anders als tatsächlich geschehen entwickelt hätte; bloße Möglichkeit oder Wahrscheinlichkeit reicht nicht aus. Zur Vermeidung verschiedener Ungereimtheiten hat in der Wissenschaft die auf Engisch zurückgehende Formel von der „gesetzmäßigen Bedingung“ eingebürgert, die in ihrer bündigsten Fassung das Vorliegen der Kausalität danach beurteilt, ob „sich an eine Handlung zeitlich nachfolgende Veränderungen in der Außenwelt angeschlossen haben, die mit der Handlung nach den uns bekannten Naturgesetzen notwendig verbunden waren und sich als tatbestandsmäßiger Erfolg darstellen“[1001]. Wo ein objektiver naturwissenschaftlicher Nachweis des Kausalzusammenhangs fehle, dürfe er nicht im Wege der freien Beweiswürdigung durch eine subjektive Überzeugung des Richters ersetzt werden[1002]. Ein Kausalzusammenhang könne demnach nur dann angenommen werden, wenn kein wissenschaftlich ernstzunehmender Zweifel daran bestehe[1003]. Folgte man diesem in der Literatur viel vertretenen Ansatz, dann käme man in puncto „Kursbeeinflussung“ zum Kausalitätsnachweis, denn den Gerichten fehlt es, wie gesehen, an einer allgemein anerkannten wissenschaftlich fundierten Methode, um über die „tatsächliche Wirkung“ bei der Kursmanipulation entscheiden zu können.

---

995 BGHSt11, 7; Roxin, AT, Bd. I, § 11 RN 5 ff.

996 So bereits RGSt75, S. 50; BGH, NJW 1987, S. 2940; BGH, NJW 2000, S. 2757.

997 Roxin, AT, Bd. I, § 11 RN 6.

998 Vogel, in Assmann/Schneider, 3. Aufl., § 20a RN 80; vgl. auch Ziouvas, ZGR 2003, S. 140; Fleischer, NJW 2003, S. 2585.

999 Zu hypothetischen Kausalverläufen Roxin, AT, Bd I, § 11 RN 22.

1000 Vogel, in Assmann/Schneider, 3. Aufl., § 20a RN 81.

1001 Roxin, AT, Bd. I, § 11 RN 14 sowie Bd. II, § 31 RN 45.

1002 Roxin, AT, Bd. I, § 11 RN 15.

1003 Roxin, AT, Bd. I, § 11 RN 15.

Demgegenüber lässt die Rechtsprechung[1004] aber genügen, dass der Richter nach einer Gesamtbewertung der vorliegenden wissenschaftlichen Erkenntnisse und anderer Indiztatsachen zur Überzeugung der Mitursächlichkeit gelangt. Dafür ist es nicht erforderlich, dass die Wirkungsweise der Ursache wissenschaftlich nachgewiesen wird. Vielmehr genügt es, dass andere mögliche (Mit-)Ursachen für denselben Erfolg ausgeschlossen werden können, wobei deren vollständige Aufzählung nicht verlangt wird. Der Richter ist nach Anhörung von Sachverständigen sogar nicht gehindert, sich auf Untersuchungsergebnisse zu stützen, die Gegenstand eines wissenschaftlichen Meinungsstreits sind. Die tatrichterliche Würdigung darf allerdings den Gesetzen der Logik und dem gesicherten wissenschaftlichen Erfahrungswissen nicht widersprechen.

Auch wenn dem zumindest dann zu widersprechen wäre, wenn ein ernst zu nehmender Wissenschaftler einen ernst zu nehmenden Zweifel äußert, kann der Richter nach diesen Maßstäben die Kausalität einer Manipulation für eine Preisbeeinflussung insbesondere dann feststellen, wenn beide in engem zeitlichen Zusammenhang stehen, die Manipulation nach der Erfahrung hohes Preisbeeinflussungspotential hat und andere wirksam gewordene Faktoren mit vergleichbarem Preisbeeinflussungspotential nicht ersichtlich sind[1005]. Heranzuziehen sind „Indikatoren“ wie der bisherige Kursverlauf und Umsatz, die Kurs- und Umsatzentwicklung des betreffenden Papiers am konkreten Tag der Manipulation sowie die Ordergröße[1006]. Amerikanische Juristen und Wirtschaftswissenschaftler bedienen sich zur Ermittlung des Einflusses einer Information auf den Wertpapierkurs der Methoden der modernen Finanztheorie[1007]. Hierzu wählt man einen Beobachtungsspielraum, der mit dem Bekanntwerden der (Falsch-)Information beginnt und welcher endet, sobald die Information vollständig vom Wertpapierkurs absorbiert wurde. Nach der Hypothese von der Kapitalmarkteffizienz verarbeitet der Markt neue Informationen unverzüglich und ohne nennenswerte Überreaktionen in Wertpapierkurse. Finanzwissenschaftler legen regelmäßig als Zeitraum ein Fenster von zwei Tagen fest, welches aus dem Tag der Publizierung der jeweiligen Information und der darauf folgendem besteht[1008]. Der nach dem ersten Schritt errechnete Wert kann aber nur eine erste grobe Einschätzung sein: Die Kursbewegung kann nämlich auf normalen Marktschwankungen oder Bewegun-

---

1004 So BGH, WM 2004, S. 78; zust. Emittentenleitfaden der BaFin (FN 808), S. 94; vgl. im Allgemeinen BGHSt37, S. 111 f. (Lederspray-Entscheidung) sowie BGHSt41, S. 213 ff. (Holzschutzmittel-Entscheidung); vgl. auch Fleischer, NJW 2003, S. 2585; Vogel, in Assmann/Schneider, 3. Aufl., § 20a RN 81; Fahrholz, FS für Selmer, S. 335.

1005 Vogel, in Assmann/Schneider, 3. Aufl., § 20a RN 81 f.

1006 BGH, WM 2004, S. 78.

1007 Vgl. hierzu Fleischer, BB 2002, S. 1873; Möllers/Leisch, BKR 2002, S. 1078; Maier-Reimer/Webering, WM 2002, S. 1861 f.; Rützel, AG 2003, S. 77; Veil, ZHR 167 (2003), S. 387; Steinhauer, Insiderhandelsverbot, S. 281; Sethe, in Assmann/Schneider, 3. Aufl., §§ 37b, 37 c RN 60 f.

1008 Oerke, Ad-hoc-Mitteilungen, S. 29; Steinhauer, Insiderhandelsverbot, S. 275.

gen in der Branche beruhen, die mit der fraglichen Information nichts zu tun haben[1009].

Als nächstes sind also alle Kursbewegungen herauszurechnen, die der Informationsverbreitung bzw. -Unterlassung zeitlich nachfolgen, aber mit ihr in keinem inneren Zusammenhang stehen; hierzu muss die abnormale Rendite ermittelt werden, also jener Teil der Kursbewegung, der ausschließlich auf unternehmensspezifische Größen zurückgeht[1010]. Das Herausrechnen von normalen Marktschwankungen oder Bewegungen in der Branche, die mit den fraglichen Informationen nichts zutun haben, erfolgt anhand des CAPM. Man vergleicht nämlich die Entwicklung der Kurse des Wertpapiers mit der des Marktes oder der Branche. Hat man die durch die Untersuchung historischer Kursverläufe feststellbare Relation zwischen der Rendite eines marktweiten und eines branchenweit gefächerten Portfolios und der Rendite des speziellen Papiers errechnet, dann ist es möglich vorherzusagen, welche Rendite das Papier zu einer bestimmten Zeit haben sollte, wenn man die Marktrendite und die der Branche im selben Zeitpunkt kennt. Vergleicht man die vorhergesagte Rendite des Papiers mit der tatsächlichen unmittelbar nach Bekanntwerden der Information am Markt, so kann man auf den Einfluss der Information auf die Rendite des Papiers schließen und somit auf den Schaden, der durch die falsche oder verschwiegene Tatsache verursacht wurde[1011]. Allerdings kann dieser Schluss nicht mit absoluter Sicherheit gezogen werden. Abweichungen des tatsächlichen Kurses von dem vorhergesagten können sich auch zufällig ereignen. Darüber, ob eine Information tatsächlich für eine abnormale Rendite ursächlich ist, lässt sich allein eine Wahrscheinlichkeitsaussage treffen, die sich durch statistische Untersuchungen gewinnen lässt. Um die statistische Signifikanz von abnormalen Renditen zu bestimmen, ist es notwendig, die gewöhnliche Volatilität der Renditen, die je nach Unternehmen und mit der Zeit variiert, einzukalkulieren. So können zum Beispiel Kursbewegungen eines Papiers durchaus groß sein, angesichts der hohen Volatilität des Papiers aber statistisch nicht ins Gewicht fallen.

Allenfalls Ausführungen, es reiche, einen einzigen Anleger festzustellen, der aufgrund der Manipulation gehandelt habe, denn jeder Abschluss beeinflusse den Kurs[1012], scheinen etwas spitzfindig: Der einzelne Abschluss – ausgenommen Abschlüsse großen Volumens – beeinflusst den Kurs wohl theoretisch, aber nicht unbedingt in der Praxis. Denn auch wenn das durch das Manipulationsverbot geschützte Rechtsgut als „Zuverlässigkeit und Wahrheit der Börsenpreisbildung bezeichnet wird, geht der Wortlaut des Straftatbestandes nicht von einer Einwirkung

1009 Steinhauer, Insiderhandelsverbot, S. 276.
1010 Fleischer, BB 2002, S. 1873; Steinhauer, Insiderhandelsverbot, S. 276 ff.
1011 Steinhauer, Insiderhandelsverbot, S. 279.
1012 Ziouvas/Walter, WM 2002, S. 1487; Ziouvas, ZGR 2003, S. 141.

auf diesen Preisbildungsprozess, sondern erst auf dessen Endprodukt, den letztlich festgestellten Börsenpreis aus[1013].

2. *Subjektiver Tatbestand: Erfassung absichtloser Manipulationen*

Der wesentliche Unterschied zwischen dem Äußerungstatbestand des § 88 BörsG a. F. und der Strafregelung des WpHG liegt in den subjektiven Voraussetzungen[1014]. Der Gesetzgeber hat vor allem mit dem vierten FFG das Erfordernis einer Manipulationsabsicht vom Begehungs- und Unterlassungstatbestand gestrichen und den Äußerungstatbestand objektiviert. Da der Äußerungstatbestand subjektiv keine besonderen Anforderungen mehr enthält, ist gemäß § 15 StGB nur die vorsätzliche Begehung strafbar. Der Vorsatz müsse sich dabei auf alle Tatbestandsmerkmale erstrecken, wobei allgemeinen Grundsätzen entsprechend dolus eventualis ausreicht[1015]. Mit der ständigen Rechtsprechung[1016] zu den Voraussetzungen des dolus eventualis genügt es folglich, wenn der Täter es für möglich hält und billigend in Kauf nimmt, dass seine Angaben nicht der Wahrheit entsprechen bzw. die behaupteten Werturteile oder Prognosen eindeutig unvertretbar sind, sie sich auf Umstände beziehen, die für die Bewertung von den tatbestandsmäßigen Vermögenswerten erheblich sind und dass sie geeignet sind, auf die Kursbildung einzuwirken. Bei dem Unterlassungstatbestand gehört zum Vorsatz, dass der Täter wenigstens unter Inkaufnahme der Folgen mit der Möglichkeit rechnet, dass er trotz bestehender gesetzlicher Verpflichtung die Offenlegung bewertungserheblicher und kursrelevanter Umstände unterlässt. Er muss nämlich die Existenz der Rechtsvorschrift, die ihn zur Offenbarung verpflichtet, kennen oder doch zumindest annehmen, dass er aufgrund irgendeiner Vorschrift offenbarungspflichtig ist. Schließlich ist es für den Straftatbestand in subjektiver Hinsicht erforderlich, dass der Täter den Eintritt des tatbestandsmäßigen Erfolges der Preiseinwirkung als gewiss voraussieht (dolus direktus zweiten Grades) oder ihn zumindest ernstlich für möglich hält und sich mit ihm abfindet (dolus eventualis)[1017]. Damit werden zwei-

---

1013 Trüstedt, Börsenkursmanipulationen, S. 128.

1014 Schäfer, in Schwintowski/Schäfer, 2. Aufl., § 23 RN 91.

1015 Vogel, in Assmann/Schneider, 3. Aufl., § 20a RN 84 ff., 96; Wilga, in Möllers/Rotter, § 12 RN 35; Schwark, in Schwark, 3. Aufl., § 20a WpHG RN 44 f.; vgl. auch zum Kursmanipulationstatbestand Joecks, wistra 1986, S. 149; Fuhrmann, in Erbs/Kohlhaas, 104. Lfg. (1993) § 88 BörsG RN 20; Schlüchter, 2. WiKG, 140, 147; Fichtner, Börsenstrafvorschriften, S. 61; Pabst, Rechtliche Risiken, S. 63; Ledermann, in Schäfer, § 88 BörsG RN 13; Lenzen, Unerlaubte Eingriffe, S. 158; Weber, NZG 2000, S. 123; Groß, 2. Aufl., § 88 BörsG RN 10; Park, BB 2001, S. 2071; Ekkenga, WM 2002, S. 318; Tripmaker, wistra 2002, S. 289.

1016 BGHSt36, S. 9 m. w. N.

1017 BT-Dr. 14/8017, S. 98; vgl. auch Lenzen, ZBB 2002, S. 283; Möller, WM 2002, S. 316; Park, BB 2003, S. 1515; Schwark, in Schwark, 3. Aufl., § 20a WpHG, RN 47; Vogel, in Assmann/Schneider, 3. Aufl., § 20a RN 85; Trüstedt, Börsenkursmanipulationen, S. 133.

fellos alle Fälle erfasst, bei denen die Zielrichtung des Handelns des Täters nicht die Preisbeeinflussung war, er aber die Möglichkeit einer solchen in Folge seines Handelns in sein Bewusstsein aufgenommen hat.

Diese Erweiterung ist allerdings kritisiert worden. Es wird auf die Gefahr hingewiesen, die Streichung des Absichtsmerkmals lasse zu, dass die Schwelle zwischen Strafbarkeit und Geschäftstüchtigkeit sowohl für Marktintermediäre bzw. Wirtschaftsanalysten als auch für Vorstandsmitglieder leicht überschritten werden kann, da es für den Verdacht, dass unrichtige Angaben gemacht wurden, nicht viel brauche[1018]. Deshalb könnten auch unbedachte, vermeintlich kluge geschäftspolitische Äußerungen ein Strafbarkeitsrisiko begründen. Dabei wird allerdings verkannt, dass der objektive Tatbestand - im Hinblick auf § 88 BörsG a. F. - enger gefasst wird[1019]. Denn der Täter muss nicht mehr zur Einwirkung auf den Börsen- und Marktpreis handeln, sondern er muss objektiv auf den Preis einwirken. Das Abstellen auf die Manipulationsabsicht ist aber vor allem deshalb bedenklich, weil somit von dem Anwendungsbereich des Straftatbestandes strafwürdige Handlungen herausgenommen werden, bei denen es dem Täter zwar nicht auf die Kursmanipulation ankommt, sein Verhalten jedoch geeignet ist, den Börsen- oder Marktpreis zu beeinflussen[1020].

VI. Der Auffangtatbestand des § 38 Abs. 1 Nr. 4 WpHG i. F. v. 1.7.2002

1. Objektiver Tatbestand

Auch bei der Gesetzesreform durch das vierte FFG wird auf das Rettungsbrett einer Generalklausel angewiesen, da sie als notwendig erscheint, um alle unterschiedlichen Manipulationstechniken zu verbieten und Manipulatoren eventuelle Umgehungsmöglichkeiten wegzunehmen[1021]. Strafbar ist somit das Einwirken in die Börsen- oder Marktpreisbildung durch sonstige Täuschungshandlungen in der Absicht, auf den Börsen- oder Marktpreis einzuwirken (§ 38 Abs. 1 Nr. 4 i. V. m. §§ 39 Abs. 1 Nr. 2, 20a Abs. 1 Nr. 2 WpHG i. F. v. 1.7.02)[1022]. Schon diese Formulierung hinterlässt Spuren von Ungereimtheiten. Wie bereits die Regelung des § 88 Abs. 2BörsG a. F. kann sich auch der Begriff der „sonstigen Täuschungshandlungen" dem Vorwurf ausgesetzt sehen, nicht hinreichend bestimmt zu sein

1018 Park BB 2001, S. 2071; Möller, WM 2002, S. 316; Weber, Kreditwesen 2002, S. 21.

1019 Tripmaker, wistra 2002, S. 289, 291; Altenhain, BB 2002, S. 1876.

1020 Kaiser, WM 1997, S. 1563; Lenzen, WM 2000, 1139; dies, Finanz-Betrieb 2001, S. 605; Schwark, in Schwark, 3. Aufl., § 20a WpHG, RN 46.

1021 BT-Dr. 14/8017, S. 90; Möller, WM 2002, S. 312; vgl. auch § 5 I 3 b).

1022 Hinsichtlich des Tatbestandsmerkmals der Kurs- bzw. Marktpreisbeeinflussung gilt das schon im Rahmen der Äußerungsalternative Gesagte, vgl. § 6 V 1 e).

und damit verfassungsrechtlichen Bedenken (Art. 103 Abs. 2 GG) begegnen[1023]. Im Folgenden ist einer Befassung mit diesen Erwägungen nachzugehen.

a) Legaldefinition von Täuschungshandlungen

Unter Täuschungshandlungen fallen nach einhelliger Ansicht Handlungen, die auf das intellektuelle Vorstellungsbild eines anderen einwirken und bei diesem eine Fehlvorstellung über einen Sachverhalt hervorrufen sollen[1024]. Adressat der Täuschung können hier sowohl das Anlegerpublikum als solches als auch Teile desselben sein, ferner auch einzelne Personen wie Finanzintermediäre, Handelsredaktionen oder mit der Kursfeststellung betraute Organe[1025].

Worüber zu täuschen ist und welcher Art die Mittel sind, wirft aber die größten Streitfragen auf. Gemäß der Legaldefinition des § 3 Abs. 1 der KuMaV, die auch einem Teil der Kursmanipulationslehre und -praxis entspricht[1026], wird der Täuschungsbegriff des Betrugsstraftatbestandes (§ 263 StGB) als Anhaltspunkt zum Verständnis herangezogen. Demnach ist eine sonstige Täuschungshandlung die Vorspiegelung falscher sowie die Entstellung oder Unterdrückung wahrer Tatsachen oder sonstiger Umstände, soweit diese geeignet sind, den Preis eines tatbestandsmäßigen Vermögenswertes an einem organisierten Markt in einem EWR- Staat hoch-, herunterzutreiben oder beizubehalten. Vorgespiegelt wird eine Tatsache, wenn dem Anleger eine nicht bestehende Tatsache als existent dargestellt wird[1027]. Dies kann etwa der Fall sein, wenn fälschlich behauptet wird, ein Großauftrag sei vereinbart worden. Eine Tatsache entstellt, wer einzelne Elemente hinzufügt oder fortlässt und auf diese Weise das tatsächliche Gesamtbild verfälscht. Eine Tatsache wird unterdrückt, wenn eine bestehende Tatsache nicht zur Kenntnis gebracht wird. Die einzelnen Tatmodalitäten gehen allerdings ineinander über. Entscheidend ist somit, dass die Tathandlung geeignet ist, eine Fehlvorstellung über den wahren Sachverhalt hervorzurufen bzw. garantenpflichtwidrig aufzubewahren. Eine solche Fehlvorstellung kann bei Aussagen zu zukünftigen Entwicklungen auch dadurch hervorgerufen werden, dass der Handelnde Meinungen, Bewertungen oder Prognosen so darstellt, als seien sie das Ergebnis einer von besonderer Sachkunde getragenen Auswertung von Tatsachen.

1023 S. o. § 5 I 2 sowie u. § 6 VI 3 a.

1024 BR-Dr. 639/03, S. 11; Vogel, in Assmann/Schneider, 3. Aufl., § 20a RN 91; BGH, WM 2004, S. 77; für den Auffangtatbestand des § 88 BörsG a. F. Waeldin, Strafbestimmungen, S. 16; Schwark, 2. Aufl., § 88 BörsG, RN 7; Lenzen, Unerlaubte Eingriffe, S. 157, 189; Eichelberger, ZBB 2004, S. 297.

1025 Weinholz, Börsenwesen, S. 27 f.; Stenglein, § 88 Abs. 1, 6 b; König, Börsenpreisbeeinflussung, S. 25.

1026 Scheu, Börsenstrafrecht, S.18; Altenhain, BB 2002, S. 1877; BGH, WM 2004, S. 77.

1027 BR-Dr. 639/03, S. 11; BGH, WM 2004, S. 77; hierzu Weber, NZG 2004, S. 24.

Vorgeschlagen wird außerdem, die im Rahmen des Betrugstatbestandes vorgenommene Unterscheidung zwischen Einwirkungen auf das Vorstellungsbild durch Erklärungen und durch Tatsachenveränderungen, die keine relevante Täuschungshandlung darstellen[1028], auch auf den Manipulationstatbestand zu übertragen[1029]. Nicht erfasst werden deshalb Sabotageakte (z. B. die Vergiftung der Produkte eines Unternehmens und ihre Mitteilung), da es hier an einer Täuschung fehlt[1030].

Die Übernahme der Betrugsdogmatik ist aber richtigerweise zu beanstanden, denn mit solchen Formulierungen wird der Kursmanipulationstatbestand zu einer Betrugsergänzung denaturiert[1031], was mit dem Schutz des überindividuellen Rechtsguts der wahren Börsenpreisbildung nicht vereinbar ist. Die Divergenz zwischen den Betrugs- und Kursmanipulationstatbeständen wird schon beim Äußerungstatbestand eklatant. Zum einen geht der weite Angabenbegriff über bloße Tatsachenbehauptungen hinaus, zumal unvertretbare Wertschätzungen oder ins Blaue hinein abgegebene Prognosen die Preisbildung verfälschen können, zum anderen muss die Tathandlung Umstände betreffen, die in die Investitionsentscheidung einfließen und dadurch zu unrichtigen Kursen führen. Die Anlehnung an den Täuschungsbegriff der Betrugsdogmatik ist aber auch aus einem weiteren Grund abzulehnen. Denn würde man auch die Aufrechterhaltung einer Fehlvorstellung durch pflichtwidriges Unterlassen als Täuschungshandlung in die Strafbarkeitszone einbeziehen, bliebe die Einschränkung der Unterlassungsvariante des Kursmanipulationstatbestandes auf bestehende Rechtsvorschriften gegenstandslos.

Als tauglichen Gegenstand der Täuschungshandlung sieht die herrschende Ansicht die wahre Geschäftslage bzw. die wirtschaftlichen Verhältnisse an Börsen und Märkten an[1032]. Was auf den ersten Blick eindeutig erscheint, ist es auf den zweiten keineswegs mehr, vielmehr tritt jetzt immer stärker ein weitläufiges Geflecht ganz unterschiedlicher Ansichten in Erscheinung. Als sonstige Täuschungsmittel kommen grundsätzlich vier Fallgruppen in Betracht.

1028 So die HM, vgl. Schönke/Schröder/Cramer, § 263 StGB RN 37; LK-Tiedemann, 11. Aufl., § 263 RN 23; Tröndle/Fischer, § 263 RN 10.

1029 BGH, NJW 2004, S. 304 f.; Eichelberger, ZBB 2004, S. 298.

1030 Lenzen, WM 2000, S. 1137; Altenhain, BB 2002, S. 1877 FN 33; Fleischer, Gutachten, F 119 f.; Schwark, in Schwark, 3. Aufl., § 20a WpHG, RN 34.

1031 Vgl. auch Bedenken von Vogel, in Assmann/Schneider, 3. Aufl., § 20a RN 89, 112; Trüstedt, Börsenkursmanipulationen, S. 162; Schmitz, JZ 2004, S. 527; a. A. Altenhain, BB 2002, S. 1877.

1032 BT-Dr. 14/8017, S. 89; BR-Dr. 639/03, S. 12; Vogel, in Assmann/Schneider, 3. Aufl., § 20a RN 93; Wilga, in Möllers/Rotter, § 12 RN 27. So auch nun die Definition des § 4 Abs. 1 der neuen MaKonV

b) *Fallgruppen*

aa) Verbreitung von „soft" Information in Manipulationsabsicht

Im Anschluss an den Gesetzgeber des vierten FFG[1033] und den § 3 Abs. 3 Nr. 2 der KuMaV[1034] sieht die einhellige Kursmanipulationslehre das Ausstreuen von Gerüchten, z. B. über Unternehmensübernahmen, zunächst als „sonstige" Täuschungshandlungen an[1035]. Bedenken von einigen Verfassern wegen Verletzung des Gleichheitssatzes des Art. 3 Abs. 1 GG, da keine Gründe für die unterschiedlichen Verfolgungsvoraussetzungen auf der subjektiven Tatbestandsseite hinsichtlich unrichtiger Angaben einerseits (zumindest dolus eventualis) und falscher Gerüchte andererseits (qualifizierter Vorsatz) angegeben würden[1036], lassen sich richtigerweise ausräumen, denn Gerüchte unterscheiden sich, wie aufgeführt, wesentlich von unwahren Tatsachenbehauptungen bzw. unvertretbaren Meinungsäußerungen, nicht bloß, weil sie sich bewahrheiten können, sondern weil sie vor allem unverbürgt verbreitet werden. Davon ist allerdings die Frage zu unterscheiden, ob die Verbreitung von Gerüchten und Vermutungen eindeutig unter den Gesetzeswortlaut fällt bzw. ob durch die Bestrafung hier Wertungswidersprüche geschaffen werden können. Diese Fragestellungen werden im Folgenden im Rahmen der Auseinandersetzung mit den strafrechtsdogmatischen Besonderheiten des Auffangtatbestandes beleuchtet[1037].

Zu Täuschungshandlungen gehört nach der herrschenden Meinung außerdem das Herausloben/Herunterreden von Vermögenstiteln durch Finanzanalysten, Wirtschaftsjournalisten, Börseninformationsdienste, Rating-Agenturen, Börsengurus oder andere, denen besonderes Vertrauen zukommt, wenn der - an sich schwer zu beweisende - Schluss aus zusätzlichen Indizien gezogen werde, dass

---

1033 BT-Dr. 14/8017, S. 90 sowie BR-Dr. 639/03, S. 13.

1034 Vgl. auch § 3 Abs. 2 der neuen MaKonV.

1035 Vogel, in Assmann/Schneider, 3. Aufl., § 20a RN 107; Benner, in Wabnitz/Janovsky, 2. Aufl., Kapitel 9 RN 86; Kümpel, Bank- und Kapitalmarktrecht, 3. Aufl., 16. 376; Wilga, in Möllers/Rotter, § 12 RN 28; vgl. schon Weinholz, Börsenwesen, S. 28; Fuhrmann, in Erbs/Kohlhaas, 104. Lfg. (1993) § 88 RN 17; Scheu, Börsenstrafrecht, S. 18 f.; Schröder, Aktienstrafrecht, S. 72 f.; Ungern-Sternberg, ZStW 88 (1976), S. 696; Schäfer, WM 1999, S. 1352; Bosch, in Bosch/Groß, RN 10/343a; Groß, 2. Aufl., § 88 BörsG RN 5; Lenzen, Unerlaubte Eingriffe, S. 229; dies, WM 2000, S. 1137; Weber, NZG 2000, S. 115; Schlüter, Börsenhandelsrecht, 2 Aufl., D RN 276; Siebel/Gebauer, WM 2001, S. 126; Möller, WM 2002, S. 316; Gotzens/Wegner, FAZ von 06-04-02, S. 21; Ziouvas/-Walter, WM 2002, S. 1486; Emittentenleitfaden der BaFin (FN 808) S. 93.

1036 Möller, WM 2002, S. 316; Lenzen, ZBB 2002, S. 286; Ziouvas, ZGR 2003, S. 142 f.; für eine Inkonsistenz zwischen den beiden Absätzen des § 20aWpHG auch Sorgenfrei, wistra 2002, S. 331.

1037 S. u. § 6 VI 3 b).

die Tipps dazu dienten, um den Börsen- oder Marktpreis zu beeinflussen[1038]. Dazu gehört vor allem der Fall des Scalping, wo eine Person, die aufgrund ihrer Reputation in der Lage ist, den Kurs eines Wertpapiers durch ihre Ratschläge zu beeinflussen, ein Wertpapier empfiehlt, um die empfehlungsbedingten Kursveränderungen für eigene gewinnbringende Wertpapiergeschäfte auszunutzen. Obwohl die bisher überwiegende Ansicht[1039] den Standardfall des Scalping bzw. den Erwerb von Wertpapieren in Kenntnis der bevorstehenden Abgabe einer sie betreffenden Bewertung oder Empfehlung, um sie dann bei steigendem Kurs - infolge der Empfehlung - wieder zu verkaufen[1040], unter den Insiderhandelsstraftatbestand fallen ließ, stufen andere einschließlich der höchstrichterlichen Rechtsprechung[1041] die Abgabe von Empfehlungen in Manipulationsabsicht parallel oder ausschließlich als strafbare Kursmanipulation ein[1042].

1038 Aus der zahlreichen Literatur vgl. hier Vogel, in Assmann/Schneider, 3. Aufl., § 20a RN 107; Benner, in Wabnitz/Janovsky, 2. Aufl., Kapitel 9 RN 84; Altendorfer, in Aicher/-Kalss/Oppitz, S. 245; Lenzen, WM 2000, S. 1137; Bruchner/Prospischil, in Lutter/-Scheffler/Schneider, RN 11. 61; Emittentenleitfaden der BaFin (FN 808) S. 93.

1039 S. u. § 7 II 1.

1040 So die Begriffsdefinition des BGH, WM 2004, S. 75 im Anschluss an Abschnitt B des Anhangs zum Marktmissbrauchsrichtlinienvorschlag (FN 13), S. 271; vgl. auch LG Frankfurt a. M., NJW 2000, S. 301 sowie LG Stuttgart, ZIP 2003, S. 259; Ziouvas, EWiR 2003, S. 85; Watter, SZW 62 (1990), S. 200; Mühlbauer, wistra 2003, S. 169; Wohlers/-Mühlbauer, FS für Forstmoser, S. 743; Hofstetter, Interessenkonflikte, S. 166; Schwark, FS für Kümpel, S. 487; teilweise wird auch der Fall des (Leer-)Verkaufs von Wertpapieren in Kenntnis der bevorstehenden Abgabe einer sie betreffenden Bewertung einbezogen, s. Schneider/Burgard, ZIP 1999, S. 382; Heise, Insiderhandel, S. 156; Dreyling, in Dreyling/Schäfer, S. 78; Eichelberger, WM 2003, S. 2121 f.; Trüstedt, Börsenkursmanipulationen, S. 181.

1041 Grundlegend BGH, WM 2004, S. 75. Obwohl die Rechtsprechung bisher Scalper ausschließlich wegen strafbaren Insiderhandels verurteilte - LG Stuttgart, ZIP 2003, S. 259 ff. - bzw. den Kursbetrugstatbestand beim Scalping nicht anwenden wollte - so LG Frankfurt a. M., NJW 2000, S. 301 ff.; OLG Frankfurt a. M., NJW 2001, S. 982, hat der BGH, WM 2004, S.75 ff. neulich im Fall von Sasha Opel die Strafbarkeit missbräuchlicher Aktienempfehlungen gem. den Kursmanipulationsvorschriften bestätigt und die LG Stuttgart-Entscheidung aufgehoben; s. dazu auch Achenbach, NStZ 2004, S. 552 f.; Schmitz, JZ 2004, S. 526 ff.

1042 So Lenenbach, ZIP 2003, S. 243, 246; Eichelberger, WM 2003, S. 2123; Schwark, FS für Kümpel, S. 497; Ziouvas, EWiR 2003, S. 86; Pflüller/Wagner, WM 2004, S. 254; Widder, BB 2004, S. 15 f.; Fleischer, DB 2004, S. 53 f.; Vogel, NStZ 2004, S. 255; ders, in Assmann/Schneider, 3. Aufl., § 20a RN 109 sowie Assmann/Cramer, ebenda, § 14 RN 34; Schwark, in Schwark, 3. Aufl., § 20a WpHG, RN 33; zur Strafbarkeit gemäß § 88 BörsG a. F. Schwark, 2. Aufl., § 88 RN 8; Lücker, Missbrauch, S. 54; Heise, Insiderhandel, S. 117; Petersen, wistra 1999, S. 332; Weber, NZG 2000, S. 123, 125; ders, NJW 2000, S. 563 f; Hergeth, DStR 2000, S. 393; Groß, 2. Aufl., § 88 BörsG RN 5; Schmitz, wistra 2002, S. 211; Schlüter, Börsenhandelsrecht, 2. Aufl., D RN 276; von einem mittelbaren Schutz ausgehend auch Ilberg/Neises, WM 2002, S. 644.

Insbesondere umstritten sind allerdings die Voraussetzungen der Strafbarkeit. Übereinstimmung herrscht insoweit, dass der Scalper bzw. Empfehlende den Begehungstatbestand der Äußerungsvariante des Kursmanipulationstatbestandes erfüllt und sich strafbar macht, wenn er durch falsche oder unvollständige Angaben, z. B. über Geschäftszahlen des Emittenten, bevorstehende Übernahme oder „neue" Forschungsergebnisse, ein wertloses Papier als wertvolles darstellt[1043]. Einzuräumen ist allerdings, dass der Begehungstatbestand beim Scalping bzw. Heraufloben oder Herunterreden in Kursbeeinflussungsabsicht regelmäßig nicht einschlägig ist. Zum einen dürfte es bei unrichtigen Angaben hinsichtlich im amtlichen Markt befindlicher hochkapitalisierter Aktiengesellschaften an der Geeignetheit zur Kursbeeinflussung mangeln, da sich der Kurs dieser bei hohen Umsätzen gehandelten Aktien durch Kaufaufträge von Kleinanlegern nicht „hochtreiben" lässt, was jeder „Branchenkenner" auch weiß[1044]. Zum anderen ist es ausgesprochen schwer festzustellen, ob der Empfehlende falsche Angaben macht, denn die Empfehlung, die er abgibt, ist in der Regel eine reine Wertung und es fehlt an jeglichen Anhaltspunkten für die Ermittlung eines Tatsachenkerns[1045]. Die Empfehlung ist außerdem in aller Regel vertretbar, wie sich an den teilweise von „strong buy" bis „sell" reichenden Bewertungen desselben Unternehmens durch verschiedene Analysten zeigt[1046]. Der Beurteilungsraum ist zu Gunsten der Berufsfreiheit der Wirtschaftsjournalisten groß anerkannt. Nur der hinter der Empfehlung stehende Zweck des Scalpers, den Kurs zu beeinflussen, macht die Empfehlung nicht unvertretbar.

Als „sonstige Täuschungshandlung" ist nach § 3 Abs. 3 Nr. 2 KuMaV die „Verbreitung von Empfehlungen bei Bestehen eines möglichen Interessenkonflikts anzusehen, ohne dass dieser zugleich in adäquater Weise offenbart wird". Davon soll auch das Scalping erfasst werden[1047]. Eine sonstige Markttäuschung liegt demnach vor, wenn der Täter Anlageempfehlungen mit dem Ziel abgibt, Marktteilnehmer zu entsprechenden Geschäften zu veranlassen, die zu einer Preisbeeinflussung führen, wenn er selbst entsprechende Positionen eingegangen ist und wirtschaftlichen Nutzen aus der erwarteten Preisbeeinflussung ziehen möchte. Somit wird beim „Scalping" wesentlich auf die bestehende Interessenkollision zwischen dem Empfehlenden, der selbst Dispositionen in den entsprechenden

---

1043 Weber, NZG 2000, S. 115 u. FN 28, 126; Lenzen, Unerlaubte Eingriffe, S. 236; Hergeth, DStR 2000, S. 393; Ziouvas, EWiR 2003, S. 86; Eichelberger, WM 2003, S. 2125; Schwark, FS für Kümpel, S. 490; Pananis, NStZ 2004, S. 288; Vogel, NStZ 2004, S. 254; Schwark, in Schwark, 3. Aufl., § 20a WpHG RN 33; Trüstedt, Börsenkursmanipulationen, S. 187.

1044 Anders als beim Kursbetrugstatbestand, wo die Straflosigkeit dieser Fälle erst auf den Mangel der subjektiven Tatseite zurückging, vgl. Schröder, Aktienhandel, S. 73.

1045 Petersen, wistra 1999, S. 332; LG, NJW 2000, S. 304; Lenzen, Unerlaubte Eingriffe, S. 236.

1046 Eichelberger, WM 2003, S. 2125; Meyer, AG 2003, S. 614.

1047 BR-Dr. 639/03, S. 13; zust. BGH, WM 2004, S. 76; Lenenbach, EWiR 2004, S. 308.

Wertpapieren getroffen hat, und dem Adressaten der Empfehlung als potentiellem Anleger abgestellt. Das entspricht dem das US-amerikanische Insiderrecht prägenden Grundsatz des „disclose or abstain"[1048]. Der Empfehlende hat entweder die bestehenden Interessenkonflikte offen zu legen (disclose) oder sich Eigengeschäften hinsichtlich des betreffenden Wertpapiers zu enthalten (abstain).

Dieser Auffassung schließt sich auch ein ganz beachtlicher Teil der Rechtslehre und -praxis[1049] an, der für die Strafbarkeit des Scalping nach dem Auffangtatbestand plädiert, und zwar ohne danach zu unterscheiden, ob die Empfehlung vor oder nach dem Abschluss der Wertpapiergeschäfte abgegeben wird oder ob die Empfehlung in guter Treu erfolgt bzw. ob sie nach fachlichem Urteil aufgrund der Marktsituation sachlich gerechtfertigt ist, weil es nach dem Auffangtatbestand ausreichen sollte, dass der Scalper die Anleger über den eigentlichen Beweggrund für seine Empfehlung in die Irre führt. Der Empfehlende wirke demnach durch eine sonstige Täuschungshandlung auf den Börsenpreis von Wertpapieren ein, indem er die Empfehlungsadressaten über den wahren Inhalt seiner Empfehlung schlüssig täusche bzw. darüber, dass die Empfehlung in Wirklichkeit eigennützigen Zwecken dient. Der die Empfehlung aussprechende Analyst, Journalist oder Börsenguru gebe seine Einschätzung nicht aufgrund der Einschätzung der Lage und der Zukunftsaussichten des Unternehmens unbefangen als neutrale Person zur Aufklärung der Anleger ab, sondern er erteile seine Ratschläge ausschließlich oder zumindest auch aus Eigennutz[1050]. Die Grundlage der Empfehlung bildeten in Wahrheit das Anschaffungs- und das geplante Veräußerungsgeschäft. Selbst wenn man aufgrund der tatsächlichen Gegebenheiten auf dem Kapitalmarkt annehmen würde, dass eine interessenneutrale Analyse und Information nicht erwartet werden kann und ein Anleger dies auch weiß oder wissen müsste, überschreitet das Scalping nach dieser Ansicht die Grenze der verkehrsüblichen Interessenverquickung[1051]. Dass eine Empfehlung ausschließlich oder zumindest auch mit dem Ziel abgegeben wird, aufgrund ihrer kursmachenden Wirkung dem Empfehlenden die Taschen zu füllen, stehe schlechterdings außerhalb des Erwartungshorizonts der Kapitalmarktteilnehmer, an die sich die Empfehlung richte. Eine Empfehlung, ein Ratschlag oder ein Tipp erhielten folglich die konkludente Aussage, dass sie nicht nur oder nicht auch in der Absicht abgegeben würden, dem Empfehlenden zu profitablen Eigengeschäften zu verhelfen. Weise

1048 Weber, NZG 2000, S. 117; Widder, BB 2004, S. 15; Vogel, NStZ 2004, S. 255.

1049 Weber, NZG 2000, S. 123, 125; ders., NJW 2000, S. 563; Lenenbach, ZIP 2003, S. 244, 246; Eichelberger, WM 2003, S. 2122, 2124 ff; Schwark, FS für Kümpel, S. 491; ders, in Schwark, 3. Aufl., § 20a WpHG, RN 33; Vogel, in Assmann/Schneider, 3. Aufl., § 20a RN 104; Widder, BB 2004, S. 15; Fahrholz, FS für Selmer, S. 332 FN 63; vgl. vor allem BGH, WM 2004, S. 76, s. o.

1050 Watter, SZW 62 (1990), S. 200; Eichelberger, WM 2003, S. 2126; BGH, WM 2004, S. 76.

1051 Lenenbach, ZIP 2003, S. 244.

ein Ratgeber, also, nicht auf sein unmittelbares Eigeninteresse hin, täusche er über den Erklärungswert seiner Empfehlung.

Davon zu unterscheiden sei allerdings der Fall, dass jemand nur seine Meinung über ein bestimmtes Papier kund tue, also von einem verfassungsmäßig garantierten Recht Gebrauch mache, ohne dass es ihm auf die dadurch ausgelöste Kursbewegung ankäme[1052]. Denn in diesem Fall scheitere eine Kursmanipulation schon am subjektiven Erfordernis vorsätzlicher Kursbeeinflussung. Allerdings erscheine es bei engem zeitlichen Zusammenhang gerechtfertigt, zunächst einmal von der gegenteiligen Vermutung auszugehen[1053].

Dies ist allerdings nicht unbestritten. Wenn weder analytische Denkgesetze missachtet noch unvollständige Behauptungen bzw. Schlussfolgerungen aufgestellt werden noch die Offenlegung der Konfliktlage bzw. der Eigenbestände gegen bestehende Rechtsvorschriften unterlassen wird, fallen die für sich gesehen kapitalmarktadäquaten Transaktionsempfehlungen nach der Gegenansicht unter den Kursmanipulationstatbestand nicht[1054]. Über die Schwierigkeit hinaus nachzuweisen[1055], dass Informationen bzw. Tipps manipulativen Zwecken dienen, kann allein der Zweck eines der Wahrheit entsprechenden Verhaltens, einen anderen zu Fehlschlüssen zu veranlassen, nicht ohne weiteres das Vorliegen einer konkludenten Erklärung und damit einer aktiven Täuschung darstellen. Einer Empfehlung bzw. Meinungsäußerung den Erklärungswert beizumessen, sie werde ohne Bereicherungsabsicht des Empfehlenden ausgesprochen, geht auf ein marktfernes Verständnis von uneingeschränkter Fairness bzw. Aufklärung aller relevanten, nichtöffentlichen Umstände, einschließlich Motive und Pläne zurück[1056]. Auch dem Sinn des Börsenbrief- Abonnements, dem Abonnenten zu gewinnbringenden Wertapapiergeschäften zu verhelfen, läuft die grundsätzliche Zulässigkeit von Eigengeschäften des Börsendienstes nicht zuwider[1057]. Aufgabe der Informationsintermediäre ist es hauptsächlich, Informationen zu verarbeiten, die sich ein einzelner Investor angesichts der Schnelllebigkeit und Anonymität der Börse kaum selbstständig verschaffen kann, und die (richtige) Schlussfolgerung seiner Analyse der Anlegerschaft bekannt zu geben. Ein vertretbarer Rat wird aber nicht dadurch unrichtig, dass der Scalper einen Teil des möglichen Kursgewinns vorweg abschöpft, wenn für den Kunden ein Teil des Kursgewinns verbleibt. Infolge-

1052 Weber, NZG 2000, S. 126.

1053 Schwark, passim; vgl. in Rechtspraxis auch BGH, WM 2004, S. 77.

1054 Schröder, Aktienhandel, S. 75; Wohlers/Mühlbauer, FS für Forstmoser, S. 749; Pananis, NStZ 2004, S. 289; Lenzen, Unerlaubte Eingriffe, S. 236; Gaede/Mühlbauer, wistra 2005, S. 17.

1055 Joecks, wistra 1986, S. 149; Otto, Geschäftstätigkeit, S. 100; Weber, NZG 2000, S. 115 FN 21; Lenzen, pasim.

1056 Wohlers/Mühlbauer, FS für Forstmoser, S. 760; Otto, in Tiedemann (Hrsg.): Europa-Delikte, S. 358; Pananis, NStZ 2004, S. 288; Schmitz, JZ 2004, S. 527.

1057 v. Hertzberg, Börseninformationsdienste, S. 117.

dessen spielt es auch keine Rolle, ob der Börsendienst das Eigengeschäft nur durchführt, weil er seine Überlegungen selbst ausnutzen möchte oder weil er außerdem von der Reaktion seiner Abonnenten auf den Tipp profitieren möchte, da dies die Richtigkeit des Tipps nicht beeinflusst[1058].

Eine Ausnahme wird von der Gegenansicht für den Fall von marktengen Aktien gemacht, wenn der Empfehlende wahre Tatsachenbehauptungen mit einem weiteren Erklärungsinhalt verknüpft, etwa der Angabe, dass nur derjenige, der die Aktie sofort kauft, die Chance hat, das Wertpapier zu diesen günstigen Bedingungen zu erwerben[1059]. Die stillschweigend gemachte unrichtige Angabe wird gerade darin erblickt, dass der Zuschauer oder Leser aufgrund der aufkommenden Nachfrage gerade zu dem empfohlenen Kurs nicht kaufen kann. In diesem Fall sollte der Tatbestand unbestritten trotz Verwendung wahrer Unternehmensdaten als erfüllt angesehen werden, da gerade die Vorspiegelung der Chancenwahrung durch einen sofortigen Kauf exakt das Gegenteil, nämlich den Kauf zu exorbitanten Kursen zur Folge hat und der Anleger aufgrund dessen die in der Empfehlung ausgewiesene Dividendenrendite nicht erreichen kann.

bb) Fälle mittelbarer Täterschaft

Nach einer Ansicht[1060], die im Rahmen des Kursbetrugstatbestandes ausgesprochen wurde, ist der Auffangtatbestand erforderlich, um Strafbarkeitslücken zu schließen, die dadurch entstehen, dass die Äußerungsalternative ein eigenhändiges Vorgehen des Täters verlangt, zumal eine mittelbare Täterschaft bei eigenhändigen Delikten ausscheidet[1061]. Fehlte der Auffangtatbestand, dann bliebe der Hintermann, der sich eines zurechnungsunfähigen oder vorsatzlosen Dritten bedient, um unrichtige Angaben zu machen, straflos. Zu denken ist z. B. an die Konstellation, dass der Manipulator den falschen Prospekt einem gutgläubigen Anlageberater schickt, der mit unrichtigen Angaben Anleger wirbt.

Unabhängig davon, ob die Annahme einer Kategorie von eigenhändigen Delikten überhaupt gerechtfertigt ist[1062], erscheint es aber hier äußerst zweifelhaft, ob die deliktische Handlung in der Äußerungsalternative des Kursmanipulationstatbestandes so individuell an die deliquierende Persönlichkeit geknüpft ist, dass diese sie eigenhändig vornehmen muss[1063]. Weder die Wortfassung, die der Gesetzgeber ausgewählt hat, noch das Rechtsgut der wahren Preisbildung an Börsen

---

1058 v. Hertzberg, Börseninformationsdienste, S. 119.

1059 So v. Hertzberg, Börseninformationsdienste, S. 120; Lenzen, Unerlaubte Eingriffe, S. 236; Schröder, Aktienhandel, S. 75.

1060 Schlüchter, 2. WiKG, S. 148.

1061 Schönke/Schröder/Cramer, § 25 RN 45 ff.; Roxin, AT, Bd. II, § 25 RN 288.

1062 Vgl. Bedenken von Jescheck/Weigend, LB, § 26 II 6, § 62 I 2; Schubarth, SchwZStR 114 (1996), S. 325 ff.; Jakobs, AT, 21. Abschnitt RN 19 ff.

1063 Vgl. auch die Einteilung von Roxin, AT, Bd. II, § 25 RN 297 ff.

und organisierten Kapitalmärkten lassen den Schluss zu, dass man unrichtige kursrelevante Angaben nicht durch einen anderen machen kann. Tatherrschaft über das Machen der unrichtigen Angaben hat richtigerweise zum einen, wer als Konzeptionär an der Konzeption des Inhalts nicht nur untergeordnet mitgewirkt hat[1064]. Zum anderen macht als Täter unrichtige Angaben, wer - ohne Konzeptionär zu sein - sie sich in der Weise zueigen macht, dass er selbst Verantwortung für die Richtigkeit der Angaben übernimmt[1065], zum Beispiel durch die Herausgabe einer Druckschrift, die ausdrückliche Übernahme der Verantwortung durch Dritte sowie die Tatsache, dass der Täter sich der unrichtigen Angabe wie einer eigenen Erklärung bedient.

Ebenso wenig bedürfte es des Auffangtatbestandes, um Fälle wie die Bestechung von Preisfeststellungsintermediären zu Kursbeeinflussungszwecken zu erfassen[1066]. Zwar wird mit der Bestechung auf die Kursbildung indirekt eingewirkt, als die veröffentlichten falschen Kurse für künftige Geschäfte kausal werden und auf die Kursbildung einwirken[1067]. Die Bestechung als solche ist aber richtigerweise noch keine Täuschungshandlung; vielmehr ist der Bestechende allenfalls an der informations- oder handelsgestützten Kursmanipulation des Marktintermediäres beteiligt, die der Bestochene später vornimmt[1068]. Werden Kurse z. B. wahrheitswidrig festgestellt, wird eine gemäß dem Begehungstatbestand strafbare Angabe gemacht, zumal Kurse unbestritten Bewertungsgrundlage für jede Investitionsentscheidung darstellen[1069].

cc) Fiktive Transaktionen

Gemäß § 3 Abs. 2 Nr. 1 und 2 der KuMaV und der ganz herrschenden Lehre sind fiktive Transaktionen (wash sales und matched orders) – einschließlich der Karus-

1064 Tiedemann, Wirtschaftsbetrug, § 264a RN 75; Otto WM 1988, S. 739; Pabst, Rechtliche Risiken, S. 40 ff.; vgl. für Printmedien Sieber, JZ 1996, S. 435.

1065 Tiedemann, passim; Emittentenleitfaden der BaFin (FN 808), S. 86.

1066 Anders die herrschende Meinung zum Kursmanipulationstatbestand, vgl. BT-Dr. 10/5058, S. 37; Scheu, Börsenstrafrecht, S. 18; Ungern-Sternberg, ZStW 88 (1976), S. 696; Möhrenschlager, wistra 1983, S. 18; Schwark, 2. Aufl., § 88 RN 8; Altendorfer, in Aicher/Kalss/Oppitz, S. 245; Groß, 2. Aufl., § 88 BörsG RN 5; Schäfer, WM 1999, S. 1352; Weber, NZG 2000, S. 115; Schmitz, wistra 2002, S. 211; Schlüter, Börsenhandelsrecht, 2. Aufl., D RN 276; Ziouvas/Walter, WM 2002, S. 1487; Ziouvas, ZGR 2003, S. 127.

1067 Weinholz, Börsenwesen, S. 27 f.

1068 Vogel, in Assmann/Schneider, 3. Aufl., § 20a RN 108.

1069 Mit der Folge, dass eine Vergleichbarkeit der Maklerbestechung mit der ersten Variante des Kursbetrugstatbestandes entbehrlich ist; missverständlich insofern Eichelberger, WM 2003, S. 2125.

sellgeschäfte[1070] sowie des Aufrechterhaltens von Scheinkaufangeboten[1071] bzw. der Annahme von Angeboten zu Ausweichkursen[1072] - gemäß dem Auffangtatbestand strafbar[1073]. Scheingeschäfte lassen sich einhellig als Täuschungshandlungen verstehen, da sie einen unrichtigen Eindruck von der Lage des Marktes erwecken[1074]. Sie verletzen das Regulierungsprinzip von Angebot und Nachfrage, weil das Interesse des Täters nicht darauf gerichtet sei, ein Geschäft abzuschließen, sondern lediglich die unzutreffende Information ins Marktgeschehen einfließen zu lassen, er sei bereit, das Risiko zur Investition in die fragliche Gesellschaft einzugehen bzw. er halte den bezahlten oder geforderten Preis für günstig[1075].

Im Einzelnen wurde gegen die Tatbestandsmäßigkeit fiktiver Geschäfte eingewendet, solche Geschäfte stellten streng genommen keine „sonstigen Täuschungshandlungen" dar, denn der erstrebte Rechtserfolg (Einfluss auf die Orderlage und damit Einwirkung auf den Börsenpreis) setze gerade die Gültigkeit des jeweiligen Geschäfts voraus[1076]. Dem ist jedoch entgegenzuhalten, Scheingeschäfte entstehen formell ordnungsgemäß; sie sind nämlich fiktiv ausschließlich deshalb, weil die erworbenen Vermögenswerte anschließend sofort auf einem anderen Weg an den Markt zurückverkauft werden oder sie werden in Absprache mit einem Dritten erworben und der Erwerb anschließend außerbörslich wieder rück-

---

1070 Vogel, in Assmann/Schneider, 3. Aufl., § 20a RN 103; Benner, in Wabnitz/Janovsky, 2. Aufl., Kapitel 9 RN 83; vgl. auch Ledermann, in Schäfer, § 88 BörsG RN 12; Schäfer, WM 1999, S. 1352; Weber, NZG 2000, S. 115; Groß, 2. Aufl., § 88 BörsG RN 5; Schmitz, wistra 2002, S. 211;

1071 Ungern-Sternberg, ZStW 88 (1976), S. 696; Groß, passim.

1072 Vogel, passim; Ungern-Sternberg, passim; Schäfer, passim; Ziouvas/Walter, WM 2002, S. 1487.

1073 Vgl. BR- Dr. 639/03, S. 11 f. sowie BT-Dr. 14/8017, S. 89; Schäfer, in Schwintowski/-Schäfer, 2. Aufl., § 23 RN 91; Schwark, in Schwark, 3. Aufl., § 20a WpHG RN 24 f; Vogel, in Assmann/Schneider, 3. Aufl., § 20a RN 101 ff; Wilga, in Möllers/Rotter, § 12 RN 28; zum Kursbetrugstatbestand vgl. BT-Dr. 10/5058, S. 37 sowie Meyer/Bremer, § 88 BörsG RN 2; Scheu, Börsenstrafrecht, S. 18; Ungern/Sternberg, passim; Möhrenschlager, wistra 1983, S. 18; Engler, Vor Aktien gewarnt, S. 266; Pabst, Rechtliche Risiken, S. 63; Rössner/Worms, in Assmann/Schütze, § 9 RN 9; Schröder, Aktienhandel, S. 71; Fichtner, Börsenstrafvorschriften, 55; Fuhrmann, 104. Lfg. (1993), § 88 RN 17; Schwark, 2. Aufl., § 88 RN 7; Kaiser, WM 1997, S. 1563; Altendorfer, in Aicher/Kalss/Oppitz, S. 244; Ledermann, passim; Bruchner/Prospischil, in Lutter/Scheffler/Schneider, RN 11. 61; Bosch, in Bosch/Groß, RN 10/342; Schäfer, WM 1999, S. 1352; Weber, NZG 2000, S. 115; Lenzen, Unerlaubte Eingriffe, S. 189; dies, WM 2000, S. 1137; Groß, passim; Ekkenga, NZG 2001, S. 8; Park, BB 2001, S. 2070; Schmitz, passim; Schlüter, Börsenhandelsrecht, 2. Aufl., D RN 276; Altenhain, BB 2002, S. 1877; Möller, WM 2002, S. 313; Gotzens/Wegner, FAZ von 06.04.02, S. 21; Ziouvas/Walter, passim; Barnert, WM 2002, S. 1475; Zietsch/Holzborn, WM 2002, S. 2367; a. A. Sorgenfrei, wistra 2002, S. 328, 331.

1074 Watter, SZW 62 (1990), S. 196; Möller, WM 2002, S. 313;

1075 Richard, SZW 67 (1995), S. 261.

1076 Sorgenfrei, wistra 2002, S. 328, 331.

gängig gemacht[1077]. Außerdem kann bereits die Erteilung von (Schein-)Aufträgen, gegebenenfalls mit bestimmten Limits, richtigerweise Einfluss auf die Marktlage haben und damit auch zu einem verzerrten Preis führen[1078]. Nach anderer Ansicht erscheint zweifelhaft, ob eine Strafbarkeit dann anzunehmen ist, wenn der vereinbarte Preis der Marktlage entspricht, denn in diesem Fall wird nur über Umsätze getäuscht, nicht aber der Kurs manipuliert[1079]. Dabei wird allerdings übersehen, dass die erhöhten Umsätze durchaus geeignet sind, künstlich erhöhte Preise herbeizuführen.

Gem. § 3 Abs. 2 Nr. 1 KuMaV werden nur solche „fiktive" Geschäfte von dem Auffangtatbestand ausgenommen, bei deren Abschluss die wirtschaftliche Identität den Vertragsparteien nicht bekannt war oder die den geltenden gesetzlichen Vorschriften und Marktbestimmungen entsprechend den anderen Marktteilnehmern bekannt gegeben werden wie etwa bei Cross Trades oder Pre- arranged-Trades an der Eurex (Nummer 1. 2. 3. (2) der Bedingungen für den Handel an der Eurex Deutschland und der Eurex Zürich) nach Eingabe eines „Cross- Request".

dd) Effektive Transaktionen

Im Gegensatz zu Scheingeschäften handelt es sich bei der Strafbarkeit der Kursbeeinflussung durch effektive Geschäfte um den Kernpunkt aller Schwierigkeiten. Zum einen wird der manipulative Charakter solcher Kursbeeinflussungen oft von der wirtschaftswissenschaftlichen Literatur in Zweifel gestellt, was im Rahmen der Begriffsbestimmung von Börsenpreismanipulationen demonstriert worden ist. Zum anderen war es schon seit der Entstehung des Kursbetrugstatbestandes umstritten, ob bzw. welche Konstellationen unter den fragwürdigen Auffangtatbestand fallen lassen. Trotz der ursprünglichen Zurückhaltung der Kursbetrugslehre, kursrelevante effektive Transaktionen als „ auf Täuschung berechnete Mittel" gemäß § 88 BörsG a. F. anzuerkennen, gewinnt das gesetzgeberische[1080] Anliegen der Strafbarkeit von effektiven Transaktionen, die über die tatsächliche Geschäftslage in einem Vermögenswert täuschten, immer mehr an Boden und wird auch von § 3 Abs. 2 Nr. 3 KuMaV ausdrücklich festgelegt, auch wenn die Regelung

1077 Schmitz, ZStW 115 (2003), S. 531.

1078 Vgl. BR-Dr. 639/03, S. 11.

1079 Schwark, FS für Kümpel, S. 491 f.; Benner, in Wabnitz/Janovsky, 2. Aufl., Kapitel 9 RN 78.

1080 BT-Dr. 14/8017, S. 89; zust. Möller, WM 2002, S. 313; Schmitz, ZStW 115 (2003), S. 531; Schwark, in Schwark, 3. Aufl., § 20a WpHG RN 27 f; Wilga, in Möllers/Rotter, § 12 RN 29; Kümpel, Bank- und Kapitalmarktrecht, 3. Aufl., 16. 367, 374; Fahrholz, FS für Selmer, S. 335; zur Beeinflussung von Abrechnungskursen auch Zietsch/Holzborn, WM 2002, S. 2367; zum Cornering Fichtner, Börsenstrafvorschriften, S. 57 f.; Koller, in Assmann/Schneider, 3. Aufl., § 31 RN 19.

des vierten FFG grundsätzlich den Auffangtatbestand des Kursbetrugs leicht verändert einschließt.

Täuschungshandlungen sind nach dem wiederum nicht abschließenden Katalog der KuMaV[1081] also Geschäfte und Geschäftsaufträge, die den unzutreffenden Eindruck erwecken, die Kursbewegung eines Vermögenswertes sei aufgrund von legitimen, wirtschaftlich motivierten Umständen zustande gekommen (Painting the tape, Advancing the bid)[1082]. Dies ist dann der Fall, wenn nicht eine Investmentidee umgesetzt werden soll, sondern das Marktverhalten anderer Marktteilnehmer beeinflusst werden kann und soll. Die Täuschung liegt demnach darin, dass für die Marktteilnehmer nicht erkennbar ist, dass die Transaktionen mit der Absicht, den Preis zu beeinflussen, vorgenommen wurden und damit der zustande gekommene Preis verzerrt ist. Die mit dem bloßen Ziel der Kursbeeinflussung eingegangenen Geschäfte täuschen also den Markt über die dahinter stehende Wertschätzung des Handelnden in Bezug auf den jeweiligen Titel[1083].

Als „sonstige Täuschungshandlung" zu bestrafen sind gem. § 3 Abs. 2 Nr. 4 der KuMaV und der Gesetzesbegründung zum vierten FFG auch Geschäfte, die geeignet sind, über Angebot und Nachfrage bei einem Vermögenswert im Zeitpunkt der Feststellung eines bestimmten Börsen- oder Marktpreises, der als Referenzpreis dient, zu täuschen. Hiervon erfasst wird die Vornahme von Transaktionen, wenn hierdurch entweder versucht wird, die Schlussnotierung, den Kassakurs eines Vermögenswertes oder den Abrechnungskurs von Derivatekontrakten zu beeinflussen[1084].

§ 3 Abs. 3 der KuMaV erfasst im Einklang mit der Gesetzesbegründung zum vierten FFG auch das als „Corner" oder „Abusive squeeze" bezeichnete Marktverhalten sowie die gezielte Herbeiführung einer künstlichen Verknappung eines Vermögenswertes, insbesondere durch Ausnutzung der eigenen Marktstellung, mit dem Ziel, die Kontrolle über Angebot und Lieferung zu erhalten.

Darüber hinaus sind auch Leerverkäufe den Gesetzesmaterialien entsprechend[1085] als Täuschungshandlungen anzusehen, zumindest wenn es sich dabei nicht um Eigen- und Aufgabengeschäfte des Kursmaklers handelt, die börsenrechtlich z. T. ausdrücklich gestattet sind, oder um gebotene Geschäfte im Interesse des Marktes. Denn durch die Leerverkäufe werde der Anschein eines tatsä-

---

1081 Hierzu auch Weber, NZG 2004, S. 25.

1082 BR-Dr. 639/03, S. 12.

1083 Möller, WM 2002, S. 313; vgl. auch Iffland, SZW 69 (1997), S. 122; Richard, SZW 67 (1995), S. 261.

1084 BT-Dr. 14/8601, S. 89 sowie BR-Dr. 639/03, S. 12.

1085 BT-Dr. 14/8601, S. 89; vgl. auch Gotzens/Wegner, FAZ von 06.04.02, S. 21; Ziouvas, ZGR 2003, S. 135; Kümpel, Bank- und Kapitalmarktrecht, 3. Aufl., 16. 374; Schäfer, in Schwintowski/Schäfer, 2. Aufl., § 23 RN 91; Schwark, in Schwark, 3. Aufl., § 20a WpHG, RN 27; zum Kursbetrugstatbestand Bremer, Börsenrecht, S. 27; Weinholz, Börsenwesen, S. 10; Schwark, 2. Aufl., § 88 BörsG RN 7; Weber, NZG 2000, S. 115.

chlich nicht vorhandenen Angebots erzeugt und der hieraus entstehende Preisdruck werde durch die Geringwertigkeit der im Terminhandel maßgebenden Lieferqualität noch verschärft.

Trotzdem mangelt es nicht an Literaturstimmen, die sich gegen die Tatbestandsmäßigkeit effektiver Transaktionen wenden, auch wenn jene nur deshalb vorgenommen werden, um den Preis eines Vermögenswertes zu beeinflussen. Diese Gegenauffassung[1086], die zwar grundsätzlich auf den Auffangtatbestand des § 88 BörsG a. F. rekurriert, aber wegen der wörtlichen Übereinstimmung auch in den Auffangtatbestand des § 38 WpHG i. F. v. 1.7.2002 übertragen werden kann, hebt folgendermaßen darauf ab, dass die Kursbeeinflussung durch das Handelsvolumen nicht vom Auffangtatbestand erfasst wird, soweit es dabei um tatsächlich (und ohne Stornierungsvorbehalt) durchgeführte Geschäfte geht, da in diesem Fall keine Täuschungshandlungen vorgenommen werden. Variationen des Handelsvolumens verfügen zwar über einen Informationswert, der bewusste Einsatz eines Informationssignals kann aber für sich gesehen kaum schon als Täuschungshandlung angesehen werden, da der Informationswert schließlich der wirtschaftlich relevanten Order selbst anhaftet und das Verbreiten zutreffender Informationen keine Täuschungshandlung sein kann.

Der effektive Handel vollzieht sich nämlich durch einen üblichen Geschäftsvorgang im Rahmen des anonymen Börsenhandels. Der Täter erteilt einen Kauf- oder Verkaufsauftrag, wie er in vielen tausend anderen Fällen zulässigerweise vollzogen wird. Der Unterschied liegt einzig und allein in der Motivation des Täters, der die Transaktion hauptsächlich zum Zwecke der Kurs- und Marktpreismanipulation tätigt und nicht, weil er einen Titel für über- oder unterbewertet hält[1087]. Im Gegenteil erachtet er ihn für korrekt bewertet, er will ihn aber zu einem niedrigeren Preis erwerben oder zu einem höheren Preis verkaufen. Zweifelhaft ist es aber bereits, ob das Motiv die Handlung selbst zu einer Täuschungshandlung werden lassen kann. Zudem würde die Annahme einer solchen Täuschung voraussetzen, dass bei sämtlichen an den Börsen geschlossenen Geschäften grundsätzlich davon ausgegangen werden dürfte, sie würden vorgenommen, weil die Marktteilnehmer einige Titel für unter- oder überbewertet hielten bzw. ihnen lägen andere Motive zugrunde als die Absicht der Kursbeeinflussung. Diese Annahme ist aber marktrealitätsfern. Es besteht für die Marktteilnehmer keine Pflicht, eine Order nur dann zu erteilen, wenn sie ein Wertpapier für falsch be-

---

1086 Schröder, Aktienhandel, S. 77; Rössner, in Assmann/Schütze, § 9 RN 9; Heise, Insiderhandel, S. 59; Lenzen, Unerlaubte Eingriffe, S. 194, 216; Lenzen, WM 2000, S. 1137; Weber, NZG 2000, S. 116; Bosch, in Bosch/Groß, RN 10/343a, b; Ekkenga, NZG 2001, S. 8; Sorgenfrei, wistra 2002, S. 331; Altenhain, BB 2002, S. 1878; Vaupel/Uhl, WM 2003, S. 2136; Otto, in Tiedemann (Hrsg.): Europa-Delikte, S. 358; Vogel, in Assmann/-Schneider, 3. Aufl., § 20a RN 104, 106, 121, 123.

1087 Altendorfer, in Aicher/Kalss/Oppitz, S. 232; Lenzen, Unerlaubte Eingriffe, S. 193; dies, WM 2000, S. 1136; Altenhain, BB 2002, S. 1877; Vaupel/Uhl, passim.

wertet halten. Marktteilnehmer können auch ohne Einschätzungen des Wertes eines Wertpapiers in durchaus redlicher Absicht verkaufen oder kaufen[1088]. Das beste Beispiel dafür ist der Marktteilnehmer, der auf Grund finanzieller Schwierigkeiten verkaufen muss. Oder man beabsichtigt, Einfluss auf ein bestimmtes Papier zu gewinnen, ein Umstand, der zu massenweisen Ankäufen führen kann[1089]. Auch instabile Währungen führen zum regeren Ankauf von Wertpapieren[1090]. Die übrigen Marktteilnehmer rechnen somit, dass Transaktionen nicht in jedem Fall auf eine bestimmte Beurteilung des Wertpapiers zurückzuführen sind. Ebenso wenig sind Investoren außerdem verpflichtet, die Gründe zu veröffentlichen, die ihren Anlageentscheidungen zugrunde liegen[1091]. Trägt eine Veröffentlichungspflicht wie z. B. § 15 oder 21 WpHG zur Produktivität des Kapitalmarktes bei, dann statuiert der Gesetzgeber eine Publizitätspflicht (duty to disclose)[1092]. Ordnungsgemäßen Preisen den Sinn beizumessen, sie seien durch wirtschaftsrelevante Geschäfte von Anlegern entstanden, die handeln, investieren, spekulieren u.s.w. möchten, jedenfalls nicht zum Zwecke der Kursbeeinflussung bzw. in „unredlicher Absicht" handeln, geht über das rechtliche Verständnis hinaus[1093].

Außerdem läuft in concreto das strafbewehrte Verbot der Auftragserteilung zum Ende des Tages dem derzeit üblichen Marktgeschehen zuwider, während es nicht eindeutig ist, welches Verhalten mit der Formulierung „Erteilung mehrerer Kaufaufträge zu sukzessiv höheren Preisen ..." beschrieben werden soll[1094]. Der Strafbarkeit von Leerverkäufen wird insbesondere entgegengehalten, der Täter schaffe durch die Leerverkäufe keinen Sachverhalt, der die Marktteilnehmer zur Annahme eines anderen kurserheblichen Umstands veranlasst als den, der auch tatsächlich vorliegt[1095]. Es kommt dem Verhalten des Leerverkäufers auch kein täuschender Inhalt zu, weil er nicht über die Titel verfügt, die er verkauft. Unserem Rechtssystem ist es nämlich keinesfalls fremd, Sachen zu verkaufen, über die im Verkaufszeitpunkt noch keine Verfügungsgewalt besteht. Das Verkaufsangebot des Leerverkäufers birgt die Erklärung, dass er die Wertpapiere auch tatsächlich besitze, nicht in sich. Er erklärt nur, dass er zu dem jeweiligen Kurs erfüllen werde. Aber auch der Unwert des Schaffens und Ausnutzens einer marktbeherr-

1088 Lenzen, Unerlaubte Eingriffe, S. 194; Kleiner, SZW 69 (1997), S. 119; Altenhain, BB 2002, S. 1878; Vaupel/Uhl, passim.

1089 Saiko, Archiv für Kriminologie 158 (1976), S. 157.

1090 Saiko, Archiv für Kriminologie 158 (1976), S. 156.

1091 Groner/Meier, SZW 74 (2002), S. 284; Altendorfer, in Aicher/Kalss/Oppitz, S. 231.

1092 Soesters, Insiderhandelsverbote, S. 183; Heise, Insiderhandel, S. 51.

1093 Altendorfer, in Aicher/Kalss/Oppitz, S. 232; Heise, Insiderhandel, S. 59; Lenzen, WM 2000, S. 1136; Otto, in Tiedemann (Hrsg.): Europa-Delikte, S. 358; Trüstedt, Börsenkursmanipulationen, S. 122, 197 ff.

1094 Rudolph, BB 2002, S. 1041.

1095 Scheu, Börsenstrafrecht, S. 120; Schröder, Aktienhandel, S. 76; Fichtner, Börsenstrafvorschriften, S. 57; Lenzen, Unerlaubte Eingriffe, S. 209; Altenhain, BB 2002, S. 1877; Trüstedt, Börsenkursmanipulationen, S. 199.

schenden Stellung an einem Wertpapiermarkt („cornering") liegt im Schwerpunkt nicht in der Täuschung des Marktes, sondern in der Unfairness dieser Handelspraxis, vor der als solcher zu schützen der Kursmanipulationsstraftatbestand nicht bezweckt[1096].

Besonders heftig diskutiert wird vor allem die strafrechtliche Beurteilung kurspflegender Maßnahmen. Eine Kursmanipulation liegt unbestritten vor, wenn sich die Anleger mit den Informationssignalen, die von ihrer Order ausgehen, nicht zufrieden geben, sondern zu begleitenden Maßnahmen greifen, um diesen falschen Informationssignalen ihres Handelsaufkommens durch weitere Maßnahmen, wie gezielte Falschmeldungen[1097] oder Handelsinszenierungen[1098], Nachdruck zu verleihen. Dazu gehört auch Parking in Form von Hin- und Herkäufen zwischen verschiedenen „nominee"-Konten, denn der Sache nach handelt es sich dabei um fiktive Transaktionen, die gemäß dem Auffangtatbestand zu bestrafen sind[1099].

Äußerst umstritten ist allerdings, ob die bloße Vornahme effektiver Transaktionen zu Kursstabilisierungs- bzw. Kurpflegezwecken unter den Auffangtatbestand fällt. Zur Gewährleistung der Straflosigkeit kursstabilisierender Geschäfte hat sich ein ganzes Spektrum von Meinungen entfaltet, das schon bis zu den Ursprüngen des § 88BörsG i. F. v. 1897 reicht. Damals wurde für die Tatbestandslosigkeit kursstabilisierender Maßnahmen auf den Mangel der subjektiven Tatseite, und zwar der Bereicherungsabsicht hingewiesen[1100]. Nach der Neufassung des Kursbetrugtatbestandes und der Streichung der Bereicherungsabsicht ist eine solche Begründung rechtlich irrelevant. Ein Teil der Lehre[1101] nimmt Kurspflegetransaktionen vom Anwendungsbereich des Auffangtatbestandes deklaratorisch oder mit der lapidaren Begründung heraus, sie sollten eine geordnete Entwicklung von Börsen- und Marktpreisen fördern, ohne allerdings konkrete Maßstäbe aufzustellen. Zum Teil wird eine teleologische Reduktion verlangt[1102]. Andere Stimmen lehnen die Erfüllung des subjektiven Tatbestandes bzw. das Vorliegen einer Kursbeeinflussungsabsicht mit der Begründung ab, ein etwa preissteigernder

1096 Lenzen, Unerlaubte Eingriffe, S. 211; Rückert/Kuthe, BKR 2003, S. 647 f.; Vogel, in Assmann/Schneider, 3. Aufl., § 20a RN 106; Weber, NZG 2004, S. 28; Streinz/Ohler, WM 2004, S. 1316; Trüstedt, Börsenkursmanipulationen, S. 202; Eichelberger, ZBB 2004, S. 300.

1097 Vgl. Weber, NZG 2000, S. 116.

1098 Watter, SZW 62 (1990), S. 194; Assmann, ZGR 2002, S. 723.

1099 Lenzen, Unerlaubte Eingriffe, S. 222.

1100 So Nussbaum, § 88 BörsG, Anm. I 1a, S. 345 f; Waeldin, Strafbestimmungen, S. 16; teilweise auch Hemptenmacher, § 88 BörsG RN 2.

1101 So Hemptenmacher, § 88 BörsG RN 2; Scheu, Börsenstrafrecht, S. 83; Schwark, 2. Aufl., § 88 RN 8; Fuhrmann, in Erbs/Kohlhaas, 104. Lfg. (1993), § 88 BörsG RN 17; Weber, NZG 2000, S. 115; Lenzen, WM 2000, S. 1133, 1138; Groß, ZIP 2002, S. 161; Schmitz, wistra 2002, S. 211.

1102 Schwark § 88 RN 8; Walter, Betrugsstrafrecht, S. 487.

Effekt der Käufe sei bei Kurspflegemaßnahmen von dem Käufer nicht gewollt, sondern ein Nebeneffekt, den er im Allgemeinen nicht wünsche[1103]. Diese Meinung erweist sich aber bei näherem Hinsehen nicht als tragfähig. Denn kursintervenierenden Maßnahmen ist die Kursbeeinflussungsabsicht immanent[1104]. Kurspflege wird aus dem Grund durchgeführt, auf Preise einzuwirken bzw. Kurse - auch wenn im Interesse der Anlegerschaft - in eine bestimmte „richtige" Richtung zu lenken. Unerheblich ist allerdings, ob die Kursbeeinflussung als Zwischenziel für einen dahinter liegenden Zweck des Täters, z. B. die Verfolgung einer Abwehrstrategie anlässlich eines Übernahmeversuchs, erstrebt wird.

Angesichts dessen wird angestrebt, die Straflosigkeit kurspflegender Maßnahmen mit dem mangelnden objektiven Tatbestand zu begründen. Ein beachtlicher Teil der Kursbetrugslehre hob darauf ab, dass Kurspflegemaßnahme tatsächlich aufgegebene Kauf- und Verkaufsaufträge darstellen, die eine stabilisierende Wirkung haben und deren Motiv, die Handlung selbst bzw. die Wertpapiertransaktion, nicht zu einem auf Täuschung berechneten Mittel werden lässt[1105]. Auf diesem Standpunkt schien auch der Gesetzgeber des Börsengesetzes zu stehen, der in der Gesetzesbegründung (zum damaligen § 72 BörsG) anführt, es bedürfe kaum der Bemerkung, dass in der Kurspflege, die ja letztlich auch nur in Käufen oder Verkäufen mit dem Ziel der Kursbeeinflussung besteht, nicht das erforderliche Merkmal eines auf Täuschung berechneten Mittels zu finden sei[1106]. Eine anderweitige Bewertung erweise sich kapitalmarktinadäquat, zumal Kursstabilisierungsmaßnahmen den Markt transparenter machen bzw. dazu beitragen, dass sich Kurse an den wahren Preis annähern.

Eine Ausnahme von der Straflosigkeit wird jedoch zum Teil für den Fall gemacht, dass die Kurspflege über die bloße Korrektur temporärer Kursschwankungen hinausgeht und den Anleger über den wahren Marktwert des in der Kursentwicklung gestützten oder gedämpften Wertpapiers in die Irre führt[1107]. Ob ein abgrenzscharfes Kriterium hier allerdings angegeben wird, mag zweifelhaft sein. Es bleibt vor allem unklar, warum in diesem Fall die Prämisse der Tatbestandslosigkeit effektiver Transaktionen in Manipulationsabsicht verlassen werden soll.

1103 Bruchner/Prospischil, in Lutter/Scheffler/Schneider, RN 11. 61; Kaiser, WM 1997, S. 1562; Schwark, § 88 RN 9 ff.; Bosch, in Bosch/Groß, RN 10/343b; Schäfer, WM 1999, S. 1352; Weber, NZG 2000, S. 115; Schanz, Börseneinführung, 2. Aufl., § 10 RN 129; Zietsch/Holzborn, WM 2002, S. 2367.

1104 Vgl. Ziouvas, ZGR 2003, S. 136 f.; Vogel, in Assmann/Schneider, 3. Aufl., vor § 20a RN 25.

1105 Schröder, Aktienhandel, S. 77; Schäfer, WM 1999, S. 1352; Groß, 2. Aufl., § 88 BörsG RN 8; Lenzen, Unerlaubte Eingriffe, S. 201; Lenzen, WM 2000, S. 1133, 1138; Trüstedt, Börsenkursmanipulationen, S. 204 f.

1106 Stenographische Berichte über die Verhandlungen des Reichstages, Aktenstück Nr. 14, 9 Legislaturperiode, IV Sess. 1895/96.

1107 Peters, Insiderstrafrecht, S. 75; Möller, WM 2002, S. 315; Schwark, FS für Kümpel, S. 495; Ziouvas, ZGR 2003, S. 137.

Nach anderer Ansicht ist das für die Erfüllung des Auffangtatbestandes erforderliche Täuschungselement bei Stillhalteabkommen darin zu sehen, dass die Vertragsparteien bei den Anlegern falsche Erwartungen hinsichtlich der am Markt tatsächlich verfügbaren Aktienmengen weckten[1108]. Durch die Verkaufsdokumente werde den Anlegern der Eindruck vermittelt, es werde der Öffentlichkeit eine festgesetzte Anzahl von Papieren zu einem bestimmten Preis zum Kauf angeboten. Würden ihre Zeichnungsangebote abgelehnt, so könnten sie daher davon ausgehen, die Nachfrage habe das Angebot bereits erschöpft, die Emission sei vollständig platziert. Dies entspreche jedoch nicht den Tatsachen, wenn ein Teil der Titel nur vorübergehend in Depots Dritter transferiert werde. Diese rechtstatsächliche Annahme wird von anderen Verfassern bestritten, während es, wie gesehen, noch nicht entschieden ist wie solche Praktiken auf den Kurs einwirken und ob sie zu Manipulationszwecken eingesetzt werden[1109]. Hervorzuheben ist allerdings, dass die Anwendung von Parking-Techniken entgegen § 21 WpHG im Allgemeinen unter die Unterlassungsalternative fällt[1110], zumal § 21 WpHG eine gesetzliche Rechtsvorschrift darstellt, die dem Aktionär eine Publizitätspflicht auferlegt, wenn er durch Erwerb, Veräußerung oder auf sonstige Weise 5 %, 10 %, 25 %, 50 %, oder 75 % der Stimmrechte an einer börsennotierten Gesellschaft erreicht, überschreitet oder unterschreitet.

Kurspflegende Maßnahmen sollten zumindest dann bei ihrer Offenlegung straflos bleiben, denn durch die Veröffentlichung wird ihnen der Täuschungscharakter entnommen[1111]. In diesem Fall wird bei der Anlegerschaft keine Fehlvorstellung hinsichtlich der wirklichen wirtschaftlichen Verhältnisse am Markt hervorgerufen. Obwohl es in Deutschland an einer generellen Offenlegungspflicht von Kurspflegemaßnahmen bisher mangelte[1112], sind nun die unmittelbar geltenden Vorgaben der EG-Verordnung Nr. 2273/2003, betreffend die Ausnahmeregelungen für Rückkaufprogramme und Kursstabilisierungsmaßnahmen[1113], von erheblicher Bedeutung, als sie für Kursstabilisierung und Aktienrückkaufprogramme zahlreiche Offenbarungspflichten vorsehen, deren Einhaltung einerseits dem Vorwurf der Irreführung entgegentritt, deren Verletzung andererseits ausreicht, um die Strafbarkeit nach der Unterlassungsalternative des Manipulationstatbestandes zu begründen. Einwände, der Kursmanipulationstatbestand sei bei Kursstabi-

1108 Lenzen, Unerlaubte Eingriffe, S. 221.

1109 Weber, NZG 2000, S. 116; Ekkenga, NZG 2001, S. 8; ders, WM 2002, S. 321 f.

1110 Dies verkennt Lenzen allerdings, wenn sie in diesem Fall für die Anwendbarkeit des Auffangtatbestandes plädiert, vgl. Lenzen, Unerlaubte Eingriffe, S. 222.

1111 Ekkenga, WM 2002, S. 323 f; Ziouvas/Walter, WM 2002, S. 1487; Ziouvas, ZGR 2003, S. 137; Schwark, FS für Kümpel, S. 494 f.

1112 Neben den Vorgaben der § 71 AktG war lediglich bei emissionsbedingten Kurspflegemaßnahmen von einer bestrittenen Prospektpublizitätspflicht auszugehen, vgl. hierzu Groß, 2. Aufl., § 88 BörsG RN 7; Ekkenga, WM 2002, S. 323; Bosch, in Hellner/Steuer, RN 10/ 348.

1113 ABl. L 336 v. 23.12.2003, S. 33 ff.

lisierung im Rahmen einer Erstemission im Gegensatz zur Kurspflege bei Zweitplatzierung nicht einschlägig, weil er einen bereits bestehenden Börsen- oder Marktpreis im Sinne eines schon gebildeten Gleichgewichtspreises voraussetze, der bei emissionsbezogenen Kurspflegemaßnahmen im Gegensatz zu restlichen Kurspflegemaßnahmen nicht existiere[1114], verdienen keine Zustimmung. Hervorzuheben ist dagegen, dass mit der Beibehaltung des Tatbestandsmerkmals des „Marktpreises" auch (kurspflegende) Tathandlungen strafbar sein können, wenn sie geeignet sind, den außerbörslichen Preis von Papieren zu manipulieren, wie er sich im Rahmen des Grauen Kapitalmarktes bildet[1115], solange es sich bei den relevanten Papieren um börsennotierte bzw. zum Handel an einem organisierten Markt bzw. der Börse eines EG-Mitgliedstaates zugelassene Vermögenswerte handelt. Ferner werden kurspflegende Maßnahmen in aller Regel nach der Erstnotierung eingesetzt, so dass ein wahrer Börsenpreis vorhanden ist.

Werden Kurspflegemaßnahmen außerhalb eines Emissionsvorgangs eingesetzt, erhebt sich die Strafbarkeitsfrage gemäß dem Auffangtatbestand immer weiter[1116]. Zuzugeben ist allerdings, dass der Handel per Erscheinen von dem neuen Manipulationstatbestand im Gegensatz zum Kursbetrugstatbestand[1117] grundsätzlich nicht erfasst wird[1118]; denn auch wenn die Werte, die per Erscheinen gehandelt werden, über einen Marktpreis verfügen, stellen sie in der Regel noch keine börsengehandelten Werte dar. Diese Strafbarkeitseinschränkung scheint angesichts der zahlreichen Risiken am engen Grauen Kapitalmarkt verwirrend, insbesondere wenn man die Tatsache in Betracht zieht, dass das Strafbarkeitsrisiko hinsichtlich wirtschaftlich erwünschter Kurspflegemaßnahmen außerhalb des Emissionsvorgangs, z.B. zur Abwehr eines feindlichen Übernahmeangebots, erhalten bleibt.

Folgte man dem gesetzgeberischen Anliegen der Strafbarkeit effektiver Transaktionen in Manipulationsabsicht, könnten Verkäufe von Wertpapieren der Zielgesellschaft durch den Bieter den Auffangtatbestand erfüllen, wenn durch sie der Börsenkurs der vom Angebot betroffenen Wertpapiere der Zielgesellschaft verringert werden und dadurch das Angebot als besonders günstig erscheinen soll[1119]. Als Täuschungshandlungen könnten auch die von der Zielgesellschaft vorgenommenen Maßnahmen zum Zwecke der Abwehr feindlicher Angebote be-

---

1114 Ziouvas, ZGR 2003, S. 137 im Anschluss an Schröder, Aktienhandel, S. 39 f.; Park, BB 2001, S. 2071; vgl. auch BGH, NJW 1986, S. 840.

1115 Pfüller/Koehler, WM 2002, S. 787 f.

1116 Schwark, FS für Kümpel, S. 495.

1117 Ungern-Sternberg, ZStW 88 (1976), S. 696; Pfüller/Koehler, WM 2002, S. 787 f.; etwas restriktiver Hopt/Baum, in Hopt/Rudolph/Baum, S. 441.

1118 Pfüller/Koehler, WM 2002, S. 788; Ziouvas/Walter, WM 2002, S. 1485 FN 13; Schmitz, ZStW 115 (2003), S. 507 f., 521; Vogel, in Assmann/Schneider, 3. Aufl., § 20a RN 23.

1119 BT-Dr. 14/7034, S. 35; vgl. auch Assmann, ZGR 2002, S. 723; Schlüter, Börsenhandelsrecht, 2. Aufl., G RN 30.

trachtet werden, insofern sie eine Kursbeeinflussung voraussetzten[1120]. Ein Täuschungscharakter von Aktienrückkäufen sollte aber zumindest dann verneint werden, wenn die Hauptversammlung der Zielgesellschaft eine Ermächtigung gem. § 71AktG/§ 33 Abs. 2 Satz 1 WpÜG zur Vornahme von Rückkäufen bzw. Abwehrmaßnahmen erteilt hat, da der Beschlussantrag gem. § 124 Abs. 1 Satz 1 AktG zu veröffentlichen ist, so dass die Rückkaufaktion nicht geeignet sein dürfte, die Anleger über das gezielte Hochpflegen des Kurses im Unklaren zu lassen[1121]. Probleme entstehen allerdings im Falle des § 33 Abs. 1 Satz 2, 3 WpÜG, der einen Beschlussvorbehalt der Hauptversammlung - im Gegensatz zum ursprünglichen Regierungsentwurf - nicht vorsieht, sondern lediglich die Zustimmung des Aufsichtsrates verlangt[1122].

Nicht abschließend geklärt ist auch die Beurteilung eines Übernahmeangebotes, das bloß zum Schein abgegeben, nämlich gerade nach seiner Abgabe zurückgezogen wird. Während eine Ansicht den Auffangtatbestand immer einschreiten lassen will[1123], bestreiten andere Verfasser die Strafbarkeit der Abgabe eines nicht ernstlich gemeinten konkurrierenden Angebots[1124], denn nicht ernsthaft gemeinte konkurrierende Angebote werden regelmäßig nicht zum Zwecke der Einwirkung auf den Börsenpreis der Wertpapiere der Zielgesellschaft eingesetzt, sondern zielen - je nachdem, in wessen Interesse sie eingesetzt werden - entweder auf die Unterstützung oder die Abwehr des Bieters durch Einwirkung auf die Angebotsverhältnisse. Schröder will zwischen dem zum Schein abgegebenen Angebot und dem fingierten Übernahmeinteresse unterscheiden und nur im letzten Fall eine Strafbarkeit annehmen, als das fingierte Übernahmeinteresse an einer Gesellschaft ebenso eine Kurssteigerung der jeweiligen Aktie wie die fingierte Ertragsprognose bewirke[1125].

Dieser Meinungsstreit ist allerdings nun von geringer praktischer Bedeutung, denn das neue WpÜG gestattet dem Bieter nach Veröffentlichung der Entscheidung gem. § 10 WpÜG kein Zurück mehr von dem angekündigten Angebot[1126]. Das Angebotsverfahren beginnt mit der Bekanntgabe der Entscheidung zur Abgabe eines Angebots, die zum Zwecke der raschen Informierung der Aktionäre der Zielgesellschaft unverzüglich zu veröffentlichen ist[1127]. Besondere Bedeutung gegen Marktpreismanipulationen hat die Vorschrift des § 17 WpÜG, die

---

1120 Ekkenga, WM 2002, S. 318; Lenzen, ZBB 2002, S. 281.

1121 Ekkenga, WM 2002, S. 320.

1122 Winter/Harbarth, ZIP 2002, S. 8; Ekkenga, WM 2002, S. 320.

1123 Park, BB 2001, S. 2070.

1124 Assmann, ZGR 2002, S. 724; Fleischer/Kalss, WpÜG, S. 19.

1125 Schröder, Aktienhandel, S. 72 f.; Nerlich, Tatbestandsmerkmale, S. 101.

1126 Süßmann, AG 2002, S. 429.

1127 BT-Dr. 14/7034, S. 39; Oechsler, NZG 2001, S. 820; Geibel/Süßmann, BKR 2001, S. 55; Wagner, Die Bank 2002, S. 67 f.

ein invitatio ad offerendum verbietet[1128]. Die Verpflichtung des Bieters zur Abgabe eines rechtlich verbindlichen Angebots folgt im Hinblick auf die schwerwiegenden Folgen öffentlicher Angebote für Börsenkurs und Management, insbesondere wenn der Bieter an sein Übernahmeangebot nicht gebunden ist oder diese Bindung ohne weiteres lösen kann. Der Bieter muss außerdem vor dem Angebot voll leistungsfähig sein bzw. Rechtsgeschäfte bindend abgeschlossen haben. Nach § 13 Abs. 1 WpÜG muss er vor Veröffentlichung der Angebotsunterlage die notwendigen Maßnahmen treffen, um sicherzustellen, dass ihm die zur vollständigen Erfüllung des Angebots notwendigen Mittel zum Zeitpunkt der Fälligkeit des Anspruchs auf die Gegenleistung zur Verfügung stehen[1129]. Dies verlangt bei einem Barangebot, dass ein unabhängiges Wertpapierdienstleistungsunternehmen schriftlich bestätigt, dass der Bieter die insoweit notwendigen Maßnahmen getroffen hat. Diese schadensersatzbewehrte Regelung soll unseriöse, weil wirtschaftlich nicht erfüllbare Übernahmeversuche verhindern.

Der Bieter muss im Weiteren binnen einer Frist von vier Wochen, beginnend mit dem Tag der Veröffentlichung der Entscheidung über die Abgabe eines Übernahmeangebots, die umfassende[1130] Angebotsunterlage dem Bundesaufsichtsamt zur Prüfung übermitteln (§ 14 Abs. 1 WpÜG), die nach ihrer Veröffentlichung vom BAFin unverzüglich zu veröffentlichen ist (§ 14 Abs. 2 Satz 1 WpÜG). Während der laufenden Frist hat der Bieter zunächst wöchentlich so genannte „Wasserstandsmeldungen“ zu veröffentlichen, in denen er den Erfolg seines Übernahmeangebots angeben muss[1131].

Von geringer Bedeutung ist im Gegenteil die in § 3 Abs. 5 WpÜG enthaltene Klarstellung, dass durch den Handel mit Wertpapieren der Ziel- oder Bietergesellschaft keine Marktverzerrungen geschaffen werden dürften[1132]. Adressat des Verbots ist grundsätzlich jeder potentielle Teilnehmer am Börsenhandel, so dass sowohl Bieter als auch Zielgesellschaft, prinzipiell aber auch Dritte angesprochen sind[1133]. Aktien der Bietergesellschaft oder der Zielgesellschaft oder andere, beispielsweise als verbundene Unternehmen betroffene Gesellschaften, sollen demnach nicht zu Kursen gehandelt werden, die sich nicht mehr als Ergebnis freier, unverzerrter Preisbildung darstellen. Obwohl Verstöße gegen die Vorschriften des WpÜG in verschiedener Form sanktioniert werden[1134], sind für den Fall der Über-

1128 Fleischer/Kalss, WpÜG, S. 76.

1129 Geibel/Süßmann, BKR 2001, S. 54.

1130 Geibel/Süßmann, BKR 2001, S. 56.

1131 Geibel/Süßmann, BKR 2001, S. 60.

1132 Fleischer, ZIP 2001, S. 1658; Assmann, ZGR 2002, S. 721; kritisch Haarmann/Riehmer/-Schüppen, § 3 WpÜG RN 23.

1133 Haarmann/Riehmer/Schüppen, § 33 WpÜG RN 22.

1134 Jahresbericht des BAWe für das Jahr 2001, S. 41: In § 60 WpÜG sind alle Verstöße gegen Veröffentlichungs-, Übermittlungs- und Mitteilungspflichten als Ordnungswidrigkeitsntatbestände erfasst. Ebenfalls bußgeldbewehrt sind die Veröffentlichung einer Angebotsunterlage trotz Untersagung, die Veröffentlichung eines Angebots innerhalb der getretung dieser Norm aber keine Sanktionen vorgesehen[1135]. Sanktioniert ist dieses im Rahmen der „Allgemeinen Grundsätze“ für Angebotsverfahren niedergelegte Marktverzerrungsverbot indes lediglich in der Weise, dass die BAFin marktverzerrenden Handlungen im Wege ihrer Misstandsaufsicht nach § 4 Abs. 1 Satz 2 WpÜG entgegenwirkt und nach § 4 Abs. 1 Satz 3 WpÜG Anordnungen trifft, die geeignet und erforderlich sind, Marktverzerrungen zu verhindern oder zu beseitigen.

Sind effektive Transaktionen in Manipulationsabsicht als „sonstige Täuschungshandlungen“ anzusehen, dann sollte aber auch der Paketerwerb bzw. der Plan, ein Aktienpaket schrittweise im Markt zu erwerben bzw. zu veräußern, konsequenterweise von dem Auffangtatbestand erfasst werden, als die schrittweise Vorgehensweise gerade deshalb geschieht, um größere Kursbewegungen zu vermeiden, die bei Erwerb/Veräußerung des größeren Pakets in einem Vorgang eingetreten würden, so dass Motiv der speziellen Vorgehensweise gerade die Verhinderung einer andernfalls eintretenden Veränderung des Börsenpreises ist. Der Aufkäufer täuscht deshalb nach einer Ansicht mit der Aufteilung des Geschäfts über dessen wahren Informationswert hinweg, wobei durch die heimlichen sukzessiven Aufkäufe ein Preis gebildet werde, der bei Veröffentlichung der unternehmerischen Absicht nicht entstanden wäre[1136]. Gegen die Einbeziehung dieser üblichen Geschäftstätigkeit in die Strafbarkeitszone wird allerdings eingesprochen, es fehlt bei ihr an dem erforderlichen Täuschungswert, da sich einer Einzeltransaktion nicht entnehmen lässt, dass weitere gleich gerichtete Einzeltransaktionen nicht beabsichtigt seien[1137].

Aus diesem Überblick wird man folgendes Fazit ziehen können: Die tatbestandsmäßigen Kursmanipulationen sind hundert Jahre nach der Verabschiedung des Kursbetrugstatbestandes immer noch äußerst umstritten. Ein strafrechtlich abgesichertes Verbot, dem eine Nebelzone vorgelagert ist, in der man nicht genau weiß, ob man sich strafbar macht oder nicht, hält aber rechtstreu gesonnene Bürger schon von Handlungen ab, die sich letztlich als straffrei erweisen können[1138].

---

setzlichen Sperrfrist des § 26 WpÜG und Verstöße der Zielgesellschaft gegen die Pflicht, ein Übernahmeangebot nicht gegen den Willen der Aktionäre zu behindern. Zuwiderhandlungen gegen Anordnungen und Auskunftsersuchen des Aufsichtsamtes können schließlich geahndet werden. Es ist darauf hinzuweisen, dass das nur 69 Vorschriften umfassende Gesetz mit 37 neuen Bußgeldtatbeständen ausgestattet ist, die praktisch jedwede Verhaltenspflicht im Rahmen von Unternehmensübernahmen mit Bußgeldern bedrohe, s. Moosmayer, wistra 2002, S. 161 FN 72. Neben Bußgeldern sieht das WpÜG weitere Rechtsfolgen vor, die der Durchsetzung der gesetzlichen Vorschriften dienen wie Schadensersatzansprüche gem. §§ 12, 38 WpÜG.

1135 Ekkenga, WM 2002, S. 322.

1136 Groß, 2. Aufl., § 88 BörsG RN 6; Schwark, BörsG, 2. Aufl., § 88 RN 8; Weber, NZG 2000, S. 116.

1137 Vgl. Vogel, in Assmann/Schneider, 3. Aufl., § 20a RN 117.

1138 Saiko, Archiv für Kriminologie 158 (1976), S. 157; Lenzen, Unerlaubte Eingriffe, S. 59.

Dadurch wird zunächst die anstrebte Informations- und Allokationseffizienz der Börse verringert. Ein solches Verbot beeinträchtigt aber vor allem die allgemeine Handlungsfreiheit mehr, als im Kern nötig ist, und begegnet schwerwiegende rechtsstaatliche Bedenken.

c) *Safe harbors*

Im dritten Teil der KuMaV (§§ 4 - 13) werden Handlungen gemäß § 20a Abs. 2 Ziffer 3 WpHG vorgesehen, die in keinem Fall einen Verstoß gegen das Verbot der Kurs- und Marktpreismanipulation nach § 20a WpHG darstellen, und zwar Stabilisierungsmaßnahmen (§§ 4 - 11), Mehrzuteilungsoptionen/Greenshoe-Vereinbarungen (§ 12) sowie der Erwerb eigener Aktien (§ 13). Diese Regelungen folgen weitgehend den Empfehlungen des Europäischen Wertpapierausschusses CESR zur Stabilisierung und Zuteilung[1139], so die Zulässigkeit von Stabilisierungskäufen, die typischerweise im Zusammenhang mit einer Wertpapieremission auftreten (§ 4 Abs. 2 sowie § 6) und die zu keiner Umkehrung der Markttendenz mit entsprechenden Marktverzerrungen führen (§ 8)[1140], die Pflicht zur Bestimmung eines Stabilisierungsmanagers (§ 5 II), die Dauer des zulässigen Stabilisierungszeitraums (§ 7) sowie die notwendige Transparenz sowohl vor als auch während und nach der Stabilisierungsperiode (§§ 9, 10). Darauf ist allerdings hier nicht näher einzugehen. Denn über die Tatsache hinaus, dass einige Vorgaben wie die Erkenntnis, dass ein aktienrechtlich oder übernahmerechtlich erlaubter Eigenerwerb in den Grenzen der § 71 AktG bzw. § 33 WpÜG nicht den Verbotstatbestand des § 20a WpHG erfüllen kann, muss vielleicht nicht verordnet werden[1141], werden die Regelungen der KuMaV von der im Rahmen des Komitologieverfahrens erlassenen, unmittelbar geltenden EG-Durchführungsverordnung Nr. 2273/-2003, betreffend die Ausnahmeregelungen für Rückkaufprogramme und Kursstabilisierungsmaßnahmen, die zwischenzeitlich in Kraft getreten ist[1142], verbannt[1143]. Vor allem schließt die Existenz der Verordnung aus, dass identische nationale Vorschriften bestehen, da wegen der dadurch ausgelösten Unsicherheit über die Rechtsnatur und den Rang der in der Verordnung enthaltenen Regelun-

---

1139 Weber, NZG 2004, S. 25.

1140 Weber, NZG 2004, S. 26.

1141 Weber, NZG 2004, S. 27.

1142 ABl. L 336 v. 23.12.2003, S. 38, hierzu § 5 II 3 d).

1143 Zwar lässt sich die Durchführungsverordnung durch ihre normhierarchische Unterordnung unter die Richtlinie von restlichen unmittelbar geltenden EG-Verordnungen differenzieren. Eine Überschreitung der Ermächtigungsgrundlage ist jedoch hier nicht ersichtlich, so dass es richtigerweise davon auszugehen ist, dass die Durchführungsverordnung der Kommission in verbindlicher Weise die Legalausnahmen vom Verbot des § 20a WpHG - als Umsetzungsnorm der Marktmissbrauchsrichtlinie - zugunsten der in ihr geregelten Rückkaufprogramme und Kursstabilisierungsmaßnahmen statuiert, vgl. ausführlich hierzu Streinz/Ohler, WM 2004, S. 1313.

gen die einheitliche Geltung der Verordnung in den Mitgliedsstaaten gefährdet wäre[1144]. Eine solche Beibehaltung stellt deshalb eine Verletzung der Verpflichtungen des Mitgliedsstaates aus dem EG-Vertrag dar, die nur durch „alsbaldige" Aufhebung des gemeinschaftsrechtswidrigen Aktes beseitigt werden kann[1145].

In der deutschen Rechtsdogmatik ist es außerdem unklar, ob es sich bei solchen „safe Harbors" um tatbestandsausschließende Merkmale oder Rechtfertigungsgründe handeln soll[1146]. An Bedeutung gewinnt ihre Einordnung als Tatbestandsausschließungsgrund[1147]. Dafür spricht, dass sie ein nicht nur ausnahmsweise im Einzelfall, sondern von vornherein und generell gebilligtes, innerhalb der geschichtlich gewordenen Wirtschaftsordnung „wirtschaftlich adäquates" Verhalten verkörpern und daher niemals tatbestandsmäßig sein können, obwohl sie dem Wortlaut nach unter den Auffangtatbestand zu subsumieren wären[1148].

Allerdings dürfte Kapitalmarktadäquanz (als Unterfall der Sozialadäquanz) nicht auf das faktisch an Wertpapiermärkten Übliche und Akzeptierte reduziert werden, da auch übliche und akzeptierte Missstände keine rechtliche Billigung verdienen[1149]. Außerdem erscheint solch ein Tatbestandsausschließungsgrund äußerst fraglich. Wenn man die Voraussetzungen des Tatbestandes bejaht hat, ist damit die Entscheidung über „kapitalmarktinadäquat" und „missbilligenswert" bereits gefallen. Es ist ja der Sinn eines Straftatbestandes, die vom Gesetzgeber typisierte Verbotsmaterie begrifflich abzubilden[1150].

2. *Subjektiver Tatbestand*

Seit der Neufassung des Straftatbestandes durch das zweite WiKG sah die herrschende Ansicht zum Kursbetrug den bedingten Vorsatz als ausreichend an; der Täter muss demzufolge eine Täuschung auf Grund der von ihm angewandten Mittel für möglich halten und billigend in Kauf nehmen[1151]. Wesentlich ist es, dass

---

1144 Vgl. EuGH, Rs. 74/86, Kommission/Deutschland, Slg. 1988, S. 2139 RN 10 f.

1145 Streinz/Ohler, WM 2004, S. 1314; Meyer, AG 2004, S. 299; Leppert/Stürwald, ZBB 2004, S. 308. Was die restlichen Fälle allerdings betrifft, in denen der Erwerb eigener Aktien gemäß § 71 AktG zwar erlaubt ist, jedoch nicht die Voraussetzungen der VO 2273/-2003 (FN 526) erfüllt, ist der Erwerb richtigerweise weiterhin gemeinschaftsrechtlich zulässig, jedoch nicht automatisch vom Verbot der Kurs- und Marktpreismanipulation freigestellt, Leppert/Stürwald, passim.

1146 Ilberg/Neises, WM 2002, S. 647.

1147 Vogel, in Assmann/Schneider, 3. Aufl., § 20a RN 124.

1148 So für Sozialadäquanz Welzel, Strafrecht, 55 ff.; Roxin AT, Bd. I, § 10 RN 36.

1149 Vogel, in Assmann/Schneider, 3. Aufl., § 20a RN 116.

1150 Vgl. Volk, ZIP 1999, S. 788 FN 7.

1151 So Joecks, wistra 1986, S. 149; Pabst, Rechtliche Risiken, S. 63; Rössner, in Assmann/-Schütze, § 9 RN 11; Fuhrmann, in Erbs/Kohlhaas, 104. Lfg. (1993), § 88 BörsG RN 20; Ledermann, in Schäfer, § 88 BörsG RN 13; Weber, NJW 2000, S. 563; Park, BB 2001, S. 2070; Ekkenga, WM 2002, S. 318; Schwark, FS für Kümpel, S. 497.

durch die vorgezeichnete Tathandlung bereits ein weitgehend unkontrollierbarer und schadensträchtiger Geschehensablauf tatsächlich in Gang gesetzt wird.

Im Gegensatz zum Äußerungstatbestand hat der Gesetzgeber des vierten FFG für die Bestrafung handelsgestützter Manipulationen im Allgemeinen das Tatbestandsmerkmal der Absicht zur Kursbeeinflussung im Auffangtatbestand behalten. Der Auffangtatbestand des WpHG i. F. v. 1.7.2002 enthält also im Vergleich zur Äußerungsvariante des neuen Manipulationstatbestandes die Besonderheit, dass nicht der dolus eventualis hinsichtlich des Erfolgseintritts ausreicht[1152]. Zusätzlich muss der Täter zur Einwirkung auf einen Börsen- oder Marktpreises handeln. Redaktionelle Abänderungen des Auffangtatbestandes wie „um... einzuwirken" statt „zur Einwirkung" sind allerdings von unerheblicher Bedeutung, da Wendungen wie „um ... zu" oder „zur" gleichermaßen auf einen qualifizierten Vorsatz hinweisen[1153].

Die überwiegende Kommentarliteratur verlangt für die Bejahung der subjektiven Tatseite eine Preiseinwirkungsabsicht i. S. v. dolus direktus ersten Grades[1154]. Über dieses finale Element sagt allein das Wissen um den Erfolgseintritt als notwendige Folge eines vorsätzlichen Verhaltens noch nichts aus[1155]. Denn die Stärke des intellektuellen Moments (für sicher oder bloß möglich halten) spielt hier keine Rolle. Der dolus directus ersten Grades wird allein nach der voluntativen Beziehung zwischen Täterpsyche und Taterfolg definiert. Es kommt dem Täter darauf an, den Erfolg zu erreichen, der Erfolg ist das Ziel seiner Handlung, auf das er die Kausalkette hinzusteuern versucht.

Der Wille des Täters muss also darauf gerichtet sein, mit seinem tatbestandsmäßigen Verhalten den Börsen- oder Marktpreis wenigstens mittelbar[1156] -

---

1152 Schwark, in Schwark, 3. Aufl., § 20a WpHG RN 48; Vogel, in Assmann/Schneider, 3. Aufl., § 20a RN 98; Rotter, in Möllers/Rotter, § 11 RN 20 sowie Wilga, ebenda § 12 RN 35; vgl. auch Tripmaker, wistra 2002, S. 290; zur Kursbeeinflussungsabsicht des Kursbetrugstatbestandes vgl. auch Rehm, § 88 BörsG RN 5; Nussbaum, § 88 BörsG Anm. I 1 c; Scheu, Börsenstrafrecht, S. 19; Fichtner, Börsenstrafvorschriften, S. 70; Lenzen, Unerlaubte Eingriffe, S. 158; Groß, 2. Aufl., § 88 BörsG RN 10; Tripmaker, wistra 2002, S. 290; LG München, NJW 2003, S. 2329; LG Augsburg DB 2001, S. 2131; OLG München, ZIP 2002, S. 1992.

1153 Roxin, AT, Bd. I, § 12 RN 3, 14.

1154 Vogel, in Assmann/Schneider, 3. Aufl., § 20a RN 98; vgl. auch Schlüchter, 2. WiKG, S. 141; Otto, Geschäftstätigkeit, S. 99; Schröder, Aktienhandel, S. 70; Fuhrmann, in Erbs/-Kohlhaas, 104. Lfg. (1993), § 88 BörsG RN 21; Kaiser, WM 1997, S. 1563; Ledermann, in Schäfer, § 88 BörsG RN 13; Groß, 2. Aufl., § 88 BörsG RN 10; Möller, WM 2002, S. 316; Rieckers, BB 2002, S. 1218; Sorgenfrei, wistra 2002, S. 327, 328; Lenzen, Unerlaubte Eingriffe, S. 158; dies, WM 2000, S. 1131; dies, ZBB 2002, S. 281; Schmitz, wistra 2002, S. 212; Park, BB 2003, S. 1515; OLG München, ZIP 2002, S. 1992.

1155 Grundlegend hier Samson, JA 1989, S. 450; Roxin, AT, Bd. I, § 12 RN 8 ff, 11.

1156 Weinholz, Börsenwesen, S. 62; Scheu, Börsenstrafrecht, S. 19; Lenzen, Unerlaubte Eingriffe, S. 158; dies, ZBB 2002, S. 281; Schmitz, wistra 2002, S. 212; s. auch RGSt 23, S. 141.

zumindest als Zwischenziel[1157] - zu beeinflussen. Nicht erforderlich ist es also, dass die Einwirkung auf den Börsen- oder Marktpreis der einzige Beweggrund des Handels ist oder dass der Täter die Verwirklichung seiner Absicht nur für möglich und nicht für sicher hält. Wesentlich ist nur, ob es ihm auf diesen Erfolg ankommt. Allerdings muss die Möglichkeitsvorstellung den Grad erreichen, der ein rechtlich relevantes Risiko und damit eine Erfolgszurechnung ermöglicht[1158].

Neulich wurde allerdings die Auffassung vertreten, dass für die Bejahung des hiesigen subjektiven Tatbestandes der dolus directus zweiten Grades ausreicht[1159]. Der subjektive Tatbestand sollte danach auch dann erfüllt sein, wenn zwar nicht nachweisbar ist, dass es dem Täter auf die Kurseinwirkung ankommt, er aber - z. B. aufgrund seiner langjährigen praktischen Erfahrung an der Börse - mit Sicherheit erkennt, dass seine Transaktionen den Wertpapierpreis an der Börse beeinflussen[1160].

Zur Einbeziehung des dolus direktus zweiten Grades wird zunächst ein Argument aus der historischen und grammatikalischen Auslegung des Kursbetrugstatbestandes herangezogen. Die Tatsache, dass der Gesetzgeber im Gegensatz zu früheren Fassungen des Kursbetrugstatbestandes, die - wie schon gesehen – ausdrücklich auf Tatbestandsmerkmale der „betrügerischen Absicht“ oder „Bereicherungsabsicht“ abstellten, keine Absicht im Tatbestand erwähnt, solle dagegen sprechen, den Absichtsbegriff aus dem Begriff „zur Einwirkung“ herzuleiten und ihn im Sinne des dolus direktus ersten Grades zu verstehen[1161]. Solche Schlussfolgerungen sind aber nicht tragfähig. Weder sind Formulierungen „zur“, „um ... zu“ vom Absichtsbegriff zu unterscheiden[1162], noch sollte der Absichtsbegriff, auch wenn er nicht in anderer Terminologie umschrieben wird, nur im Sinne eines dolus eventualis ersten Grades verstanden werden[1163]. Auch die Rechtsprechung geht davon aus, dass der Absichtsbegriff „nach der rechtlichen Natur der straf-

1157 Schlüchter, 2. WiKG, S. 141; Schröder, Aktienstrafrecht, S. 158; Steinhauer Insiderhandelsverbot, S. 127; Lenzen, Unerlaubte Eingriffe, S. 158; Park, BB 2001, S. 2071; Sorgenfrei, wistra 2002, S. 328; kritisch zu dieser Terminologie Samson, JA 1989, S. 450: *„die Formulierung vom End- oder Zwischenziel ist deshalb problematisch, weil die Endziele einer Täterhandlung so gut wie nie tatbestandlich erfasst sind. Selbst die vom Betrugstäter erstrebte Bereicherung ist in Wahrheit nie sein Endziel. Sie stellt vielmehr ebenfalls nur Mittel zu weiteren dahinterliegenden Zwecken dar“.*

1158 Roxin, AT, Bd. I, § 12 RN 8.

1159 Tripmaker, wistra 2002, S. 288 ff.; Ziouvas, ZGR 2003, S. 142; Schmitz, ZStW 115 (2003), S. 525 FN 108; Wilga, in Möllers/Rotter, § 12 RN 68; Trüstedt, Börsenkursmanipulationen, S. 106 f., 119, 133; zust. LG München, NJW 2003, S. 2329.

1160 Tripmaker, wistra 2002, S. 292; zum Inhalt des direkten Vorsatzes zweiten Grades vgl. Roxin, AT, Bd. I, § 12 RN 18.

1161 LG München, NJW 2003, S. 2329; vgl. auch Tripmaker, wistra 2002, S. 290 FN 37.

1162 Dazu Samson, JA 1989, S. 452; Roxin, AT, Bd. I, § 12 RN 3.

1163 So die herrschende Meinung, vgl. Roxin, AT, Bd. I, § 12 RN 7.

baren Handlung und nach dem jeweils verfolgten gesetzgeberischen Zweck der Strafdrohung" vielfach unterschiedlich interpretiert werden müsse[1164].

Ebenso wenig schlagen Argumente durch, die zur Sinnermittlung des Absichtsmerkmals auf die Dogmatik der inkongruenten Delikte abstellen, denn im Gegensatz zum Kursbetrugstatbestand[1165] handelt es sich beim § 38 Abs. 1 Nr. 4 i. V. m. §§ 39 Abs. 1 Nr. 2, 20a Abs. 1 Nr. 2 WpHG i. F. v. 1.7.2002 nicht um einen Straftatbestand mit überschießender Innentendenz; die in § 20a Abs. 1 Satz 1 Nr. 2 geforderte Einwirkungsabsicht findet im Erfolgserfordernis des § 38 Abs. 1 Nr. 4 ihren objektiven Bezugspunkt[1166].

Zuzugeben ist, dass Scheingeschäfte generell geeignet sind, die Preisbildung zu verfälschen, indem sie direkt oder durch geeignete Transaktionen der Anleger in falsche Kurse transformiert werden können, unabhängig davon, ob der Täter die Kursbeeinflussung erstrebt, als sicher oder bloß als möglich sieht. Auch wenn die Einbeziehung des dolus eventualis gegen den nullum crimen Grundsatz verstoßen würde, da man unter Absicht sprachlich nicht das bloße „In-Kauf-nehmen" versteht[1167], sollte für das Erfordernis eines dolus directus zweiten Grades sprechen, dass das Rechtsgut der Zuverlässigkeit der Preisbildung nicht bloß bei zielgerichteten Handlungen verletzt wird.

Plädiert man allerdings für die Einbeziehung des Gesamtbereichs des direkten Vorsatzes, besteht im Hinblick auf die Strafbarkeit effektiver Transaktionen in Manipulationsabsicht die Gefahr, dass zahlreiche, völlig neutrale Verhaltensweisen, wie die Vornahme kurspflegender Transaktionen, Leerverkäufe und andere „wirtschaftlich erwünschte" Geschäfte in die Strafbarkeitszone einbezogen würden, wenn sie sich ausschließlich anhand der Motivation des Täters von handelsgestützten Kursmanipulationen ausscheiden lassen. Hier sollte das Absichtsmerkmal richtigerweise zum Zwecke der Eingrenzung der unerträglichen Strafbarkeitszone strafbarkeitseinschränkend einwirken[1168]. Wenn die objektive Tatbeschreibung nämlich entweder im Hinblick auf das geschützte Rechtsgut völlig indifferent oder doch so weit gefasst sei, dass auch objektiv neutrale Handlungen einbe-

---

1164 BGHSt4, S. 108; BGHSt9, S. 144; 13, S. 221; 16, S. 3.

1165 Sowohl beim § 267 StGB (Urkundenfälschung), wo der Täter „zur Täuschung im Rechtsverkehr" handeln muss, als auch beim § 88BörsG a. F. handelte es sich nach dieser Auffassung um solche Delikte mit überschießender Innentendenz, in denen sich das überschießende Element nicht auf die Motivation des Täters - wie im Falle von §§ 263 (Bereicherungsabsicht), 242 StGB (Zueignungsabsicht) - sondern auf das Rechtsgut bezieht und der Gesetzgeber die tatbestandliche Vollendung bereits vor dem Zeitpunkt der eigentlichen Rechtsverletzung eintreten lassen wollte, indem er eine darauf gerichtete „Absicht" im Sinne des sicheren Wissens genügen lässt, vgl. ausführlich Tripmaker, wistra 2002, S. 290; LG München, NJW 2003, S. 2329; Ziouvas, ZGR 2003, S. 126.

1166 Schwark, in Schwark, 3. Aufl., § 20a WpHG RN 48.

1167 Roxin, AT, Bd. I, § 12 FN 13; auch Gehrig, Absichtsbegriff, S. 90 f.

1168 Fahrholz, FS für Selmer, S. 334. Grundlegend hier Gehrig, Absichtsbegriff, S. 110 ff., 117.

zogen würden, verwendet der Gesetzgeber das Absichtsmerkmal im Sinne zielgerichteten Handelns, um der Tat überhaupt erst den Charakter strafbaren Unrechts zu verleihen oder jedenfalls um den Bereich des Tatbestandes auf die wirklich als strafwürdig empfundenen Fälle zu berücksichtigen[1169]. Hier begründet erst die Zielrichtung des Täters den kriminellen Charakter der Tat. Demnach sollte nicht die Kursbeeinflussung, die als solche straflos ist, sondern erst das geheim gehaltene Beeinflussungsstreben den Deliktstyp prägen[1170].

Für dieses Verständnis spricht aber auch die historische Auslegung des Manipulationstatbestandes. Von Interesse ist allerdings, dass sowohl im Regierungsentwurf als auch im Diskussionsentwurf des vierten FFG das Merkmal einer Kursbeeinflussung in beiden Absätzen des § 20a WpHG fehlte, während die Täuschungshandlungen lediglich geeignet sein mussten, auf den inländischen Börsen- oder Marktpreis einzuwirken[1171]. Gegen dieses Gesetzesvorhaben wurde eingewendet, die schwierige Abgrenzung zwischen legitimer Geschäftstätigkeit und strafbarer Kursmanipulation würde aber mit der Einbeziehung des Eventualvorsatzes verschlimmert[1172]. Denn der Gesetzgeber spricht ein weit gefasstes Verbot von Manipulationshandlungen aus, ohne danach zu unterscheiden, ob die Maßnahme den Interessen der Anleger widerspricht oder ob es sich um eine u. U. durchaus wünschenswerte Geschäftstätigkeit handelt, so dass mit dem dolus eventualis jedwedes Täuschungsmanöver, das Kursschwankungen auszulösen geeignet wäre, bestraft werden könnte, ohne dass es zu irgendeinem Schaden käme. Dass mit der wenig glücklich gewählten Fassung des Regierungsentwurfs wiederum Handlungen in manipulativer Absicht gemeint worden waren, erschloss sich allerdings aus der Entwurfbegründung zu § 20a Abs. 2 WpHG, wo zu lesen stand, dass es notwendig sein (wird), Täuschungshandlungen zu beschreiben, bei deren Vorliegen von einer manipulativen Absicht auszugehen ist[1173]. Der Gesetzestext und seine Begründung schienen hier also im Widerspruch zu stehen. Diese Unstimmigkeiten wurden aber mit dem Beibehalten des Absichtserfordernisses rechtzeitig beseitigt.

1169 Gehrig, Absichtsbegriff, S. 122; dies übersieht Trüstedt, Börsenkursmanipulationen, S. 107, 113 allerdings, wenn sie bloß auf Nachweisschwierigkeiten eines Handelns mit dolus directuts 2. Grades abstellt.

1170 Für das Absichtsmerkmal als Korrektiv für die unerträglich weite Strafbarkeitszone vgl. auch BT-Dr. 10/318, S. 46; Schwark, in Schwark, 3. Aufl., § 20a WpHG RN 46.

1171 Die endgültige Formulierung wurde vom Finanzausschuss vorgenommen, s. Bericht des Finanzausschusses (7. Ausschuss) v. 20.03.02 zu dem Gesetzentwurf der Bundesregierung, BT-DR. 14/8600, S. 59.

1172 Bericht des Finanzausschusses (7. Ausschuss) v. 21.03.02 zu dem Gesetzentwurf der Bundesregierung, BT-Dr. 14/8601, S. 19; Lenzen, Finanz-Betrieb 2001, S. 609; dies, ZBB 2002, S. 284; Ekkenga, WM 2002, S. 318; Sorgenfrei, wistra 2002, S. 328; Schwark, in Schwark, 3. Aufl., § 20a WpHG RN 46.

1173 BT-Dr. 14/8017, S. 90.

Von diesen Ausführungen ist allerdings die Frage zu unterscheiden, ob es überhaupt zulässig sein darf, die Strafbarkeit sozial unauffälliger Handlungen wie effektiver Transaktionen ausschließlich auf „unlautere Absichten" zurückzuführen. Dieses Problem wird an anderer Stelle bzw. im Rahmen der rechtsgutbezogenen Auslegung des Auffangtatbestandes näher behandelt[1174].

3. *Blick auf Art. 103 Abs. 2 GG: „Selbstentmachtung des Gesetzgebers"?*

a) *Literaturauffassungen*

Um die verfassungsrechtlichen Bedenken[1175] zu begegnen, denen die Strafnorm des WpHG i. F. v. 1-7-2002 aufgrund der Beibehaltung unbestimmter Rechtsbegriffe wie „Bewertungserheblichkeit" und „sonstige Täuschungshandlungen" ausgesetzt sind und die schon aus der alten Gesetzeslage bekannt sind, wird eine Konkretisierung des Straftatbestandes nun angestrebt[1176]. Dass die Regelung des vierten FFG aber alles andere als eine gesetzgeberische Glanzleistung ist, zeigt sich schon an der „umständlichen Verweisungstechnik", die eine völlig unübersichtliche Normenkette zur Folge hat[1177]. Fraglich erscheint vor allem, ob die Rechtsverordnung überhaupt eine derart heilende Wirkung entfalten kann, da die vorstehend aufgezeigten verfassungsrechtlichen Bedenken bereits auf der Tatbestandsebene ansetzen. Auch wenn sich die Einsicht in der Rechtspraxis durchgesetzt hat, dass Blanketttatbestände dem Bestimmtheitsgebot genügen und durch Verweisungen eine ganze Reihe mit ihnen verbundene Vorteile erkauft werden, hat das Bundesverfassungsgericht zugleich aber in einer Reihe von mehreren Entscheidungen immer wieder auf die vom Bestimmtheitsgebot gezogene Begrenzung hingewiesen: Sowohl das Blankettmerkmal[1178] selbst als auch die - wie auch immer rechtstechnisch formulierte - Ausfüllungsnorm[1179] müssen hinreichend bestimmt sein.

Ansätze[1180], die zwar Schwierigkeiten beim Erfüllen der vom Bundesverfassungsgericht aufgestellten Erfordernisse einräumen, aber Praktikabilitätsargumente für die hier ausgewählte Regelungstechnik anführen und die etwaige bestehen-

---

1174 S. u. § 6 VI 3 b) bb) 1).

1175 Möller, WM 2002, S. 312; Großmann/Nikoleyczik, DB 2002, S. 2034; Feldhaus, Eignung, S. 93; Schmitz, ZStW 115 (2003), S. 518, 523, 528, 536; Tiedemann, Wirtschaftsstrafrecht, § 4 RN 104; Streinz/Ohler, WM 2004, S. 1309, 1315; Trüstedt, Börsenkursmanipulationen, S. 22, 47.

1176 Lenzen, Finanz-Betrieb 2001, S. 604; Ziouvas/Walter, WM 2002, S. 1487; Großmann/-Nikoleyczik, DB 2002, S. 2034.

1177 Park, BB 2003, S. 1517.

1178 BVerfGE48, S. 55.

1179 BVerfGE23, S. 269 f.

1180 So Lenzen, Finanz-Betrieb 2001, S. 607; dies., ZBB 2002, S. 286; Park, BB 2003, S. 1515; Schwark, FS für Kümpel, S. 488; ders, in Schwark, 3. Aufl., § 20a WpHG RN 52.

de Unsicherheiten durch den Erlass von safe harbors abmildern wollen, rechtfertigen nicht jede Unbestimmtheit des Tatbestands[1181]. Denn dabei wird Funktionalität mit Legitimität verwechselt. Zweckmäßigkeitserwägungen verschaffen einer Einschränkung des verfassungsrechtlich schrankenlos aufgestellten Bestimmtheitsgebots noch keine ausreichende Deckung[1182]. Effektivität und Rechtsstaatlichkeit sind die beiden Pole, zwischen denen sich die staatliche Ahndung von Rechtsverstößen zu bewegen hat[1183]. Gelingt es dem Gesetzgeber nicht, die inkriminierte Handlung zu bestimmen, entstehen richtigerweise Zweifel an der verfassungsrechtlichen Zulässigkeit einer derartigen Delegation von Gesetzgebungsbefugnissen[1184].

Im Hinblick darauf plädiert die wohl überwiegende Meinung für eine zulässige Spezifizierung des Auffangtatbestandes, denn die Strafbarkeit als solche ergebe sich bereits unmittelbar aus dem Auffangtatbestand[1185]. Der Gesetzgeber habe dem Verordnungsgeber lediglich freigestellt („kann"), nähere, nicht abschließende Typisierungen von sonstigen Täuschungshandlungen zu umschreiben. Die Verordnung solle dem Normadressaten eine Orientierungshilfe an die Hand geben, die gleichzeitig flexibel genug ist, um auf Veränderungen des Marktes und auf neue Missbrauchstechniken angemessen zu reagieren. Normadressaten seien aber auch in der Regel „Marktinsider", seien es Finanzanalysten, Aktienhändler, Makler oder Unternehmensmanager, also Personen, bei denen aufgrund ihrer Ausbildung oder praktischen Erfahrung bestimmte Fachkenntnisse in die Richtung „verbotener- zulässiger Marktpreisbeeinflussung" vorhanden seien, so dass die an die Gesetzesbestimmtheit zu stellenden Anforderungen hier niedriger sein sollten[1186]. Die Ermächtigung zu safe-harbor-Regelungen wirke außerdem allein zur Spezifizierung nicht strafbarer Handlungen und damit ausschließlich zugunsten des Betroffenen[1187]. Schmitz und Tiedemann sehen außerdem die Unbestimmtheitsbedenken nach der Verabschiedung der Marktmissbrauchsrichtlinie ansatz-

1181 Altenhain, BB 2002, S. 1876.

1182 Kühl, FS für Lackner, S. 828; Volkmann, ZRP 1995, S. 225.

1183 Volkmann, ZRP 1995, S. 220.

1184 Kühl, FS für Lackner, S. 831.

1185 So Lenzen, Finanz-Betrieb 2001, S. 607; Möller, WM 2002, S. 314; Ziouvas/Walter, WM 2002, S. 1487; Ziouvas, ZGR 2003, S. 128 f.; Fleischer, DB 2004, S. 54; Wilga, in Möllers/Rotter, § 12 RN 7 f.; vgl. auch LG München, NJW 2003, S. 2330; BGH, WM 2004, S. 77 im Anschluss an BT-Dr. 14/8017, S. 90 sowie die Begründung der KuMaKV: BR-Dr. 639/03, S. 20; Eichelberger, ZBB 2004, S. 299 ff., der aber die Koppelung des Verordnungserlasses an die Zustimmung der Börsenaufsichtsbehörden der Länder als unzulässig hält (S. 302).

1186 Eichelberger, passim.

1187 Eichelberger, ZBB 2004, S. 300.

weise behoben[1188]. Zur Auslegung des § 20a WpHG sei nunmehr Art. 1 Nr. 2 der Richtlinie heranzuziehen.

Die Annahme einer zulässigen Spezifizierung sollte aber nicht so leicht fallen. Bei den Ausführungen zu einzelnen Fallgruppen wurde zunächst ersichtlich, dass die Unsicherheit hinsichtlich der Einstufung vieler Marktpraktiken als Kursmanipulation nun auf die strafrechtliche Ebene übertragen wird. Wenn beachtet wird, mit welch extrem kurzen Reaktionszeiten die Marktteilnehmer im Handel auf vielschichtigste Entscheidungsparameter oftmals reagieren müssen, fragt es sich, wie der Verordnungsgeber solche Sachverhalte mit „befolgungsfähigen Vorschriften" in den Griff zu bekommen versuchen wird[1189]. Es fehlt angesichts dessen nicht an Stimmen, die auf das Fehlen hinreichender Anhaltspunkte für die Auslegung der zahlreichen unbestimmten Rechtsbegriffe des Kursmanipulationstatbestandes hinweisen und die „Spezifizierung" durch Rechtsverordnung hier als verfassungsrechtlich unzulässig ablehnen[1190]. Der Auffangtatbestand biete demnach durch seine offenen Formulierungen auch in seiner neuen Fassung keine Klarheit darüber, was Marktgeschehen (noch) ist und was nicht (mehr)[1191], mit dem Ergebnis, dass der Verordnungsgeber nicht nur Detailentscheidungen zur Spezifizierung eines bereits im Wesentlichen vorgegebenen Tatbestandes treffe, sondern ihm die Entscheidung über das „ob" der Strafbarkeit obliege und damit die in diesem Zusammenhang wesentlichste Entscheidung, die aber immer dem Gesetzgeber vorbehalten sein muss. Dies zeige sich deutlich mit der geschaffenen Möglichkeit, durch safe harbor Regelungen einzuführen, die die Umkehrung des Grundsatzes „nulla poena sine lege" in dem Satz darstelle, dass alles verboten sei, was nicht ausdrücklich erlaubt sei[1192]. Somit ziele die Regelung von Marktmanipulationen in ihrem Kern auf eine normative Marktdefinition, die nach dem Regelungskonzept letzten Endes nicht mehr von einem demokratisch legitimierten Gesetzgeber selbst aufgestellt wird[1193].

1188 Schmitz, ZStW 115 (2003), S. 517, 519, 528; Julius/Schmitz, ZStW 115 (2003), S. 678; Tiedemann, Wirtschaftsstrafrecht, § 4 RN 104.

1189 Fahrholz, FS für Selmer, S. 333.

1190 FAZ 2001, S. 27; Moosmayer, wistra 2002, S. 169 f.; Sorgenfrei, wistra 2002, S. 326, 331; Tripmaker, wistra 2002, S. 292; Altenhain, BB 2002, S. 1876; Park, BB 2003, S. 1516, 1517; Weber, NJW 2003, S. 19; kritisch auch Vogel, NStZ 2004, S. 256; Julius/-Walther, ZStW 115 (2003), S. 676; Streinz/Ohler, WM 2004, S. 1315; offen Dannecker, in Wabnitz/Janosky, 2. Aufl., Kapitel 1 RN 80; Trüstedt, Börsenkursmanipulationen, S. 162 f.; Schmitz, JZ 2004, S. 527; Spindler/ Christoph, BB 2004, S. 2202; Fahrholz, passim; Gaede/ Mühlbauer, wistra 2005, S. 13.

1191 Weber, NJW 2003, S. 19; AG-Report, AG 2/2002, R 35.

1192 Altenhain, BB 2002, S. 1876; Trüstedt, Börsenkursmanipulationen, S. 163; Schmitz, JZ 2004, S. 528.

1193 Weber, passim; Schmitz, passim.

Nach einer Ansicht[1194] sei die Rechtsprechung des BVerfG mit folgendem Sinne zu verstehen: Soweit es die Verfolgung als Straftat betreffe, werde der unter der Strafandrohung stehende Verbotstatbestand durch die Rechtsverordnung mangels Erwachsen in Gesetzeskraft nicht ergänzt, sondern „spezifiziert“. Den Strafgerichten bleibt es allerdings unbenommen, den Straftatbestand auszulegen, ohne dabei durch die Rechtsverordnung gebunden zu sein. Bei Bußgeldvorschriften wiederum seien die Anforderungen an die Bestimmtheit geringer als bei Strafvorschriften. Die Einbeziehung der Rechtsverordnung in die Bußgeldandrohung stelle nicht eine notwendige Konkretisierung dar, sondern sei lediglich als weitere Präzisierung anzusehen.

Zwar ist die Zulässigkeit einer Rechtmäßigkeitskontrolle seitens der Rechtsprechung nicht zu beanstanden. Würde man dieser Ansicht folgen, käme man aber jeweils für den Ordnungswidrigkeits- und Straftatbestand gegen Kursmanipulationen zu unterschiedlichen Ergebnissen. Solche Diskrepanz ist aber bedenklich, denn sie führt zu einer erheblichen Unsicherheit. Geht man außerdem von einer unzulässigen Delegation der Strafgesetzgebungsmacht mangels Bestimmtheit des Auffangtatbestandes aus, sind rechtsstaatliche Bedenken dann auch für den Ordnungswidrigkeittatbestand zu erheben. Denn es bleibt festzuhalten, dass angesichts des von der herrschenden Lehre angenommenen nicht essentiellen, sondern nur graduellen Unterschieds zwischen Straftat und Ordnungswidrigkeit[1195] die gleichen rechtsstaatlichen Grundprinzipien im Ordnungswidrigkeitenrecht wie im Strafrecht gelten müssen (§ 3 OWiGG)[1196]. Rechtsstaatliche Verfahrensgarantien dürfen durch bloße Umbenennung der Rechtsfolge nicht beschränkt werden. Mit der Berufung auf das Verhältnismäßigkeitsprinzip zur inhaltlichen Präzisierung des Bestimmtheitsgrundsatzes besteht die Gefahr, dass das Verhältnismäßigkeitsprinzip vom Schutzprinzip zum Einfallstor einer Relativierung des Bestimmtheitsgrundsatzes mutiert[1197].

b) Stellungnahme

Die Schwäche dieses erreichten Kompromisses zwischen erforderlicher Flexibilität, Anpassungsfähigkeit und Vereinfachung einerseits und zu beachtenden Verfassungsprinzipien wie Rechtsstaatlichkeit, Gewaltenteilung und Demokratiegebot

---

1194 Möller, WM 2002, S. 314; Gotzens/Wegner, FAZ von 06.04.02, S. 21; im Ergebnis auch Lenzen, ZBB 2002, S. 286.

1195 Hierzu BVerfGE27, S. 28 ff.; 45, S. 289; 51, S. 74; Jescheck/Weigend, LB § 7 V 3 b; trotz der Hervorhebung der Unterschiede zwischen dem Ordnungswidrigkeit- und Strafverfahren grundsätzlich auch Geerds, Vermögensschutz, S. 53; KKOWi- Bohnert, Einl. RN 82 ff; Göhler, vor § 1 OWiGG RN 5; Jakobs AT, 3. Abschnitt RN 7 f.

1196 Schünemann, FS für Lackner, S. 370; Volkmann, ZRP 1995, S. 225; Richter, in Müller/-Gugenberger, 3. Aufl., § 3 RN 17.

1197 Schünemann, Nulla poena sine lege? S. 32; Moll, Blankettstrafgesetzgebung, S. 138.

liegt im Allgemeinen am Fehlen überzeugender Kriterien zur Abgrenzung von dem, was an einer Strafvorschrift zum Wesentlichen, was zu den „Detailfragen", den Einzelheiten zu rechnen ist[1198]. Es ist deshalb Moll zu befürworten, wenn er angesichts dessen im Einzelfall der Frage nachgehen will, ob der Straftatbestand aus sich heraus, d. h. ohne die Verweisung, verständlich ist oder ob die Verweisung conditio sine qua non für die Erfassung des tatbestandlichen Verhaltensunrechts ist[1199]. Kann die Verweisung hinweggedacht werden, ohne dass die Erkennbarkeit des materiellen Unrechts, welches unter Strafe gestellt werden soll, entfiele, so werden durch die Ausfüllungsvorschrift lediglich „weitere" Spezifizierungen geregelt. Kann die Verweisung demgegenüber nicht solchermaßen hinweggedacht werden, so hat sie konstitutiven Charakter und kann nicht mehr als zulässige „gewisse" Spezifizierung begriffen werden[1200].

Außerdem sollte weder die bloße Verwendung unbestimmter Rechtsbegriffe noch das bunte Meinungsspektrum dazu zu einer sofortigen Bejahung der Unbestimmtheit des Kursmanipulationstatbestandes führen. Denn zum einen ist der Mehrzahl der Stellungnahmen im wissenschaftlichen Schrifttum eine mangelnde strafrechtstheoretische Rückkopplung vorzuwerfen. Zum anderen gilt die Verwendung von unbestimmten Begriffen und Generalklauseln nach der Rechtsprechung des BVerfG solange als unbedenklich, als sich „mit Hilfe der üblichen Auslegungsmethoden, insbesondere durch Heranziehen anderer Vorschriften desselben Gesetzes, durch Berücksichtigung des Normzusammenhanges oder aufgrund einer gefestigten Rechtsprechung eine zuverlässige Grundlage für die Auslegung und Anwendung der Norm gewinnen lasse, so dass der Einzelne die Möglichkeit habe, den durch die Strafnorm geschützten Wert sowie das Verbot bestimmter Verhaltensweisen zu erkennen und die staatlichen Reaktionen vorauszusehen[1201] oder wenigstens das Risiko einer Bestrafung zu erkennen[1202].

Auch wenn die vom BVerfG vorgenommene Ersetzung der Bestimmtheit durch bloße Bestimmbarkeit zu Recht „als Tiefpunkt" des nulla poena Satzes kritisiert worden ist[1203], darf trotzdem nicht verkannt werden, dass der vollständig bestimmte Straftatbestand eine Idealvorstellung ist, die an der Offenheit sprachlicher Zeichen[1204] und der zunehmenden Komplexität der durch das Recht der zu regelnden Sachverhalte in praxi scheitert[1205]. Bei der Ausgestaltung strafrechtli-

---

1198 Lohberger, Blankettstrafrecht, S. 140; Kühl, FS für Lackner, S. 833; Ransiek, Gesetz und Lebenswirklichkeit, S. 111; Volkmann, ZRP 1995, S. 222.

1199 Moll, Blankettstrafgesetzgebung, S. 146.

1200 Moll, Blankettstrafgesetzgebung, S. 147.

1201 BVerfGE45, S. 371 f.; 48, S. 56; 75, S. 341; 83, S. 145; BVerfG, NJW 1990, S. 39; NJW 1991, S. 94; zust. Eichelberger, ZBB 2004, S. 297.

1202 BVerfGE73, S. 206 ff.; 87, S. 223 f.; 92, S. 13 f.

1203 Schünemann, Nulla poena sine lege? S. 6, 8.

1204 Roxin, AT, Bd. I, § 5 RN 27, 69.

1205 Schünemann, Nulla poena sine lege? S. 30; Jarass/Pieroth, Art. 103 RN 48; Maunz/-Dürig/Schmidt-Assmann, 30. Lfg. (Dezember 1992), Art. 103 Abs. II RN 185.

cher Tatbestände müssen zahlreiche Merkmale wie normative bzw. wertausfüllungsbedürftige Merkmale und Generalklauseln deshalb verwendet werden, die schon per se einen gewissen Interpretationsspielraum zulassen[1206]. Dürften die Gesetze nur wertfrei beschreibende Begriffe enthalten, so müssten sie entweder unendlich lang werden oder bei der Anwendung eine solche Starrheit zeigen, dass kriminalpolitisch höchst unglückliche Ergebnisse herauskommen könnten. Eine Strafvorschrift sollte zumindest dann als „hinreichend" bestimmt werden, wenn und soweit sich ihr ein klarer gesetzgeberischer Schutzzweck entnehmen lässt und der Wortlaut einer beliebigen Ausdehnung der Interpretation immerhin noch Grenzen setzt[1207]. Denn dann ist ein Regelungsrahmen gegeben, dessen konkretisierende Ausfüllung noch als Auslegung eines bestimmten Gesetzes gelten darf.

Der Straftatbestand gegen Börsen- und Marktpreismanipulationen sollte demgemäss erst dann wegen Unbestimmtheit für verfassungswidrig erklärt werden, wenn es überhaupt nicht möglich ist, ihn auf einen bestimmbaren Kern zu reduzieren. Die folgenden Erwägungen sollen der Frage nachgehen, ob sich neben dem relativ klar konturierten Äußerungstatbestand[1208] aus dem Auffangtatbestand das strafbare Verhalten ermitteln lässt.

aa) Auslegung im Lichte des Wortlauts: Tatbestandsmerkmal der „sonstigen" Täuschungshandlungen

Bei näherem Hinsehen spricht der Gesetzeswortlaut des § 20a Abs. 1 Nr. 2 WpHG i. F. v. 1.7.02 von „sonstigen" Täuschungshandlungen. Dieses Tatbestandsmerkmal ist schon von dem Gesetzgeber des zweiten WiKG eingeführt und in allen späteren Reformen beibehalten worden, da mit dem Wort „sonstige" die Absätze 1 und 2 des Kursmanipulationstatbestandes in einen sachlichen Zusammenhang gestellt werden, so dass sie grundsätzlich so zu interpretieren sind, dass sie logisch miteinander vereinbar sind. Dafür spricht sich auch der BGH aus, der wegen des Merkmals „sonstige" Täuschungshandlung einen Bezug zum Äußerungstatbestand herleitet und den Auffangtatbestand als „hinreichend bestimmt" ansieht[1209]. Insbesondere vor der Neufassung des Tatbestandes durch das 2. WiKG hat die Literatur den Kursbetrugstatbestand weit ausgelegt, denn über die Art der Mittel haben weder das Gesetz noch der Gesetzgeber eine Auskunft gegeben[1210]. Die Weite des Tatbestandes war bloß mit schärferen Merkmalen in sub-

1206 Schünemann, Nulla poena sine lege? S. 29 f.; Streinz/Ohler, WM 2004, S. 1312.

1207 So Roxin, AT, Bd. I, § 5 RN 75, 77; Ransiek, Gesetz und Lebenswirklichkeit, S. 85.

1208 Hier greifen Bedenken gegen eine missglückte Formulierung ein, vgl. zur Tautologie zwischen der Bewertungserheblichkeits- und Kursbeeinflussungspotentialklausel § 6 VI d).

1209 BGH, WM 2004, S. 77; Trüstedt, Börsenkursmanipulationen, S. 83.

1210 König, Börsenpreisbeeinflussung, S. 21; Meyer/Bremer, § 88 BörsG RN 2; kritisch dazu Worms, Anlegerschutz, S. 212; Trüstedt, passim.

jektiver Beziehung zu bekämpfen[1211]. Als Mittel zur Kursbeeinflussung kam jede Handlungsweise in Betracht, welche darauf berechnet war, bei dem anderen eine irrtümliche Vorstellung zu erwecken[1212], wie Kundgabe von Absichten, Meinungen und Tatsachen oder Werturteilen, also Mitteilungen jeglicher Art, sowie das Ausstreuen vager Gerüchte[1213]. Eine objektive Geeignetheit des Mittels zur Hervorrufung eines Irrtums war sogar nicht erforderlich. Angesichts der Häufung der subjektiven Merkmale hat die herrschende Kursbetrugslehre[1214] ausschließlich die Vorstellung des Täters in den Vordergrund gerückt und somit die Schlussfolgerung gezogen, dass es neben der betrügerischen Absicht des Täters nicht darauf ankomme, ob die von ihm angewandten Mittel auch absolut geeignet seien, seine Pläne zu verwirklichen. Somit war der verbrecherische Wille zu bestrafen und der Kursbetrugstatbestand war erfüllt, auch wenn das Mittel untauglich war, den Erfolg einer Kursbeeinflussung überhaupt herbeizuführen. Demgemäss waren auch erkennbar unsubstantiierte Wertschätzungen, vage Gerüchte oder bewertungsirrelevante Ungenauigkeiten strafbar, da sie zwar generell ungeeignet sind, das Rechtsgut zu beeinträchtigen, aber nach dem subjektiven Plan eines leichtsinnigen Täters auf Täuschung berechnet sein können. Durch die damals geltende Fassung wurde auch nicht strafwürdiges Verhalten in den Tatbestand einbezogen[1215], was den Kursbetrugstatbestand in Frage stellte.

Zur Schaffung eines effizienten Straftatbestandes hat der Gesetzgeber des zweiten WiKG die Anforderungen im subjektiven Tatbestand gesenkt und stattdessen dem objektiven Tatbestand schärfere Konturen verliehen[1216]. Zwar ist die generalklauselartige Fassung des Auffangtatbestandes zur Vermeidung ungerechtfertigter Strafbarkeitslücken erhalten, die äußere Tatseite des Kursbetruges ist aber mit der neugeschaffenen Nummer 1 schärfer umschrieben worden. Der erhöhte Unrechtsgehalt des § 88 BörsG i. F. v. 1986 hat nicht nur der Strafbarkeit von Kursmanipulationen mittels falscher oder verschwiegener Angaben festere Konturen gegeben, sondern sich auch erheblich auf die Auslegung der Nr. 2 im Sinne einer Einengung ausgewirkt[1217]. An einer weitgehenden Auslegung kann also nicht mehr festgehalten werden, weil das Gesetz ausdrücklich von „sonstigen auf Täuschung berechneten Mittel" spricht und damit schon vom Gesetzestext her

---

1211 Hemptenmacher, § 88 BörsG RN 1.

1212 Weinholz, Börsenwesen, S. 28; Stenglein, § 88 BörsG RN Anm. 6 a.

1213 König, Börsenpreisbeeinflussung, S. 22; Hasslinger, Zivilrechtliche Ansprüche, S. 40.

1214 Nussbaum, § 88 BörsG Anm. I b; Kahn, § 88 BörsG RN 3; Stenglein, § 88 BörsG RN 6 a; Meyer/Bremer, § 88 BörsG RN 2; Kohlhaas, in Erbs/Kohlhaas, 3. Lfg. § 88 BörsG RN 4; König, Börsenpreisbeeinflussung, S. 23 f.

1215 Vorb. § 190 und Begründung zu § 190 AE, S. 75; Lenzen, Finanz-Betrieb 2001, S. 605.

1216 BT-Dr. 10/318, S. 13, 45; Worms, Anlegerschutz, S. 239; Weber, Die Bank 1986, S. 417.

1217 BT-Dr. 10/318, S. 45; Joecks, wistra 1986, S. 148; Fuhrmann, in Erbs/Kohlhaas, 104. Lfg., § 88 BörsG RN 16; Schlüchter, 2. WiKG, S. 147; Schröder, Aktienhandel, S. 74; Lenzen, Unerlaubte Eingriffe, S. 157, 236; Pananis, NStZ 2004, S. 288; Vogel, NStZ 2004, S. 253; Trüstedt, Börsenkursmanipulationen, S. 100.

eine Beziehung mit diesem Tatbestand herstellt. Eine Strafbarkeitsausuferung wird also vermieden, indem der Auffangtatbestand im Lichte des Äußerungstatbestandes auszulegen ist.

Eine Auslegung „im Lichte der Nr. 1" bedeutet Doppeltes: Einerseits ist aus dem Vorliegen der Nr. 1 eine Sperrwirkung zur Nr. 2 abzuleiten. Eine selbstständige Erweiterung darf durch den Auffangtatbestand nicht eintreten[1218]. Mit der Nr. 1 wollte der Gesetzgeber nicht bloß die typischen Manipulationshandlungen angeben, sondern darüber hinaus einer weiten Auslegung des Auffangtatbestandes entgegentreten und gleichzeitig klarstellen, dass Äußerungen am Kapitalmarkt, auch wenn sie über ein erhebliches Kursbeeinflussungspotential verfügen, dann strafbar sind, soweit sie die Voraussetzungen des Äußerungstatbestandes erfüllen. Dafür gab es gute Gründe: Denn über verfassungsrechtliche Bedenken hinaus[1219] könnte die Bestrafung von Gerüchten, sachgerechten Meinungen oder Empfehlungen zur Konsequenz haben, dass wertvolle Informationen erst langsamer publik werden, weil Journalisten oder Nachrichtenfirmen die Publikation ihrer Informationen erst nach einer besonderen Verifikation zulassen[1220]. Die ökonomischen Folgenkosten wären vielfältig: Erhöhung von Transaktionskosten, ineffizientere Kapitalallokation, Rückgang der Marktliquidität und damit ein Verlust an Wettbewerbsfähigkeit gegenüber ausländischen Börsen etc. Die Subsumtion unverbürgter Nachrichten[1221], sachgerechter Empfehlungen bzw. Scalping[1222], bewertungsunerheblicher Umstände[1223] oder unterlassener Mitteilungen ohne Bestehen einer gesetzlichen Offenbarungspflicht[1224] unter den Auffangtatbestand beraubt also die Nr. 1 des Kursbetrugstatbestandes jeder Bedeutung und führt somit zu einer bedenklichen Strafbarkeitsweite. Werden deshalb Meinungen und Werturteile als Einwirkungsmittel benutzt, müssen sie unvertretbar sein und Umstände betreffen, die bewertungserheblich sind bzw. geeignet sind, auf den Preis einzuwirken. Der Auffangtatbestand kann nur dann zum Zuge kommen, wenn der Täter auch schlüssig keine Angaben macht, wohl aber auf andere Weise täuschend vorgeht.

Andererseits ist nach Verhaltensweisen zu suchen, die den Modalitäten des Begehungstatbestandes tatbestandlich gleichstehen[1225]. Vorstellen lässt sich etwa

---

1218 Schmitz, wistra 2002, S. 211; Trüstedt, Börsenkursmanipulationen, S. 159.

1219 Hierzu: 6 VI 3 b) bb) i).

1220 Varnholt, Finanzmarkt, S. 465, 471, 474; Lenzen, Unerlaubte Eingriffe, S. 59; Groner/-Meier, SZW 74 (2002), S. 281.

1221 Vgl. auch Trüstedt, Börsenkursmanipulationen, S. 139, 180; a. A. Lenzen, Unerlaubte Eingriffe, S. 229, obwohl sie für den hier vertretenen Ansatz plädiert.

1222 Auch Petersen, wistra 1999, S. 333.

1223 Trüstedt, Börsenkursmanipulationen, S. 100, 117; a. A. Schröder, Aktienstrafrecht, S. 71 ff.; Lenzen, Unerlaubte Eingriffe, S. 225.

1224 So auch Lenzen, Unerlaubte Eingriffe, S. 230, 236; Trüstedt, Börsenkursmanipulationen, S. 100, 117, 129 ff.

1225 Schröder, Aktienhandel, S. 60 f; Möhrenschlager, wistra 1983, S. 18; im Endergebnis auch Joecks, wistra 1986, S. 148; Fuhrmann, in Erbs/Kohlhaas, 104. Lfg., § 88 BörsG RN

eine Beweissituation, die mit der Wahrheit nicht übereinstimmt, z. B. die Vornahme von Scheingeschäften[1226]. Es ist außerdem bei dieser Tatbestandsalternative - nämlich auf Grund der sachlichen Parallelität zu den Alternativen der Nr. 1 - das tatbestandseinschränkende Erheblichkeitserfordernis zu verlangen, obwohl es im Gesetzeswortlaut nicht ausdrücklich verlangt wird[1227]. Vor allem muss die Tathandlung, darauf ausgerichtet sein, einen anderen zu täuschen, aber auch objektiv dazu geeignet sein, einen Irrtum herbeizuführen[1228]. Somit scheiden alle Handlungen aus, die „offen" durchgeführt werden, wie z. B. gezielte Kaufs- und Verkaufsaktivitäten des Underlyings[1229] oder effektive Geschäfte nach vorheriger Ankündigung gegenüber dem Publikum[1230].

Mit der herrschenden Rechtslehre und -praxis wird die Wortlautgrenze des Auffangtatbestandes dementsprechend deutlich überschritten und das Gebot des Art. 103 Abs. 2 GG/§ 1 StGB, nur solche Fälle unter die Tatbestände des Besonderen Teils zu subsumieren, die auch von der umgangssprachlichen Bedeutung der Gesetzestermini gedeckt werden[1231], konterkariert. Wenn der Verordnungsgeber trotz der Sperrwirkung der Nr. 1 des Kursmanipulationstatbestandes unter „sonstigen Täuschungshandlungen" im Allgemeinen unverbürgte Nachrichten bzw. Gerüchte[1232] sowie sachgerechte Empfehlungen versteht, handelt er strafbegründend. Als strafbare Kursmanipulation ist gemäß dem Unterlassungstatbestand das Verschweigen bewertungserheblicher Umstände dann zu verstehen, wenn sich die Pflicht zum Offenbaren aus bestehenden Rechtsvorschriften ergibt. Eine solche Pflicht kann sich zwar aus einer Rechtsverordnung ergeben. Der Rechtsverordnungsgeber ist aber hier nicht dazu ermächtigt, die Unterlassungsvariante zu spezifizieren und weitere Offenbarungspflichten vorzusehen[1233].

Der Scalper konnte sich also ebenso wenig wegen der Unterlassungsvariante strafbar machen, weil ihn keine gesetzliche Pflicht zur Offenbarung seiner Eigen-

---

16; Lenzen, Unerlaubte Eingriffe, S. 157, 225; dies., Finanz-Betrieb 2001, S. 604; Schmitz, wistra 2002, S. 211; Altenhain, BB 2002, S. 1877; Trüstedt, Börsenkursmanipulationen, S. 159.

1226 Schlüchter, 2. WiKG, S. 148; Petersen, wistra 1999, S. 333; Vogel, in Assmann/-Schneider, 3. Aufl., § 20a RN 93; a. A. Fichtner, Börsenstrafvorschriften, S. 68.

1227 Schlüchter, 2. WiKG, S. 148; Park, BB 2001, S. 2071.

1228 BGH, WM 2004, S. 77; schon zum Kursbetrugstatbestand Fuhrmann, in Erbs/Kohlhaas, 104. Lfg., § 88 BörsG RN 16; Schmitz, wistra 2002, S. 211; missverständlich Lenzen, Unerlaubte Eingriffe, S. 158.

1229 Benner, in Wabnitz/Janovsky, 2. Aufl., Kapitel 9 RN 83.

1230 Scheu, Börsenstrafrecht, S. 102; Schwark, in Schwark, 3. Aufl., § 20a WpHG RN 23.

1231 Schünemann, Nulla poena sine lege?, S. 4, 20; BVerfGE92, S. 12; 85, S. 73; 82, S. 269; Brenner, Bonner GG, Art. 103 Abs. 2 RN 157.

1232 Trüstedt, Börsenkursmanipulationen, S. 118.

1233 Pananis, NStZ 2004, S. 288.

geschäften bzw. seiner Interessenkonflikte i. S. d. diclose or abstain traf[1234]. Anders ist die Rechtslage nach dem vierten FFG mit der Einführung des § 34b Abs. 2 WpHG i. F. v. 1-7-02, der zum Zwecke der Gewährleistung einer Wahrhaftigkeit von Wertpapieranalysen die bußgeldbewehrte Verpflichtung von Wertpapierdienstleistungsunternehmen vorsieht, bei der Erstellung und Verbreitung von Wertpapieranalyse Interessenkonflikte offen zu legen, wenn sie von Wertpapierdienstleistungsunternehmen und mit ihnen verbundenen Unternehmen erstellt werden[1235]. Offenlegung bedeutet hier die Aufklärung des Kunden bzw. der Allgemeinheit über die Möglichkeit eines Interessenkonflikts[1236]. Unter anderem besteht eine Verpflichtung des Wertpapierdienstleistungsunternehmens zur Offenlegung gemäß § 34b Abs. 2 WpHG i. F. v. 1-7-02 immer dann, wenn es oder ein mit ihm verbundenes Unternehmen an der Gesellschaft, deren Wertpapiere Gegenstand der Analyse sind, eine Beteiligung in Höhe von mindestens einem Prozent des Grundkapitals hält. Bei allen anderen (potenziellen) Interessenkonflikten bedarf es keiner Offenlegung, wenn der Konflikt mittels organisatorischer Maßnahmen vollständig ausgeschlossen werden kann[1237]. Es reicht nicht aus, wenn sich das Wertpapierdienstleistungsunternehmen lediglich darum bemüht, die Konfliktlage auszuschließen.

§ 34b WpHG i. F. v. 1-7-02 greift allerdings nicht ein, wenn der handelnde Analyst selbst, und nicht das Wertpapierdienstleistungsunternehmen, eine Beteiligung am analysierten Ergebnis hält[1238] oder wenn die Analysen von Zeitungen oder Radio- und Fernsehsendern veröffentlicht werden[1239]. Freiwillige Regelungen wie Ziffer III. H. des DVFA-Kodexes[1240], die neben Transaktionsverboten eine weit reichende Offenlegung von Interessenkonflikten in der Person des Wertpapieranalysten vorsehen, stellen keine gesetzlichen Vorschriften im Sinne der Unterlassungsalternative dar.

Eine allgemeinere gesetzliche Rechtsgrundlage ist außerdem nicht bekannt. Eine entsprechende Pflicht zur Offenlegung von Interessenkonflikten im Rahmen des Kommissionsgeschäfts gem. §§ 31 ff. WpHG sollte richtigerweise abgelehnt werden, da dort lediglich das Gebot zur zumutbaren Vermeidung von Interessenkonflikten vorgesehen wird (§ 31 Abs. 1 Nr. 2 WpHG), während die Pflicht zur

---

1234 LG, NJW 2000, S. 304; Mühlbauer, wistra 2003, S. 172; Trüstedt, Börsenkursmanipulationen, S. 160, 191 ff.; Schmitz, JZ 2004, S. 527, 528.

1235 Scherp, Kriminalistik 57 (2003), S. 488.

1236 Koller, in Assmann/Schneider, 3. Aufl., § 34b RN 14.

1237 Ziffer 4 b der Bekanntmachung von BAFin zur Interpretation von § 34b WpHG v. 7 März 2003 Bundesanzeiger Nr. 70 v. 10. April 2003, S. 7239 sowie ZBB 2003, S. 134 f.; auch Pfüller/Wagner, WM 2004, S. 259.

1238 Pfüller/Wagner, WM 2004, S. 261; Schwark, in Schwark, 3. Aufl., § 34b WpHG RN 15.

1239 Schwark, in Schwark, 3. Aufl., § 34b WpHG RN 10.

1240 DVFA-Kodex für Finanzanalyse v. 25.02.03, www.dvfa.de.

Aufklärung über Eigenbestände lediglich ultima ratio der Konfliktbereinigung darstellt[1241].

Außerdem reicht der weit gefasste Äußerungstatbestand bei näherem Hinsehen völlig aus; richtigerweise ist bei den Gerüchten, die schon umlaufen, zwischen dem Gerücht als Tatsache, das uninteressant und kursirrelevant ist, und dem Gerücht über Tatsachen zu differenzieren, die zwar als ungewiss hingestellt werden, bei denen aber der Verdacht einer Tatsache besteht[1242]. Ermittlungen knüpfen immer an einen Verdacht an. Folglich muss der Verdacht einer Tatsache für den Auskunftsanspruch genügen. Das Gerücht über Tatsachen ist nichts anderes als der Verdacht, es könnte Insidertatsachen oder Marktmanipulationen geben. Die Verbreitung von „Tatsachen" über Dinge oder Sachverhalte allerdings, die es nicht gibt oder die sich nicht zugetragen haben, ist die Verbreitung von „falschen Tatsachen" und somit Kursmanipulation im Sinne der Äußerungsvariante des Kursmanipulationstatbestandes[1243].

bb) Auslegung im Lichte des Rechtsgutes

Setzt der Gesetzgeber einen Straftatbestand gegen Kursmanipulation zum Schutz der Kurswahrheit ein, dann sollte eine Täuschungshandlung im Sinne des Auffangtatbestandes richtigerweise dann angenommen werden, wenn ein Irrtum über den richtigen Preis von Wertpapieren verursacht oder gesetzwidrig aufrechterhalten werden soll[1244]. Im Hinblick darauf drängt sich die Frage auf, was unter „richtiger" bzw. „angemessener" oder „zuverlässiger" Börsenpreisbildung zu verstehen ist.

Die wohl herrschende Meinung, die manipulative Transaktionen ganz umfassend verbieten bzw. unter Strafe stellen will, knüpft dazu an den Ansatz der vollkommen gleichen Information an. Als Marktmanipulationen werden Eingriffe gegen angemessene Kurse betrachtet, die sich dadurch ergäben, dass die einzelnen Anleger alle öffentlich zugänglichen Informationen auswerteten[1245]. Manipulierte Kurse kämen auf andere Weise zustande und bringen nur den Manipulatoren wirtschaftliche Vorteile. Die Beurteilung der Normalität bzw. der Anormalität des durch die Order bewirkten neuen Kursniveaus stellt demnach auf den Informa-

1241 Mülbert, JZ 2002, S. 836; vgl. auch Lenzen, Unerlaubte Eingriffe, S. 191, 197 f.; Koller, in Assmann/Schneider, 3. Aufl., § 31 RN 66; Schwark, in Schwark, 3. Aufl., § 31 WpHG RN 33; a. A. Gaede/ Mühlbauer, wistra 2005, S. 14.

1242 Volk, BB 1999, S. 69 FN 27.

1243 Dreyling, in Dreyling/Schäfer, S. 19.

1244 Hasslinger, Zivilrechtliche Ansprüche, S. 40; vgl. Trüstedt, Börsenkursmanipulationen, S. 49.

1245 Begründung des Kommissionsentwurfs einer Marktmissbrauchsrichtlinie (FN 530), S. 3; so im Ergebnis Lenenbach, EWiR 2004, S. 308; Vogel, NStZ 2004, S. 255; auch Steinhauer, Insiderhandelsverbot, S. 239; Gehrt, Ad-hoc-Publizität, S. 19; Heise, Insiderhandel, S. 54 m. w. N.

tionsstand des Auftraggebers der Order ab[1246]. Es wird festgehalten, dass Preismanipulatoren Informationen haben müssen, die den anderen Anlegern nicht zugänglich sind[1247]. Bei dieser Information könne es sich allerdings nicht nur um die bloß beim Auftraggeber vorhandene (bösartige) Absicht und Fähigkeit handeln, den Kurs auf ein bestimmtes Niveau zu bringen, um sich selbst wirtschaftliche Vorteile zuzuschanzen, sondern um die Tatsache, dass die anderen Marktteilnehmer von dieser Absicht keine Kenntnis hätten. Würde der Manipulator seine Manipulationsabsicht öffentlich kundtun, dann wäre der Zweck seines Tuns vereitelt. Er könne sein Bereicherungsziel eben nur dadurch erreichen, dass er seine wahren Absichten geheim halte. Das Konzept der vollkommen gleichen Information aller Marktteilnehmer - inklusive der Information über die Kursbeeinflussungsabsichten anderer Anleger - gelangt auf diese Weise zu einer Differenzierung zwischen normalen Kursen bzw. anormalen und künstlichen Kursen und kommt zu dem Ergebnis, jedes Handeln sei verboten, das auf einem Wissensvorsprung hinsichtlich der Falschbewertung eines Titels beruhe - sei es, weil der Handelnde allein eine Kursbeeinflussung des Titels kenne, sei es, weil er über relevantes, nichtöffentliches Wissen verfüge, das geeignet sei, den Kurs des Titels (wesentlich) zu beeinflussen[1248]. Erlaubt bleibe damit natürlich ein Handeln, wenn ein Investor glaube, der Markt bewerte auf Grund vorhandener Informationen einen Titel unrichtig.

Es entspreche dem Sinn der Börse nämlich, eine sofortige Publikation kursrelevanter Nachrichten zu fordern, damit das Informationsgleichgewicht erhalten bzw. bestärkt werde[1249]. Je zutreffender und umfassender der Markt informiert sei, desto eher finde sich ein realitätstreuer Marktpreis für die gehandelten Papiere und desto eher würden Investoren vor falschen Entscheidungen bewahrt[1250]. Je realitätstreuer der Marktpreis gebildet werde, desto gezielter werde das Kapital am Markt dort eingesetzt, wo es die Investition bezahlt mache und den „return on investment" sichere. Wahr bzw. angemessen oder zuverlässig seien also die Börsenpreise, die die sämtlichen Marktinformationen entsprechende Bewertung des dahinterstehenden Unternehmens widerspiegelten und die somit dem Anleger als günstig erschienen[1251].

Will man vollkommen effiziente Börsenpreise als wahre Preise strafrechtlich schützen, dann lässt sich die Strafbarkeitszone in der Tat weit bestimmen. Tätigt ein Marktteilnehmer Geschäfte, um von selbst geschaffenen Preisänderungen zu profitieren, beeinträchtigt er eine wahre Preisbildung insofern, als seine Ge-

1246 Dier/Fühoff, AG 2002, S. 607, 609.
1247 So Goldmann, ÖBA 2001, S. 786.
1248 So auch Watter, SZW 62 (1990), S. 205.
1249 Lücker, Missbrauch, S. 26.
1250 Gehrt, Ad-hoc-Publizität, S. 22; Reuter, Aktienmarkt, S. 11 f., 171; Heise, Insiderhandel, S. 81.
1251 Watter, SZW 62 (1990), S. 194 f; Richard, SZW 67 (1995), S. 261 FN 17.

schäfte nicht mit seiner tatsächlichen subjektiven Bewertung des jeweiligen Unternehmens übereinstimmen und nur aus dem Grund vorgenommen werden, um dadurch die unzutreffende Information in den Markt einfließen zu lassen, er halte den gezahlten Preis für angemessen[1252]. Dieser Umstand ist für den Markt regelmäßig genauso wenig erkennbar wie die Tatsache, dass der daraus resultierende Preis verzerrt ist. Genau in diesem Sachverhalt liegt aber die Täuschung.

Ob solche vollkommen effizienten Börsenpreise angesichts ihrer erheblichen sozialpolitischen Bedeutung für funktionsfähige bzw. allokative Kapitalmärkte zum strafrechtlich geschützten Rechtsgut erhoben werden können, lässt sich aber nicht so leicht beantworten. Denn beim Rechtsgut geht es um die bisher unbeantwortete Frage, welche Maßstäbe anzulegen sind, um von einem als Rechtsgut hinreichend konturierten Gut zu sprechen[1253]. Bei der Strafwürdigkeitsentscheidung handelt es sich in letzter Konsequenz um ein Werturteil, das sich angesichts des geringen kritischen Potentials der Rechtsgutslehre[1254] nicht auf „Wahrheitsbeweise" gründen lässt.

Auch wenn man im Anschluss an die bundesverfassungsrechtliche Rechtsprechung[1255] aus den Grundwerten der Verfassung als grundlegenden Wertvorstellungen einer Gesellschaft den Grundbestand der unverzichtbaren Lebensbedingungen und damit den Kernbereich notfalls auch durch das Strafrecht zu schützender Güter entnähme[1256], ist man sich allerdings darin einig, dass für den Bereich der sog. Wirtschaftskriminalität im Ganzen ein solches Pönalisierungsgebot nicht existiert, da hierdurch nicht der vorstehend erwähnte Kernbereich tangiert wird[1257]. Schwierig wird es hier deshalb, zwischen strafwürdigen und nicht mehr strafwürdigen Rechtsgutsbeeinträchtigungen zu unterscheiden, weil in diesem Grenzbereich der Gestaltungsspielraum des Gesetzgebers als besonders weit anerkannt ist[1258]. Bei Wirtschaftsdelinquenz wird zur Begründung der Strafwürdigkeit

---

1252 So allerdings die Vertreter der Strafbarkeit effektiver Geschäfte, vgl. Möller, WM 2002, S. 313; Schmitz, ZStW 115 (2003), S. 531; Kümpel, Bank- und Kapitalmarktrecht, 3. Aufl., 16. 367.

1253 Hirsch, in: Neue Erscheinungsformen, S. 33 ff.; vgl. zur Kontroverse zwischen systemimmanenten und systemtranszedenten Rechtsgutslehren NK-Hassemer, 3. Lfg. (31. 12. 1995), vor § 1 RN 259.

1254 An der Leistungsfähigkeit des Rechtsgutsbegriffs ist seit den siebziger Jahren wiederholt unter den verschiedensten Aspekten Kritik geübt worden; vgl. die Kritik Amelungs, Rechtsgüterschutz, S. 302 ff., 309 ff., 312 ff.; Volk, JZ 1982, S. 87 f.; Jakobs, AT, 2. Abschnitt RN 16 ff.; Vogel, GA 2002, S. 530.

1255 BVerfGE7, S. 205; 21, S. 372; 27, S. 29; 39, S. 46 f.; 88, S. 257 f.

1256 Abgestellt wird insbesondere auf die Grundrechte des Grundrechtskatalogs der Verfassung als speziellen Ausformungen des Art. 1 Abs. 1 GG, vgl. Otto, GS für Schröder, S. 55 f.; Dingeldey, Insider-Handel, S. 134; Geerds, Vermögensschutz, S. 23 ff.; SK-Rudolphi, 26 Lfg. (Juni 1997), vor § 1 RN 1 f., 10; Roxin, AT, Bd. I., § 2 RN 27.

1257 Otto, ZStW 96 (1984), S. 356; Worms, Anlegerschutz, S. 270; Dingeldey, Insider-Handel, S. 129 f.; Geerds, Vermögensschutz, S. 37, 289; Mennicke, Sanktionen, S. 504 m. w. N.

1258 BVerfGE27, S. 30; 32, S. 48; 37, S. 212; 90, 145 ff.

lediglich darauf abgestellt, welche Subsysteme der Wirtschaft von existentieller Bedeutung sind bzw. welche gravierende Beeinträchtigungen von Institutionen oder Interaktionsprozessen des Wirtschaftslebens die Beziehungen innerhalb der Rchtsgesellschaft erheblich zu gefährden oder zu schädigen geeignet sind[1259].

Es ist Hefendehl uneingeschränkt zuzustimmen, wenn er ausführt, dass noch kein Gesetzesvorhaben daran gescheitert ist, dass kein Rechtsgut ausfindig zu machen war[1260]. Damit kann jedoch die kritische Potenz des Rechtsgutsbegriffs nicht pauschal in Abrede gestellt werden. Mag das jeweilige Rechtsgut nur das auf den Begriff vorgebrachte Motiv des Gesetzgebers über Schutzbereich und Funktionsweise einer Norm sein, kann es erhellend für eine angemessene Diskussion der Legitimität der Pönalisierung sein[1261]. Ziel der nachfolgenden Erörterung ist daher nicht die Verifizierung der vom Gesetzgeber getroffenen respektive zu treffenden Entscheidung im Sinne absoluter Richtigkeit, sondern nur die Überprüfung der zur Begründung der Strafwürdigkeitsentscheidung herangezogenen Kriterien auf ihre Sachgerechtigkeit hin[1262].

i. Illegitimer strafrechtlicher Schutz „vollkommen effizienter" Börsenpreise

So hat das Bundesverfassungsgericht in ständiger Rechtsprechung anerkannt, dass das Grundgesetz dem einzelnen Bürger einen unantastbaren Bereich privater Lebensgestaltung gewährt, der der Einwirkung der öffentlichen Gewalt entzogen ist[1263]. Art. 2 Abs. 1 i.V.m. Art. 1 Abs. 1 GG garantieren eine staatsfreie Intimsphäre, bei der eine Güterabwägung mit dem staatlichen Strafverfolgungsinteresse nicht stattfindet. Diese Sphäre wird allerdings betreten, wenn effektive Transaktionen im Endergebnis deshalb bestraft werden sollen, nur „weil sie in unlauterer Kursbeeinflussungsabsicht vorgenommen würden". Diese Betrachtungsweise macht nicht schon die Handlung, welche möglicherweise Gefahren für Rechtsgüter beinhaltet, zum Straftatbestand, sondern erst die hinzunehmende Annahme der böswilligen Gesinnung des Handelnden begründet hier die gefährliche Handlung[1264]. Eine bloße Absicht wird zum Gegenstand des Rechts gemacht, so dass der Einwand eines unzulässigen Gesinnungsstrafrechts - „cogitationis poenam nemo patitur"[1265] - nahe liegt.

1259 Otto, ZStW 96 (1984), S. 347; Amelung, Rechtsgüterschutz, S. 40; Geerds, Vermögensschutz, S. 40, 286 ff.;

1260 Hefendehl, Kollektive Rechtsgüter, S. 24.

1261 NK-Hassemer, 3. Lfg. (31. 12. 1995), vor § 1 RN 289.

1262 Mennicke, Sanktionen, S. 483.

1263 BVerfGE 6, S. 41; 27, S. 6; 27, S. 350 ff.; 32, S. 379; BVerfGE 34, S. 245; 80, S. 373.

1264 Vgl. auch Julius/Otto, ZStW 115 (2003), S. 676; Otto, in Tiedemann (Hrsg.): Europa-Delikte, S. 357.

1265 Rönnau, JR 1998, S. 443; Bussmann, StV 1999, S. 617.

Der Gedanke als Internum darf aber nicht angetastet werden, weil die Fähigkeit zu vorausschauender Planung und zum Denken überhaupt das Wesentliche des Menschen ausmacht[1266]. Im Strafrecht eines freiheitlichen Staates gehe es nämlich nicht um die Kontrolle von Gesinnungen, Wünschen und Motiven, sondern um die Kontrolle der daraus resultierenden Handlungen. Alle Straftatbestände sind daher daraufhin zu untersuchen, ob unabhängig vom Internum des Täters (beispielsweise seinen Absichten oder Motiven) sozial indifferentes oder auffälliges Verhalten umschrieben wird. Denn bei der Bestrafung eines sozial indifferenten Verhaltens läge in der Tat nicht mehr als eine Gedankenpönalisierung vor[1267].

Es erscheint äußerst fraglich, ob effektive Transaktionen als sozial auffällig bzw. störend und damit als strafwürdig qualifiziert werden können. Jedem Anleger steht es nämlich grundsätzlich frei, effektive Transaktionen an Börsen vorzunehmen, unabhängig davon, ob dadurch die Kurse beeinflusst werden. Strafbar sollten allerdings solche Transaktionen sein, die in der Absicht vorgenommen werden, die Kurse bzw. Marktpreise auf ein bestimmtes Niveau zu bringen. Die Strafbarkeit knüpft aber dann an einen „sozialschädlichen" Vorsatz an, an die Absicht des Täters, durch Kauf bzw. Verkauf von Wertpapieren die Kurse zu beeinflussen und dadurch das Kursbildungsverfahren zu verfälschen.

Somit wird das rechtsstaatliche Postulat, dass die Gedanken frei sind, auf dem Weg zu einem lückenlosen Strafrechtsschutz außer Acht gelassen. In diesen Fällen macht nicht schon der objektive Geschäftsvorfall, sondern erst die subjektive Willensrichtung der daran beteiligten Parteien den Unrechtsgehalt der Manipulation aus. Dagegen wird allerdings eingewandt, dass das soziale differente Verhalten nicht in der Absicht der Preisbeeinflussung liege, sondern in der Tatsache, dass die anderen Anleger nicht davon Kenntnis hätten. Somit beeinträchtige der Manipulator den Kurs, indem er der Öffentlichkeit eine wichtige Information vorenthalte, und zwar seine Absicht, die Kurse zu beeinflussen.

Der Börsenkurs ist allerdings ein Marktpreis des gesellschaftlichen Anteils an der Aktiengesellschaft, der dem Aktionär zusteht[1268], das Ergebnis von Angebot und Nachfrage und zugleich ein Ausdruck unserer freiheitlich-eigenverantwortlichen Wirtschaftsordnung[1269]. Er reflektiert, wie skizziert, keinesfalls alle vorhandenen Informationen. Denn eine Informationsgleichheit ist angesichts der Natur der Menschen und der darin liegenden Informationsasymmetrien[1270] utopisch. Schon im Rahmen der kritischen Betrachtung der verschiedenen Preisbildungstheorien wurde klargestellt, dass Kurse das Endergebnis einer Vielzahl von Vor- und Teilentscheidungen eines kognitiven Informationsverarbeitungsprozes-

1266 Jakobs, ZStW 97 (1985), S. 761.

1267 Hefendehl, Kollektive Rechtsgüter, S. 106.

1268 Luttermann, ZIP 2001, S. 869.

1269 Lenzen, Unerlaubte Eingriffe, S. 187; Luttermann, ZIP 2001, S. 871; BVerfG, NZG 1999, S. 932.

1270 Mennicke, Sanktionen, S. 91; Heise, Insiderhandel, S. 44.

ses sind[1271]. Dies lässt sich leicht durch zwei Personen illustrieren, die derselben Situation ausgesetzt sind und dennoch unterschiedlich reagieren. Die unterschiedliche, in Quantität und Qualität nicht vergleichbare Ausstattung der Anleger mit Transformationswissen führt außerdem zu einer ungleichen Verteilung von Information im Kapitalmarkt, woraus sich Gelegenheit zu Handel und Arbitrage sowie Anreize zur Informationsbeschaffung ergeben[1272]. Die Prämisse, das Individuum besitze vollständige Information über sämtliche Entscheidungsalternativen und deren Konsequenzen und verhalte sich zielstrebig, rational und eigennützig, ist also als börsenrealitätsfremd anzusehen[1273]. Vollkommen effiziente Börsenpreise im Sinne von Aggegatoren aller vorhandenen Informationen stellen keinen Teil der sozialen Realität[1274] und somit keine realen, kausal veränderbaren Gegenstände/Sachverhalte der sozialen Wirklichkeit dar[1275], deren Beeinträchtigung durch ein bestimmtes Verhalten nachvollziehbar geprüft werden könnte[1276].

Die strafrechtliche Gewährleistung wahrer Kurse im Sinne einer strafrechtlich erzwingbaren informationellen Gleichheit ist aber auch gemeinwohlbeeinträchtigend[1277], da der gewünschte Wettbewerb - als Garantie des individuellen sozialen Wohls - zum Erliegen käme[1278]. Das Ausnutzen besseren Wissens zur Gewinnerzielung könne die Rechtsordnung grundsätzlich nicht verbieten, weil es sonst nicht mehr interessant wäre, sich um Wissen (Wissensvorsprünge) zu bemühen[1279]. Kein Investor nähme die Kosten der Informationsbeschaffung auf sich, wenn er sie dem Publikum mitteilen müsste, was sich als katastrophal für Kapitalmärkte erweisen könnte.

Die strafrechtliche Gewährleistung einer informationellen Gleichheit steht aber vor allem mit unserer Gesellschaftsordnung, deren tragendes Prinzip die Freiheit (Art. 2 Abs. 1 GG) des Einzelnen ist, in krassem Widerspruch[1280]. Das Marktziel kann nicht darin liegen, denjenigen Anleger zu bevormunden, der in voller Kenntnis des Risikos die mit einer Investition verbundenen Gewinnchancen wahrnehmen will[1281]. Eine solche Handhabung kann mit der verfassungsrechtlich

1271 Vgl. hierzu ausführlich § 2 IV 3 u. 4.

1272 Rudolph/Röhrl, in Hopt/Rudolph/Baum, S. 182; Reuter, Aktienmarkt, S. 209.

1273 Dette, Kursbildung, S. 4, 144 ff., 239.

1274 Wohlers/Mühlbauer, FS für Forstmoser, S. 760; Otto, in Tiedemann (Hrsg.): Europa-Delikte, S. 358.

1275 Zum realen Charakter der Rechtsgüter vgl. auch Amelung, Rechtsgüterschutz, S. 212 ff.; Roxin, AT, Bd. I, § 2 RN 3.

1276 Wohlers, Deliktstypen, S. 223.

1277 So Varnholt, Finanzmarkt, S. 473.

1278 So Petersen, wistra 1999, S. 330 f.; Soesters, Insiderhandelsverbote, S. 182; Weber, NZG 2000, S. 118 ff.

1279 Stratenwerth, FS für Vischer, S. 670.

1280 Mennicke, Sanktionen, S. 86.

1281 Hopt, Gutachten, G 54, 96; Gäbhard, Wesentliche Umstände, S. 104; Altenhain, BB 2002, S. 1875.

garantierten Privatautonomie (Prinzip individueller wirtschaftlicher Verantwortung) bzw. mit dem Wirtschaftsverfassungssystem nicht vereinbar sein.

ii. Auslegung im Lichte einer gemischt liberal-sozialen Wirtschaftsordnung

Obwohl einige Stimmen die Auffassung vertreten, dass sich keine Aussagen über die Schutzwürdigkeit der Wirtschaftsordnung im Ganzen oder einzelner ihrer Institutionen dem Grundgesetz unmittelbar entnehmen lassen[1282], wird dagegen eingewandt, dass das Grundgesetz zahlreiche Bestimmungen enthalte[1283], die sowohl einer reinen Planwirtschaft als auch einer völlig freien Marktwirtschaft eine klare Absage erteilen[1284]. Nur eine gemischt liberal-soziale Wirtschaftsverfassung ist also mit dem Grundgesetz vereinbar[1285]. Vor allem gewährleistet Art. 2 Abs. 1 GG (Handlungsfreiheit als Ausfluss der Menschenwürde) die freie Entfaltung der Persönlichkeit und erstreckt sich nach der Rechtsprechung des Bundesverfassungsgerichts[1286] sowie der ganz überwiegenden Meinung im Schrifttum[1287] auch auf das wirtschaftliche Handeln als einen bedeutenden Teil personaler Entfaltung. Art. 2 Abs. 1 GG ist damit Grundlage des Wettbewerbs[1288] und der Vertragsfreiheit[1289]. Der Gesetzgeber habe entsprechend dem Grundgesetz den Auftrag, eine Wirtschaftsordnung zu schaffen, die dem Einzelnen ein größtmögliches Maß freiheitlicher Entfaltung gewährleistet und sozial Schwache vor dem Missbrauch wirtschaftlicher Macht schützt, sie u. U. sogar gezielt fördert[1290]. Aufgabe des Staates ist es also, die Ordnung und Sicherung der Wirtschaft und ihrer Teilbereiche wie die Börse mittels ordnungspolitischer Gesetze und lenkender Maßnahmen derart auszugestalten, dass innerhalb der Ordnung faires, aber auch freiheitliches Wirtschaften aller Beteiligten möglich sei.

Geschützt werden dürfte demnach nur eine durch den Wettbewerb gesteuerte Marktwirtschaft: Der Wettbewerb ist das Mittel zur Gewährleistung formaler Gleichheit, da er den Markt begrenzt und somit zu einem entsprechenden Ausgleich führt[1291]. So gewährleistet nur der Wettbewerb ohne staatliche Eingriffe Bestand und wirtschaftliche Entfaltung der Marktteilnehmer. Es kommt auf die Sicherung der wirtschaftlichen Freiheit der Marktbeteiligten an, damit diese ihre

---

1282 BVerfGE4, S. 8, 18; 50, S. 337 f.; Amelung, Rechtsgüterschutz, S. 369; Worms, Anlegerschutz, S. 270; Dingeldey, Insider-Handel, S. 129.

1283 Geerds, Vermögensschutz, S. 32 m. w. N.

1284 Mennicke, Sanktionen, S. 499; Geerds, Vermögensschutz, S. 35 m. w. N.

1285 Otto, ZStW 96 (1984), S. 357; Geerds, Vermögensschutz, S. 36; Bottke, wistra 1991, S. 3; Mennicke, Sanktionen, S. 500; Dürig, in Maunz/Dürig/Herzog/Scholz, Art. 2 I RN 44.

1286 BVerfGE25, S. 407; 29, S. 266 f.; 50, S. 366.

1287 Maunz/Dürig/Di Fabio, 39. Lfg. (Juli 2001), Art. 2 I RN 76 ff.

1288 Maunz/Dürig/Di Fabio, 39. Lfg. (Juli 2001), Art. 2 I RN 116 ff.

1289 Maunz/Dürig/Di Fabio, 39. Lfg. (Juli 2001), Art. 2 I RN 101 ff.

1290 Geerds, Vermögensschutz, S. 37; BVerfGE19, 101, 114.

1291 Mennicke, Sanktionen, S. 498.

Entscheidungen dem Prinzip der Privatautonomie entsprechend treffen können[1292]. Es geht allein darum, das allgemeine Publikum vor Ausnutzung seiner Unterlegenheit zu schützen und so einen Beitrag zur Herstellung einer formellen (Chancen-)Gleichheit zu liefern[1293]. Zwar wird der Chancengleichheit große Bedeutung in einer am Gleichheitssatz des Grundgesetzes orientierten Marktwirtschaft beigemessen, in der alle Wettbewerber prinzipiell die gleichen Möglichkeiten - Ausgangs- und Funktionsvoraussetzungen - haben sollen, sich wirtschaftlich erfolgreich zu betätigen[1294]. In einer freiheitlichen Gesellschaft ist der Fairness- bzw. Gerechtigkeitsbegriff aber als identische Handlungsfreiheit aller Individuen auszulegen, mit der das Postulat der formalen Gleichheit einhergeht, was bedeutet, dass sämtlichen Individuen formal die gleichen Möglichkeiten zur Verwirklichung ihrer Ziele und Bedürfnisse offen stehen[1295]. Es kann also nicht um eine Gleichheit der Information, die jedem Anleger den gleichen Wissensstand zusichert, gehen[1296]. Ein Anleger, der durch eigene, planmäßige Recherche und Analyse einen Wettbewerbsvorteil erlangt, darf und soll dessen Früchte zur Vermögensmehrung verwenden.

Der strafrechtlich wahre Preis ist demnach jener Preis, der sich auf Grund einer formellen Chancengleichheit als das konkrete Einzelergebnis im Kapitalmarktverfahren ergibt[1297]. Kursfeststellungen beinhalten keine Bonitätsgarantie für die Aktie, sie besagen lediglich, dass der ordnungsgemäß festgestellte Kurs durch die freien Kräfte von Angebot und Nachfrage entstanden ist und demgemäss der wahren Geschäftslage entspricht, also einen Qualitätsstandard für sich in Anspruch nimmt. Dieser Grundsatz der formalen Kurswahrheit[1298] entspricht § 24 Abs. 2/§ 59 BörsG, nach dem die Börsenpreise bzw. die Preise von börsenähnlichen Einrichtungen ordnungsgemäß - im elektronischen Handel oder durch Skontroführer vorschriftgemäß – durch tatsächlich abgeschlossene Geschäfte zustande kommen und der wirklichen Geschäftslage des Handels an der Börse entsprechen (marktgerechte Preise)[1299]. Fiktive Geschäfte sind zwar rechtlich verbindlich, sie

---

1292 Mennicke, Sanktionen, S. 499; Dingeldey, Insider-Handel, S. 66; Dickersbach, Das neue Insiderrecht, S. 55.

1293 Mennicke, Sanktionen, S. 94.

1294 Mennicke, Sanktionen, S. 95; Rudolph/Röhrl, in Hopt/Rudolph/Baum, S. 185; Heise, Insiderhandel, S. 83; Dickersbach, Das neue Insiderrecht, S. 30; Reischel, Wirtschaftskriminalität, S. 173.

1295 Mennicke, Sanktionen, S. 86.

1296 Petersen, wistra 1999, S. 331.

1297 Weber, Kapitalmarktrecht, S. 378; Trüstedt, Börsenkursmanipulationen, S. 60.

1298 Beck, in Schwark, 3. Aufl., § 24 BörsG RN 10.

1299 Schwark, FS für Kümpel, S. 497; Ungern-Sternberg, ZStW 88 (1976), S. 672; Richard, SZW 67 (1995), S. 260; Altendorfer, in Aicher/Kalss/Oppitz, S. 231; Lenzen, WM 2000, S. 1137; Beck, in Schwark, 3. Aufl., § 24 BörsG RN 8. Vgl. auch Art. 51 der „Europa-Delikte", die im Rahmen einer privaten Forschungsarbeit des Max- Plank- Instituts für gesamte Strafrechtswissenschaften zum Zwecke der Vereinheitlichung des Wirtschaftsführen jedoch wirtschaftlich nicht zu Wertpapiertransaktionen[1300]. Und gerade darin liegt die konkludente Täuschung über die Geschäftslage. Denn fiktive Transaktionen widersprechen dem Erklärungswert veröffentlichter Kursen, bei denen es anzunehmen ist, sie beruhen auf dem wahren Zusammentreffen der freien Kräfte von Angebot und Nachfrage[1301]. Ordnungsgemäß zustande gekommene Geschäfte - mit welcher Motivlage auch immer - führen dagegen zu Kursen, die der Geschäftslage entsprechen[1302] und dürfen als sozial indifferente Handlungen nicht unter Strafe gestellt werden.

Eine pauschale Gleichstellung von Börsenpreisen mit Marktpreisen ist außerdem nicht sachgerecht[1303]. OTC-Handel basiert nämlich auf bilateralen Vertragsabschlüsse und ist weder organisiert noch überwacht, sondern rein privatwirtschaftlich strukturiert, so dass bei der Ausgestaltung der Preise spezielle Kundenwünsche, insbesondere hinsichtlich Laufzeit, Volumen und Basispreis berücksichtigt werden. Richtigerweise darf ein Preis, der ausschließlich die Differenz von An- und Verkaufskurs bezeichnet (Spread)[1304], nicht als Marktpreis für das Teilnehmen am Kursverlauf betrachtet werden[1305]. Der Spread ist ja nicht, wie die Optionsprämie, der Preis für die zu erwartende Kursentwicklung, also ein Wettentgeld oder der Preis eines Erwerbsrechts, der an der Börse nach dem Gebot von Angebot und Nachfrage zustande kommt, sondern lediglich ein durch den Broker wegen Inventar-, Informations- und Geschäftsabwicklungskosten[1306] festgesetzter Aufschlag, aus dem sein Gewinn resultiert[1307]. Inbesondere gilt, dass, je geringer die Liquidität ist, desto eher der Preisbildungsprozess nicht mehr die Marktlage reflektiert, so dass die Handelsspannen (Spreads) sich erhöhen, bedingt auch

---

strafrechts in der Europäischen Union herausgearbeitet wurden, hierzu Foffani, in Tiedemann (Hrsg.): Europa-Delikte, S. 344 sowie Otto, ebenda, S. 354 f., 358.

1300 Altendorfer, in Aicher/Kalss/Oppitz, S. 231; Altenhain, BB 2002, S. 1877; Otto, in Tiedemann (Hrsg.): Europa-Delikte, S. 357; Schwark, in Schwark, 3. Aufl., § 20a WpHG, RN 25.

1301 So auch Ungern-Sternberg, ZStW 88 (1976), S. 672; Altendorfer, in Aicher/Kalss/Oppitz, S. 231; Trüstedt, Börsenkursmanipulationen, S. 196 f.

1302 Lenzen, Unerlaubte Eingriffe, S. 194.

1303 Rössner/Lachmaier, BB 1986, S. 340 und FN 60; Schlüter, Börsenhandelsrecht, 2. Aufl., G RN 312; Benner, in Wabnitz/Janovsky, 2. Aufl., Kapitel 9 RN 27; die Preisgerechtigkeit im Rahmen von ATS bezweifelnd Ludwig, ZfdgK 2003, S. 521.

1304 Rössner/Lachmaier, BB 1986, S. 339; Rudolph/Röhrl, in Hopt/Rudolph/Baum, S. 171: Der market maker separiert zu Liquidierungszwecken eine Wertpapiertransaktion in zwei getrennte Transaktionen, wodurch die Notwendigkeit der synchronen gegengleicher Orders entfällt. Investoren beziehen vom Market Maker Wertpapiere zum höheren Verkaufskurs, Verkäufer erhalten nur den niedrigeren Kaufkurs. Die Differenz zwischen Ankaufs- und Verkaufskurs ist die Spanne eines market makers.

1305 Rössner/Lachmaier, BB 1986, S. 340.

1306 Rudolph/Röhrl, in Hopt/Rudolph/Baum, S. 175.

1307 Rössner/Lachmaier, BB 1986, S. 340 und FN 60; Schlüter, Börsenhandelsrecht, 2. Aufl., G RN 312.

durch die Suchkosten des Anlegers nach dem bestmöglichen Preis[1308]. Zu berücksichtigen ist außerdem, dass die meisten Märkte einen Preisimport (sog. Derivative Pricing) betreiben, so dass keine eigene Verarbeitung der wertbildenden Informationen erfolgt, sondern die an der jeweiligen Leitbörse ermittelten Kurse werden explizit oder faktisch übernommen[1309]. Das passiert schon deshalb, weil schließlich niemand bereit ist, zu schlechteren Kursen abzuschließen als sie zur selben Zeit am Referenzmarkt möglich wären. Durch das Derivate Pricing wird den Orders ihre potentiell preisbildende Wirkung genommen.

Unter Heranziehung des Rechtsgutsgedankens, nach dem Preise an Börsen und börsenähnlichen Einrichtungen als ordnungsgemäßes Ergebnis einer am freien Wettbewerb orientierten Wirtschaftsordnung verstanden werden können, stellen „sonstige Täuschungshandlungen" ausschließlich fingierte Transaktionen dar, als sie einer ordnungsgemäßen Preisbildung widersprechen und über die wahre Geschäftslage täuschen, und zwar unabhängig davon, ob der Täter die Kursbeeinflussung anstrebt, für sicher oder bloß für möglich hält.

cc) Vorrang einer richtlinienkonformen Auslegung?

Zu prüfen ist aber, ob sich das hier gewonnene Ergebnis hinsichtlich des Vorrangs einer richtlinienkonformen Auslegung, nach der Gerüchte, Scalping, abusive squeezes sowie Geschäfte oder Kaufs- bzw. Verkaufsaufträge, die falsche oder irreführende Signale für das Angebot, die Nachfrage von Finanzinstrumenten oder ihren Kurs geben oder geben können, im Allgemeinen als „Täuschungshandlungen" verstanden werden dürften, nicht als tragfähig erweist. Zu dieser Untersuchung zwingt die Tatsache, dass es sich bei der Neuregelung der Kurs- und Marktpreismanipulation um eine verbindliche Umsetzung der EU-Marktmissbrauchsrichtlinie handeln soll[1310], auch wenn sie die Richtlinie nicht getreu dem Wortlaut abschreibt, sondern diese bezüglich der Zielsetzung überträgt und ihre eigene Rechtsnormgestaltung und -systematik verwendet[1311].Genau darauf ist die Urteilsfindung des BGH für den Fall des Scalping gestützt worden: Der BGH hat den Auffangtatbestand des § 88 Nr. 2 BörsG a. F. richtlinienkonform ausgelegt und darunter Scalping fallen lassen[1312].

Aus dem Prinzip der gegenseitigen Gemeinschaftstreue (Art. 10 EGV n. F./Art. 5 EGV a. F.) [1313] folgt die allgemein anerkannte Pflicht, das nationale

1308 Spindler, WM 2002, S. 1328.

1309 Liersch, WM 2003, S. 475.

1310 Seitz, BRK 2002, S. 343; Streinz/Ohler, WM 2004, S. 1309.

1311 Zu unterschiedlichen Umsetzungspraktiken vgl. Heinze, Europäisches Kapitalmarktrecht, S. 23.

1312 BGH, wistra 2004, S. 109 ff.

1313 Dabei handelt es sich um eine für das Verhältnis zwischen Gemeinschaft und Mitgliedsstaaten zentrale Vorschrift, die den allgemeinen Rechtsgrundsatz normiert, dass den Mit-

Recht[1314] - einschließlich des Strafrechts[1315] - im Lichte des Wortlauts und des Zwecks der Richtlinie auszulegen, um das in der Richtlinie genannte Ziel gem. Art. 249 Abs. 3 EGV zu erreichen[1316]. Keine Einigkeit besteht allerdings in der Frage nach einem Vorrang der sog. richtlinienkonformen Auslegung vor den allgemeinen nationalen Auslegungsregeln. Obwohl sich ein Teil des Schrifttums[1317] gegen die Pflicht zur richtlinienkonformen Auslegung als ein imperatives Auslegungskriterium, dessen Ergebnis allen anderen Auslegungsergebnissen vorgehe, wendet, weil der EuGH bisher ihr keinen Vorrang einräumt, wird sie dagegen von anderen Stimmen[1318] bejaht. Denn was nütze es, einer Auslegung zu folgen, die zwar nach den allgemeinen Regeln zu erzielen sei, aber der Richtlinie widerspreche, die der nationalen Norm zugrunde liege. Im Mittelpunkt der Auseinandersetzung stehen Ausführungen, die in Parallele zur verfassungs- bzw. völkerrechtskonformen Auslegung der richtlinienkonformen Auslegung eine hervorgehobene Stellung in dem Sinne gewähren, dass unter mehreren Möglichkeiten diejenige zu wählen ist, die mit der Richtlinienbestimmung im Einklang steht[1319].

Anerkannt ist allerdings, dass eine richtlinienkonforme Auslegung dann unzulässig ist, wenn sich das so gewonnene Resultat nicht mehr im Rahmen des möglichen Wortsinns der nationalen Norm bewegt, sondern lediglich vom Wortlaut der Richtlinienbestimmung erfasst wird. Grenzen für eine gemeinschaftskonforme Auslegung des Strafrechts können sich also aus verfassungsrechtlichen Vorgaben

---

gliedsstaaten und den Gemeinschaftsorganen gegenseitige Pflichten zur loyalen Zusammenarbeit obliegen, Satzger, Europäisierung, S. 296; Moll, Blankettstrafgesetzgebung, S. 207. Die Mitgliedsstaaten haben alles zu tun, um die volle Wirksamkeit aller gemeinschaftsrechtlichen Vorschriften in ihrem jeweiligen Staatsgebiet sicherzustellen und müssen alles unterlassen, was die Vertragsziele gefährden könnte, s. Satzger, ebenda, S. 297.

1314 Vgl. EuGH, Urteil v. 10.04.1984, Rs. 14/83, Slg. 1984, S. 1891, 1908 f. (von Colson und Kamann).

1315 Vgl. EuGHE 1987, S. 3969, 3986- Rs. 80/86 (Kolpinghuis Nijmegen); BVerfG, NJW 1989, S. 2464; BGHSt37, 333 ff.; Pananis, Insidertatsache, S. 81; Cramer, FS für Triffterer, S. 333 f.; Satzger, Europäisierung, S. 549 f.; Schönke/Schröder/Eser, Vorb. § 1 RN 26 i. V. m. § 1 RN 37; Schröder, Europäische Richtlinien, S. 341 m. w. N.

1316 Satzger, Europäisierung, S. 529 f.; Müller-Gugenberger, in Müller-Gugenberger, 3. Aufl., § 5 RN 83; Moll, Blankettstrafgesetzgebung, S. 13 m. w. M; Pananis, Insidertatsache, S. 77; Cramer, FS für Triffterer, S. 334 f.; Lutter, JZ 1992, S. 593, 605; Heinze, Europäisches Kapitalmarktrecht, S. 26 f.; EuGH, Urteil v. 10.04.1984, Rs. 79/83, Slg. 1984, S. 1942; vgl. auch EuGHE 1986, S. 1690; 1989, S. 3546; 1990, S. 4159; EuGH v. 29.10.1998, EuZW 1999, S. 52; vgl. auch BVerfGE75, S. 237.

1317 Di Fabio, NJW 1990, S. 952; Haouache, Börsenaufsicht, S. 145 ff.

1318 Lutter, JZ 1992, S. 604 ff.; Pananis, Insidertatsache, S. 78 ff.; Immenga, ZBB 1995, S. 197, 199; Cramer, FS für Triffterer, S. 334; Heise, Europäisches Gemeinschaftsrecht, S. 99 f.; Streinz/Ohler, WM 2004, S. 1315.

1319 Satzger, Europäisierung, S. 532, 551; vgl. auch Generalanwalt van Gerven, in EuGH 1990, S. 4156- Rs. C- 106/89 „Marleasing.

ergeben[1320]. In diesem Zusammenhang kommt als begrenzende Norm der Grundsatz „nullum crimen sine lege" in Betracht. Der EuGH[1321] hat auch die Ansicht vertreten, dass die gemeinschaftskonforme Auslegung ihre Grenzen in den allgemeinen Rechtsgrundsätzen, die Teil des Gemeinschaftsrechts sind, und insbesondere in dem Grundsatz der Rechtssicherheit und im Rückwirkungsverbot finde. Daher ist auch nach dem EuGH eine Richtlinie nicht geeignet, aus sich allein heraus die strafrechtliche Verantwortung festzulegen oder zu verschärfen. In den Entscheidungen „von Colson - Kamann" erklärte der EuGH den eindeutigen Wortlaut des Gesetzes zur Grenze der Auslegung[1322].

Eine richtlinienkonforme Auslegung unter Verstoß gegen das Analogieverbot kommt folglich ganz übereinstimmend nicht in Betracht[1323]. Solange sich die richtlinienkonforme Auslegungsvariante im Rahmen der Wortlautgrenze halte, ist sie anderen Möglichkeiten vorzuziehen, auch wenn sie sich strafbarkeitserweiternd auswirkt. Über die Tatsache hinaus, dass auch die Marktmissbrauchsrichtlinie selbst mit offenen Formulierungen operiert und deshalb in Art. 1 Nr. 2 gleich einen doppelten Vorbehalt der nachträglichen Änderung und Ergänzung vorsieht[1324], geht eine richtlinienkonforme Auslegung, nach der Gerüchte, Scalping sowie bewertungsunerhebliche Angaben als verbotene Kursmanipulation bewertet werden sollten, über den Wortlaut des Straftatbestandes hinaus. Die deutsche Regelung stellt darüber hinaus zur Strafbarkeitsbegründung einschränkend auf subjektive Elemente (Täuschung/Manipulationsabsicht) ab, so dass sie deutlich enger als die europarechtlichen objektiven Verbote greift. Die Richtlinie lässt ausschließlich das Vorliegen objektiver Kriterien wie Setzen von falschen Signalen bzgl. Angebot/Nachfrage oder Kurs grundsätzlich für die Erfüllung des Tatbestands der Marktmanipulation genügen, solange nicht nachgewiesen wird, dass die vorgenommene Handlung der Marktpraxis entspricht, und ist insofern im Wortlaut weiter[1325]. Eine richtlinienkonforme Auslegung spricht aber dann für die Tatbestandsmäßigkeit effektiven Handels, wenn ein manipulativer Zweck nachzuweisen ist.

Fraglich ist es jedoch, ob die Vorzugsregel zum Inhalt hat, dass bei Wahrung der von Art. 103 gezogenen Grenzen nur noch das strikt am Wortlaut der Ri-

---

1320 Hugger, NStZ 1993, S. 423 f.; Cahn, ZHR 162 (1998), S. 3; Satzger, Europäisierung, S. 533; Gaede/ Mühlbauer, wistra 2005, S. 16.

1321 EuGHE 1987, 3969, 3986; vgl. auch die nachfolgenden bestätigenden Entscheidungen EuGHE 1996, I- 6609- Rs. C-74/95 und C 129/95 „Strafverfahren gegen X"; EuGHE1996, I-4705- Rs. C-168/95 „Luciano Arcaro"; ausführlich dazu Satzger, Europäisierung, S. 534, 538 ff.; Schröder, Europäische Richtlinien, S. 362 ff.

1322 EuGH Slg. 1984, 1909 (von Colson und Kamann); Slg. 1984, 1942 (Harz).

1323 Cramer, FS für Triffterer, S. 335; Schröder, Europäische Richtlinien, S. 367.

1324 Vgl. § 5 II 3 b) und 4; hier Schmitz, ZStW 115 (2003), S. 524; Streinz/Ohler, WM 2004, S. 1315.

1325 Vaupel/Uhl, WM 2003, S. 2137; vgl. auch Ziouvas/Walter, WM 2002, S. 1488; Weber, EuZW 2002, S. 44; Weber/Schaller, SZW 75 (2003), S. 181; Hopt/Waschkeit, FS für Lorenz, S. 152.

chtlinie ausgerichtete Auslegungsergebnis in Betracht kommt. Schröder hat neulich am Beispiel der richtlinienkonformen[1326] Auslegung des § 69c Nr. 1 UhrG deutlich gemacht, dass eine sklavische Orientierung an Richtlinienvorgaben oft zu erheblichen Umständen führen kann[1327]. Deswegen müssen Richtlinienvorgaben richtigerweise nicht vorbehaltlos in das Strafrecht übertragen werden. Die Richtlinienkonformität ist kein Selbstzweck, der davon befreit, über Sinn und Zweck der Strafbarkeit nachzudenken[1328]. Es wäre unzulässig, jeweilige strafbarkeitsbegründende Effekte unter dem Deckmantel einer vermeintlichen Pflicht zur richtlinienkonformen Auslegung der wissenschaftlichen und auch kriminalpolitischen Diskussion zu entziehen und fortan als unantastbar zu behandeln. Derartige Mutationen des Strafrechts sind vom Gemeinschaftsrecht nicht gewollt und können folglich auch keine gemeinschaftsrechtliche Rechtfertigung erfahren. Es widerspricht der Stellung des Strafrechts in unserem Rechtssystem, jeden außerstrafrechtlichen Normverstoß sogleich als straftatbestandsmäßig einzustufen[1329]. Eine richtlinienkonforme Auslegung im Strafrecht sollte also nicht als Automatismus verstanden werden.

Ob die Richtlinieninhalte im Ergebnis tatsächlich auf die Auslegung durchschlage, ergibt sich aus dem Sinn und Zweck der Richtlinie und der Strafnorm[1330]. Genau das ist gefordert, wenn die Gefahr besteht, dass dem Gemeinschaftsrecht etwas zugerechnet wird, was es nicht bewirken will und im nationalen Recht eine fragwürdig anmutende Extension des Strafbaren droht. Zwar hat der Gesetzgeber des vierten FFG den § 38 Abs. 1 Nr. 4 in Umsetzung der Marktmissbrauchsrichtlinie erschaffen und im Anschluss daran auf die Strafbarkeit des Ausstreuens von Gerüchten oder effektiver Transaktionen, die über die tatsächliche Geschäftslage in einem Vermögenswert täuschen, hingewiesen[1331]. Anerkanntermaßen kann der Gesetzgeber den an sich widerstreitenden Anforderungen der größtmöglichen Bestimmtheit und der gleichzeitigen Erfassung aller strafwürdigen Einzelfälle bei Verwendung von unbestimmten Rechtsbegriffen am ehesten durch die zusätzliche Angabe von Kriterien gerecht werden, mit denen nach seiner Vorstellung das Vorliegen der Tatbestandsmerkmale geprüft werden kann[1332]. Dem Adressaten und damit auch den Rechtsanwendern werden damit konkrete Anwendungskriterien an die Hand gegeben. Diese Kriterien müssen nicht im Gesetzestext selbst erschei-

---

1326 Vgl. Softwarerichtlinie 91/250/EWG vom 14.4.1991, Abl. L 122, S. 42.

1327 Dabei handelt es sich um eine „richtlinienkonforme Modifizierung" des Vervielfältigungsbegriffs, so dass auch die bloße Nutzung einer Raubkopie als eine strafbare Vervielfältigung gilt, was dem Urheberstrafrecht jedoch bislang fremd war, vgl. dazu ausführlich Schröder, Europäische Richtlinien, S. 438 ff.

1328 Schröder, Europäische Richtlinien, S. 444.

1329 Schröder, Europäische Richtlinien, S. 450.

1330 Schröder, Europäische Richtlinien, S. 453.

1331 BT-Dr. 14/8017, S. 89 f.

1332 Schönke/Schröder/Eser § 1 RN 20.

nen, sondern können in der Form von konkreten Erläuterungen der Norm im Rahmen des Gesetzgebungsverfahrens, etwa als Begründung des Gesetzesentwurfs, publiziert werden. Im Rahmen der subjektiv-historischen Auslegung des Gesetzes sind diese von Rechtsanwendern zu berücksichtigen. Der Ansatz eines weit verstandenen Auffangtatbestandes, der Scalping, unverbürgte Nachrichten sowie effektive Transaktionen unter den Begriff der „sonstigen Täuschungshandlungen" subsumieren will, gewinnt aber angesichts der aufgezeigten schwerwiegenden Bedenken auch dann nicht an Plausibilität, wenn der Gesetzgeber ihn ebenfalls vertritt[1333]. Zumal der Gesetzgeber des vierten FFG die vorherige Rechtspraxis - das Anliegen einer Auslegung im Lichte des Begehungstatbestandes - gekannt hat und die Formulierung des Auffangtatbestandes nicht geändert hat, ist außerdem davon auszugehen, dass er sie mit dem neuen Gesetz übernommen hat[1334]. Maßgebend für die Auslegung eines Gesetzes ist der in dieser zum Ausdruck kommende objektive Wille des Gesetzgebers, so wie er sich aus dem Wortlaut der Gesetzesbestimmung und dem Sinnzusammenhang ergibt, in den diese hineingestellt ist[1335]. Der subjektiven Vorstellung der am Gesetzgebungsverfahren beteiligten Organe einer Vorschrift kommt für deren Auslegung nur insofern Bedeutung zu, als sie die Richtigkeit der nach den angegebenen Grundsätzen erhaltenen Auslegung bestätigt oder Zweifel behebt, die auf dem angegebenen Weg nicht ausgeräumt werden können.

Aus diesem Blickwinkel sollte eine richtlinienkonforme Auslegung bei der Beurteilung nicht ins Gewicht fallen und die hier vertretene Konzeption als stichhaltig anzusehen.

dd) Ergebnis

Die geäußerte Kritik an der Strafregelung des vierten FFG ist insofern durchaus berechtigt, als man gemeint hat, eine umfassende Bekämpfung wirtschaftsabweichenden Verhaltens im Börsenbereich wäre grundsätzlich eine Frage der redaktionellen Überarbeitung der Strafvorschrift des § 88 BörsG a. F. Klagen über mangelnde Bestimmtheit dürfte man jedoch hinreichend gerecht werden, indem man rechtsgutbezogen auslege und bei der Generalklausel der Nr. 2 die eingrenzende Funktion der Nr. 1 berücksichtigt.

Der Ansatz des strafrechtlichen Schutzes von „Fairness" im Sinne der Diskriminierung der Lüge und der Offenbarung aller Informationen einschließlich Absichten und Motive verdient keinen Beifall. Denn er verstößt gegen eine freiheitliche Marktwirtschaft und führt zu einer verflüssigten Strafbarkeitszone, so dass die Illegitimität der Handlung oft zweifelhaft ist bzw. durch das Abstellen

1333 Vogel, in Assmann/Schneider, 3. Aufl., § 20a RN 106.
1334 BVErfGE10, S. 340; 20, S. 293; 21, S. 270; 26, S. 152; 30, S. 140; 79, S. 121; 80, S. 156.
1335 St. Rechtsprechung, vgl. BVErfGE8, S. 307; 15, S.162; 22, S. 260; 45, S. 288; 59, S. 153; Bleckmann, JuS 2002, S. 943.

auf kaum nachweisbare Absichten sich beurteilen lässt. Dabei handelt es sich nämlich um Kunstgriffe, die keinen Realitätsbereich betreffen, und auch wenn sie als Regelungsziele durchaus zulässig sind, verfügen sie über keine strafbarkeitseinschränkende Funktion, sondern führen zu flächendeckenden Tatbeständen und fragwürdigem Strafrechtsschutz.

Stellt man richtigerweise auf den Schutz einer formellen Preiswahrheit ab, fallen unter den Auffangtatbestand ausschließlich fingierte Transaktionen, die generell geeignet sind, das Rechtsgut einer ordnungsgemäßen Preisbildung zu beeinträchtigen und deren technische Details der Rechtsverordnungsgeber in zulässiger „Spezifizierung" regeln darf. Dagegen wirkt eine Rechtsverordnung wie die KuMaV hinsichtlich der Strafbarkeit des effektiven Handels, des Ausstreuens von Gerüchten oder unlauterer Empfehlungen strafnormbegründend, so dass es an jeder Legitimation fehlt[1336].

VII. Räumlicher Anwendungsbereich des § 38 Abs. 1 Nr. 4 WpHG i. F. v. 1.7.2002

Mit dem vierten FFG sollte das Unbehagen hinsichtlich der Erfassung grenzüberschreitender Sachverhalte beseitigt werden[1337]. Dazu zwangen auch die gemeinschaftsrechtlichen Vorgaben zum Marktmissbrauch, die einen breiten geographischen Anwendungsraum der Richtlinie beanspruchen, um überall auf den Finanzmärkten gleiche Wettbewerbsbedingungen zu schaffen[1338].

Bei der Regelung des vierten FFG ist zunächst auf ihre Einteilung in einen Ordnungswidrigkeits- und Straftatbestand abzustellen. Bleibt der Erfolg der Kurseinwirkung nämlich aus, dann kommt ausschließlich der Ordnungswidrigkeitstatbestand zur Anwendung, dessen Deliktstruktur als erfolgsunabhängiges[1339] abstraktes Gefährdungsdelikt[1340] grundsätzlich derjenigen des Kursbetrugstatbestandes (§ 88 BörsG a. F.) entspricht. Eine Strafbarkeitseinschränkung kommt durch die Neuregelung des WpHG insoweit zustande, als die Handlung im Gegensatz zum §

1336 Wie hier Trüstedt, Börsenkursmanipulationen, S.162 f., 181 ff.; für die Nichtigkeit in puncto „effektive Geschäfte" auch Vogel, in Assmann/Schneider, 3. Aufl., § 20a RN 113; hinsichtlich Scalping auch Pananis, NStZ 2004, S. 289.

1337 S. o. § 5 I 2.

1338 Vgl. Art. 10 der Markmissbrauchsrichtlinie (FN 20), S. 23.

1339 Vogel, in Assmann/Schneider, 3. Aufl., § 20a RN 91. Es reicht zur Tatbestandsverwicklung aus, wenn die Erklärung nach außen dringt und zumindest eine weitere Person davon Kenntnis nehmen kann, vgl. hierzu Emittentenleitfaden der BaFin (FN 808), S. 88 sowie § 5 I 2.

1340 Die Umgestaltung des § 39 Abs. 1 Nr. 1 i. V. m. § 20a Abs. 1 Fall 1WpHG in potentielles Gefährdungsdelikt ändert nichts, denn es ist richtigerweise zwischen der Rechtsgutsverletzung und dem Erfolg i. S. d. § 9 StGB zu unterscheiden. Zu demselben Ergebnis gelänge man aber auch, folgte man der Gegenansicht, nach der potentielle Gefährdungsdelikte keine Erfolgsdelikte seien, so Kienle, Internationales Strafrecht, S. 54 m. w. N.

88 BörsG a. F. ausschließlich Vermögenswerte betreffen muss, die an einem organisierten Markt zum Handel zugelassen werden[1341]. Somit wird entsprechend der Insiderregelung und der Marktmissbrauchsrichtlinie die Funktionsfähigkeit der Wertpapiermärkte innerhalb des EWR geschützt[1342].

Ähnlich dem Kursbetrugstatbestand ist für den Ordnungswidrigkeitstatbestand gemäß §§ 5 (Territorialitätsprinzip), 9 (Ubiquitätsprinzip) OWiGG[1343] ausschließlich der Handlungsort maßgebend, also der Ort, an dem der Täter - und sei es auch nur teilweise - unrichtige Angaben macht bzw. konzipiert oder Täuschungshandlungen vornimmt[1344]. Bei vollständiger Unterlassung der erforderlichen Information liegt eine Inlandstat dann vor, wenn die gesetzlich geforderten Informationen- etwa im Rahmen der Emissionspublizität oder der laufenden Publizität- auch in Deutschland als dem in Anspruch genommenen Börsenplatz zu erfüllen sind[1345].

Bei handelsgestützten Manipulationspraktiken ist der Handlungsort dort zu lokalisieren, wo das manipulative Geschäft vorgenommen wird[1346]. Hier ist richtigerweise zwischen börslichen und außerbörslichen Transaktionen zu unterscheiden[1347]. Zweifellos gilt die Tat als im Inland begangen, wenn das manipulative Geschäft an einem außerbörslichen inländischen Markt stattfindet, also der Kauf- oder Verkaufsvertrag bei physischer Anwesenheit beider Geschäftspartner im Inland geschlossen wird und die Papiere effektiv im Inland übergeben werden. Findet nun nur das Verpflichtungsgeschäft im Inland, das Verfügungsgeschäft aber im Ausland statt, dann ist Tatort jeder Ort, an dem ein Einzelakt verwirklicht wird[1348]. Eine außerbörsliche Transaktion, bei der der Täter im Inland mit einem Dritten im Ausland kontrahiert, sollte ebenfalls als im Inland begangen anzusehen sein, gleich, ob die Papiere ins Ausland gesendet oder zwischen zwei ausländischen Depots transferiert werden. Auch in dem umgekehrten Fall, in dem der Manipulator vom Ausland aus dem Dritten im Inland, etwa telefonisch oder durch sonstige Kommunikationsmittel, den Vertragsantrag macht und dieser ihn annimmt, ist der Täter nach deutschem Recht strafbar[1349]. Denn Tatort ist bei telekommunikativen Übermittlungen auch der Ort, an dem die Handlung optisch und aku-

1341 Cramer/Vogel, in Assmann/Schneider, 3. Aufl., § 38 RN 13.

1342 BT-Dr. 14/8017, S. 89.

1343 Göhler, § 7 OWiGG RN 1; KKOWi-Rogall, § 7 RN 1.

1344 BT-Dr. 14/8017, S. 89.

1345 So für die parallele Problematik der Ermittlung des Handlungsortes für deliktische Ansprüche Kiel, Kapitalanlegerschutzrecht, S. 272.

1346 Kiel, Kapitalanlegerschutzrecht, S. 284, 301.

1347 So zum Handlungsort beim Insiderstrafrecht Schuster, Internationales Börsenrecht, S. 470 ff.

1348 Schuster, Internationales Börsenrecht, S. 471; Kondring, WM 1998, S. 1373; vgl. auch Kiel, Kapitalanlegerschutzrecht, S. 279.

1349 Schuster, Internationales Börsenrecht, S. 472; Schmid, Insiderstrafrecht, S. 162.

stisch wahrgenommen werden kann[1350]. Befinden sich bei einem außerbörslichen Geschäft sowohl der Täter als auch der Erwerber im Ausland, kann die Tat hingegen nicht als im Inland begangen angesehen werden, auch wenn die Übergabe der Wertpapiere im Inland stattfinden sollte. Es kommt entscheidend auf das Verpflichtungsgeschäft an.

Geht man einmal von dem Normalfall aus, in dem der Manipulator sich an der inländischen Börse zugelassener Unternehmen als Kommissionäre bedient, ist ein solches, über die Börse geleitetes, Geschäft als im Inland begangen anzusehen, auch wenn der Verkäufer und der Erwerber im Ausland sitzen[1351]. Im Regelfall wird die Bank als gutgläubiges Werkzeug des Auftraggebers die Geschäfte ausführen; es liegt ein Fall der mittelbaren Täterschaft vor, die nach Lehre und Praxis auch dort als verübt gilt, wo der Tatmittler die Tatbestandsmerkmale verwirklicht. Betroffen wird der inländische Kapitalmarkt durch Inanspruchnahme seines Börsenmechanismus[1352]. Bedient sich der ausländische Manipulator oder der Dritte einer ausländischen Bank, die mit einer inländischen Niederlassung zum Handel an einer inländischen Börse zugelassen ist, und verwendet diese die Sonderbedingungen für Wertpapiergeschäfte der deutschen Banken nicht, ist der Begehungsort des Geschäfts jedenfalls in gleicher Weise als im Inland gelegen anzusehen, wenn die Bank den Auftrag über die inländische Börse abwickelt. Im Allgemeinen ist bei Börsengeschäften der Börsenort als maßgeblich anzusehen. Tritt die Bank bei einem Festpreisgeschäft als Eigenhändlerin auf, gelten für das Geschäft zwischen der Bank und ihrem Kunden wiederum die üblichen Anknüpfungen des außerbörslichen Direktgeschäfts.

Eine neue Dimension hat allerdings die neue Strafvorschrift des WpHG erreicht, da sie sich durch den Erfolg der Einwirkung auf einen inländischen Börsen bzw. Marktpreis oder auf den Preis eines Vermögenswertes an einem organisierten Markt in einem anderen Mitgliedsstaat der europäischen Union oder in einem anderen Vertragsstaat des Abkommens über den europäischen Wirtschaftsraum qualifizieren lässt. Für die Ermittlung des Tatortes des Straftatbestandes gemäß § 9 Abs. 1 StGB ist nunmehr nicht nur der Handlungsort maßgebend, sondern auch der Ort, an dem der zum Tatbestand gehörende Erfolg bzw. die Kursbeeinflussung

1350 Schönke/Schröder/Eser, § 9 RN 4.

1351 Schuster, Internationales Börsenrecht, S. 479; Schmid, Insiderstrafrecht, S. 163.

1352 Schuster, Internationales Börsenrecht, S. 479; Kiel, Kapitalanlegerschutzrecht, S. 198, 284, 310, 317; Schmid, Insiderstrafrecht, S. 163; missverständlich Heise, Insiderhandel, S. 179 f., der auf den Ort abstellt, wo der Täter die Order erteilt. Somit bedient er sich eigentlich des Aufenthaltsorts des Täters als Anknüpfungspunkt, der aber für die Ermittlung des Handlungsorts wenig brauchbar ist. Leitet ein Anleger nämlich eine Scheinorder an eine inländische Börse zu, dann nimmt er den inländischen Preismechanismus in Anspruch, unabhängig davon, ob er Inländer ist oder er die Order vom Ausland aus übers Internet erteilt. Dabei handelt es sich jedenfalls um eine Inlandstat.

eingetreten ist[1353]. Tritt der Erfolg im Inland ein bzw. werden inländische Preise an Börsen oder Märkten beeinflusst, dann handelt es dabei also um eine Inlandstat (§§ 3, 9 StGB), die unter den Anwendungsbereich des deutschen Kursmanipulationstatbestandes des WpHG fällt. Unerheblich ist es allerdings, ob der Täter Deutscher oder Ausländer ist, ob er vom Ausland aus deutsche Preise manipuliert oder sich im Inland aufhält und aus dem Inland einen Auftrag zum Handel an einer ausländischen Börse erteilt oder ob die Manipulationshandlung am Tatort mit Strafe bedroht wird. Somit werden alle Konstellationen vom neuen Kursmanipulationsstrafrecht erfasst, in denen der Täter grenzüberschreitend handelt und seine Tathandlung Preise im Inland beeinflusst.

Der neue Kursmanipulationstatbestand schützt außerdem ausdrücklich europäische Rechtsgüter[1354]. Strafbar macht sich nicht nur derjenige, der durch Verstoß gegen § 20a WpHG handelt und dadurch einen inländischen Börsen- oder Marktpreis beeinflusst, sondern auch derjenige, der auf den Preis eines Vermögenswertes an einem organisierten Markt in einem anderen Mitgliedsstaat der europäischen Union oder des EWR einwirkt. Diese ausdrückliche Einbeziehung europäischer Börsen- und Marktpreise war allerdings im Diskussionsentwurf nicht vorgesehen. Die Strafbarkeit war auf inländische Preise beschränkt, während bei Manipulationshandlungen gegen „europäische" Preise ausschließlich der Ordnungswidrigkeitstatbestand einschritt. Diese Regelung war allerdings gemeinschaftsrechtlich lückenhaft. Zweckgedanke der europäischen Marktmissbrauchsrichtlinie ist die Harmonisierung der zum Teil äußerst divergierenden Vorschriften über das Manipulationsverbot der einzelnen Mitgliedstaaten. Um dem Erfordernis einer einheitlichen Marktmissbrauchsbekämpfung im gesamten europäischen Wirtschaftsraum gerecht zu werden, zwingt die Richtlinie zum Erlass nationaler Regelungen, die Preise von Vermögenswerten an organisierten Märkten in anderen Staaten des Europäischen Wirtschaftsraums schützen[1355]. Dies ist als unerlässlich anzusehen, da auch der Gesamtmarkt der EG, in Form des Zusammenspiels aller nationalen Märkte, vor Verzerrungen geschützt werden müsse[1356]. Überdies ist es bereits zu den ersten europäischen Börsen gekommen: Im Jahre 2000 zeichnete sich der Zusammenschluss der Aktienbörsen in Amsterdam, Brüssel und Paris zum Euronext-Verbund ab[1357]. Zudem entschloss sich die SWX, mit einer englischen Börse und einem dahinterstehenden Konsortium eine neue Börse für europäische Aktien der größten Unternehmen, die virt-x, zu gründen. Solche Beispiele verdeutlichen, dass eine europäische Börsenlandschaft nicht mehr ernsthaft zu bestreiten ist. Das Auseinanderfallen des Schutzumfangs von - zumindest

---

1353 Vogel, in Assmann/Schneider, 3. Aufl., § 20a RN 27 sowie Cramer/Vogel, ebenda, § 38 RN 16.

1354 Möhrenschlager, in Wabnitz/Janovsky, 2. Aufl., Kapitel 3 RN 16.

1355 Möller, WM 2001, S. 2407; ders, WM 2002, S. 312.

1356 Lücker, Missbrauch, S. 33.

1357 Schönholzer, in Nobel (Hrsg.): Aktuelle Rechtsprobleme, S. 141.

europarechtlich - gleichwertig zu erachtenden nationalen (strafrechtlicher Schutz inländischer Preise) und supranationalen Rechtsgütern (verwaltungsrechtlicher Schutz europäischer Preise) hätte aber vor allem unangenehme europarechtliche Konsequenzen für Deutschland mit sich bringen können: Nach der Rechtsprechung des EuGH, die im Griechischen Maisskandal[1358] entstanden ist und mehrmals bestätigt wurde[1359], ist aus der Annahme, das Gebot der Gemeinschaftstreue nach Art. 10 EGV n. F. (ex- Art. 5) umfasse auch die Sicherstellung der Anwendung von gemeinschaftlichem Gemeinschaftsrecht, die Pflicht heranzuziehen, den gemeinschaftsrechtlichen Rechtsgütern keinen geringeren Schutz zukommen zu lassen als gleichartigen nationalen Rechtsgütern. Um solche Rechtsprobleme zu vermeiden und zur Vereinheitlichung der europäischen organisierten Märkte beizutragen, hat der Regierungsentwurf in Umsetzung der Marktmissbrauchsrichtlinie den strafrechtlichen Schutz ebenfalls auf ausländische Rechtsgüter des europäischen Wirtschaftsraums ausgedehnt. Rechtsgut des Kursmanipulationsstraftatbestandes soll nunmehr die wahre und lautere Preisbildung an organisierten Märkten des europäischen Wirtschaftsraums sein. Immerhin verbieten weder das Völkerrecht noch das Staatsrecht, die Achtung ausländischer Rechtsnormen durch inländisches Strafrecht zu sanktionieren und so ausländische Rechtsgüter in den Schutzbereich des inländischen Rechts einzubeziehen[1360].

Der räumliche Anwendungsbereich des neuen Kursmanipulationstatbestandes soll aber noch weiter gehen: Absatz 2 des § 38 WpHG i. F. v. 1-7-02 stellt klar, dass einem Verbot im Sinne des Absatzes 1 Nr. 4 i. V. m. § 39 Abs. 1 Nr. 1 oder 2 WpHG i. F. v. 1-7-02 ein entsprechendes ausländisches Verbot gleichsteht und demnach ebenfalls – bei Vorliegen der Tatbestandsvoraussetzungen – strafrechtlich sanktioniert wird. Dies wird vom Gesetzgeber genauso wie beim Insiderrecht als unerlässlich betrachtet, um Straftaten mit Auslandsbezug einzubeziehen[1361]. Denn die Funktionsfähigkeit des europäischen Kapitalmarktes könne von einem Staat des EWR oder dem außereuropäischen Ausland her geschädigt werden. Begehe ein deutscher Staatsangehöriger eine solche Auslandstat, so sei eine Auslieferung zwecks Aburteilung im Ausland grundsätzlich unzulässig (Artikel 16 Abs. 2, Satz 1 GG). Einer Verurteilung im Inland stünde ohne weitere Rege-

---

1358 EuGH, Rs. 68/88, griechischer Mais, Slg. 1989, 2965 ff.; s. auch NJW 1990, S. 2245. In diesem Urteil, in dem es um Betrügereien im Zusammenhang mit Agrarabschöpfungen unter Mitwirkung griechischer Beamter ging, kam der Gerichtshof zu dem Ergebnis, dass die Griechische Republik gegen Art. 10 EGV n. F. (ex- Art. 5) verstoßen habe, weil sie keine straf- oder disziplinarrechtlichen Verfahren gegen die Personen eingeleitet hatte, die an der Durchführung und Verschleierung der Abschöpfungshinterziehung beteiligt gewesen seien.

1359 EuGH, Rs. C-36/94, Siesse, Slg, 1995, S. 3580; EuGH, Rs. C-341/94, Allain, Slg. 1996, S. 4631, 4632; EuGH, Rs. C-177/95, Ebony Maritime und Loten Navigation, Slg. 1997, S. 1113 f.

1360 Kondring, WM 1998, S. 1371.

1361 BT-Dr. 14/8017, S. 98.

lung entgegen, dass das Verbot der Kurs- und Marktpreismanipulation des § 20a WpHG als verwaltungsrechtliche Norm ausschließlich in der Bundesrepublik Deutschland Geltung beanspruchen könne.

Diese Regelungstechnik nebst Begründung haben sich zwischenzeitlich eingebürgert[1362], obwohl schwerwiegende Bedenken im Hinblick auf ihre Vereinbarkeit mit dem in Art. 103 II GG geregelten Bestimmtheitsgebots erhoben werden[1363]. An der Verfassungsmäßigkeit könnte es fehlen, wenn die Verweisung auf ein entsprechendes ausländisches Verbot so zu verstehen wäre, dass die Strafvorschrift durch den jeweiligen Inhalt einer ausländischen Verbotsnorm in ihrer jeweils geltenden aktuellen Fassung ausgefüllt wird. Woher der Täter die entsprechende Kenntnis von der ausländischen Norm haben und deren inhaltliche Ausgestaltung zumindest in groben Zügen erfassen soll, blieb dann unklar.

Dennoch plädiert die wohl herrschende Meinung für die Erforderlichkeit der Verweisung „auf ein entsprechendes ausländisches Verbot"[1364], da die §§ 3 ff. StGB nicht auf die Blankettstrafnormen des § 38 WpHG anwendbar sein könnten, weil die strafbarkeitsausfüllenden Normen des WpHG verwaltungsrechtlichen Charakters seien und als solche wegen der territorialen Beschränkung öffentlich-rechtlicher Normen auf das Inland nur im Bereich der Bundesrepublik Deutschland anwendbar seien, so dass die inländische Verfolgung einer im Ausland begangenen Handlung nicht möglich sei. Somit bedürfe es einer ausdrücklichen gesetzlichen Anordnung, um einen Deutschen im Inland wegen einer vom Ausland aus begangener Tat strafrechtlich verfolgen zu können. Die Bestimmtheit der Vorschrift soll allerdings durch eine restriktive Auslegung der Vorschrift bewahrt bleiben: Als eine das Blankett ausfüllende Vorschrift komme nur ein der inländischen Regelung entsprechendes ausländisches Verbot in Betracht, und mit dem entsprechenden Verbot ist nicht etwa ein analoger, sondern nur der gleiche Sachverhalt gemeint, der auch nach deutschem Recht strafbar sei[1365]. Das dürfte zumindest in der EG weitgehend gewährleistet sein.

Aber auch bei einer restriktiven Auslegung sollte die pauschalisierte Annahme der Erforderlichkeit der Verweisung auf ein entsprechendes ausländisches Verbot einer näheren kritischen Betrachtung unterzogen werden. Denn sowohl die

---

1362 Vgl. die Regierungsbegründung für das Insiderstrafrecht (zweites FFG), BT-Dr. 12/6679, S. 57.

1363 S. dazu Lücker, Missbrauch, S. 33; Cramer, in Assmann/Schneider, 2. Aufl., § 38 RN 6.

1364 Leppert/Stürwald, ZBB 2002, S. 99; Möller, WM 2002, S. 316; Möhrenschlager, in Wabnitz/Janovsky, 2. Aufl., Kapitel 3 RN 16; Trüstedt, Börsenkursmanipulationen, S. 43; für die parallele Diskussion im Rahmen des Insiderstrafrechts vgl. Siebold, Das neue Insiderrecht, S. 270 f.; Cramer, in Assmann/Schneider, 2. Aufl., § 38 RN 4; Cramer, FS für Triffterer, S. 339; Kondring, WM 1998, S. 1370 ff., 1373; Cahn, ZHR 162 (1998), S. 3; Ledermann, in Schäfer, § 38WpHG RN 4; Heise, Insiderhandel, S. 180.

1365 So Cramer/Vogel, in Assmann/Schneider, 3. Aufl., § 38 RN 14; vgl. auch Cramer, FS für Triffterer, S. 340 f.; Schuster, Internationales Börsenrecht, S. 477; Heise, Insiderhandel, S. 180.

Regierungsbegründung als auch die herrschende Auffassung bedienen sich verallgemeinernder Begriffe und verflüssigter Grenzziehungen. Nicht ersichtlich ist es z. B., was man unter „Taten mit Auslandsbezug“ versteht und worin sie sich von „Auslandstaten“ unterscheiden lassen. An einer anderen Stelle spricht sich der Gesetzgeber für den Schutz „ausländischer“ Rechtsgüter aus[1366]. Dabei wird verkannt, dass die Kehrseite der ausdrücklichen Einbeziehung von europäischen organisierten Kapitalmärkten und dort gebildeten Preisen die Ausklammerung der restlichen ausländischen Kapitalmärkte und Preise ist[1367]. Setzt ein Deutscher im Inland kursmanipulative Handlungen ein, die z. B. auf amerikanische Preise einwirken (können bzw. sollen), gelangt die neue Kursmanipulationsregelung nach ihrer Tatbestandsfassung richtigerweise nicht zur Anwendung, auch wenn es sich bei den manipulierten Werten um Vermögenswerte handelt, die zum Handel an einem organisierten Markt zugelassen sind.

Die herrschende Meinung ist aber richtigerweise im Ansatz fragwürdig. Sie verkennt, dass das zur Einhaltung des verwaltungsrechtlichen Verbotes eingesetzte Strafrecht gegenüber dem öffentlichen Recht nicht nur eine dienende, dessen Durchsetzung sichernde und damit lediglich unselbstständige Hilfsfunktion hat[1368]. Die Verbotstatbestände füllen die Verweisungsnorm des Straftatbestandes auf und sind in dieser Funktion auch materielles Strafrecht[1369]. Diese Betrachtungsweise deckt sich auch mit der Rechtsprechung des BGH zur Anwendbarkeit von durch öffentlich-rechtliche Normen ausgefüllten Blankettstraftatbeständen in Sachverhalten mit Auslandsberührung: In seiner Entscheidung zu dieser Frage hat der BGH ausgeführt[1370], dass sich bei einer Auslandstat die Anwendbarkeit der seinerzeit nach als Straftatbestand ausgestalteten Blankettnorm des § 21 StVG allein nach den allgemeinen Regeln des damals noch vom aktiven Personalitätsprinzip (§ 7 Abs. 2 StGB) beherrschten internationalen Strafrechts bestimme. Wie der BGH ausdrücklich hervorhob, stehe dem nicht entgegen, dass es sich bei der in § 21 StVG in Bezug genommenen Bestimmung des § 1 StVO um eine öffentlich-rechtliche, lediglich in den Grenzen der Bundesrepublik Deutschland geltende Norm handle. Dieses Urteil steht auch mit der herrschenden Inkorporationstheorie im Einklang, nach der die in Bezug genommenen Vorschriften durch die Verweisung zum Bestandteil der jeweiligen Blankettnorm werden. Eine besondere Kategorie „verwaltungsdienender“ Straftatbestände, deren Strafbarkeitsvoraussetzun-

1366 BT-Dr. 14/8017, S. 89.

1367 Möhrenschlager, in Wabnitz/Janovsky, 2. Aufl., Kapitel 3 RN 16; Vogel, in Assmann/-Schneider, 3. Aufl., § 20a RN 71;

1368 Schuster, Internationales Börsenrecht, S. 469 ff.; Peltzer, ZIP 1994, S. 750.

1369 Schuster, Internationales Börsenrecht, S. 470; für eine Doppelprüfung von internationalem Verwaltungsrecht und internationalem Strafrecht Cramer/Vogel, in Assmann/-Schneider, 3. Aufl., § 38 RN 14 im Anschluss an Kondring, WM 1998, S. 1371.

1370 BGHSt21, 277 = NJW 1967, 2069; zust. Schönke/Schröder/Eser, vor §§ 3- 7 RN 19.

gen einer anderweitigen juristischen Behandlung bedürften, ist also willkürlich und unplausibel.

Was bei der Regierungsbegründung auffällt, ist aber vor allem, dass sich der Gesetzgeber an die im Rahmen des Insiderstraftatbestandes gemachten Vorgaben angeschlossen und die besondere Deliktstruktur der Kurs- und Marktpreismanipulationstatbestände außer Acht gelassen hat. Diese Vorgaben, die der Deliktstruktur des Insiderstraftatbestandes als abstrakten Gefährdungsdeliktes[1371] entsprechen, sind aber nicht automatisch auf den neuen Kursmanipulationsstraftatbestand übertragbar. Denn der neue Straftatbestand ist immer dann anwendbar, wenn der zum Tatbestand gehörende Erfolg der Kurseinwirkung im Inland oder in einem anderen EWG-Mitgliedsstaat eintritt, und zwar unabhängig davon, wo der Handlungsort liegt. Dieses Ergebnis entspricht dem Sinne des Ubiquitätsprinzips des § 9 StGB, dass das Schwergewicht der Tat weder einseitig auf die Handlung noch auf den Erfolg gelegt werden darf, sondern beide eine Einheit bilden, wobei jedem dieser Tatbestandsteile gleiches Gewicht zukommen soll[1372]. Die Gleichstellung zwischen inländischen und europäischen Preisen könnte zugleich ein Schritt zum Aufbau eines europäischen Territorialitätsprinzips darstellen, um so zu gewährleisten, dass Angriffe auf die Gemeinschaft von den Strafgerichten jedes Mitgliedsstaats abgeurteilt werden können, unabhängig vom Tatort, solange er sich in irgendeinem Staat der EU befindet, und losgelöst von der Staatsangehörigkeit des Täters[1373].

Schließlich ist eine Auslieferung zwecks Aburteilung im Ausland nicht immer unzulässig. Gemäß dem neu eingefügten Satz 2 des Art. 16 II GG[1374] kann durch Gesetz eine abweichende Regelung für Auslieferungen an einen Mitgliedsstaat der Europäischen Union oder an einen internationalen Gerichtshof getroffen werden. Um ein solches Gesetz handelt es bei dem neuen Gesetz v. 21.7. 2004 zur Umsetzung des Rahmenbeschlusses über den Europäischen Haftbefehl und die Übergabeverfahren zwischen den Mitgliedsstaaten der Europäischen Union (Europäisches Haftbefehlsgesetz-EuHbG)[1375], das am 23-8-2004 in Kraft getreten ist[1376]. Nach der neuen Rechtslage, die in einem neuen, vereinfachten System der Übergabe der betroffenen Personen zwischen den Justizbehörden der Mitgliedsstaaten in Strafsachen besteht[1377], wird nämlich gerade in beide Grundsätze des Auslieferungsrechts, die der zentrale Ausfluss der Souveränität darstellen, einge-

---

1371 Heise, Insiderhandel, S. 113.

1372 Schönke/Schröder/Eser, § 9 RN 3.

1373 Vgl. hierzu Satzger, Europäisierung, S. 370.

1374 Vgl. Gesetz vom 29.11.2000, BGBl. I 2000, S. 1633.

1375 Vgl. Rahmenbeschluss des Rates vom 13. Juni 2002 „über den europäischen Haftbefehl und die Übergabeverfahren zwischen den Mitgliedsstaaten“, 2002/584/JI, ABl. L 190 vom 18.7.2002, S. 1.

1376 BGBl. I 2004, S. 1748 ff.

1377 Präambel, Erwägungsgrund Nr. 5, 11, ABl. L 190 vom 18.7.2002, S. 1 f.

griffen: den Grundsatz der beiderseitigen Strafbarkeit und die Nicht-Auslieferung eigener Staatsbürger[1378]. Deutschland wird nun gestattet, andere Mitgliedsstaaten bei der Durchsetzung deren (Kursmanipulations-)strafrechts, das nach den Rechtsvorschriften des Ausstellungsmitgliedsstaats mit einer Freiheitsstrafe oder einer freiheitsentziehenden Maßregel der Sicherung im Höchstmaß von mindestens 12 Monaten bedroht ist[1379], auch gegenüber Deutschen zu unterstützen (§ 83 c i. V. m. 83 d Abs. 1 IRG). § 83 d Abs. 3 i. V. m. Art. 2 Abs. 2 des Rahmenbeschlusses enthält darüber hinaus eine Liste von 32 Straftaten, bei denen die Vollstreckung des in einem Staat erlassenen Haftbefehls und die Übergabe der betroffenen Person nicht vom Vorliegen der beiderseitigen Strafbarkeit der Tat anhängig gemacht werden darf, vorausgesetzt, die Tat mit einer Mindesthöchststrafe von drei Jahren Freiheitsstrafe und mehr bedroht ist. Darunter wird auch Cyberkriminalität enthalten, so dass im Grunde jede Kursmanipulation, die mit der Hilfe eines vernetzten Computersystems in einem Mitgliedsstaat begangen wird, erfasst wird, auch wenn sie nicht in der Liste genannt ist, ohne dass sie in Deutschland strafbar zu sein braucht[1380].

Es fragt sich angesichts dessen, welche Fallgestaltung durch die Verweisung auf ein entsprechendes ausländisches Verbot der deutschen Strafhoheit unterworfen werden soll. In einer weniger engen Lesart der materiellrechtlichen Auslegung könnte man den Begriff der tatbestandsmäßigen Anlageobjekte mit in die Verweisung auf ausländisches Recht einbeziehen. Damit ließe sich der sachliche Anwendungsbereich der Strafrechtsnorm erheblich erweitern[1381]. Dafür spräche, dass nur ein „entsprechendes" ausländisches Verbot voraussetzt wird, nicht aber eines, das materiellrechtliche Identität des ausländischen Straftatbestandes mit dem deutschen Straftatbestand fordert. Somit könnten Manipulationen bei Vermögenswerten, die zum Handel außerhalb des EWR zugelassen sind, erfasst werden. Die Ausklammerung ausländischer Rechtsgüter außerhalb des EWR kommt insbesondere überraschend vor. Zwar wollte der Gesetzgeber sich vor allem für den Schutz eines europäischen Kapitalmarktes einsetzen. Angesichts der Globalisierung der Kapitalmärkte und der vorgeschilderten Möglichkeit grenzüberschreitender Marktmissbräuche über das Internet sind Konsolidierungsschritte bei Kursmanipulationshandlungen jedoch nicht bloß in der europäischen, sondern auch in der weltweiten, zumindest US-amerikanischen Börsenlandschaft zu erwarten[1382]. Die Ausklammerung restlicher Kapitalmärkte steht der Herausforderung der Entwicklung einer internationalen Kapitalmarkt-Rechtsordnung entgegen und bringt schwer-

1378 Nestler, ZStW 116 (2004), S. 337.

1379 Vgl. Art. 2 Abs. 1 des Rahmenbeschlusses, ABl. L 190 vom 18.7.2002, S. 2.

1380 Vgl. Fuchs, Europäischer Haftbefehl und Staaten-Souveränität, in 2tem Europäischen Juristentag, S. 5.

1381 Vgl. Schuster, Internationales Börsenrecht, S. 475.

1382 Schönholzer, in Nobel (Hrsg.): Aktuelle Rechtsprobleme, S. 162; vgl. auch Trüstedt, Börsenkursmanipulationen, S. 40, 44.

wiegende Wettbewerbsnachteile für Deutschland mit sich[1383]. Außerdem gelangt man mit der neuen Manipulationsregelung zum Paradoxon, den Täter, der im Ausland auf deutsche Marktpreise deutscher Vermögenswerte einwirkt und dem möglicherweise nicht voraussehbar sein kann, dass seine z. B. am Tatort zulässigen Transaktionen in Deutschland tatbestandsmäßige Manipulationen darstellen, strenger zu bestrafen als den im Inland handelnden Täter, dem die Normwidrigkeit seiner Handlung zu erkennen möglich ist und der ausländische Preise manipuliert. Bleiben solche Manipulationen in Deutschland straflos, dann könnten sie von Deutschen relativ gefahrlos begangen werden, zumal die Auslieferung des Deutschen zwecks Aburteilung im Ausland grundsätzlich unzulässig ist (Artikel 16 Abs. 2 Satz 1GG).

Die Verweisung des WpHG auf ein entsprechendes ausländisches Verbot könnte also eine große Hilfe zur Behebung dieser Missstände leisten. Es kann zwar nicht angehen, dass Kursmanipulationen, die sich im Ausland auswirken, ungesühnt bleiben. Eine solche Auslegung ist jedoch verfassungsrechtlich höchst zweifelhaft. Gesetzgeberischer Zweck der Verweisung ist, die räumliche Reichweite des deutschen Verbots über die sich aus dem internationalen Verwaltungsrecht ergebenden Grenzen hinaus auszudehnen, nicht jedoch den sachlichen Anwendungsbereich des deutschen Strafrechts zu erweitern[1384]. Denn vom deutschen Manipulationsverbot geschütztes Rechtsgut sei - entsprechend seiner europarechtlichen Herkunft - nur die Funktionsfähigkeit des europäischen Kapitalmarkts, nicht jedoch die der außereuropäischen Kapitalmärkte[1385]. Außerdem gestattet die grammatikalische Auslegung von § 38 Abs. 2 im Vergleich mit § 38 Abs. 1 Nr. 4 WpHG i. F. v. 1-7-2002 nur, das „Verbot des § 38 Abs. 1 i. V. m. § 39 Abs. 1 Nr. 1 und 2“ durch ein ausländisches zu ersetzen, nicht aber die weiteren Tatbestandsmerkmale des Straftatbestandes zu ersetzen[1386]. Zwar enthält der Verbotstatbestand des WpHG auch das Tatbestandsmerkmal des „Vermögenswertes“. Dessen erneute Hervorhebung im Straftatbestand sowie das Tatbestandsmerkmal der „Einwirkung auf den Börsen- oder Marktpreis eines Wertes oder auf den Preis eines Vermögenswertes an einem organisierten Markt in einem anderen Mitgliedsstaat der Europäischen Union oder in einem anderen Vertragsstaat des Abkommens über den europäischen Wirtschaftsraum“ sind aber als gewollt anzusehen, um die Strafbarkeit genauer zu umschreiben und Vorwürfen gegen den vagen Kapitalmarktbegriff entgegenzutreten. Das kann bei der Auslegung der Verweisung nicht unberücksichtigt bleiben.

Die Strafverfolgung von Auslandstaten, die von Ausländern im außereuropäischen Raum begangen werden und die auf den Preis an einem organisierten Markt in einem EWR-Staat einwirken, ist aber immer konfliktträchtig. Dieser

1383 S. dazu Schneider, AG 2001, S. 269 ff., 278.

1384 Kondring, WM 1998, S. 1372.

1385 Möhrenschlager, in Wabnitz/Janovsky, 2. Aufl., Kapitel 3 RN 16.

1386 Vgl. Schuster, Internationales Börsenrecht, S. 476 sowie FN 228; Kondring, passim.

Auslegung begegnen einige völkerrechtliche und verfassungsrechtliche Bedenken: Die Bestrafung eines Ausländers wegen einer Manipulationshandlung im außereuropäischen Ausland, dessen einziger Bezugspunkt zum Inland die Zugehörigkeit der Bundesrepublik Deutschland zum EWR ist, muss sich der ausländische Staat nicht gefallen lassen, insbesondere dann nicht, wenn das Heimatrecht des Täters milder als das deutsche Recht ist[1387]. Die Rede könnte z. B. von verschiedenen Kurspflegemaßnahmen sowie von vielen anderen Fällen effektiven Handels sein, für die es nicht einmal in Deutschland Übereinstimmung gibt, ob und unter welcher Voraussetzung sie strafbar sind und die in verschiedenen Rechtsordnungen anders beurteilt werden bzw. straffrei bleiben oder ausschließlich mit verwaltungsrechtlichen Sanktionen belegt werden. Wenn der Tatort generell unberücksichtigt bleibt, kann die Strafbarkeit im Inland theoretisch dazu führen, dass der deutsche Staat von im Ausland verweilenden Personen, ein Verhalten verlangt, das der Tatortstaat erlaubt oder sogar gebietet. In einem solchen Fall wird die primäre Zuständigkeit des ausländischen Souveräns, die auf seinem Territorium maßgeblichen Verhaltensregeln festzulegen und den Umfang der dort gültigen Freiheitsrechte zu bestimmen, in Frage gestellt. Eine derartige Einflussnahme ist, wie die §§ 5 und 6 StGB erkennen lassen, völkerrechtlich unter Umständen unzulässig.

Betroffen ist aber auch das Vorhersehbarkeitsprinzip des Art. 103 Abs. 2 GG. Mit dem bloßen Abstellen des Straftatbestandes auf den Erfolg der Einwirkung auf den Preis an einem organisierten Markt wird allerdings das Bestimmtheitsgebot, welches die meisten westeuropäischen Strafrechtssysteme beherrscht und, durch Art. 7 Abs. 1 MRK – wenn auch in verwässerter Form[1388] - verankert wird sowie Gewähr für die Freiheit des Einzelnen gegen den willkürlichen Einsatz der Strafgewalt eines Staates bieten soll, zunichte gemacht[1389]. Um gegen den Täter den Vorwurf erheben zu können, er habe anders als vorgeschrieben gehandelt, als er hätte sollen, muss für ihn aber zumindest erkennbar sein, welche Verhaltensweisen verboten und welche erlaubt sind[1390].

Dagegen könnte man sich darauf berufen, dass für Distanztaten nach §§ 3, 9 StGB als Inlandstat deutsches Strafrecht ohne die Einschränkung gilt, dass die Tat am Handlungsort mit Strafe bedroht sein muss. Darüber hinaus sei auch keine Benachteiligung gegenüber einem inländischen Täter zu erkennen, denn auch diesen schützt die Unkenntnis über die Strafbarkeit nicht vor Strafe[1391]. Dem Schuldprinzip werde mit der Kenntnis der Normwidrigkeit Genüge getan. Es handelt sich aber doch um die Anwendung der materiellen Strafrechtsnorm des § 9 I StGB auf

1387 Schuster, Internationales Börsenrecht, S. 477.

1388 S. dazu Krey, Strafe, S. 105 ff.

1389 So im Allgemeinen gegen die Erfolgstheorie bei Distanzdelikten Kienle, Internationales Strafrecht, S. 131.

1390 Kienle, Internationales Strafrecht, S. 133.

1391 Schönke/Schröder/Eser, § 9 RN 15.

eine Handlung[1392]. Ob der Täter allerdings zumindest in Bereichen mit haltlosen Strafbarkeitsgrenzen wie im Falle der Kursbeeinflussung durch effektive Geschäfte, für die ein kollektives Bedrohungsgefühl der Allgemeinheit kaum befestigt ist, wie man es für andere Straftaten anzunehmen pflegt[1393], immer von einem rechtswidrigen Verhalten ausgehen kann, erscheint mehr als zweifelhaft. Auch die Einschränkung des Straftatbestandes auf Preise von Vermögenswerten, die an einem organisierten Markt im europäischen Wirtschaftsraum zum Handel zugelassen sind, können als objektive Anhaltspunkte für eine territoriale Spezifizierung keinen ausreichenden „sinnvollen Anknüpfungspunkt" darstellen, da diese Titel nicht nur im EWR gehandelt werden, sondern weltweit, wo einzelne Marktmissbräuche unterschiedlich behandelt werden können.

Die Bestimmungen der europäischen Verordnung zum Ausschluss von Kursstabilisierungsmaßnahmen und Rückkäufen von den Marktmanipulationsverboten, die auf europäischer Ebene unmittelbar gelten und die in diesen Bereichen eine optimale Rechtsangleichung zwischen den EU-Mitgliedern schaffen, sind allerdings nur eine Teillösung. Denn sie betreffen einerseits nicht im außereuropäischen Wirtschaftsraum durchgeführte Geschäfte, sie gelten andererseits nur, wenn das Rückkaufprogramm und die Kursstabilisierung gemäß den vorgesehenen Regelungen durchgeführt werden[1394]. Aber auch wenn die europäische Marktpraxis die Empfehlungen vom CESR berücksichtigen würde, nach denen Stabilisierungsmaßnahmen, die in Drittländern vorgenommen wurden, ebenfalls zulässig sind, sofern sie in Übereinstimmung mit den oben vorgesehenen Konditionen durchgeführt wurden[1395], darf nicht verkannt werden, dass diese Lösung ausschließlich Kursstabilisierungsmaßnahmen und Rückkäufe zu bestimmten Zwecken erfasst und somit einen großen Teil effektiven Handels außer Acht lässt, der Kurse zu einem abnormalen Niveau führen kann und dessen Zulässigkeit international unterschiedlich beurteilt wird.

Diese unbefriedigenden Ergebnisse der Heranziehung des Erfolgsorts könnten hier durch Anwendung der Verweisungsklausel des WpHG gelöst werden. § 38 Abs. 2 WpHG i. F. v. 1-7-02 bietet den Boden für eine Einschränkung der strafbaren Kurseinwirkungen auf Täter an, die die Möglichkeit hatten zu erkennen, dass ihr Handeln normwidrig ist, weil es am Tatort der deutschen Regelung

1392 Oehler, Internationales Strafrecht, § 19 RN 254.

1393 Für diese Bereiche der Wirtschaftskriminalität im Allgemeinen Volk, ZHR 142 (1977), S. 15.

1394 Vgl. Verordnung (EG) Nr. 2273/2003 (FN 526), S. 33 ff.

1395 „CESR- Feedback Statement". Im Anschluss daran sieht der Verordnungsentwurf in Art. 11 bezüglich Stabilisierungsmaßnahmen, dass es zur Vermeidung solcher Missstände unerlässlich sei, ausländische Stabilisierungsregeln anzuerkennen, sofern sie den deutschen Regeln gleichwertig seien. Ist eine Gleichwertigkeit im Wesentlichen nicht gegeben, so darf eine Preisstützungsmaßnahme in Wertpapieren, die sowohl im Inland, als auch im Ausland gehandelt werden, auch im Ausland nur im Rahmen der inländischen Vorschriften getroffen werden.

entsprechende ausländische Verbote gibt. Versuche[1396], die unerwünschten Folgen des Ubiquitätsprinzips durch Einführung einschränkender Kriterien zu beseitigen, ist allerdings nichts Neues. Hervorzuheben ist insbesondere die Lehrmeinung[1397], die zum Zwecke der Gewährleistung verfassungsrechtlicher Prinzipien für die analoge Anwendung des Prinzips der identischen Norm gem. § 7 StGB auf Erfolgsdelikte im Internet plädiert. Diese Heranziehung ist allerdings angesichts der Verweisungsklausel entbehrlich.

Dementsprechend sollte sie ausschließlich in dem Sinne verstanden werden, dass sie dafür sorgt, dass dem Täter bei einer Auslandstat die Missachtung eines Verbotes vorgeworfen werden könnte und damit den Forderungen des Art. 103 Abs. 2 GG gerecht wird, da die Strafbarkeit nur dann als hinreichend bestimmt gelten kann, wenn die Tat auch am Tatort „entsprechend" verboten und unzulässig ist[1398].

VIII. Exkurs: Der neue Straftatbestand von Marktmanipulation nach dem AnSVG

Der erst vor kurzer Zeit erlassene und durch Verordnung konkretisierte Straftatbestand gegen Börsen- und Marktpreismanipulation wird nun durch das AnSVG und die MaKonV[1399] an die Vorgaben der Marktmissbrauchsrichtlinie getreu angepasst (§ 38 Abs. 2 WpHG i. F. d. AnSVG)[1400]. Die folgenden Ausführungen befassen sich damit, ob die neue Rechtslage, die sich in puncto Kursmanipulation grundsätzlich an den § 38 Abs. 1 Nr. 4 WpHG i. F. v. 1.7.02 anschließt, die bisherigen Missstände durch gemeinschaftsrechtskonforme „Klarstellungen" beseitigt oder ob Vorteile gemeinschaftsrechtstreuer Umsetzung im Endergebnis zu teuer erkauft werden.

1396 S. eine ausführliche Darstellung bei Kienle, Internationales Strafrecht, S. 161 ff.

1397 Kienle, Internationales Strafrecht, S. 174, 186.

1398 Wohl auch unbegründet Schwark, FS für Kümpel, S. 489; unklar Zimmer, in Schwark, 3. Aufl., § 38 WpHG RN 6.

1399 Die MaKonV trifft seit dem 1. März 2005 am Beispiel der KuMaV gem. § 20a Abs. 5 Satz 1 des WpHG i.S.d. AnSVG nähere Bestimmungen darüber, welche Umstände für die Bewertung von Finanzinstrumenten erheblich sind, wann irreführende Signale, ein künstliches Preisniveau und sonstige Täuschungshandlungen vorliegen können sowie welche Marktpraxis als zulässig zu bestimmen ist.

1400 Vgl. Begründung zum AnSVG-E, S. 1; auch Kuthe, ZIP 2004, S. 887. Das WpHG ist mittlerweile durch Art. 3 des Gesetzes zur Kontrolle von Unternehmensabschlüssen vom 15.12.2004, BGBl. I 2004, S. 3408 ff. und Art. 10a des Gesetzes zur Neuordnung des Pfandbriefrechts vom 22.5.2005, BGBl. I 2005, S. 1373 ff. geändert worden. Die Abänderungen sind allerdings in puncto Marktmanipulation unerheblich.

1. Redaktionelle Änderungen

Zunächst handelt es sich dabei um Abänderungen redaktioneller Natur. So ersetzt der Finanzinstrumentenbegriff zwar den Vermögensbegriff (§ 20a Abs. 1 Satz 2 i. V. m. § 1 Abs. 2b WpHG i. F. d. AnSVG), die tatbestandsmäßigen Anlageobjekte sind aber gleich[1401].

Es wird des Weiteren auf die Befreiungswirkung der EG-Verordnung Nr. 2273/2003 hinsichtlich Stabilisierungsmaßnahmen und Aktienkaufprogrammen[1402] ausdrücklich hingewiesen (§ 20a Abs. 3 WpHG i. F. d. AnSVG sowie § 5 der MaKonV). Ein Verhalten, das die Tatbestandsvoraussetzungen an und für sich erfüllt, überschreitet hier also ausnahmsweise keinerlei Tabugrenze, weil das Gemeinschaftsrecht kraft seines überlegenen Einflusses bereits diese verschiebt[1403]. Diese Klarstellung war angesichts der unmittelbaren Wirkung der EG-Verordnungen gem. Art. 249 Abs. 2 EGV zwar nicht unerlässlich, jedoch zum Zwecke der Rechtssicherheit hilfreich.

2. Strafbarkeitserweiterungen und Ungereimtheiten

Im Einklang mit der Marktmissbrauchsrichtlinie werden nun auch Finanzinstrumente in den Anwendungsbereich des Straftatbestandes einbezogen, für die erst ein Antrag auf Zulassung zum Börsenhandel gestellt oder öffentlich angekündigt wird (§ 20a Abs. 1 Satz 3 WpHG i. F. d. AnSVG). Auf diese Weise sollen alle Handlungen unterbunden werden, die bereits im Vorfeld des Handels darauf abzielen, den späteren Börsenpreis unzulässig zu beeinflussen[1404]. Diese Erweiterung ist angesichts der aufgezeigten hohen Manipulationsrisiken beim Handel per Erscheinen, die systemwidrig von der alten Rechtslage nicht erfasst wurden, zu begrüßen.

Die Strafbarkeit im Begehungstatbestand wird richtlinienkonform auf irreführende Angaben erstreckt (§ 20 Abs. 1 Satz 1 Nr. 1 WpHG i. F. d. AnSVG), obwohl ein Nachholbedarf hinsichtlich der Richtlinienvorgaben beim Erlass des vierten FFG bestritten wurde[1405]. Irreführend sind nach allgemeinen Grundsätzen die Angaben, die nicht objektiv unrichtig sind, sondern die einen nicht unerheblichen

1401 Vgl. auch § 20a Abs. 4 WpHG-AnSVG-E, der auch Waren und ausländische Zahlungsmittel einbezieht.

1402 ABl. Nr. L v. 23.12.2003, S. 33 ff.

1403 Vgl. Satzger, Europäisierung, S. 509.

1404 Vgl. Emittentenleitfaden der BaFin (FN 808), S. 17: Der Antrag auf Zulassung ist gestellt, wenn er der zugänglichen Börse zugegangen ist. Öffentlich angekündigt ist der Zulassungsantrag, wenn der Emittent oder ein anderweitiger Anbietender Finanzinstrumente in einer an einen unbestimmten Personenkreis gerichteten und entsprechend publizierten Erklärung darauf hinweist, dass die Notierung der Papiere in dem Marktsegment beabsichtigt ist.

1405 Ziouvas/Walter, WM 2002, S. 1486.

Teil des angesprochenen Personenkreises durch geschickte Verknüpfung wahrer Tatsachen zu Fehlvorstellungen führen können[1406]. Dazu gehört grundsätzlich der Fall, dass zwar richtige, aber überflüssige[1407] Angaben in der Absicht verbreitet werden, auf den Preis der entsprechenden Aktie einzuwirken[1408]. Diese Erweiterung des Begehungstatbestandes sollte allerdings angesichts des schon weit auszulegenden Angabenbegriffs kritischer betrachtet werden, denn sie könnte zu einer erheblichen Beeinträchtigung des Meinungsaustausches im Allgemeinen und der Tätigkeit von Informationsvermittlern führen, die im Besonderen für die Funktionsfähigkeit des Kapitalmarkts unverzichtbar sind. Ein Strafbarkeitsbedürfnis besteht nicht schon durch jede Information, die zu nervösen Reaktionen an der Börse führt[1409]. Auf diese Erweiterung sollte richtigerweise auch aus dem Grunde verzichtet werden, als die meisten Fälle irreführender Angaben schon von der Unterlassungsvariante bzw. der Konstruktion konkludent-unrichtiger Angaben erfasst werden.

Die Unterlassungsvariante wird zwar nicht geändert. Vorgesehen ist aber die Erweiterung gesetzlich bestimmter Offenbarungspflichten, die im Endergebnis eine bedenkliche Erweiterung der Unterlassungsvariante bedeuten. Nach dem neuen Konzept, das in Art. 6 Abs. 1 - 3 der Marktmissbrauchsrichtlinie[1410] seinen Ursprung hat, haben alle börsennotierten Unternehmen grundsätzlich alle sie unmittelbar betreffenden Insiderinformationen „so bald als möglich" der Öffentlichkeit mitzuteilen (§ 15 WpHG i. F. d. AnSVG)[1411]. Zu veröffentlichen sind Informationen statt Tatsachen, ohne dass es erforderlich ist, dass die Informationen Auswirkungen auf die Vermögens- oder Finanzlage oder den allgemeinen Geschäftsverlauf des Emittenten haben. Hierdurch kommt es zu einer Vorverlagerung des Entstehens veröffentlichungspflichtiger Gegenstände und somit der Strafbarkeit[1412]. Damit werden wohl Prognosen, Pläne, Vorhaben und Strategien,

---

1406 Otto, WM 1988, S. 734; BT-Dr. 15/3174, S. 37.

1407 Nachdem die Unternehmen die Ad-hoc-Publizität als Public-Relations-Instrument für sich entdeckt haben, wird das Anlegerpublikum heute Tag für Tag von einer Flut von Meldungen eingedeckt, so dass es den Anlegern erschwert wird, tatsächlich marktrelevante Neuigkeiten zur Kenntnis zu nehmen, vgl. dazu Loesche, Kursbeeinflussung, S. 68; Ekkenga, NZG 2001, S. 7 u. FN 53; Wittich, Die Bank 2001, S. 278; Rieckers, BB 2002, S. 1213; Fleischer, NJW 2002, S. 2977.

1408 Riedel, wistra 2001, S. 447; Möllers/Leisch, WM 2001, S. 1648; Tilp, ZIP 2002, S. 1729; Rieckers, passim; i. w. S. BaFin, die lediglich auf den Vorstellungsbild des Empfängers der Information abstellt, vgl. Emittentenleitfaden der BaFin (FN 808), S. 89.

1409 Volk, BB 1999, S. 69; Heise, Insiderhandel, S. 115; Otto, in Tiedemann (Hrsg.): Europa-Delikte, S. 357.

1410 Vgl. Markmissbrauchsrichtlinie (FN 20), S. 21 f.

1411 Vgl. hierzu Grimme/Buttlar, WM 2003, S. 906; Goldmann, ÖBA 2001, S. 789; Seitz, BRK 2002, S. 343; Dier/Fühoff, AG 2002, S. 608; Fürhoff, AG 2003, S. 80; Leppert/-Stürwald, ZBB 2002, S. 94; Feldhaus, Eignung, S. 100; Möllers, ZBB 2003, S. 391 f.; Spindler, NJW 2004, S. 3451.

1412 Feldhaus, Eignung, S. 100; Spindler/ Christoph, BB 2004, S. 2201.

die bisher vom engen Tatsachenbegriff des bisherigen § 15 WpHG i. F. v. 1-7-02 ausgeklammert waren[1413], veröffentlichungspflichtig, und zwar unabhängig davon, ob sie bereits in wahrnehmbarer Weise nach außen hervorgetreten sind[1414]. Außerdem ist es nicht erforderlich, dass die Information im Tätigkeitsbereich des Emittenten eingetreten ist. Sie muss den Emittenten unmittelbar betreffen. In Zukunft werden daher z. B. auch wichtige Veränderungen in der Gesellschaftsstruktur sowie generell als Insiderinformationen zu qualifizierende Marktdaten, die den Emittenten unmittelbar betreffen, zu den Fällen der anlassbezogenen Publizität zählen[1415]. Allgemeine Marktdaten, wie die politischen und gesamtwirtschaftlichen Daten, Gesetzgebungsmaßnahmen, Regierungs- bzw. Parlamententscheidungen, Änderung von Zinssätzen durch die Notenbank, Arbeitslosenzahlen oder Teuerungsraten, lassen sich ausschließlich ausscheiden[1416]. Änderungen ergeben sich auch für den Kreis der Publizitätspflichtigen, der auch Dritte, die für den Emittenten handeln oder beauftragt sind, erfasst, sofern diese nicht zur Verschwiegenheit – auch vertraglich – verpflichtet sind[1417]. Es erhebt sich allerdings die Frage, ob die Befreiungsmöglichkeit, die dem Veröffentlichungspflichtigen gem. § 15 Abs. 3 WpHG i. F. d. AnSVG auf eigene Verantwortung zusteht, sofern die Veröffentlichung seinen berechtigten Interessen schaden würde, die unterlassene Veröffentlichung nicht irreführend ist und er die Vertraulichkeit der Information gewährleisten kann, angesichts der zahlreichen unbestimmten Rechtsbegriffe und des hohen Strafbarkeitsrisikos nicht zu einer Gesetzesfalle werden könnte, in die Emittenten beim Misserfolg ihrer unternehmerischen Tätigkeit im Nachhinein bzw. nach Aufschiebung der Publizität und Kursbeeinflussung durch Unterlassen unbewusst gehen.

Erweitert wird außerdem der Kreis der meldpflichtigen Personen und Geschäfte gemäß § 15a WpHG[1418]. Neben Organmitgliedern und persönlich haftenden Gesellschaftern von Emittenten sind nunmehr auch sonstige Personen mit Führungsaufgaben meldepflichtig (§ 15a Abs. 1 WpHG i. F. d. AnSVG), die namentlich regelmäßig Zugang zu Insider-Informationen haben und zu wesentlichen unternehmerischen Entscheidungen ermächtigt sind. Meldepflichtig sind außer-

---

1413 Ekkenga, ZGR 1999, S. 192; Burgard, ZHR 162 (1998), S. 63; Peters, Insiderstrafrecht, S. 49; Ekkenga, NZG 2001, S. 6 f.; Waldhausen, Die ad-hoc-publizitätspflichtige-Tatsache, S. 177, 182.

1414 Möllers, ZBB 2003, S. 392; Kuthe, ZIP 2004, S. 884 f.; Ziemons, NZG 2004, S. 541.

1415 Gall, ecolex 2003, S. 565; BT-Dr. 15/3174, S. 27, 35.

1416 Grimme/Buttlar, WM 2003, S. 906; Ziemons, NZG 2004, S. 541; Emittentenleitfaden der BaFin (FN 808) S. 40.

1417 Spindler, NJW 2004, S. 3451. Die Begründung des RegE, BT-Dr 15/3174, S. 35, nennt hier vor allem Rechtsanwälte und Wirtschaftsprüfer. Ferner sind Emittenten auch beim Handel per Erscheinen zur Ad-hoc-Publizität verpflichtet, wenn sie die Zulassung der Finanzinstrumente zum inländischen organisierten Markt beantragt haben, vgl. Emittentenleitfaden der BaFin (FN 808) S. 39.

1418 Hierzu Ziemons, NZG 2004, S. 541; Spindler, NJW 2004, S. 3452.

dem diesem Kreis nahestehende Personen, wie Ehegatten, eingetragene Lebenspartner, unterhaltsberechtigte Kinder und Verwandte, die mindestens ein Jahr vor der Transaktion im selben Haushalt lebten, sowie juristische Personen, Personengesellschaften oder Trusts, deren Führungsaufgaben von den Organmitgliedern oder den vorstehenden nahestehenden Personen wahrgenommen werden oder die von diesen kontrolliert werden oder die zu ihren Gunsten errichtet wurden oder deren wirtschaftliche Interessen mit denen des Organmitglieds oder einer nahestehenden Person weitgehend identisch sind (§ 15a Abs. 3 WpHG i. F. d. AnSVG)[1419].

In Umsetzung der ausführlichen Art. 5 und 6 der Richtlinie 2003/125/EG v. 23-12-2003 des Europäischen Parlaments und Rates zur Durchführung der Vorgaben der Marktmissbrauchsrichtlinie hinsichtlich der sachgerechten Darbietung von Anlageempfehlungen und Offenlegung von Interessenkonflikten[1420], die die Person des Analysten in den Mittelpunkt rücken[1421], wird die Pflicht zur Offenlegung von Interessenkonflikten gem. § 34b Abs. 1 Satz 2 Nr. 2 WpHG i. F. d. AnSVG auf alle Personen erstreckt, die im Rahmen ihrer beruflichen Tätigkeit für einen unbestimmten Personenkreis bestimmte Analysen erstellen oder weitergeben, etwa als freie Analysten oder auch Journalisten und berufsmäßige Tippgeber[1422], und für alle Umstände sowie Beziehungen vorgesehen, die hinsichtlich der analysierten Finanzinstrumenten[1423] Interessenkonflikte begründen können. Darunter fallen nicht nur eigene Bestände, sondern auch die Absicht, einen Anteil der analysierten Aktien zu erwerben sowie alle nennenswerten finanziellen Interessen in Bezug auf solche Finanzinstrumente oder Emittenten, die Gegenstand der Finanzanalyse sind[1424]. Darüber hinaus bestimmt der Absatz 6 in Zusammenhang mit dem Verhältnis von Wertpapierdienstleistungsunternehmen zu ihren Kunden,

---

1419 § 15a WpHG ist zuletzt durch das Art. 10a des Gesetzes vom 22. Mai 2005 (FN 1400) geändert worden. Laut BaFin sind die erheblichen Erweiterungen allerdings unter Heranziehung der von CESR formulierten Ziele auf ihren eigentlichen Sinn zu reduzieren. Geschäfte von Gesellschaften sollen entsprechend nur dann eine Mitteilungspflicht auslösen, wenn darüber für die mitteilungspflichtige natürliche Person eine Möglichkeit besteht, sich einen nennenswerten wirtschaftlichen Vorteil zu sichern, vgl. Emittentenleitfaden der BaFin (FN 808) S. 72.

1420 Vgl. FN 547, S. 73 ff.

1421 Pfüller/Wagner, WM 2004, S. 256; vgl. auch Goldmann, ÖBA 2001, S. 790; Dier/Fühoff, AG 2002, S. 609; Braun/Vogel, ZfdgK 2003, S. 530, 533; Kopp-Colomb, WM 2003, S. 616; Schlösser, BKR 2003, S. 410.

1422 BT-Dr. 15/3174, S. 27, 38; Kuthe, ZIP 2004, S. 887; Spindler, NJW 2004, S. 3453.

1423 Bisher galt § 34b WpHG nur für Wertpapiere.

1424 Vgl. nun § 5 Abs. 1 der Verordnung über die Analyse von Finanzinstrumenten (Finanz-Analyseverordnung-FinAnV) v. 17.12.2004, BGBl I 2004, S. 3522 ff. Als wesentlich gilt allerdings gem. § 5 Abs. 3 Nr. 2 Unterabs. 2 FinAnV eine Beteiligung in Höhe von mehr als 5% des Grundkapitals einer Aktiengesellschaft. Der Offenlegung kann ein niedriger Schwellenwert von nicht weniger als 0,5% des Grundkapitals einer Aktiengesellschaft zugrunde gelegt werden, sofern dieser Schwellenwert angegeben wird.

dass Empfehlungen eines Wertpapierdienstleistungsunternehmens zum Kauf oder Verkauf eines Finanzinstruments, wenn auch lediglich bilateral im Kundenverhältnis abgegeben werden, ebenfalls den Sorgfaltsmaßstäben der Absätze 1 und 5 genügen müssen und entsprechende Offenlegungs- und Organisationspflichten auslösen[1425]. Der sachliche Anwendungsbereich erstreckt sich somit auf den Bereich der individuellen Anlageberatung[1426]. Dieser Bereich soll jedoch nach dem Willen des europäischen Gesetzgebers gerade nicht den Regeln für Finanzanalysten unterliegen[1427]. Dieser weite Personenkreis wird unter diesen Voraussetzungen sogar nicht nur national, sondern weltweit erfasst. Dies schreibt Artikel 10 der Marktmissbrauchsrichtlinie vor und ist entsprechend in den §§ 1 Abs. 2 und 34 b Abs. 3 WpHG i. F. d. AnSVG übernommen worden. Unterlassen solche Personen gesetzeswidrig die Offenlegung von Interessenkonflikten, machen sie sich gemäß der Unterlassungsalternative des Manipulationstatbestandes strafbar. Somit unterliegen mehrere Scalping-Fälle nun dem Unterlassungstatbestand. Ein besonderes Augenmerk ist außerdem darauf zu legen, dass die gesetzeswidrige Unterlassung der Offenlegung selbstständig mit Geldbuße belegt wird, und zwar unabhängig davon, ob sie geeignet ist, auf die Börsenpreise einzuwirken oder ob sie auf jene tatsächlich einwirkt. Es liegt nahe, dass diese drakonischen Sanktionen eine Tätigkeit von Finanzanalysten und -journalisten im Lichte des Art. 5 GG bedenklich belasten[1428].

In wortgetreuer Wiedergabe der Marktmissbrauchsrichtlinie wird aber vor allem der § 20 Abs. 1 Nr. 2 WpHG i. F. d. AnSVG eingefügt, nach dem alle handelsgestützten Manipulationen einschließlich effektiver Transaktionen, die geeignet sind, auf die Preise einzuwirken, ausdrücklich tatbestandsmäßig sein sollen[1429]. Nach der Gesetzesbegründung wird diese Hinzufügung im Hinblick auf

---

1425 BT-Dr.15/3355, S. 39.

1426 So Stellungnahme des Zentralen Kreditausschusses und des BVI Bundesverband Investment und Asset Management e. V. zum Entwurf der Bundesregierung für ein Gesetz zur Verbesserung des Anlegerschutzes v. 13. Mai 2004, S. 18.

1427 Vgl. Erwägungsgrund 3 der Richtlinie 2003/125/EG (FN 547), S. 73.

1428 Von diesen Vorgaben werden Journalisten, die eigene Finanzanalysen erstellen, nur dann ausgenommen, wenn sie einer vergleichbaren wirksamen Selbstkontrolle, etwa durch interne Verhaltensrichtlinien von Medienunternehmen, unterliegen (§ 34b Abs. 4). Mit dieser Ausnahmebestimmung sollte das Schutzgut der Pressefreiheit nach Artikel 5 Abs. 1 Satz 2 des Grundgesetzes berücksichtigt werden, das an Eingriffe strenge Anforderungen stellt, vgl. BT-Dr.15/3355, S. 39.

1429 So Geschäfte oder Aufträge, die aufgrund ihres großen Anteils am Gesamtvolumen aller Transaktionen mit dem manipulierten Finanzinstrument an einem Markt ein ausreichendes Potential haben, handelsgestützte Preisänderungen beim Vorliegen eines wirtschaftlichen Interesses, Umkehrungen von Positionen in einem kurzen Zeitraum, die Konzentration von Geschäften oder Aufträgen innerhalb einer kurzen Zeitspanne, Geschäfte oder Aufträge in bestimmten Zeitspannen, die für die Schlussnotierung eines Tages oder den Abrechnungskurs von Derivatekontrakten ausschlaggebend sind sowie Scheingeschäfte im weiten Sinne, vgl. § 3 der MaKonV.

den weit ausgelegten Auffangtatbestand des Kursbetrugs-/Kursmanipulationstatbestandes nicht als eine Erweiterung, sondern eher als eine Konkretisierung angesehen[1430]. Über die Tatsache hinaus, dass es unerträglich schwer fällt festzustellen, wann Geschäfte geeignet sind, falsche bzw. irreführende Signale für das Angebot, die Nachfrage oder den Kurs zu geben bzw. wann ein künstliches Kursniveau herbeigeführt wird[1431], entfällt durch die Neuregelung vor allem die Möglichkeit, durch eine rechtsgutsbezogene Auslegung effektive Geschäfte von dem Bereich des Strafbaren herauszunehmen. Die Weite des Tatbestandes lässt der Phantasie freien Lauf und erhebt angesichts der Unschärfe von Rechtsbegriffen wie „künstliches Preisniveau" schwerwiegende Bestimmtheitsbedenken[1432]. Mit dieser Verallgemeinerung im Strafrecht könnte sich allerdings die Gefahr einstellen, dass die Anzahl der in die Mühlen der Strafjustiz gelangenden Personen und damit einhergehend die Rechtsunsicherheit in Kapitalmarktkreisen ansteigen würde[1433]. In § 20a Abs. 2 WpHG i. F. d. AnSVG i.V.m. §§ 7 ff. MaKonV wird eine Ausnahme von dem Verbot der Marktpreismanipulation für den Fall eingeführt, dass die Handlung mit der zulässigen Marktpraxis auf dem betreffenden organisierten Markt oder in dem betreffenden Freiverkehr vereinbar ist und der Handelnde hierfür legitime Gründe hat. Entsprechend der Formulierung in Artikel 1 Nr. 5 der Marktmissbrauchsrichtlinie können nur solche Gepflogenheiten anerkannt werden, die auf dem jeweiligen Markt nach vernünftigem Ermessen von einem Marktteilnehmer erwartet werden können. Eine Anerkennung durch die Bundesanstalt kann auch ex post für den Einzelfall erfolgen[1434]. Dies alles führt dazu, dass sich der Handelnde rechtfertigen muss. Hier stellt sich die Frage, ob nicht auch der Grundsatz des „in dubio pro reo" verletzt ist. Denn das Verfahren führt zu einer Beweislastumkehr, indem regelmäßig die Tatbestandsmäßigkeit bejaht wird und nur ausnahmsweise Gründe die Annahme rechtfertigen können, dass hier eine zulässige Marktpraxis vorlag[1435].

Im Auffangtatbestand entfällt das Absichtsmerkmal[1436]. Erforderlich ist nunmehr nur noch eine objektive Preiseinwirkungseignung der Manipulationshandlungen. Der Gefahr einer Überregulierung, die schon im Rahmen des Gesetzgebungsverfahrens für das vierte FFG beklagt wurde, soll der Gesetzgeber nun durch möglichst präzise Umschreibung des jeweiligen Verbotstatbestandes be-

---

1430 Vgl. auch Begründung zur MaKonV, S. 6: *„Der Tatbestand „irreführende Signale" wurde durch das AnSVG aufgrund der Vorgaben der Marktmissbrauchsrichtlinie aus dem Tatbestand der „sonstigen Täuschungshandlungen" ausgegliedert und als eigenständige Alternative der Marktmanipulation kodifiziert"*.

1431 Ellger/Kalss, in Hopt/Rudolph/Baum, S. 691.

1432 Vgl. auch Ilberg/Neises, WM 2002, S. 646; Spindler, NJW 2004, S. 3453.

1433 Weber/Schaller, SZW 75 (2003), S. 183.

1434 BT-Dr. 15/3174, S. 37; vgl. auch Begründung zur MaKonV, S. 4.

1435 Leppert/Stürwald, ZBB 2004, S. 303; Spindler, passim.

1436 BT-Dr. 15/3174, S. 27; BT-Dr. 15/3355, S. 6.

gegnen[1437]. Die Beibehaltung des Auffangstraftatbestandes bei gleichzeitiger Streichung des Manipulationsabsichtsmerkmals beseitigt aber Vorwürfe einer Gedankenpönalisierung nur zum Schein. Dies zeigt sich nicht nur bei näherer Betrachtung des Diskussionsentwurfs des vierten FFG, wo in den meisten Fällen trotz der „Objektivierung" des Auffangtatbestandes, wie gesehen, von einer Manipulationsabsicht auszugehen war. Aber auch bei der Bestimmung der „legitimen Gründen" hat der Gesetzgeber des AnSVG auf subjektive Elemente nicht verzichtet können. In der Gesetzesbegründung der Bundesregierung heißt es nämlich ausdrücklich: „Der durch Artikel 1 Nr. 5 der Marktmissbrauchsrichtlinie als Voraussetzung für den Ausnahmetatbestand vorgesehene subjektive Element der legitimen Gründe ist in diesem Zusammenhang lediglich dann zu verneinen, wenn festgestellt werden kann, dass der Handelnde in betrügerischer oder manipulativer Absicht gehandelt hat"[1438]. Außerdem stellt der Verordnungsgeber auf die Manipulationsabsicht ab, wenn er bei der Auslegung des Tatbestandsmerkmals „der sonstigen Täuschungshandlungen" erläutert: *„Eine derartige Irreführung umfasst auch die Fehlvorstellung, beide Vertragspartner effektiver Geschäfte beabsichtigten die Übertragung von Finanzinstrumenten, während sie in Wirklichkeit die Ausführung ihrer Geschäfte nur in Kauf nehmen,* ***um ihr eigentliches Ziel der Preiseinwirkung zu erreichen"***[1439]. Schließlich wird auch auf der europäischen Ebene trotz des objektiv definierten Ansatzes[1440] auf die Manipulationsabsicht abgestellt: Die ersten FESCO-Entwürfe waren für die Tatbestandsdefinition der Preismanipulation mit Begriffen wie „aim" (Zweck) und „intention" (Absicht) durchzogen[1441]. In acht von der Kommission im Anhang B des Vorschlags einer Marktmissbrauchsrichtlinie beispielhaft aufgezählten Marktmanipulationstechniken kam außerdem doch wieder die eigentliche ausgeschlossene Manipulationsabsicht zum Vorschein[1442].

Nicht ersichtlich ist außerdem angesichts der vorgezeichneten bedenklichen Erweiterungen welche strafbaren Manipulationspraktiken unter den Auffangtatbestand fallen sollen. Die Bewahrung einer „catch-all" Strafvorschrift bringt rechtsstaatlich verheerende Konsequenzen mit sich[1443]. Sie könnte außerdem zu einer

---

1437 Dafür Wilga, in Möllers/Rotter, § 12 RN 38.

1438 BT-Dr. 15/3174, S. 37.

1439 Vgl. Begründung zum § 4 der MaKonV, S. 7.

1440 S. u. § 5 II 3 b).

1441 So hieß es, dass die Verbreitung von Gerüchten mit dem Zweck, andere Marktteilnehmer irrezuführen, sowie die Durchführung von Wertpapiertransaktionen mit dem Zweck, den Marktpreis eines Finanzinstruments auf einem anormalen Preis zu etablieren, verboten sein sollten, vgl. dazu Goldmann, ÖBA 2001, S. 787 f.

1442 Vgl. Abschnitt B des Anhangs des Marktmissbrauchsrichtlinienvorschlags (FN 13), S. 271; hierzu Goldmann, ÖBA 2001, S. 788; Ekkenga, WM 2002, S. 319; Möller, WM 2002, S. 313; Weber, EuZW 2002, S. 47.

1443 Dies ist schon beim § 4 der MaKonV ersichtlich, zumal er Verhaltensweise beschreibt, die entweder unter § 20a Abs. 1 Nr. 1, 2 WpHG fallen – so die Weitergabe unrichtiger

strengeren Beurteilung von Teilnehmerhandlungen führen. Anerkanntermaßen stellt sich für Rechtsanwälte, Wirtschaftsprüfer, Steuerberater oder Marktintermediäre bzw. Kreditinstitute das allgemeine Problem, inwieweit bei „neutralen" Handlungen, wie sie im Alltag - meist im Rahmen normaler Berufsausübung z. B. Orderausführung - entstehen, im Wissen der manipulativen Transaktion eine eigene Verantwortlichkeit entstehen kann. Während sich in der Lehre die Diskussion um die Annahme bzw. Ablehnung einer strafbaren Beihilfe[1444] dreht, erlaubt dieser weit gefasste Auffangtatbestand den Tatbeitrag schon als eigene Handlung zu bewerten, auch wenn keine besonderen persönlichen Merkmale, wie z. B. die Absicht, auf die Kurse einzuwirken, vorliegen, die der Alltagshandlung ihre natürliche oder neutrale Eigenschaft nehmen würden[1445]. Zum Zwecke eines umfassenden strafrechtlichen Schutzes „wahrer Kurse" könnte die Unterscheidung zwischen Täterschaft und Teilnahme also nivelliert und die Tätigkeit ganzer Berufsgruppen wie Bankiers, Wirtschaftsjournalisten oder Skontroführer unerträglich behindert werden[1446].

3. Selbstentmachtung des Strafgesetzgebers

Parallel zu diesen Erweiterungen ist die „Spezifizierungsbefugnis" der BAFin sowohl auf den neuen Tatbestand zur Erfassung effektiver Transaktionen als auch auf die Bestimmung der „zulässigen Marktpraxis" erweitert worden. Angesichts der unerträglichen Unbestimmtheit der neuen Vorgaben[1447] liegt eine Selbstentmachtung des Strafgesetzgebers entgegen Art. 103 Abs. 2 GG nahe. Auch wenn man der Ansicht folgen würde, dass mittels einer richtlinienkonformen Auslegung für den Bürger schon erkennbar sein soll, was unter Strafe gestellt wird und was nicht, darf nicht verkannt werden, dass sich der Strafgesetzgeber bzw. der natio-

---

oder irreführender Informationen, Finanzanalysen oder Anlageempfehlungen – oder rechtsstaatlich bedenklich sind – so, wie erläutert, die Verbreitung von Gerüchten sowie Scalping und Cornering im weiten Sinne.

1444 Durch die Ausführung der Order hat der Bankier vorsätzlich einen mitursächlichen und fördernden Beitrag zum verbotenen manipulativen Handel geleistet, vgl. BGH, HFR 1985, S. 429. Um eine sinnvolle Lösung zu finden, werden genaue Abgrenzungskriterien zwischen straffreiem und strafbarem Verhalten benötigt, vgl. Heise, Insiderhandel, S. 177; Assmann/Cramer, in Assmann/Schneider, 3. Aufl., § 14 RN 97d; Roxin, AT, Bd. II, § 26 RN 218 ff.

1445 Vgl. hierzu Lücker, Missbrauch, S. 166.

1446 Vgl. Bedenken gegen den weit ausgelegten Auffangtatbestand des vierten FFG Sorgenfrei, wistra 2002, S. 326. Erst im Gesetzgebungsverfahren wurde zum Schutze der Pressefreiheit § 20a VI WpHG eingefügt, der sicherstellen soll, dass für Journalisten bei der Beurteilung einer Kursmanipulation auf Grund unrichtiger Angaben die berufsständischen Regeln berücksichtigt werden sollen, sofern die Journalisten nicht selbst Gewinn aus den Angaben schöpfen, vgl. Spindler, NJW 2004, S. 3453.

1447 Vgl. Stellungnahme des Bundesrates, BT-Dr. 15/3355, S. 2.

nale Gesetzgeber seiner Strafsetzungsbefugnis entscheidend entzogen hat. Wo die Marktmissbrauchsrichtlinie die Kommission zum Erlass von Durchführungsmaßnahmen im so genannten Lamfalussy-Verfahren ermächtigt, wird im AnSVG das Bundesministerium der Finanzen (mit Delegationsbefugnis) an die BAFin zum Erlass von Rechtsverordnungen ermächtigt[1448]. Dadurch ist eine Adaption entsprechender gemeinschaftsrechtlicher Regelungen, die Teil der Richtlinie darstellen oder im Wege des Komitologieverfahrens entstehen, ohne Gesetzesänderung möglich[1449]. Dies ist schon am Beispiel der MaKonV ersichtlich, zumal sie eine worttreue Umsetzung der gemeinschaftsrechtlichen Vorgaben zur Marktmanipulation darstellt[1450]. Werden die Richtlinienvorgaben allerdings zur Beseitigung neuer Gefahrstellen gem. Art. 1 Abs. 2 Unterabsatz 2 i. V. m. 17 der Marktmissbrauchsrichtlinie ergänzt bzw. geändert, können sie auch worttreu in den gem. § 20a Abs. 2 WpHG i. F. d. AnSVG von der BAFin zu erlassenden Rechtsverordnungen wiedergefunden werden.

Die Schwierigkeiten, die den Gesetzgeber zu der hier verworfenen, komplexen Verweisungstechnik veranlasst haben, liegen also nicht bloß in der Veranschaulichung des Gesetzesaufbaus, in der Entlastung des Gesetzestextes oder sogar in der Anpassungsfähigkeit an die Bedürfnisse der lebhaften Börsenrealität, sondern vor allem in dem ständigen Anpassungszwang des nationalen Rechts an Veränderungen im Gemeinschaftsrecht begründet. Der Gesetzgeber hat darauf zu achten, dass er keine Vorschriften normiert, die dem ständig sich ändernden und mehrenden Gemeinschaftsrecht widersprechen, da jenem ein Anwendungsvorrang zukommt; unanwendbar gewordene nationale Vorschriften sind alsbald zu ändern oder aufzuheben. Da die Rechtsetzung in beiden Rechtsordnungen getrennt voneinander stattfindet, kommt es zu den Verzögerungen, die der deutsche Gesetzgeber gerade zu vermeiden sucht.

1448 Ziemons, NZG 2004, S. 537.

1449 Vgl. Moosmayer, wistra 2002, S. 164, 169; Tripmaker, wistra 2002, S. 292; Ekkenga, WM 2002, S. 318; Feldhaus, Eignung, S. 93; Ilberg/Neises, WM 2002, S. 647.

1450 Vgl. die Begründung zur MaKonV, S. 2: *„Die Ergänzungen in dieser Verordnung gegenüber der KuMaV dienen in erster Linie der Umsetzung einzelner Bestimmungen aus der Marktmissbrauchsrichtlinie und aus zwei dazu ergangenen Durchführungsrichtlinien,* ***soweit dies noch nicht durch das ANSCG geschehen ist.*** *Es handelt sich dabei insbesondere um 1.die Beispielsfälle für Marktmanipulation* ***in Art. 1 Nr. 2 Buchstabe c 1. bis 3. Spiegelstrich der Richtlinie 2003/6/EG*** *des Europäischen Parlaments und des Rates vom 28. Januar 2003 über Insider-Geschäfte und Marktmanipulation (Marktmissbrauch), 2.die Anzeichen für falsche oder irreführende Signale oder ein künstliches Kursniveau sowie für sonstige Täuschungshandlungen in* ***Art. 4 und 5 der Durchführungsrichtlinie 2003/124/EG*** *der Kommission vom 22. Dezember 2003 und 3.die bei der Beurteilung von Marktpraktiken zu berücksichtigenden Faktoren sowie Konsultationsverfahren und Bekanntgabe der Entscheidung über die Anerkennung von zulässigen Marktpraktiken nach* ***Art. 2 und 3 der Durchführungsrichtlinie 2004/72/EG*** *der Kommission von 29 April 2004".*

Es soll aber die Gefahr nicht verkannt werden, dass angesichts weit gehaltener nationaler sowie supranationaler Strafvorschriften die eigentlich tragenden Inhalte in Brüssel entschieden werden und durch die Hintertür des Komitologieverfahrens und der Rechtsverordnungskompetenz der BAFin als geltendes Strafrecht zur Wirkung kommen, ohne dass hier der deutsche Gesetzgeber in irgendeiner Weise mitwirkt. Die „Spezifizierung" des Straftatbestandes durch den Verordnungsgeber ermöglicht nunmehr eine wörtliche Umsetzung der im Rahmen des Komitologieverfahrens erlassenen detaillierten Regelungen in nationales Recht, die die Mitgliedsstaaten in die Rolle eines „Notars" drängen. Damit werden aber die Grenzen zulässiger Blankettstrafgesetzgebung überschritten[1451].

4. Gemeinschaftsrechtskonformität

Der Gesetzgeber hat die wortgetreue Wiedergabe der Richtlinienvorgabe gewählt, um die ordnungsgemäße Umsetzung sicherzustellen[1452] und Umsetzungsdefizite bzw. ein Vertragsverletzungsverfahren[1453] vor dem EuGH (Art. 226, 227 EGV), welches letztlich auch zu einer Verurteilung und - gemäß Art. 228 II EGV - sogar zu einer finanziellen Sanktion gegenüber Deutschland führen kann[1454], zu vermeiden. In Anbetracht des denkbaren gemeinschaftsrechtlichen Tadels oder gar etwaiger gemeinschaftsrechtlich bedingter Staatshaftungsansprüche wird der sichere Weg gewählt.

Diese Umsetzung erscheint aber zunächst gemeinschaftsrechtlich bedenklich, sofern sie über die Vorgaben der Marktmissbrauchsrichtlinie hinausgeht. Zunächst erfasst der Kursmanipulationsstraftatbestand auch individuelle Täuschungen, während die Marktmissbrauchsrichtlinie erst auf die Verbreitung von Falschinformationen abstellt[1455]. Der Begriff der Verbreitung setzt zwar nicht voraus, dass sich der Täter an eine unbestimmte Vielzahl von Empfängern wendet; bereits eine Äußerung im privaten Kreis kann genügen[1456]. Auf jeden Fall schließt dieser

1451 Schmitz, ZStW 115 (2003), S. 517, 536.

1452 Dazu im Allgemeinen Schröder, Europäische Richtlinien, S. 440.

1453 Im Rahmen des von Kommission initiierten Vertragsverletzungsverfahrens ist es gerade die Aufgabe des EuGH festzustellen, ob eine konkrete mitgliedsstaatliche Regelung den gemeinschaftsrechtlichen Vorgaben entspricht, s. Satzger, Europäisierung, S. 375. Allerdings kann hierdurch nur ein Feststellungsurteil erstritten werden, s. Satzger, ebenda, S. 376 f. Eine Nichtbeachtung dieses Urteils stellt zwar wiederum eine Gemeinschaftsrechtsverletzung dar, die im Wege des Art. 226 EGV aber ebenfalls nur festgestellt werden kann. Seit dem Inkrafttreten des Vertrags von Maastricht ist in Art. 228 II EGV die Möglichkeit vorgesehen, dem betreffenden Mitgliedsstaat bei Nichtbefolgung des ersten Urteils einen „zu zahlenden Pauschalbetrag" oder ein „Zwangsgeld" aufzuerlegen, s. Satzger, ebenda, S. 377.

1454 EuGHE91, I- 5357, 5403 = NJW 1992, 165 ff.; EuGH, EuZW 1999, S. 468.

1455 Ziouvas/Walter, WM 2002, S. 1486; Ziouvas, ZGR 2003, S. 126.

1456 Schmid/Baur, in Vogt (Hrsg.): Art. 161bis StGB, S. 1041.

Begriff aber Individualtäuschungen ein. Bemerkenswert ist des Weiteren, dass die Richtlinie anders als § 20a Abs. 1 Nr. 1WpHG das Verschweigen von Informationen entgegen bestehenden Rechtspflichten nicht als Marktmanipulation erfasst[1457]. Schließlich zählt das deutsche Recht zu den Vermögenswerten nicht nur Wertpapiere im weiteren Sinne einschließlich der Warenderivate, sondern auch börsenmäßig gehandelte Waren, Geldsorten und sogar Schecks[1458] sowie Vermögenstitel, die in den Freiverkehr einbezogen sind[1459].

Somit hat der nationale Gesetzgeber eine strengere als die geforderte Umsetzung vorgenommen. Bei dieser Art von Umsetzung stellt sich besonders die Frage der EG-Rechtmäßigkeit[1460]. Diese wird in Bezug auf strengere nationale Regelungen allerdings regelmäßig beantwortet: entweder durch ausdrückliche Erklärung, dass die Mitgliedsstaaten strengeres nationales Recht vorsehen dürfen, oder konkludent durch die Regelungstechnik von Ermessensregeln oder schließlich aus der Mindestharmonisierungspolitik der Gemeinschaft allgemein, nach der grundsätzlich nur ein harmonisierter Mindeststandard bei gegenseitiger Anerkennung in Rechtsmaterien erzeugt werden soll. Mindestvorschriften sind im gemeinschaftlichen Kapitalmarkt jedenfalls die Regel[1461]. Es gibt allerdings auch EG-Normen, die eine Höchstgrenze zum Ziel haben und strengere nationale Normen, insbesondere solche, die eine strafrechtliche Sanktion androhen, explizit ausschließen (stand-still-Gebot bzw. das Verbot strengerer Regelungen)[1462]. Gibt die Gemeinschaftsvorschrift nicht ausdrücklich Aufschluss über die Zulässigkeit strengerer nationaler Regelungen, so ist durch Auslegung zu ermitteln, ob die gemeinschaftsrechtliche Norm einen Mindeststandard oder eine Höchstgrenze bezweckt.

Nach einer Ansicht sei das Mehr in der deutschen Umsetzung der Marktmissbrauchsrichtlinie zulässig, denn die Richtlinie bringe für den deutschen Gesetzgeber kein „Stand-still-Gebot“[1463]. Dagegen lässt sich einwenden, Art. 6 der bisherigen Richtlinie über Insidergeschäfte[1464] sei in der neuen Richtlinie entfallen. Damit gibt es keine ausdrückliche Erlaubnis mehr für jeden Mitgliedsstaat, strengere Vorschriften als die in der Richtlinie vorgesehenen zu erlassen[1465]. Das Ziel eines integrierten Finanzmarktes erfordert darüber hinaus ein europaweit einheitliches Schutzniveau, das umfassend ist und auf der Ebene 2 mit detaillierten

---

1457 Ziouvas/Walter, WM 2002, S. 1486; Schmitz, ZStW 115 (2003), S. 526.

1458 Schmitz, ZStW 115 (2003), S. 520.

1459 Ziouvas/Walter, WM 2002, S. 1486.

1460 Heinze, Europäisches Kapitalmarktrecht, S. 24.

1461 Weber, Kapitalmarktrecht, S. 96, 98; Heinze, Europäisches Kapitalmarktrecht, S. 21.

1462 Moll, Blankettstrafgesetzgebung, S. 17.

1463 Ziouvas/Walter, WM 2002, S. 1486; Dannecker, in Wabnitz/Janosky, 2. Aufl., Kapitel 1 RN 80.

1464 Vgl. Art. 6 der Insiderrichtlinie 89/592/EWG ABl. 1989 L 334 vom 18.11.1989, S. 30 ff.; dazu EuGH v. 3.5.2001 C- 28/99 (Strafklage gegen Verdonck)-Sammlung der Rechtsprechung 2001 S. I-03399.

1465 Goldmann, ÖBA 2001, S. 789.

Regelungen konkretisiert wird. Eine Mindestharmonisierung bringt die Gefahr mit sich, sich aufgrund der im internationalen Vergleich strengeren Vorschriften gegenüber anderen Staaten (mit weniger strengen Regelungen) ins Abseits zu manövrieren und nicht mehr wettbewerbsfähig zu sein[1466]. Insofern muss bezweifelt werden, ob die Marktmissbrauchsrichtlinie einen Mindeststandard darstellt[1467].

Des Weiteren erscheint es angesichts der tiefgreifenden rechtsstaatlichen Einbrüche durchaus anfechtbar, ob solche Regelungen „wirksam, verhältnismäßig und abschreckend" im Sinne des Art. 14 Abs. 1 der Marktmissbrauchsrichtlinie sind. Denn eine solche Strafvorschrift, bei der es unmöglich ist, zwischen Erlaubtem und Verbotenem nach einer äußerlich leicht erkennbaren Form zu unterscheiden, desavouiert durch faktische Nichtanwendung selber[1468]. Die Unschärfe vager Rechtsinteressen als Folge des strafrechtlichen Schutzes konturenloser Rechtsgüter paralysiert die Geltungskraft der Norm bzw. droht die Vorschrift ihrer in Anspruch genommenen generalpräventiven Wirkung[1469] zu berauben[1470].

Wenn die Gemeinschaft allerdings in einer Richtlinie bindende Vorgaben für ein bestimmtes Rechtsgebiet formuliert, dann hat sie eben nur dieses Rechtsgebiet vor Augen und hinterfragt nicht dessen etwaige Verzahnung mit dem Strafrecht in den Mitgliedsstaaten[1471]. Diese Aufgabe ergibt sich für die Mitgliedsstaaten im Zuge des Umsetzungsverfahrens. Eine Richtlinie als gemeinschaftsrechtliches Instrument kooperativer zweistufiger Rechtsetzung gibt jedem Mitgliedsstaat normativ verbindlich das Regelungsziel bzw. das Ergebnis vor (obligation de résultat) und es obliegt gem. Art. 10 EGV n. F. (Art. 5 EGV a. F.) den Mitgliedsstaaten, also allen Trägern öffentlicher Gewalt in den Mitgliedsstaaten, alle zur Erfüllung dieser Verpflichtung geeigneten Maßnahmen zu treffen[1472]. Welche Mittel in concreto – Kriminalstrafen, Bußgelder, Zwangsgelder oder sonstige verwaltungsrechtliche und zivilrechtliche Durchsetzungsmechanismen - zur Erreichung des Ziels einzusetzen sind wird aber den einzelnen Mitgliedsstaaten überlassen.

Außerdem ist eine Anweisung der EG zur Einführung nationaler Strafvorschriften gegen die Verstöße der Richtlinienvorgaben nicht ersichtlich[1473]. Zwar wird die Richtlinie teilweise als ein allgemeines Konzept für die Rahmenbedin-

---

1466 Siebold, Das neue Insiderrecht, S. 156.

1467 Feldhaus, Eignung, S. 71.

1468 Hillenkamp, in Recht und Wirtschaft, S. 236; Tiedemann, Gutachten, C 41.

1469 Schon Mayer, Schlussbestimmungen, S. 35; Weinholz, Börsenwesen, S. 13; Gründler, Strafbestimmungen des Börsengesetzes, S. 3, 7; Schlüchter, 2. WiKG, S. 15 ff.; Watter, SZW 62 (1990), S. 205; Reuter, Aktienmarkt, S. 177; Weber/Schaller, SZW 75 (2003), S. 186.

1470 Volk, ZHR 142 (1977), S. 14; Tiedemann, passim.

1471 Schröder, Europäische Richtlinien, S. 447.

1472 Satzger, Europäisierung, S. 26; eingehend dazu Schwarze, EU-Kommentar, Art. 249 RN 24 ff. m. w. N.

1473 Schmitz, ZStW 115 (2003), S. 527; Streinz/Ohler, WM 2004, S. 1316; Gaede/Mühlbauer, wistra 2005, S. 15.

gungen eines strafrechtlich relevanten Auftretens im Kapitalmarkt erachtet[1474], als die ursprüngliche Fassung des Kommissionsentwurfs die Mitgliedsstaaten anwies, strafrechtliche Sanktionen einzuführen[1475]. Diese Anweisung ist jedoch nach den Änderungen des Europäischen Parlaments und des Rates per Zustimmung in der endgültigen Fassung der Richtlinie gestrichen worden, da eine vollständige Harmonisierung von strafrechtlichen Sanktionen im EG-Vertrag nicht vorgesehen ist[1476]. Dem heutigen Wortlaut der Marktmissbrauchsrichtlinie ist eine strafrechtliche Anweisung nicht zu entnehmen. Über schwerwiegende Bedenken gegen eine allgemeine Anweisungskompetenz der EG zur Einführung strafrechtlicher Sanktionen wird diese Änderung darauf zurückgeführt, dass eine Kumulation von Straf- und Verwaltungssanktionen vermieden werden sollte, da sie in einigen Mitgliedsstaaten unzulässig ist[1477].

Somit wurde in der Marktmissbrauchsrichtlinie auch berücksichtigt, dass jeder Mitgliedsstaat eine eigene Konzeption des Kriminalstrafrechts besitzt, die nicht mit derjenigen des Gemeinschaftsrechts übereinstimmen muss[1478]. Zum Beispiel zählt der Rechtsgutsbegriff keineswegs zum europäischen Gemeingut[1479]. Europäische Straftatbestände werden nicht (nur) mit Rechtsgütern, sondern (auch) mit wichtigen Gemeinwohlbelangen aller Art legitimiert[1480]. Das Fundament von EG-Rechtsgütern sowie deren Maßstab ist somit allein die EG-Rechtsordnung, aus deren grundlegenden Wertentscheidungen sich - grundsätzlich unabhängig von nationalen Maßstäben - der Rang und die Schutzbedürftigkeit von Gemeinschaftswerten ergeben[1481]. Dies bedeutet aber nicht notwendigerweise, dass bei Verletzung jedes dieser supranationalen Belange das nationale Kriminalstrafrecht zum Einsatz kommen muss, da das Strafrecht wie kein anderes Rechtsgebiet durch die Traditionen, Wertvorstellungen und sozialen Verhältnisse in den einzelnen Mitgliedsstaaten sowie deren Geschichte und Kultur geprägt ist[1482].

Die Tatsache, dass die meisten Mitgliedsstaaten strafbewehrte Verbote vorsehen, könnte allerdings Deutschland de facto zu einer strafrechtlichen Lösung

1474 Weber/Schaller, SZW 75 (2003), S. 178.

1475 Vgl. Art. 14 des Richtlinienvorschlags (FN 13), S. 269.

1476 Vgl. Art. 14 Abs. 1 des gemeinsamen Standpunkts (EG) Nr. 50/2002 vom Rat festgelegt am 19. Juli 2002 im Hinblick auf den Erlass der Richtlinie des Europäischen Parlaments und des Rates über Insider-Geschäfte und Marktmanipulation (Marktmissbrauch), ABl. C 228 E v. 25.9.2002, S. 27; hierzu Seitz, BRK 2002, S. 344; Schmitz, ZStW 115 (2003), S. 516.

1477 Vgl. Stellungnahme des Wirtschafts- und Sozialausschusses zu dem „Vorschlag für eine Richtlinie des Europäischen Parlaments und des Rates über Insider-Geschäfte und Marktmanipulation, ABl. C 80 v. 3.4.2002, S. 65.

1478 Satzger, Europäisierung, S. 455.

1479 Vogel, GA 2002, S. 529.

1480 S. Beispiele bei Vogel, GA 2002, S. 530.

1481 Satzger, Europäisierung, S. 351.

1482 Satzger, Europäisierung, S. 159 m. w. N.

zwingen[1483]. Die Argumente lauten hier, dass sich Deutschland bei einem Absehen von einer strafrechtlichen Lösung im internationalen Wettbewerb der Finanzplätze zu isolieren drohte und Vorwürfen ausgesetzt wäre, an den hiesigen Börsen herrschten untergeordnete Verhältnisse[1484]. Durch die zunehmende Öffnung der Finanzplätze ist die isolierte Betrachtung eines nationalen Finanzmarktes nicht mehr sachgerecht[1485]. Investoren können zum großen Teil frei entscheiden, auf welchen Märkten sie ihre Dispositionen treffen wollen. Der daraus resultierende Wettbewerb der Märkte um das Kapital wird vor allem über die Gestaltung der Rahmenbedingungen für Investitionen ausgetragen. Vor allem stellt sich die Frage aus der Sicht der potentiellen Anleger, ob sie bei einer unterschiedlich strengen Gesetzgebung gegen Marktmanipulationen in den verschiedenen Staaten die Wertpapierbörsen in den Ländern wählen, in denen besonders harte Sanktionen gegen Manipulatoren verhängt werden, da sie dann möglicherweise ein höheres „Vertrauen" gerade in diese Märkte entwickelten. Dadurch würde nicht nur die Schaffung des einheitlichen europäischen Kapitalmarktes blockiert, sondern auch die Funktionsfähigkeit des deutschen Kapitalmarktes erheblich beeinträchtigt.

Richtigerweise ist dieser Gedanke als Begründung für einen Harmonisierungszwang im Hinblick auf strafrechtliche Sanktionen zu relativieren: Nicht jeder Unterschied in der Ausgestaltung der Sanktionen hat derartig negative Auswirkungen auf den Binnenmarkt. Zunächst ist nicht zu erwarten, dass die Gruppe der Kleinanleger in Kenntnis eines Gefälles in der Strenge verschiedener Gesetze - die sie ohnehin wohl erst nach gravierenden Skandalen aufgrund entsprechender Presse- und Fernsehmeldungen erlangt - an Börsenmärkte in Ländern mit strengeren bzw. strafrechtlichen Sanktionen ausweichen wird[1486]. Gerade sie werden die Börse eher vollständig meiden, als dass sie an ausländische Plätze ausweichen. Aber auch die bedeutende Gruppe der institutionellen Anleger, für die zwar aufgrund der Professionalität keine Hemmschranke vor ausländischen Märkten besteht, wird weniger im Hinblick auf die Strenge und Durchsetzungskraft der jeweiligen Gesetzgebung auswählen als im Hinblick auf Qualität und Leistungen eines Finanzplatzes (insbesondere die Aussicht auf Gewinne, steuerliche Aspekte sowie die Angebotspalette)[1487].

Vor allem haben sich empirische Untersuchungen über die präventive Wirkung von Strafen in der Vergangenheit als nur bedingt aussagekräftig erwie-

1483 Altendorfer, in Aicher/Kalss/Oppitz, S. 224 f; Hopt/Baum, in Hopt/Rudolph/Baum, S. 438 f., 440; a. A Schlüter, Börsenhandelsrecht, 2. Aufl., D RN 267.

1484 Möller, WM 2002, S. 310; Schmitz, ZStW 115 (2003), S. 509; vgl. die parallele Problematik im Rahmen der Umsetzung der Insiderrichtlinie Mennicke, Sanktionen, S. 153 ff., 161, 180; Heise, Insiderhandel, S. 27 f.

1485 Altendorfer, in Aicher/Kalss/Oppitz, S. 224 f.

1486 Mennicke, Sanktionen, S. 155.

1487 Mennicke, Sanktionen, S. 156.

sen[1488]. Der eigentliche Grund für Wettbewerbsverfälschungen oder Behinderungen von Gemeinschaftspolitiken ist aber richtigerweise nicht die unterschiedliche formelle Ausgestaltung, sondern der Effekt bzw. die Auswirkungen von Sanktionen[1489]. Wird zum Beispiel für einen Unternehmer wirklich ausschlaggebend sein, ob z. B. ein Umweltvergehen strafrechtliche Konsequenzen nach sich zieht, wenn in einem anderen Mitgliedsstaat zwar keine Kriminalstrafe, aber gleichwohl geldwerte Nachteile in Form von Geldbußen oder andere Verwaltungssanktionen drohen? [1490] Dies gilt umso mehr, wenn man darüber vergegenwärtigt, dass es im ganzen europäischen Wirtschaftsraum von 1995-2000 nur 12 strafrechtliche Verurteilungen wegen Marktmanipulation gab[1491].

Ziel einer Rechtsangleichung kann und muss sein, dass jeder Mitgliedsstaat einen annähernd gleichen Effekt mit der von ihm frei festgesetzten Sanktion erzielt[1492]. Es geht bei der Harmonisierung also nicht in erster Linie darum, dass die Gemeinschaftsorgane strafrechtlich-dogmatische Kategorien vorgeben, sondern eine Zielorientierung im Sinn einer „obligation de résultat" begründen. Ziel der Harmonisierungsrichtlinien kann daher nicht die Angleichung des Wortlauts der nationalen Strafvorschriften sein, sondern die Annäherung der Ahndungseffekte der jeweiligen Sanktionen. Von einer solchen Annäherung kann allerdings bei einer rechtsunsicheren, rechtstaatlich bedenklichen Strafvorschrift, wenn sie auch eine worttreue Umsetzung der Marktmissbrauchsrichtlinie darstellt, nicht die Rede sein.

1488 Satzger, Europäisierung, S. 426.
1489 Satzger, Europäisierung, S. 461.
1490 Satzger, Europäisierung, S. 426.
1491 Claussen, BB 2002, S. 110.
1492 Satzger, Europäisierung, S. 461.

§ 7 Strafrechtlicher Schutz vor Kursmanipulationen durch den Straftatbestand des Missbrauchs von Insiderinformationen?

I. Phänomen des Insiderhandels und die strafbewehrten Handlungsverbote des WpHG i. F. v. 26-7-1994

Ganz allgemein bezeichnet man eine Person dann als Insider, wenn diese über Sonderwissen verfügt, welches einen Informationsvorsprung gegenüber Dritten begründet[1493]. Insiderhandel an der Börse nennt man solche börsliche oder außerbörsliche Effektengeschäfte, bei denen Personen aufgrund ihrer Tätigkeit in einem Unternehmen – sog. gesellschaftsbezogene Insider wie Vorstands- und Aufsichtsratsmitglieder oder Großaktionäre - oder aufgrund ihrer prädestinierten Stellung am Kapitalmarkt – sog. kapitalmarktbezogene Insider wie Banken, Kapitalanlagegesellschaften oder Börsianer - gegenüber anderen Kapitalmarktteilnehmern einen Informationsvorsprung über kursrelevante Daten besitzen und diesen durch gezielte Transaktionen wirtschaftlich verwerten können[1494]. Zum weiteren Primärinsiderkreis gehören aber auch Personen, die ihre Informationen unabhängig von ihrer beruflichen Position erhalten[1495]. Zu dieser Gruppe gehören einerseits diejenigen, die von dritter Seite gezielt einen Tipp bekommen und andererseits solche Personen, die nur rein zufällig oder aufgrund krimineller Tätigkeit[1496] einen Informationsvorsprung erlangen (Sekundärinsider). Nutzen Insider ihre Kenntnisse bei Geschäften mit entsprechenden Wertpapieren aus, können sie dann erhebliche Gewinne realisieren, wenn sich die nicht allgemein bekannte Information nach ihrer Veröffentlichung auf den Kurs des betreffenden Wertpapiers auswirken. Solche Handelsweisen sind nach der ganz herrschenden Ansicht zu verbieten, weil sie das Vertrauen[1497] der Anleger in die Gleichheit der Marktteilnehmer an den Wertpa-

1493 Heise, Insiderhandel, S. 13.

1494 Dingeldey, Insider-Handel, S. 1; Mennicke, Sanktionen, S. 40; Peters, Insiderstrafrecht, S. 3; Haouache, Börsenaufsicht, S. 18; Heise, Insiderhandel, S. 14; Nerlich, Tatbestandsmerkmale, S. 21.

1495 Dingeldey, Insider-Handel, S. 1.

1496 Schröder, Aktienhandel, S. 133.

1497 Ulsenheimer, NJW 1975, S. 1999; Dingeldey, Insider-Handel, S. 66; Mennicke, passim; Geerds, Vermögensschutz, S. 360; Lücker, Missbrauch, S. 25; Kümpel, Kapitalmarktrecht, 2. Aufl., S. 22; Nerlich, Tatbestandsmerkmale, S. 60; Dickersbach, Das neue Insiderrecht, S. 46; Assmann, in Assmann/Schneider, WpHG, 3. Aufl., vor § 12 RN 39.

piermärkten verletze bzw. gefährde und über eine adverse selection deren Funktionsfähigkeit beeinträchtige[1498].

Nach einer langen Tradition Deutschlands, das Insiderhandelsphänomen selbstregulatorisch zu behandeln[1499], hat der Gesetzgeber im Rahmen des zweiten Finanzmarktförderungsgesetzes im Jahre 1994 in verspäteter Umsetzung der EG-Insiderrichtlinie v. 1989[1500] umfassende Insiderhandels-, Weitergabe- und Empfehlungsverbote erlassen (§ 12 ff.) und in dem neuen WpHG (§ 38 Abs. 1 i. V. m. §§ 12 ff.) unter Strafe gestellt. Diese Blankettstrafvorschrift des WpHG i. F. v. 26-7-1994[1501] unterscheidet wegen der jeweils unterschiedlichen Verbotsreichweite zwischen Primärinsidern bzw. Insidern und Sekundärinsidern bzw. Dritten (§ 13 WpHG i. F. v. 26.7.1994), da das Gesetz im Anschluss an die Insiderrichtlinie dem Primärinsider auch Verhaltensweisen im Vorfeld des eigentlichen Insiderhandelsverbotes untersagt (§ 14 Abs. 1 Nr. 1 – 3 WpHG i. F. v. 26.7.1994), während Sekundärinsider nur dem Transaktionsverbot unterliegen (§ 14 Abs. 2 WpHG i. F. v. 26.7.1994). Vom Transaktionsverbot werden also alle Personen angesprochen, die Kenntnis von Insidertatsachen haben und unter Ausnutzung ihrer Kenntnis von der Insidertatsache Insiderpapiere i. S. v. § 12 WpHG i. F. v. 26-7-1994 für eigene oder fremde Rechnung erwerben oder veräußern, ohne dass die Art und Weise der Kenntniserlangung oder die Herkunft der Information eine Rolle spielen[1502]. Primärinsidern ist es darüber hinaus untersagt, eine Insiderinformation unbefugt weiterzugeben oder auf Grund einer Insiderinformation den Kauf bzw. Verkauf eines Insiderpapiers zu empfehlen. Der Begriff der Insidertatsache ist somit das zentrale Element der deutschen Insiderregelung[1503]. Darunter ist gemäß der Legaldefinition in § 13 Abs. 1 WpHG i. F. v. 26.7.1994 eine nicht öffentlich bekannte Tatsache zu verstehen, die sich auf einen oder mehrere Emittenten von Insiderpapapieren bezieht und die geeignet ist, im Falle ihres öffentlichen Bekanntwerdens den Kurs der Insiderpapiere erheblich zu beeinflussen.

1498 BT-Dr. 12/6679, S. 33; schon früher Dingeldey, Insider-Handel, S. 64; Pananis, Insidertatsache, S. 41 ff.; Mennicke, Sanktionen, S. 108; Loesche, Kursbeeinflussung, S. 46; Fürhoff, AG 2003, S. 81 f.; Assmann, in Assmann/Schneider, 3. Aufl., vor § 12 RN 43a.

1499 Zu Insiderhandels-Richtlinien (IHR) vgl. Dingeldey, Insider-Handel, S. 34 ff.; Hopt, FS für Beusch, S. 394; Peters, Insiderstrafrecht, S. 5 ff.; Heise, Insiderhandel, S. 21 ff.

1500 Insiderrichtlinie 89/592/EWG ABl. L 334 vom 18.11.1989, S. 30 ff., die allerdings von Art. 20 der Marktmissbrauchsrichtlinie (FN 20), S. 25 aufgehoben wurde.

1501 Vgl. Pananis, Insidertatsache, S. 52 ff.

1502 Pananis, Insidertatsache, S. 140.

1503 Pananis, Insidertatsache, S. 59.

II. Kursmanipulation und Insiderhandel: sich überschneidende Phänomene

1. Die Bewertung von Scalping als strafbarer Insiderhandel

In der letzten Zeit verdient die Tendenz, den Insiderhandelsstrafvorschriften bei Börsenmanipulationen fruchtbar zu machen[1504], immer mehr Boden. Insiderhandel wird zwar von Kurs- und Markpreismanipulationen insofern differenziert, als hier eine wahre, noch nicht der Öffentlichkeit[1505] bekannte Information ausgenutzt wird, während der Kursmanipulator unzutreffende kurserhebliche Informationen ausdrücklich oder schlüssig verbreitet und selbst Preisunterschiede herbeiführt, um sie in der Regel durch Gegentransaktionen auszunutzen[1506]. Der Insider wirkt nämlich nicht auf das Vorstellungsbild des Anlegers ein, sondern er nutzt einen bestehenden Wissensvorsprung aus. Er weiß um eine gegenwärtige Falschbewertung eines Titels und will von der Differenz zwischen falschem und richtigem Kurs, welcher sich nach Bekanntwerden seiner Insiderinformation einstellt, profitieren. Der Manipulator führt hingegen einen falschen Kurs erst herbei; er kennt nicht nur die künftige Kursentwicklung (oder jedenfalls ihre Richtung), sondern darüber hinaus auch mehr, indem er dieses Wissen durch eigene Willensentschlüsse und Handlungsabsichten selbst erzeugt. Um das Anlegerpublikum zu Transaktionen zu veranlassen, übermittelt er dem Anlegerpublikum einen falschen Gesamteindruck, indem er sich meistens sogar der Vorspiegelung einer Insidertatsache bedient[1507].

1504 Vgl. Altendorfer, in Aicher/Kalss/Oppitz, S. 233 f.; Lücker, Missbrauch, S. 54; Heise, Insiderhandel, S. 117; Lenzen, Unerlaubte Eingriffe, S. 4, 162 f., 249; für einen mittelbaren Schutz auch Ilberg/Neises, WM 2002, S. 644.

1505 Umstritten ist es allerdings, ob darunter eine breite Streuung der Nachricht über die Massenmedien - so Claussen, ZBB 1992, S. 275 f.; Lücker, Missbrauch, S. 60; Ekkenga, NZG 2001, S. 3 ff. - oder eine Bereichsöffentlichkeit bzw. Veröffentlichung der Insiderinformation über ein elektronisch betriebenes Informationsverbreitungssystem, das allen berufsmäßigen Marktteilnehmern die Kenntnis von der Tatsache ermöglicht, gemeint ist - so BT-Dr. 12/6679, S. 46; Kümpel, WM 1994, 2138; Schröder, Aktienhandel, S. 135; Immenga, ZBB 1995, S. 202; Siebold, Das neue Insiderrecht, S. 231 f.; Tippach, Insider-Handelsverbot, S. 81; Cramer, FS für Triffterer, S. 329 f.; Peters, Insiderstrafrecht, S. 57 f.; Nerlich, Tatbestandsmerkmale, S. 116; Steinhauer, Insiderhandelsverbot, S. 39.

1506 Schmid, Insiderstrafrecht, S. 90, 200; de Beer, SAG 61 (1989), S. 149; Watter, SZW 62 (1990), S. 197; Schröder, Aktienhandel, S. 148; Tippach, Insider-Handelsverbot, S. 23; Kaiser, WM 1997, S. 1563; Altendorfer, in Aicher/Kalss/Oppitz, S. 233; Schäfer, WM 1999, S. 1345; Heise, Insiderhandel, S. 56 ff., 76, 116; Lücker, Missbrauch, S. 54; Ledermann, in Schäfer, § 88 BörsG RN 1; Lenzen, Unerlaubte Eingriffe, S. 4; Nerlich, Tatbestandsmerkmale, S. 22; Ziouvas, ZGR 2003, S. 130; Schmitz, ZStW 115 (2003), S. 509; Vogel, in Assmann/Schneider, 3. Aufl., § 20a RN 9.

1507 Schröder, Aktienhandel, S. 148.

Deshalb handelt der Täter eines Kursbetruges nicht auf dieselbe Weise wie der Insider. Während der Insider in der Regel bestrebt ist, durch eine völlig anonyme Börsentransaktion die Insiderinformationen möglichst lang zu seinen Gunsten geheim zu halten, um Gewinne zu machen oder sich vor Verlusten zu schützen, und deshalb seine Order geräuschlos platziert, um nicht als Insider aufzufallen[1508], bedient sich der Kursbetrüger in der Regel aller Mittel, die ihm den Zugang zu der weiten Öffentlichkeit sichern wie die Presse oder das Internet. Denn eine täuschungsbedingte Handlung kommt normalerweise nur dann in Betracht, wenn sie sich zumindest an zahlreiche Marktteilnehmer oder die breite Öffentlichkeit richtet[1509]. Der Einfluss des Insiders auf den Kursverlauf ist daher relativ gering, Kursänderungen geschehen eher schleichend, während Kursmanipulationen einen Öffentlichkeitsgrad in der Regel erreichen sollen, der Informationssignale garantiert und die Kurse bewegen kann.

Jedoch ist bei näherer Betrachtung zuzugeben, dass es sich bei Marktpreismanipulationen und Insiderhandel zumindest um eng verwandte, zum Teil sich überschneidende Phänomene handelt[1510]. Ausgangspunkt ist die Falschbewertung des relevanten Titels, da sowohl der Insider als auch der Manipulator über einen deutlichen Wissensvorsprung verfügt, sei es, weil er Kenntnis von einer Insiderinformation hat, sei es, weil er weiß, dass die von ihm verbreitete Information entgegen des von ihm erzeugten Anscheins nicht richtig ist. Beide Praktiken sind also mit Informationsungleichgewichten eng verknüpft, die der Täter ausnutzt, um persönliche Gewinne zu erzielen. Die Kehrseite soll nach der herrschenden Meinung die Übervorteilung der Anleger und die Beeinträchtigung der Integrität und Fairness des Kapitalmarktes sein[1511].

Dafür sprechen nun auch die europarechtlichen Vorgaben, die eine einzige Richtlinie zur Bekämpfung des Insiderhandels und Marktmanipulation (sog. Marktmissbrauch) vorsehen[1512], sowie die Begründung zum vierten FFG[1513]. Kennzeichen der verflüssigten Grenze zwischen Insiderhandel und Kursmanipulation ist vor allem die Tendenz der deutschen Lehre und Rechtspraxis, Vorkäufe in Kenntnis der eigenen Absicht, Kurse künstlich zu beeinflussen als Ausnutzen einer Insidertatsache und somit strafbaren Insiderhandel einstuft. Anstoß für diese Entwicklung hat der Fall Prior und die gefürchtete Straflosigkeit augenfälliger Bereicherungen von Meinungsführern zu Lasten schutzloser Anleger gegeben. Der

1508 Varnholt, Finanzmarkt, S. 474; Mennicke, Sanktionen, S. 73; Lücker, Missbrauch, S. 18; Steinhauer, Insiderhandelsverbot, S. 101.

1509 So de Beer, SchwZStR 109 (1992), S. 276; Schröder, Aktienhandel, S. 147 f.

1510 BT-Dr. 14/8017, S. 180; Roth, SZW 63 (1991), S. 235; Kaiser, RIW 1996, S. 338; ders., WM 1997, S. 1563; Weber, NZG 2000, S. 113; Nerlich, Tatbestandsmerkmale, S. 22; Möller, WM 2002, S. 311; Lenenbach, ZIP 2003, S. 246.

1511 Vgl. Lenenbach, ZIP 2003, S. 246.

1512 S. o. § 5 II 3 a).

1513 BT-Dr. 14/8017, S. 98.

Wirtschaftsjournalist Prior, Herausgeber eines eigenen Börseninformationsdienstes, nahm im Rahmen des vom Fernsehsender 3-sat veranstalteten Börsenspiels Aktien in sein Spieldepot auf, nachdem er sich einigen Tagen zuvor über sein Bankhaus mit solchen Aktien eingedeckt hatte[1514]. Ihm wurde vorgeworfen, er habe sich am Scalp („Kopfhaut") der Anleger bereichert, die den empfohlenen Wert kauften und so den Kurs nach oben trieben. Ähnlich hat Sascha Opel, stellvertretender Chefredakteur der Zeitschrift „Der Aktionär" und Finanzanalyst, Aktien bei niedrigen Kursen für sich erworben und danach für diese Aktien eine Kaufempfehlung für den von ihm betreuten Fonds, dessen große Orders zu größeren Kursanstiegen in den entsprechenden Aktienwerten führten, sowie in den Medien (Aktionär, 3sat-Börse sowie n-tv) gegeben, um durch seine Empfehlungen aufgrund seiner Reputation den Kurs des von ihm privat erworbenen Wertpapiers zu beeinflussen und aus den Kurssteigerungen kurzfristig Gewinne zu erzielen. Obwohl seit März 2000 die Kurse im Neuen Markt steil fielen, erzielte Opel - teils mit dem Geld der Anleger, teils mit eigenem Geld - dank einer „Herbstrallye" (Opel) im Oktober 2000 innerhalb von gut zwei Wochen mit kurzfristigen An- und Verkäufen im Wert von insgesamt 850.000 Euro einen Gewinn von 115.000 Euro[1515].

Bei solchen Konstellationen stehen Insiderhandel und Kursmanipulation offenbar sehr nahe beieinander. Bei der typischen Vorgehensweise greift der Scalper auf ein nur ihm zugängliches, da von ihm selbst geschaffenes Sonderwissen zurück, denn nur er weiß, dass er eine Empfehlung aussprechen wird, die mit hoher Wahrscheinlichkeit den Kurs des von ihm erworbenen bzw. veräußerten Wertpapiers in für ihn günstiger Weise beeinflussen wird und partizipiert konsequenterweise an den dadurch entstehenden Kursschwankungen durch eigene Käufe oder Verkäufe. Zugleich täuscht er den Markt über den wahren Inhalt seiner Empfehlung, da er seine Einschätzung nicht unbefangen als neutrale Person abgibt, wie es die Empfänger der Empfehlung erwarten und das Kapitalmarktrecht for-

---

1514 Prior-Fälle, Süddeutsche Zeitung v. 10.09.1998, S. 21; LG Frankfurt a. M., NJW 2000, S. 301 ff. Es gab zwei „Prior-Verfahren": Im ersten Verfahren im August 1999 wurden die die Veröffentlichungen im Börseninformationsdienst des Angeschuldigten betreffenden Ermittlungen wegen Verjährung des Presseinhaltsdeliktes von der Frankfurter Staatsanwaltschaft eingestellt. Im zweiten Verfahren, das Priors Teilnahme am 3sat-Börsenspiel zum Gegenstand hat, hat das LG Frankfurt zwar materiell-rechtlich eine Strafbarkeit derartiger eigennütziger Wertpapierempfehlungen gem. §§ 38 Abs. 1 Nr. 1, 14 Abs. 1 Nr. 1 WpHG grundsätzlich anerkannt, die Eröffnung des Hauptverfahrens aber aus tatsächlichen Gründen abgelehnt, vgl. Weber, NJW 2000, S. 562; Hergeth, DStR 2000, S. 393. Dagegen wollte das OLG Frankfurt die „grundsätzliche Rechtsfrage", ob das Scalping nach § 38 Abs. 1 Nr. 1WpHG strafbar ist, ausdrücklich nicht entscheiden, OLG Frankfurt a. M., NJW 2001, S. 982.

1515 Vgl. LG Stuttgart, ZIP 2003, S. 259 ff., das allerdings von BGH, WM 2004, S. 74 ff. = AG 2004, S. 144 ff. = BB 2004, S. 11 ff. = NZG 2004, S. 91 ff. = NJW 2004, S. 302 ff. = wistra 2004, S. 109 ff. aufgehoben wurde.

dert, sondern er erteilt seine Ratschläge ausschließlich oder zumindest auch aus Eigennutz[1516].

Diese Überschneidungen haben zwischenzeitlich in Deutschland zu einer erheblichen Rechtsunsicherheit geführt[1517]. Fraglich ist nicht nur die dogmatische Konstruktion als Insiderdelikt, sondern es stellt bereits ein Problem dar anzugeben, wovon beim Scalping überhaupt die Rede ist[1518]. Hauptstreitpunkte bei der strafrechtlichen Beurteilung dieser Konstellationen sind die Fragen, ob die Absicht, eine Empfehlung abzugeben, eine Insidertatsache darstellt, ob in der Umsetzung des Planes (Transaktion - Empfehlung - Transaktion) die Ausnutzung der selbst geschaffenen Insidertatsache gesehen werden kann, und ob nicht statt eines Insiderdelikts ein Verstoß gegen das Kursmanipulationsverbot in Betracht zu ziehen ist[1519].

Über die Konstellation eines Insiderhandels hinaus, in der der Scalper auf Insiderwissen basierende Empfehlungen abgibt[1520], sieht ein beachtlicher Teil der kapitalmarktrechtlichen Literatur[1521], an den sich mehrere Gerichte angeschlossen haben[1522] in der Absicht, Aktien zu empfehlen, mit denen sich der Empfehlende kurz vorher eingedeckt hat, eine Insidertatsache im Sinne von § 13 WpHG i. F. v. 26-7-1994. Denn die Absicht als solche ist wertungsfrei als innerer Zustand grundsätzlich beweisbar und stellt damit eine „Tatsache" dar[1523]. In Antizipation der Kurswirkung seiner Empfehlung könne der Analyst zum Insider werden. Die Kenntnis des Zeitpunkts seiner noch nicht öffentlichen Empfehlungen stemple ihn

1516 Lenenbach, ZIP 2003, S. 244; vgl. auch Watter, SZW 62 (1990), S. 200 FN 51; Weber, EuZW 2002, S. 43, 46; Feldhaus, Eignung, S. 92; Eichelberger, WM 2003, S. 2126.

1517 Vgl. BGH, WM 2004, S. 75; Vogel, NStZ 2004, S. 252.

1518 Weber NZG 2000, S. 124; Lenenbach, ZIP 2003, S. 243.

1519 Vgl. hierzu § 6 VI 1 b aa) sowie 3 b aa).

1520 Dieser Fall wird einhellig dem Insiderstraftatbestand zugeordnet, s. Weber, NZG 2000, S. 123, 125; Lenenbach, ZIP 2003, S. 245.

1521 Assmann, in Assmann/Schneider, 3. Aufl., § 13 RN 33a sowie Assmann/Cramer, ebenda, § 14 RN 34; vgl. auch Becker, Das neue WpHG, S. 53 f.; Assmann, WM 1996, S. 1345; Cahn, ZHR 162 (1998), S. 20 f.; Heise, Insiderhandel, S. 157; Lücker, Missbrauch, S. 53 f.; Altendorfer, in Aicher/Kalss/Oppitz, S. 233 f.; Schneider/Burgard, ZIP 1999, S. 381 ff.; Peters, Insiderstrafrecht, S. 41 f.; Benner, in Wabnitz/Janovsky, 2. Aufl., Kapitel 9 RN 138; Nerlich, Tatbestandsmerkmale, S. 183; Ziouvas, EWiR 2003, S. 86; Kümpel, Bank- und Kapitalmarktrecht, 3. Aufl., RN 16. 163; a. A. Volk, BB 1999, S. 66 ff.; ders, ZIP 1999, S. 787 ff.; Petersen, wistra 1999, S. 132; Weber, NZG 2000, S. 121; ders., NJW 2000, S. 562 f.; ders., NJW 2004, S. 31; Krauel, Insiderhandel, S. 251, 270 f.; Soesters, Insiderhandelsverbote, S. 184; Mühlbauer, wistra 2003, S. 173; Lenenbach, ZIP 2003, S. 245, 247; ders., EWiR 2004, S. 308; Eichelberger, WM 2003, S. 2124; Schwark, in Schwark, 3. Aufl., § 20a WpHG, RN 33; Widder, BB 2004, S. 11, BB 2004, S. 15 f; Fleischer, DB 2004, S. 54; Vogel, NStZ 2004, S. 254.

1522 LG Frankfurt a. M., NJW 2000, 303; LG Stuttgart, ZIP 2003, S. 259 ff., das aber von BGH, WM 2004, S. 74 ff. aufgehoben wurde.

1523 LG Stuttgart, ZIP 2003, S. 261; vgl. dazu oben § 6 V 1 a).

aufgrund deren Kursrelevanz zum Insider. Bedenken, die sich im Allgemeinen gegen die Subsumtion der Umsetzung eigener Entscheidung unter das Merkmal des Ausnutzens richten[1524], tritt diese Auffassung[1525] mit der folgenden Begründung entgegen: Anders als beim Anteilserwerb im Rahmen der Erfüllung eigener unternehmerischer Entscheidungen sei der Anteilskauf beim Scalping kein Teil der Ausführung der unternehmerischen Entscheidung, sondern eine Vorstufe zur Verwirklichung eines anderen Vorhabens. Der Plan, sich die mit der Ausführung der Empfehlung(en) zu erwartenden Kursbewegungen durch eigene vorhergehende Wertpapiergeschäfte zunutze zu machen, sei indes insofern als ein selbstständiger Entschluss anzusehen als er für die Durchführung eines Vorhabens, den Kauf oder Verkauf bestimmter Insiderpapiere zu empfehlen, nicht erforderlich sei. Der Scalper habe eine Doppelrolle als Wertpapierkäufer oder -verkäufer (als aktiv handelnder Teilnehmer) und als Empfehlender (als ein bloßer Marktintermediär) und mache sich in seiner Rolle als Käufer oder Verkäufer eine Insidertatsache zunutze, die er in seiner hiervon zu trennenden Rolle als Empfehlender geschaffen habe. Demnach spiele es keine Rolle, ob die Empfehlung sachwidrig ist oder eine vertretbare Schlussfolgerung aus nachgeprüften, wahren Tatsache darstellt. Zwingende Voraussetzung der Strafbarkeit des Scalping gemäß § 38 Abs. 1 Nr. 1 WpHG i. F. v. 26-7-1994 sei allerdings das Vorhandensein der Empfehlungsabsicht schon im Zeitpunkt des Eigengeschäftes[1526].

2. *Konsequenzen des herrschenden Ansatzes für die Strafbarkeit von Börsenpreis- und Marktpreismanipulationen gem. § 38 Abs. 1 Nr. 1 WpHG*

Diese Erkenntnisse sind aber konsequenterweise verallgemeinerungsfähig. Im Regelfalle dienen Kursmanipulationen einerseits der wirtschaftlichen Ausnutzung der Kenntnis der hervorgerufenen Kursänderung[1527], zu Kursmanipulationen gehört andererseits das Ausnutzen von Informationsungleichgewichten, da nur der Täter weiß, dass die von ihm verbreitete Information entgegen des von ihm erzeugten Anscheins nicht richtig ist[1528]. Zu überlegen ist also, inwieweit Wertpa-

---

1524 Ulsenheimer, NJW 1975, S. 2003; Becker, Das neue WpHG, S. 53 f.; Assmann/Cramer, in Assmann/Schneider, 1. Aufl. (1995), § 14 RN 34; später auch Koller, in Assmann/-Schneider, 3. Aufl., § 32 RN 10; Lenenbach, ZIP 2003, S. 245.

1525 Immenga, ZBB 1995, S. 203; Assmann, WM 1996, S. 1345; Lücker, Missbrauch, S. 53 f.; Altendorfer, in Aicher/Kalss/Oppitz, S. 233 f.; Heise, Insiderhandel, S. 157; Cahn, ZHR 162 (1998), S. 19; Schneider/Burgard, ZIP 1999, S. 388; Assmann/Cramer, in Assmann/-Schneider, 3. Aufl., § 14 RN 34.

1526 LG Frankfurt a. M., NJW 2000, S. 303; Ziouvas, EWiR 2003, S. 86.

1527 Altendorfer, in Aicher/Kalss/Oppitz, S. 222; Schneider/Burgard, ZIP 1999, S. 388; Lenzen, Unerlaubte Eingriffe, S. 240; Benner, in Wabnitz/Janovsky, 2. Aufl., Kapitel 9 RN 88.

1528 Lenenbach, ZIP 2003, S. 246; Goldmann, ÖBA 2001, S. 786.

piergeschäfte, die von den manipulierenden Personen selbst vorgenommen werden, vom Tatbestand erfasst sein sollen. Die Täter handeln mit dem Wissen um die Tatsache, dass manipulative Techniken angewendet würden. Diese Tatsache lasse sich nach einem Ansatz unter den Begriff der Insidertatsache subsumieren, wobei im Einzelfall zu prüfen sein werde, ob das Vorliegen von Manipulationen bei Veröffentlichung geeignet wäre, den Kurs des Wertpapiers erheblich zu beeinflussen[1529]. Bei den hier interessierenden Geschäften einer Bull-Manipulation[1530] sei zwischen der Kaufphase, in der die Kurse nach oben getrieben werden, und der Verkaufsphase, in der die Papiere zu den erhöhten Kursen im Markt abgeladen werden, zu unterscheiden. In der Kaufphase kommt es grundsätzlich zu einem Handeln auf Grund selbst geschaffener Tatsachen, das als Ausnützen einer Insidertatsache anzusehen sei[1531]. Bei den Transaktionen gehe es nämlich nicht um die Tatsache des Erwerbs von Wertpapieren als solche, sondern primär darum, dem Markt irreführende Informationen über das Ausmaß der wirtschaftlich relevanten Umsätze zukommen zu lassen. Anders ausgedrückt: Es stehe nicht der Beteiligungserwerb im Vordergrund, sondern die Absicht, die Kurse zu beeinflussen, um sich einen wirtschaftlichen Vorteil zu verschaffen, indem der Manipulator die Papiere im Anschluss gewinnbringend veräußere. Ein Kauf von Wertpapieren unter Zugrundelegung dieses Wissens sollte also tatbestandsmäßig sein, zumal der Manipulator sein privilegiertes Wissen, das nämlich darin besteht, dass die anderen Marktteilnehmer keine Kenntnis von seiner Manipulationsabsicht haben, geheim halte. Denn würde der Manipulator seine Manipulationsabsicht öffentlich kundtun, dann wäre der Zweck seines Tuns vereitelt[1532]. Unproblematischer sei die Beurteilung der Verkaufsphase[1533]. Wenn eine Person Wertpapierverkäufe in dem Wissen tätige, dass der Kurs im Vorfeld durch Manipulationen erhöht werde, liege die Ausnutzung einer Insidertatsache vor. Dafür hat sich in der letzten Zeit auch das LG München ausgesprochen: Es hat beide Angeklagte wegen Insiderhandels verurteilt, weil sie ihre Kenntnis von dem aufgrund (eigener) falscher Tatsachenbehauptungen überhöhten Börsenkurs ebenfalls zu eigenen Aktienverkäufen ausnutzten[1534].

Festzuhalten ist demnach, dass Kursmanipulationen, die kurserheblich sind, vom Insiderstraftatbestand erfasst werden sollten. Dies gilt auch nach einer An-

1529 Altendorfer, in Aicher/Kalss/Oppitz, S. 233; Schneider/Burgard, ZIP 1999, S. 388 f.; Weber, Kapitalmarktrecht, S. 314 f.; Lenzen, Unerlaubte Eingriffe, S. 162, 195; Schäfer, WM 2004, S. 79.

1530 Der Kurs wird bei Bull/Hausse Manipulationen nach oben getrieben im Gegensatz zu Bear/Baisse Manipulationen, s. Altendorfer, in Aicher/Kalss/Oppitz, S. 216; Büschgen, Börsenlexikon unter „Baisse".

1531 Altendorfer, in Aicher/Kalss/Oppitz, S. 234.

1532 Goldmann, ÖBA 2001, S. 786.

1533 Altendorfer, passim; Lenzen, Unerlaubte Eingriffe, S. 162 f.; Benner, in Wabnitz/-Janovsky, 2. Aufl., Kapitel 9 RN 139.

1534 LG München, wistra 2003, S. 277 ff.

sicht[1535] für Kurspflegemaßnahmen, sofern sie den Kurs gegen den Markttrend steuern. Hier soll das die Kurspflege betreibende Unternehmen seine Rolle als Kurspfleger ausnutzen, um sich als Marktteilnehmer im Hinblick auf drohende Verluste soweit wie möglich schadlos zu halten und gegenüber dem Publikum einen Sondervorteil zu verschaffen. Stieße der Pflegende also seine Kurspflegebestände vor dem erwarteten Einbruch ab und stocke er sie vor dem erwarteten Anstieg auf, so nutze er sein Wissen um diese Verzerrung zum Handel in unzulässiger Weise aus und handle gem. § 38 Abs. 1 Nr. 1 i. V. m. § 14 Abs. 1 Nr. 1WpHG in strafbarer Weise.

Dem Einwand, dass Insidertatsachen nur wahre Angaben sein können, wird dadurch entgegengetreten, dass die Veröffentlichung einer Nachricht und die daraus resultierende Anlegerreaktion eine wahre Tatsache ist, solange sie unabhängig vom Wahrheitsgehalt der Nachricht selbst Kursrelevanz besitzt[1536]. Wird entgegen der Wahrheit zum Beispiel der Unternehmensführung einer Aktiengesellschaft in einem Zeitungsartikel Veruntreuung von Unternehmensgeld vorgeworfen, so wird sich diese Nachricht negativ auf den Kurs der betreffenden Gesellschaft auswirken und der Verfasser der Meldung im Falle des vorsätzlichen Handelns gemäß dem Kursmanipulationstatbestand zu bestrafen sein. Tätigt der Redakteur nach der Veröffentlichung der Falschmeldung einen Aktienkauf bei gedrücktem, günstigerem Kurs, so verwirkliche er daneben auch den Tatbestand des Insiderhandels gemäß § 14 Abs. 1 Nr. 1WpHG. Er nutze nämlich dann nicht die unwahre Nachricht zum Handel am Markt, sondern die Tatsache der Unwahrheit der Nachricht und den dementsprechenden Kursverlauf nach Dementierung der Meldung aus. Diese Tatsache sei aber wahr und könne daher als Insidertatsache im Sinne des § 13 WpHG klassifiziert werden. Gleiches gelte für Personen, die nicht von der Unwahrheit der Information wissen, aber die auf die Veröffentlichung folgenden Marktreaktionen voraussehen und nun die Tatsache der anstehenden Veröffentlichung für sich verwerten wollen. Die Fälle der Kursmanipulation seien schließlich nach der herrschenden Meinung[1537] geeignet, für Dritte Insidertatsache zu sein. Wenn z. B. ein Journalist, ausgestattet mit den modernen Medienmöglichkeiten, beabsichtige, mit unrichtigen bewertungserheblichen Angaben den Kurs zu manipulieren, sei die Kenntnis eines Dritten über diese Manipulationshandlung die Kenntnis eines Insiders über eine Insidertatsache.

Würde man sich diesem Ansatz anschließen, dann wäre die Erforderlichkeit einer besonderen Strafvorschrift gegen Börsen- und Marktpreismanipulationen

---

1535 Altendorfer, passim; Caspari, ZGR 1994, S. 544; zur Megede, in Assmann/Schütze, § 14 RN 48; Krämer/Hess, FS für Döser, S. 190 f.; Lücker, Missbrauch, S. 100; a. A. Schäfer, WM 1999, S. 1350; Lenzen, Unerlaubte Eingriffe, S. 203; Vogel, in Assmann/Schneider, 3. Aufl., § 20a RN 119.

1536 Lücker, Missbrauch, S. 54; Heise, Insiderhandel, S. 117.

1537 Nerlich, Tatbestandsmerkmale, S. 101 f.; Benner, in Wabnitz/Janovsky, 2. Aufl., Kapitel 9 RN 88.

unter erheblichen Zweifel gestellt. Denn die Strafbedürftigkeit entfällt insbesondere dann, wenn das vorhandene strafrechtliche Instrumentarium einen hinreichenden, auch wenn mittelbaren, Schutz vor Kursmanipulationen bietet[1538].

III. Ungereimtheiten des bisher herrschenden Ansatzes

Bevor die Ungereimtheiten, zu denen der Ansatz des Schutzes vor Marktpreismanipulationen durch die Insiderhandelstrafvorschriften führt, veranschaulicht werden, sollten erst einmal einige begriffliche Klarstellungen vorgenommen werden, die meines Erachtens für das richtige Verständnis der ganzen Problematik unerlässlich sind. Denn stellen einige Stimmen bei der Begründung des vorgezeichneten Ansatzes auf das Wissen des Manipulators, dass er manipulative Empfehlungen abgeben bzw. Praktiken anwenden wird[1539], ab, dann wird unzulässigerweise teilweise Subjektives, jedenfalls Zukünftiges in den (Insider-)Tatsachenbegriff hineinprojiziert. Das WpHG i. F. v. 26.7.1994 rekurriert nämlich auf den Begriff der Tatsache, um das inkriminierte Recht näher zu umschreiben, so dass Bewertungen sowie Zukünftiges, z. B. die zukünftige Irreführung des Marktes, nach der traditionellen Sinne des Tatsachenbegriffs - wie er im Rahmen des Beleidigungs- und Betrugsstrafrechts entwickelt wurde - richtigerweise ausscheiden[1540]. Dafür spricht auch der Hinweis des Gesetzgebers, dass Werturteile und andere subjektive Wertungen, die bloße Meinungen ausdrücken, keine Tatsachen im Sinne des WpHG seien[1541]. Denn für die Funktionsfähigkeit von Kapitalmärkten, an denen maßgeblich Zukunftshoffnungen gehandelt würden, sei ein Moment der Unsicherheit und Spekulation als Triebfeder des Handels von existenzieller Bedeutung, folglich auch die sie ihrerseits treibenden Gerüchte, Meinungen oder subjektiven Äußerungen[1542]. Das vom Insiderrecht geschützte Rechtsgut der „Funktionsfähigkeit des Kapitalmarkts" würde also schwer gestört, wenn kursrelevante Meinungsäußerungen stets Insidertatsachen darstellen würden[1543].

1538 Vgl. statt aller BVerfGE 90, S. 172 ff.; Müller-Dietz, FS für Dreher, S. 108; Geerds, Vermögensschutz, S. 35, 78 u. 291.

1539 Hopt, FS für Beusch, S. 398; Siebold, Das neue Insiderrecht, S. 121; Immenga, ZBB 1995, S. 203; Dickersbach, Das neue Insiderrecht, S. 159; Lücker, Missbrauch, S. 53 f., 176 f.; Altendorfer, in Aicher/Kalss/Oppitz, S. 234; Peters, Insiderstrafrecht, S. 41 f.; Loesche, Kursbeeinflussung, S. 83; Steinhauer, Insiderhandelsverbot, S. 38; Nerlich, Tatbestandsmerkmale, S. 100; Assmann, in Assmann/Schneider, 3. Aufl., § 13 RN 33b, 33g, 74; Benner, in Wabnitz/Janovsky, 2. Aufl., Kapitel 9 RN 138.

1540 Volk, BB 1999, S. 68; Petersen, wistra 1999, S. 329; Mühlbauer, wistra 2003, S. 170; hierzu auch § 6 V 1 a) sowie § 8 II 1.

1541 BT-Dr., 12/6679, S. 46.

1542 Weber, NZG 2000, S. 118 ff.

1543 Peters, Insiderstrafrecht, S. 50, 112; Lenenbach, ZIP 2003, S. 245.

Trotzdem will die herrschende Insiderstrafrechtslehre, auf die auch die höchstrichterliche Rechtsprechung rekurriert[1544], zum Zwecke der Vermeidung von systematischen Ungereimtheiten einer richtlinienkonformen Auslegung folgen und den Insidertatsachenbegriff autonom, d. h. unter Berücksichtigung seiner Funktion im Tatbestand des Insiderhandelsverbots, auslegen. Demnach umfasse der weite Insidertatsachenbegriff auch Informationen, denen ein sachliches Substrat nicht zugrunde liegt und die auch Komponenten beinhalten, die als Entscheidungsgrundlage beim Schutz individueller Rechtsgüter in die Risikosphäre des potentiellen Opfers fallen würden, wie kurserhebliche Werturteile und Prognosen, so dass bloß Gerüchte und Vermutungen vom Anwendungsbereich des deutschen Insiderstrafrechts ausschieden[1545].

Die mit dem 2. Finanzmarktförderungsgesetz eingeführten Insiderhandelsregelungen dienten nämlich der Umsetzung der EG-Insiderrichtlinie vom 13-11-1989, die auf den weiten Begriff einer Insiderinformation abstellte[1546]. Während die Insidertatsache eher einen statistischer Begriff über etwas Vorhandenes darstellt, ist die „Insiderinformation“ mehr dynamischen Charakters im Sinne von Übermittlung der Kenntnis über dieses Vorhandene[1547]. Vom Begriff der präzisen Information werden damit auch Prognosen und Bewertungen erfasst, während bloß vage und diffuse Vermutungen und Gerüchte durch das Attribut „präzise“ ausgeschieden werden[1548]. An diesem weiten Begriff hat auch die Marktmissbrauchsrichtlinie festgehalten, die nun im Rahmen des Komitologieverfahrens konkretisiert worden ist[1549]. Für die Anwendung von Artikel 1 Absatz 1 der Marktmissbrauchsrichtlinie sind Informationen dann als präzise anzusehen, wenn damit eine Reihe von Umständen gemeint ist, die bereits existieren oder bei denen man vernünftigerweise davon ausgehen kann, dass sie in Zukunft existieren werden, oder ein Ereignis, das bereits eingetreten ist oder in Zukunft eintreten dürfte,

---

1544 BGH, WM 2004, S. 75 f.

1545 Vgl. ausführlich Pananis, Insidertatsache, S. 59 ff., 84; vgl. auch Hopt, ZGR 1991, S. 30; Immenga, ZBB 1995, S. 201; Assmann, WM 1996, 1340 f.; Assmann, in Assmann/-Schneider, 3. Aufl., § 13 RN 32, 34 a; zur Megede, in Assmann/Schütze, § 14 RN 23; Altendorfer, in Aicher/Kalss/Oppitz, S. 233; Cramer, FS für Triffterer, S. 331 ff.; Cahn, ZHR 162 (1998), S. 14; Jahn, EWiR 1999, S. 1190; Peters, Insiderstrafrecht, S. 50 ff; Heise, Insiderhandel, S. 113 f.; Steinhauer, Insiderhandelsverbot, S. 37; Dickersbach, Das neue Insiderrecht, S. 88, 155; Park, BB 2001, S. 2072; Nerlich, Tatbestandsmerkmale, S. 98 f.; Braun, in Möllers/Rotter, § 8 RN 5; am weitesten - für die Einbeziehung von Gerüchten und Vermutungen - VGH Hessen, AG 1998, S. 436; für „untypische“ Börsengerüchte und Gerüchte als Tatsachen Assmann, AG 1998, S. 436 ff.; ders, in Assmann/-Schneider, 3. Aufl., RN 34a, 34b, 35, 35a; Benner, in Wabnitz/Janovsky, 2. Aufl., Kapitel 9 RN 156; vgl. auch § 6 V 1 a).

1546 BT-Dr. 12/6679, S. 34; Heise, Insiderhandel, S. 113.

1547 Dreyling, in Dreyling/Schäfer, S. 16.

1548 Heise, Insiderhandel, S. 114; Nerlich, Tatbestandsmerkmale, S. 98.

1549 Vgl. Art. 1 Abs. 1 des Arbeitspapiers 2003/124/EG der Kommission v. 22.12.2003 (FN 547), S. 70.

und sofern diese Informationen spezifisch genug sind, dass sie einen Schluss auf die mögliche Auswirkung dieser Reihe von Umständen oder dieses Ereignisses auf die Kurse von Finanzinstrumenten oder damit verbundene derivative Finanzinstrumente zulassen. Diese Diskrepanz zwischen den europäischen Vorgaben und der deutschen Regelung versucht die deutsche Insiderstrafrechtslehre durch den Mechanismus einer strafbarkeitserweiternden richtlinienkonformen Auslegung zu korrigieren und Insiderstrafrecht auch beim Subjektiven und Zukünftigen durchschlagen zu lassen.

Mit einem eng verstandenen Tatsachenbegriff, aus dem Bewertungen und Prognosen herauszunehmen seien, sei außerdem § 13 Abs. 2 WpHG i. F. v. 26-7-1994 nicht in Einklang zu bringen[1550]. Jede auf öffentlich bekannten Tatsachen beruhende Bewertung kann nach dieser Vorschrift nie eine Insidertatsache darstellen, so dass ihre Verwertung oder Weitergabe zulässig ist, egal wie erheblich oder spektakulär die Bewertung auch ausfällt. Deshalb kann jeder, der die Bewertung erstellt oder von ihr Kenntnis erlangt hat, auf der Grundlage ihres Inhalts Wertpapiergeschäfte tätigen, Ratschläge erteilen oder die Information weitergeben, ohne dabei gegen das Insiderhandelsverbot zu verstoßen. Da die eigene Leistung im Vordergrund steht und allen Anlegern regelmäßig ein Zugriff auf öffentlich bekannte Tatsachen möglich ist, bleibt das Prinzip der Chancengleichheit hier gewahrt. Mit dieser Vorschrift wird aber auch der speziellen Rolle der Finanzanalysten Rechnung getragen[1551]. Diese Vorschrift impliziere außerdem im Umkehrschluss, dass Bewertungen, die aufgrund nicht öffentlicher bekannter Tatsachen erstellt würden, durchaus die Qualität einer Insidertatsache aufweisen könnten und nivelliere somit die Unterscheidung zwischen Tatsachen und ihrer Bewertung[1552]. Denn sonst könnte eine Bewertung niemals als Insidertatsache angesehen werden, gleichgültig ob sie aufgrund bekannter oder unbekannter Tatsachen erfolge. Den Schlüssel zu diesem Widerspruch liefere der Vergleich zwischen dem Gesetzeswortlaut der deutschen Regelung und der EG-Insiderrichtlinie, wo - wie gesagt - von dem weiteren Begriff „einer präzisen Information" die Rede sei. Zu diesem weiten Begriff passe § 13 Abs. 2 WpHG i. F. v. 26.7.1994. Der deutsche Gesetzgeber, der die „Information" auf die „Tatsache" einenge, es aber in Abs. 2 bei dem weiteren Begriff der Bewertung belasse, bringe so eine Unstimmigkeit in das Gesetz hinein, die interpretatorisch bzw. durch die Gleichstellung des Insidertatsachenbegriffs mit dem Insiderinformationsbegriff beseitigt werden müsse. Es sei außerdem anerkannt, dass Art. 103 Abs. 2 GG nicht entgegenstehe, wenn dem gleichen Begriff bei unterschiedlichen Straftatbeständen eine unterschiedliche Bedeutung beigemessen wird. Der Insidertatsachenbegriff sei also zulässigerweise

---

1550 Heise, Insiderhandel, S. 134; Assmann, in Assmann/Schneider, 3. Aufl., § 13 RN 73.

1551 BT-Dr. 12/6679, S. 47; Immenga, ZBB 1995, S. 203; Lücker, Missbrauch, S. 176.

1552 Pananis, Insidertatsache, S. 62 ff.; Cramer, FS für Triffterer, S. 331; Heise, Insiderhandel, S. 113, 133; Lücker, Misbrauch, S. 53; Assmann, in Assmann/Schneider, 3. Aufl., § 13, RN 33g; Jahn, EWiR 1999, S. 1190; auch LG Frankfurt a. M., NJW 2000, S. 302.

dem in der Richtlinie verwendeten Terminus der präzisen Information anzunähern[1553].

Daraus den Schluss einer Anwendbarkeit der Insiderstrafvorschriften bei selbst geschaffenen Informationen bzw. Marktmanipulationen zu ziehen, wäre aber durchaus voreilig. Das Vorliegen einer Insidertatsache beim Wissen von Bewertungen bzw. künftigen Empfehlungen ist einerseits mit der Begründung abzulehnen, dass der Gesetzgeber ausdrücklich klargestellt hat, dass eine auf Grund öffentlicher Tatsachen vorgenommene Bewertung keine Insidertatsache ist[1554]. Beim Insiderhandel kommt es nicht auf die Frage der Bewertung, sondern auf die der Bewertungsgrundlage an[1555]. Außerdem ist nicht jede mögliche Ursache einer Kursrelevanz als insiderrelevant anzusehen[1556]. Als insiderrelevant ist ein zukünftiges Ereignis dann zu betrachten, sofern ihm konkrete Vorgänge zugrunde liegen, die auf den Eintritt eines Ereignisses schließen lassen[1557]. Es kommt darauf an, ob bei natürlicher Betrachtung eine objektiv zuverlässige Eintrittswahrscheinlichkeit für die sich abzeichnende Entwicklung feststellbar ist[1558]. Auch die europäischen Vorgaben verlangen, wie gesehen, Vorgänge, die so spezifisch sind, dass sie sichere Schlüsse für die Zukunft zulassen. Ist es Sinn und Zweck des Insiderrechts, Sondervorteile einzelner Marktteilnehmer aufgrund der Verwertung nicht öffentlich bekannter kursrelevanter Informationen zu verhindern, so macht es keinen Sinn, zukünftige Ereignisse oder Zustände, die im Zeitpunkt der Informationserlangung oder -Verwertung nicht der äußerlichen Wahrnehmung zugänglich und verifizierbar sind, als Tatsachen zu behandeln[1559].

Das schließt freilich nicht aus, der äußerlichen Wahrnehmung zugängliche Vorgänge (Vorhaben, Pläne, Absichten), die darauf gerichtet sind, mögliche zukünftige Ereignisse oder Zustände herbeiführen und die so gebildet sind, dass ihre Verwirklichung sicher sein soll, als (innere) Tatsachen zu betrachten[1560]. Die Absicht, in Zukunft etwas zu unternehmen bzw. eine Empfehlung abzugeben oder ei-

---

1553 Cramer, FS für Triffterer, S. 336.

1554 Volk, BB 1999, S. 70; Cramer, FS für Triffterer, S. 332; Krauel, Insiderhandel, S. 251, 271.

1555 Lücker, Missbrauch, S. 53; Weber, NZG 2000, S. 118; Lenenbach, ZIP 2003, S. 245; Mühlbauer, wistra 2003, S. 170.

1556 Weber, NZG 2000, S. 120.

1557 Peters, Insiderstrafrecht, S. 51, 52.

1558 Heise, Insiderhandel, S. 116; Peters, Insiderstrafrecht, S. 111; Weber, NZG 2000, S. 120; Dickersbach, Das neue Insiderrecht, S. 89; a. A. Cahn, ZHR 162 (1998), S. 15.

1559 Burgard, ZHR 162 (1998), S. 63; Assmann, in Assmann/Schneider, 3. Aufl., § 13 RN 33b.

1560 Burgard, ZHR 162 (1998), S. 63; Cahn, ZHR 162 (1998), S. 16; Schneider/Burgard, ZIP 1999, S. 382; Volk, BB 1999, S 67; ders., ZIP 1999, S. 787; Lenzen, Unerlaubte Eingriffe, S. 239; LG Frankfurt a. M., NJW 2000, S. 301; Soesters, Insiderhandelsverbote, S. 140; Assmann, in Assmann/Schneider, 3. Aufl., § 13 RN 33b, 36; Vogel, NStZ 2004, S. 253; vgl. auch s. o. § 6 V 1 a).

ne Bewertung zu veröffentlichen, ist also ein der äußeren Wahrnehmung zugänglicher Zustand des menschlichen Innenlebens eine innere Tatsache, unabhängig davon, ob man als innere Tatsache nur das ansieht, was auch dem Beweis zugänglich und damit verifizierbar ist, oder ob man die Frage der Beweisbarkeit als für die begriffliche Definition unerheblich ansieht, weil auch nach der ersten Ansicht die Absicht, in Zukunft etwas zu unternehmen, prinzipiell beweisbar ist. Angesichts dessen ist richtigerweise ausschließlich auf Absichte als innere Tatsachen abzustellen. Von Interesse sind hier Absichten, deren kursbeeinflussender Charakter der Öffentlichkeit nicht bekannt ist und deren ein Insidercharakter als vorwerfbarer Wissensvorsprung gesehen wird.

Trotzdem lässt der Ansatz der Anwendbarkeit der Insiderstrafrechtvorschriften bei selbst geschaffenen Tatsachen bzw. manipulativen Absichten Widersprüche unaufgelöst und toleriert absurde Konsequenzen[1561]:

Zunächst greifen allgemeine Einwände gegen den Tatsachenspielertrick der inneren Tatsache. Die Rechtsprechung, die zwar den Tatsachenbegriff nach den Kriterien der Beweisbarkeit und der zeitlichen Dimension einengt, zieht aber zahlreiche Gegebenheiten, die auf den ersten Blick Werturteile oder zukünftige Tatsachen darstellen, über den „Kunstbegriff" der sog. „inneren Tatsachen" doch in die Strafbarkeitszone[1562]. Deshalb kommt dem Satz, die Zukunft sei keine Tatsache, nahezu keine Bedeutung zu. Zukünftiges ist zwar keine Tatsache, wer aber beabsichtigt, morgen etwas bzw. ein Gerücht, eine Einschätzung oder eine Empfehlung in die Welt zu setzen, trägt schon heute diese innere Tatsache mit sich herum. Die Widerspiegelung im Subjektiven macht alle Nicht-Tatsachen zu inneren Tatsachen und gibt somit in zahlreichen problematischen Fällen lediglich eine Scheinbegründung ab.

Das Verbot, eine Empfehlung abzugeben, würde beim Scalping außerdem aus dem Entschluss folgen, sie abzugeben; also der einmalige, gespenstige Fall, dass etwas Erlaubtes wie eine Meinungsäußerung dadurch verboten wird, dass man daran denkt[1563]. Das Gleiche gälte bei Kursbeeinflussungen durch effektive Transaktionen. Ein Gedankenstrafrecht liegt hier nahe. Der Manipulator sollte sich allerdings konsequenterweise strafbar machen, auch wenn er am Ende keine Empfehlungen abgibt bzw. keine Manipulationshandlungen vornimmt. Denn er kauft bzw. verkauft in Kenntnis seiner Absicht, die eine Insidertatsache darstellt.

Es ist außerdem nicht zu verkennen, dass der Nachweis einer insiderrelevanten Absicht fast unmöglich ist, zumal die Empfehlung in der Regel sachgerecht

---

1561 Volk, BB 1999, S. 68 ff.; VGH Hessen, AG 1998, 436; VG Frankfurt a. M., NJW-RR 1998, 436; Weber, NZG 2000, S. 118 ff.; Eichelberger, WM 2003, S. 2122; Gaede/-Mühlbauer, wistra 2005, S. 17.

1562 Worms, Anlegerschutz, S. 177; Bitzilekis, FS für Hirsch, S. 38; Cramer, FS für Triffterer, S. 333; SK-Hoyer, 60. Lfg. (Februar 2004), § 263 RN 13; Pawlik, Betrug, S. 94 f.; NK-Kindhäuser, 9. Lfg. (28.2.2001), § 263 RN 91; vgl. auch Volk, BB 1999, S. 69.

1563 Volk, BB 1999, S. 69 f.; Lenenbach, ZIP 2003, S. 245.

ist, so dass dem Täter immer der Einwand verbleibt, er tätige sowohl seine Transaktionen als auch seine Empfehlungen auf Grund seiner Marktbeobachtungen bzw. die Aktienkäufe würden eben nicht wegen der späteren Empfehlung getätigt[1564]. Die Beweisanforderungen sind aber so hoch gestellt, dass sie so gut wie nie zu erfüllen sind[1565]. Die Indizwirkung äußerer Umstände, wie die zeitliche Nähe von Aktientransaktion und Empfehlung oder wenn die Wertpapiere alsbald nach der Veröffentlichung, also genau in dem Moment veräußert werden, in dem sich die Veröffentlichung in den Kursen niedergeschlagen hat, ist außerdem fraglich, zumal dies bereits der Erfahrung entspreche, dass im schnelllebigen Börsengeschäft Entschlüsse immer kurzfristig und unter Zugrundelegung der letzten erhältlichen Informationen getroffen werden[1566].

Wird allerdings der gerichtlich-prozessuale Beweis gelockert, dann ist es möglich, dass die optimale Versorgung des Kapitalmarkts mit Informationen, und dazu gehören auch Empfehlungen und Ratschläge, unerträglich gefährdet wird[1567]. Um jeglichem Verdacht eines Insiderdelikts zu entgehen, liegt es nahe, dass die betroffenen Berufsgruppen ihre Erkenntnisse nicht veröffentlichen, sondern nur zum Eigenhandel nutzen. Der zweite Ausweg aus dem Insiderhandelvorwurf wäre die Veröffentlichung von Empfehlungen und das Unterlassen von Eigenhandel, eine Alternative, die kaum gewählt werden dürfte[1568].

Wandelt man des Weiteren den Fall vom insiderrelevanten Scalping nun dahingehend ab, dass der Empfehlende die Aktien bereits im Depot hat, so ist unbestritten, dass er sich zumindest insiderrechtlich nicht strafbar macht, wenn er diese Aktien empfiehlt und die Kurssteigerung ausnutzt, denn es fehlt an dem Tatbestandsmerkmal der Transaktion in Kenntnis der Insidertatsache[1569]. Schon hier zeigen sich Friktionen, da doch vergleichbare Verhaltensweisen strafrechtlich völlig unterschiedlich behandelt werden sollten[1570]. Die zeitlichen Grenzen können hier nämlich nicht anders als willkürlich gesetzt werden.

Wäre die Empfehlungsabsicht eine Insidertatsache, dann geriete auch eine Bank, die aufgrund einer eigenen Analyse Aktien kauft und dabei weiß, dass sie

---

1564 So geschehen beim zweiten Prior-Fall, vgl. Hergeth, DStR 2000, S. 393; OLG Frankfurt a. M., NJW 2001, S. 982; vgl. auch Lenzen, Unerlaubte Eingriffe, S. 240; Assmann, in Assmann/Schneider, 3. Aufl., § 13 RN 75.

1565 Weber, NJW 2000, S. 562

1566 Volk, BB 1999, S. 69; LG Frankfurt a. M., NJW 2000, S. 303; vgl. auch Schneider/-Burgard, ZIP 1999, S. 389.

1567 Lenenbach, ZIP 2003, S. 245, 247.

1568 Volk, BB 1999, S. 66; Wohlers/Mühlbauer, FS für Forstmoser, S. 760.

1569 Aus diesem Grund wurde die Eröffnung der Hauptverhandlung gegen Prior abgelehnt. Das Gericht sah keinen hinreichenden Tatverdacht dafür, dass Prior bereits zum Zeitpunkt seines Aktienkaufs zur Empfehlung entschlossen war, LG Frankfurt a. M, NJW 2000, S. 303.

1570 Volk, BB 1999, S. 69; Eichelberger, WM 2003, S. 2122; Lenenbach, ZIP 2003, S. 243 FN 3.

die Analyse danach auch ihren Kunden zur Verfügung stellen wird, in die Insiderfalle[1571]. Ähnliche Schwierigkeiten ergäben sich für den Fall bloßer Umsetzung eigener unternehmerischer Entscheidungen wie Aktienaufkäufe im Rahmen von Fusionen oder Vorkäufe zum sukzessiven Beteiligungsaufbau bzw. Paketerwerb sowie Kurspflegemaßnahmen, sofern die die Kurspflege ausführende Institution ihre Absicht zur Marktpflege nicht offen legt[1572]. Denn der Bieter bzw. Käufer der Insiderpapiere produzierte eine Insidertatsache durch sein Vorhaben der Abgabe eines Übernahmeangebots oder durch kurstreibende Käufe selbst[1573]. Das Ergebnis einer sich an den Wortlaut des Gesetzes haltenden Subsumtion wäre die Bejahung der Strafbarkeit aus § 38 Abs. 1 Nr. 1 WpHG i. F. v. 26.7.1994, wenn der das spätere Übernahmeangebot aussprechende Bieter vorkauft oder der stille Aufkäufer Käufe in Kenntnis des Umstandes tätigt, dass seine weiteren Käufe den Kurs weiter nach oben treiben werden. Der Insiderrelevanz der Umsetzung unternehmerischer Entscheidungen ist mehr Bedeutung beizumessen, wenn man die Tatsache in Betracht zieht, dass das Insiderhandelsverbot nicht nur börsliche Transaktionen, sondern auch außerbörsliche Käufe bzw. Face-to-Face Geschäften betrifft, die ohne Einschaltung eines Berufshändlers getätigt werden wie z. B. Pakethandel[1574].

Trotzdem blieben solche Konstellationen auch nach den Vertretern der Strafbarkeit von Scalping gem. § 38 Abs. 1 Nr. 1 WpHG i. F. v. 26-7-1994 im Anschluss an den Gesetzgeber des zweiten FFG[1575] und an die europäischen Vorgaben[1576] als Umsetzung eigener unternehmerischer Entscheidungen stets straflos[1577]. Denn das Wissen z. B. des Bieters um seine eigene Kaufabsicht über Ak-

---

1571 Eichelberger, WM 2003, S. 2122.

1572 Lenzen, Unerlaubte Eingriffe, S. 202; Schwark, FS für Kümpel, S. 496; Widder, BB 2004, S. 16.

1573 Schröder, Aktienhandel, S. 141; für Kurspflege bejahend Schäfer, WM 1999, S. 1350; Bruchner/Prospischil, in Lutter/Scheffler/Schneider, RN. 11. 55; Lenzen, Unerlaubte Eingriffe, S. 202, 214; a. A. Assmann, WM 1996, S. 1344 f.; zum Diskussionsstand ausführlich Cahn, ZHR 162 (1998), S. 12 ff., 18 ff. m. w. N.

1574 Assmann/Cramer, in Assmann/Schneider, WpHG, 3. Aufl., § 14 RN 28 f.; gegen die Einbeziehung des Pakethandels Kümpel, Bank- und Kapitalmarktrecht, 3. Aufl., RZ 16. 165; implizit auch BT-Dr., 12/6679, S. 47.

1575 BT-Dr. 12/6679, S. 47.

1576 Erwägungsgründe 11 und 12 Satz 2 der EG-Insiderrichtlinie 89/592/EWG ABl. L 334 v. 18-11-1989, S. 30 ff.

1577 Hopt, FS für Beusch, S. 406; Schröder, Aktienhandel, S. 141; Caspari, ZGR 1994, S. 542; Assmann, WM 1996, S. 1344; Kaiser, WM 1997, S. 1557; Cahn, ZHR 162 (1998), S. 18 f.; Altendorfer, in Aicher/Kalss/Oppitz, S. 233 f.; Schneider/Burgard, ZIP 1999, S. 388; Schäfer, WM 1999, S. 1350; ders., in Schäfer, § 14 WpHG RN 69; Lenzen, Unerlaubte Eingriffe, S. 196, 202 f., 214, 216; Weber, NZG 2000, S. 117; Peters, Insiderstrafrecht, S. 75; Soesters, Insiderhandelsverbote, S. 174 f.; Ekkenga, WM 2002, S. 323; Vaupel/Uhl, WM 2003, S. 2136; Bruchner/Prospischil, in Lutter/Scheffler/Schneider, RN 11. 55;

tien der Zielgesellschaft sei zwar eine selbst geschaffene Insidertatsache, die er aber durch den Kauf lediglich realisiere und nicht im Sinne von § 14 Abs. 1 Nr. 1, Abs. 2 WpHG i. F. v. 26-7-1994 ausnutze. Auch wenn der Erwerber Kenntnis von weiteren Insidertatsachen im Rahmen der Unternehmensprüfung oder der Vertragsverhandlungen erlange, nutze er nicht die Kenntnis von Insiderinformationen aus, wenn er im Rahmen des ursprünglichen Erwerbsentschlusses bleibt und diese nicht zur Grundlage seiner Entscheidungen mache[1578]. Strafbar sei grundsätzlich der Hinzuerwerb über die anfänglich angestrebte Beteiligungshöhe oder die Fortsetzung des Erwerbs mit niedrigerem Preis, nachdem der Erwerber Kenntnis von einer negativen Insidertatsache erlangt habe[1579].

Zu Recht ist gegen diese Ausführungen eingewandt worden, dass es ein intensiveres Ausnutzen als durch Verwirklichung nicht gibt[1580]. Die betroffenen Akteure wissen und tun bei allen Konstellationen von „selbst geschaffenen Insidertatsachen" auf Grund ihrer Entscheidung etwas, wenn sie in Umsetzung ihrer Entscheidung Wertpapierhandel treiben, sie wissen vor allem regelmäßig auch sowohl, was sie tun als auch was sie tun wollten, und trotzdem soll ihr Handeln - zumindest nach der Meinung über sukzessive Beteiligung - kein Ausnutzen von Insiderwissen darstellen. Ein schwer nachvollziehbarer Gedanke, den selbst die engste Fassung des Begriffs des Ausnutzens einer selbst geschaffenen Insidertatsache - als vorteilsorientierte Verknüpfung der Geschäftskalkulation mit dem Wissen über die Insidertatsache[1581] - gerade nicht ausschließen könnte, denn darum geht es dem, der seinen eigenen Entschluss realisiert[1582]. Umso mehr schließen andere, weiter greifende Auslegungen - wie Ausnutzen als psychische Kausalität[1583] oder Handeln in Kenntnis der Tatsache, ohne geradezu von ihr motiviert worden zu

---

Assmann/Cramer, in Assmann/Schneider, 3. Aufl., § 14 RN 27a, 31, 35, 81 f.; Kümpel, Bank- und Kapitalmarktrecht, 3. Aufl., 16. 168, 171 ff.

1578 Lücker, Missbrauch, S. 99; Cahn, ZHR 162 (1998), S. 20; Assmann/Cramer, in Assmann-/Schneider, 3. Aufl., § 14 RN 34.

1579 Vgl. außerdem Assmann/Cramer, in Assmann/Schneider, 3. Aufl., § 14 RN 32, nach dem nicht der sukzessive Aufbau einer Beteiligung als solcher, sondern der Verstoß gegen §§ 21 ff. WpHG beim Überschreiten einer meldepflichtigen Beteiligungsschwelle die Insidertatsache darstelle.

1580 Volk, BB 1999, S. 70; zust. Eichelberger, WM 2003, S. 2122.

1581 Vgl. Lücker, Missbrauch, S. 96. Nach der Begründung des Regierungsentwurfs nutzt ein Insider Insiderwissen aus, „wenn er sich seinen Wissensvorsprung in der Hoffnung und mit der Zielrichtung zunutze macht, für sich oder einen anderen einen wirtschaftlichen Vorteil zu erlangen, der als Verstoß gegen den Grundsatz der Chancengleichheit der Anleger am Wertpapiermarkt angesehen und missbilligt wird", BT-Dr. 12/6679, S. 47; zust. Hopt, ZGR 1991, S. 42; Immenga, ZBB 1995, S. 203; Loesche, Kursbeeinflussung, S. 231; Steinhauer, Insiderhandelsverbot, S. 44; Assmann/Cramer, in Assmann/Schneider, 3. Aufl., § 14 RN 25; auch LG Frankfurt a. M., NJW 2000, S. 302; LG Stuttgart, ZIP 2003, S. 263.

1582 Volk, BB 1999, S. 68; ders., ZIP 1999, S. 788; Weber, NGZ 2000, S. 117.

1583 Vgl. Dingeldey, Insider-Handel, S. 22; Ilberg/Neises, WM 2002, S. 644.

sein[1584] - sie nicht aus. Sonst müsste man sich einen partiell „schizophrenen Börsenteilnehmer" vorstellen, der nicht weiß, was er denkt[1585].

Der Umweg, die Umsetzung eigener unternehmerischer Entscheidungen aus dem Bereich des strafbaren Insiderhandels auszuklammern, wenn die Schaffung der Insidertatsache und die Ausnutzung derselben bei wertender Betrachtung als ein Vorgang anzusehen sind, z. B. bei Unternehmensübernahme, wo der Zeitpunkt des Entschlusses, ein Aktienpaket zu erwerben, mit der Ausführung des Entschlusses bei wertender Betrachtung einhergeht (sog. Kriterium der Einheitlichkeit eines Erwerbs- oder Veräußerungsplans[1586]), überzeugt richtigerweise nicht. Denn diese Lehrauffassung denkt sich den Scalper bzw. den Manipulator als gespaltene Persönlichkeit, während bei denen, die etwa eine Übernahmeabsicht realisierten, diese Persönlichkeitsspaltung nicht auftrete; sie blieben innerhalb dieser einen Rolle[1587]. Außerdem setzt der Manipulator gleich wie der Unternehmer beim Abschließen des manipulativen Geschäfts seinen eigenen (Manipulations-)Entschluss in die Tat um, er handelt also genauso wie der Unternehmer nicht unter Ausnutzung seiner Kenntnis, sondern in Ausführung seines Entschlusses[1588]. Andererseits ist hervorzuheben, dass der Aktienaufkäufer genauso wie der Scalper sich zum Ziel setzt - wenn auch als Zwischenziel neben dem Endziel der Gesellschaftsübernahme - sich unter Verzerrung der Preise bzw. durch Erschleichen der Käufe und ihrer Signalwirkung für den Markt einen Vorteil zu verschaffen und trotzdem straflos bleiben solle. Angesichts dessen empfiehlt sich die insiderrelevante Gleichbehandlung beider Konstellationen[1589].

Aber auch das Kriterium des missbilligenswerten Vorteils[1590], nach dem die Umsetzung einer eigenen unternehmerischen Entscheidung im Gegensatz zum Scalping nicht dazu diene, sich unter Missachtung der Chancengleichheit der Anleger einen missbilligenswerten Vorteil zu verschaffen, weil das Verhalten des Betreffenden rechtskonform sei und die Vorteilsziehung ausnahmsweise als kapitalmarktadäquat anzusehen sei, ist ebenfalls abzulehnen. Denn solche Begründungen verschaffen keine festen Konturen und führen zu einer einzelfall-bezogenen Bewertung. Ist zum Beispiel ein missbilligenswerter Vorteil dann zu sehen, wenn die beabsichtigte Empfehlung sachgerecht ist oder wenn die kursbeeinflussenden abgeschlossenen Geschäfte wirtschaftlich angezeigt wären? Der Ansatz

1584 Volk, ZHR 142 (1977), S. 9; Schneider/Burgard, ZIP 1999, S. 387; Kohlmann, FS für Vieregge, S. 453.

1585 Volk, BB 1999, S. 68; ders., ZIP 1999, S. 788.

1586 Vgl. Schröder, Aktienhandel, S. 142; Assmann, WM 1996, S. 1345 f.; Altendorfer, in Aicher/Kalss/Oppitz, S. 234; Lenzen, Unerlaubte Eingriffe, S. 239; Assmann/Cramer, in Assmann/Schneider, 3. Aufl., § 14 RN 34.

1587 Volk, BB 1999, S. 68; Weber, NGZ 2000, S. 117.

1588 Zum Scalping Petersen, wistra 1999, S. 330; Weber, NZG 2000, S. 125.

1589 Weber, NGZ 2000, S. 117.

1590 Schneider/Burgard, ZIP 1999, S. 388; LG, Frankfurt a. M., NJW 2000, S. 302.

der herrschenden Meinung zwingt also zu Restriktionen an anderer Stelle, um die für legitim empfundene Verhaltensweisen dem Insiderhandelsverbot wieder zu entziehen. Die damit verbundene Einbuße an Rechtssicherheit ist gerade im Strafrecht angesichts Art. 103 Abs. 2 GG nicht unbedenklich[1591].

Die Konstruktion der zwei Entschlüsse funktioniert allerdings nicht nur, wenn sich der eigene Entschluss auf die Abgabe einer Empfehlung bezieht, damit andere kurssteigernd ordern, sondern auch, wenn der Marktteilnehmer bei Anschaffung bestimmter Titel schon selber spätere Nachkäufe plant[1592]. Immerhin ist es eine übliche Praxis, dass Fonds vor den Stichtagen der Portfolioanalyse und -Abrechnung (am Quartals- und Jahresende) ihre Leistungsbilanz aufpolieren, indem durch weitere Zukäufe in den gehaltenen Titeln deren Kurs gesteigert wird. Auch hier tritt der Großanleger als Beteiligungserwerber mit dem Insiderwissen auf, sich später als „Marktintermediär" eine günstigere Situation schaffen und den Buchwert der Papiere erhöhen zu können. Ferner wäre der ausgeklammerte Bereich der Kurspflegemaßnahmen zu überdenken: Die Emission neuer Papiere („Veräußerung") ist ein selbstständiger Entschluss und wäre „Ausnutzung" von Insiderwissen, wenn die spätere Kurspflege an den emittierten Werten schon beschlossen ist und der Emittent oder die Konsortialbank eigene Papiere halten.

Nichts desto weniger überrascht die Bestrafung eines Dritten, der im Vorfeld einer Empfehlung bzw. manipulativer Kursbeeinflussung handelt, gemäß der Insiderhandelsvorschriften. Denn der Dritte macht sich nach der herrschenden Meinung wegen Insiderhandels in Kenntnis einer beabsichtigenden kurserheblichen Empfehlung strafbar, mag auch die Veröffentlichung selbst nur eine allgemeine, subjektive Einschätzung wiedergeben oder eine Bewertung enthalten, die ausschließlich aufgrund öffentlich bekannter Tatsachen erstellt wird, also per se keine Insidertatsache darstellt (§ 13 Abs. 2 WpHG i. F. v. 26.7.1994)[1593]. Fraglich ist außerdem, inwiefern der Dritte über einen Wissensvorsprung verfügt, den er ausnutzt. Er hat bloß Kenntnis von Zielen und Wünschen einer anderen Person, ohne sicher zu sein, ob und in welchem Umfang die Person seine Ziele ausführt bzw. empfiehlt oder die Preise manipuliert. Wäre die Absicht, Kurse zu manipulieren, eine Insidertatsache, dann machte sich der Dritte strafbar, der in Kenntnis dieser Tatsache Vorkäufe tätigte, auch wenn der Plan des Beabsichtigten unterbliebe und er sogar mangels einer Kursbeeinflussung Vermögenseinbußen erlitte. Dies ginge allerdings über die Grenzen des Zumutbaren hinaus.

Im Gegensatz dazu sind geäußerte Bedenken hinsichtlich der Primärinsiderstellung des Scalpers bzw. Manipulators von unerheblicher Bedeutung. Zwar setzt § 13 Abs. 1 Nr. 1 WpHG i. F. v. 26.7.1994 voraus, dass die Kenntnis des Primärinsiders „bestimmungsgemäß" erfolgen muss. Fraglich ist im Hinblick darauf, wie

1591 Volk, BB 1999, S. 70; Eichelberger, WM 2003, S. 2122; hierzu auch § 6 VI 1 c).

1592 Mühlbauer, wistra 2003, S. 172.

1593 Volk, BB 1999, S. 70.

jemand - Scalper oder Manipulator - mit sich selbst beruflich und bestimmungsgemäß in Kontakt kommen soll[1594]. Die Diskussion um den Sinngehalt der „bestimmungsgemäßen Kenntniserlangung“ sollte jedoch im Rahmen dieser Arbeit nicht in jeder ihrer Verzweigungen nachgezeichnet werden[1595]. Denn das deutsche Insiderstrafrecht erfasst richtigerweise nicht nur den Vorgang der Informationserlangung, sondern auch das Haben der selbst geschaffenen Information[1596]. Dieses Verständnis geht vor allem darauf zurück, dass Sekundärinsider über die Vorgaben des Art. 4 der Insiderrichtlinie hinaus ist wer Kenntnis von einer Insidertatsache erlangt, ohne Primärinsider zu sein. Und der Scalper bzw. Manipulator soll nach der vorgezeichneten Lehrauffassung Kenntnis von einer Insidertatsache haben, und zwar von seiner eigenen Absicht.

IV. Einschränkungsversuche der Literatur und der höchstrichterlichen Rechtsprechung

Im Hinblick auf die geschilderten Missstände versucht eine immer mehr an Bedeutung gewinnende Lehrauffassung, selbst geschaffene Tatsachen von dem Anwendungsbereich des deutschen Insiderstrafrechts herauszunehmen. In der Regel setzt diese Lehre zur Vermeidung fragwürdiger Restriktionen mittels des Merkmals „Ausnutzen“ beim Begriff der Insidertatsache an und reduziert ihn teleologisch[1597]. Wie aber diese Restriktion vorzunehmen ist, mag unterschiedlich beantwortet werden.

Zuerst hat Volk die Ungereimtheiten des Gegenansatzes beleuchtet und für eine autonome Auslegung des Insidertatsachenbegriffs plädiert, ohne auf das Tatbestandsmerkmal des Ausnutzens abzustellen[1598]. Nach Volk gehe es darum, den Begriff der inneren Tatsache so zu bilden wie den der äußeren, eine Parallele zu ziehen und damit die Nivellierung zurückzunehmen, die mit der Subjektivierung - wie oben schon gezeigt - verbunden ist. Die Lehrauffassung im Insiderstrafrecht, die stets eine Absicht als Insidertatsache ansieht, führt nach Volk nicht nur zu zahlreichen Missständen, sondern schützt im Endeffekt die Anleger vor Meinungen und subjektiven Komponenten und verkennt, dass Werturteile, auch wenn sie kursrelevant sind, nicht imstande sind, die Chancengleichheit beim Zugang zu Informationen zu beeinträchtigen, sondern sie betreffen ausschließlich eine Informationsgleichheit, um die es sich bei dem Insiderverbot nicht handelt bzw. nicht

---

1594 Volk, BB 1999, S. 70; Petersen, wistra 1999, S. 329; Eichelberger, WM 2003, S. 2124.

1595 Vgl. hierzu Wohlers/Mühlbauer, wistra 2003, S. 42 f.; Assmann, in Assmann/Schneider, 3. Aufl., § 13 RN 19a; Schwark, in Schwark, 3. Aufl., § 13 WpHG RN 19; Pananis, NStZ 2004, S. 289.

1596 Schneider/Burgard, ZIP 1999, S. 387; Mühlbauer, wistra 2003, S. 171 FN 34; Soesters, Insiderhandelsverbote, S. 181.

1597 Volk, BB 1999, S. 68 f.; Weber, NZG 2000, S. 120; Lenenbach, ZIP 2003, S. 245.

1598 Vgl. Volk, BB 1999, S. 66 ff.; ders., ZIP 1999, S. 787 ff.

handeln muss. Wenn das Gesetz aus guten Gründen den Markt und seine Teilnehmer nicht vor Meinungen etc. schütze und sie nicht als Tatsachen behandle, dann widerspreche es der Vernunft des Gesetzes und seinem Schutzzweck, die Absicht, eine Meinung zu äußern, als (innere) Tatsache zu behandeln[1599].

Richtig sei demnach zu fragen, worauf sich eine Absicht beziehe. Enthalte die Äußerung, die getan werden solle, Angaben über Tatsachen, sei die Absicht diese Äußerung abzugeben, ihrerseits eine Tatsache. Wenn z. B. die Veröffentlichungsabsicht sich darauf beziehe, dass ein bedeutender Kunde beabsichtige, seine Geschäftsbeziehung zum Emittenten zu beenden, und der Beabsichtigende anderen empfehle, darauf vor der Veröffentlichung zu reagieren, beruhe das auf der Kenntnis einer Insidertatsache. Das Gleiche gelte, wenn der Beabsichtigende sein Geheimnis für sich behalte, aber vor der Veröffentlichung zu eigenen Gunsten disponiere. Stelle sich aber die Äußerung nur als Meinung, ein Werturteil bzw. Gerücht dar, könne auch die Absicht, sich so zu äußern, nicht zu den Tatsachen gerechnet werden, gleichgültig, ob er vor der Veröffentlichung zu seinen eigenen Gunsten disponiere oder anderen empfehle.

Gegen diese Ansicht, die den Besonderheiten des Kapitalmarktes entspricht und die Grundfreiheit der Marktakteure gem. § 5 Abs. 1 GG vor erheblichen Beeinträchtigungen schützt[1600], lässt sich aber einwenden, dass es nicht ersichtlich ist, wie die Problematik des Aufbaus einer größeren Beteiligung über die Börse bzw. der Erfüllung unternehmerischer Entscheidungen zu lösen ist[1601]. Denn hier handelt es sich unzweifelhaft um eine Absicht, die sich auf eine Tatsache bezieht.

Die Lösung der Frage, ob die selbst geschaffenen Tatsachen ausgenutzt werden dürfen, ist nach anderer Meinung[1602] in der vorausgesetzten Chancengleichheit der Marktteilnehmer zu sehen. In unserem Wirtschaftssystem trage jeder sein Informationsrisiko selbst und deshalb begründe das bloße Ausnutzen eines Irrtums (beim Betrug) oder eine durch eigene unternehmerische Tätigkeit erlangte Information (beim Insiderrecht) noch keine Strafbarkeit. Hinzukommen müsse entweder eine Täuschung oder ein garantenpflichtwidriges Nichtoffenbaren einer Information. Sonst realisiere sich das Risiko, das mit einer Wertpapieranlage verbunden sei und von den Anlegern bei ihrer Entscheidung mit einkalkuliert werde. Beim Scalping sei aber ein Verstoß gegen diese Regeln zu verneinen. Erstens täusche der Scalper das Anlegerpublikum weder ausdrücklich bzw. konkludent, weil er seine rechtsmäßig erlangten Informationen ausnutze, noch verletze er eine Aufklärungspflicht. Infolgedessen verstoße der Scalper nicht gegen den Grundsatz der Chancengleichheit und infolgedessen mache er sich nicht gem. § 38 Abs. 1 Nr. 1 WpHG i. F. v. 26-7-1994 strafbar.

1599 Volk, BB 1999, S. 69; ders., ZIP 1999, S. 787; zust. Lenenbach, ZIP 2003, S. 245; Trüstedt, Börsenkursmanipulationen, S. 183.

1600 Vgl. auch Gaede/ Mühlbauer, wistra 2005, S. 12.

1601 So Petersen, wistra 1999, S. 329 FN 23.

1602 Petersen, wistra 1999, S. 330 f; zust. Soesters, Insiderhandelsverbote, S. 180 ff.

Bei dieser im Grunde genommen richtigen These über den mangelnden Täuschungscharakter sachgerechter Empfehlungen wird allerdings verkannt, dass es sich beim Insiderrecht weder um Täuschung noch um garantenpflichtwidriges Verhalten handelt[1603]. Wie schon geschildert, braucht eine Einwirkung in das Vorstellungsbild der Anleger im Rahmen des Insiderstrafrechts nicht festgestellt zu werden. Wenn man allerdings die Täuschung abstrahiert, verbleibt zwar auf der Täterseite ein Informations- bzw. Wissensvorsprung, der eigennützig zur Bereicherung verwertet wird[1604]. Diese Bemerkung impliziert jedoch keine zwingenden Konsequenzen für die Straflosigkeit des Ausnutzens selbst geschaffener Tatsachen nach dem Insiderstrafrecht. Denn auch wenn ein Anleger bzw. ein Bankangestellter sich im Vorfeld einer Fusion billig eindeckt, um nach der Ankündigung teurer verkaufen zu können, täuscht er weder aktiv noch verletzt er eine Aufklärungspflicht. Er macht sich trotzdem wegen Insiderhandels strafbar.

Weber möchte bei der Begriffsauslegung eine Einschränkung in Bezug auf die Verwertungshandlung vornehmen und selbst geschaffene Tatsachen, die nur bei Vorfeldshandlungen des Ausnutzens insiderrechtliche Bedeutung gewinnen können, beim Eigennutzungstatbestand des § 14 Abs. 1 Nr. 1 WpHG i. F. v. 26-7-1994 nicht als Insidertatsachen werten[1605]. Nach der Gesetzessystematik sei ein Vorfeldschutz nur bezüglich der Mitteilung kursrelevanter Absichten gemäß den Weitergabe- und Empfehlungsverboten nach Nummern 2 und 3 des § 14 Abs. 1 WpHG i. F. v. 26-7-1994 vorhanden, während es einen solchen gegenüber dem eigenen Sich-in-Kenntnis-bringen nicht geben könne[1606]. Mit dem Ansatz der Insiderrelevanz selbst geschaffener Tatsachen werde also systemwidrig ein von der Gesetzessystematik des § 14 WpHG i. F. v. 26.7.1994 ersichtlich nicht vorgesehener neuer Straftatbestand der Ermöglichung der Eigennutzung in Form eines Vorfeldschutzes bei Eigennutzung geschaffen[1607].

Dem ist aber richtigerweise nicht zuzustimmen. Dieser Ansatz würde nicht nur die Umsetzung eigener Absichten aus dem Anwendungsbereich der Insidernormen herauslösen, sondern auch eigene Transaktionen vor Umsetzung der Absicht: Angenommen, Aufsichtsratsmitglied A hat bei Übernahmeverhandlungen eine Schlüsselstellung inne, so dass die Realisierung nur noch von seiner Zustimmung abhängt[1608]. Wenn A die Absicht fasst, der Übernahme zuzustimmen, schafft er eine innere Tatsache. Nach Weber wäre diese nur im Falle der Mitteilung oder Empfehlung an Dritte eine Insidertatsache. Verboten sein muss jedoch auch die eigene Nutzung durch A, etwa das vorherige billige Eindecken mit den

---

1603 Heise, Insiderhandel, S. 76.
1604 Heise, Insiderhandel, S. 73.
1605 Weber, NZG 2000, S. 120 f.
1606 Weber, NZG 2000, S. 121, 125.
1607 Weber, passim; Schwark, FS für Kümpel, S. 496; Fleischer, DB 2004, S. 52; Vogel, NStZ 2004, S. 254.
1608 So Kritik von Mühlbauer, wistra 2003, S. 170.

Aktien des Übernahmekandidaten, welche nach Bekanntgabe der Zustimmung und des daraufhin realisierbaren Übernahmeplans voraussichtlich steigen werden.

Neuerdings gewinnt der Vorschlag an Bedeutung - sofern die Zustimmung der höchstrichterlichen Rechtsprechung gegeben ist -, auf eine eigenständige, von §§ 186, 263 StGB losgelöste, richtlinienkonforme Auslegung des Tatsachenbegriffs abzustellen, nach der Pläne und Absichten von dem Insidertatsachenbegriff des WpHG i. F. v. 26.7.1994 herauszunehmen sind[1609]. Ausgangspunkt der Überlegungen ist eine richtlinienkonforme Auslegung bzw. die Definition des Insiderinformationsbegriffs. Schon der Wortlaut der europäischen Vorgaben - präzise Insiderinformation - spreche demnach dagegen, selbst geschaffene „Tatsachen" als Insidertatsachen einzustufen. Information bedeute „Nachricht; Auskunft; Belehrung; von jemandem vermittelte Aufklärung über etwas". Damit lege schon der Wortlaut Konstellationen nahe, bei denen etwas von außen auf eine Person einwirke, bzw. die Person Zustände ihrer Umgebung aufnehme, z. B. eine Orderlage[1610], nicht aber, dass sie selbst Pläne entwickelt und Absichten fasst[1611]. Ohne „Außenweltbezug" handele es sich also noch nicht um eine Information. Eine Information weise hingegen einen Drittbezug auf[1612]. Eine Verwendung des Begriffs der Information in dem Sinne, dass eine Person sich über einen von ihr selbst gefassten Gedanken „informiert", ist dem Sprachgebrauch fremd.

Diese Auslegung führt in der Tat dazu, selbst geschaffene Tatsachen von dem Insidertatsachenbegriff herauszunehmen und vor allem die Umsetzung des Entschlusses dem Insiderhandelsverbot zu entziehen, ohne auf das Tatbestandsmerkmal des Ausnutzens abzustellen[1613]. Fraglich ist allerdings die Auslegung des Begriffs der Insidertatsache im Sinne der Insiderinformation, zumal gegen sie die Wahl des Tatsachenbegriffs von dem Gesetzgeber spricht, um Bewertungen aus dem Insiderhandelsbereich auszuklammern. Außerdem bleibt bei dieser Lehransicht der Fall unentschieden, in dem der Beabsichtigende seine Absicht einem Dritten unbefugt mitteilt, der aber in Kenntnis dieser Absicht dann Transaktionen

---

1609 Eichelberger, WM 2003, S. 2122, 2124; BGH, WM 2004, S. 75 f.; Schwark, in Schwark, 3. Aufl., § 13 WpHG RN 30; Vogel, NStZ 2004, S. 254.

1610 Solche Fälle werden ganz unbestritten als strafbarer Insiderhandel eingestuft, vgl. BGH, WM 2004, S. 76 im Anschluss an Erwägungsgrund Nr. 19 der Marktmissbrauchsrichtlinie (FN 20), S. 17; Schäfer, WM 2004, S. 79; vgl. auch Assmann, WM 1996, S. 1345; Mennicke, Sanktionen, S. 55; Schwarze, WM 1997, S. 1564 f.; Lücker, Missbrauch, S. 156; Schäfer, in Schäfer, § 14 WpHG RN 75; Heise, Insiderhandel, S. 156; Peters, Insiderstrafrecht, S. 76; Steinhauer, Insiderhandelsverbot, S. 38; Weber, NZG 2000, S. 121; Mühlbauer, wistra 2003, S. 173; Eichelberger, WM 2003, S. 2121; Schwark, FS für Kümpel, S. 487; Cramer/Assmann, in Assmann/Schneider, 3. Aufl., § 14 RN 26 sowie Koller, ebenda, § 32 RN 13; Vaupel/Uhl, WM 2003, S. 2136; Benner, in Wabnitz/-Janovsky, 2. Aufl., Kapitel 9 RN 151 f.

1611 Eichelberger, WM 2003, S. 2123.

1612 Eichelberger, passim; BGH, WM 2004, S. 76; Vogel, NStZ 2004, S. 254.

1613 Eichelberger, WM 2003, S. 2124.

vornimmt. Wird eine Strafbarkeit des Dritten wegen Insiderhandels vertreten[1614], kommt man richtigerweise zu unerträglichen Widersprüchen: Die Weitergabe der Tatsache durch den statusbedingten Primärinsider könnte jedoch nicht als Weitergabe einer Insidertatsache verstanden werden, weil seine diesbezüglichen Überlegungen für ihn selbst mangels Drittbezugs keine Insiderinformation darstellen[1615].

V. Stellungnahme

Ehe die Straflosigkeit von Absichten interpretatorisch bzw. richtlinienkonform oder dem Schutzzweck der Norm rückblickend entnommen wird, sollte der Gesetzeswortlaut des § 38 Abs. 1 Nr. 1 i. V. m. § 14 Abs. 1 Nr. 1 und 2 WpHG i. F. v. 26-7-1994 einer näheren Untersuchung unterzogen werden. Denn richtigerweise bedarf es hier einer restriktiven Auslegung nicht, weil selbst geschaffene Tatsachen, wenn sie im Bereich des Inneren bleiben und sich nicht auf schon bestehende äußere Umständen beziehen, wie z. B. auf Fusionsverhandlungen, die von der Zustimmung eines Aufsichtsratsmitglieds abhängen, die Definition der Insidertatsache nicht erfüllen. Zur Bejahung einer Insidertatsache muss die (innere) Tatsache geeignet sein, den Kurs erheblich zu beeinflussen. Und das ist der neuralgische Punkt bei der Beurteilung innerer Tatsachen nach dem Insiderstrafrecht: Eine Absicht stellt zwar eine innere Tatsache dar, angesichts ihres „innerlichen Charakters" verfügt sie jedoch niemals über ein Kursbeeinflussungspotential. Die Erfüllung der möglichen Kausalkette zwischen Absicht und Vermögensverfügungen der Anleger, die zur Kursbeeinflussung führen (können), ist zweifelhaft, denn der Anleger stellt nicht auf die innere, sondern auf die äußere Tatsache ab, anders formuliert: Es kommt dem Anleger nicht darauf an, ob der Täter von seinen Äußerungen innerlich überzeugt ist, sondern maßgebend soll allein der Gegenstand der Absicht bzw. die Empfehlung oder die künstliche Kursbeeinflussung sein[1616]. Solche Umstände sind allerdings richtigerweise als Meinungsäußerungen und zukünftige Ereignisse vom Insidertatsachenbegriff auszuschließen.

Darauf wird ungewollt aber auch von der Insiderstrafrechtslehre abgestellt, wenn ausgeführt wird: „ ... *das Merkmal des Ausnutzens ist ebenfalls zu bejahen, weil der Scalper nicht lediglich seine eigenen Ansichten und Einsichten, sondern darüber hinaus den Umstand zunutze macht, dass Bewertungen oder Empfehlungen beziehungsweise deren beabsichtige Veröffentlichung mit überwiegender Wahrscheinlichkeit einen erheblichen Kursausschlag verursachen*" oder, wenn es zur Strafbarkeit des Scalping gemäß der Insiderhandelsvorschrift verlangt wird, dass „*der als möglich erkannte Kursausschlag infolge der Veröffentlichung für die Entscheidung, die Wertpapiere zu empfehlen, in irgendeiner Weise mitbestim-*

1614 So Weber, NZG 2000, S. 121, 125; Soesters, Insiderhandelsverbote, S. 140.
1615 Pananis, NStZ 2004, S. 288.
1616 Worms, Anlegerschutz, S. 177.

mend ist"[1617]. Innere Tatsachen vermögen nämlich kein erhebliches Kursbeeinflussungspotential aufzuweisen und liegen somit dem Anwendungsbereich des Insiderstrafrechts fern. Dafür hat sich CESR ebenfalls ausgesprochen. Im Rahmen der Beratungen für die Schaffung von technischen Durchführungsmaßnahmen zum Art. 1 der Marktmissbrauchsrichtlinie hat CESR die Ansicht vertreten, dass die Absicht einer Person nicht vermag, den Einfluss einer Transaktion auf den Markt zu ändern[1618]. Ebenso wenig ist das Wissen, jemand anderes werde irgendwelche Titel „pushen" und handeln, zur Kursbeeinflussung tauglich[1619].

Richtigerweise ist also zwischen der Absicht, eine Empfehlung abzugeben, um die Kurse zu beeinflussen, oder andere Manipulationsmittel einzusetzen, die wegen des Fehlens am Kursbeeinflussungspotential keine Insidertatsache darstellt, und dem Handel in Kenntnis der Tatsache, dass die Kurse manipuliert worden sind, der gem. § 38 Abs. 1 Nr. 1 i. V. m. § 14 Abs. 1 Nr. 1 WpHG i. F. v. 26-7-1994 zu bestrafen ist, zu unterscheiden. Manipuliert der Täter nämlich den Kurs durch eine sachwidrige Empfehlung und handelt er nun zu künstlich erhöhten/-gesunkenen Kursen, nutzt er dann für sein Geschäft die Tatsache aus, dass die Kurse durch unrichtige bzw. verschwiegene Angaben manipuliert worden sind, also eine wertpapierbezogene Tatsache, die geeignet ist, im Falle ihres öffentlichen Bekanntwerdens den Kurs der Insiderpapiere erheblich zu beeinflussen.

Diese Unterscheidung entspricht auch dem Unrecht der Tat. Es ist zwar zuzugeben, dass der Manipulator bei der typischen Vorgehensweise einerseits auf ein nur ihm zugängliches, da von ihm selbst geschaffenes Sonderwissen zurückgreift, denn nur er weiß, dass er Kunstgriffe einsetzt, die mit hoher Wahrscheinlichkeit den Kurs des von ihm erworbenen bzw. veräußerten Wertpapiers in für ihn günstiger Weise beeinflussen werden. Der Handel im Sonderwissen stellt deswegen die Beendigungstat der Manipulation. Das wahre Unrecht von Manipulationen befindet sich eine Stufe davor. Manipulative Handlungen verzerren die ordnungsgemäße Preisbildung bzw. die informationelle Zuverlässigkeit des Marktes und sind zu missbilligen, gleichgültig, ob der Manipulator seinen Wissensvorsprung ausnutzt. Zu verbieten sind unrichtige bewertungserhebliche Angaben bzw. sachwidrige Empfehlungen auch dann, wenn sich der Manipulator zuvor mit den betroffenen Titeln nicht eingedeckt hat oder wenn er keine Geschäfte abschließt, um sich oder einem Dritten einen Vermögensvorteil zu verschaffen.

Zwar ist beim Wertpapierhandel des Insiders der unwissende Anleger dem Informationsvorsprung des Insiders wehrlos ausgeliefert[1620]. Im Gegensatz zu Kursmanipulationen beruht diese Schutzlosigkeit jedoch nicht auf der täuschungsbedingten Überlistung des Anlegers, sondern auf seiner institutionellen Wehrlosigkeit. Der nichtinformierte Anleger trifft aber seine Transaktionsentscheidung in

1617 Schneider/Burgard, ZIP 1999, S. 388.
1618 „CESR-Feedback Statement", S. 12.
1619 Mühlbauer, wistra 2003, S. 171.
1620 Dingeldey, Insider-Handel, S. 140.

der Regel völlig unabhängig und unbeeinflusst vom Vorhandensein des Insiders am Markt.

Die Ausklammerung selbst geschaffener Tatsachen aus dem Insiderhandelsverbot lässt manche Zweifelsfrage des Insiderhandelsverbots in einem neuen Licht erscheinen[1621]: Setzt ein Investor lediglich seinen eigenen Entschluss zum sukzessiven Aufbau einer Beteiligung oder zur Durchführung von Kurspflegemaßnahmen in die Tat um, so fehlt es nicht erst an der Ausnutzung von Insiderwissen, sondern schon am Vorliegen einer Insidertatsache.

Hervorzuheben ist die Anwendbarkeit der Insiderhandelsvorschrift in dem Falle, in dem Transaktionen bei gleichzeitigem Unterlassen bzw. gesetzwidriger Verheimlichung bewertungserheblicher Umstände vorgenommen werden, denn zum einen sind solche Umstände, wie gezeigt, in der Regel geeignet, die Kurse zu beeinflussen, zum anderen gehört der Adressatenkreis der manipulationsrelevanten Offenbarungsvorschriften grundsätzlich zum Primärinsiderkreis, als grundsätzlich Vorstandsmitglieder einer AG, Geschäftsführer einer GmbH, persönlich haftende Gesellschafter einer Personengesellschaft (§ 13 Abs. 1 Nr.1 WpHG i. F. v. 26-7-1994) sowie Aktionäre, GmbH-Gesellschafter, Kommanditisten (§ 13 Abs. 1 Nr. 2 WpHG i. F. v. 26-7-1994) in Betracht kommen. Denkbar ist es nämlich, dass Organvertreter in Kenntnis einer nicht öffentlich bekannten, kurserheblichen und veröffentlichungspflichtigen positiven Tatsache Käufe von Insiderpapieren tätigen, um sie nach der Herstellung der Öffentlichkeit mit Gewinn zu veräußern. Genauso einschlägig sind die Insiderhandelsvorschriften bei Vornahme von (Leer-)Verkäufen im Falle des Verheimlichens einer negativen veröffentlichungspflichtigen Insidertatsache.

VI. Exkurs: Rechtsklarheit durch das AnSVG?

Einen Kernbereich der Marktmissbrauchsrichtlinie stellen die Vorschriften über das Insiderrecht dar, die zu wesentlichen Erweiterungen des Anwendungsbereichs[1622] und der Reichweite[1623] der Insiderhandelsverbote führen. Die Umset-

---

1621 So auch Fleischer, DB 2004, S. 53.

1622 So die Erweiterung des sachlichen Anwendungsbereichs auf Finanzinstrumente, vgl. hierzu Leppert/Stürwald, ZBB 2002, S. 91; Ziemons, NZG 2004, S. 537 f.; BT-Dr.15/3174, S. 26; Emittentenleitfaden der BaFin (FN 808) S. 16 ff.

1623 Was die Insider anbelangt, so sollen nach worttreuer Umsetzung des Art. 2 Abs. 1 Nr. d der Marktmissbrauchsrichtlinie die Fälle Berücksichtigung finden, bei denen die Insiderinformationen nicht aus der Ausübung eines Berufs oder einer Funktion, sondern aus kriminellen Aktivitäten herrührt, deren Vorbereitung oder Durchführung die Preise auf einem geregelten Markt spürbar beeinflussen können, vgl. kritisch Dier/Fühoff, AG 2002, S. 609; Schmitz, ZStW 115 (2003), S. 522. Zur Bejahung der Sekundärinsidereigenschaft enthält der neue Art. 4 nicht mehr die Einschränkung der Kenntniserlangung vom Primärinsider. Ferner entfällt die frühere Unterscheidung zwischen Primär- und Sekundärinsidern, so dass sämtliche Verbote einheitlich gelten. Allerdings bleibt hinsichtlich der Strafzung der Richtlinie durch das AnSVG führt unter anderem zur Umbenennung der „Insidertatsache" in „Insiderinformation" (§ 13 Abs. 1 Satz 1 WpHG i. F. v. AnSVG), die eindeutig Werturteile, Empfehlungen und Prognosen erfasst[1624]. Folgte man dem schon im Rahmen des zweiten FFG entwickelten Einschränkungsansatz, nach dem selbst geschaffene Tatsachen bzw. Absichten keine Informationen darstellten, sollte die neue Fassung - die zum Teil angesichts des schon früher richtlinienkonform weit ausgelegten Insidertatsachenbegriff als formal betrachtet wird[1625] - zur größeren Rechtssicherheit führen.

Der erste Schein mag allerdings trügen. Zunächst hat der Informationsbegriff keine festen Konturen. Denn über den Informationsbegriff herrscht im wirtschaftswissenschaftlichen Schrifttum keine Einigkeit. Es ist eine Vielzahl von Definitionen zu finden, die sich hauptsächlich anhand der Ausprägungen ihrer Dimensionen Semiotik, Träger, Neuheitsgrad, Wahrheitsgehalt und Zeitbezogenheit unterscheiden[1626]. Z. B. wird die Information nach dem semantischen Ansatz als eine Abbildung von Teilen der realen und gedachten Welt[1627], zu der allerdings auch Absichten und Pläne gehören, gesehen. Aber auch die ursprüngliche Kommentarliteratur zum Insiderstrafrecht verstand als Information ein kommunizierbares bzw. mitteilbares Wissen, welches nach der Übermittlung beim Empfänger den Zustand des Informiert-Seins, der Kenntnis bewirkt[1628]. In dieser Bedeutung wird Information dann nur dem Begriff „Datum" gegenübergestellt, welches unverarbeitet und in Menge auftritt. Es wurde insoweit zu Recht betont, dass der Passus der „präzisen Information" lediglich der Ausscheidung von Gerüchten und Spekulationen dienen sollte[1629].

Aus der neuen Marktmissbrauchsrichtlinie, die sowohl Insiderrecht reformiert, als auch einen EG-einheitlichen Tatbestand der Kursmanipulation einführt und die als Beispiel einer Kursmanipulation i. S. v. Art. 1 Nr. 2 Scalping aufführt,

---

barkeit die Differenzierung zwischen den Insidergruppen für das Weitergabe- und Empfehlungsverbot aufrechterhalten, da Sekundärinsider hier nur mit einem Bußgeld gem. § 39 I Nrn. 1, 2 WpHG belegt werden, während die Primärinsider bestraft werden, vgl. Spindler, NJW 2004, S. 3451. Schließlich wird erstmals auch der Versuch des Erwerbs oder der Veräußerung von Finanzinstrumenten von der Verbotsnorm erfasst.

1624 BT-Dr. 15/3174, S. 33; Ziemons, NZG 2004, S. 538; Spindler, NJW 2004, S. 3450; Emittentenleitfaden der BaFin (FN 808) S. 19.

1625 So Kuthe, ZIP 2004, S. 884.

1626 Ein Überblick darüber in Bode, Zfbf 49 (1997), S. 451 ff.

1627 Müller, in Adam, S. 126 f.

1628 Tippach, Insider-Handelsverbot, S. 72; Pananis, Insidertatsache, S. 63; Siebold, Das neue Insiderrecht, S. 108; vgl. aber auch Gaede/ Mühlbauer, wistra 2005, S. 10. Vor allem so die Auslegung der BaFin vom Begriff „der konkreten Information über Umstände", vgl. Emittentenleitfaden der BaFin (FN 808) S. 19.

1629 Gaede/Mühlbauer, wistra 2005, S. 11. Vgl. Emittentenleitfaden der BaFin (FN 808) S. 20, 52: *„Alles kann konkrete Information sein, sogar Gerüchte. Maßgeblich ist nur ob der Information die Eignung zur erheblichen Preisbeeinflussung zuzubilligen ist, bzw. ob der verständige Anleger auf Grundlage dieses Gerüchts handeln würde".*

wird weiter der Schluss gezogen, Scalping stelle keinen Insiderhandel dar[1630]. Durch Erwägungsgrund 29 wird in der Marktmissbrauchsrichtlinie außerdem klargestellt, dass der Zugang zu Insider-Informationen über eine andere Gesellschaft und die Verwendung dieser Information bei einem öffentlichen Übernahmeangebot mit dem Ziel, die Kontrolle über dieses Unternehmen zu erwerben oder einen Zusammenschluss mit ihm vorzuschlagen, als solche nicht als Insider-Geschäft gelten sollten[1631]. Da dem Erwerb oder der Veräußerung von Finanzinstrumenten notwendigerweise eine entsprechende Entscheidung der Person vorausgehen muss, die erwirbt bzw. veräußert, sollte die Tatsache dieses Erwerbs oder dieser Veräußerung als solche nicht als Verwendung von Insider-Informationen gelten (Erwägungsgrund 30).

Mit diesen Ausführungen - „Tatsache eines Transaktionsentschlusses" sowie „Verwendung einer Insiderinformation" - spricht aber die Marktmissbrauchsrichtlinie gegen die Annahme, es fehle mangels „Drittbezugs" bei selbst geschaffenen Tatsachen bereits an einer Insiderinformation[1632]. Zwar haben Erwägungsgründe nicht die gleiche Normqualität wie die Artikel gegossenen Richtlinienbestimmungen. Ihre Bedeutung ist aber deutlich über ihre frühere Funktion, nur Auslegungshilfe im Zuge der historischen Auslegung zu sein, hinausgewachsen[1633]. Dies wird insbesondere auch im Entstehungsprozess der Marktmissbrauchsrichtlinie deutlich. Der Vorschlag des Europäischen Parlaments, in Art. 2 eine Ausnahme für die Verwendung von Insiderinformationen im Zuge von Übernahmen vorzusehen, wurde vom Rat mit der Begründung abgelehnt, diese Ausnahme sei je bereits in Erwägungsgrund 29 vorgesehen[1634]. Rat wie Parlament scheinen daher davon auszugehen, dass konkret formulierte Erwägungsgründe Normcharakter haben, so dass selbst geschaffene Tatsachen richtigerweise unter dem europäischen Insiderinformationsbegriff fallen. Außerdem spricht die Tatsache, dass die Marktmissbrauchsrichtlinie das Scalping der Marktmanipulation ausdrücklich zuordnet, nicht unbedingt für den Ausschluss der Insiderhandelsvorschriften in solchen Fällen. Man könnte nämlich angesichts der unterschiedlichen Schutzrichtung für eine Tateinheit plädieren[1635].

1630 BGH, WM 2004, S. 76; Widder, BB 2004, S. 15.

1631 Vgl. Marktmissbrauchsrichtlinie (FN 20) S. 18.

1632 Pananis, NStZ 2004, S. 287.

1633 Ziemons, NZG 2004, S. 539.

1634 Gemeinsamer Standpunkt Nr. 50/2002 v. 19. Juli 2002 im Hinblick auf den Erlass einer Richtlinie des Europäischen Parlaments und des Rates über Insider-Geschäfte und Marktmanipulation (Marktmissbrauch), ABl. C 228 E v. 15.9.2002, S. 31.

1635 BT-Dr. 14/8017, S. 98; Vogel, in Assmann/Schneider, 3. Aufl., § 20a RN 9; vgl. auch für eine parallele Anwendung Altendorfer, in Aicher/Kalss/Oppitz, S. 233 f.; Lücker, Missbrauch, S. 54; Heise, Insiderhandel, S. 117; a. A. Assmann/Cramer, in Assmann/-Schneider, 3. Aufl., § 14 RN 101; Nerlich, Tatbestandsmerkmale, S. 23; Park, BB 2001, S. 2075.

Versteht man unter Information auch Absichten und Pläne, kann der Einwand der mangelnden Kursrelevanz bei inneren Tatsachen aber richtigerweise nicht mehr greifen. Denn während gemäß § 13 WpHG i. F. v. 26-7-1994 die Tatsache bzw. Absicht geeignet sein soll, im Falle ihres öffentlichen Bekanntwerdens den Kurs der Insiderpapiere erheblich zu beeinflussen, ist eine Insiderinformation gem. § 13 Abs. 1 WpHG i. F. v. AnSVG eine konkrete Information über nicht öffentlich bekannte Umstände oder Ereignisse, die sich auf einen oder mehrere Emittenten von Insiderpapieren oder auf die Insiderpapiere selbst beziehen und die geeignet sind, im Falle ihres öffentlichen Bekanntwerdens den Börsen- oder Marktpreis der Insiderpapiere erheblich zu beeinflussen. Im Gegensatz zur Fassung des zweiten FFG, nach der die Tatsache ein Kursbeeinflussungspotential erweisen sollte, fordert das AnSVG, dass es sich ausschließlich um Umstände handelt, die geeignet sind, den Kurs erheblich zu beeinflussen. Der Begriff des Umstands geht über den bisherigen Begriff der Tatsache hinaus und umfasst auch überprüfbare Werturteile oder Prognosen[1636]. Als Umstände oder Ereignisse im diesen Sinne gelten nunmehr ausdrücklich auch solche, bei denen mit hinreichender Wahrscheinlichkeit davon ausgegangen werden kann, dass sie in Zukunft eintreten werden (§ 13 Abs. 1 Satz 3 WpHG i. F. v. AnSVG). Wird eine Absicht als Information angesehen, dann betrifft sie auf jeden Fall Umstände, wie z. B. eine kurserhebliche Empfehlung eines Börsengurus oder den Einsatz manipulativer Mittel, die aber auch geeignet sind, den Kurs erheblich zu beeinflussen, wenn dies auch erst in näherer Zukunft eintreten werde.

Dieses erweiterte Verständnis erscheint außerdem deshalb unerträglich, als das AnSVG den Tatbestand des Insiderhandels ändert (§ 38 Abs. 1 Nr. 1 i. V. m. § 14 Abs. 1 Nr. 1 WpHG i. F. v. AnSVG). Während bisher der Insider unter Ausnutzung der Insidertatsache handeln musste, reicht es künftig im Anschluss an die Marktmissbrauchsrichtlinie[1637] für die Strafbarkeit aus, wenn der Insider unter Verwendung der Insiderinformation handelt. Die nunmehr gewählte Formulierung entspricht dem erklärten Willen der EU-Kommission, auf subjektive Tatbestandselemente bei den Verbotsnormen der künftigen Marktmissbrauchsrichtlinie weitgehend zu verzichten[1638]. Deutlicher kommt es allerdings in der englischen Fassung zum Ausdruck, in der an Stelle von „taking advantage of that information“ die Formulierung „using that information“ verwendet wurde. Dementsprechend verstößt jede Verwendung einer Insiderinformation unabhängig von den dahinter stehenden Motiven gegen das Insiderhandelsverbot[1639]. Strafbar wäre demnach auch derjenige Vorstand, der in Kenntnis negativer Insider-Informationen Aktien

1636 BT-Dr. 15/3174, S. 33; Ziemons, NZG 2004, S. 538.

1637 Vgl. hierzu Goldmann, ÖBA 2001, S. 788; Dier/Fühoff, AG 2002, S. 607; Leppert/-Stürwald, ZBB 2002, S. 92; Weber, EuZW 2002, S. 45;

1638 BT-Dr. 15/3174, S. 34; vgl. auch Dier/Fühoff, AG 2002, S. 607; Leppert/Stürwald, ZBB 2002, S. 92.

1639 Gall, ecolex 2003, S. 562; Kuthe, ZIP 2004, S. 884; Spindler, NJW 2004, S. 3451.

seiner Gesellschaft kauft und keinen wirtschaftlichen Vorteil erzielen will und auch keinen erzielt[1640]. Eine restriktive Handhabung der Insiderhandelsstrafvorschrift hinsichtlich der Verwirklichung unternehmerischer Entscheidungen anhand des Ausnutzens-Merkmals kann damit nicht mehr befürwortet werden.

Somit bleibt festzuhalten, dass die neue und erweiterte Definition der Insiderinformation keine Klarheit über die davon erfassten Sachverhalte bringt[1641]. Angesichts der Prämisse der Marktmissbrauchsrichtlinie, nach der die Verwirklichung unternehmerischer Entscheidung nicht als Verwendung von Insiderinformation gelten sollte (Erwägungsgrund 30) bleibt abzuwarten, wie die künftige Insiderstrafrechtslehre diesmal fragwürdige Gebilde zur Straflosigkeit verwenden wird. Das Abstellen auf den Informationsbegriff bietet jedenfalls keinen sicheren Weg. Um die gerade in strafrechtlicher Hinsicht besonders bedenkliche Ausweitung einzudämmen, sollte zu dem engen (oder doch engeren) Insidertatsachenbegriff zurückgekehrt werden.

1640 Ziemons, NZG 2004, S. 539.
1641 Schmitz, ZStW 115 (2003), S. 523.

§ 8 Aktivierung des Betrugstatbestandes (§ 263 StGB) gegen Kurs- und Marktpreismanipulationen

I. Literaturauffassungen

Obwohl die herrschende Ansicht von einer unzureichenden Erfassung der Börsen- und Marktpreismanipulationen durch § 263 StGB ausgeht[1642], fehlt es nicht an Literaturstimmen, die - wenn auch meistens kursorisch - den Betrugstatbestand bei Kurs- und Marktpreismanipulationen zumindest parallel zu anderen Strafvorschriften anwenden wollen[1643]. Bemerkenswert ist insbesondere die potentielle Reichweite, die durch die jüngste schweizerische Judikatur dem Betrugstatbestand (Art. 146 SchweizStGB) zuerkannt wurde[1644]. Die Investoren würden danach durch den Eingriff in den Preisbildungsprozess getäuscht und durch das vergrößerte Risiko, das mit manipulierten Kursen verbunden sei, in ihrem Vermögen geschädigt. Kursmanipulationen, die durch den Abschluss effektiver Geschäfte herbeigeführt werden, würden somit - bei gelungenem Nachweis der Bereicherungsabsicht und der Kausalität für die Vermögensverfügung - vom Betrugstatbestand erfasst. Teilweise wird sogar für die Strafbarkeit kursstabilisierender Maßnahmen plädiert[1645], weil sie dazu führten, dass Titel zu „falschen“ Kursen die Hand wechselten und weil der Stabilisierende die Titel eines Tages abstoßen werde, was den Markt unnötig belaste.

Die Anwendbarkeit des Betrugstatbestandes bei Kurs- und Marktpreismanipulationen ist allerdings von erheblicher praktischer Bedeutung. § 263 StGB ist ein reines Vermögensdelikt und schützt das Vermögen als Ganzes. Ansprüche geschädigter Anleger könnten somit gem. § 823 Abs. 2 BGB i. V. m. § 263 StGB

1642 Vgl. hierzu § 5 I 1.

1643 Für die Erfüllung des Betrugstatbestandes u. U. Waeldin, Strafbestimmungen, S. 15; Nussbaum, § 88 BörsG Anm. III a; Weinholz, Börsenwesen, S. 100 f.; Kohlhaas, in Erbs-/Kohlhaas, 3. Lfg. § 88 BörsG RN 6; Schwark, § 88 BörsG RN 13; Worms, Anlegerschutz, S. 213; Altendorfer, in Aicher/Kalss/Oppitz, S. 228; Lenzen, Unerlaubte Eingriffe, S. 163; Goldmann, ÖBA 2001, S. 784; Ekkenga, NZG 2001, S. 6; Weitnauer, DB 2003, S. 1722; Tröndle/Fischer, § 263 RN 137.

1644 Bundesgerichtsentscheidungen v. 12.5.1987 (BGE 113 Ib 170) mit Anm. von Schmid, SAG 60 (1988), S. 136 f., wo es sich um einen Rechtshilfeentscheid handelte; v. 27-9-1996 (BGE 122 II 422 ff.) und v. 7. 10. 1996, SZW 69 (1997), 116 ff., die ebenso ein Rechtshilfegesuch Frankreichs bei Kursmanipulation betrafen; vgl. auch de Beer, SAG 54 (1982), S. 155 ff.; ders., SchwZStR 109 (1992), S. 272 ff.; Schmid, Insiderstrafrecht, S. 131, 200; Richard, SZW 67 (1995), S. 260; Iffland, SZW 69 (1997), S. 123; Peter, SZW 69 (1997), S. 124 f.

1645 Watter, SZW 62 (1990), S. 199; vgl. auch Richard, SZW 67 (1995), S. 262 FN 24 u. S. 269; Zobl/Arpagaus, SZW 67 (1995), S. 257.

begründet werden[1646]. Die Aktivierung des Betrugsstraftatbestandes kommt aber auch einem funktionsfähigen Kapitalmarkt zugute: Denn der individuelle Schutz des Vermögens beinhaltet als Reflex den Schutz des Kapitalanlagemarktes[1647]. Individualschutz bewirkt mittelbar Funktionsschutz[1648]. Das Vertrauen der Anleger in die Funktionstüchtigkeit des Kapitalmarktes ist dann besonders groß, wenn ein möglichst optimaler Anlegerschutz besteht.

Der räumliche Anwendungsbereich des § 263 StGB ist außerdem erheblich weit. Er wird unbestritten nach §§ 3 ff. StGB bestimmt. Nach den Grundsätzen des völkerrechtlichen Fremdenrechts ist es zum einen weitgehend anerkannt, dass Strafvorschriften, die Individualrechtsgüter - wie Leben, Gesundheit, Freiheit, Ehre, Vermögen oder Eigentum - schützen, grundsätzlich jedenfalls auf Inlandstaten anwendbar sind, auch wenn der Rechtsgutträger ein Ausländer ist[1649]. Zum anderen kann ein Ausländer für einen im Ausland begangenen Betrug im Inland verfolgt werden, sofern deutsche Anleger einen durch den Betrug verursachten Vermögensschaden erlitten haben (§ 7 Abs. 1 StGB). Beim Betrug liegen schließlich drei Ereignisse - Irrtum, Vermögensverfügung und Vermögensschaden- vor, die unabhängig voneinander einen Erfolgsort begründen können. Fallen die Erfolgsorte auseinander, was beim Betrug an globalisierten, elektronisch gesteuerten Kapitalmärkten sehr gut möglich ist, und liegen die Orte in unterschiedlichen Hoheitsgebieten, dann kann die Tat unter die Strafgewalt von bis zu vier Staaten fallen, da der Handlungsort, das heißt der Ort, an dem die Täuschungshandlung vorgenommen wurde, sich ebenfalls tatortbegründend auswirkt[1650].

Im Hinblick darauf drängt sich die Frage auf, ob § 263 StGB einen Individualschutz vor Kurs- oder Marktpreismanipulationen bewirken könnte. Es würde allerdings den Rahmen dieser Arbeit sprengen, eine ausführliche Darlegung des Betrugstatbestandes anzubieten. Die Übersicht über die verschiedenen Ansichten ist auch aus Gründen des übergeordneten Schrifttums bewusst exemplarisch gehalten und nur insofern berücksichtigt worden, als sie Bedeutung für die strafrechtliche Beurteilung von Kursmanipulationen beansprucht. Bezweckt wird in diesem Kapitel grundsätzlich, den strafrechtlichen Vermögensschutzgedanken in die Thematik „Kursmanipulation“ mit einzubeziehen, über Missverständnisse aufzuklären und gegebenenfalls Anregungen für die Anpassung des „veralteten“ Betrugstatbestandes an die Herausforderungen der neueren Zeit zu geben.

1646 BGH, NJW 1993, S. 2992; BGH, WM 1992, S. 1812; Weitnauer, DB 2003, S. 1722.

1647 So Joecks, wistra 1986, S. 143; Schlüchter, 2. WiKG, S. 156; Worms, Anlegerschutz, S. 279, 312; Rössner, in Assmann/Schütze, § 8 RN 52; Geerds, Vermögensschutz, S. 2, 29.

1648 Worms, Anlegerschutz, S. 279, 314.

1649 Möhrenschlager, in Wabnitz/Janovsky, 2. Aufl., Kapitel 3 RN 3.

1650 Kienle, Internationales Strafrecht, S. 55 m. w. N.

II. Diskussion um die Tatbestandsmerkmale

1. Tatsachentäuschung

Der § 263 StGB setzt zunächst das Vorspiegeln falscher, Entstellen oder Unterdrücken wahrer Tatsachen voraus, d. h. eine Täuschung über objektiv feststellbare, vergangene oder gegenwärtige Geschehnisse der äußeren oder inneren Welt[1651]. Man ist inzwischen in Deutschland darüber einig, dass diese detailfreudige Beschreibung missglückt ist und besser durch den einfachen Term „Täuschung über Tatsachen" zu ersetzen wäre[1652]. Die Täuschung wird durch ausdrückliche oder stillschweigende Abgabe oder pflichtwidrige Unterlassung von Erklärungen geschehen[1653]. Die praktische Prüfung erfolgt daher in der Reihenfolge: ausdrückliche Täuschung, konkludente Täuschung, Täuschung durch Unterlassen. Die ausdrückliche Täuschung kann durch gesprochene Worte („expressis verbis") oder in Schriftform erfolgen. Da und soweit eine Erklärung nach Verkehrsauffassung und Konvention auch in anderer Weise abgegeben werden kann, reichen auch Zeichen, Gesten und andere kommunikative Mittel aus[1654]. Nach Lackner kann sogar bloßes Schweigen ausdrückliche Täuschung sein[1655], während Walter die Meinung vertritt, dass auch bei der Täuschung durch Unterlassen zwischen ausdrücklicher und schlüssiger Täuschung zu unterscheiden ist[1656]. Es überrascht deshalb nicht, dass die Abgrenzung im Einzelnen durchaus fließend ist. Tiedemann schlägt vor, eine ausdrückliche Täuschung dann anzunehmen, wenn der Täter, bezogen auf die Tatsache, über die getäuscht wird, eine relativ eindeutige und relativ vollständige unwahre Erklärung abgibt; je weniger eindeutig und je unvollständiger die Erklärung ist, desto eher ist von einer konkludenten Täuschung auszugehen[1657]. Eine Täuschung durch Unterlassen kommt erst dann vor, wenn das Verhalten des Täters keinen Erklärungswert hat und eine „Kommunikationsbeziehung" zwischen Täter und Opfer fehlt[1658].

Eine strafbare Tatsachentäuschung liegt unbestritten dann vor, wenn falsche Geschäftsberichte, unwahre Bilanzen ausgegeben werden oder unrichtige Tatsachenbehauptungen in Bilanzpressekonferenzen und ähnlichen Presseverlautbarun-

---

1651 So die allgemeingültige Definition, s. RGSt 24, 387; 41, S. 194; 55, S. 131; OLG Düsseldorf, wistra 1996, S. 32 ff.; VGH Hessen, AG 1998, 436; LK-Lackner, 10. Aufl., § 263 RN 10; SK-Hoyer, 60. Lfg. (Februar 2004), § 263 RN 10; Weber, NZG 2000, S. 118 ff.

1652 Walter, Betrugsstrafrecht, S. 38.

1653 LK-Lackner, 10. Aufl., § 263 StGB RN 19; SK-Hoyer, 60. Lfg. (Februar 2004), § 263 RN 26 ff.

1654 LK-Tiedemann, 11. Aufl., § 263 RN 24.

1655 LK-Lackner, 10. Aufl., § 263 RN 21.

1656 Walter, Betrugsstrafrecht, S. 39 ff.

1657 LK-Tiedemann, 11. Aufl., § 263 RN 26.

1658 LK-Tiedemann, 11. Aufl., § 263 RN 51; vgl. auch LK-Lackner, 10. Aufl., § 263 RN 69; Schönke/Schröder/Cramer § 263 RN 19.

gen (z. B. Interviews) gemacht werden[1659]. Vor allem fallen unter eine betrugsrelevante Tatsachentäuschung falsche Ad-hoc-Mitteilungen, sofern sie Tatsachen betreffen. Aber auch wenn ein Finanzjournalist seine Kaufempfehlung durch aufgebauschte oder gar erfundene Fakten untermauert, so führt er richtigerweise seine Leserschaft über Tatsachen irre[1660].

Die Praxis zeigt aber, dass Aktienmanipulationen meist subtiler erfolgen: Der Kursmanipulator macht sich die Anfälligkeit des Börsenpublikums für eine zukünftige Entwicklungseinschätzung zunutze und täuscht deshalb nicht über Tatsachen, sondern via unrichtiger Gewinnprognosen bzw. Prognosen über die zukünftige Kursentwicklung oder ähnlich in die Zukunft weisender oder subjektiver Anschauungen in Form von persönlichen Wertungen[1661]. Diese Äußerungen dürften von dem engen betrugsrelevanten Tatsachenbegriff nicht erfasst werden[1662].

Zwischenzeitlich hat sich dennoch ein moderner, weiter Tatsachenbegriff eingebürgert, der unter Umständen auch Prognosen oder Werturteile mit umfassen kann[1663], sofern sie einen Tatsachenkern beinhalten[1664] oder aus überlegener Sachkunde abgegeben werden und damit einen tatsachenähnlichen Richtigkeitsgehalt haben, der dem Beweis zugänglich ist[1665]. Meinungsäußerungen seien demnach nicht nur Tatsachen gleichzusetzen, wenn sie Angaben tatsächlicher Art enthalten[1666], sondern auch wenn sie im Hinblick auf Unparteilichkeit und Autorität mit dem Anspruch auf Richtigkeit und Verbindlichkeit erfolgen und der Adressat grundsätzlich keine Möglichkeit eigener Überprüfung habe (z. B. Berechnungen der Liquidität und der Finanzierung[1667]). Die Begründung dieser Ansicht fällt aber

1659 De Beer, SchwZStR 109 (1992), S. 274.

1660 De Beer, SAG 54 (1982), S. 156.

1661 Vgl. de Beer, passim; Ungern-Sternberg, ZStW 88 (1976), S. 676 und FN 65.

1662 Scheu, Börsenstrafrecht, S. 21; Worms, Anlegerschutz, S. 177; Bröker, Warentermin- und -optionsgeschäfte, S. 29; Fichtner, Börsenstrafvorschriften, S. 64; Schönke/Schröder/-Cramer, § 263 RN 9; Cramer, FS für Triffterer, S. 331; Weitnauer, DB 2003, S. 1723. Zum engen Tatsachenbegriff vgl. § 6 V 1 a) sowie § 7 III.

1663 Lücker, Missbrauch, S. 51; Hildner, WM 2004, S. 1068.

1664 Ungern-Sternberg, ZStW 88 (1976), S. 676; Weber, NGZ 2000, S. 118 FN 56 sowie w. N. in § 6 V 1 a).

1665 Walter, Betrugsstrafrecht, S. 65 f.; Lenzen, Unerlaubte Eingriffe, S. 232.

1666 Auch bei marktschreierischen Anpreisungen sei zu untersuchen, ob die Äußerungen nicht doch einen Tatsachenkern enthielten, beispielsweise wenn auf (frei erfundene) wissenschaftliche Bestätigungen verwiesen wird, vgl. SK-Hoyer, 60. Lfg. (Februar 2004), § 263 RN 18; auch RGSt56, S. 231; BGHSt 34, S. 200 f. mit Anmerkung von Bottke JR 1987, S. 428; Meurer, Jus 1976, S. 303; LK-Lackner, 10. Aufl., § 263 RN 12; Maurach/-Schröder/Maiwald, BT, Bd. I, § 41 RN 33; Schönke/Schröder/Cramer, § 263 RN 9; Tröndle/Fischer, § 263 RN 8; NK-Kindhäuser, 9. Lfg. (28.2.2001), § 263 RN 106 mit anderer Begründung.

1667 Vgl. OLG Stuttgart, NJW 1979, S. 2574; LK-Lackner, 10. Aufl., § 263 RN 12; Cramer, FS für Triffterer, S. 332 f.; Schönke/Schröder/Cramer, § 263 RN 10; Walter, Betrugsstrafnicht immer gleich aus. Zum einen wird auf die Hintertür der inneren Tatsache verwiesen[1668]. Getäuscht werde damit über die subjektive Wahrscheinlichkeitsüberzeugung des Täters, der in Wirklichkeit sicher sei, der Eintritt des künftigen Ereignisses sei ausgeschlossen[1669]. Zum anderem wird argumentiert, dass solche Werturteile als nicht „subjektiv gefärbt" gälten, sondern sich im täglichen Leben als etwas objektiv Feststehendes darstellten[1670] und deshalb mit der (schlüssigen) Behauptung der Tatsache verbunden seien, die Beurteilung entspreche allgemeiner Rechtsüberzeugung oder Erfahrung (z. B. anwaltliche Rechtsauskünfte)[1671] oder die Einschätzung beruhe auf bestimmten nachprüfbaren Fakten, etwa Laborversuchen[1672]. Es komme demnach auf den Erklärungswert der Behauptung bzw. auf die Fachkompetenz des Erklärenden an[1673]. Ein für § 263 StGB ausreichendes Werturteil liege immer dann vor, wenn sein Inhalt als Tatsache wirken solle und wirke. Ausgeschlossen sei dessen Anwendung nur bei reinen subjektiven Urteilen, die erkennbar nur die Meinung des Urteilenden wiedergäben und dem anderen Teil die Möglichkeit der eigenen Bewertung des Sachverhalts ließen[1674]. Je allgemeiner und verschwommener die Anpreisung oder Redewendung sei, um so mehr spreche für die Annahme eines bloßen Werturteils[1675]. Als zusätzlicher Gesichtspunkt ist hier die Erfahrung zu berücksichtigen, dass die Verkehrsanschauung Äußerungen im Bereich der Werbung häufig nicht als ernsthafte Tatsachenbehauptung auffasse[1676].

Auf diese Weise wird die Verwendung ökonomischer Werturteile eingeordnet. Die Äußerung eines Urteils über einen wirtschaftlichen Sachverhalt könne zugleich die Behauptung derjenigen Tatsachen sein, die üblicherweise bei Abgabe eines solchen Werturteils vorausgesetzt würden[1677]. Erklärungen über Qualität oder Wert einer Sache könnten also bloße Urteile (z. B. Wert eines Bildes), aber auch Tatsachenbehauptungen sein, wenn damit zugleich gewisse Eigenschaften

---

recht, S. 65 f.; Meurer, passim; SK-Hoyer, 60. Lfg. (Februar 2004), § 263 RN 15; Pawlik, Betrug, S. 95; Kümpel, Bank- und Kapitalmarktrecht, 3. Aufl., 16.82.

1668 So die Rechtsprechung vgl. OLG Stuttgart JZ 1979, 575 f.; Meurer, passim.

1669 Fichtner, Börsenstrafvorschriften, S. 65 FN 27; vgl. hierzu NK-Kindhäuser, 9. Lfg. (28.2.2001), § 263 RN 102; Meurer, passim.

1670 Cramer, FS für Triffterer, S 332 f.

1671 Fichtner, Börsenstrafvorschriften, S. 65 FN 28; LK-Lackner, 10. Aufl., § 263 RN 15; Cramer, FS für Triffterer, S. 333; NK-Kindhäuser, 9. Lfg. (28.2.2001), § 263 RN 104.

1672 Cramer, FS für Triffterer, S. 332; NK-Kindhäuser, 9. Lfg. (28.2.2001), § 263 RN 104.

1673 Seelmann, JuS 1982, S. 269; Cramer, FS für Triffterer, S. 332 f.; Schneider/Burgard, ZIP 1999, S. 384; Schönke/Schröder/Cramer, § 263, RN 9 m. w. N.

1674 Schröder, JR 1958, S. 107.

1675 LK-Lackner, 10. Aufl., § 263 RN 15.

1676 RGSt25, S. 184; BGH wistra 1992, S. 256; LK-Lackner, 10. Aufl., § 263, RN 15; Schönke/Schröder/Cramer, § 263 RN 9; Pawlik, Betrug, S. 94; Walter, Betrugsstrafrecht, S. 71, 73; NK-Kindhäuser, 9. Lfg. (28.2.2001), § 263 RN 89, 106; SK-Hoyer, 60. Lfg. (Februar 2004), § 263 RN 18.

1677 SK-Hoyer, 60. Lfg. (Februar 2004), § 263 RN 14 f.

des Gegenstandes gekennzeichnet würden, z. B. die Behauptung der Echtheit des Bildes, Verkehrswert einer Sache, Sicherheit einer Hypothek oder Ausnutzungsmöglichkeiten eines Patents[1678].

Der Manipulator täusche nach diesem Ansatz über Tatsachen, indem er mit falschen Informationen tatsächlicher Art bzw. unwahren Prognosengrundlagen oder betrügerischen Machenschaften, von deren Überprüfung der Täter den anderen abhalte oder deren Überprüfung nicht zumutbar sei oder die wegen der Inanspruchnahme besonderen Vertrauens durch den Täter von dem anderen nicht überprüft würden, wirke auf das Vorstellungsbild der Anleger ein und rufe die Handelsentscheidung hervor[1679]. Müssten nun die Anleger annehmen, dass die Börsenratschläge Ergebnis der erwähnten Sachkenntnis und Sorgfalt seien und werde dies auch vom Täter beabsichtigt, so liege eine Täuschung über Tatsachen vor[1680]. Dies sei in der Regel der Fall, wenn der Täter den Eindruck entstehen lasse, dass er als langjähriger Bank- und Börsenfachmann bzw. als Sachverständiger in der Lage sei auch komplizierte wirtschaftliche Zusammenhänge sicher zu beurteilen und befähigt sei, durch ein weitgespanntes Netz von Kontakten diese Information zu überprüfen.

Hier bedürfte es allerdings der Einschränkung: Dem § 263 liegt ein Bild des besonnenen Menschen zugrunde, der eine Entscheidung über den Einsatz seines Vermögens auf der richtigen Tatsachenbasis treffen können sollte[1681]. Wenn sich der Getäuschte ausschließlich auf eigenphysische Vorgänge verlässt, die der intersubjektiven Nachprüfbarkeit entzogen sind, trägt er selbst das Risiko und bedarf daher nicht des Schutzes durch die Betrugsstrafvorschriften[1682]. Zumindest schlichte Werbung sowie Urteile und Prognosen, die nicht über den erlaubten Beurteilungsspielraum hinausgehen oder die nach allgemeiner Verkehrsauffassung nicht als ernsthafte Behauptungen von Tatsachengehalt mit Wahrheitsgehalt begriffen werden, sind von dem Betrugstatbestand herauszunehmen[1683]. Derartige Äußerungen sind zunächst nicht geeignet, eine größere Zahl von Kunden zu Geschäftsabschlüssen zu verleiten[1684]. Erst die Verbindung von Tatsachenbehauptung und daran anknüpfendem Werturteil oder darauf gegründeten Prognosen verleiht einer Äußerung im Geschäftsverkehr die hinreichende Überzeugungskraft und Plausibilität. Aber auch angenommen, dass die Börse von Gerüchten und Meinungen lebt,

---

1678 LK-Lackner, 10. Aufl., § 263, RN 12; Schönke/Schröder/Cramer, § 263 RN 9.

1679 Otto, WM 1988, S. 731; de Beer, SAG 54 (1982), S. 157 f.; Wohlers/Mühlbauer, FS für Forstmoser, S. 753.

1680 Vgl. de Beer, SAG 54 (1982), S. 157.

1681 BGHSt 34, S. 201 mit Anmerkung von Bottke JR 1987, 429; SK-Samson/Günther, 37. Lfg. (Juni 1996), § 263 RN 3.

1682 Bitzilekis, FS für Hirsch, S. 42.

1683 Schmid, Insiderstrafrecht, S. 200; Hildner, WM 2004, S. 1069; Wohlers/Mühlbauer, FS für Forstmoser, S. 755.

1684 Otto, Geschäftstätigkeit, S. 59.

ist es jedoch nicht ersichtlich, warum derjenige, der sich in der Vorstellung des Anlegers nichts objektiv Bestehendes zufügt, kriminalpolitisch zu bestrafen wäre. Da es an objektiv eindeutigen Indikatoren dafür mangelt, wie sich ein Wertpapier entwickeln wird, wenn es sich auch bei den Aussagen eines Analysten regelmäßig um nicht mehr als die Kundgabe einer „Meinung" handelt, wird man ein normativ gesehen berechtigtes (schutzwürdiges) Interesse eher verneinen müssen[1685]. Entscheidend ist nämlich, dass mit dem Betrugsstraftatbestand allein die Fälle erfasst werden, in denen das Opfer durch eine ihrem Inhalt nach konkret fassbare Tatsachenbehauptung in einen Irrtum versetzt und aufgrund dieses Irrtums zu einer schädigenden Vermögensverfügung veranlasst wird. Aber auch beim Kursmanipulationstatbestand, dessen Äußerungsvariante auf den weiten Angabenbegriff abstellt, wird ein großer Beurteilungsspielraum der „Unrichtigkeit" von Prognosen und Meinungsäußerungen de facto gewährt und die Tatbestandsmäßigkeit zu Recht nur dann bejaht, wenn die „soft Information" schlechterdings unvertretbar ist.

Eine ausdrückliche Täuschung scheitert somit beim Scalping daran, dass der Scalper in der Regel eine reine Empfehlung abgibt, die er nicht auf falsche Tatsachenbehauptungen stützt. Trotzdem könnte eine konkludente bzw. garantenpflichtwidrige Tatsachentäuschung in Betracht kommen, wenn der Scalper neben (und relativ unabhängig von) der ausdrücklichen Empfehlung den Umstand eigener getätigter Transaktionen unterdrückt. Mangels einer gesetzlichen Grundlage, die eine entsprechende Aufklärungspflicht begründet, wird das Verschweigen dieser Tatsache insgesamt als strafrechtlich irrelevant eingestuft[1686].

Eine konkludente Täuschung wird aber nach der überwiegenden Kommentarliteratur zum Betrugsstrafrecht dann angenommen, wenn das Gesamtverhalten des Täters aus der Sicht des Adressaten nach der Verkehrssitte oder den Gepflogenheiten der Beteiligten als stillschweigende Erklärung über eine Tatsache zu verstehen ist[1687]. Eine Lehrauffassung plädiert allerdings für eine stärker normative Deutung des konkludenten Vorspiegelns und stellt darauf ab, ob der Erklärungsempfänger nach der für den jeweiligen Geschäftstyp geltenden Risikoverteilung sich darauf verlassen können muss, dass einem bestimmten Verhalten ein über den konkreten Sinngehalt hinausgehender Inhalt zukommt[1688]. Umstritten ist es insbesondere, ob es zur dogmatischen Begründung der Konkludenz der Heranziehung einer Aufklärungspflicht bedarf, als sie zur Identität der Maßstäbe bei konkludenter Täuschung und Täuschung durch Unterlassen führen könnte[1689].

1685 Volk, BB 1999, S. 66 f.; Wohlers/Mühlbauer, FS für Forstmoser, S. 754.

1686 Pananis, Insidertatsache, S. 31; Wohlers/Mühlbauer, FS für Forstmoser, S. 753.

1687 Fichtner, Börsenstrafvorschriften, S. 68; BGH, NJW 2001, S. 2188 f.; Tröndle/Fischer § 263 RN 12; Schönke/Schröder/Cramer § 263 RN 14 jeweils m. w. N.

1688 LK-Lackner, 10. Aufl, § 263 RN 28 f; Volk, JuS 1981, S. 881 f; hierzu auch SK-Hoyer, 60. Lfg. (Februar 2004), § 263 RN 42.

1689 LK-Tiedemann, 11. Aufl., § 263 RN 29.

Dem ungeachtet ist zuzugeben, dass die normative Betrachtungsweise zu erklären vermag, warum ein Verhalten einen bestimmten Erklärungswert aufweist bzw. was mindestens sein soll und wofür der Erklärungsgegner kein Informationsrisiko trägt[1690]. Nach einer vermittelnden Ansicht ist die Annahme einer konkludenten Erklärung (oder des konkludenten Teiles einer ausdrücklichen Erklärung) zunächst ein Ergebnis der Auslegung einer (teilweise ausdrücklichen) Erklärung oder eines sonstigen Verhaltens[1691]. Kriterien dieser Auslegung des Erklärungsverhaltens sind sodann zum einen die Verkehrsauffassung, zum anderen aber auch - soweit vorhanden - rechtliche Vorschriften, welche die Verkehrsauffassung prägen oder konkretisieren. In der neuesten Rechtsprechung tendiert der BGH teilweise zu einer stark subjektivierenden Bestimmung des Begriffs der konkludenten Täuschung[1692]. Diese Rechtsprechung bezieht sich allerdings zunächst nur auf eine bestimmte Fallgruppe möglicher Täuschungshandlungen, nämlich auf diejenige der sich selbst dementierenden Erklärung. Zu denken ist dabei an Erklärungen, die bei sorgfältiger und vollständiger Zurkenntnisnahme ihres gesamten Inhalts durchaus korrekte und umfassende Auskunft über einen bestimmten Sachverhalt geben, die bei flüssiger oder laienhafter Rezeption aber dennoch zu einem falschen Verständnis ihres Inhalts führen können.

Eine Beschäftigung mit der Kontroverse zwischen normativen, ontologischen oder subjektiven Konzepten würde allerdings über den Rahmen dieser Arbeit hinausgehen. Das Gemeinsame sämtlicher Fälle der Täuschung durch Handeln besteht grundsätzlich darin, dass der Irrende aus dem Täterverhalten (sei es aus der Handlung unmittelbar, sei es aus dem Erfolg der Handlung bei der täuschenden Veränderung von Sachen) einen Schluss zieht[1693]. Bei der ausdrücklichen Täuschung durch Reden vertraut der Irrende auf die Existenz der behaupteten Tatsache, beim schlüssigen Verhalten darauf, dass der Täter sich norm- oder erfahrungssatzgemäß verhält. Die Auseinandersetzung zwischen den verschiedenen Theorien betrifft außerdem weniger die Ergebnisse als die dogmatische Begründung und hat praktische Konsequenzen grundsätzlich in zwei Fällen: erstens, wenn Gesetz und Vertrag rechtlich nichts für die Risikoverteilung des Wissens hergeben, so dass das Problem entsteht, ob der Betrugstatbestand als strafrechtliche Mindestgarantie von Redlichkeit im Geschäftsverkehr diesen autonom gestaltet[1694]; zweitens, wenn eine neue und umstrittene Rechtsvorschrift eine Pflicht zur Unterrichtung über bestimmte Umstände vorsieht, die Vorschrift aber den wenigsten ins Bewusstsein gelangt, so dass im Verkehr tatsächlich niemand mit einer

1690 Walter, Betrugsstrafrecht, S. 49.
1691 LK-Tiedemann, 11. Aufl., § 263 RN 30.
1692 BGHSt47, S. 3; kritisch SK-Hoyer, 60. Lfg. (Februar 2004), § 263 RN 47.
1693 SK-Hoyer, 60. Lfg. (Februar 2004), § 263 RN 44.
1694 LK-Tiedemann, 11. Aufl., § 263 RN 30.

entsprechenden Mitteilung rechnet und daher ein Rückgriff allein auf die Verkehrsauffassung nicht zu einer konkludenten Erklärung führt[1695].

Um eine solche Vorschrift handelt es sich allerdings beim § 34b WpHG, der vom AnSVG sogar auf alle Personen erstreckt worden ist, die Wertpapieranalyse betreiben. Die Aufklärungspflicht erwächst hier gerade aufgrund der ausdrücklichen Erklärung - der Empfehlung. Der Äußernde müsste nichts offen legen, wenn er keine entscheidungserheblichen Empfehlungen abgegeben hätte. Die Bejahung einer Täuschungshandlung erschiene allerdings nicht unzulässig. So, wie es für die Sorgfaltspflichten der Fahrlässigkeitsdelikte nicht auf die übliche oder allgemein erwartete, sondern die normativ verlangte Sorgfalt ankommt, so können auch für die Aufklärungspflichten der Kommunikationsdelikte als „kommunikative Verkehrssicherungspflichten" nicht tatsächliche Informationserwartungen des Verkehrs maßgeblich sein und muss die konkludente Wertigkeit einer Erklärung anhand normativer Standards bemessen werden[1696]. Klärt der Manipulator entgegen § 34b WpHG die Anlegerschaft nicht über eigene Bestände der analysierten Wertpapiere auf, ist von einer betrugsrelevanten Täuschung auszugehen.

Eine betrugsrelevante Täuschung könnte außerdem in einer willkürlichen Preisfestsetzung des Preisintermediärs angesehen werden[1697]. Hier handelt es sich allerdings im Gegensatz zu einer Lehrauffassung[1698] richtigerweise um eine ausdrückliche Täuschung, die in der Veröffentlichung der falschen Kurse besteht[1699]. Aktienkurse entwickeln sich gewöhnlich nach Marktgrundsätzen. Wird der Kurs unter Negierung dieser Marktgrundsätze festgelegt, dann macht der Preisintermediär eine falsche Behauptung über den Markt- bzw. Verkehrswert des Titels[1700]. Einwände, die gegen die Tatbestandsmäßigkeit einer Täuschung über die Angemessenheit von Preisen erhoben werden, da die Vertragsautonomie es ausschließe, die Angemessenheit des Preises zur Minimalforderung der Redlichkeit im Wirtschaftsverkehr zu erheben, auf die jedermann vertrauen könne[1701], sollten aber hier richtigerweise nicht greifen. Je mehr sich das Zustandekommen von Verträgen von dem Ideal des zwischen zwei gleichen Partnern frei ausgehandelten Übereinkommens entfernt, je größer vor allem der von vornherein gegebene Informationsvorsprung des stärkeren Partners ist, um so mehr schränkt die Verkehrsanschauung das Prinzip, dass jeder beim Vertragsschluss seinen Vorteil

---

1695 Walter, Betrugsstrafrecht, S. 48, 55.

1696 Walter, Betrugsstrafrecht, S. 55.

1697 Ungern-Sternberg, ZStW 88 (1976), S. 682; Rössner/Lachmaier, BB 1986, S. 342.

1698 Rössner/Lachmaier, BB 1986, S. 342; zur Garantenstellung des Skontroführers vgl. auch Trüstedt, Börsenkursmanipulationen, S. 132.

1699 So für das Beispiel einer Falschabrechnung von Reisekosten LK-Tiedemann, 11. Aufl., § 263 RN 26.

1700 Zur betrugsrelevanten Täuschung über den Markt- bzw. Verkehrswert einer Sache vgl. Locher/Blind, NJW 1971, S. 2291; Schönke/Schröder/Cramer, § 263 RN 9; LK-Lackner, 10. Aufl., § 263 RN 12.

1701 LK-Lackner, 10. Aufl., § 263 RN 46; Fichtner, Börsenstrafvorschriften, S. 68.

selbst zu wahren hat, zu Gunsten des Schwächeren ein und nimmt ihm das Orientierungsrisiko teilweise dadurch ab, dass sie dem Verhalten des anderen eine stillschweigende Erklärung über die Angemessenheit der von ihm gestellten Bedingungen in dem Umfang substituiert, als der Schwächere bei Zugrundelegung eines Minimums an Redlichkeit im Wirtschaftsverkehr darauf angewiesen ist. Das gilt vor allem dann, wenn bei der jeweiligen Art von Geschäften für einen der Partner eine eigene Prüfung der Angemessenheit ausgeschlossen oder wesentlich erschwert ist[1702]. Der jeweilige Börsenkurs wird, wie gesehen, durch regelmäßige Gegenüberstellung von wirklichem Angebot und Nachfrage in einem formalisierten und beaufsichtigten Verfahren festgestellt und dokumentiert und stellt weder ein Ergebnis eventueller Vertragsverhandlungen dar, noch unterliegt er der Dispositionsfreiheit der Parteien[1703]. Dieser vorhandene Tatsachenkern sollte als Bezugspunkt für den Tatsachenbegriff des Betrugs gemäß § 263 StGB ausreichen. Insbesondere an engen Kapitalmärkten besteht oft der Verdacht, dass die Kurse vom market maker willkürlich festgesetzt wurden[1704]. Hier gestaltet sich die Rechtslage schwieriger, denn die Enge des Marktes ermöglicht zwar in Negierung jeglicher Marktgesetzlichkeit, zuerst den Preis festzulegen und dann mit Hilfe des Telefonvertriebs den Wert auf dem Markt zu drücken; das Gewerbe geht aber davon aus, dass der Händler ein weites Kursfestsetzungsermessen hat. Dies darf jedoch nicht total abgekoppelt von Angebot und Nachfrage sein. Überschreitet der Händler zum Nachteil des Kunden den durch die Orderlage vorgegebenen Rahmen, täuscht er über eine Tatsache[1705].

Am schwierigsten ist die rechtliche Beurteilung von handelsgestützten Kursmanipulationen. Hier erhebt sich insbesondere die Frage, ob es sich um eine betrugsrelevante Manipulation oder eine betrugsirrelevante Tatsachenveränderung handelt[1706]. Die Täuschung besteht allerdings im positiven Tun, und zwar in der Vornahme fiktiver Transaktionen oder anderer Geschäfte zu bestimmten Handelszeitpunkten oder unter anderen Umständen mit dem Ziel, die Kurse zu beeinflussen. Es liegt nahe, solche Konstellationen aus dem Anwendungsbereich des § 263 StGB zu nehmen, zumal Transaktionen - auch wenn sie fiktiv sind oder unter Absprache der interessierten Parteien erfolgen - rechtlich verbindlich und imstande sind, entweder direkt zur Kursbildung beizutragen oder eine neue kursrelevante Information in den Markt zu erteilen[1707]. Eine betrugsirrelevante Tatsachenver-

---

1702 RGSt42, S. 150; BGH JZ 1952, S. 46.

1703 Benner, in Wabnitz/Janovsky, 2. Aufl., Kapitel 9 RN 55.

1704 Rössner/Lachmaier, BB 1986, S. 342.

1705 Rössner/Lachmaier, BB 1986, S. 342; vgl. aber für amerikanischen OTC Handel Lenzen, Unerlaubte Eingriffe, S. 139, 143.

1706 Zur Unterscheidung LK-Lackner, 10. Aufl., § 263 StGB RN 18.

1707 Vgl. Schmitz, ZStW 115 (2003), S. 531: „Scheingeschäfte entstehen formell ordnungsgemäß; sie sind nämlich fiktiv ausschließlich deshalb, weil die erworbenen Vermögenswerte anschließend sofort auf einem anderen Weg an den Markt zurück verkauft oder in Abänderung kann trotzdem dann angenommen werden, wenn die Tatsachenveränderung eine konkludente Erklärung enthält[1708]. Entscheidende Frage hier ist also, ob den veröffentlichten Kursen ein bestimmter Erklärungswert zugrunde gelegt werden kann.

In der (schweizerischen) Literatur zu diesem Thema wird das bisweilen bejaht[1709]. Bei Kursen handele es sich danach um die Notierung von ordentlichen Börsengeschäften. Wer eine Transaktion an der Börse abschließe, die zur öffentlichen Protokollierung des numerischen Ergebnisses führe, erkläre damit, dass die Handelsobjekte ihre Zugehörigkeit zu einem Vermögenskomplex geändert hätten[1710]. Bei Handelsinszenierungen bzw. Kursbetrügereien durch fiktive Geschäfte schließe der Täter aber das Geschäft nicht oder nur deswegen ab, um die unzutreffende Information ins Marktgeschehen einfließen zu lassen, er halte den bezahlten oder geforderten Preis für günstig bzw. andere Marktteilnehmer seien bereit, das Risiko für die Investition in die fragliche Gesellschaft zu tragen[1711]. Der Täter von Handelsinszenierungen täusche aber über die Tatsache, dass es verschiedene Marktteilnehmer gebe, die bereit seien, in die fraglichen Aktien zu investieren und das damit verbundene Risiko zu tragen. Es sei lediglich eine Sekundärwirkung dieser Vorspiegelung, dass das Publikum daraus ein Werturteil ableite.

Bei Kursmanipulationen durch fiktive Geschäfte spricht einiges für diese Argumentation. Der Anleger muss sich, wie schon erläutert, zumindest darauf verlassen können, dass die Kurse ordnungsgemäß, d. h. im Einklang mit den gesetzlichen Bestimmungen zustande kommen (§ 24 Abs. 2 BörsG); diese Forderung beinhaltet unter anderem, dass die bekannt gemachten Kurse auf dem wahren Zusammentreffen der freien Kräfte von Angebot und Nachfrage beruhen[1712], so dass der Abschluss eines Schein- bzw. abgesprochenen Geschäfts diesem Erklärungswert entgegensteht. Auch in den Fällen von effektiven Geschäften täuschen die vorgenommenen Transaktionen, die letztlich die Kursbildung beeinflussen (sollen), die übrigen Marktteilnehmer über die den Geschäften zugrunde liegende Motivation[1713]: Der Manipulator handelt hier, um Kurse zu beeinflussen. Den Kursen einen Erklärungswert zu unterstellen, sie seien frei von derartigen Motiven zustande gekommen, geht aber zu weit und überspannt den ansonsten richtigen Ansatz[1714]. Entscheidendes Kriterium ist nämlich die Ordnungsmäßigkeit der

---

sprache mit einem Dritten erworben werden und der Erwerb anschließend außerbörslich wieder rückgängig gemacht wird".

1708 Tröndle/Fischer, § 263 RN 10.

1709 Richard, SZW 67 (1995), S. 260 f.; de Beer, SAG 61 (1989), S. 150.

1710 Richard, SZW 67 (1995), S. 261.

1711 Richard, SZW 67 (1995), S. 262.

1712 So auch Ungern-Sternberg, ZStW 88 (1976), S. 672; Altendorfer, in Aicher/Kalss/Oppitz, S. 231.

1713 Altendorfer, in Aicher/Kalss/Oppitz, S. 232.

1714 Altendorfer, passim; Heise, Insiderhandel, S. 59; vgl. auch Schmid, SAG 60 (1988), S. 137.

Kursbildung; dies wird zweifellos durch tatsächlich abgeschlossene und formal den Handelsregeln entsprechende Geschäfte nicht verletzt[1715]. Täuschungen sind Missbräuche der durch die soziale Ausdifferenzierung von Wissensinhalten bewirkten informationellen Abhängigkeit des Irregeführten, nicht Änderung von Tatsachen wie im Falle des effektiven Handels.

§ 263 StGB könnte aber auch durch Unterlassen einer physisch-real möglichen[1716] und zumutbaren Handlung[1717] beim Vorliegen einer Garantenstellung des Manipulators[1718] begangen werden (§ 13 StGB). Erforderlich ist vor allem eine Garantenstellung des Täters, die ihn zur Abwendung des Erfolgs der Vermögensbeschädigung verpflichtet[1719]. Eine bloße Aufklärungspflicht, die lediglich den Irrtum des Täters beseitigt, reicht nicht aus. Die Annahme einer Garantenstellung im Rahmen des anonymisierten Börsenhandels fällt aber in der Regel schwer. Neben einer Garantenstellung aus vorangegangenem gefährdenden Tun (Ingerenz)[1720], die entsteht, wenn jemand unwissentlich falsche Tatsachenbehauptungen vornimmt, anschließend die Unwahrheit seiner Tatsachenbehauptungen versteht und die Aufklärung unterlässt, die jedoch nur von untergeordneter Bedeutung im hier interessierenden Fall sein kann[1721], könnte an eine Aufklärungspflicht des Vorstandes aus § 15 WpHG gedacht werden[1722]. Zwar handelt es sich um eine emittentenbezogene Offenbarungspflicht. Die Garantenstellung ergäbe sich jedoch bereits aus allgemeinen Grundsätzen: Sie kann nämlich durch freiwillige Übernahme entstehen, z. B. wenn jemand (so auch die AG-Vorstände) aufgrund seines Berufes oder seiner Stellung einen besonderen Pflichtenkreis zu betreuen hat[1723]. Zu denken wäre des Weiteren auch an zahlreiche kapitalmarktrechtliche Offenbarungspflichten, die die Versorgung des Anlegerpublikums mit Informatio-

---

1715 Altendorfer, in Aicher/Kalss/Oppitz, S. 230 ff.; Lenzen, Unerlaubte Eingriffe, S. 163. Die ganze Kontroverse ähnelt der Diskussion um die strafrechtliche Beurteilung von Scheingeboten in der Kunstversteigerung, s. Locher/Blind, NJW 1971, S. 2291, nach denen der Auktionator bei Abgabe eines Scheingebots entweder unmittelbar über den Marktwert des angebotenen Kunstwerks oder doch zumindest über die Ordnungsmäßigkeit des Zustandekommens eines Kaufpreises täuscht, welcher über dem Scheingebot liegt.

1716 Sieber, JZ 1996, S. 503.

1717 BGH, NStZ 1984, S. 164; Sieber, JZ 1996, S. 504.

1718 So die ganz HM vgl. RGSt66, S. 58; 69, S. 284; 70, S. 155; BGHSt6, S. 199; 30, S. 181; LK-Lackner, 10. Aufl., § 263 RN 52 f.; SK-Samson 37. Lfg. (Juni 1996), § 263 RN 40 f.; Schönke/Schröder/Cramer, § 263 RN 14; LK-Tiedemann, 11. Aufl., § 263 RN 21.

1719 LK-Tiedemann, 11. Aufl., § 263 RN 51.

1720 BGHSt19, S. 154; 25, S. 220 m. w. N; 34, S. 84; Jescheck/Weigend, LB, § 59 IV 4a; Sieber, JZ 1996, S. 500; Schönke/Schröder/Stree § 13 RN 34, 37.

1721 Fichtner, Börsenstrafvorschriften, S. 67.

1722 Cramer/Vogel, in Assmann/Schneider, 3. Aufl., vor § 38 RN 14; vgl. auch Steinhauer, Insiderhandelsverbot, S. 127; Heise, Insiderhandel, S. 61.

1723 Steinhauer, Insiderhandelsverbot, S. 128; vgl. auch Jescheck/Weigend, LB, § 59 IV 3c; Schönke/Schröder/Stree, § 13 StGB, RN 26, 31.

nen, die für eine fundierte Kauf- oder Verkaufsentscheidung erforderlich erscheinen und eine „Preiswahrheit" gewährleisten[1724].

Der Schluss einer Garantenstellung wäre aber voreilig, denn dass eine allgemeine Informationspflicht gegeben ist, lässt noch nicht auf die Übernahme einer Schutzfunktion hinsichtlich des Anlegervermögens schließen. Die Übernahme einer Schutzfunktion begründet jedoch nur dann eine Garantenpflicht, wenn sie die Lage des Geschützten derart verändert, dass ohne sie eine Gefahr ausgeblieben, verhindert oder dieser (möglicherweise) entgegengewirkt worden wäre[1725]. Das ist etwa der Fall, wenn jemand im Vertrauen auf den übernommenen Schutz sich bestimmten Gefahren aussetzt oder wenn die Übernahme die Gefahr deswegen vergrößert, weil sie andere Rettungsmöglichkeiten entfallen ließ oder mit Rücksicht auf sie andere Schutzvorkehrungen unterbleiben. Dies sollte im Falle von Ad-hoc-Mitteilungen bzw. der Veröffentlichung von Insiderinformationen sowie anderer kapitalmarktbezogener Informationspflichten von Emittenten und Anlegern, die im freien Wettbewerb um Kapitalbeschaffung/Vermögensvermehrung stehen und die keine besondere Schutzfunktion zur Abschaltung des Börsenrisikos gegenüber der Gegenpartei übernehmen, nicht der Fall sein. Solche Informationspflichten, die primär dem Ziel eines informationseffizienten Marktes dienen[1726], lassen sich deshalb nicht unbedingt durch die Informierung eines Einzelnen erfüllen[1727]. Deshalb ist auch die Art und Weise der Veröffentlichung gesondert geregelt. Nur wenn dessen Vorgaben eingehalten werden, kann von einer gesetzeskonformen Information gesprochen werden. Eben diese Voraussetzung ist nicht erfüllt, wenn eine individuelle Aufklärung aus einer strafrechtlichen Garantenstellung abgeleitet wird. Denn es wird tatsächlich keine Informationsasymmetrie aufgehoben, sondern sogar verstärkt.

Im Gegensatz dazu besteht seit dem 1. Januar 1995 im Kommission-, Festpreis- und Vermittlungsgeschäft mit Wertpapieren zum Schutz der Anleger eine umfangreiche gesetzliche Aufklärungspflicht für Wertpapierdienstleister. § 31 Abs. 2 Nr. 2 WpHG verpflichtet die Wertpapierdienstleistungsunternehmen, ihren Kunden alle zweckdienlichen Informationen mitzuteilen, die es ihnen ermögli-

1724 Kümpel, Kapitalmarktrecht, 2. Aufl., S. 94; Möller, WM 2002, S. 310; bezüglich § 15a WpHG vgl. ausführlich Fleischer, Gutachten, F 24 ff.; Fleischer, ZIP 2002, S. 1218 ff.; für §§ 21 ff. WpHG Kümpel, Kapitalmarktrecht, 2. Aufl., S. 24; hinsichtlich Publizitätspflichten des Emittenten, vgl. Reuter, Aktienmarkt, S. 190, 193, 196, insbesondere betreffend Ad-hoc-Publizität BT-Dr. 12/7918, S. 102; Gehrt, Ad-hoc-Publizität, S. 19; Möllers/Leisch, WM 2001, S. 1649; Möllers, in Möllers/Rotter, § 3 RN 43 ff.

1725 BGH, NJW 1993, S. 2628.

1726 Für ad-hoc-Publizität Gehrt, Ad-hoc-Publizität, S. 22, 190; Wittich, Die Bank 2001, S. 279.

1727 Vgl. Heise, Insiderhandel, S. 62; gegen eine Garantenstellung aus § 15 WpHG auch Rützel, AG 2003, S. 73; Lambsdorff, VuR 2003, S. 208.

chen, eine sachgerechte Anlageentscheidung zu treffen[1728]. Zu diesen Informationen zählen sowohl allgemein auf die Wirtschaftslage als auch auf die konkrete Anlage bezogene Informationen, die auch am Markt relevante Wertungen und Gerüchte einschließen[1729]. Wertpapierdienstleister, die Tatsachen, die sie an ihre Kunden weitergeben müssten, zurückhalten und dadurch auf die Kaufentscheidung ihrer Kunden und über diese auf den Börsenkurs eines Wertpapiers einwirken, verletzen nach einer Ansicht ihre aus § 31 Abs. 2 Nr. 2 WpHG resultierende Pflicht und machen sich nach einer Ansicht gem. § 263 StGB i. V. m. § 13 StGB betrugsrelevanter Tatsachentäuschung schuldig[1730]. Außerdem hat das Reichsgericht schon zum Bankvertrag als Grundlage für § 13 StGB angeführt, dass das Bankgeschäft in ganz besonderem Maße Vertrauensgeschäft sei und die Bank die Rechtspflicht übernehme, den Kunden jedenfalls über die Gefahren, die er mit seinen Geschäften mit der Bank laufe, aufzuklären[1731]. Eine Garantenstellung sollte zumindest im Falle der Vermögensberatung angenommen werden, wenn die Beratung Gegenstand der vertraglichen Hauptpflicht ist[1732].

Fraglich erscheint eine Garantenstellung der Herausgeber von Börseninformationsdiensten[1733], da es sich bei den Abonnementskaufverträgen von Fachblättern für das Finanz- und Wirtschaftsgeschehen nicht bloß um kaufrechtliche Dauerschuldverhältnisse handelt, sondern ihr Inhalt, insbesondere die Empfehlungen an den Abonnenten für den An- oder Verkauf bestimmter Wertpapiere an der Börse sie in die Nähe der Anlageberatung rücken[1734]. Zwar wird der Börsendienst schon nach dem Vertrag verpflichtet sein, in jeder Ausgabe seines Börsenbriefs einige Papiere ausführlich zu behandeln. Dies besagt aber nicht, er dürfe keine Kurzempfehlungen geben, sondern habe zu allen Papieren, die er anspricht, gleichermaßen ausführlich Stellung zu nehmen[1735]. Berichtet der Börsendienst allerdings überhaupt über einzelne Fakten, so darf er dadurch beim Anleger keine falschen Tatsachenbehauptungen aufstellen.

Eine betrugsrelevante Täuschungshandlung könnte also, bei ausdrücklich gemachten falschen Tatsachenbehauptungen, wie z. B. bei falschen ad-hoc-Tatsachen, willkürlicher Kursfestsetzung oder soft Information mit falschem Tatsachenkern, sowie konkludent, wie z. B. bei sachgerechten Empfehlungen des Wert-

---

1728 BT-Dr. 12/7918, S. 103; Koller, in Assmann/Schneider, 3. Aufl., § 31 RN 96 ff; Schwark, in Schwark, 3. Aufl., § 31 WpHG RN 52.

1729 Lenzen, Unerlaubte Eingriffe, S. 233; vgl. Koller, in Assmann/Schneider, 3. Aufl., § 31 RN 96 ff., 104 ff., der für eine umfassende Informationspflicht plädiert.

1730 LK-Tiedemann, 11. Aufl., § 263 RN 60.

1731 RGSt70, 45 ff.; vgl. auch Fichtner, Börsenstrafvorschriften, S. 66 f.

1732 So LK-Tiedemann, 11. Aufl., § 263 RN 61 f.; vgl. auch BGH, NJW 1981, S. 1266 ff.

1733 Vgl. de Beer, SAG 55 (1983), S. 65 ff.; Watter, SZW 62 (1990), S. 202; Lenzen, Unerlaubte Eingriffe, S. 177.

1734 BGH, WM 1978, S. 306 ff.; v. Hertzberg, Börseninformationsdienste, S. 43, 169; de Beer, SAG 55 (1983), S. 67 f.

1735 v. Hertzberg, Börseninformationsdienste, S. 99.

papieranalysten, ohne gem. § 34b WpHG über eigene Bestände der analysierten Wertpapiere aufzuklären, in Betracht kommen. Betrugsrelevante Unterlassungen kommen im anonymisierten Börsenhandel selten vor, in der Regel im Rahmen der Vermögensberatung.

2. *Irrtum*

Durch die Täuschung muss in dem Getäuschten ein Irrtum erregt oder unterhalten werden. Geringe Probleme ergeben sich nach einer Ansicht auf der Irrtumsebene, denn das Vorliegen einer Täuschung werde in der Regel auch einen Irrtum des Anlegers nachweisen lassen[1736]. Der Irrtum werde in der Regel bejaht, zumal das Opfer der Kleinanleger ist, der unerfahren oder zumindest nicht oder nur mit kaum zumutbarer Mühe in der Lage ist, die behaupteten Tatsachen auf ihre Richtigkeit zu überprüfen, als er keinen Zugang zu Unternehmensinterna hat[1737].

Solche Pauschalisierungen sind aber abzulehnen. Der Irrtum ist ein von der Tatsachentäuschung getrennt festzustellendes psychologisches Tatbestandsmerkmal[1738], das einen Widerspruch zwischen subjektiver Vorstellung und objektiver Wirklichkeit - und zwar eine positive Fehlvorstellung - voraussetzt[1739], während das bloße Fehlen der Vorstellung einer wahren Tatsache nach der herrschenden Meinung[1740] kein Irrtum ist, sondern „ignorantia facti“. Wer sich keinerlei Vorstellung von den relevanten Tatsachen macht, irrt nicht. Lackner begründet dieses Ergebnis damit, dass das für den Betrug charakteristische Angriffsmittel der Überlistung eines anderen nur dann gegeben ist, wenn dieser unter dem Einfluss der Täuschung als intellektueller Einwirkung auf sein Vorstellungsbild eine Fehlvorstellung entwickelt und durch sie zu einer Verfügung motiviert wird[1741]. Die Fehlvorstellung muss also durch die Täuschung des Täters verursacht worden sein[1742]. Hierfür ist Kausalität im Sinne der Äquivalenztheorie bzw. eine Mitverursachung ausreichend. Die vorhandene Vorstellung muss also durch die Täuschung verändert bzw. bestärkt oder garantenpflichtwidrig nicht beseitigt werden. Aus der Kausalität zwischen Täuschung und Irrtum ergibt sich außerdem, dass sich der Irrtum

---

1736 Otto, WM 1988, S. 732; Richard, SZW 67 (1995), S. 264; hinsichtlich falsche Ad-hoc-Mitteilungen Zimmer, in Schwark, 3. Aufl., §§ 37b, c WpHG RN 112; Wilga, in Möllers-/Rotter, § 12 RN 103.

1737 de Beer, SAG 1982, S. 158.

1738 Vgl. Walter, Betrugsstrafrecht, S. 38.

1739 LK-Tiedemann, 11. Aufl., § 263 RN 77.

1740 RGSt42, S. 41 f.; BGHSt2, S. 326; 24, S. 260; 24, S. 389; Maurach/Schröder/Maiwald, BT, Bd. I, § 41 RN 57 f.; Worms, Anlegerschutz, S. 189; Geerds, Vermögensschutz, S. 88 f.; LK-Lackner, 10. Aufl, § 263 RN 75 f.; Seelmann, NJW 1980, S. 2550; LK-Tiedemann, 11. Aufl., § 263 RN 78; a. A. Schönke/Schröder/Cramer, § 263, RN 36.

1741 LK-Lackner, 10. Aufl., § 263 RN 76; a. A. Pawlik, Betrug, S. 227 ff, der den Irrtum nicht mehr als psychologischen Sachverhalt, sondern genuin normativ versteht.

1742 LK-Tiedemann, 11. Aufl., § 263 RN 76, 93 ff.

auf dieselben Tatsachen beziehen muss, die dem Opfer vorspiegelt wurden oder über die es garantenpflichtwidrig nicht aufgeklärt wurde, der Irrtum muss also der Täuschung „entsprechen“[1743].

Im Hinblick darauf stellt sich ein Teil der Lehre[1744] auf den Standpunkt, der Betrugstatbestand finde unter anderem deshalb keine Anwendung auf Kursmanipulationen, weil Transaktionen an der Börse in den weitaus meisten Fällen anonym abgewickelt werden, so dass es in der Regel an einem direkten Kontakt zwischen dem Manipulator und seinem Opfer fehle. Dieser Einwand ist zwar an die Täuschungs- bzw. Irrtumsprüfung anzuknüpfen[1745]: Es stellt sich die Frage, in welcher Weise der Täter auf das Opfer einwirkt. Es erscheint aber irrelevant, da Voraussetzung des Betrugstatbestandes nur die Täuschungshandlung ist. Ein persönlicher Kontakt bzw. eine von Angesicht zu Angesicht Beziehung wird richtigerweise vom Betrugstatbestand nicht vorausgesetzt[1746]. Die dem Betrug immanente Kommunikation als Informationsmitteilung betrifft sowohl individuelle als auch kollektive Beziehungen und greift in der modernen arbeitsteiligen Informationsgesellschaft auch in eher anonyme Beziehungen über: Neben den klassischen Betrüger, der sein Opfer physisch aufsucht und überredet, treten massive publikationsorientierte trügerische Handlungen in den Massenmedien, im Internet, in Drucksachen u.s.w.[1747]. Tatbestandsmerkmal in diesem Zusammenhang ist einzig und allein die erfolgreiche Irrtumserweckung. Der direkte Kontakt ist schon dann gegeben, wenn der Täter selbst mit den manipulierten Informationen auf den Geschädigten einwirkt und zwar gleichgültig, mit welchem Mittel, wie z. B. über Dritte oder Massenmedien[1748].

Wegen der Anonymität des Börsengeschehens bzw. der Fülle der kurserheblichen Informationen ist es allerdings durchaus möglich, dass Anleger investieren, ohne sich Gedanken über den Täuschungsgegenstand zu machen[1749]. Dieser Einwand greift insbesondere bei falschen Tatsachenbehauptungen, die im Zusammenhang mit der Erfüllung kapitalmarktgesetzlicher Veröffentlichungspflichten gemacht werden, als solche in der Regel nicht die Informierung jedes einzelnen Anlegers, sondern die Herstellung einer (Bereichs-)Öffentlichkeit genügen las-

1743 LK-Tiedemann, 11. Aufl., § 263 RN 77.

1744 Schon Mayer, Schlussbestimmungen, S. 41; s. auch Diskussion bei der schweizerischen Lehre Schmid, SAG 60 (1988), S. 137; Roth, SZW 63 (1991), S. 235; Schmid, Festgabe zum schweizerischen Juristentag 1994, S. 530; für Insiderhandel, Peters, Insiderstrafrecht, S. 8; Loesche, Kursbeeinflussung, S. 28; Tewlin, Kriminalistik 56 (2002), S. 199.

1745 De Beer, SAG 1989, S. 147; anders Schmid, SAG 60 (1988), S. 136, der den Mangel eines direkten Kontaktes dem Tatbestandsmerkmal der Stoffgleichheit zuordnet.

1746 De Beer, passim; ders., SchwZStR 109 (1992), S. 275 f.; SchweizBGE, SZW 69 (1997), S. 117; Steinhauer, Insiderhandelsverbot, S. 129; Wohlers/Mühlbauer, FS für Forstmoser, S. 752.

1747 LK-Tiedemann, 11. Aufl., vor § 263 RN 3.

1748 Wohlers/Mühlbauer, passim.

1749 So Fichtner, Börsenstrafvorschriften, S. 69; Hildner, WM 2004, S. 1070.

sen[1750]. Dahinter steht der Gedanke, dass es ausreicht, wenn kurserhebliche Informationen in Profikreisen bekannt werden, weil die Börsenprofis unverzüglich durch Transaktionen die aktuellen Börsenpreise dem Wert des Papiers angleichen, wie er auf Grundlage der neuen Erkenntnisse zu ermitteln ist.

Nach ganz herrschender Meinung können indessen unreflektierte, aber sachgedanklich vorhandene Bewusstseinsinhalte einerseits aktuelle Fehlvorstellungen sein[1751], andererseits muss die Fehlvorstellung nicht mit der vorgespiegelten Tatsache inhaltsgleich sein; die Fehlvorstellung kann vielmehr „sehr viel allgemeiner" sein, sofern sie nur die vorgespiegelte Tatsache mit einschließt[1752]. Für einen betrugsrelevanten Irrtum genügt also eine lückenhafte Vorstellung, wenn sie sich auf konkrete Umstände und Verhältnisse bezieht, in deren Rahmen der vorgetäuschte Sachverhalt liegt[1753]. Nicht ausreichend, da nicht auf Tatsachen bezogen, ist dagegen das allgemeine Gefühl beruhigender Sicherheit oder Zuversicht. Zwischen diesen Polen bewegt sich die wichtige Deputatkohlen-Entscheidung[1754], die es als Irrtum ausreichen lässt, dass das Opfer selbstverständlich davon ausgehen muss, dass der Antragssteller die ihm zugeteilte Kohle tarifvertragsgemäß zu dem im Vertrag vorausgesetzten Zweck beantragt, und die so zu der berühmten Formel von der Vorstellung des Opfers, es sei „alles in Ordnung", geführt hat. Typischerweise betrifft diese Entscheidung einen Fall massenhafter Vergabe von Subventionsleistungen, bei denen eine individuelle Kontrolle nicht stattfindet. Überwiegend wird die Formel „alles in Ordnung" im Schrifttum gebilligt, weil und soweit sie auf einen bestimmten Tatsachenkomplex gründet, mit dem die vorgetäuschte Tatsache nicht vereinbar ist[1755]. Kontrollen sind daher für die Fehlvorstellung zwar indiziell, aber nicht erforderlich; ausreichend ist vielmehr eine konkrete Festlegung des Rahmens des in Frage stehenden Lebensvorgangs durch Gesetz, Rechtsgeschäft oder Sozialüblichkeit. Wo diese normativen Maßstäbe die Annahme einer konkludenten Täuschung rechtfertigen, wird auch das allgemeine Gefühl des Opfers, es sei alles in Ordnung, genügen. Ausreichend ist in diesem Fall, dass das Opfer Kenntnis und Verständnis vom Sachzusammenhang hat, ohne alle Umstände des Lebensvorganges mehr oder weniger gezielt zu reflektieren[1756].

Diese Ausführungen sind allerdings hier angesichts des Preismechanismus von erheblicher Bedeutung. Denn eine Fehlvorstellung des Anlegers wird nicht nur erzeugt, wenn er sich nach eigenem Studium der (falschen) Information zum Erwerb des Wertpapiers zum Marktpreis entschließt, sondern auch wenn er zu ei-

1750 Vgl. zur Ad-hoc-Publizität Steinhauer, Insiderhandelsverbot, S. 128.
1751 LK-Tiedemann, 11. Aufl., § 263 RN 83; SK-Hoyer, 60. Lfg. (Februar 2004), § 263 RN 67.
1752 LK-Tiedemann, 11. Aufl., § 263 RN 79 m. w. N.
1753 Lackner/Kühl, § 263 RN 18.
1754 BGHSt2, S. 326.
1755 LK-Tiedemann, 11. Aufl., § 263 RN 79.
1756 LK-Tiedemann, 11. Aufl., § 263 RN 83.

nem bestimmten Börsenkurs bewusst handelt, in dem die falsche Tatsachenbehauptung eingepreist ist[1757]. Zur Begründung dessen sind die - grundsätzlich unbestrittenen - Ergebnisse der (schwachen) Kapitalmarkteffizienztheorie heranzuziehen: Zunächst erfolgt die Aufnahme der Information durch den Anleger typischerweise nicht unmittelbar[1758]. Typisch für die Investition an publikumsoffenen Sekundärmärkten ist hingegen die arbeitsteilige Aufnahme, Verarbeitung und Verteilung der relevanten, auf den Emittenten und das Wertpapier bezogenen Informationen durch Informationsintermediäre. Zweitens ist bei der Aussage zu bleiben, dass in den Preisen auf öffentlichen Wertpapiermärkten alle Informationen über das vergangene Marktgeschehen (dazu gehören vor allem die vom Emittenten veröffentlichten Informationen) verarbeitet sind[1759]. Dies sollte zumindest für gesetzlich vorgesehene Primärmarkt- sowie Sekundärmarktpublizität besonderer Signifikanz, wie z. B. für falsche Tatsachenbehauptungen in Prospekten und Ad-hoc-Mitteilungen gelten[1760]. Empirische Untersuchungen zur Bedeutung der Verbreitung von Informationen beweisen, dass eine Information, je weniger sie kostet, desto schneller verbreitet wird, und desto effizienter schlägt sie sich im Preis des Wertpapiers nieder, so dass ein System zwingender Publizitätspflichten einem System freiwilliger Information grundsätzlich überlegen ist[1761]. Soweit preisrelevante Informationen zu verbreiten sind, kann der Kapitalmarkt in dem Ausmaß, in dem eine Veröffentlichungspflicht besteht, grundsätzlich als informationseffizient qualifiziert werden[1762]. Die Ad-hoc-Publizitätspflicht bietet z. B. allen Kapitalmarktteilnehmern ohne signifikante Kosten Zugang zu den Informationen an. Damit wird es auch den Privatanlegern ermöglicht, ohne größeren Aufwand von den publizierten Tatsachen Kenntnis zu nehmen. Da sich aber institutionelle Anleger und Analysten mit dem Wertpapier beschäftigten, kann angenommen werden, dass sich die mitgeteilten Tatsachen unverzüglich im Preis widerspiegeln. Übereinstimmung herrscht des Weiteren darüber, dass die Preisanpassung innerhalb von ein bis zwei Tagen erfolgt[1763]. So gesehen muss der Kapitalmarkt zumindest in dem Ausmaß, in dem eine Ad-hoc-Publizitätspflicht besteht, als informationseffizient eingestuft werden[1764]. Es ist also davon auszugehen, dass der Wertpapierpreis (auch) auf der ad-hoc-veröffentlichten Informationslage beruht. Bei einem Verstoß gegen die Ad-hoc-Publizitätspflicht ist der Preis also verzerrt, sofern nicht bereits ein Insiderhandel stattgefunden hat und der

---

1757 Baums, ZHR 167 (2003), S. 181; Möllers, ZBB 2003, S. 403.

1758 Baums, ZHR 167 (2003), S. 181; Fleischer, NJW 2003, S. 2586; Aha/Förderer, RIW 2003, S. 451, 455.

1759 Baums, ZHR 167 (2003), S. 180.

1760 So Veil, ZHR 167 (2003), S. 377, der sich gegen eine Verallgemeinerung wendet.

1761 Veil, ZHR 167 (2003), S. 379.

1762 Veil, ZHR 167 (2003), S. 380, 384 ff.

1763 Oerke, Ad-hoc-Mitteilungen, S. 29, 107, 193; Steinhauer, Insiderhandelsverbot, S. 276.

1764 Veil, ZHR 167 (2003), S. 380, 384 ff.

Kapitalmarkt faktisch informationseffizient ist, d. h. wenn die Preise durch informierten Handel zustande kommen[1765].

Kauft der Anleger ein Wertpapier auf der Basis eines die unwahre Tatsache enthaltenden Marktpreises, dann geht er - technisch gesprochen und falls er sich über den Kurs überhaupt Gedanken macht - irrig davon aus, dass der Gegenwartswert der zu erwartenden Zahlungen mindestens dem gezahlten Preis entspricht[1766]. Nicht zu verkennen ist gewiss, dass die praktische Feststellung des Irrtums letztendlich als Manifestation eines inneren Willensentschlusses im Strafverfahren auf Schwierigkeiten stößt und meist auf Indizien wie das wirtschaftliche oder sonstige Interesse des Opfers an der Vermeidung einer Schädigung seines eigenen Vermögens angewiesen ist[1767].

3. Vermögensverfügung

Durch den Irrtum des Getäuschten muss dessen Vermögensverfügung veranlasst werden; dabei handelt es sich um ein ungeschriebenes Tatbestandsmerkmal[1768]. Die Vermögensverfügung stellt nämlich das Bindeglied zwischen Irrtum und Vermögensschaden dar. Darunter versteht man jedes Handeln, Dulden oder Unterlassen, das sich unmittelbar, das heißt ohne zusätzliche deliktische Zwischenhandlungen des Täters, vermögensmindernd auswirkt[1769]. Erst recht ist die Eingehung einer Verpflichtung nach herrschender Meinung im strafrechtlichen Sinn eine Verfügung („Eingehungsbetrug")[1770]. Eine Verfügung ist auch dann unmittelbar, wenn es sich um eine mehraktige Verfügung handelt, an der auch verschiedene Personen beteiligt sein können, selbst wenn erst der letzte Akt der Verfügung zum effektiven Verlust des fraglichen Vermögenswertes führt[1771]. Vorausgesetzt ist allerdings, dass die mehraktige Verfügung im Einflussbereich des Verfügenden steht, dieser also jederzeit Einfluss auf deren Verlauf nehmen kann[1772]. Dazu ge-

1765 Veil, ZHR 167 (2003), S. 385.

1766 Baums, ZHR 167 (2003), S. 182.

1767 LK-Tiedemann, 11. Aufl., § 263 RN 87.

1768 LK-Tiedemann, 11. Aufl., § 263, RN 96.

1769 BGHSt14, S. 171; Tröndle/Fischer, § 263 RN 40; LK-Lackner, 10. Aufl., § 263 RN 94; Schönke/Schröder/Cramer, § 263 RN 55. Ohne auf die Vermögensminderung abzustellen Maurach/Schröder/Maiwald, BT, Bd. I, § 41 RN 72; Geerds, Vermögensschutz, S. 94. Einigkeit besteht allerdings darüber, dass auch bei der Definition, die auf die unmittelbar vermögensmindernde Wirkung der Verfügung abstellt, nicht bereits die Schadensberechnung vorweggenommen werden darf. Unter Vermögensminderung ist lediglich das Ausscheiden eines Bestandteils aus dem Vermögen, dessen Belastung mit einer Verbindlichkeit oder eine dem Schaden gleichwertige Vermögensgefährdung zu verstehen, s. LK-Lackner, 10. Aufl., § 263 RN 99.

1770 LK-Tiedemann, 11. Aufl., § 263 RN 99.

1771 De Beer, SAG 61 (1989), S. 147.

1772 Schönke/Schröder/Cramer, § 263 RN 62.

hört die Anweisung durch den Geschädigten an seine Bank, dem Täter die fragliche Summe zu überweisen oder die Instruktion des getäuschten Geschäftsherrn an seinen Angestellten, dem Täter oder dessen Gehilfen das Wertpapier zu übergeben[1773]. Dazu ist aber zu bemerken, dass sowohl der Kauf- als auch Verkaufsauftrag an die Händlerbanken nur auf Anweisung des Geschädigten bzw. Anweisung des Täters erfolgt[1774]. Diese Orders stellen die eigentlichen Verfügungen dar[1775]. Mangels der börsenrechtlichen Befugnis des Täters und des Geschädigten kann ein solches Börsengeschäft nur über zugelassene Mittelspersonen abgewickelt werden. Diese Mittelpersonen sind über die Beweggründe des Verkaufs resp. Kaufs in der Regel nicht orientiert. Sie sind zwar zivilrechtlich selbstständige Vertragspartner (d. h. selbsteintretende Kommissionäre), strafrechtlich aber lediglich als Tatmittler einzustufen. Die dazwischengeschalteten Banken haben weder Einfluss auf die Tat noch handeln sie vorsätzlich. Die Transaktion ist nämlich im Einflussbereich von Opfer und Täter. Es liegt allerdings kein Grund vor, weshalb Betrug nicht in mittelbarer Täterschaft verübt werden könne[1776].

4. Kausalität

Erforderlich ist ferner, dass die Vermögensverfügung bzw. persönliche Anlageentscheidung auf dem Irrtum des Getäuschten beruht[1777]. Zum Nachweis der Kausalität fordern einige Verfasser, dass der Anleger bei einer Bull Manipulation aufgrund seiner Fehlvorstellung das Wertpapier erworben hat und bei einem niedrigeren, aber für ihn günstigeren Kurs, auf den Erwerb verzichtet hätte[1778]. Dem ist aber nicht ohne Weiteres zuzustimmen[1779]. Für den Zusammenhang zwischen Irrtum und Verfügung lässt die ganz herrschende Meinung bloße Kausalität ausreichen, die sie nach der conditio-sine-qua-non-Formel bestimmt. Deshalb genügt es, dass die Verfügung durch den Irrtum nur mitverursacht, mitmotiviert wird[1780]. Die richtige Anwendung der conditio-sine-qua-non-Formel erlaubt nur das Hinwegdenken der in Frage stehenden Bedingung und nicht das Hinzudenken einer hypothetischen Ersatzbedingung, die anstelle der wirksam gewordenen Bedingung

---

1773 De Beer, SAG 61 (1989), S. 147, 148.

1774 De Beer, SAG 61 (1989), S. 149.

1775 De Beer, passim; Richard, SZW 67 (1995), S. 264.

1776 Richard, SZW 67 (1995), S. 263; Heise, Insiderhandel, S. 56.

1777 Walter, Betrugsstrafrecht, S. 234; BGHSt13, S. 14 f.; Fleischer, NJW 2003, S. 2586.

1778 Peter, SZW 69 (1997), S. 124; Altendorfer, in Aicher/Kalss/Oppitz, S. 232; Lenzen, Unerlaubte Eingriffe, S. 164; vgl. auch BGHSt2, S. 326 f.; 24, S. 389.

1779 So auch Zimmer, in Schwark, 3. Aufl., §§ 37b, c WpHG RN 113.

1780 RGSt76, S. 82, 86; BGHSt13, S. 14 f.; Worms, Anlegerschutz, S. 190; de Beer, SAG 54 (1982), S. 158; Walter, Betrugsstrafrecht, S. 235 f; Richard, SZW 67 (1995), S. 264; Schönke/Schröder/Cramer, § 263 RN 77; LK-Tiedemann, 11. Aufl., § 263 RN 121, 124 m. w. N.; Geerds, Vermögensschutz, S. 96.

denselben Erfolg herbeigeführt hätte[1781]. Grundsätzlich entfällt der Kausalzusammenhang also (nur), wenn die Fehlvorstellung bei der Entscheidung überhaupt keine Rolle gespielt hat[1782]. Dies ist hauptsächlich der Fall, wenn der Getäuschte zwar die vorgespiegelte Tatsache für wahr hält, sie aber für seine Verfügung als irrelevant erachtet.

Die Feststellung der psychischen Kausalität im Einzelfall ist Tatfrage und primär durch Aussagen des Getäuschten zu klären, könne aber auch aus Indizien wie seinen Interessen und Pflichten gefolgert werden[1783]. Zuzugeben ist allerdings, dass es nachträglich insbesondere schwer fällt, Anleger zu ermitteln und nach ihrer Motivation bei dem Erwerb der jeweiligen Aktien zu forschen[1784].

5. *Vermögensschaden*

Die Vermögensverfügung des Getäuschten muss auf eigenes oder fremdes Vermögen unmittelbar einwirken und dadurch eine Vermögensminderung bewirken. Die Feststellung, dass diese zu einem Vermögensschaden führt, setzt in mehrfacher Hinsicht eine Bewertung voraus, die nur in den Ausgangspunkten einigermaßen gesichert ist[1785] und die im Bereich der Wirtschaftskriminalität die größten praktischen Schwierigkeiten bereitet[1786]. Im Rahmen des Vermögensstrafrechts wurden mehrere Schadensbegriffe vertreten; nach der herrschenden Meinung gehören zum Vermögen zumindest alle Güter, soweit sie einen wirtschaftlichen Wert haben[1787]. Das Vermögen erleidet nach der wirtschaftlichen Vermögenslehre grundsätzlich dann einen Schaden, wenn sein wirtschaftlicher Gesamtwert durch die Verfügung des Getäuschten vermindert wird[1788]. Grundlage des wirtschaftlichen Vermögensbegriffs ist eine streng rechtliche Betrachtungsweise der Abwicklung von Rechtsgeschäften, indem scharf zwischen Verpflichtungs- und Erfüllungsgeschäft getrennt wird und die Bewertung der Leistungen auf der Grundlage der rechtlichen Verpflichtungen auf dem Verpflichtungsgeschäft erfolgt (Einge-

---

1781 Schönke/Schröder/Cramer § 263 RN 77; LK-Tiedemann, 11. Aufl., § 263 RN 122.

1782 De Beer, SAG 54 (1982), S. 158; Watter, SZW 62 (1990), S. 202; Geerds, Vermögensschutz, S. 97.

1783 Walter, Betrugsstrafrecht, S. 236; LK-Tiedemann, 11. Aufl., § 263 RN 125.

1784 LG München, NJW 2003, S. 2330; vgl. auch Veil, ZHR 167 (2003), S. 371; Rössner/-Bolkart, WM 2003, S. 956.

1785 LK-Tiedemann, 11. Aufl., § 263 RN 126.

1786 Otto, Geschäftstätigkeit, S. 66; Geerds, Vermögensschutz, S. 98.

1787 RGSt16, S. 1 f.; 55, S. 233; BGHSt1, S. 264; 16, S. 220; Schönke/Schröder/Cramer, § 263 RN 80; Geerds, Vermögensschutz, S. 111 f.; zur Korrektur der Ungereimtheiten des rein wirtschaftlichen Vermögensbegriffs durch einen juristisch-ökonomischen Vermögensbegriff vgl. Franzheim GA 1960, S. 277; SK-Samson/Günther, 37. Lfg. (Juni 1996), § 263 RN 105, 113; Geerds, Vermögensschutz, S. 114 f. m. w. N.

1788 BGHSt16, S. 3; OLG Hamburg, JR 1962, S. 430 m. w. N.

hungsbetrug)[1789]. Bei den Austauschgeschäften wird regelmäßig auf einen Wertvergleich des hingegebenen mit dem erlangten Wirtschaftsgut abgestellt; ein Vermögensschaden ist nach der Rechtsprechung dann eingetreten, wenn hierbei ein Wertgefälle zum Nachteil des durch die Täuschung Betroffenen zu bejahen ist[1790]. Grundprinzip der Schadensermittlung ist nach herrschender Meinung die objektiv-individuelle Schadensberechnung[1791]. Die objektive Komponente des Wertmaßstabes legt die Beurteilung des Schadens auf diejenigen Überzeugungen vom Wert der Wirtschaftsgüter fest, die im Wirtschaftsverkehr tatsächlich maßgeblich sind. Den Wert einer Sach- oder Dienstleistung bestimmt die herrschende Meinung also anhand des dafür nachhaltig erzielbaren Preises, also des Verkehrs- oder Marktpreises der Leistung. Dieser wird in Geldeinheiten bestimmt, so dass die Vergleichbarkeit von Leistung und Gegenleistung gewährleistet ist[1792]. Trotz objektiver (geldwerter) Gleichwertigkeit von Leistung und Gegenleistung soll ein Schaden aber auch dann vorliegen, wenn die Gegenleistung für den Betroffenen objektiv nicht oder nur eingeschränkt verwendbar ist[1793], das Opfer aufgrund der eingegangenen Verpflichtung zu vermögensschädigenden Maßnamen gezwungen[1794] oder durch den unerwünschten Vertrag erheblich in seiner wirtschaftlichen Bewegungsfreiheit eingeschränkt wird und infolgedessen seinen Verpflichtungen nicht mehr nachkommen kann sowie wenn es in seiner persönlichen Lebensführung erheblich beeinträchtigt wird[1795] (Lehre von persönlichem bzw. individuellem Schadenseinschlag). Bei unentgeltlichen sowie teilweise unentgeltlichen Zuwendungen soll, obgleich hier stets der Geldwert des Vermögens gemindert wird, ein Schaden nur dann angenommen werden, wenn der mit der Zuwendung verfolgte wirtschaftliche oder soziale Zweck nicht erreicht wird (Lehre von der Zweckverfehlung)[1796].

Bei Börsenumsatzgeschäften als Austauschgeschäften ergibt ein Vergleich der beiderseitigen Vertragsverpflichtungen zum Zeitpunkt des Vertragschlusses

---

1789 Otto, Geschäftstätigkeit, S. 72; Tröndle/Fischer, § 263 RN 103; zum Erfüllungsbetrug BGHSt16, S. 223; BGH, GA 1978, S. 332; Schönke/Schröder/Cramer, § 263 RN 137; Geerds, Vermögensschutz, S. 164 f.

1790 BGHSt3, S. 99; 16, S. 220; 16, S. 373; 55, S. 113.

1791 LK-Lackner, 10. Aufl., § 263 RN 148 f. m. w. N; Geerds, Vermögensschutz, S. 98, 112 u. FN 181.

1792 Geerds, Vermögensschutz, S. 142.

1793 BGHSt16, S. 222; 16, S. 321; BGH, wistra 1990, S. 231; LK-Lackner, 10. Aufl., § 263 RN 157.

1794 St. Rechtsprechung RGSt 16, S. 1 ff.; BGHSt16, S. 328; Ungern-Sternberg, ZStW 88 (1976), S. 675 f.

1795 BGHSt3, S. 99; 16, S. 328 ff.

1796 BGHSt19, S. 45 m. w. N.; LK-Lackner, 10 Aufl, § 263 RN 163 f. i. V. m. RN 149 u. 170 f.; Maurach/Schröder/Maiwald, BT, Bd. I, § 41 RN 113 ff., 120; SK-Hoyer, 60. Lfg. (Februar 2004), § 263 RN 213 f.

eine Antwort auf die Frage, ob ein Vermögensschaden eingetreten ist[1797]. Ein Eingehungsbetrug sollte nach der Prämisse des wirtschaftlichen Vermögensbegriffs immer dann vorliegen, wenn der eingegangenen Verpflichtung kein wirtschaftlich gleichwertiger Anspruch des Verpflichteten gegenüberstehen würde. So verringert sich das Vermögen des Anlegers bei Bull-Manipulation um Geld, bei Bear-Manipulation um Titel; stattdessen bekommt er Titel bzw. Geld. Es ist also zwischen den gekauften oder verkauften Titeln und dem bezahlten oder erzielten Preis zum Zeitpunkt des Vertragschlusses zu vergleichen und nach einem Differenzbetrag zwischen den beiden Leistungen zu suchen. Unerheblich ist dabei, ob der Schaden - z. B. durch einen späteren Kursanstieg - ausgeglichen wird.

Die herrschende Meinung sieht allerdings erhebliche Schwierigkeiten in der Bejahung eines Vermögensschadens bei Kurs- und Marktpreismanipulationen. Es wird in der Regel entgegengehalten, der Kunde kaufe zu den „wahren“, an der Börse festgestellten Kursen, er erhalte also in Form der zum Börsenkurs erworbenen Wertpapiere/Geldeinheiten ein wirtschaftliches Äquivalent, so dass ein Schaden gem. § 263 StGB bei isolierter Betrachtung des einzelnen Geschäfts zu verneinen sei[1798]. Eine Vermögensminderung trete nach dem Bekanntwerden der Unrichtigkeit einer falschen Meldung bzw. erst durch einen späteren Kursverfall ein, der jedoch nicht mehr unmittelbar mit der im Aktienerwerb zu erblickenden Vermögensverfügung verknüpft sei. Solange ein derartiger Kursverfall nicht eingetreten ist, entspreche der Wert der Aktien aber ihrem Kurs, unabhängig davon, wie dieser zustande gekommen ist. Hier lasse sich auch nicht argumentieren, dass der Anleger die Aktien im Falle einer Kursmanipulation „zu teuer“ erworben hat. Dies zeige sich daran, dass er sie unmittelbar nach dem Erwerb zum gleichen Kurs wieder verkaufen könnte.

Würde man den Börsenwert der Aktien stets als adäquate Gegenleistung ansehen, würde der täuschende Emittent aber durch sein Fehlverhalten geradezu belohnt[1799]. Die Annahme eines Vermögensschadens wird im Einzelnen mit der Erwägung begründet, die Leistung des getäuschten Anlegers bleibe wegen der real nicht existenten Gewinnchance ohne Äquivalent[1800]. Nach der überwiegenden Auffassung[1801] kann zwar die bloße Exspektanz oder tatsächliche Anwartschaft

---

1797 Jaath, FS für Dünnebier, S. 591; Richard, SZW 67 (1995), S. 264; Rössner, in Assmann/-Schütze, § 8 RN 20; Steinhauer Insiderhandelsverbot, S. 53, 71.

1798 Schröder, Aktienhandel, S. 126 f.; Walter, Betrugsstrafrecht, S. 475 f.; LG München, ZIP 2001, S. 1814; Thümmel, DB 2001, S. 2333; Rieckers, BB 2002, S. 1216; Zimmer, in Schwark, 3. Aufl., §§ 37b, c WpHG RN 113.

1799 Rodewald/Siems, DB 2001, S. 2440; vgl. auch Dingeldey, Insider-Handel, S. 17; Rieckers, BB 2002, S. 1216; zum Scalping Schlüter, Börsenhandelsrecht, 2. Aufl., D RN 423.

1800 De Beer, SAG 54 (1982), S. 158.

1801 RGSt60, S. 422; BGHSt34, S. 390; LK-Lackner, 10. Aufl., § 263StGB RN 134 ff.; SK-Samson/Günther, 37. Lfg. (Juni 1996), § 263 RN 121 f.; Cramer/Schönke/Schröder, § 263

aktuellen wirtschaftlichen Wert haben und damit Vermögensbestandteil sein, so dass sich bei ihrer Vereitelung grundsätzlich ein Vermögensteil ergibt. Exspektanzen sind ihrer Natur nach allerdings auf die Zukunft gerichtet, weil sie erst in der Zukunft zu Gewinn führen. Damit der Erwerbsaussicht schon ein relevanter wirtschaftlicher Wert zugemessen werden kann, wird es allerdings für erforderlich gehalten, dass die Aussicht nicht nur eine vage Hoffnung oder Möglichkeit darstellt, sondern schon insoweit konkretisiert ist, dass die Realisierung der Chance wahrscheinlich ist. Unsichere und spekulative Aussichten auf einen Kursgewinn erfüllen dieses Kriterium nicht; es handelt sich dabei um strafrechtlich irrelevante Hoffnungen[1802].

Ein Vermögensschaden sollte nach einer Ansicht bei betrugsrelevanten Kursmanipulationen deshalb angenommen werden, weil schon bei dem Vertragsschluss - auch wenn die Aktie zum „regulären" Börsenkurs verkauft wird - bereits Tatsachen vorlägen, bei deren Bekanntwerden der Kurs sinken oder steigen werde[1803]. Zwar liege ein quantifizierbarer Schaden zum Zeitpunkt der Vermögensverfügung noch nicht vor, doch sei für einen informierten objektiven Beobachter erkennbar, dass nach dem Richtigstellen der Information ein Kursrückgang erfolgen werde, der zu einem quantifizierbaren Schaden führe. Für den Anleger bedeute diese Aktiendisposition bereits im Zeitpunkt ihres Erwerbs eine eindeutige Verschlechterung seiner Vermögensanlage. Der Investor, der einen manipulierten Titel erwerbe, gehe - ohne es zu wissen - auf Grund der falschen Informationsbasis ein höheres Vermögensrisiko als das übliche Börsenrisiko ein[1804]. Insoweit liege eine durch die Fehlinformation hervorgerufene Vermögensgefährdung vor. Wie bei Täuschungen, die spekulative Geschäfte betreffen, etwa im Falle von Losverkäufen oder im Falle des Verkaufs überteuerter Optionen, wo die Rechtsprechung von einem Vermögensschaden ausgeht[1805], gehe es nach dieser Ansicht auch bei betrugsrelevanten Kursmanipulationen darum, dass dem Anleger eine realistische Einschätzung seines Risikos wegen der Informationsverletzung nicht möglich sei und er ein höheres Verlustrisiko eingehe als beabsichtigt.

Fraglich ist jedoch, ob man bei jeder Art von Kursmanipulation eine schadensgleiche Vermögensgefährdung annehmen darf. Ein Vermögensschaden liegt zwar nicht nur bei einer rechnerisch nachweisbaren Vermögensminderung vor,

---

RN 87 ff.; Satzger, Der Submissionsbetrug, S. 109 m. w. N. zu einschränkenden Ansichten, s. 107 ff.

1802 Pananis, Insidertatsache, S. 27; Wohlers/Mühlbauer, FS für Forstmoser, S. 756.

1803 Dingeldey, Insider-Handel, S. 18; de Beer, SAG 54 (1982), S. 155 FN 20; Möllers/-Leisch, BRK 2001, S. 81; Hildner, WM 2004, S. 1070.

1804 Altendorfer, in Aicher/Kalss/Oppitz, S. 232; Zimmer, in Schwark, 3. Aufl., §§ 37b, c WpHG RN 113; Möllers/Leisch, passim; enger Rieckers, BB 2002, S. 1217; vgl. auch Entscheidungen des schweizerischen BGE 113 Ib 170 mit Anm. von Schmid, SAG 60 (1988), S. 136; BGE 122 II und vom 7. 10. 1996, betreffend Kursmanipulation SZW 69 (1997), S. 118.

1805 BGHSt30, S. 181; 32, S. 25; BGH, NJW 1983, 292.

sondern auch dann, wenn aufgrund der Verfügung eine konkrete Gefährdung von Vermögenswerten eingetreten ist, die bei wirtschaftlicher Betrachtungsweise bereits eine Verschlechterung der gegenwärtigen Vermögenslage bedeutet[1806], wofür unter Umständen auch ein risikobedingter Minderwert ausreicht[1807]. Die Rechtsprechung lässt allerdings zur Gewährleistung der Deliktstruktur des Betrugstatbestandes als Vermögensschädigungsdeliktes ausschließlich eine konkrete Gefährdung ausreichen[1808]. Demnach könne nur eine nach den Umständen des Einzelfalls nahe liegende Möglichkeit des endgültigen Verlusts genügen. Das Problem der Vermögensgefährdung liegt nämlich in ihrer normativen Begrenzung, da der Schadenbegriff bei einer rein wirtschaftlichen Betrachtungsweise allzu weit und konturenlos werden könnte, wenn jede auch noch so unwahrscheinliche Vermögensgefährdung ausreichte, um einen Vermögensschaden i. S. von § 263 StGB anzunehmen. Die Rechtsprechung lässt hier eine bloße Vermögensgefährdung angesichts des spekulativen Charakters des Aktienerwerbs in der Regel nicht genügen[1809]. Darüber hinaus weisen einige Verfasser darauf hin, dass es sich bei betrugsrelevanten Täuschungen nicht mit Sicherheit sagen lässt, ob und inwieweit allein das betrügerische Ereignis die nachfolgende Kursentwicklung beeinflussen wird[1810]. Im Falle einer falschen Ad-hoc-Tatsachenmitteilung sei z. B. völlig ungewiss, ob und wann deren Unrichtigkeit bekannt und sich dementsprechend auf den Kurs auswirken werde[1811].

Der Konstruktion einer „vermögensschadensgleichen Gefährdung" bedarf es allerdings hier nicht. Denn schon im Zeitpunkt der Verfügung kann theoretisch festgestellt werden, ob ein effektiver Schaden entstanden ist: Der Vermögensschaden ist bei betrugsrelevanten Kursmanipulationen richtigerweise dann zu bejahen, wenn infolge der betrugsrelevanten Täuschung die manipulierten Papiere zu teuer gekauft bzw. zu billig verkauft werden, als sie nach den konkreten Marktverhältnissen wert sind, also wenn z. B. infolge der falschen positiven Ad-hoc-Tatsache die Nachfrage nach diesen Papieren objektiv ungerechtfertigt angestiegen ist und mangels Angebots die Preise in die Höhe getrieben worden sind[1812]. Es ist allerdings möglich, dass die Aktie zum überhöhten Kurs unter Dritten gehandelt wird, etwa weil diese auf den „fahrenden Zug" eines haussierenden Titels springen wollen. Dies kann aber nicht als Nachweis für den Mangel eines Vermögensschadens

1806 RGSt16, S. 11; BGHSt21, S. 113 f.; BGHSt34, S. 395; LK-Lackner, 10. Aufl, § 263 RN 152; Satzger, Der Submissionsbetrug, S. 119; Schönke/Schröder/Cramer, § 263 RN 143; Tröndle/Fischer, § 263 RN 94.

1807 BGH, MDR 1980, S. 273.

1808 RGSt73, S. 64; BGHSt21, S. 113 m. w. N.

1809 LG München, WM 2001, 1948 ff. = ZIP 2001, 1814.

1810 Park, BB 2001, S. 2073.

1811 Rieckers, BB 2002, S. 1216.

1812 Ungern-Sternberg, ZStW 88 (1976), S. 672; Otto, FS für Pfeiffer, S. 78; de Beer, SAG 1989, S. 148; Richard, SZW 67 (1995), S. 264; Möllers/Leisch, BRK 2001, S. 80; Steinhauer, Insiderhandelsverbot, S. 128.

angeführt werden[1813]. Die Kursmanipulation beeinträchtigt nämlich den Gesamtmarkt und beeinflusst damit auch die Konditionen der Geschäfte, die Dritte abschließen.

Die Heranziehung der von der Rechtsprechung aufgestellten Grundsätze zum Eingehungsbetrug bringt allerdings keine wesentliche Erleichterung, wenn der Marktpreis manipuliert ist[1814] oder wenn ein objektiver Wert in Form eines Marktpreises nicht existiert oder er erst gebildet wird[1815]. Bei manipulierten Preisen bzw. Kursen, die zur Objektivierung des Wertes von Vermögenswerten dienen, bildet sich durch (manipuliertes) Angebot und Nachfrage zwar ein Preis[1816], dieser hat jedoch nichts mehr mit einem Marktpreis im Rahmen der Wettbewerbswirtschaft gemein, da es an jedem wesentlichen Wettbewerb fehlt. Die manipulierten Kurse bzw. Marktpreise taugen also nicht, denn sie spiegeln nicht mehr das unbeeinflusste Spiel von Angebot und Nachfrage wider[1817]. Gerade der (fehlende) Wettbewerbspreis ist aber die Grundlage der objektiv-individuellen Schadensberechnung, da nur im Wettbewerb ein allgemeingültiger, von einzelnen subjektiven Wertvorstellungen unabhängiger Wertmaßstab entstehen kann[1818]. Zum Zwecke der Schadensberechnung ist man versucht, den inneren Wert der Titel zu ermitteln, etwa indem man den Emittenten auf Grund einer Mischkalkulation aus Liquidationswert, Ertragswert und Entwicklungspotential bewertet und das Ergebnis durch die Anzahl der Aktien teilt[1819]. Über die Tatsache hinaus, dass es schwer fällt, den inneren Wert einer Aktiengesellschaft zu bestimmen, da deren Vermögensgegenstände häufig in wertmäßig kaum abschätzbaren Gütern wie Grundstücken, Schürf- und Bohrrechten oder Patenten bestehen[1820], würde man dem komplexen marktwirtschaftlichen Preisbildungsprozess nicht gerecht, ließe man den konkreten Wettbewerb hinsichtlich eines Titels außer Acht und stellte man auf den inneren Wert von Wertpapieren ab[1821]. Ließen sich die komplexen Markt-

---

1813 Ungern-Sternberg, ZStW 88 (1976), S. 672 f.; de Beer, SAG 1982, S. 158 und FN 24; Richard, SZW 67 (1995), S. 264; Möllers/Leisch, BRK 2001, S. 81.

1814 Geerds, Vermögensschutz, S. 130.

1815 Geerds, Vermögensschutz, S. 98; NK-Kindhäuser, 9. Lfg. (28.2.2001), § 263 RN 48; Schönke/Schröder/Cramer, § 263 RN 137a.

1816 So zu Submissionsabsprachen Geerds, Vermögensschutz, S. 143.

1817 Ungern-Sternberg, ZStW 88 (1976), S. 672; Otto, FS für Pfeiffer, S. 78; de Beer, SchwZStR 109 (1992), S. 278; Richard, SZW 67 (1995), S. 264; Hildner, WM 2004, S. 1070; vgl. auch BGH, ZIP 1982, S. 929 = NJW 1982, S. 2827; OLG München, ZIP 2002, S. 1993.

1818 Lackner/Imo, MDR 1983, S. 977; Satzger, Der Submissionsbetrug, S. 74 ff.; Best, GA 2003, S. 165.

1819 So Richard, SZW 67 (1995), S. 264.

1820 Ungern/Sternberg ZStW 88 (1976), S. 671; Tiedemann, Gutachten, C. 81; Geerds, Vermögensschutz, S. 99; Claussen, BB 2002, S. 106; Wohlers/Mühlbauer, FS für Forstmoser, S. 756.

1821 Richard, SZW 67 (1995), S. 264 FN 46; LG, ZIP 2001, S. 1814; vgl. auch § 2.

vorgänge außerdem von Sachverständigen nachträglich im Rahmen der Berechnung eines inneren Preises in gleichem Maße erfassen und berücksichtigen, so wäre der Marktpreismechanismus insgesamt entbehrlich und dessen Funktionieren könnte durch Sachverständige erfüllt werden. Zudem würde es die Intention des Börsenwesens geradezu konterkarieren, wollte man den Börsenkurs einer Aktie zwar als Grundlage für die geschäftsmäßige Abwicklung bis hin zu steuerrechtlichen Aspekten genügen lassen, im Rahmen der Schadensfeststellung aber negieren[1822].

Solche Probleme bei der Schadenberechnung könnten nach einer Auffassung übersprungen werden, folgte man dem personalen Vermögensbegriff, nach dem das Vermögen nicht als eine abstrakte Wertsumme zu schützen ist, sondern als Grundlage der persönlichen Lebensgestaltung des Vermögensträgers im gegenständlichen Bereich und in seiner konkreten Zusammensetzung, die Ausdruck der Person ist[1823]. Unter Anwendung eines personalen Vermögensbegriffs könnte der Schaden, den der Anleger bei Kursmanipulationen erleidet, darin gesehen werden, dass der Anleger den manipulierten Marktpreis für ordnungsgemäß hält[1824]. Nun soll der Vorteil des personalen Vermögensbegriffs in diesem Fall darin liegen, dass es nicht darauf ankomme, welcher Preis sich bei ordnungsgemäßem Verfahren gebildet hätte. Dagegen wird aber zu Recht eingewandt, dass die Auswirkungen der personalen Vermögenslehre heute noch nicht absehbar sind, denn sie könnte in einem sehr viel weiteren Rahmen als bislang zur Annahme eines Vermögensschadens führen und drohe damit den Betrug zu einem Delikt gegen die Dispositionsfreiheit umzufunktionieren[1825]. Vor allem aber begründet die betrügerische Handlung nicht für sich allein den Schaden. Es kommt vielmehr darauf an, ob der Marktpreis überschritten wurde, ob also der Betroffene ein höheres Entgelt versprochen oder gezahlt hat, als nach den Verhältnissen des Marktes erzielbar war[1826].

Der Schaden ist richtigerweise auf Grund der hypothetischen Kurse bzw. Marktpreise zu berechnen, die sich ohne die Manipulation bzw. bei funktionsfähigem Wettbewerb unter den konkreten zeitlichen und örtlichen Verhältnissen ergeben hätten[1827]. Zur Schadensberechnung ist demnach auf die Differenz zwischen

---

1822 Hildner, WM 2004, S. 1070.

1823 Geerds, Vermögensschutz, S. 125 m. w. N.

1824 Otto, in Tiedemann (Hrsg.): Europa-Delikte, S. 354.

1825 Franzheim, GA 1972, S. 353; zusammenfassend bei LK-Lackner, 10. Aufl, § 263 RN 124.

1826 Ungern-Sternberg, ZStW 88 (1976), S. 672; de Beer, SAG 54 (1982), S. 158; Steinhauer, Insiderhandelsverbot, S. 71, 128, 130; vgl. auch die Lehre zu Preisverzerrungen im Falle von rechtswidrigen Submissionsabsprachen Locher/Blind, NJW 1971, S. 2291; Geerds, Vermögensschutz, S. 147 f.; LK-Lackner, 10. Aufl., § 263 RN 195.

1827 Richard, SZW 67 (1995), S. 264; Ungern-Sternberg, ZStW 88 (1976), S. 672; Thümmel, DB 2001, S. 2333; Fichtner, Börsenstrafvorschriften, S. 69; bei Wettbewerbsverzerrungen im Falle von rechtswidrigen Absprachen auch auf hypothetische Marktpreise abstellend

dem manipulierten Kurs und dem Preis abzustellen, der in einem ordnungsgemäß durchgeführten Preisbildungsverlauf – bei auf wahre Informationsbasis gestützten effektiven Geschäftsabläufen – erzielt worden wäre. Der Anleger erleidet also dann einen Vermögensschaden, wenn er auf Grund der Tatsachentäuschung zu einem Preis kauft, der über dem hypothetischen Wettbewerbspreis liegt, also über dem Preis, der in einem ordnungsgemäß durchgeführten Verfahren erzielbarer gewesen wäre. Solche hypothetischen Kurse und Marktpreise zu berechnen ist allerdings angesichts der zahlreichen kursbildenden Faktoren nicht leicht[1828], insbesondere wenn man bedenkt, dass auch für die hypothetische Untersuchung der Preisbildung uneingeschränkt der Grundsatz „in dubio pro reo" Anwendung findet[1829]. Um den Preis zu ermitteln, muss der ursprüngliche Preisbildungsprozess also fiktiv wiederholt werden, d. h. es müssten sämtliche (unternehmensinternen- und -externen) entscheidungserheblichen Marktfaktoren zu der Zeit vor der Manipulation und unter den konkreten Umständen festgestellt und mit berücksichtigt werden. Die Festlegung des hypothetischen Wettbewerbspreises könnte im Einzelfall durch eine Schadenschätzung aufgrund von Indizientatsachen erfolgen, wie dem bisherigen Kursverlauf und Umsatz, der Kurs- und Umsatzentwicklung des betreffenden Papiers am konkreten Tag der Manipulation, der Ordergröße sowie dem letzten Kurs oder Preis, zu dem das letzte Geschäft vor dem Einsatz des manipulativen Mittels abgeschlossen wurde[1830]. Man könnte auch an die Rechtsprechung[1831] bezüglich der Bestimmung des Referenzkurses bei Barabfindung von Aktionären und Verschmelzungsrelation anknüpfen und den Wert mit berücksichtigen, der sich aus dem Mittel der Börsenkurse der letzten drei Monate ergibt.

Es ist nämlich nicht zu beanstanden, dass der BGH die Feststellung des Vermögensschadens i. S. v. § 263 StGB im Indizienweg durchgeführt hat, denn von einer Verletzung des Analogieverbots nach Art. 103 II GG mittels einer Sprengung des Grundsatzes der freien Beweiswürdigung kann nicht bereits deshalb die Rede sein, weil die Tat- und Straffrage von mittelbaren Beweistatsachen abhängig gemacht wird[1832]. § 261 StPO verlangt zwar, dass der Tatrichter auf Grund aller sich ergebenden Umstände des Einzelfalls i. S. persönlicher Gewissheit zu der Überzeugung gelangt, der hypothetische Wettbewerbspreis sei im konkreten Fall

---

OLG Frankfurt, NJW 1990, S. 1058; BGHSt 38, 186 ff.; BGH, NJW 1996, S. 1974; 1997, S. 3037; BGHSt43, 96; BGHSt47, 83; BGH, wistra 2002, S. 61 f.; Jaath, FS für Schäfer, S. 109; Maurach/Schröder/Maiwald, BT, Bd. II, § 41 RN 108; Satzger, Der Submissionsbetrug, S. 88 ff., 125; LK-Tiedemann, 11. Aufl., § 263 RN 165; Best, GA 2003, S. 166 jeweils m. w. N.

1828 Fichtner, Börsenstrafvorschriften, S. 69; Fissenwert, Betrieb und Wirtschaft 2003, S. 909.

1829 Satzger, Der Submissionsbetrug, S. 126.

1830 Vgl. De Beer, SAG 54 (1982), S. 159; Richard, SZW 67 (1995), S. 264 FN 46; vgl. auch die neue zivilrechtliche Rechtsprechung BGH, Urteil v. 9.5. 2005 – II ZR 287/02, NJW 2005, S. 2450 ff.

1831 BGH, ZIP 2001, S. 734.

1832 Ausführlich Satzger, Der Submissionsbetrug, S. 130 ff.; Best, GA 2003, S. 170.

über- bzw. unterschritten worden[1833]; das Vorliegen einer absoluten, von niemandem anzweifelbaren Gewissheit ist jedoch nicht erforderlich[1834]. Ebenso kann die insbesondere für die Strafzumessung bedeutsame Schadenshöhe unter Beachtung des Zweifelsatzes mittels Indizien nachgewiesen werden[1835]. Eine generelle Aussage bezüglich der (be- oder entlastenden) Beweiskraft einzelner Anhaltspunkte lässt sich gleichwohl - wie stets beim Indiziennachweis - nicht treffen[1836]. Der Richter hat nur den Einzelfall zu beurteilen und nur diesen.

Einwände gegen die Berechnung von hypothetischen Marktpreisen als unvereinbar mit einer dynamischen Wettbewerbsordnung, wie sie im Rahmen der kartellrechtlichen Preismissbrauchsproblematik ausgesprochen wurden[1837], greifen hier nicht durch. Denn während bei massenhaft gehandelten Bedarfsgütern deren Marktpreis die Wertschätzung einer unüberschaubaren Vielzahl von Wirtschaftssubjekten widerspiegelt, so dass mit einiger Berechtigung insofern von einem objektiven Wert gesprochen werden kann, da die Subjektivität der Wertschätzung des Einzelnen durch die Gesetzlichkeit der „Börse" völlig kompensiert wird, ist dies in der Situation der Versteigerung nicht mehr gewährleistet[1838]. Preise beruhen da auf den freien Vereinbarungen zwischen Anbietern und Nachfragern, wobei jede dieser Vereinbarungen einen Kompromiss zwischen den aktuellen subjektiven Wertschätzungen der Beteiligten darstellt. Hier behält die subjektive Wertschätzung des einzelnen Bieters für das Versteigerungsobjekt also eigenständige Bedeutung[1839]. Eine gewisse Objektivierung erfährt der Wert nur dadurch, dass die subjektiven Wertschätzungen in der Masse anonymisiert und letztlich auf einen „quasi objektiven" Wert zur Übereinstimmung gebracht werden. Aber auch der geäußerte Einwand[1840], dass es kaum gelingen könne, alle für die Ermittlung des konkreten hypothetischen Marktpreises maßgeblichen Entscheidungskriterien zu berücksichtigen, schlägt nicht so entscheidend zu Buche. Im Gegensatz zu kartellrechtlichen Absprachen, wo es angesichts der Individualität des jeweiligen Ausschreibungsobjektes und damit der zu erbringenden Leistung keinen Markt und folglich auch keinen Marktpreis gibt[1841], handelt es sich bei börsengehandelten Titeln um Vermögenswerte, für die es einen Markt - die Börse oder einen börsenähnlichen Markt - gibt. Somit ist es leichter, hypothetische Kurse zu ermitteln, vor allem weil man sich grundsätzlich an den Börsen- oder Marktpreis vor dem Einsatz der manipulativen Mittel orientieren kann. Für die Ermitt-

---

1833 Tröndle/Fischer, § 263 RN 100.
1834 Best, GA 2003, S. 171.
1835 Best, GA 2003, S. 172; ausführlich Satzger, s. 156 ff.
1836 Best, GA 2003, S. 157 (172) m. w. N.
1837 Geerds, Vermögensschutz, S. 146 FN 331.
1838 Geerds, Vermögensschutz, S. 148.
1839 Satzger, Der Submissionsbetrug, S. 83 f.
1840 Vgl. Best, GA 2003, S. 166.
1841 Bartmann, Der Submissionsbetrug, S. 56.

lung dieses Preises könnte die BAFin nach § 20b WpHG i. F. v. 1-7-2002/§ 4 WpHG große Hilfe leisten, zumal sie im Rahmen ihrer Marktaufsicht zuständig ist, beim Vorliegen abrupter Kursschwankungen sowie anderer diagnostic flags, wie sie als technische Durchführungsmaßnahmen zur Marktmissbrauchsrichtlinie aufgezählt wurden, sofort einzuschreiten und diese einer näheren Untersuchung zu unterziehen.

Trotzdem sollten die erheblichen Nachweisschwierigkeiten eines betrugsrelevanten Vermögensschadens mit diesen Ausführungen nicht verschleiert werden. Zuzugeben ist, dass die Beweiserhebung und -würdigung aufwändig, nur durch sachverständige Beratung durchführbar und oft unergiebig ist. Je weiter der Zeitpunkt des Offenbarwerdens des Minderwerts der Anlage vom Zeitpunkt des Anlagegeschäfts entfernt ist, desto schwieriger kann sich die Feststellung des Anlagewerts gestalten[1842]. Der Gefahr, dass Anleger im Nachhinein das von ihnen zu tragende Verlustrisiko auf andere abwälzen, ist allerdings nicht durch Deformation des Vermögensschadensbegriffs, sondern durch eine präzise Kausalitätsprüfung zu begegnen[1843].

6. *Subjektiver Tatbestand*

a) *Vorsatz*

Der Vorsatz in Form eines dolus eventualis[1844] lässt sich bei Kursmanipulation nicht deshalb ausschließen, weil sich der Täter an die anonyme Börsenmasse wendet und keine Rechenschaft darüber ablegen kann, wen er konkret betrügen wolle. Der Täter muss sich nämlich lediglich vorstellen, dass ein Individuum oder Gremium mit Entscheidungskompetenz für Anlagegeschäfte auf Grund der Kursmanipulation einem Irrtum verfällt und gestützt darauf handelt[1845]. Die Schadensproblematik des Betruges setzt sich fort in der Schwierigkeit, den Nachweis des entsprechenden Schädigungsvorsatzes zu erbringen[1846]. Die Handlungsweise des Täuschenden muss im Tatzeitpunkt von der Vorstellung getragen sein, den Wert des Vermögens des Anlegers zu vermindern[1847]. Nach einer Ansicht bleibe dem Kursbetrüger die Einlassung, er habe trotz Unrichtigkeit der Meldung ernsthaft mit einer positiven Unternehmensentwicklung und damit nicht mit einer Schädigung der Anleger, sondern, im Gegenteil, mit einer Vermögensvermehrung gere-

1842 Park, BB 2001, S. 2074.
1843 Möllers/Leisch, BRK 2001, S. 81.
1844 Fichtner, Börsenstrafvorschriften, S. 71.
1845 Richard, SZW 67 (1995), S. 265.
1846 Fichtner, Börsenstrafvorschriften, S. 70 f.
1847 BGH, wistra 1987, S. 24.

chnet[1848]. Ein Betrugsvorsatz lässt sich aber richtigerweise nur dann ablehnen, wenn der Täter die Schädigung aufgrund bereits vorhandener Gegebenheiten ausschließe, während bloßer Optimismus, insbesondere die Erwartung einer günstigen Entwicklung bei eklatanter Divergenz zwischen der behaupteten Tatsache und der Wahrheit, insoweit irrelevant ist[1849].

Nach einigen Verfassern könnte ein Schädigungsvorsatz bei Kursmanipulationen kaum nachgewiesen werden, da das Ziel des Vorstandes typischerweise nicht darin liege, eine Entwertung der Aktien herbeizuführen, sondern im Gegenteil in einer weiteren Verbesserung des Aktienkurses[1850]. Solch ein Einwand schlägt sicherlich im Falle einer falschen negativen Tatsachenbehauptung gar nicht zu Buche. Vor allem sind solche Ausführungen verfehlt. So stimmt zwar die Prämisse, derjenige, der im Zweifel wahrheitswidrig positive Unternehmensnachrichten verbreite, sei an hohen Kursen interessiert. Gerade in dem Aktienkauf zu diesen wettbewerbsverzerrend erhöhten Marktpreisen besteht jedoch die Schädigung des potentiellen Anlegers[1851], was zumindest Vorstände und andere Börsenkenner durchaus vorhersehen können bzw. in Kauf nehmen.

b) *Bereicherungsabsicht*

§ 263 StGB fordert daneben die Absicht des Täters, sich oder einem anderen einen rechtswidrigen Vermögensvorteil zu verschaffen. Der Vermögensvorteil ist das Gegenstück zum Vermögensschaden des Geschädigten[1852]. Daher stellt jede günstigere Gestaltung der Vermögenslage, jede Erhöhung des Vermögenswertes einen Vermögensvorteil dar. Rechtswidrig ist der angestrebte Vermögensvorteil, wenn darauf kein Rechtsanspruch besteht[1853]. Absicht bedeutet hier den auf Erlangung des Vorteils zielgerichteten Willen, der daher den dolus ersten Grades einschließt[1854] und der neben anderen wichtigeren Zielen oder als Mittel für einen anderweitigen Zweck bestehen kann[1855]. Die Absicht des Manipulators ist in der Regel darauf gerichtet, sich oder anderen durch Anwendung der Täuschungsmittel einen Vermögensvorteil zu verschaffen[1856]. Das Vorhandensein dieser Absicht ist

1848 Franzheim, GA 1972, S. 358; Möhrenschlager, wistra 1982, S. 205; Otto, Geschäftstätigkeit, S. 80; Thümmel, DB 2001, S. 2332; Rieckers, BB 2002, S. 1218.

1849 So Worms, Anlegerschutz, S. 194 f.; Rössner in Assmann/Schütze, § 88 RN 23 f.

1850 So Thümmel, DB 2001, S. 2332; Rieckers, BB 2002, S. 1218; Fissenwert, Betrieb und Wirtschaft 2003, S. 909; Ettinger/Grützediek, AG 2003, S. 360.

1851 Vgl. auch Möllers, ZBB 2003, S. 405.

1852 Schönke/Schröder/Cramer, § 263 RN 167; LK-Tiedemann, 11. Aufl., § 263 RN 254.

1853 Ständige Rsp; RGSt5, S. 353 f.; BGHSt3, S. 162; Geerds, Vermögensschutz, S. 109; LK-Tiedemann, 11. Aufl., § 263 RN 264; Schönke/Schröder/Cramer, § 263 RN 174.

1854 Schönke/Schröder/Cramer, § 263 RN 176; Geerds, Vermögensschutz, S. 109; LK-Tiedemann, 11. Aufl., § 263 RN 249.

1855 LK-Tiedemann, 11. Aufl., § 263 RN 250.

1856 Richard, SZW 67 (1995), S. 265.

in der Regel auf Grund der Tatsache anzunehmen, dass der Manipulator zur Zeit der Vornahme der manipulativen Tätigkeit in einer Spekulation über einen bedeutenden Betrag a la baisse oder a la hausse engagiert ist, dass das von ihm beabsichtigte Linken des Kurses daher für ihn einen Vermögensvorteil, für den Kontrahenten dagegen einen Vermögensschaden herbeiführen musste[1857]. Als hinter der Manipulation stehende Motive kommen außerdem die Einbringung von „wertvollen“ Aktien als Sacheinlage in eine andere Gesellschaft, die Bewertung von Aktien, die als Kreditsicherheit hinterlegt wurden, oder die Verhinderung der Zwangsliquidation des Kredits, die Beeinflussung von Referenzpreisen, die Bewertung eines Depots zu einem bestimmten Stichtag, im Rahmen eines Übernahmeangebots oder das Auflösen bestehender Short-Positionen. In allen Kursmanipulationsfällen ist angestrebter Vorteil also die Erhöhung des Vermögenswertes eigener oder fremder Titel, die mit weiteren wirtschaftlichen Vorteilen für den Täter bzw. einen Dritten oder fremder Titel zum eigenen Vorteil gebunden sein können[1858].

Einwände[1859] gegen die Erfüllung des § 263 StGB im Falle falscher Ad-hoc-Mitteilungen, dass Vorstände dies auf dem sekundären Kapitalmarkt in den seltensten Fällen zum eigenen Vorteil tun, es sei denn, sie würden die kurssteigende Wirkung dazu nutzen, eigene Aktienbestände abzustoßen, verkennen, dass der Betrugstatbestand auch dann erfüllt ist, wenn der Täter in der Absicht handelt, einem anderen bzw. dem Emittenten einen Vermögensvorteil zu verschaffen[1860].

c) *Stoffgleichheit*

In Anlehnung an die herrschende Meinung[1861] ist schließlich neben der persönlichen Bereicherungsabsicht des Täters Stoffgleichheit zwischen dem erstrebten Vermögensvorteil und dem Schaden des Opfers zu fordern. Die deutsche Rechtspraxis[1862] neigt dazu allerdings, das Vorliegen einer Stoffgleichheit bei Kursbetrügereien abzulehnen und deshalb einen Schutz durch den Betrugstatbestand zu verweigern. Diese Einstellung steht außerdem auch mit der alten Literatur zum Kursbetrugstatbestand in der Fassung von 2.3.1974 im Einklang, die bei der Prüfung des damaligen Kursbetrugstatbestandsmerkmals der Bereicherungsabsicht das Stoffgleichheitsmerkmal außer Acht ließ, um die Einschränkung des Schutzbe-

---

1857 RGSt 23, 137.

1858 Vgl. auch de Beer, SchwZStR 109 (1992), S. 283.

1859 So Weitnauer, DB 2003, S. 1723.

1860 Zimmer, in Schwark, 3. Aufl., §§ 37b, c WpHG RN 114.

1861 LK-Lackner, 10. Aufl., § 263 RN 1.

1862 LG München, WM 2001, S. 1951; LG Kassel, DB 2002, S. 2151; Möllers/Leisch, ZIP 2002, S. 1997 FN 28; Tewlin, Kriminalistik 56 (2002), S. 199; Lambsdorff, VuR 2003, S. 208; Rützel, AG 2003, S. 73; Zimmer, in Schwark, 3. Aufl., §§ 37b, c WpHG RN 114; Wilga, in Möllers/Rotter, § 12 RN 104 sowie Leisch, ebenda, § 16 RN 53;

reichs des § 88 BörsG a. F. auf diejenigen Anleger, mit denen der Täter in Geschäftskontakt tritt, zu vermeiden[1863].

Was man unter „Stoffgleichheit" verstehen soll, ist allerdings noch nicht abschließend geklärt. Ein Überblick der deutschen Rechtswissenschaft und -Praxis verdeutlicht, dass das Merkmal der Stoffgleichheit durch die einzelnen Autoren und Gerichte unterschiedlichste Facetten erhält. Für das Problem der Stoffgleichheit kann hier keine neue Theorie entwickelt, sondern nur der Meinungsstand in Rechtsprechung und Lehre insoweit kritisch dargestellt werden, als das für die Beurteilung von Kurs- und Marktpreismanipulationen nach § 263 StGB erforderlich ist.

Das Tatbestandsmerkmal der Stoffgleichheit geht auf Binding zurück[1864], der das Wesen der Vermögensdelikte in der strafbaren Vermögensumkehrung verstand. Wie bei den Zueignungsdelikten müsse auch der vom Täter erstrebte Vorteil in diese Vermögen unverändert eingefügt werden, also seine Identität oder, nach weniger strengen Gesichtspunkten, die wertmäßige Kongruenz der beiden Größen bewahren[1865]. Dementsprechend versteht die Identitätstheorie[1866] den Betrug als Vermögensverschiebungsdelikt und hält deshalb nur einen durch die Vermögensverfügung unmittelbar bewirkten Vermögenstransport, d. h. die Überführung eines Objekts unter Wahrung seiner inhaltlichen Identität aus dem Vermögen des Opfers in das Vermögen des Bereicherten, für ausreichend.

Folgte man allerdings der Identitätstheorie, dann käme es in der Regel bei Kursmanipulationen zu keiner Verurteilung wegen Betruges, zumal es sich schon aufgrund der Besonderheiten des Börsenhandels, insbesondere durch das Verfahren der Einheitsbewertung, der Ausgestaltung der Aktie als Inhaberpapier und die besonderen Probleme der Sammeldepotverwahrung in der Strafuntersuchung nicht nachvollziehen lässt, ob die vom Opfer erworbenen Titel aus den Beständen des Täters stammen[1867]. Der für den Kauf einer Aktie zu zahlende Kaufpreis fließt nicht dem Manipulator zu, sondern vielmehr den Marktpartnern des Getäuschten[1868]. Eine Ausnahme wäre allerdings nur bei unmittelbaren Geschäften („face-to-face" Transaktionen)[1869] zu machen, oder zumindest im hypothetischen Fall, dass nur ein Anleger die überbewerteten Titel kaufen bzw. die unterbewerteten Ti-

---

1863 Hasslinger, Zivilrechtliche Ansprüche, S. 53.

1864 Binding, LB, BT I, S. 364.

1865 LK-Tiedemann, 11. Aufl., § 263 RN 256; Schmid, SAG 60 (1988), S. 137.

1866 NK-Kindhäuser, 9. Lfg. (28.2.2001), § 263 RN 49, 332, 415 ff.; Maurach/Schröder/-Maiwald, BT, Bd. I, § 46 RN 138; BGHSt6, 115 f.

1867 Vgl. Roth, SZW 63 (1991), S. 235 und Schmid, SAG 60 (1988), S. 137; Richard, SZW 67 (1995), S. 265 ff.; Krause, ZGR 2002, S. 817; Schmid, Festgabe zum schweizerischen Juristentag 1994, S. 530; vgl. auch Dingeldey, Insider-Handel, S. 24; Hasslinger, Zivilrechtliche Ansprüche, S. 40; für falsche Ad-hoc-Mitteilungen Steinhauer, Insiderhandelsverbot, S. 129, 136.

1868 Wohlers/Mühlbauer, FS für Forstmoser, S. 758; Schmid, Insiderstrafrecht, S. 200.

1869 So Krause, ZGR 2002, S. 817.

tel verkaufen will und nur der Manipulator solche anbietet oder kauft[1870]. Dass die Handelnden nicht im eigenen Namen an den Börsen oder Märkten auftreten, sondern von ihren Kommissionären vertreten werden, ändert daran nichts[1871]. Das Erfordernis der Stoffgleichheit ist auch dann erfüllt, wenn die Disposition zunächst die Bereicherung eines Kommissionärs bewirkt, der gerade auf Grund derselben nach festen Regeln Vermögen an den vom Betrüger anvisierten Kommissionär zu überweisen hat. Die Kommissionäre tauschen nach dem Abschluss Geld gegen Titel und rechnen je mit ihrem Kommittenten so ab, dass – vorbehaltlich der Provisionen – der vergütete Erlös des Anlegers im Ergebnis wertmäßig ins Vermögen des Manipulators eingeht.

Die Identitätstheorie wird allerdings heute meist abgelehnt, denn sie vermag modernen Vermögens- und Schadensauffassungen wie dem des objektiv-individuellen Schadenseinschlags oder Bereicherungen in Fällen bargeldlosen Zahlungsverkehrs nicht gerecht zu werden[1872]. Außerdem müsste die herrschende Meinung die Erfüllung des Tatbestands des Betrugs vom Gesichtspunkt der Stoffgleichheit immer dann ablehnen, wenn ein Unterlassen auf Seiten des Getäuschten vorliegt. In diesem Fall kann es nach der Vorstellung des Täters zu keiner Vermögensverschiebung kommen.

Vertreten wird die Stoffgleichheit deshalb heutzutage im Sinne des Unmittelbarkeitsprinzips, nach dem der Schwerpunkt nicht mehr auf die Identität der Vermögensobjekte, sondern auf die Unmittelbarkeit der Verknüpfung des Schadens mit dem Vorteil zu legen ist[1873]. Jedoch wird auch dieses Kriterium unterschiedlich ausgelegt bzw. angewandt[1874]: Teils wird gefordert, dass Vor- und Nachteil dergestalt miteinander verbunden sein müssten, dass ein und dieselbe Verfügung sowohl den Schaden als auch den Vorteil bedingt. Teils wird verlangt, dass der (erstrebte) Vorteil unmittelbar aus dem Opfervermögen stammen müsse. Teils werden beide Formeln miteinander verbunden: Erforderlich sei, dass Vorteil und Schaden auf ein und derselben Vermögensverfügung beruhen und dass der Vorteil zu Lasten des geschädigten Vermögens geht[1875]. Nach einhelliger Ansicht[1876] scheiden Belohnungen aus, die dem Täter für seine Tat von Dritten zugesagt werden.

1870 Schmid, SAG 60 (1988), S. 137; Richard, SZW 67 (1995), S. 268; LG München, ZIP 2001, S. 1814; Hasslinger, Zivilrechtliche Ansprüche, S. 53; vgl. auch Wilga, in Möllers/-Rotter, § 12 RN 105.

1871 Richard, SZW 67 (1995), S. 268.

1872 Wolfs, Stoffgleichheit, S. 4 f, 52 f; LK-Lackner, 10. Aufl., § 263 RN 274.

1873 Lenzen, Unerlaubte Eingriffe, S. 164; NK-Kindhäuser, 9. Lfg. (28.2.2001), § 263 RN 418; LK-Tiedemann, 11. Aufl., § 263 RN 256 ff; Tröndle/Fischer, § 263 RN 108; SK-Hoyer, 60. Lfg. (Februar 2004), § 263 RN 271.

1874 Vgl. auch NK-Kindhäuser, 9. Lfg. (28.2.2001), § 263 RN 419.

1875 LK-Tiedemann, 11. Aufl., § 263 RN 260; BGHSt34, 379 (391); BGH NStZ 1998, S. 85.

1876 LK-Tiedemann, 11. Aufl., § 263 RN 258; vgl. Rechtsprechung zum fremdnützigen Betrug des Provisionsvertreters, da zum einen der Vorteil aus dem Vermögen des Geschäfts-

Im Hinblick darauf bejaht Lenzen die Anwendbarkeit des Betrugstatbestandes in Fällen, in denen die durch die Manipulation herbeigeführte Bereicherung des Manipulators zu Lasten anderer Anleger gehen soll, und nicht aufgrund anderer Umstände[1877]. Erstrebe hingegen der Täter durch Nichtveröffentlichung einer Tatsache einen vermögenswerten Vorteil für sich oder einen Dritten auf einer anderen Ebene, beispielsweise durch die vertragliche Verknüpfung von Leistungen mit dem Kursniveau, so möge zwar die geforderte Bereicherungsabsicht vorliegen, es fehle indessen am Merkmal der Stoffgleichheit zwischen Vermögensverfügung und angestrebter Bereicherung.

Insbesondere die Rechtsprechung weist zur Frage der Stoffgleichheit kein einheitliches Bild auf[1878]. In der Rechtsprechung des Reichsgerichts[1879] wird allerdings lediglich postuliert, der Vermögensvorteil müsse durch die ihm entsprechende Schädigung fremden Vermögens vermittelt werden. Im Anschluss an das RG stellt die spätere Rechtsprechung in erster Linie ebenfalls darauf ab, dass dieselbe Vermögensverfügung, die den Täter bzw. einen Dritten bereichern soll, unmittelbar zu einem Schaden führt und dass der Vorteil zu Lasten des geschädigten Vermögens gehen muss[1880], wobei schließlich häufig verschieden formulierte, über die Unmittelbarkeit hinausgehende zusätzliche Anforderungen gestellt werden[1881].

Die Erklärung dieser Rechtsunsicherheit, die Gerichte von einer Bestrafung eklatanter Kursmanipulationsfälle bzw. der Zufriedenstellung geschädigter Anleger gem. § 823 Abs. 2 BGB i. V. m. § 263 StGB abhält, liegt darin, dass sich hinter diesen Ansätzen Leerformeln verbergen, die nicht aus sich selbst heraus verständlich sind[1882]: Wann ist ein Vorteil unmittelbar durch die Verfügung des Opfers angestrebt? Wann ist der Vorteil die Kehrseite des Schadens? Wann besteht eine Identität (quantitativ oder qualitativ) zwischen Vermögensschaden und beabsichtigter Bereicherung? Die Ansichten zur Stoffgleichheit verkennen aber vor allem, dass die durch Täuschung bewirkte Vermögensschädigung tatsächlich eingetreten sein muss, während die unrechtmäßige Bereicherung lediglich vom Täter beabsichtigt, also nicht verwirklicht sein muss. Diese Tatsache relativiert die zwischen beiden Vorgängen zu fordernde Beziehung. Der Erfolg der Bereicherung

herrn angestrebt wird, zum anderen die Bereicherung des Geschäftsherrn notwendiges Zwischenziel zur Erlangung des Provisionsanspruchs ist, BGHSt21, S. 384 ff.

1877 Lenzen, Unerlaubte Eingriffe, S. 163.

1878 Wolfs, Stoffgleichheit, S. 17 ff.

1879 RGSt 64, S. 435; 67, S. 201; 71, S. 292.

1880 BGHSt6, S. 116;21, S. 386; BGH, NJW 1972, S. 1905; OLG Karlsruhe, NJW 1959, S. 399; OLG Köln, NJW 1960, S. 209; BayObLG, MDR 1964, S. 777; BayObLG, NJW 1987, S. 1656; NStZ 1994, S. 491; OLG Düsseldorf, NJW 1993, S. 2694.

1881 Wolfs, Stoffgleichheit, S. 32, 34.

1882 De Beer, SchwZStR 109 (1992), S. 288.

muss zwar vom Täter angestrebt sein, aber nicht unbedingt Realität erlangen[1883]. Die Bereicherung beim Betrug ist tatsächlich überschießende Innentendenz. Für den Betrüger bedeutet dies, dass er die Bereicherung als Folge seiner Täuschungshandlung und der dadurch ausgelösten weiteren Ereignisse voraussehen und anstreben muss. Demnach braucht er zwischen dem Schaden und der angestrebten Bereicherung nur, aber immerhin eine Kausalbeziehung zu sehen. Der Täter muss sich notwendig vorstellen, dass sein Vorteil seinen Ursprung in der Verfügung des Getäuschten hat, er muss diese Vorstellung via Täuschung und Irrtum ins Werk setzen, da nur sie ihm den gewünschten Profit vermitteln kann[1884].

Nach einer Ansicht[1885] ist in Kursmanipulationsfällen Stoffgleichheit anzunehmen, indem sie im Sinne eines funktionalen Zusammenhanges zwischen Vorteil und Schaden verstanden wird. Die einzelne Verfügung wirke nämlich auf das Marktgeschehen ein und halte den Börsenkurs auf einem bestimmten Niveau. Der Betrug ist kein Vermögensverschiebungsdelikt, sondern ein Vermögensverfügungsdelikt[1886]. Die Verschiebung ist nur ein Aspekt der Verfügung. Verlangt ist nur die Vermögensverschaffungstendenz der Vermögensverfügung[1887]. In Zusammenhang mit der Manipulation mehrerer Anleger oder eines Anlegers mit großer Liquidität wolle der Täter sich also einen Vorteil über die einzelnen Verfügungen verschaffen, der im funktionalen Zusammenhang mit dem Schaden der Anleger stehe. Eine gewisse Teilidentität besteht allenfalls noch insofern, als Schaden und Vorteil mit verschiedenem Gewicht aus der Leistung des Opfers ableitbar sind. Die künstliche Kursänderung, die den Vermögensschaden des Anlegers darstellt, geht auf die Anlegerverfügungen zurück und führt zur Bereicherung des Manipulators/Dritten, der über Bestände von manipulierten Papieren verfügt oder der dank der Kursveränderung wirtschaftliche Vorteile erzielt. Der Betrug ist, wie gesehen, vollendet, wenn der Vermögensschaden eingetreten ist; nicht erforderlich ist, dass die Bereicherung gelungen ist. Irrelevant für die Bejahung des Betrugs ist

---

1883 Wolfs, Stoffgleichheit, S. 60; Richard, SZW 67 (1995), S. 267; vgl. auch SK-Samson/-Günther, 37. Lfg. (Juni 1996), § 263 RN 186; Schönke/Schröder/Cramer, § 263 RN 178.

1884 Wolfs, Stoffgleichheit, S. 61; Richard, SZW 67 (1995), S. 267.

1885 De Beer, SchwZStR 109 (1992), S. 288 im Anschluss an Wolfs, Stoffgleichheit, S. 91; vgl. auch SchweizBGE, SZW 69 (1997), 118; Richard, SZW 67 (1995), S. 268. Zuerst hat Wolfs, Stoffgleichheit, S. 60 ff. (71) für einen funktionalen Zusammenhang zwischen Verfügung und Vermögensvorteil plädiert, der als Zurechnungszusammenhang gekennzeichnet wird. Es geht in diesem Bereich um Fragen, die in Kategorien der Kausalität nicht zu lösen sind und erst mit der wertenden Methode der objektiven Zurechnung erschlossen werden können. Nötig ist nach dieser Ansicht die konkrete Vorteilsverschaffungstendenz der Verfügung, welche den funktionalen Zusammenhang ausmache, S. 83. Hierzu ist erforderlich, aber auch ausreichend, dass die Verfügung auf bestimmte, ihre Wirkung determinierende Umstände trifft und sich daraus der Vorteil ohne Zwischenschritte als Folge ergebe bzw. ergeben solle.

1886 Wolfs, Stoffgleichheit, S. 53.

1887 Richard, SZW67 (1995), S. 268.

deshalb der spätere Auftrag des Manipulators, um seinen Gewinn zu vereinnahmen[1888].

Auch wenn man demnach die Anwendbarkeit des Betrugstatbestandes gegen informationsgestützte Bull-Kursmanipulationen grundsätzlich bejahen und Irrtums-, Kausalitäts- und Schadensnachweishürden überwinden würde, sind Bear-Manipulationen aus dem § 263 StGB richtigerweise herauszunehmen: Denn verbreitet der Kursbetrüger eine falsche negative Tatsachenbehauptung, um sich mit den manipulierten Titeln billig einzudecken, ist ein stoffgleicher Vorteil des Täters nicht gegeben, da nicht die Anlegerverfügungen, sondern erst seine späteren Aktienkäufe zu billigen (manipulierten) Kursen mit einer Vermögensvermehrungstendenz verbunden sind.

1888 A. A. Achenbach, NJW 1986, S. 1839; Park, BB 2001, S. 2074.

§ 9 Zusammenfassende Stellungnahme

Der herrschende Kurs- und Marktpreismanipulationsbegriff stellt ein **Sammelbecken** für verschiedene wirtschaftlich unerwünschte Kursbeeinflussungspraktiken dar[1889], die - falls überhaupt - verschiedene Rechtsgüter des Einzelnen (**Anlegervermögen**) sowie der Allgemeinheit (**Wettbewerb**) beeinträchtigen. Im Hinblick darauf wurden im Rahmen dieser Arbeit die Straftatbestände des Kern- und Kapitalmarktstrafrechts, die solche Rechtsgüter schützen sollen, untersucht, und zwar: a) der Straftatbestand des WpHG gegen Kurs- und Marktpreismanipulationen, b) der Straftatbestand des WpHG gegen den Missbrauch von Insiderinformationen und c) der Betrugstatbestand.

Mit dem Straftatbestand gegen Kurs- und Marktpreismanipulation des WpHG ist bezweckt, in Umsetzung der gemeinschaftsrechtlichen Vorgaben gegen Marktmissbrauch alle wirtschaftlich unerwünschten Marktmanipulationspraktiken strafrechtlich zu erfassen, auch wenn keine verlässlich-objektive Grenze zwischen zugelassener und wünschenswerter Geschäftstätigkeit einerseits und verpönter Kursmanipulation andererseits gezogen werden kann. Zum Zwecke eines allumfassenden strafrechtlichen Schutzes vor Kursmanipulation hat sich der Gesetzgeber des vierten FFG zweier Wege bedient: Zum einen überführte er den Auffangtatbestand des § 88 BörsG a. F. in das neue Gesetz, obwohl dessen erhebliche Weite oftmals in der Vergangenheit Gegenstand scharfer Kritik war, zum anderen überließ er dem Verordnungsgeber seine „Spezifizierung". Der Auffangstraftatbestand des WpHG i. F. v. 1.7.2002 gegen Börsen- und Marktpreismanipulationen ist aber mit dem Art. 103 Abs. 2 GG nur dann **vereinbar**, sofern er im Lichte der Äußerungsalternative und des Rechtsguts der wahren Preisbildung im formellen Sinn ausgelegt wird.

Die Begehungsalternative stellt nämlich alle informationsgestützten Manipulationen, die den freien Wettbewerb im Sinne einer formellen Chancengleichheit beeinträchtigen, abschließend unter Strafe, so dass eine strafbarkeitserweiternde richtlinienkonforme Auslegung zum Zwecke der Erfassung von sachgerechten Empfehlungen (Scalping) und unverbürgten Nachrichten (Gerüchte) in Manipulationsabsicht über die **Wortlautgrenze** des Auffangtatbestandes („sonstiger") hinausgeht. Die BGH-Rechtsauffassung zur Strafbarkeit von Scalping gemäß dem Auffangtatbestand ist abzulehnen und die KuMaV/MaKonV sind in diesem Punkt als strafbarkeitsbegründend bzw. nichtig zu beurteilen.

Das weite richtlinienkonforme Verständnis des Auffangtatbestandes, nach dem effektive Transaktionen in Manipulationsabsicht zu bestrafen seien, denaturiert außerdem den Kursmanipulationstatbestand zu einer scheinbar legitimen

1889 Vgl. auch Streinz/Ohler, WM 2004, S. 1315.

Strafvorschrift, denn solche Verhaltensweisen sind „rechtsgutsneutral", so dass ihre Bestrafung auf dem Grund einer „unlauteren Kursbeeinflussungsabsicht" dem Vorwurf eines **Gesinnungsstrafrechts** ausgesetzt ist. Vollkommen wahre Preise, die alle Informationen - sogar Motive und Absichten - mit einschließen, haben keine **Entsprechung** in der Realität und deren strafrechtlicher Schutz führte zum Erliegen der verfassungsrechtlich verankerten gemischten **liberal-sozialen** Wirtschaftsverfassung. Ebenso wenig erweisen Vertrauensschutz- oder Funktionsschutzüberlegungen eine Rechtsgutsqualität. Sowohl eine strafbarkeitserweiternde richtlinienkonforme Auslegung bzw. Spezifizierung des vorhandenen Straftatbestandes als auch die rezente Gesetzesänderung (§ 38 Abs. 1 i. V. m. § 20a Abs. 1 Nr. 2 des WpHG i. F. v. AnSVG), die effektive Geschäfte ausdrücklich einbeziehen soll, widersprechen der Stellung des Strafrechts als subsidiärem Rechtsgüterschutz in unserem Rechtssystem und sind richtigerweise zu missbilligen.

Unter sonstigen Täuschungshandlungen sind nach dem hier vertretenen Ansatz ausschließlich **fiktive** Transaktionen zu verstehen, die eine ordnungsgemäße Preisbildung an organisierten Märkten beeinträchtigen. Nach dem AnSVG sind sie allerdings in den neuen Absatz des Manipulationsverbots (§ 20a Abs. 1 Nr. 2 WpHG i. F. v. AnSVG) eingegangen, so dass der Auffangtatbestand gegenstandslos bleibt und die neue MaKonV als strafbarkeitsbegründend bzw. nichtig anzusehen ist.

Geprüft wurde des Weiteren, inwiefern das Konzept einer beachtlichen Lehrauffassung über die Strafbarkeit des Scalping gemäß dem Insiderhandelsstraftatbestand fruchtbar in Preismanipulationskonstellationen eingearbeitet werden kann: Nutzt derjenige eine Insidertatsache aus, der schon **in der Kaufphase die Absicht** hat, die Kurse zu manipulieren? Die Anwendbarkeit des Insiderhandelsstraftatbestandes ist aber richtigerweise abzulehnen, nicht nur weil sie zu vielen Ungereimtheiten führt, sondern vor allem weil es in diesen Konstellationen an einer Insidertatsache fehlt: Denn die Absicht (Tatsache), eine Empfehlung abzugeben **bzw.** die Kurse zu manipulieren, kann als innere Tatsache **kein Kursbeeinflussungspotential** erweisen. Ein subsidiärer Schutz vor Kurs- und Marktpreismanipulationen durch die Insiderhandelsvorschrift lässt sich richtigerweise nur auf die Weise wahrnehmen, dass das Insiderhandelsverbot in Fällen greift, in denen der Manipulator die äußere Tatsache des Einsatzes manipulativer Mittel bei (Gegen-)Transaktionen wirtschaftlich ausnutzt. Die Ersetzung der Legaldefinition der Insidertatsache durch „Information über kurserhebliche Umstände" nach dem AnSVG in Umsetzung der Marktmissbrauchsrichtlinie bringt allerdings im Zusammenhang mit dem konturenlosen Informationsbegriff und den erheblichen Erweiterungen des Insiderrechts weniger Rechtsklarheit mit sich.

Der Betrugstatbestand findet schließlich bei Kurs- und Marktpreismanipulationen zu wenig Beachtung, obwohl Einigkeit darüber herrscht, dass Marktpreismanipulationen das Anlegervermögen schädigen. Im Rahmen dieser Arbeit wurde versucht, § 263 StGB durch eine **normative** Auslegung des Irrtumsmerkmals, ein

funktionales Verständnis des „Stoffgleichheitsmerkmals“ und die Heranziehung von hypothetischen Wettbewerbspreisen gegen Kurs- und Marktpreismanipulation zu aktivieren. Die Ergebnisse sollten dennoch bescheiden sein. Nicht nur weil der Betrugstatbestand eine derartige Menge von Tatbestandsvoraussetzungen erfordert, so dass es „dem gewiegten Börsianer nicht schwer fällt, im Börsenverkehr eine von ihnen zu umgehen und sich nicht schuldig zu machen“, sondern auch weil die Analyse des § 263 StGB auf die in Strafgesetzbüchern befindliche Kommentarliteratur beschränkt und in ihrer Prämisse immer noch ungeklärt bleibt. Nach welchen Kriterien z. B. die damit doch wieder notwendige Sonderung von strafrechtlich geschützten und strafrechtlich ungeschützten Überzeugungen über die Verteilung des Irrtumsrisikos erfolgen soll, wird derzeit noch kaum ansatzweise und überhaupt nicht beim Begriff der schlüssigen Täuschung diskutiert[1890]. Aber auch die Diskussion um die Reichweite betrugsrelevanter Vermögensschäden sowie den Sinngehalt des Tatbestandsmerkmals der Stoffgleichheit ist keinesfalls als abgeschlossen anzusehen.

Diese Erkenntnisse sollten schon die Herausforderungen der Gegenwart für einen effizienten Schutz vor Kurs- und Marktpreismanipulationen andeuten. Die **Strafrechtswissenschaft** sollte zum einen ihr fehlendes Engagement für das Betrugsstrafrecht kompensieren und den § 263 StGB im Hinblick auf moderne Wirtschaftskriminalität weiterbilden. Bevor man auf den strafrechtlichen Schutz „vager Allgemeinheitsbelange“ eingeht, sollte man sich zu erst alle Möglichkeiten eines legitimen strafrechtlichen Anlegervermögensschutzes zunutze machen. Einen legitimen Strafrechtsschutz vor Marktpreismanipulationen kann nur ein **fragmentarischer Rechtsgüterschutz** bewirken. Ein zupackendes Strafrecht bedeute nicht Quantität, sondern effektiv eingesetzte Qualität. Eher gilt es also, das Kernstrafrecht (insbesondere § 263 StGB, wobei das Merkmal des Vermögensschadens von der überängstlichen Interpretation zu entlasten ist) auszuschöpfen, als zum Schutz zweifelhafter überindividueller Rechtsgüter in verschiedenen Nebengesetzen verstreute unbestimmte Tatbestände zu schaffen[1891].

Der **Gesetzgeber** sollte zum anderen an den fundamentalen Prinzipien eines rechtsstaatlichen Strafrechts festhalten und nicht seinen gemeinschaftsrechtlichen Verpflichtungen durch ein unbestimmtes „rechtsgutsneutrales“ Strafrecht gerecht werden. Dass bestimmte Kurs- und Marktpreisbeeinflussung aus ökonomischer Perspektive unerwünscht sind, mag richtig sein. Negative ökonomische Auswirkungen auf Börsen und Kapitalmärkte oder unfaire Marktpraktiken, auch wenn sie auf ein diffuses gesellschaftliches Angstpotential rekurrierten[1892], implizieren jedoch in keiner Weise, dass sich ein Schutz der beeinträchtigten Interessen notwendig in den Formen des Strafrechts zu vollziehen hat. Weder ist Strafrecht Allheil-

1890 SK-Hoyer, 60. Lfg. (Februar 2004), § 263 RN 43.

1891 Geerds, Vermögensschutz, S. 76.

1892 NK-Hassemer, 3. Lfg. (31.12.1995), vor § 1 RN 274 ff.; Haouache, Börsenaufsicht, S. 16, 21, 63, 83; Volk, JZ 1982, S. 87 f.

mittel für ungewollte wirtschaftliche Erscheinungsformen, noch reicht lediglich ein Mangel an Erfindungsreichtum des Gesetzgebers hinsichtlich des Erlasses außerstrafrechtlicher bzw. zivilrechtlicher marktfördernder Vorschriften aus, um die Strafwürdigkeit zu begründen.

Literaturverzeichnis

Achenbach, Hans: Das zweite Gesetz zur Bekämpfung der Wirtschaftskriminalität, NJW 1986, S. 1835 ff.

ders.: Aus der 2003/2004 veröffentlichten Rechtsprechung zum Wirtschaftsstrafrecht, NStZ 2004, S. 549 ff.

ders.: Aus der 2004/2005 veröffentlichten Rechtsprechung zum Wirtschaftsstrafrecht, NStZ 2005, S. 621 ff.

Aha, Christof/Förderer, Jens: Die Roche-Entscheidung des US Court of Appeals und ihre Lehren für das deutsche Kapitalmarktrecht, RIW 2003, S. 450 ff.

Altendorfer, Christian: Kursmanipulationen am Wertpapiermarkt: Ein rechtsvergleichender Blick auf den Sanktionsbereich, in: Grundfragen des neuen Börsenrechts, hrsg. von Josef Aicher/Susanne Kalss/Martin Oppitz, Wien 1998, S. 207 ff.

Altenhain, Karsten: Die Neuregelung der Marktpreismanipulation durch das vierte Finanzmarktförderungsgesetz, BB 2002, S. 1874 ff.

Alternativ-Entwurf eines Strafgesetzbuches, vorgelegt von Jürgen Baumann – Besonderer Teil: Straftaten gegen die Wirtschaft (Band II), vorgelegt von Ernst-Joachim Lampe, Tübingen 1977

Amelung, Knut: Rechtsgüterschutz und Schutz der Gesellschaft – Untersuchungen zum Inhalt und zum Anwendungsbereich eines Strafrechtsprinzips auf dogmengeschichtlicher Grundlage – zugleich ein Beitrag zur Lehre von der "Sozialschädlichkeit" des Verbrechens, Frankfurt a. M. 1972 <zitiert: Rechtsgüterschutz>

Assmann, Heinz-Dieter: Anmerkung zum VGH- Urteil, AG 1998, S. 436 f., AG 1998, S. 438 ff.

ders.: Konzeptionelle Grundlagen des Anlegerschutzes, ZBB 1989, S. 49 ff.

ders.: Rechtsanwendungsprobleme des Insiderrechts in Bezug auf die Organisation und die Geschäfte von Kreditinstituten, WM 1996, S. 1337 ff.

ders.: Übernahmeangebote im Gefüge des Kapitalmarktrechts, insbesondere im Lichte des Insiderrechts, der Ad-hoc-Publizität und des Manipulationsverbots, ZGR 2002, S. 697 ff.

ders./Schneider, Uwe: Wertpapierhandelsgesetz-Kommentar, 3. Auflage, Köln 2003

ders./Schütze, Rolf A: Handbuch des Kapitalanlagerechts, München 1990

Bärlein, Michael/Pananis, Panos: Spannungsverhältnis zwischen der Aussagefreiheit im Strafverfahren und den Mitwirkungspflichten im Verwaltungsverfahren, NJW 2002, S. 1825 ff.

Barnert, Thomas: Deliktischer Schadensersatz bei Kursmanipulation de lege lata und de lege ferenda – Zugleich eine Besprechung zu den Urteilen LG Augsburg vom 24.9.2001 = WM 2001, 1944 und LG Augsburg vom 9-1-2002, = WM 2002, 592, WM 2002, S. 1473 ff.

Bartmann, Gunnar Ch.: Der Submissionsbetrug, Dissertation Berlin 1999

Baumbach, Adolf/Hefermehl, Wolfgang: Wettbewerbsrecht – Gesetz gegen den unlauteren Wettbewerb, Zugabeverordnung, Rabattgesetz und Nebengesetze, 22. Auflage, München 2001

Baumbach, Adolf/Hopt Klaus: Handelsgesetzbuch: mit GmbH & Co., Handelsklauseln, Bank- und Börsenrecht, Transportrecht (ohne Seerecht), begründet von Adolf Baumbach, fortgeführt bis zur 24. Aufl. von Konrad Duden, 30. Auflage, München 2000

Baums, Theodor: Anlegerschutz und Neuer Markt, ZHR 166 (2002), S. 375 ff.

ders.: Haftung wegen Falschinformation des Sekundärmarktes, ZHR 167 (2003), S. 139 ff.

Baur, Georg/Wagner, Oliver: Das vierte Finanzmarktförderungsgesetz – Neuerungen im Börsen- und Wertpapierhandelsrecht, Die Bank 2002, S. 530 ff.

Bayer, Walter: Vorsorge und präventive Abwehrmaßnahmen gegen feindliche Übernahmen, ZGR 2002, S. 588 ff.

Beck, Heiko: Die Reform des Börsenrechts im vierten FFG – Neuregelung der Handelsplattformen, des Maklerrechts und der Wertpapierzulassung (Teil II), BKR 2002, S. 699 ff.

Becker, Joachim: Das neue Wertpapierhandelsgesetz – Textausgabe mit Erläuterungen, Berlin 1995 <zitiert: Das neue WpHG>

de Beer, Alexander: Börsenmanipulationen und Betrug, SchwZStR 109 (1992), 272 ff.

ders.: Ergänzende Betrachtungen zur Besprechung von BGE 113 Ib 170 durch Prof. N. Schmid in der SAG 3/88, S. 136 ff. zum Insiderstrafrecht, SAG 61 (1989), S. 147 ff.

ders.: Zur Strafbarkeit von Börsenmanipulationen durch Finanzjournalisten, SAG 54 (1982), S. 155 ff.

ders.: Zur zivilrechtlichen Haftung der Finanzpresse bei Börsenmanipulationen mittels falscher Anlageempfehlungen, SAG 55 (1983), S. 65 ff.

Benckendorff, Andreas: Erwerb eigener Aktien im deutschen und US-amerikanischen Recht, Baden-Baden, 1998 <zitiert: Erwerb eigener Aktien>

Benner, Klaus-Dieter: Konsequenzen der Zentralisierungsbestrebungen der Wertpapiermarktaufsicht, ZRP 2001, S. 450 ff.

ders.: Marktfairness und Internet, WM 2000, S. 124 f.

Best, Dominik: Betrug durch Kartellabsprachen bei freihändiger Vergabe – Besprechung von BGH, Urteil vom 11.7.2003, GA 2003, S. 157 ff.

Binding, Karl: Lehrbuch des Gemeinen Deutschen Strafrechts, Besonderer Teil, Band I, 2. Aufl., Leipzig 1902

Bitzilekis, Nikolaos: Der Tatsachenbegriff im Strafrecht, in: Festschrift für Hans Joachim Hirsch zum 70. Geburtstag am 11. April 1999, hrsg. von Thomas Weigend und Georg Küpper, Berlin – New York 1999, S. 29 ff.

Bleckmann, Albert: Zu den Methoden der Gesetzesauslegung in der Rechtsprechung des BVerfG, JuS 2002, S. 942 ff.

Blumentritt, Jan: Die privatrechtlich organisierte Börse – ein Beitrag zur Diskussion um die Neuordnung des Börsenwesens, Frankfurt a. M. 2003 <zitiert: Die privatrechtlich organisierte Börse>

Boden, Jürgen: Der Informationsbegriff in der Betriebswirtschaftslehre, Zfbf 49 (1997), S. 449 ff.

Bosch, Ulrich/Groß, Wolfgang: Das Emissionsgeschäft, 2. Ausgabe, Köln 2000

Bosse, Christian: Handel in eigenen Aktien durch die Aktiengesellschaft, WM 2000, S. 806 ff.

Bottke, Wilfried: Anmerkung zum BGH, Urteil v. 22.10.1986, JR 1987, S. 427 ff.

ders.: Das Wirtschaftsstrafrecht in der Bundesrepublik Deutschland – Lösungen und Defizite, wistra 1991, S. 1 ff.

Boujong, Karlheinz (Hrsg.): Karlsruher Kommentar zum Gesetz über Ordnungswidrigkeiten, 2. Auflage, München 2000

Braun, Ulrich/Vogel, Christian: Wertpapieranalyse und Wohlverhaltensregeln nach § 34b WpHG, ZfdgK 2003, S. 530 ff.

Bremer, Heinz: Grundzüge des deutschen und ausländischen Börsenrechts, Berlin [u.a.] 1969 <zitiert: Börsenrecht>

Bröker, Klaus F: Neue Strafvorschriften im deutschen Börsenrecht, wistra 1995, S. 130 ff.

ders.: Strafrechtliche Probleme bei Warentermin- und -optionsgeschäften, Göttingen 1989 <zitiert: Warentermin- und -optionsgeschäfte>

Büschgen, Hans: Das kleine Börsen-Lexikon, 22. Auflage, Düsseldorf 2001 <zitiert: Börsenlexikon>

Burgard, Ulrich: Ad-hoc-Publizität bei gestreckten Sachverhalten und mehrstufigen Entscheidungsprozessen, ZHR 162 (1998), S. 51 ff.

Bussmann, Kai: Konservative Anmerkungen zur Ausweitung des Strafrechts nach dem sechsten Strafrechtsreform, StV 1999, S. 613 ff.

Buttlar, Julid: Director's Dealings: Änderungsbedarf aufgrund der Marktmissbrauchsrichtlinie, BB 2003, S. 2133 ff.

Cahn, Andreas: Grenzen des Markt- und Anlegerschutzes durch das Wertpapierhandelsgesetz, ZHR 162 (1998), S. 1 ff.

Caspari, Karl-Burkard: Die geplante Insiderregelung in der Praxis, ZGR 1994, S. 530 ff.

Cerny, Jochen: § 264a StGB – Kapitalanlagebetrug, Gesetzlicher Anlegerschutz mit Lücken, MDR 1987, S. 271 ff.

Claßen, Ruth/Heegemann, Volker: Das Lamfalussy-Verfahren – Bestandsaufnahme, Bewertung und Ausblick, ZfdgK 2003, S. 1200 ff.

Claussen, Carsten Peter: Bank- und Börsenrecht, unter Mitarb. von Roland Erne, 3. Auflage, München 2003

ders.: Dem Neuen Markt eine zweite Chance, BB 2002, S. 105 ff.

ders.: Neues zur kommenden Insidergesetzgebung, ZBB 1992, Teil I: S. 73 ff., Teil II: S. 267 ff.

Cramer, Peter: Strafbarkeit der Ausnutzung und Weitergabe von Insiderinformationen nach dem Recht der Bundesrepublik Deutschland, in: Festschrift für Otto Triffterer zum 65. Geburtstag, hrsg. von Kurt Schmoller, Wien [u.a.]1996, S. 323 ff.

Dette, Guido: Kursbildung am deutschen Aktienmarkt – mit einem Geleitwort von Prof. Dr. Wolfgang Benkert, Wiesbaden 1998 <zitiert: Kursbildung>

Di Fabio, Udo: Richtlinienkonformität als ranghöchstes Normauslegungsprinzip, NJW 1990, S. 947 ff.

Dickersbach, Volker: Das neue Insiderrecht der Bundesrepublik Deutschland vor dem Hintergrund des Europäischen Gemeinschaftsrechts, Dissertation Berlin 1995 <zitiert: Das neue Insiderrecht>

Dier, Christian/Fürhoff, Jens: Die geplante europäische Marktmissbrauchsrichtlinie, AG 2002, S. 604 ff.

Dietmeier, Frank: Blankettstrafrecht – Ein Beitrag zur Lehre vom Tatbestand, Marburg 2002 <zitiert: Blankettstrafrecht>

Dingeldey, Thomas: Insider-Handel und Strafrecht, Köln [u.a.] 1983 <zitiert: Insider- Handel>

Dreyling, Georg: Das 4. Finanzmarktförderungsgesetz-Überregulierung oder notwendig? Die Bank 2002, S. 16 ff.

ders./Schäfer, Frank: Insiderrecht und Ad-hoc-Publizität: Praxis und Entwicklungstendenzen, Köln 2001

Drygala, Tim: A Step ahead of the Crowed - zur selektiven Information von Finanzanalysten nach amerikanischem und deutschem Kapitalmarktrecht, WM 2001, Teil I: S. 1282 ff., Teil II: S. 1313 ff.

Eichelberger, Jan: Scalping – ein Insiderdelikt? WM 2003, S. 2121 ff.

ders.: Zur Verfassungsmäßigkeit von § 20a WpHG, ZBB 2004, S. 296 f.

Ekkenga Jens: Die Ad-hoc-Publizität im System der Marktordnungen – Plädoyer für eine kapitalmarktrechtliche statt gesellschaftsrechtliche Interpretation des § 15 WpHG, ZGR 1999, S. 165 ff.

ders.: Fragen der deliktischen Haftungsbegründung bei Kursmanipulationen und Insidergeschäften, ZIP 2004, S. 781.

ders.: Kapitalmarktrechtliche Aspekte „der Investor Relations", NZG 2001, S. 1 ff.

ders.: Kurspflege und Kursmanipulation nach geltendem und künftigem Recht, WM 2002, S. 317 ff.

Engels, Wolfram: Anlegerschutz und Vertrauensbildung an Finanzmärkten, hrsg. von Wolfram Engels mit Beiträgen von Rolf-E. Breuer, Gerhard Eberstadt, Wolfram Engels, Jörg Finsinger, Heinz Gerlach, Fritz Knapp Verlag, Frankfurt a.M. 1992 <zitiert: Anlegerschutz>

Engler, Wilhelm: Vor Aktien wird gewarnt: Sind Volksaktionäre die Radikalen von morgen? München [u.a.] 1967 <zitiert: Vor Aktien wird gewarnt >

Ensenbach, Hans-Peter: Probleme der Verwaltungsakzessorietät im Umweltstrafrecht: dargestellt an den Straftatbeständen der Gewässerverunreinigung, Luftverunreinigung und Lärmversuchung, Frankfurt a.M. [u.a.] 1989 <zitiert: Verwaltungsakzessorietät>

Erbs, Georg/Kohlhaas, Max (Hrsg.): Strafrechtliche Nebengesetze, Loseblattsammlung

Ettinger, Jochen/Grützediek, Elke: Haftungsrisiken im Zusammenhang mit der Abgabe der Corporate Governance Entsprechenserklärung gemäß § 161 AktG, AG 2003, S. 353 ff.

Fahrholz, Bernd: Kapitalmarktrechtliche Transparenzpflicht und Marktmissbrauchsverbot nach dem Vierten Finanzmarktförderungsgesetz im Spannungsfeld von Markt- und Anlegerschutz, in: Festschrift für Peter Selmer zum 70. Geburtstag - Staat, Wirtschaft, Finanzverfassung, hrsg. v. Lerke Osterloh, Kartsen Schmidt, Hermann Weber, Berlin 2004, S. 323 ff.

Faure, Michael G: Betrugsregelungen in Belgien, Frankreich, Niederlande, ZStW 108 (1996), S. 527 ff.

Feldhaus, Reiner: Die Eignung zur erheblichen Kursbeeinflussung bei der Ad-hoc-Publizität: eine rechtsvergleichende und interdisziplinäre Untersuchung unter Berücksichtung der europarechtlichen Vorgaben, Frankfurt a. M [u.a.] 2003 <zitiert: Eignung >

Fenchel, Udo: Das vierte Finanzmarktförderungsgesetz – ein Überblick, DStR 2002, S. 1355 ff.

Fichtner, Andrea: Die börsen- und depotrechtlichen Strafvorschriften und ihr Verhältnis zu den Eigentums- und Vermögensdelikten des StGB, Dissertation Tübingen 1993 <zitiert: Börsenstrafvorschriften>

Fissenwert, Peter: Die Haftung des Vorstandes der Aktiengesellschaft (Teil II), Betrieb und Wirtschaft 2003, S. 905 ff.

Fleischer, Holger: Der Financial Services and Market Act 2000: Neues Börsen- und Kapitalmarktrecht für das Vereinigte Königreich, RIW 2001, S. 817 ff.

ders.: Das Haffa-Urteil: Kapitalmarktrecht auf dem Prüfstand, NJW 2003, S. 2584 ff.

ders.: Das vierte Finanzmarktförderungsgesetz, NJW 2002, S. 2977 ff.

ders.: Marktschutzvereinbarungen beim Börsengang – Eine Bestandsaufnahme nach dem vierten Finanzmarktförderungsgesetz, WM 2002, S. 2305 ff.

ders.: Scalping zwischen Insiderdelikt und Kursmanipulation – Zugleich Anmerkung zum BGH, Urteil vom 6.11.2003 1 StR 24/03, DB 2004, S. 64, DB 2004, S. 54 f.

ders./Kalss, Susanne: Das neue Wertpapiererwerbs- und Übernahmegesetz – Einführende Gesamtdarstellung und Materialien, München 2002 <zitiert: WpÜG>

dies.: Kapitalmarktrechtliche Schadensersatzhaftung und Kurseinbrüche an der Börse, AG 2002, S. 329 ff.

Fleischer/Merkt, Hanno: „Empfiehlt es sich im Interesse des Anlegerschutzes und zur Förderung des Finanzplatzes Deutschland, das Kapitalmarkt- und Börsenrecht neu zu regeln? Gutachten F und G zum 64. Deutschen Juristentag, München 2002 <zitiert: Gutachten F/G>

Franzheim, Horst: Gedanken zur Neugestaltung des Betrugstatbestandes einschließlich seines Vorfeldes unter besonderer Berücksichtigung der Wirtschaftskriminalität, GA 1972, S. 353 ff.

Fuchs, Andreas/Dühn, Matthias: Deliktische Schadensersatzhaftung für falsche Ad-hoc-Mitteilungen – Zugleich Besprechung des OLG München, BKR 2002, 1096, BKR 2002, S. 1063 ff.

Fürhoff, Jens: Neuregelung der Ad-hoc-Publizitätspflicht auf europäischer Ebene – Auswirkungen auf § 15 WpHG und systematische Einordnung, AG 2003, S. 80 ff.

Fuld, Ludwig: Die Börse und die Strafgesetzgebung, Der Gerichtssaal XLVII (1892), S. 63 ff

Gäbhard, Babette: Das Tatbestandsmerkmal der „wesentlichen Umstände" beim Kapitalanlagebetrug, § 264a StGB, Dissertation Freiburg i. B. 1993 <zitiert: Wesentliche Umstände>

Gaede, Karsten/ Mühlbauer, Tilo: Wirtschaftsstrafrecht zwischen europäischem Primärrecht, Verfassungsrecht und der richtlinienkonformen Auslegung am Beispiel des Scalping – zugleich Besprechung von BGH wistra 2004, 109 -, wistra 2005, S. 9 ff.

Gall, Mario: Neue Richtlinie über Insider-Geschäfte und Marktmanipulation, ecolex 2003, S. 560 ff.

Gallandi, Volker: 264a StGB – Der Wirkung nach ein Missgriff?, wistra 1987, S. 316 ff.

Gebhardt, Cord: Prime und General Standard: Die Neusegmentierung des Aktienmarktes an der Frankfurter Wertpapierbörse, WM 2003 (Sonderbeilage), S. 3 ff.

Geerds, Detlev: Wirtschaftsstrafrecht und Vermögensschutz, Lübeck 1990 <zitiert: Vermögensschutz>

Gehrig, Klaus: Der Absichtsbegriff in den Straftatbeständen des besonderen Teils des StGB, Berlin 1986 <zitiert: Absichtsbegriff>

Gehrt, John Alexander: Die neue Ad-hoc-Publizität nach § 15 WpHG – eine kritische Betrachtung im Vergleich zur französischen und anglo-amerikanischen Regelung, Baden-Baden 1997 <zitiert: Ad-hoc-Publizität>

Geibel, Stephan/Süßmann, Rainer: Erwerbsangebote nach dem Wertpapiererwerb- und Übernahmegesetz, BKR 2002, S. 52 ff.

Geilen, Gerd: Aktienstrafrecht – Erläuterungen zu den §§ 399-405 AktG (Sonderausgabe), Köln [u.a.] 1984

Gerke, Wolfgang/Oerke, Marc: Marktbeeinflussung durch Analystenempfehlungen - eine empirische Studie, ZfB 1998 (Ergänzungsheft), S. 187 ff.

Göhler, Erich: Gesetz über Ordnungswidrigkeiten erläutert von Erich Göhler, fortgeführt von Peter König und Helmut Seitz, 13. Auflage, München 2002

Goldmann, Thomas: Marktmanipulation und Insider-Geschäfte: Neue europäische Tatbestände, ÖBA 2001, S. 783 ff.

Gotzens, Markus/Wegner, Carsten: Rechtsverordnung kann keinen Straftatbestand ausgestalten – Neuregelung der Kursmanipulation bindet Gerichte nicht, FAZ v. 06.04.02, S. 21

Graul, Eva: Können auch Erfahrungssätze und Rechtssätze Tatsache i. S. des § 263 StGB sein?, JZ 1995, S. 595 ff.

Grimme, Leoni/Buttlar, Julia: Neue Entwicklungen in der Ad-hoc-Publizität – vom vierten Finanzmarktförderungsgesetz zur Markmissbrauchsrichtlinie, WM 2003, S. 901 ff.

Groner, Roger/Meier, Peter: Aktienrückkäufe und Kursbeeinflussung, SZW 74 (2002), S. 279 ff.

Groß, Wolfgang: Das Ende des sog. „Greenshoe" - Zugleich Besprechung des Urteils des Kammergerichts vom 22.8.2001, ZIP 2002, S. 160 ff.

ders.: Haftung für fehlerhafte oder fehlende Regel- oder Ad-hoc-Publizität, WM 2002, S. 477 ff.

ders.: Kapitalmarktrecht: Kommentar zum Börsengesetz, zur Börsenzulassungsverordnung, zum Verkaufsprospektgesetz und zur Verkaufsprospekt-Verordnung, 2. Auflage, München 2002

Großmann, Klaus/Nikoleyczik, Tobias: Praxisrelevante Änderungen des Wertpapierhandelsgesetzes – Die Auswirkungen des vierten Finanzmarktförderungsgesetzes, DB 2002, S. 2031 ff.

Grotherr, Siegfried: Der neue Straftatbestand des Kapitalanlagebetruges (§ 264a StGB) als Problem des Prospektinhalts und der Prospektgestaltung, DB 1986, S. 2584 ff.

Gründler, Kurt: Die Strafbestimmungen des deutschen Börsengesetzes – Zugleich ein Beitrag zur Lehre vom Ordnungs- und Disziplinarstrafrecht, Borna-Leipzig 1910 <zitiert: Strafbestimmungen des Börsengesetzes>

Haarmann, Wilhelm/Riemer, Klaus/Schüppen, Matthias: Öffentliche Übernahmeangebote – Kommentar zum Wertpapiererwerbs- und Übernahmegesetz, Heidelberg 2002

Hammen, Horst: Börsenorganisation im Wandel –Vorschläge für ein viertes Finanzmarktförderungsgesetz, AG 2001, S. 549 ff.

Haouache, Gerhard Cordon: Börsenaufsicht durch das Strafrecht – eine Untersuchung zur straf- und verfassungsrechtlichen Problematik der strafrechtlichen Sanktionierung des Insiderhandels durch das Wertpapierhandelsgesetz in Deutschland im Hinblick auf die Umsetzung der EG-Richtlinie 89/592/EWG, Frankfurt a.M. [u.a.] 1996 <zitiert: Börsenaufsicht>

Hasslinger, Nicolaus: Zivilrechtliche Ansprüche gegen Insider – Eine Untersuchung zum schadensrechtlichen und bereicherungsrechtlichen Aspekt des Insider-Problems, Dissertation Frankfurt a. M. 1978 <zitiert: Zivilrechtliche Ansprüche>

Hefendehl, Roland: Kollektive Rechtsgüter im Strafrecht, Köln [u.a.] 2002 <zitiert: Kollektive Rechtsgüter>

Heinze, Stephan: Europäisches Kapitalmarktrecht – Recht des Primärmarktes, München 1999 <zitiert: Europäisches Kapitalmarktrecht>

Heise, Detlef: Der Insiderhandel an der Börse und dessen strafrechtliche Bedeutung – eine Untersuchung des neuen deutschen Insiderrechts speziell unter Bezugnahme auf die strafrechtstheoretischen und strafrechtsdogmatischen Grundlagen, Frankfurt a. M. [u.a.] 2000 <zitiert: Insiderhandel>

Heise, Friedrich Nicolaus: Europäisches Gemeinschaftsrecht und nationales Strafrecht – Die Auswirkungen des Vorrangs des Gemeinschaftsrechts und der gemeinschaftsrechtskonformen Rechtsanwendung auf das deutsche materielle Strafrecht, Bielefeld 1998 <zitiert: Europäisches Gemeinschaftsrecht>

Hellwig, Hans-Jürgen: Möglichkeiten einer Reform zur Stärkung des deutschen Kapitalmarktes, ZGR 1999, S. 781 ff.

Hemptenmacher, Theodor: Börsengesetz nebst Ausführungsbestimmungen – Textausgabe mit Anmerkungen und Sachregister, 2. Auflage, Berlin 1908

Henggeler, Josef: Beiträge zur Lehre vom Börsenstrafrecht (Abschlussverbote, Verleitung und Ausbeutung), Dissertation Zürich 1908 <zitiert: Lehre vom Börsenstrafrecht>

Hergeth, Armin: Anmerkung zum LG Frankfurt a. M., Urteil v. 9.11.1999, DStR 2000, S. 393

v. Hertzberg, Christine: Die Haftung von Börseninformationsdiensten, Heidelberg 1987 <zitiert: Börseninformationsdienste>

Hildner, Claus: Aspekte des Anlagebetruges im staatsanwaltschaftlichen Ermittlungsverfahren, WM 2004, S. 1068 ff.

Hilgendorf, Eric: Tatsachenaussagen und Werturteile im Strafrecht – entwickelt am Beispiel des Betruges und der Beleidigung; Berlin 1998 <zitiert: Tatsachenaussagen>

Hillenkamp, Thomas: Beweisprobleme im Wirtschaftsstrafrecht, in: Osnabrücker Rechtswissenschaftliche Abhandlungen 1985 – Recht- und Wirtschaft – Ringvorlesung im Fachbereich Rechtswissenschaften der Universität Osnabrück 1984/5 mit Beiträgen von Hans Achenbach, Köln [u. a.] 1985, S. 221 ff.

Hirsch, Hans Joachim: Straf- und Strafprozessrecht gegenüber neuen Formen und Techniken der Kriminalität, in: Neue Erscheinungsformen der Kriminalität in ihrer Auswirkung auf das Straf- und Strafprozessrecht – Deutsch-polnisches Strafrechtskolloqium, 12-17 September 1995, hrsg. von Hans Joachim Hirsch, S. 33 ff. <zitiert: Neue Erscheinungsformen>

Hirte, Heribert: Verteidigung gegen Übernahmeangebote und Rechtsschutz des Aktionärs gegen die Verteidigung, ZGR 2002, S. 623 ff.

Hirth, Hans: Kursbeeinflussung und fällige Optionen, Wiesbaden 1994 <zitiert: Kursbeeinflussung>

Hofstetter, Brigitte: Interessenkonflikte im Universalbankensystem – Eine Systematisierung der Interessenkonflikte innerhalb und außerhalb des Wertpapiermarktes, unter Einschluss der Insiderproblematik, Bern 1999 <zitiert: Interessenkonflikte>

Holzborn, Timo/Foelsch, Eberhard: Schadensersatzpflichten von Aktiengesellschaften und deren Management bei Anlegerverlusten – ein Überblick, NJW 2003, S. 932 ff.

Höper, Julia: Das Internet als Beratungsstudium – Stärken und Schwächen, Die Bank 2000, S. 396 ff.

Hopt Klaus J: Aus dem Weg zum deutschen Insidergesetz – Die Vorüberlegungen vom Herbst 1992, in: Festschrift für Karl Beusch zum 68. Geburtstag am 31. Oktober 1993, hrsg. von Heinrich Beisse, Berlin [u.a.] 1993, S. 393 ff.

ders.: Der Kapitalanlegerschutz im Recht der Banken – Anforderungen an das Beratungs- und Verwaltungsverhältnis der Kreditinstitute, München 1975 <zitiert: Kapitalanlegerschutz>

ders.: Grundsatz- und Praxisprobleme nach dem Wertpapierhandelsgesetz – insbesondere Insidergeschäfte und Ad-hoc-Publizität, ZHR 159 (1995), S. 135 ff.

ders.: Inwieweit empfiehlt sich eine allgemeine gesetzliche Regelung des Anlegerschutzes? Dargestellt unter besonderer Berücksichtigung der Publikumpersonengesellschaften, namentlich der Abschreibungsgesellschaften und geschlossenen Immobilienfonds, Gutachten G für den 51. Deutschen Juristentag, München 1976 <zitiert: Gutachten G>

ders./Rudolpf, Bernd/Baum, Harald: Börsenreform – eine ökonomische, rechtsvergleichende und rechtspolitische Untersuchung, Stuttgart 1997

ders./Waschkeit, Indre: „Stabilisation und Alloatment – A European Superviscry Approach" – Stellungnahme zum Fesco-Konsultationsdokument vom 15-9-2000, in: Festschrift für Werner Lorenz zum 80. Geburtstag, hrsg. v. Rauscher Thomas/Mansel Heinz-Peter, München 2001, S. 146 ff.

Horn, Norbert: Internationale Unternehmenszusammenschlüsse, ZIP 2000, S. 473 ff.

Hoyer, Andreas: Die Eignungsdelikte, Berlin 1987

Hugger, Heiner: Zur strafbarkeitserweiternden richtlinienkonformen Auslegung deutscher Strafvorschriften, NStZ 1993, S. 421 ff.

Hutter, Stephan/Leppert, Michael: Das vierte Finanzmarktförderungsgesetz aus Unternehmenssicht, NZG 2002, S. 649 ff.

dies.: Reformbedarf im deutschen Kapitalmarkt- und Börsenrecht, NJW 2002, 2208 ff.

Iffland, Jacques: Note concernant l'arrêt fondation F. rendu le 27 septembre 1996 par le premiére Cour de droit public du Tribunal jédéral, SZW 69 (1997), S. 121 ff.

Ilberg, Philipp/Neises, Michael: Die Richtlinien-Vorschlage der EU-Kommission zum „Einheitlichen Europäischen Prospekt" und „zum Marktmissbrauch" aus Sicht der Praxis – Hintergrund, Inhalt und Kritik, WM 2002, S. 635 ff.

Immenga, Frank: Das neue Insiderrecht im Wertpapierhandelsgesetz, ZBB 1995, S 197 ff.

Jaath, Karl Ernst: Zur Strafbarkeit der Verbreitung unvollständiger Prospekte über Vermögensanlagen, in: Festschrift für Hanns Dünnebier zum fünfundsiebzigsten Geburtstag am 12. Juni 1982, hrsg. v. Hanack Ernst Walther/Rieß Peter/Wendisch Günter, Berlin [u.a.] 1982, S. 583 ff.

Jähnke, Burkhard/Laufhütte, Heinrich-Wilhelm/Odersky, Walter (Hrsg.): Strafgesetzbuch – Leipziger Kommentar (Großkommentar), 11. Auflage, Berlin [u.a.] Lieferungswerk

Jahn, Joachim: Anmerkung zum LG Frankfurt, Beschluss v. 9.11.1999 – 5/2 KLs 92 Js 231402/98, EWiR 1999, S. 1189 f.

Jakobs, Günther: Kriminalisierung im Vorfeld einer Rechtsgutsverletzung, ZStW 97 (1985), S. 751 ff.

ders.: Strafrecht – Allgemeiner Teil – Die Grundlagen und die Zurechnungslehre, 2. Auflage, Berlin [u.a.], 1991

Jarass, Hans D./Pieroth, Bodo: Grundgesetz für die Bundesrepublik Deutschland – Kommentar, München 2000

Jescheck, Hans-Heinrich/Weigend, Thomas: Lehrbuch des Strafrechts – Allgemeiner Teil, 5. Auflage, Berlin 1996

Joecks, Wolfgang: Anleger- und Verbraucherschutz durch das 2. Wirtschaftskriminalitätsgesetz, wistra 1986, S. 142 ff.

Julius, Karl-Peter: Diskussionsbeiträge der Strafrechtslehretagung 2003 in Bayreuth, ZStW 115 (2003), S. 671 ff.

Kahn, Julius: Börsengesetz vom 22. Juni 1896 - 8. Mai 1908, 2. Auflage, München 1909

Kaiser, Andreas: Die Sanktionierung von Insiderverstößen und das Problem der Kursmanipulation, WM 1997, S. 1557 ff.

ders.: Italienische Rechtsprechung zum Handels- und Wirtschaftsrecht, RIW 1996, S. 334 ff.

Kalss, Susanne: Kapitalmarktrecht – der stete Bau am Fundament für den Schlüsselmarkt Europas, EuZ (2003), S. 2 ff.

Kaschkat, Hannes: Verfassungsrechtliche Grenzen strafrechtswirksamer Legislativtechnik – dargestellt am Beispiel des Betäubungsmittelgesetzes, Recht und Kriminalität, in: Festschrift für Friedrich Wilhelm Krause, hrsg. von Ellen Schlüchter und Klaus Laubenthal, Köln [u.a.] 1990, S. 123 ff.

Kayßer, Marijon/Hild, Thilo: Der Schutz vor Kapitalanlagebetrug reicht nicht aus – Straftatbestand ist zu unbestimmt/Nur fünf Verurteilungen im Jahr, FAZ v. 02.02.2002, S. 23

Keller, Christoph/Langner, Julian: Überblick über EU-Gesetzgebungsvorhaben im Finanzbereich, BKR 2003, S. 616 ff.

Kiel, Peter: Internationales Kapitalanlegerschutzrecht: Zum Anwendungsbereich kapitalanlegerschützender Normen im deutschen, europäischen und US-amerikanischen Recht, Berlin [u.a.] 1994 <zitiert: Kapitalanlegerschutzrecht>

Kienle, Michael: Internationales Strafrecht und Straftaten im Internet : zum Erfordernis der Einschränkung des Ubiquitätsprinzips des § 9 Abs. 1 Var. 3 StGB, Konstanz 1998 <zitiert: Internationales Strafrecht>

Kleiner, Beat: Ist der neue Art. 161 bis StGB betreffend Kursmanipulation bereits Makulatur?, SZW 69 (1997), S. 119 f.

Knauth, Alfons: Kapitalanlagebetrug und Börsendelikte im zweiten Gesetz zur Bekämpfung der Wirtschaftskriminalität, NJW 1987, S. 28 ff.

König, Egon: Beeinflussung des Börsen- und Marktpreises als gemeingefährliches Delikt, Greifswald 1920 <zitiert: Börsenpreisbeeinflussung>

Körner, Marita: Informatec und die Haftung von Vorstandsmitgliedern für falsche Ad-hoc-Mitteilungen, NJW 2004, S. 3386 ff.

Kohlmann, Günter: Das Strafrecht – wirksame Waffe gegen den Insider-Handel? , in: Festschrift für Ralf Vieregge zum 70. Geburtstag am 6. November 1997, hrsg. von Jürgen F. Baur, Berlin 1995

Kondring, Jörg: Zur Anwendung deutschen Insiderstrafrechts auf Sachverhalte mit Auslandsbezug, WM 1998, S. 1369 ff.

Kopp-Colomb Wolf: Die neuen Regelungen zur Wertpapieranalyse in Deutschland, WM 2003, S. 609 ff.

Krämer, Robert/Hess, Gerhard: Zulässigkeit und Grenzen der Kursstabilisierung bei Aktienplatzierungen, in: The international lawyer: Freundesgabe für Wulf H. Döser, hrsg. von Friedrich Kübler, Baden-Baden 1999, S. 171 ff.

Krauel, Wolfgang: Insiderhandel – Eine ökonomisch-theoretische und rechtsvergleichende Untersuchung, Baden-Baden 2000 <zitiert: Insiderhandel>

Krause, Hartmut: Prophylaxe gegen feindliche Übernahmeangebote, AG 2002, S. 133 ff.

Krause, Rüdiger: Ad-hoc-Publizität und haftungsrechtlicher Anlegerschutz, ZGR 2002, S. 799 ff.

Krey, Volker: Keine Strafe ohne Gesetz – Einführung in die Dogmengeschichte des Satzes: „nullum crimen, nulla poena sine lege“, Berlin [u.a.] 1983 <zitiert: Strafe>

Kühl, Kristian: Probleme der Verwaltungsakzessorietät des Strafrechts, insbesondere im Umweltstrafrecht, in: Festschrift für Karl Lackner zum siebzigsten Geburtstag am 18. Februar 1987, hrsg. von Wilfried Küper, Berlin [u.a.] 1987, S. 815 ff.

Kuhlen, Lothar: Umweltstrafrecht auf der Suche nach einer neuen Dogmatik, ZStW 105 (1993), S. 697 ff.

Kümpel, Siegfried: Bank- und Kapitalmarktrecht, 3. Auflage, Köln 2004

ders.: Kapitalmarktrecht – Eine Einführung, 2. Auflage, Berlin 2000

ders.: Zum Begriff der Insidertatsache, WM 1994, S. 2137 ff.

ders./Hammen, Horst: Börsenrecht – Eine systematische Darstellung, 2. neu Auflage, Berlin 2003

Kuthe, Thorsten: Änderungen des Kapitalmarktrechts durch das Anlegerschutzverbesserungsgesetz, ZIP 2004, S. 883 ff.

Lackner, Karl/Imo, Christian: Zum Vermögensschaden bei betrügerischen Manipulationen mit Warenterminoptionen, MDR 1983, S. 969 ff.

Lackner, Karl/Kühl, Kristian: StGB – Strafgesetzbuch mit Erläuterungen, 24. Auflage, München 2001

Lambsdorff, H.G. Graf: Schadensersatzansprüche von Kapitalanlegern wegen behaupteten Kursbetrugs oder wegen unterlassener oder falscher bzw. fehlerhafter Ad-hoc-Mitteilungen nach §§ 15 WpHG und § 88 BörsG a. F., VuR 2003, S. 207 ff.

Lenenbach, Marcus: Anmerkung zum BGH, Urteil v. 6.11.2003 1. StR 24/03, EWiR 2004, S. 307 f.

ders.: Insiderdelikt oder Kursmanipulation? – Zugleich Besprechung LG Stuttgart, Urteil vom 30.08.2002, ZIP 2003, S. 259, ZIP 2003, S. 243 ff.

Lenz, Jürgen/Linke, Ulf: Rückkauf eigener Aktien nach dem Wertpapiererwerbs- und Übernahmegesetz, AG 2002, S. 420 ff.

Lenzen, Ursula: Das neue Recht der Kursmanipulation, ZBB 2002, S. 279 ff.

dies.: Reform des Rechts zur Verhinderung der Börsenkursmanipulation, WM 2000, 1131 ff.

dies.: Unerlaubte Eingriffe in die Börsenkursbildung, Frankfurt a. Main [u.a.] 2000 *dies.:* Verbot der Kurs- und Marktpreismanipulation im Referentenentwurf für das 4. Finanzmarktförderungsgesetz, Finanzbetrieb 2001, S. 603 ff.

Leppert, Michael/Stürwald, Florian: Aktienrückkauf und Kursstabilisierung – Die Safe-Harbour-Regelungen der Verordnung (EG) Nr. 2273/2003 und der KuMaV, ZBB 2004, S. 302 ff.

dies.: Die insiderrechtlichen Regelungen des Vorschlags für eine Marktmissbrauchsrichtlinie und der Stand der Umsetzung im deutschen Wertpapierhandelsrecht, ZBB 2002, S. 90 ff.

Liersch, Jan: Nachteile für außerbörsliche Wertpapiergeschäfte, WM 2003, S. 473 ff.

Locher, Horst/Blind, Jörg: Die strafrechtliche Beurteilung von Scheingeboten in der Kunstversteigerung, NJW 1971, S. 2290 ff.

Loesche, Marco: Die Eignung zur erheblichen Kursbeeinflussung in den Insiderhandelsverboten des Wertpapierhandelsgesetzes, Dissertation Gießen 1998 <zitiert: Kursbeeinflussung>

Lohberger, Ingram Karl: Blankettstrafrecht und Grundgesetz, Dissertation München 1968 <zitiert: Blankettstrafrecht>

Loistl, Otto: Empirisch fundierte Messung kursrelevanter Tatsachen, Die Bank 1995, S. 232 ff.

Lübbig, Thomas/Pitschas, Christian: Europarecht, SZW 2002, S. 331 ff.

Lücker, Volker: Der Straftatbestand des Missbrauchs von Insiderinformationen nach dem Wertpapierhandelsgesetz (WpHG), Köln [u.a.] 1998 <zitiert: Missbrauch>

Lüderssen, Klaus: Das Strafrecht zwischen Funktionalismus und „alteuropäischen" Prinzipiendenken – Oder: Verabschiedung des „alteuropäischen" Strafrechts, ZStW 107 (1995), S. 877 ff.

Ludwig, Matthias: Alternative- Traiding- Systems als Zukunftsoption ?, ZfdgK 2003, S. 515 ff.

Lutter, Marcus: Die Auslegung angeglichenen Rechts, JZ 1992, S. 593 ff.

ders./Scheffler, Eberhard/Schneider, Uwe (Hrsg): Handbuch der Konzernfinanzierung, Köln 1998

Luttermann, Claus: Der „durchschnittliche" Börsenkurs bei Barabfindung von Aktionären und Verschmelzungswertrelation – Besprechung des Beschlusses des Bundesgerichtshofs vom 12. März 2001 – II ZB 15/00, ZIP 2001, S. 734 („DAT/Altana"), ZIP 2001, S. 869 ff.

Maier-Reimer, Georg/Webering, Anabel: Ad-hoc-Publizität und Schadensersatzhaftung – Die neuen Haftungsvorschriften des Wertpapierhandelsgesetzes, WM 2002, S. 1857 ff.

Mangoldt, Hermann/Klein, Friedrich/Starck Christian: Das Bonner Grundgesetz – Kommentar, Band III: Artikel 79-146, 4. Auflage, München 2001

Maunz, Theodor/Dürig, Günter: Grundgesetz-Kommentar, München, Loseblattsammlung.

Maurach, Reinhart/Schröder, Friedrich-Christian/Maiwald, Manfred: Strafrecht, Besonderer Teil, Teilband I: Straftaten gegen Persönlichkeits- und Vermögenswerte – Ein Lehrbuch, 9. Auflage, Heidelberg 2003

Mayer, Gustav: Schlussbestimmungen im neuen Börsengesetz, Leipzig 1909 <zitiert: Schlussbestimmungen>

Mennicke, Petra: Kommentar zum VGH Hessen, Urteil v. 16.3.1998, BB 1999, S. 76 f.

dies.: Sanktionen gegen Insiderhandel und rechtsvergleichende Untersuchung unter Berücksichtigung des US-amerikanischen und britischen Rechts, Berlin 1996 <zitiert: Sanktionen>

Merkt, Hanno/Rossbach Oliver: Zur Einführung: Kapitalmarktrecht, JuS 2003, S. 217 ff.

Meurer, Dieter: Betrug als Kehrseite des Ladendiebstahls? – Anmerkung zum OLG Koblenz NJW 1976, S. 63, JuS 1976, S. 300 ff.

Meyer, Andreas: „Der Greenshoe" und das Urteil des Kammergerichts – neue Entwicklungen bei der Ausgestaltung von Aktienplatzierungen, WM 2002, S. 1106 ff.

ders.: Haftung für Research Reports und Wohlverhaltensregeln für Analysten, AG 2003, S. 610 ff.

ders.: Neue Entwicklungen bei der Kursstabilisierung – Anwendungsfragen der Verordnung zur Konkretisierung des Verbotes der Kurs- und Marktpreismanipulation und der Durchführungsmaßnahmen zur Marktmissbrauchsrichtlinie, AG 2004, S. 289 ff.

Meyer, Oscar/Bremer, Heinz: Börsengesetz mit Ausführungsbestimmungen, 4. Auflage, Berlin 1957

Möhrenschlager, Manfred: Der Regierungsentwurf eines zweiten Gesetzes zur Bekämpfung der Wirtschaftskriminalität, Teil I: wistra 1982, S. 201 ff., Teil II: wistra 1983, S. 17 ff.

Moll, Dietmar: Europäisches Strafrecht durch nationale Blankettstrafgesetzgebung? Eine Untersuchung zur strafrechtskonstituierenden Wirkung des EG-Rechts unter besonderer Berücksichtigung der allgemein verfassungsrechtlichen Anforderungen an Blankettverweisungen, Göttingen 1998 <zitiert: Blankettstrafgesetzgebung>

Möller, Andreas: Das vierte Finanzmarktförderungsgesetz – Der Regierungsentwurf, WM 2001, S. 2405 ff.

ders.: Die Neuregelung des Verbots der Kurs- und Marktpreismanipulation im vierten Finanzmarktförderungsgesetz, WM 2002, S. 309 ff.

Möllers, Thomas: Das europäische Kapitalmarktrecht im Umbruch – Ein Zwischenbericht zu den kapitalmarktrechtlichen Informationspflichten unter rechtsvergleichender Perspektive, ZBB 2003, S. 390 ff.

ders./Leisch, Franz Clemens: Anmerkung zum OLG München, Urteil vom 1-10-2002 30 U 855/01, ZIP 2002, S. 1995 ff.

dies.: Haftung von Vorständen gegenüber Anlegern wegen fehlerhafter Ad-hoc-Meldungen nach § 826 BGB, WM 2001, S. 1648 ff.

dies.: Schaden und Kausalität im Rahmen der neu geschaffenen §§ 37b und 37c WpHG, BKR 2002, S. 1071 ff.

dies.: Schadensersatzansprüche wegen fehlerhafter Ad-hoc-Mitteilungen – vergleichende Anmerkung zu den Urteilen des LG Augsburg, BKR 2001, S. 99 und des LG München I, BKR 2001, S. 102, BKR 2001, S. 78 ff.

Möllers, Thomas/Rotter, Klaus: Ad-hoc-Publizität – Handbuch der Rechte und Pflichten von börsennotierten Unternehmen und Kapitalanlegern, München 2003

Moosmayer, Klaus: Straf- und bußgeldrechtliche Regelungen im Entwurf eines vierten Finanzmarktförderungsgesetzes, wistra 2002, S. 161 ff.

Mühlbauer, Tilo: Zur Einordnung des „Scalping“ durch Anlageberater als Insiderhandel nach dem WPHG – zugleich Besprechung von LG Stuttgart, wistra 2003, S. 153, wistra 2003, S. 169 ff.

Mülbert, Peter: Empfiehlt es sich, im Interesse des Anlegerschutzes und zur Förderung des Finanzplatzes Deutschland das Kapital- und Börsenrecht neu zu regeln? – Deutscher Juristentag, 4. Finanzmarktförderungsgesetz und Europa, JZ 2002, S. 826 ff.

ders.: Konzeption des europäischen Kapitalmarktrechts für Wertpapierdienstleistungen, WM 2001, S. 2085 ff.

Müller, Kai: Insiderrechtliche Mitwirkungspflichten der Kreditinstitute im Lichte des nemo-tenetur-Grundsatzes, wistra 2001, S. 167 ff.

Müller, Wolfgang: Zur informationstheoretischen Erweiterung der Betriebswirtschaftslehre – Ein Modell der Informationsproduktion, in: Neuere Entwicklungen in der Produktions- und Investitionspolitik – Herbert Jacob zum 60. Geburtstag, hrsg. von Dietrich Adam, Wiesbaden 1987, S. 119 ff.

Müller-Gugenberger, Christian: Wirtschaftsstrafrecht – Handbuch des Wirtschaftsstraf- und Ordnungswidrigkeitenrechts, 3. Auflage, Münster 2000

Müller-Dietz, Heinz: Zur Problematik verfassungsrechtlicher Pönalisierungsgebote, in: Festschrift für Eduard Dreher zum 70. Geburtstag am 29. April 1977, hrsg. von Hans-Heinrich Jescheck und Hans Lüttger, Berlin [u.a.] 1977, S. 97 ff.

Mues, Jochen: Anmerkungen zum Börsengesetz nach dem Diskussionsentwurf für das vierte Finanzmarktförderungsgesetz, ZBB 2001, S. 353 ff.

Mußler, Hanno: Schärfere Regeln für Übernahmen und Marktmanipulationen, FAZ v. 16.12.1999, S. 33

Neher, Stefan/Otterbach, Andreas: Behavioral Finance – Das Verhalten der anderen Anleger vorausahnen, Die Bank 2001, S. 767 ff.

Nerlich, Heinrich: Die Tatbestandsmerkmale des Insiderhandelsverbots nach dem Wertpapierhandelsgesetz, Osnabrück 1999 <zitiert: Tatbestandsmerkmale>

Nestler, Cornerlius: Europäisches Strafprozessrecht, ZStW 116 (2004), S. 332 ff.

Neumann, Ulfrid (Hrsg.): Nomos-Kommentar zum Strafgesetzbuch, Baden-Baden, Loseblattsammlung

Nobel, Peter: Einheitliches Kapitalmarktrecht für die EU, in: Aktuelle Rechtsprobleme des Finanz- und Börsenplatzes Schweiz, hrsg. von Peter Nobel, Bern 1993, S. 121 ff.

ders.;/Blair, Michael/Schönholzer, Thomas: Virt-x: a real European Stock Exchange-legal framework and specific Questions, SZW 73 (2001), S. 217 ff.

Nowak, Eric: Eignung von Sachverhalten in Ad-hoc-Mitteilungen zur erheblichen Kursbeeinflussung, ZBB 2001, S. 449 ff.

Nussbaum, Arthur: Kommentar zum Börsengesetz für das Deutsche Reich vom 22. Juni 1896-8 [und] Mai 1908 – nebst einer Darstellung der Rechtsgrundlage über den Effektenhandel zwischen Bankier und Kunden, München 1910

Obst, Gerog/Hintner, Otto: Geld-, Bank- und Börsenwesen – ungekürzte Sonderausgabe, Stuttgart 1991

Oechsler, Jürgen: Der RefE zum Wertpapiererwerbs- und Übernahmegesetz – Regelungsbedarf auf der Zielgeraden, NZG 2001, S. 817 ff.

Oehler, Dietrich: Internationales Strafrecht – Geltungsbereich des Strafrechts, Internationales Rechtshilferecht, Recht der Gemeinschaft, Völkerstrafrecht, 2. Auflage, Köln [u.a.] 1983

Oerke, Marc: Ad-hoc-Mitteilungen und deutscher Aktienmarkt – Marktreaktion auf Informationen – mit einem Geleitwort von Wolfgang Gerke, Wiesbaden 1999 <zitiert: Ad-hoc-Mitteilungen>

Otto, Harro: Die Auslegung ambivalenter Normen und ihre Bedeutung für die Strafbarkeit der verdeckten Sacheinlage, in: Festschrift für Wolfgang Gitter zum 65. Geburtstag am 30. Mai 1995, hrsg. von Meinhard Heinze/Jochem Schmitt, Wiesbaden : Chmielorz 1995, S. 715 ff.

ders.: Die strafrechtliche Bekämpfung unseriöser Geschäftstätigkeit, Lübeck 1990 <zitiert: Geschäftstätigkeit>

ders.: Neue und erneut aktuelle Formen betrügerischer Anlageberatung und ihre strafrechtliche Ahndung, in: Strafrecht, Unternehmensrecht, Anwaltsrecht - Festschrift für Gerd Pfeiffer zum Abschied aus dem Amt als Präsident des Bundesgerichtshofes, hrsg. von Otto Friedrich von Gamm, Peter Raisch und Klaus Tiedemann, Köln [u.a.] 1988, S. 69 ff.

ders.: Konzeption und Grundzüge des Wirtschaftsstrafrechts (einschließlich Verbraucherschutz) – Dogmatischer Teil I, ZStW 96 (1984), S. 339 ff.

ders.: Strafrechtliche Aspekte der Anlageberatung, WM 1988, S. 729 ff.

Pabst, Günter: Rechtliche Risiken bei Konzeption und Vertrieb von Kapitalanlagen, Heidelberg 1988 <zitiert: Rechtliche Risiken>

Pananis, Panos: Anmerkung zum BGH, NStZ 2004, S. 285 ff., NStZ 2004, S. 287 ff.

ders.: Insidertatsache und Primärinsider – Eine Untersuchung zu den Zentralbegriffen des § 13 Abs. 1 WpHG, Berlin [u.a.] 1998 <zitiert: Insidertatsache>

Park, Gido: Kapitalmarktstrafrechtliche Neuerungen des vierten Finanzmarktförderungsgesetzes, BB 2003, S. 1513 ff.

ders.: Börsenstrafrechtliche Risiken für Vorstandsmitglieder von börsennotierten Aktiengesellschaften, BB 2001, S. 2069 ff.

Pawlik, Michael: Das unerlaubte Verhalten beim Betrug, Köln [u.a.] 1999 <zitiert: Betrug>

Pellens, Bernhard/Füllbier, Rolf Uwe: Publizitätspflichten nach dem Wertpapierhandelsgesetz – Ausgestaltung unter Berücksichtigung angloamerikanischer Regulierungen, DB 1994, S. 1381 ff.

Peltzer, Martin: Die neue Insiderregelung im Entwurf des zweiten Finanzmarktförderungsgesetz, ZIP 1994, S. 746 ff.

Perridon, Louis/Steiner, Manfred: Finanzwirtschaft der Unternehmung, 12. überarbeitete Auflage, Vahlen 2003

Peter, Christoph: Kursmanipulation als Betrug – Urteilsanerkennung zu BGE 122 II 422, SZW 69 (1997), S. 124

Peters, Peter: Das deutsche Insiderstrafrecht unter Berücksichtigung strafrechtlicher Konsequenzen für Kreditinstitute und prozessualer Durchsetzung, Frankfurt am Main [u.a.] 1997 <zitiert: Insiderstrafrecht>

Petersen, Harald: Die Strafbarkeit des „Scalping", wistra 1999, S. 328 ff.

Pfüller, Marcus/Koehler Tanja: Handel per Erscheinen – Rechtliche Rahmenbedingungen beim Kauf von Neuemissionen auf dem Graumarkt, WM 2002, S. 781 ff.

ders./Wagner, Eike: Vom Interessenkonflikt zum Normenkonflikt – Überregulierung der Wertpapieranalyse, WM 2004, S. 253 ff.

Pluskat, Sorika: Der Schutz des Anlegerpublikums bei Veröffentlichung unwahrer Tatsachen, Finanz-Betrieb 2002, S. 235 ff.

Ransiek, Andreas: Anmerkung zum BGH, Urteil v. 16-12-2004 – 1 StR 420/03, JR 2005, S. 161 ff., JR 2005, S. 165 ff.

ders.: Gesetz und Lebenswirklichkeit – Das strafrechtliche Bestimmtheitsgebot, Heidelberg 1989 <zitiert: Gesetz und Lebenswirklichkeit>

ders.: Unternehmensstrafrecht – Strafrecht, Verfassungsrecht, Regelungsalternativen, Heidelberg 1996 <zitiert: Unternehmensstrafrecht>

ders.: Zur prozessualen Durchsetzung des Insiderstrafrechts, DZWir 1995, S. 53 ff.

Rehm, Hermann: Kommentar zum Börsengesetz, Berlin 1909

Reichert, Jochem/Weller, Marc-Philippe: Haftung von Kontrollorganen – Die Reform der aktienrechtlichen und kapitalmarktrechtlichen Haftung, ZRP 2002, S. 49 ff.

Reischel, Hagen: Wirtschaftskriminalität und Rechtsgut, Dissertation Berlin 1990 <zitiert: Wirtschaftskriminalität>

Reuschle, Fabian: Viertes Finanzmarktförderungsgesetz, München 2002 <zitiert: Viertes FFG>

ders./Fleckner, Andreas: Börsenähnliche Einrichtungen – die privatrechtliche Organisation eine Börse im materiellen Sinne, BKR 2002, S. 617 ff.

Reuter, Hermann: Aktienmarkt und Aktieninformationsmarkt – Eine Analyse der Produktion und Verwertung von Aktieninformationen unter besonderer Berücksichtigung der Unternehmenspublizität sowie ausgewählter Aspekte der Insider- und der Kleinanlagerproblematik, Göttingen 1980 <zitiert: Aktienmarkt>

Richard, Marc-Jean: Handelsinszenierungen zur Kursmanipulation am Kapitalmarkt (aus der Sicht eines Strafrechtlers), SWZ 67 (1995), S. 256 ff.

Richter, Hans: Strafbare Werbung beim Vertrieb von Kapitalanlagen, wistra 1987, S. 117 ff.

Rieckers, Oliver: Haftung des Vorstandes für fehlerhafte Ad-hoc-Meldungen de lege lata und de lege ferenda, BB 2002, S. 1213 ff.

Riedel, Claudia: Falsche Ad-hoc-Mitteilungen, wistra 2001, S. 447 ff.

Riehmer, Klaus: Börsen und Internet, NZG 2001, S. 385 ff.

Rodewald, Jörg/Siems, Mathias: Haftung für die „frohe Botschaft" – Rechtsfolgen falscher Ad-hoc-Mitteilungen, DB 2001, S. 2437 ff.

Röder, Klaus: Kurswirkungen von Meldungen deutscher Aktiengesellschaften, Köln 1999 <zitiert: Kurswirkungen>

Rönnau, Thomas: Der neue Straftatbestand des Versicherungsmissbrauchs – eine wenig geglückte Gesetzesregelung, JR 1998, S. 441 ff.

Rössner, Michael-Christian/Lachmaier, Wilhelm: Betrug mit Penny Stocks – Englische Over-the-counter-Werte, BB 1986, S. 336 ff.

Rössner Michael-Christian/Bolkart Johannes: Anlegerschutz-Entwurf einer Verordnung zum Verbot der Kurs- und Marktpreismanipulation, AG 2003, R 394 ff.

dies.: Rechtliche und verfahrenstaktische Analyse des Vorgehens geschädigter Anleger bei fehlerhaften Unternehmensmeldungen, WM 2003, S. 953 ff.

dies.: Schadenersatz bei Verstoß gegen Ad-hoc-Publizitätspflichten nach dem 4. FFG, ZIP 2002, S. 1471 ff.

Roth, Robert: Manipulation boursiére: questions pour la construction d'une nouvelle incrimination, SZW 63 (1991), S. 233 ff.

Roxin, Claus: Strafrecht, Allgemeiner Teil, Band I: Grundlagen. Der Aufbau der Verbrechenslehre, 3. Auflage, München 1997 und Band II: Besondere Erscheinungsformen der Straftat, München 2003

Rudolph, Bernd: Viertes Finanzförderungsgesetz – ist der Name Programm? , BB 2002, S. 1036 ff.

Rudolphi, Hans-Joachim (Hrsg.): Systematischer Kommentar zum Strafgesetzbuch: SK-StGB, Neuwied [u.a.], Loseblattsammlung

Rückert, Susanne/Kuthe, Thosten: Entwurf einer Verordnung zur Konkretisierung der Kurs- und Marktpreismanipulation, BKR 2003, S. 647 f.

Rützel, Stefan: Der aktuelle Stand der Rechtsprechung zur Haftung bei Ad-hoc-Mitteilungen, AG 2003, S. 69 ff.

Saiko, Theodor: Börsendelikte – Ein Beitrag zur Phänomenologie der Börsendelikte, in Archiv für Kriminologie 158 (1976), S. 153 ff.

Sangiovanni, Valerio: Ad-hoc-Publizität und Tatsachenbegriff im italienischen Recht, WM 2001, S. 1594 ff.

ders.: Insiderhandel und Kursmanipulation – verfahrensrechtliche Besonderheiten im neuen italienischen Recht, wistra 2000, S. 171 ff.

Saria, Gerhard: Schranken beim Erwerb eigener Aktien nach § 71 I Nr. 8 AktG, NZG 2000, S. 458 ff.

Satzger, Helmut: Der Submissionsbetrug – Eine Untersuchung zur Strafbarkeit von Manipulationen bei Ausschreibungsverfahren als Betrug, Berlin 1994 <zitiert: Der Submissionsbetrug>

ders.: Die Europäisierung des Strafrechts – Eine Untersuchung zum Einfluss des Europäischen Gemeinschaftsrechts auf das deutsche Strafrecht, Köln [u.a.] 2001 <zitiert: Europäisierung>

Schäfer, Frank A. (Hrsg.): Anmerkung zum AG München, Urt. v. 23.8.01 – 191 C 9970/01, EWiR 2002, S. 43 ff.

ders.: Anmerkung zum BGH, WM 2004, S. 74 ff, WM 2004, S. 78 f.

ders.: Wertpapierhandelsgesetz, Börsengesetz mit BörsZulV, Verkaufsprospektgesetz mit VerkProspV – Kommentar, Stuttgart [u.a.] 1999

ders.: Zulässigkeit und Grenzen der Kurspflege, WM 1999, 1345 ff.

Schanz, Kay-Michael: Börseneinführung – Recht und Praxis des Börsengangs, 2. Auflage, München 2002 <zitiert: Börseneinführung>

Schenke, Wolf-Rüdiger: Verfassungsrechtliche Grenzen gesetzlicher Verweisungen, in: Verwaltung im Dienste von Wirtschaft und Gesellschaft – Festschrift für Ludwig Fröhler zum 60. Geburtstag, hrsg. von Peter Oberndorfer, Berlin 1980, S. 87 ff.

Scherp, Dirk: Compliance – Ein Beitrag zur Bekämpfung der Wirtschaftskriminalität, Kriminalistik 57 (2003), S. 486 ff.

Scheu, Udo Carl: Das Börsenstrafrecht und seine Reform, Dissertation Gießen 1974 <zitiert: Börsenstrafrecht>

Schlitt, Michael: Die neuen Marktsegmente der Frankfurter Wertpapierbörse-Struktur, Zulassungsvoraussetzungen und Folgepflichten, AG 2003, S. 57 ff.

Schlösser, Daniel: Verhaltenspflichten von Wertpapieranalysten nach der Bekanntmachung der BaFin zu § 34 b WpHG, BKR 2003, S. 404 ff.

Schlüchter, Ellen: Zweites Gesetz zur Bekämpfung der Wirtschaftskriminalität – Kommentar mit einer kriminologischen Einführung, Heidelberg 1987 <zitiert: 2. WiKG>

Schlüter, Uwe: Börsenhandelsrecht – Handbuch für Banken- und Finanzdienstleistungsinstitute, 2. Auflage, München 2002 <zitiert: Börsenhandelsrecht>

Schmid, Niklaus: Schweizerisches Insiderstrafrecht – Ein Kommentar zur Art. 161 des Strafgesetzbuches: Ausnutzen der Kenntnis vertraulicher Tatsachen, Bern 1988 <zitiert: Insiderstrafrecht>

ders.: Zu neueren Entwicklungen auf dem Gebiete des Schweizerischen Börsenstrafrechts, in: Aspekte des Wirtschaftsrechts – Festgabe zum Schweizerischen Juristentag 1994, hrsg. von Hans Ulrich Walder, Zürich 1994, S. 524 ff.

Schmidt, Hartmut: Börsenorganisation zum Schutze der Anleger, Tübingen 1970 <zitiert: Börsenorganisation>

Schmitz, Alexandra: Aktuelles zum Vorbehalt gemäß § 88 BörsG – Zugleich eine Besprechung des Urteils des LG Augsburg v. 24.09.2001 – 3 O 4995/00, wistra 2002, S. 208 ff.

Schmitz, Roland: Anmerkung zum BGH, Urteil v. 6.11.2003- 1 StR 24-03, JZ 2004, S. 522 ff., JZ 2004, S. 526 ff.

ders.: Der strafrechtliche Schutz des Kapitalmarkts in Europa, ZStW 115 (2003), S. 501 ff.

Schneider, Uwe: Internationales Kapitalmarktrecht-Regelungsproblem, Methoden und Aufgaben, AG 2001, S. 269 ff.

ders./Burgard, Ulrich: Scalping als Insiderstraftat – Ein Beitrag zur Abgrenzung von erlaubten und unerlaubten Verhaltensweisen am Kapitalmarkt, ZIP 1999, S. 381 ff.

Schön, Michael: Verhaltensregeln für Wertpapierdienstleistungsunternehmen nach dem zweiten Finanzmarktförderungsgesetz – Auswirkungen auf die Anlageberatung der Kreditinstitute, Hamburg 1998 <zitiert: Verhaltensregeln>

Schönholzer, Thomas: virt- x – eine europäische Börse mit Schweizer Beteiligung, in: Aktuelle Rechtsprobleme des Finanz- und Börsenplatzes Schweiz, hrsg. von Peter Nobel, Bern 1993, S. 139 ff. <zitiert: Nobel (Hrsg.): Aktuelle Rechtsprobleme>

Schönke, Adolf/Schröder, Horst: Strafgesetzbuch-Kommentar, 26. Auflage, München 2001

Schröder, Christian: Aktienhandel und Strafrecht – Börseneinführung und Handel von Aktien und Optionsrechten auf Aktien aus strafrechtlicher Sicht, Köln [u.a.] 1994 <zitiert: Aktienhandel>

ders.: Europäische Richtlinien und deutsches Strafrecht – Eine Untersuchung über den Einflug europäischer Richtlinien gemäß Art. 249 Abs. 3 EGV auf das deutsche Strafrecht, Berlin [u.a.] 2002 <zitiert: Europäische Richtlinien>

Schröder, Horst: Anmerkung zum BGH, Urteil des 5. Senats v. 12.11.57 – 5 StR 447/57, JR 1958, S. 106 f.

Schubarth, Martin: Eigenhändiges Delikt und mittelbare Täterschaft, SchwZStR 114 (1996), S. 325 ff.

Schubert, Werner/Hommelhoff, Peter: Hundert Jahre modernes Aktienrecht – eine Sammlung von Texten und Quellen zur Aktienrechtsreform 1884 mit 2. Einführungen, ZGR 1985 (Sonderheft)

Schünemann, Bernd: Die Regeln der Technik im Strafrecht, in: Festschrift für Karl Lackner zum siebzigsten Geburtstag am 18. Februar 1987, hrsg. von Wilfried Küper, Berlin [u.a.] 1987, S. 367 ff.

ders.: Nulla poena sine lege – rechtstheoretische und verfassungsrechtliche Implikationen der Rechtsgewinnung im Strafrecht, Berlin [u.a.] 1978 <zitiert: Nulla poena sine lege?>

Schuster, Gunnar: Die internationale Anwendung des Börsenrechts – Völkerrechtliche Rahmen und kollisionsrechtliche Praxis in Deutschland, England und den USA, Berlin [u.a.] 1996 <zitiert: Internationales Börsenrecht>

Schuster, Thomas: Kursmanipulation via Internet – Immer wieder beeinflussen gefälschte Online-Nachrichten die Aktiennotierungen – Behörden in der

Bundesrepublik gehen kaum dagegen vor, Süddeutsche Zeitung v. 20-12-1999, S. 30

Schwark, Eberhard: Anmerkung zum LG Augsburg, Urteil v. 24.9.01 – 3 O 4955-/00, EWiR 2001, S. 1049 f.

ders.: Börsengesetz – Kommentar zum Börsengesetz und zu den börsenrechtlichen Nebenbestimmungen, 2. Auflage, München 1994

ders.: Kapitalmarktrechts-Kommentar – Börsengesetz mit Börsenzulassungsverordnung, Verkaufsprospektgesetz mit Verkaufsprospektverordnung, Wertpapierhandelsgesetz, Wertpapiererwerbs- und Übernahmegesetz, München 2004

ders.: Kurs- und Marktpreismanipulationen, in: Bankrecht und Kapitalmarktrecht in der Entwicklung – Festschrift für Siegfried Kümpel zum 70. Geburtstag, hrsg. v. Jens Ekkenga Berlin 2003, S. 485 ff.

Schwarze, Hans-Joachim: Die Orderlage im Skronto eines Börsenmaklers als Insidertatsache, WM 1997, S. 1564 f.

Schwarze, Jürgen (Hrsg.): EU-Kommentar, Baden-Baden 2000

Schwintowski, Hans Peter/Schäfer, Frank: Bankrecht – Commercial Banking – Investment Banking, 2. neu bearbeitete Auflage, Köln [u.a.] 2004

Seelmann, Kurt: Betrug beim Handel mit Rohstoffoptionen, NJW 1980, S. 2545 ff.

ders.: Grundfälle zu den Straftaten gegen das Vermögen als Ganzes, JuS 1982, S. 268 ff.

Seitz, Jochen: Die Integration der europäischen Wertpapiermärkte und die Finanzmarktgesetzgebung in Deutschland, BKR 2002, S. 340 ff.

Siebel, Ulf/Gebauer, Stefan: Prognosen im Aktien- und Kapitalmarktrecht – Lagebericht, Zwischenbericht, Verschmelzungsbericht, Prospekt usw., WM 2001, Teil I: S. 118 ff., Teil II: S. 173 ff.

Sieber, Ulrich: Internationales Strafrecht im Internet – Das Territorialprinzip der §§ 3, 9 STGB im globalen Cyberspace, NJW 1999, S. 2065 ff.

ders.: Strafrechtliche Verantwortlichkeit für den Datenverkehr in internationalen Computernetzen (Teil II), JZ 1996, S. 494 ff.

Siebold, Hanns-Christoph: Das neue Insiderrecht – von der freiwilligen Selbstkontrolle zum internationalen Standard, Berlin 1994 <zitiert: Das neue Insiderrecht>

Skog, Rolf: Der Erwerb eigener Aktien – Reformbestrebungen in den EU-Mitgliedsstaaten, ZGR 1997, S. 306 ff.

Soesters, Frank: Die Insiderhandelsverbote des Wertpapierhandelsgesetzes – Wirtschaftsstrafrecht europäischen Ursprungs, Frankfurt a. M. [u.a.] 2002 <zitiert: Insiderhandelsverbote>

Sorgenfrei, Ulrich: Zum Verbot der Kurs- und Marktpreismanipulation nach dem 4. Finanzmarktförderungsgesetz, wistra 2002, S. 321 ff.

Spindler, Gerald: Elektronische Finanzmärkte und Internet-Börsen, WM 2002, Teil I: S. 1325 ff., Teil II: S. 1365 ff.

ders.: Kapitalmarktreform in Permanenz – Das Anlegerschutzverbesserungsgesetz, NJW 2004, S. 3449 ff.

ders./ Christoph, Fabian: Die Entwicklung des Kapitalmarktrechts in den Jahren 2003/2004, BB 2004, S. 2197 ff.

Steinhauer, Carsten: Insiderhandelsverbot und Ad-hoc-Publizität – eine rechtsvergleichende Analyse zivilrechtlicher Haftungsansprüche von Anlegern in den USA und Deutschland, Baden-Baden 1999 <zitiert: Insiderhandelsverbot>

Stratenwerth, Günter: Strafrecht, Allgemeiner Teil, 4. Auflage, Köln [u.a.] 2000

ders.: Zum Straftatbestand des Missbrauchs von Insiderinformationen, in: Festschrift für Frank Vischer zum 60. Geburtstag, hrsg. von Peter Böckli, Zürich 1983, S. 667 ff.

Streinz, Rudolph/Ohler, Christoph: § 20a WpHG in rechtsstaatlicher Perspektive – europa- und verfassungsrechtliche Anforderungen an das Verbot von Kurs- und Marktpreismanipulationen, WM 2004, S. 1309 ff.

Süßmann, Rainer: Anwendung des Wertpapierübernahmegesetzes auf öffentliche Angebote zum Erwerb eigener Aktien? , AG 2002, S. 424 ff.

Tewlin, Daniel: Insiderkriminalität im Wertrechthandel – Möglichkeiten und Grenzen der Schweizerischen Börsendeliktsnormen, Kriminalistik 56 (2002), S. 199 ff.

Thümmel, Roderich: Haftung für geschönte Ad-hoc-Meldungen – neues Risikogeld für Vorstände oder ergebnisorientierte Einzelfallrechtsprechung? , DB 2001, S. 2331 f.

Tiedemann Klaus (Hrsg.): Wirtschaftsstrafrecht in der Europäischen Union – Rechtsdogmatik, Rechtsvergleich, Rechtspolitik, Köln 2002 [Das Symposium "Wirtschaftsstrafrecht in der Europäischen Union" wurde von dem Hrsg. als Abschluss des Forschungsprojektes "Europa-Delikte" am 13. und 14. Oktober 2000 in Freiburg veranstaltet], zitiert als Europa-Delikte <zitiert: Tiedemann (Hrsg.): Europa-Delikte>

ders.: Tatbestandsfunktionen im Nebenstrafrecht – Untersuchungen zu einem rechtsstaatlichen Tatbestandsbegriff, entwickelt am Problem des Wirtschaftsrechts, Tübingen 1969 <zitiert: Tatbestandsfunktionen>

ders.: Welche strafrechtlichen Mittel empfehlen sich für eine wirksamere Bekämpfung der Wirtschaftskriminalität? – Gutachten C für den 49. Deutschen Juristentag, München 1972 <zitiert:Gutachten C>

ders.: Wirtschaftsbetrug – Sondertatbestände bei Kapitalanlage und Betriebskredit, Subventionen, Transport und Sachversicherung, EDV und Telekommunikation ; [erweiterte und aktualisierte Sonderausgabe der Kommentierung der §§ 263a - 265b in der 11. Auflage des Leipziger Kommentars zum Strafgesetzbuch], Berlin [u.a.] 1999 <zitiert: Wirtschaftsbetrug>

ders.: Wirtschaftsrecht – Einführung und Übersicht, JuS 1989, S. 689 ff.

ders.: Wirtschaftsstrafrecht – Einführung und allgemeiner Teil, mit wichtigen Rechtstexten, Köln [u.a.] 2004 <zitiert: Wirtschaftsstrafrecht>

Tilp, Andreas: Anmerkung zum OLG München, Urteil v. 14.5.2002, ZIP 2002, S. 1727-1729, ZIP 2002, S. 1729 f.

Tippach, Stefan: Das Insider-Handelsverbot und die besonderen Rechtspflichten und der Banken, Köln 1995 <zitiert: Insider-Handelsverbot>

Tripmaker, Stefan: Der subjektive Tatbestand des Kursbetrugs – Zugleich ein Vergleich mit der Neuregelung der Kurs- und Marktpreismanipulation im Vierten Finanzmarktförderungsgesetz, wistra 2002, S. 288 ff.

Tröndle, Herbert/Fischer, Thomas: Strafgesetzbuch und Nebengesetze, 52. Auflage, München 2004

Trüstedt, Anna: Das Verbot von Börsenkursmanipulationen, Frankfurt am Main [u.a.] 2004 <zitiert: Börsenkursmanipulationen>

Ulsenheimer, Klaus: Zur Strafbarkeit des Missbrauchs von Insider-Informationen, NJW 1975, S. 1999 ff.

Ungern-Sternberg, Joachim: Wirtschaftskriminalität beim Handel mit ausländischen Aktien, ZStW 88 (1976), S. 653 ff.

Varnholt, Burkhard: Kursmanipulation – Eine Typologie aus finanztheoretischer Sicht, in: Finanzmarkt und Portfolio Management 1993, S. 459 ff.

Vaupel, Christoph: Zum Tatbestand der erheblichen Kursbeeinflussung bei der Ad-hoc-Publizität, WM 1999, S. 521 ff.

ders./Uhl, Laurenz: Insiderrechtliche Aspekte bei der Übernahme börsennotierter Unternehmen, WM 2003, S. 2126 ff.

Veil, Rüdiger: Die Ad-hoc-Publizitätshaftung im System kapitalmarktrechtlicher Informationshaftung, ZHR 167 (2003), S. 365 ff.

Vogel, Joachim: Europäische Kriminalpolitik – europäische Strafrechtsdogmatik, GA 2002, S. 517 ff.

ders.: Scalping als Kurs- und Marktpreismanipulation – Besprechung vom BGH, Urteil vom 6.11.2003, 1 StR 24/03, NStZ 2004, S. 252 ff.

Vogt, Nedim Peter (Hrsg.): Kommentar zum schweizerischen Kapitalmarktrecht – Bundesgesetz über die Börsen und den Effektenhandel (Börsengesetz, BEGH), Bundesgesetz über die Anlagefonds (Anlagefondsgesetz, AFG) Art 161, 161bis, 305bis, 305ter Strafgesetzbuch, Basel [u.a.] 1999

Volk, Klaus: Die Strafbarkeit von Absichten im Insiderhandelsrecht, BB 1999, S. 66 ff.

ders.: Scalping strafbar? , ZIP 1999, S. 787 ff.

ders.: Strafrecht gegen Insider? , ZHR 142 (1977), S. 1 ff.

ders.: Strafrecht und Wirtschaftskriminalität – Kriminalpolitische Probleme und dogmatische Schwierigkeiten, JZ 1982, S. 85 ff.

ders.: Täuschung durch Unterlassen beim Betrug – OLG Köln, NJW 1980, S. 2336, JuS 1981, S. 880 ff.

Volkmann, Uwe: Qualifizierte Blankettnormen – Zur Problematik einer legislativen Verweisungstechnik, ZRP 1995, S. 220 ff.

Wabnitz, Heinz-Bernd/Janovsky, Thomas: Handbuch des Wirtschafts- und Steuerstrafrechts, 2. Auflage, München 2004

Waeldin, Paul: Strafbestimmungen des Börsengesetzes vom 8. Mai 1908, Borna 1912 <zitiert: Strafbestimmungen>

Wagner, Oliver: Der Europäische Pass für Emittenten – die neue Prospektrichtlinie, Die Bank 2003, S. 66 ff.

Waldhausen, Stephan: Die ad-hoc-publizitätspflichtige Tatsache – eine Untersuchung zu § 15 Abs. 1 Satz 1 WpHG unter Berücksichtigung der Ad-hoc-Publizität im Vereinigten Königreich, Baden-Baden 2002 <zitiert: Die ad-hoc-publizitätspflichtige Tatsache>

Walter, Tonio: Betrugsstrafrecht in Frankreich und Deutschland, Heidelberg 1999 <zitiert: Betrugsstrafrecht>

Warda, Heinz-Günter: Die Abgrenzung von Tatbestands- und Verbotsirrtum bei Blankettstrafgesetzen, Berlin 1955 <zitiert: Blankettstrafgesetze>

Watter, Rolf: Kursmanipulation am Aktienmarkt unter Berücksichtigung von sogenannten Stützungskäufen, SZW 62 (1990), S. 193 ff.

Weber, Ahrend: Zweites Gesetz zur Bekämpfung der Wirtschaftskriminalität, Die Bank 1986, S. 413 ff.

ders.: Zweites Gesetz zur Bekämpfung des Wirtschaftskriminalität, WM 1986, S. 1133 ff.

Weber, Andreas: Das neue deutsche Insiderrecht, BB 1995, S. 157 ff.

Weber, Manfred: Das vierte Finanzmarktförderungsgesetz aus Sicht der privaten Banken, Kreditwesen 2002, S. 20 f.

Weber, Martin: Der Kommissionsentwurf einer Marktmissbrauchsrichtlinie, EuZW 2002, S. 43 ff.

ders.: Die Entwicklung des Kapitalmarktrechtes, 1998-2000, NJW 2000, Teil I: Organisation, Emission und Vertrieb, S. 2061 ff., Teil II: Publizität, Insiderrecht und Kapitalmarktaufsicht, S. 3161 ff.

ders.: Die Entwicklung des Kapitalmarktrechtes, 2001/2002, NJW 2003, S. 18 ff.

ders.: Die Entwicklung des Kapitalmarktrechts im Jahre 2003, NJW 2003, S. 18 ff.

ders.: Konkretisierung des Verbotes der Kurs- und Marktpreismanipulation, NZG 2004, S. 23 ff.

ders.: Kursmanipulationen am Wertpapiermarkt, NZG 2000, S. 113 ff.

ders.: Scalping-Erfindung und Folgen eines Insiderdeliktes, NJW 2000, S. 562 ff.

Weber, Rolf/Schaller, Jean-Marc: Auf dem Weg zu einem neuen kohärenten Finanzmarktrecht in der Schweiz?, SZW 2003, S. 177 ff.

Weber, Stefan: Kapitalmarktrecht: eine Untersuchung des österreichischen Rechts und des Europäischen Gemeinschaftsrechts, Wien – New York 1999 <zitiert: Kapitalmarktrecht>

Weber, Ulrich: Das zweite Gesetz zur Bekämpfung der Wirtschaftskriminalität (2. WiKG) – Teil I: Vermögens- und Fälschungsdelikte (außer Computerkriminalität), NStZ 1986, S. 481 ff.

Weiler, Lothar/Meyer, Ingo: Heranziehung des Börsenkurses zur Unternehmensbewertung bei Verschmelzungen, ZIP 2001, S. 2153 ff.

ders./Tollkühn Oliver: Die Neuregelung des „director's dealing" nach dem vierten FFG, DB 2002, S. 1923 ff.

Weinholz, Fritz: Der strafrechtliche Schutz auf dem Gebiet des Börsenwesens nach deutschem Recht, Dissertation Strassburg im Elsass/Gräfenhainichen 1911 <zitiert: Börsenwesen>

Weitnauer, Wolfgang: Haftung für die Außendarstellung des Unternehmens, DB 2003, S. 1719 ff.

Welzel, Hans: Das deutsche Strafrecht – eine systematische Darstellung, 11. Auflage, Berlin 1969

Widder, Stefan: Anmerkung zum BGH- Urteil, BB 2004, S. 11 ff., BB 2004, S. 15 f.

Wiesner, Peter: Europäisches Unternehmensrecht, ZIP 2000, S. 1792 ff.

Winter, Martin/Harbath, Stefan: Verhaltenspflichten von Vorstand und Aufsichtsrat der Zielgesellschaft bei feindlichen Übernahmeangeboten nach dem WpÜG, ZIP 2002, S. 1 ff.

Wittich, Georg: Aktuelle Aspekte der Wertpapieraufsicht in Deutschland und Europa, Die Bank 2001, S. 278 ff.

Wohlers, Wolfgang: Deliktstypen des Präventionsstrafrechts - zur Dogmatik "moderner" Gefährdungsdelikte, Berlin 2000 <zitiert: Deliktstypen>

ders./Mühlbauer, Theo: Strafbarkeit des „Scalping" – Zur Verantwortlichkeit von Finanzanalysten und (Wirtschafts-)Journalisten nach den Normen gegen Insiderhandel, Kursmanipulation und Betrug, in: Neuere Tendenzen im Gesellschaftsrecht: Festschrift für Peter Forstmoser zum 60. Geburtstag, hrsg. v. Hans Caspar von der Crone, Zürich [u.a.] 2003, S. 743 ff.

Wolf, Margareta: Anlegerschutz und Förderung des Finanzplatzes Deutschland – Notwendigkeit der Reform des Kapitalmarkt- und Börsenrechts?, WM 2001, S. 557 ff.

Wolfs, Martin: Die „Stoffgleichheit" beim Betrug, Dissertation Göttingen 1984 <zitiert: Stoffgleichheit>

Worms, Alexander: Anlegerschutz durch Strafrecht: eine kritische Analyse des neuen Tatbestandes „Kapitalanlagebetrug" (§ 264a StGB), Köln 1987 <zitiert: Anlegerschutz>

Zaczyk, Rainer: Der Begriff „Gesellschaftsgefährlichkeit" im deutschen Strafrecht, in: Modernes Strafrecht und Ultima Ratio-Prinzip, hrsg. von Klaus Lüderssen, Frankfurt a. M. [u.a.] 1990

Ziemons, Hildegard: Neuerungen im Insiderrecht und bei der Ad-hoc-Publizität durch die Marktmissbrauchsrichtlinie und das Gesetz zur Verbesserung des Anlegerschutzes, NZG 2004, S. 537 ff.

Zietsch, Udo/Holzborn, Timo: Zulassungspflichten börsennotierter Unternehmen (Teil I), WM 2002, S. 2356 ff.

Ziouvas, Dimitris: Anmerkung zum LG Stuttgart, Urt. v. 30.08.2002 – 6 Kls 150 Js 77452/00, EWiR 2003, S. 85 f.

ders.: Das neue Recht gegen Kurs- und Marktpreismanipulation im 4. Finanzmarktförderungsgesetz, ZGR 2003, S. 113 ff.

ders.: Vom Börsen- zum Kapitalmarktstrafrecht? – Zur Strafschutzbedürftigkeit des außerbörslichen Kapitalmarktes auf der Grundlage der Neuregelung des Kursmanipulationsverbots, wistra 2003, S. 13 ff.

Zobl, Dieter/Arpagus, Reto: Aktuelle Probleme des Primärmarktes – Ein Überblick, SZW 67 (1995), S. 244 ff.

Zschocke, Christian: Europapolitische Mission – Das neue Wertpapiererwerbs- und Übernahmegesetz, DB 2002, S. 79 ff.

Criminalia

Herausgegeben von Klaus Volk

Band 1 Ulrich Schroth: Vorsatz als Aneignung der unrechtskonstituierenden Merkmale. 1994.

Band 2 Torsten Poeck: Wartepflicht und Wartedauer des § 142 Abs. 1 Nr. 2 StGB. Ein Vorschlag zur Bestimmung der Wartelänge anhand rechtsprechungsanalytischer und empirischer Überlegungen. 1994.

Band 3 Tobias Schmid: Die Vergabe von Wirtschaftssubventionen und strafrechtliche Verantwortlichkeit gem. § 264 StGB (Subventionsbetrug). 1994.

Band 4 Erwin Lohner: Der Tatverdacht im Ermittlungsverfahren. Begriff, rechtliche Ausgestaltung, praktische Handhabung und Kontrolle am Beispiel der polizeilichen Verdachtsfeststellung. 1994.

Band 5 Gunther Lehleiter: Der rechtswidrige verbindliche Befehl. Strafrechtsdogmatische Untersuchung, demonstriert am Beispiel des militärischen Befehls. 1995.

Band 6 Dirk Steiner: Das Fairneßprinzip im Strafprozeß. 1995.

Band 7 Isabell Schwegler: Der Subsumtionsirrtum. 1995.

Band 8 Klaus Andreas Fischer: Die strafrechtliche Beurteilung von Werken der Kunst. 1995.

Band 9 Johannes Fredrikus Nijboer: Beweisprobleme und Strafrechtssysteme / Proof and Criminal Justice Systems. Rechtsvergleichende Aufsätze / Comparative Essays. 1995. 2. Auflage 1997.

Band 10 Winfried Hassemer / Karin Matussek: Das Opfer als Verfolger. Ermittlungen des Verletzten im Strafverfahren. 1996.

Band 11 Bettina Grunst: Steuerhinterziehung durch Unterlassen. 1996.

Band 12 Hans-Jörg Schwab: Täterschaft und Teilnahme bei Unterlassungen. 1996.

Band 13 Christos Mylonopoulos: Komparative und Dispositionsbegriffe im Strafrecht. 1998.

Band 14 Christina Erfurth: Verdeckte Ermittlungen. Problemlösung durch das OrgKG? 1997.

Band 15 Stephan Weber: Überstellung in den Heimatstaat. Ein internationales Konzept wider den Strafvollzug in der Fremde. Zugleich ein Beitrag zum Recht der internationalen Vollstreckungshilfe in Strafsachen. 1997.

Band 16 Bert Götting: Gesetzliche Strafrahmen und Strafzumessungspraxis. Eine empirische Untersuchung anhand der Strafverfolgungsstatistik für die Jahre 1987 bis 1991. 1997.

Band 17 Lars Otte: Der durch Menschen ausgelöste Defensivnotstand. 1998.

Band 18 Gregor Rieger: Die mutmaßliche Einwilligung in den Behandlungsabbruch. 1998.

Band 19 Yu-hsiung Lin: Richtervorbehalt und Rechtsschutz gegen strafprozessuale Grundrechtseingriffe. 1998.

Band 20 Sandra Pellkofer: Sockelverteidigung und Strafvereitelung. 1999.

Band 21 Christine Ferschl: Das Problem des unmittelbaren Zusammenhangs beim erfolgsqualifizierten Delikt. 1999.

Band 22 Peter König: Strafbarer Organhandel. 1999.

Band 23 Stefan Stauder: Die allgemeinen defenses des New York Penal Law. Eine rechtsvergleichende Untersuchung. 1999.

Band 24 Malte Merz: »Bewußte Selbstschädigung" und die Betrugsstrafbarkeit nach § 263 StGB. Zugleich ein Beitrag zur Zweckverfehlungslehre. 1999.

Band 25 Marc Tully: Poena sine Culpa? *Strict-Liability*-Sanktionen und Europäisches Gemeinschaftsrecht. 2000.

Band 26 Susanne Götting: Beweisverwertungsverbote in Fällen gesetzlich nicht geregelter Ermittlungstätigkeit. Durch V-Leute, Scheinaufkäufer und Privatleute. 2001.

Band 27 Christiane Hölscher: Der Rechtsschutz und die Mitteilungspflichten bei heimlichen strafprozessualen Zwangsmaßnahmen. 2001.

Band 28 Tobias Windhorst: Der Rechtsbegriff der »schweren Gesundheitsschädigung". Zugleich ein Beitrag zum 6. StrRG. 2001.

Band 29 Andrea Schmucker: Die "Dogmatik" einer strafrechtlichen Produktverantwortung. Das fahrlässige Unterlassen als Institut der Produktkriminalität. 2001.

Band 30 Stephan Beukelmann: Prävention von Computerkriminalität. Sicherheit in der Informationstechnologie. 2001.

Band 31 Markus B. Alder: Die Strafzumessungsrichtlinie der USA in ihrem Kontext mit Plea Bargaining. 2001.

Band 32 Tobias Brandis: Beweisverbote als Belastungsverbote aus Sicht des Beschuldigten? 2001.

Band 33 Britta Wolff: Begünstigung, Strafvereitelung und Hehlerei. Geschichtliche Entwicklung und Abgrenzung zur Beihilfe. 2002.

Band 34 Angelika Laitenberger: Die Strafbarkeit der Verbreitung rassistischer, rechtsextremistischer und neonazistischer Inhalte. Unter besonderer Berücksichtigung der Verbreitung über Netzwerke. Ein Rechtsvergleich. 2003.

Band 35 Antonia Seitz: *Die Todesstrafe ist keine Strafe.* Von der Beteiligung bedeutender Mediziner an Fragestellungen um Verbrechen und Strafe, unter besonderer Berücksichtigung der Todesstrafe 1865 bis 1933 im deutsch-italienischen Vergleich. 2003.

Band 36 Ro-Seop Park: Die Wahrheitsfindung im Ermittlungsverfahren. 2003.

Band 37 Ingo Jeckel: Schadenswiedergutmachung gem. § 46a Nr. 2 StGB über anwaltliche Schlichtungsstellen. Schlichtungsablauf und Auswirkungen auf das Strafverfahren. 2003.

Band 38 Katja Kassing: Ehrverletzende Personalsatire in Deutschland, Österreich, der Schweiz und England. 2004.

Band 39 Stefan Poller: Verbandsgeldbuße und Steueranspruch. 2004.

Band 40 Anna Trüstedt: Das Verbot von Börsenkursmanipulationen. 2004.

Band 41 Marialena Papachristou: Die strafrechtliche Behandlung von Börsen- und Marktpreismanipulationen. 2006.

www.peterlang.de

Peter Lang · Europäischer Verlag der Wissenschaften

Anna Trüstedt

Das Verbot von Börsenkursmanipulationen

Frankfurt am Main, Berlin, Bern, Bruxelles, New York, Oxford, Wien, 2004.
225 S.
Criminalia. Herausgegeben von Klaus Volk. Bd. 40
ISBN 3-631-53149-4 · br. € 42.50*

Mit dem Zusammenbruch des Neuen Marktes ist die Notwendigkeit einer effizienten Sanktion von Börsenpreismanipulationen in den Fokus des öffentlichen Interesses gerückt. Der deutsche Gesetzgeber hat hier mit dem 4. Finanzmarktförderungsgesetz auf die unbefriedigende Rechtslage mit einem ebenso unbefriedigenden Gesetz geantwortet. Die Arbeit diskutiert ausführlich den ursprünglichen Tatbestand des Kursbetruges nach § 88 BörsG aF und das neue Manipulationsverbot in § 20a WpHG, insbesondere im Hinblick auf geschützte Rechtsgüter, umstrittene Tatbestandsmerkmale, verfassungsrechtliche Bestimmtheit sowie anwendbare Verjährungsregeln. Die Strafbarkeit einzelner diskutierter Manipulationstechniken wie Scalping, Leerverkäufe und Kurspflege wird nach alter und neuer Rechtslage untersucht. Dabei zeigt die Arbeit Strafbarkeitslücken auf und entwickelt Reformvorschläge für eine weitere Gesetzgebung im Bereich der Börsenpreismanipulation.

Aus dem Inhalt: Entwicklung des Tatbestandes des Kursbetruges · Wesentliche Änderungen zwischen § 88 BörsG und §§ 20a, 39, 38 Abs.1 Nr. 4 WpHG · Rechtsgüterschutz nach neuer und alter Rechtslage · Die Tatbestände von § 88 BörsG und §§ 20a, 39, 38 Abs.1 Nr.4 WpHG · Einzelfragen · Verfassungsgemäße Bestimmtheit von § 88 BörsG und § 20a Abs.1 i.V.m. Abs.2 WpHG · Anwendbarkeit presserechtlicher Verjährungsregeln · Fallgruppen der Kursmanipulation · Anwendbares Recht nach § 2 Abs.3 StGB · Kritik und Reformvorschläge

FSC
www.fsc.org
MIX
Papier | Fördert gute Waldnutzung
FSC® C083411

Kolibri 360 GmbH
Ferdinand-Jühlke-Straße 7
99095 Erfurt, Deutschland
produktsicherheit@kolibri360.de

Druck:
CPI Druckdienstleistungen GmbH
im Auftrag der
Kolibri 360 GmbH
Ferdinand-Jühlke-Str. 7
99095 Erfurt